2012

CHINA YEARBOOK OF TOWN SURVEY

中国建制镇统计年鉴

国家统计局农村社会经济调查司 编

中国统计出版社
China Statistics Press

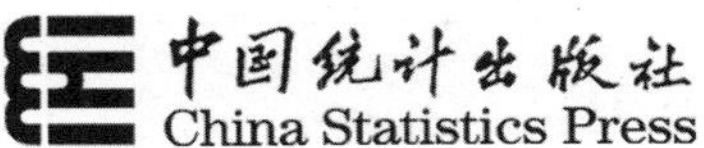

图书在版编目（CIP）数据

中国建制镇统计年鉴. 2012/ 国家统计局农村社会经济调查司编. -- 北京：中国统计出版社，2013. 1
ISBN 978-7-5037-6772-2/F · 3179

Ⅰ. ①中… Ⅱ. ①国… Ⅲ. ①乡镇经济－经济发展－中国－2012－年鉴 Ⅳ. ①F299.23-54

中国版本图书馆 CIP 数据核字（2012）第 312584 号

中国建制镇统计年鉴— 2012

作　　者 / 国家统计局农村社会经济调查司
责任编辑 / 赵淑焕
封面设计 / 杨燕超
出版发行 / 中国统计出版社
通信地址 / 北京市丰台区西三环南路甲 6 号　邮政编码 /100073
电　　话 / 邮购（010）63376909　书店（010）68783171
网　　址 /http://csp.stats.gov.cn
印　　刷 / 河北天普润印刷厂
经　　销 / 新华书店
开　　本 /880 × 1230 毫米　1/16
字　　数 /1020 千字
印　　张 /32.5
版　　别 /2013 年 1 月第 1 版
版　　次 /2013 年 1 月第 1 次印刷
定　　价 /288. 00 元

如有印装差错，由本社发行部调换。

《中国建制镇统计年鉴—2012》
编 辑 委 员 会

编者说明

随着我国城镇化进程的加快，建制镇社会经济发展情况越来越受到人们的重视和关注。为了全面反映我国建制镇的发展状况，满足党和政府制定宏观政策、分类指导小城镇经济发展的需要，国家统计局农村司开展了《乡镇社会经济基本情况》统计，根据各省（区、市）统计局收集上报的数据，组织编辑了《中国建制镇统计年鉴—2012》，从2012年开始每年定期出版。

本书收集了2011年我国2万多个建制镇（含城关镇和部分有农业生产经营活动的街道办事处）的主要统计数据，（一）建制镇综合情况，包括建制镇基础条件、人口与就业、农业生产、企业状况、固定资产投资与社区建设、农业技术、教育、文化、体育、卫生、社会保障、镇区情况等，以及平原、丘陵、山区和城关镇的基本情况；（二）建制镇名录及基本情况；（三）主要指标居全国前1000位的建制镇等内容。书中资料未包括我国台湾省及港澳地区。全部数据均为2011年年报数据。

我们希望本书的出版，将有助于读者加深对农村建制镇的认识，促进农村小城镇建设的健康发展，加快农村全面建设小康社会步伐。由于水平有限，书中难免存在错误之处和技术上的疏漏，敬请读者批评指正。

联系电话：010-68782895，010-68782830

编　者

2012年11月

目录

第一部分　建制镇综合情况

一、全部建制镇

二、平原建制镇

三、丘陵建制镇

四、山区建制镇

五、城关镇

第二部分　建制镇名录及基本情况

第三部分 主要指标居全国前1000位的建制镇

附录 主要指标解释

1 建制镇综合情况

一、全部建制镇

1-1-1　建制镇基本情况

单位：个

地　区	居　民委员会个数	村　民委员会个数	通电的村	通电话的村	通公路的村	通有线电视的村
北　京	423	3448	3448	3448	3448	3411
天　津	174	3319	3319	3319	3319	3067
河　北	1141	28782	28777	28741	28711	18629
山　西	429	14741	14687	14457	14560	10288
内蒙古	948	8389	8211	8130	7934	4652
辽　宁	595	7055	7055	7055	7053	6727
吉　林	999	6550	6550	6548	6542	5574
黑龙江	926	5034	5032	5018	5019	4866
上　海	1269	1487	1487	1487	1487	1487
江　苏	4115	13211	13211	13211	13197	13153
浙　江	902	19294	19293	19278	19222	18946
安　徽	1711	11162	11151	11151	11133	7417
福　建	859	9833	9832	9828	9796	9182
江　西	1405	10579	10578	10573	10572	9373
山　东	5702	69626	69624	69624	69595	66718
河　南	1265	24417	24414	24414	24408	20316
湖　北	1745	19819	19813	19799	19792	15669
湖　南	2364	26522	26521	26496	26426	17606
广　东	2471	18072	18071	18069	18031	16190
广　西	1287	10029	10019	9922	9911	6756
海　南	297	2440	2440	2389	2438	1351
重　庆	1625	6955	6955	6955	6949	6302
四　川	4070	26526	26458	26376	26291	21950
贵　州	929	9611	9611	9088	9468	4270
云　南	946	6920	6919	6876	6893	4395
西　藏	120	1337	1009	1130	1227	817
陕　西	786	22715	22709	22633	22299	12005
甘　肃	490	7312	7307	7265	7076	3260
青　海	190	1993	1896	1860	1948	542
宁　夏	141	1290	1290	1290	1275	945
新　疆	526	2185	2173	2127	2138	1261
东部地区	17353	169512	169502	169394	169244	152134
中部地区	8919	107240	107164	106890	106891	80669
西部地区	12058	105262	104557	103652	103409	67155
东北地区	2520	18639	18637	18621	18614	17167

1-1-1 续表 单位：个、万公顷、亿千瓦时

地区	通自来水的村	垃圾集中处理的村	行政区域面积	用电总量
北京	3442	3405	130.27	117.35
天津	3228	2086	78.87	72.46
河北	25469	9295	927.49	455.40
山西	12461	8304	745.69	55.49
内蒙古	4930	469	6783.10	65.57
辽宁	4660	1754	897.00	196.69
吉林	3935	1666	1350.34	55.26
黑龙江	4009	2163	1822.32	52.67
上海	1487	1487	54.10	281.12
江苏	12856	9379	780.08	2060.25
浙江	18426	18119	674.11	1067.41
安徽	6370	3068	1051.84	198.25
福建	8737	7199	756.51	415.53
江西	5466	5085	960.19	78.24
山东	64682	33898	1460.17	1038.20
河南	16986	9451	866.76	364.44
湖北	10803	4214	1383.37	178.28
湖南	11557	3190	1199.87	131.10
广东	13173	8517	1616.25	1700.03
广西	6080	1536	1429.34	81.47
海南	1759	640	262.48	19.80
重庆	4727	1163	603.22	136.69
四川	12209	7787	1378.15	170.09
贵州	6834	2009	929.80	85.53
云南	6499	1796	1879.95	101.59
西藏	875	70	1668.90	0.40
陕西	16794	5745	1765.06	58.69
甘肃	5101	865	1939.60	31.53
青海	1657	242	2665.49	2.65
宁夏	818	476	286.88	10.83
新疆	1914	540	1911.25	32.90
东部地区	153259	94025	6740.34	7227.55
中部地区	63643	33312	6207.71	1005.80
西部地区	68438	22698	23240.73	777.93
东北地区	12604	5583	4069.66	304.62

1-1-2 建制镇人口与就业情况

单位：万户、万人

地 区	总户数	总人口	从业人员数		
				第二产业	第三产业
北 京	224.27	593.92	322.50	102.34	165.96
天 津	135.37	426.81	191.73	81.99	47.65
河 北	1188.76	3969.12	1993.10	668.46	495.20
山 西	564.96	1687.57	762.29	181.74	185.56
内蒙古	463.68	1487.81	756.67	123.11	156.22
辽 宁	525.90	1642.54	859.35	186.40	231.94
吉 林	423.02	1353.05	637.62	107.33	149.57
黑龙江	428.42	1404.77	701.23	115.50	186.17
上 海	412.25	1183.29	646.06	368.17	232.12
江 苏	1902.10	6174.63	3416.62	1575.73	1091.28
浙 江	969.88	2947.71	1894.82	888.52	560.42
安 徽	1373.83	4829.03	2709.53	800.75	682.09
福 建	683.84	2600.89	1396.08	529.29	360.52
江 西	791.99	2817.65	1418.56	416.08	381.95
山 东	2733.36	8759.96	4746.73	1548.71	1267.08
河 南	1274.79	4878.73	2880.70	883.61	696.65
湖 北	1203.09	4139.92	2032.16	595.17	635.01
湖 南	1252.79	4338.82	2380.72	543.06	564.32
广 东	1760.24	7268.92	3803.92	1433.58	920.53
广 西	1144.00	4185.31	2194.95	437.36	508.87
海 南	165.44	690.00	332.05	34.72	75.63
重 庆	922.93	2720.65	1544.01	479.00	448.12
四 川	2051.57	6102.78	3269.93	812.00	1067.95
贵 州	658.61	2427.61	1330.30	181.87	328.55
云 南	779.48	2734.49	1466.03	181.02	279.90
西 藏	17.26	72.25	34.04	3.75	6.83
陕 西	791.53	2734.97	1383.07	270.19	311.40
甘 肃	321.86	1246.30	647.21	82.98	152.73
青 海	69.55	255.12	118.14	27.42	26.17
宁 夏	99.73	333.60	169.34	40.40	43.99
新 疆	148.40	517.10	228.85	31.97	68.21
东部地区	10175.51	34615.24	18743.62	7231.51	5216.39
中部地区	6461.43	22691.72	12183.95	3420.40	3145.58
西部地区	7468.61	24817.99	13142.52	2671.07	3398.95
东北地区	1377.34	4400.36	2198.21	409.23	567.68

1-1-3 建制镇农业生产情况

单位：万公顷

地区	年末耕地面积	年末有效灌溉面积	农作物播种面积	
				粮食播种面积
北京	20.68	15.31	28.66	19.79
天津	34.89	28.57	44.82	30.31
河北	325.01	256.02	510.45	367.62
山西	170.27	60.06	213.35	177.12
内蒙古	552.33	223.42	520.76	415.77
辽宁	246.48	75.80	280.61	221.61
吉林	368.90	90.44	378.57	337.94
黑龙江	543.47	155.96	546.01	515.34
上海	16.88	16.88	28.80	14.10
江苏	343.13	292.95	666.19	484.35
浙江	105.83	86.96	200.95	113.93
安徽	332.50	279.85	689.31	523.27
福建	74.55	55.21	152.14	81.06
江西	143.04	118.68	355.60	240.78
山东	626.82	464.37	1088.73	767.81
河南	372.00	287.07	738.27	516.43
湖北	259.97	174.83	617.61	362.74
湖南	227.02	186.34	573.92	365.06
广东	219.19	130.41	427.81	241.06
广西	238.69	106.44	442.38	228.78
海南	37.04	16.19	73.48	38.25
重庆	151.84	58.07	281.89	188.26
四川	242.33	144.51	619.01	423.86
贵州	104.27	38.59	291.47	182.73
云南	153.84	73.35	346.87	209.27
西藏	5.79	4.71	6.22	4.59
陕西	251.34	99.20	376.06	275.91
甘肃	151.97	61.12	178.33	119.91
青海	26.49	10.25	27.31	13.57
宁夏	56.67	28.37	62.62	40.76
新疆	87.45	81.34	101.31	46.39
东部地区	1804.01	1362.88	3222.04	2158.27
中部地区	1504.80	1106.83	3188.07	2185.38
西部地区	2023.01	929.36	3254.24	2149.79
东北地区	1158.85	322.20	1205.19	1074.89

1-1-4 建制镇企业情况

单位：万个、万人

地区	企业个数	工业企业	企业从业人员	工业企业
北京	5.55	1.72	117.73	55.93
天津	7.61	3.08	121.48	87.87
河北	81.82	30.59	820.06	515.89
山西	8.29	2.39	154.68	98.18
内蒙古	4.21	1.44	98.21	58.93
辽宁	8.87	4.03	196.08	127.78
吉林	5.29	1.73	90.88	44.52
黑龙江	10.33	3.17	86.84	50.78
上海	13.76	4.76	391.99	233.76
江苏	79.34	48.01	1798.43	1308.13
浙江	70.66	42.70	942.91	759.54
安徽	22.00	7.98	398.33	236.60
福建	31.42	11.00	556.16	387.79
江西	32.23	10.66	299.59	174.97
山东	68.51	31.53	1831.83	1197.65
河南	39.02	19.22	753.21	502.97
湖北	38.75	13.88	502.99	290.80
湖南	40.11	13.77	485.14	248.03
广东	79.43	29.05	1496.47	1113.18
广西	34.00	7.79	308.77	148.91
海南	2.22	0.41	28.74	10.49
重庆	6.50	3.30	351.87	193.46
四川	31.69	8.77	520.59	280.50
贵州	10.70	2.37	117.80	62.54
云南	21.80	2.99	178.38	84.94
西藏	0.02	0.01	0.42	0.26
陕西	34.50	7.25	238.87	106.88
甘肃	8.37	1.95	104.53	43.07
青海	2.08	0.76	12.37	7.41
宁夏	0.90	0.41	22.82	13.58
新疆	2.14	0.43	25.55	15.16
东部地区	440.32	202.86	8105.81	5670.22
中部地区	180.40	67.91	2593.94	1551.56
西部地区	156.91	37.46	1980.17	1015.66
东北地区	24.50	8.93	373.81	223.09

1-1-5 建制镇固定资产投资与社区建设情况

单位：亿元、个、公里

地　区	固定资产投资完成额	农业投资完成额	储蓄所	公路里程	市场个数	公园个数
北　京	1466.15	12.63	508	15692	307	196
天　津	1374.78	78.20	369	7642	280	62
河　北	5759.47	232.69	3578	77158	3974	822
山　西	808.34	81.80	1965	43280	1131	416
内蒙古	2345.34	144.56	1814	64092	977	175
辽　宁	225.71	31.96	1906	41909	1493	151
吉　林	301.84	37.06	1240	41953	951	52
黑龙江	900.60	64.69	1136	38251	800	165
上　海	1728.23	13.51	734	8363	641	113
江　苏	15619.34	681.06	5620	154582	4046	999
浙　江	3728.71	157.20	3669	64163	2811	2049
安　徽	3543.82	255.78	3321	107995	2935	418
福　建	3451.28	90.80	2072	52504	1275	633
江　西	2156.65	108.96	2564	68932	1539	311
山　东	17763.31	668.32	9252	200737	10788	1669
河　南	6901.47	620.27	4098	135819	4750	1273
湖　北	5061.37	437.03	3170	169600	2683	279
湖　南	2068.37	196.71	3276	110429	2498	237
广　东	6130.83	157.08	6529	107058	4148	2375
广　西	3663.00	165.10	2908	54683	1954	196
海　南	120.52	9.22	580	13020	383	30
重　庆	4153.85	199.18	2849	68076	1656	224
四　川	4072.40	260.10	6003	241417	4376	497
贵　州	1198.97	81.23	1722	78110	1383	97
云　南	1244.02	117.86	2232	103113	1847	303
西　藏	7.34	0.24	130	11571	50	13
陕　西	1404.38	121.74	2679	105973	1719	232
甘　肃	499.87	32.38	1198	30555	823	125
青　海	120.74	8.29	258	9787	178	15
宁　夏	298.70	17.52	364	9188	153	45
新　疆	222.82	20.57	500	14165	409	88
东部地区	57142.60	2100.71	32911	700921	28653	8948
中部地区	20540.02	1700.55	18394	636055	15536	2934
西部地区	19231.44	1168.76	22657	790732	15525	2010
东北地区	1428.15	133.71	4282	122113	3244	368

1-1-6 建制镇农业技术情况

单位：个、人、户

地　区	农技推广服务机构	农技推广服务从业人员	农业专业合作经济组织个数	农业专业合作经济组织成员
北　京	289	2458	3857	219823
天　津	238	1203	582	20946
河　北	4324	15640	5044	269229
山　西	1356	5125	13304	171652
内蒙古	805	6188	3973	244348
辽　宁	1665	8857	5823	336127
吉　林	1897	9899	4941	176882
黑龙江	786	6341	7107	182801
上　海	211	2858	2841	102595
江　苏	2042	30017	24747	3164452
浙　江	1577	13373	16076	472985
安　徽	1844	10893	10567	607268
福　建	1222	7585	3450	128540
江　西	1412	8287	4613	208896
山　东	5208	32776	31062	2032148
河　南	6232	50714	11095	631964
湖　北	1435	9382	8928	654862
湖　南	1771	10446	4210	591630
广　东	1769	9218	5622	624734
广　西	1374	9015	3232	168243
海　南	258	1631	2746	47441
重　庆	802	9625	6782	746295
四　川	3933	17508	9962	1324902
贵　州	953	7725	2337	157123
云　南	1288	14580	5000	505976
西　藏	29	111	72	7412
陕　西	2063	12443	7079	321669
甘　肃	1734	15973	1998	169685
青　海	136	723	1054	26306
宁　夏	148	809	1138	73542
新　疆	449	3157	1363	95157
东部地区	17138	116759	96027	7082893
中部地区	14050	94847	52717	2866272
西部地区	13714	97857	43990	3840658
东北地区	4348	25097	17871	695810

1-1-7 建制镇教育情况

单位：个、万人

地　　区	小学校数	小学在校学生数	小学教师数	中学校数	中学在校学生数	中学教师数	幼儿园、托儿所
北　　京	513	19.58	2.07	226	13.02	1.94	1399
天　　津	555	24.42	1.98	202	15.56	1.58	953
河　　北	7909	272.34	18.00	1655	177.64	14.47	8305
山　　西	6599	124.05	9.82	1167	101.30	7.99	5333
内 蒙 古	1990	72.47	7.86	561	51.29	5.32	2094
辽　　宁	3106	83.78	7.34	737	60.76	5.58	4514
吉　　林	3515	66.60	7.61	709	41.30	4.61	2793
黑 龙 江	2722	63.90	6.26	689	51.09	4.79	3022
上　　海	338	35.52	2.49	309	24.78	2.47	618
江　　苏	4464	324.01	21.98	2071	269.43	23.49	7927
浙　　江	2469	162.84	9.09	1264	120.84	9.52	6860
安　　徽	11651	317.36	18.07	2409	231.11	14.97	5433
福　　建	4908	148.87	10.31	1127	120.27	10.40	6274
江　　西	9319	248.46	12.79	1334	150.48	10.27	7759
山　　东	11572	545.69	35.65	3014	416.70	34.12	22245
河　　南	16075	475.61	25.24	2448	289.95	19.40	12479
湖　　北	6483	213.42	13.56	1511	164.21	14.03	4808
湖　　南	9868	263.25	15.65	2144	170.98	14.67	6519
广　　东	13844	551.69	30.60	2641	401.54	25.23	8987
广　　西	10485	334.81	18.78	1592	201.70	13.07	6913
海　　南	2225	56.41	4.12	337	38.47	2.65	1090
重　　庆	3576	154.86	9.48	993	148.53	9.49	4104
四　　川	7180	371.43	21.22	3057	378.71	23.94	9972
贵　　州	8202	230.23	11.95	1249	140.30	8.05	1871
云　　南	8671	252.04	14.38	1229	173.26	11.09	4363
西　　藏	317	9.49	0.65	54	6.62	0.47	69
陕　　西	7957	167.28	12.74	1616	152.61	11.53	4062
甘　　肃	6080	106.83	7.03	753	74.02	5.06	1277
青　　海	830	24.70	1.41	207	19.72	1.32	450
宁　　夏	1026	32.91	1.83	163	20.55	1.43	301
新　　疆	862	43.35	3.28	314	36.44	3.22	676
东部地区	48797	2141.36	136.30	12846	1598.26	125.86	64658
中部地区	59995	1642.16	95.12	11013	1108.02	81.34	42331
西部地区	57176	1800.39	110.61	11788	1403.76	93.98	36152
东北地区	9343	214.28	21.20	2135	153.15	14.97	10329

1-1-8 建制镇文化、体育情况

单位：个

地区	图书馆、文化站	影剧院	体育场馆
北京	145	24	30
天津	347	11	14
河北	2611	136	168
山西	2195	152	769
内蒙古	902	59	103
辽宁	1219	76	119
吉林	538	43	41
黑龙江	779	32	87
上海	219	91	77
江苏	2502	726	929
浙江	2281	297	331
安徽	1772	186	429
福建	1074	162	259
江西	1205	194	256
山东	5454	500	985
河南	4189	354	1215
湖北	1660	375	372
湖南	1439	291	282
广东	2083	400	833
广西	958	150	224
海南	310	37	47
重庆	950	87	87
四川	3032	253	376
贵州	903	44	90
云南	948	110	239
西藏	233		23
陕西	1637	122	187
甘肃	570	119	109
青海	140	8	19
宁夏	115	30	23
新疆	394	48	75
东部地区	17026	2384	3673
中部地区	12460	1552	3323
西部地区	10782	1030	1555
东北地区	2536	151	247

1-1-9 建制镇卫生及社会保障情况

单位：个、人、床

地 区	医院、卫生院	医生数	病床数	敬老院、福利院	现收养人数
北 京	231	11741	15678	184	12788
天 津	164	5433	6158	108	2700
河 北	1642	48558	107502	745	42038
山 西	1169	29083	47046	414	9507
内蒙古	1109	23204	32346	457	14957
辽 宁	885	23339	42363	531	27921
吉 林	690	20830	26506	490	22553
黑龙江	946	19786	27345	298	17268
上 海	214	15628	26588	239	30771
江 苏	3180	134912	171547	1482	102437
浙 江	1463	41994	48895	912	40597
安 徽	2620	67336	88095	1528	83121
福 建	819	24227	45589	487	7109
江 西	1238	39235	51398	916	52943
山 东	3143	180007	317052	1938	128275
河 南	1767	87708	144370	1600	80234
湖 北	1472	89416	111563	1366	91608
湖 南	1896	79989	110862	1313	49336
广 东	2182	68140	119335	1811	41410
广 西	1277	62657	105804	2598	30422
海 南	366	7525	12792	181	2403
重 庆	1078	39267	70632	1216	38415
四 川	3412	116610	183313	1981	101205
贵 州	1185	27007	43289	530	8320
云 南	1421	41295	90393	405	11758
西 藏	190	2879	3839	56	1048
陕 西	2084	43883	69612	667	21337
甘 肃	712	22154	31768	262	4388
青 海	267	4167	7219	53	1835
宁 夏	179	4591	9563	52	3060
新 疆	405	9599	25185	131	6451
东部地区	13404	538165	871136	8087	410528
中部地区	10162	392767	553334	7137	366749
西部地区	13319	397313	672963	8408	243196
东北地区	2521	63955	96214	1319	67742

1-1-10　建制镇镇区情况

单位：万户、万人、公顷

地　区	镇区总户数	镇区总人口	镇区占地面积	镇区绿化面积
北　京	59.44	161.24	84855	8129
天　津	34.39	106.20	66737	1036
河　北	400.39	1319.20	724323	28453
山　西	164.42	514.18	118348	10082
内蒙古	144.48	432.47	376750	15138
辽　宁	154.01	446.28	355835	10637
吉　林	126.50	365.04	157014	5166
黑龙江	159.14	475.70	237128	9561
上　海	166.70	468.70	67019	12429
江　苏	733.84	2357.33	624410	115224
浙　江	331.94	1014.03	397460	16736
安　徽	327.91	1092.97	375687	30002
福　建	199.82	719.48	240206	10012
江　西	215.99	699.74	245251	18965
山　东	860.27	2808.56	917328	104421
河　南	331.55	1283.45	429395	27023
湖　北	392.51	1261.21	417060	32578
湖　南	352.43	1114.80	397973	28513
广　东	493.45	1795.41	629614	62988
广　西	296.00	968.57	240886	12193
海　南	49.16	193.48	44721	4625
重　庆	300.78	868.94	184281	19505
四　川	604.99	1724.48	527381	26891
贵　州	182.20	608.49	305167	13350
云　南	196.62	617.71	321500	13840
西　藏	17.13	72.00	628937	3735
陕　西	136.56	477.44	281161	22225
甘　肃	90.68	337.03	162621	3561
青　海	21.32	76.10	77801	533
宁　夏	31.52	99.95	48579	4421
新　疆	53.80	172.97	205482	10506
东部地区	3329.40	10943.63	3796674	364053
中部地区	1784.82	5966.36	1983714	147163
西部地区	2076.07	6456.15	3360545	145897
东北地区	439.65	1287.02	749977	25364

二、平原建制镇

1-2-1 平原建制镇基本情况

单位：个

地区	居民委员会个数	村民委员会个数				
			通电的村	通电话的村	通公路的村	通有线电视的村
北京	334	2009	2009	2009	2009	1977
天津	174	3007	3007	3007	3007	2755
河北	787	20809	20805	20791	20753	13284
山西	196	3549	3548	3528	3521	2860
内蒙古	376	3223	3146	3176	2963	1992
辽宁	314	2925	2925	2925	2924	2815
吉林	409	2919	2919	2919	2912	2227
黑龙江	541	3220	3218	3215	3206	3100
上海	1269	1487	1487	1487	1487	1487
江苏	3689	11997	11997	11997	11985	11939
浙江	447	6357	6356	6354	6338	6317
安徽	677	5160	5149	5149	5141	3002
福建	213	1428	1427	1427	1415	1402
江西	234	930	930	930	930	871
山东	3687	44781	44781	44781	44757	42224
河南	1013	16822	16822	16822	16819	14264
湖北	761	6664	6663	6663	6655	6176
湖南	247	1688	1688	1688	1688	999
广东	738	3012	3012	3012	3006	2906
广西	116	398	398	394	398	263
海南	108	796	796	786	795	463
重庆						
四川	993	1934	1934	1921	1934	1661
贵州						
云南	252	777	777	772	777	638
西藏	14	120	110	99	110	64
陕西	281	5445	5445	5440	5350	4330
甘肃	138	1427	1425	1425	1391	945
青海						
宁夏	114	734	734	734	734	558
新疆	412	1902	1897	1865	1867	1088
东部地区	11446	95683	95677	95651	95552	84754
中部地区	3128	34813	34800	34780	34754	28172
西部地区	2696	15960	15866	15826	15524	11539
东北地区	1264	9064	9062	9059	9042	8142

1-2-1 续表 单位：个、万公顷、亿千瓦时

地区			行政区域面积	用电总量
	通自来水的村	垃圾集中处理的村		
北京	2009	1975	43.08	92.61
天津	2985	1883	72.25	70.85
河北	19433	6523	484.21	376.33
山西	3237	2394	125.26	20.68
内蒙古	2420	229	2276.24	26.15
辽宁	2142	605	241.99	80.43
吉林	1422	628	434.89	25.66
黑龙江	2425	1293	720.99	33.42
上海	1487	1487	54.10	281.12
江苏	11667	8451	674.86	1941.16
浙江	6142	6262	152.88	754.75
安徽	2130	925	363.70	69.58
福建	1374	1208	48.13	120.15
江西	391	549	49.26	12.89
山东	41299	18957	864.55	643.44
河南	11042	5794	446.30	235.28
湖北	4501	1819	296.21	65.50
湖南	771	151	65.82	11.56
广东	2563	2197	146.32	695.13
广西	263	75	44.87	5.99
海南	593	269	72.79	8.77
重庆				
四川	1369	1574	86.01	57.27
贵州				
云南	736	346	140.72	23.78
西藏	70	1	81.55	0.03
陕西	4218	2237	199.61	22.98
甘肃	1306	303	1051.80	16.15
青海				
宁夏	518	383	137.16	7.88
新疆	1693	494	1468.35	28.68
东部地区	89552	49212	2613.17	4984.30
中部地区	22072	11632	1346.55	415.48
西部地区	12593	5642	5486.31	188.91
东北地区	5989	2526	1397.88	139.51

1-2-2　平原建制镇人口与就业情况

单位：万户、万人

地　区	总户数	总人口	从业人员数		
				第二产业	第三产业
北　京	163.57	449.76	245.69	81.34	134.58
天　津	127.44	401.31	180.13	77.91	44.59
河　北	850.93	2950.28	1508.43	528.30	383.48
山　西	199.95	622.54	282.58	69.00	72.43
内蒙古	164.81	547.71	296.83	49.12	61.46
辽　宁	238.52	720.84	374.67	80.66	101.38
吉　林	219.97	738.20	342.82	54.10	72.25
黑龙江	286.51	946.41	474.84	73.73	125.85
上　海	412.25	1183.29	646.06	368.17	232.12
江　苏	1721.59	5612.91	3115.36	1437.70	989.64
浙　江	454.12	1427.77	909.17	494.50	254.70
安　徽	692.02	2525.50	1405.01	404.69	366.86
福　建	142.00	564.00	306.20	141.91	76.88
江　西	100.68	353.13	175.54	51.85	61.31
山　东	1765.41	5840.61	3125.75	1007.13	867.18
河　南	892.61	3486.32	2067.83	634.69	517.24
湖　北	443.56	1576.05	757.93	233.64	246.58
湖　南	117.29	396.08	204.31	38.36	49.68
广　东	470.51	2034.27	1121.99	540.66	301.39
广　西	69.20	257.92	136.83	25.64	46.83
海　南	55.41	231.96	115.28	11.25	26.50
重　庆					
四　川	359.62	976.85	535.71	176.70	184.31
贵　州					
云　南	129.05	427.45	228.97	40.11	55.47
西　藏	2.89	10.15	3.24	0.47	0.85
陕　西	283.23	1028.97	538.16	114.74	118.05
甘　肃	77.73	290.84	153.49	22.69	38.24
青　海					
宁　夏	65.73	215.15	114.71	30.49	34.99
新　疆	126.22	446.91	197.17	26.24	58.97
东部地区	6163.23	20696.14	11274.05	4688.87	3311.06
中部地区	2446.12	8959.62	4893.20	1432.22	1314.11
西部地区	1278.47	4201.96	2205.11	486.19	599.16
东北地区	745.01	2405.45	1192.34	208.48	299.48

1-2-3　平原建制镇农业生产情况

单位：万公顷

地　区	年末耕地面积	年末有效灌溉面积	农作物播种面积	粮食播种面积
北　京	13.61	12.10	20.69	13.51
天　津	33.68	27.80	43.21	28.86
河　北	256.62	218.06	425.72	301.08
山　西	52.99	37.32	82.15	59.17
内蒙古	164.42	129.96	162.38	118.79
辽　宁	119.79	51.64	139.93	109.83
吉　林	234.39	67.69	234.19	205.12
黑龙江	372.85	128.41	372.50	352.79
上　海	16.88	16.88	28.80	14.10
江　苏	310.01	267.13	606.94	445.88
浙　江	51.68	46.79	98.70	55.94
安　徽	184.85	162.81	378.09	299.99
福　建	7.85	5.66	16.64	8.27
江　西	15.24	13.87	40.09	27.56
山　东	439.47	359.82	801.88	573.22
河　南	273.80	236.39	549.95	383.38
湖　北	102.90	86.85	233.85	126.05
湖　南	29.55	27.96	77.33	43.80
广　东	33.09	22.66	67.64	33.76
广　西	11.86	6.50	24.63	10.85
海　南	11.94	5.76	25.50	13.04
重　庆				
四　川	30.98	27.77	71.64	42.31
贵　州				
云　南	18.78	13.03	37.06	20.49
西　藏	0.70	0.67	0.67	0.45
陕　西	81.58	61.42	130.85	98.97
甘　肃	40.78	30.55	46.18	26.38
青　海				
宁　夏	26.12	21.63	31.75	22.40
新　疆	73.01	70.88	85.59	35.22
东部地区	1174.83	982.65	2135.72	1487.66
中部地区	659.33	565.20	1361.45	939.95
西部地区	448.22	362.42	590.74	375.86
东北地区	727.02	247.74	746.62	667.73

注：“粮食播种面积”为“农作物播种面积”的子项。

1-2-4 平原建制镇企业情况

单位：万个、万人

地 区	企业个数		企业从业人员	
		工业企业		工业企业
北 京	4.68	1.37	90.42	44.91
天 津	7.51	3.00	118.64	85.50
河 北	63.50	26.41	632.42	415.66
山 西	3.20	0.85	59.28	38.27
内 蒙 古	2.38	0.75	42.12	24.78
辽 宁	3.91	1.80	90.89	56.85
吉 林	3.13	0.99	49.73	22.82
黑 龙 江	6.53	1.92	57.64	30.69
上 海	13.76	4.76	391.99	233.76
江 苏	74.36	44.96	1643.77	1206.72
浙 江	37.29	22.26	566.52	452.77
安 徽	8.56	2.74	144.06	88.25
福 建	5.67	2.08	152.22	111.56
江 西	4.73	1.14	42.32	22.57
山 东	44.73	20.61	1219.43	783.19
河 南	27.43	13.67	527.32	342.79
湖 北	12.22	4.63	199.41	117.52
湖 南	3.88	1.16	43.30	19.66
广 东	30.00	11.79	599.74	458.89
广 西	1.97	0.45	26.89	14.69
海 南	0.81	0.15	10.66	2.78
重 庆				
四 川	7.65	2.13	155.88	88.64
贵 州				
云 南	4.61	0.66	36.79	15.45
西 藏	0.00	0.00	0.07	0.02
陕 西	13.80	3.40	108.44	48.74
甘 肃	3.01	0.54	35.79	13.84
青 海				
宁 夏	0.75	0.35	18.19	11.18
新 疆	1.82	0.37	20.54	11.64
东部地区	282.30	137.41	5425.80	3795.73
中部地区	60.01	24.19	1015.70	629.06
西部地区	35.99	8.65	444.71	228.97
东北地区	13.57	4.72	198.26	110.36

1-2-5 平原建制镇固定资产投资与社区建设情况

单位：亿元、个、公里

地区	固定资产投资完成额	农业投资完成额	储蓄所	公路里程	市场个数	公园个数
北京	1165.48	5.44	339	9751	207	100
天津	1317.14	72.43	353	6978	262	61
河北	4186.63	158.52	2569	55080	3114	493
山西	275.09	30.07	703	10361	412	121
内蒙古	1143.48	51.57	723	21956	369	57
辽宁	80.89	8.85	865	16862	486	73
吉林	84.71	9.54	525	18788	416	23
黑龙江	567.81	53.03	698	23432	485	94
上海	1728.23	13.51	734	8363	641	113
江苏	13986.69	610.79	5173	138993	3699	892
浙江	2255.71	64.27	1798	22241	1468	953
安徽	1160.56	92.75	1437	41954	1578	182
福建	1077.71	11.94	426	4287	275	138
江西	529.39	10.58	353	6811	198	40
山东	10777.91	403.01	6349	137074	7220	990
河南	3992.08	356.77	2882	86860	3500	769
湖北	2007.24	97.45	1255	33858	1099	87
湖南	56.89	12.28	343	7538	246	16
广东	2605.46	34.76	2450	17353	1174	1117
广西	317.28	14.99	231	1906	154	25
海南	23.54	3.01	209	4173	124	13
重庆						
四川	1503.43	32.11	1041	26157	695	110
贵州						
云南	296.54	22.65	473	8320	265	58
西藏	2.95	0.04	16	462	10	2
陕西	609.12	63.07	897	17955	561	54
甘肃	131.21	18.12	276	8726	203	24
青海						
宁夏	214.98	11.03	281	5478	107	37
新疆	181.95	18.93	407	10634	335	76
东部地区	39124.50	1377.69	20400	404294	18184	4870
中部地区	8021.25	599.91	6973	187382	7033	1215
西部地区	4400.93	232.50	4345	101594	2699	443
东北地区	733.41	71.42	2088	59082	1387	190

1-2-6 平原建制镇农业技术情况

单位：个、人、户

地 区	农技推广服务机构	农技推广服务从业人员	农业专业合作经济组织个数	农业专业合作经济组织成员
北 京	155	1423	1326	80444
天 津	224	1150	554	17922
河 北	3285	11995	3642	187249
山 西	527	2111	3687	45201
内蒙古	308	2083	1281	122998
辽 宁	563	3217	2461	118529
吉 林	764	4358	1885	85561
黑龙江	502	3991	4835	114612
上 海	211	2858	2841	102595
江 苏	1900	27561	22053	2827641
浙 江	442	6904	5476	170566
安 徽	789	4817	5948	306696
福 建	163	978	316	15491
江 西	139	1103	639	20094
山 东	3429	21026	19093	1214274
河 南	4568	35567	7662	386556
湖 北	468	2854	2649	148666
湖 南	114	892	384	87779
广 东	317	2037	1029	355365
广 西	70	419	183	9251
海 南	72	487	592	14420
重 庆				
四 川	631	2624	1630	220314
贵 州				
云 南	172	2195	849	143331
西 藏	3	16	4	918
陕 西	747	3920	2297	126135
甘 肃	478	3693	681	94835
青 海				
宁 夏	104	529	765	53322
新 疆	366	2668	1131	84790
东部地区	10198	76419	56922	4985967
中部地区	6605	47344	20969	994992
西部地区	2879	18147	8821	855894
东北地区	1829	11566	9181	318702

1-2-7 平原建制镇教育情况

单位：个、万人

地区	小学校数	小学在校学生数	小学教师数	中学校数	中学在校学生数	中学教师数	幼儿园、托儿所
北京	329	14.53	1.34	139	9.42	1.33	1122
天津	506	23.29	1.88	184	14.61	1.46	875
河北	5921	201.69	13.39	1164	128.94	10.39	5767
山西	1982	48.18	3.31	432	45.02	3.27	1965
内蒙古	858	27.01	2.74	209	17.42	1.95	950
辽宁	1043	37.99	3.06	324	30.45	2.70	2189
吉林	1965	39.09	3.98	345	24.42	2.61	1484
黑龙江	1827	42.81	4.18	435	35.00	3.19	1901
上海	338	35.52	2.49	309	24.78	2.47	618
江苏	4060	296.50	19.89	1853	245.29	21.28	7204
浙江	1000	81.22	4.23	524	55.72	4.35	2906
安徽	5978	185.46	10.02	1149	117.77	7.24	2203
福建	912	37.61	2.04	235	27.98	2.26	1475
江西	857	27.79	1.47	135	21.14	1.38	1047
山东	8076	396.52	24.72	2007	291.86	22.89	15321
河南	10848	353.36	18.16	1726	215.12	13.96	8286
湖北	1832	77.56	4.94	512	63.54	5.59	1955
湖南	616	19.50	1.47	176	16.64	1.62	607
广东	2880	160.38	8.22	659	103.86	7.01	3320
广西	490	24.53	1.32	131	16.32	1.15	595
海南	701	18.12	1.25	93	11.42	0.74	384
重庆							
四川	546	46.65	3.11	366	55.87	3.87	1467
贵州							
云南	949	37.23	2.04	180	28.04	1.83	838
西藏	23	1.19	0.09	14	2.11	0.16	11
陕西	2654	64.44	4.78	552	64.36	4.65	1758
甘肃	1054	20.55	1.55	157	15.01	1.06	427
青海							
宁夏	488	20.53	1.21	113	13.10	0.92	219
新疆	759	37.68	2.77	253	31.53	2.76	569
东部地区	24723	1265.38	79.45	7167	913.87	74.19	38992
中部地区	22113	711.86	39.36	4130	479.24	33.06	16063
西部地区	7821	279.83	19.61	1975	243.75	18.35	6834
东北地区	4835	119.89	11.21	1104	89.87	8.51	5574

1-2-8 平原建制镇文化、体育情况

单位：个

地　　区	图书馆、文化站	影剧院	体育场馆
北　　京	83	16	24
天　　津	342	11	14
河　　北	1423	93	113
山　　西	731	39	209
内 蒙 古	400	22	39
辽　　宁	412	30	75
吉　　林	252	23	20
黑 龙 江	561	20	50
上　　海	219	91	77
江　　苏	2177	658	783
浙　　江	1004	122	151
安　　徽	637	72	181
福　　建	179	23	40
江　　西	174	28	16
山　　东	3766	303	648
河　　南	2731	181	816
湖　　北	550	160	169
湖　　南	145	45	15
广　　东	486	101	421
广　　西	43	8	17
海　　南	66	13	7
重　　庆			
四　　川	684	44	90
贵　　州			
云　　南	122	19	33
西　　藏	27		2
陕　　西	527	43	85
甘　　肃	152	38	34
青　　海			
宁　　夏	78	17	19
新　　疆	328	39	59
东部地区	9745	1431	2278
中部地区	4968	525	1406
西部地区	2361	230	378
东北地区	1225	73	145

1-2-9 平原建制镇卫生及社会保障情况

单位：个、人、床

地区	医院、卫生院	医生数	病床数	敬老院、福利院	现收养人数
北京	142	8287	11468	105	8460
天津	153	4996	5817	99	2603
河北	1098	34365	74843	519	27805
山西	345	10892	16950	117	2727
内蒙古	377	7843	12781	154	5230
辽宁	330	11236	19343	199	11265
吉林	300	11321	13240	216	10179
黑龙江	652	13686	17106	221	13348
上海	214	15628	26588	239	30771
江苏	2937	124573	159251	1355	90901
浙江	492	19259	21897	331	17343
安徽	1194	30138	41776	668	36368
福建	148	6585	9774	52	1968
江西	117	4476	7713	71	3007
山东	2089	123324	214207	1226	79629
河南	1284	67901	112665	1049	54580
湖北	512	34410	45793	390	31369
湖南	186	8528	17142	126	5845
广东	550	22312	44134	327	11864
广西	97	4235	9893	126	1672
海南	113	2843	3625	47	400
重庆					
四川	512	23532	42237	187	16201
贵州					
云南	235	7080	19491	64	2192
西藏	20	1412	2323	5	167
陕西	623	17732	30419	98	2200
甘肃	168	6000	8935	76	1692
青海					
宁夏	122	3167	7063	35	1621
新疆	332	8345	21597	110	5864
东部地区	7936	362172	571604	4300	271744
中部地区	3638	156345	242039	2421	133896
西部地区	2486	79346	154739	855	36839
东北地区	1282	36243	49689	636	34792

1-2-10 平原建制镇镇区情况

单位：万户、万人、公顷

地区	镇区总户数	镇区总人口	镇区占地面积	镇区绿化面积
北　京	45.76	127.68	53676	6180
天　津	33.62	103.40	63335	1023
河　北	277.75	957.95	479295	21096
山　西	63.23	199.74	42939	3827
内蒙古	47.96	143.06	171734	4061
辽　宁	75.20	210.56	124487	4705
吉　林	63.00	183.51	73301	3235
黑龙江	104.93	311.68	142744	5173
上　海	166.70	468.70	67019	12429
江　苏	671.63	2148.67	567718	106031
浙　江	163.82	516.29	152890	8944
安　徽	148.61	507.08	156412	8448
福　建	41.23	140.61	41668	2666
江　西	31.28	96.45	25947	1940
山　东	553.79	1849.20	546947	67151
河　南	235.02	919.80	292399	16799
湖　北	158.86	514.12	157711	13096
湖　南	39.70	112.72	30669	3109
广　东	164.20	632.05	169155	21761
广　西	27.73	93.25	19128	1337
海　南	15.47	57.01	12875	956
重　庆				
四　川	142.94	397.53	93269	9576
贵　州				
云　南	34.67	99.52	32020	2941
西　藏	2.89	10.15	37463	2375
陕　西	40.61	147.59	65392	3312
甘　肃	23.48	77.90	46902	1494
青　海				
宁　夏	24.38	74.00	29948	3057
新　疆	44.95	144.73	110283	7138
东部地区	2133.97	7001.56	2154579	248236
中部地区	676.71	2349.91	706076	47219
西部地区	389.61	1187.73	606140	35291
东北地区	243.12	705.75	340532	13113

三、丘陵建制镇

1-3-1 丘陵建制镇基本情况

单位：个

地区	居民委员会个数	村民委员会个数	通电的村	通电话的村	通公路的村	通有线电视的村
北京	54	670	670	670	670	668
天津						
河北	147	3222	3221	3222	3216	1969
山西	89	4575	4551	4484	4541	3049
内蒙古	481	4599	4519	4449	4429	2352
辽宁	143	2562	2562	2562	2561	2390
吉林	162	1829	1829	1829	1829	1583
黑龙江	191	1064	1064	1053	1064	1029
上海						
江苏	426	1214	1214	1214	1212	1214
浙江	262	7326	7326	7323	7304	7179
安徽	929	4827	4827	4827	4822	3381
福建	452	4833	4833	4831	4810	4548
江西	990	8079	8078	8075	8074	7051
山东	1721	19634	19632	19632	19627	19495
河南	178	5047	5047	5047	5046	4155
湖北	678	7168	7166	7165	7166	5728
湖南	1634	20218	20217	20207	20167	13699
广东	1133	7852	7852	7850	7831	6996
广西	915	6866	6856	6823	6797	4783
海南	167	1247	1247	1238	1247	758
重庆	1254	4936	4936	4936	4932	4755
四川	2320	18650	18636	18633	18564	16153
贵州	82	609	609	604	609	283
云南	296	1613	1613	1613	1607	1359
西藏	24	122	73	95	96	44
陕西	118	5239	5239	5209	5081	2674
甘肃	73	1192	1191	1189	1134	454
青海	1	5	5	5	5	
宁夏	2	61	61	61	61	41
新疆	51	71	71	68	71	45
东部地区	4362	45998	45995	45980	45917	42827
中部地区	4498	49914	49886	49805	49816	37063
西部地区	5617	43963	43809	43685	43386	32943
东北地区	496	5455	5455	5444	5454	5002

1-3-1 续表 单位：个、万公顷、亿千瓦时

地 区	通自来水的村	垃圾集中处理的村	行政区域面积	用电总量
北 京	668	670	27.01	16.28
天 津				
河 北	2354	1157	121.04	41.24
山 西	4045	2404	210.87	17.31
内 蒙 古	2206	212	3569.30	34.95
辽 宁	1384	595	316.86	76.67
吉 林	936	418	235.37	17.91
黑 龙 江	917	415	369.97	7.83
上 海				
江 苏	1189	928	105.23	119.09
浙 江	6906	6993	230.76	244.18
安 徽	3295	1670	497.72	119.66
福 建	4108	3907	298.41	235.39
江 西	4090	3691	678.81	57.61
山 东	18435	11888	444.18	357.57
河 南	3882	2703	213.78	111.15
湖 北	3607	1727	457.02	92.59
湖 南	8254	2495	797.42	96.48
广 东	5639	3677	637.90	950.81
广 西	4043	1133	851.87	62.42
海 南	907	334	116.66	10.43
重 庆	3464	955	350.73	121.35
四 川	7334	4759	626.52	87.27
贵 州	434	193	52.62	5.01
云 南	1507	684	408.60	30.33
西 藏	8	6	460.68	0.00
陕 西	3599	1253	330.47	15.32
甘 肃	808	156	132.95	5.90
青 海	5	1	7.52	0.00
宁 夏	37	26	25.63	0.21
新 疆	70	19	106.92	0.70
东部地区	40206	29554	1981.19	1974.99
中部地区	27173	14690	2855.63	494.80
西部地区	23515	9397	6923.82	363.46
东北地区	3237	1428	922.20	102.42

1-3-2 丘陵建制镇人口与就业情况

单位：万户、万人

地 区	总户数	总人口	从业人员数		
				第二产业	第三产业
北 京	36.16	90.07	47.15	14.34	20.20
天 津					
河 北	142.32	440.28	202.85	54.17	48.63
山 西	165.03	489.02	226.86	54.84	53.98
内蒙古	259.46	814.47	404.24	63.95	82.90
辽 宁	181.50	583.43	309.41	71.36	78.76
吉 林	106.10	338.43	164.22	30.76	40.12
黑龙江	85.74	279.75	135.98	20.97	33.75
上 海					
江 苏	180.51	561.72	301.26	138.03	101.64
浙 江	340.84	994.90	648.05	287.80	193.42
安 徽	591.37	2003.01	1139.47	351.43	277.27
福 建	370.55	1418.90	778.18	312.55	201.67
江 西	600.15	2137.79	1086.63	324.64	287.62
山 东	785.22	2354.24	1295.22	441.01	317.31
河 南	269.62	1002.85	588.69	190.28	131.49
湖 北	453.64	1567.57	774.35	240.70	245.96
湖 南	943.94	3276.18	1813.35	433.60	431.73
广 东	834.81	3430.32	1854.62	721.29	427.58
广 西	854.47	3103.00	1632.49	337.20	388.78
海 南	90.82	382.76	182.01	21.69	44.39
重 庆	729.16	2098.00	1196.20	399.88	347.79
四 川	1366.86	4101.98	2187.67	538.63	710.13
贵 州	45.53	165.08	91.70	9.85	27.35
云 南	220.44	733.88	397.51	55.10	84.15
西 藏	1.69	6.89	3.30	0.13	0.46
陕 西	170.46	590.15	310.28	54.22	66.71
甘 肃	61.86	231.85	120.28	19.27	27.34
青 海	0.11	0.40	0.26	0.14	0.02
宁 夏	4.66	16.78	7.65	1.08	0.72
新 疆	8.49	25.84	11.25	2.33	3.37
东部地区	2781.23	9673.19	5309.33	1990.89	1354.83
中部地区	3023.74	10476.41	5629.35	1595.49	1428.04
西部地区	3723.18	11888.33	6362.84	1481.79	1739.70
东北地区	373.35	1201.60	609.61	123.09	152.63

1-3-3 丘陵建制镇农业生产情况

单位：万公顷

地　区	年末耕地面积	年末有效灌溉面积	农作物播种面积	
				粮食播种面积
北　京	4.39	2.49	4.53	3.52
天　津				
河　北	35.60	20.45	42.81	33.11
山　西	56.20	15.20	66.15	59.51
内蒙古	353.50	87.39	323.77	268.68
辽　宁	91.32	18.21	102.41	78.92
吉　林	81.12	16.32	85.67	80.46
黑龙江	109.70	17.49	111.83	106.79
上　海				
江　苏	33.12	25.83	59.25	38.47
浙　江	34.50	27.27	62.57	35.90
安　徽	135.67	108.00	285.84	208.75
福　建	35.19	24.85	68.52	35.89
江　西	110.98	91.33	279.81	189.05
山　东	151.23	87.96	233.23	158.96
河　南	72.49	40.70	139.11	101.62
湖　北	99.19	68.87	236.54	146.88
湖　南	163.54	134.44	422.69	279.09
广　东	114.51	61.92	207.04	115.07
广　西	157.36	79.03	317.21	168.97
海　南	20.96	8.50	39.25	20.31
重　庆	107.65	46.57	199.32	131.63
四　川	168.85	97.08	442.12	307.35
贵　州	6.38	3.27	19.04	10.81
云　南	37.48	22.22	79.23	44.67
西　藏	0.03	0.02	0.04	0.03
陕　西	56.78	20.85	80.18	57.66
甘　肃	29.79	9.09	34.40	23.57
青　海	0.07	0.01	0.07	0.03
宁　夏	4.97	1.91	4.25	3.11
新　疆	6.52	4.04	6.96	5.27
东部地区	429.50	259.28	717.19	441.22
中部地区	638.08	458.54	1430.14	984.90
西部地区	929.36	371.48	1506.61	1021.78
东北地区	282.14	52.02	299.91	266.17

1-3-4　丘陵建制镇企业情况

单位：万个、万人

地　区	企业个数		企业从业人员	
		工业企业		工业企业
北　京	0.70	0.27	20.67	7.97
天　津				
河　北	9.22	1.78	89.29	45.02
山　西	2.24	0.75	46.53	29.62
内蒙古	1.59	0.61	48.55	30.14
辽　宁	3.72	1.62	72.30	48.77
吉　林	1.05	0.38	21.01	11.21
黑龙江	1.79	0.56	12.19	6.64
上　海				
江　苏	4.98	3.05	154.67	101.40
浙　江	23.74	15.12	281.49	231.92
安　徽	10.76	4.15	222.49	129.01
福　建	17.47	6.67	326.77	226.67
江　西	24.76	8.67	232.55	138.36
山　东	20.62	9.25	527.08	358.08
河　南	8.34	4.24	165.55	124.08
湖　北	16.56	6.18	212.46	125.98
湖　南	30.82	11.19	389.11	198.99
广　东	39.08	13.87	788.71	586.22
广　西	27.09	6.47	248.12	116.71
海　南	1.35	0.24	17.43	7.43
重　庆	5.67	2.92	323.34	177.71
四　川	19.05	5.28	300.03	158.25
贵　州	0.93	0.12	8.30	2.99
云　南	8.07	0.95	59.91	26.09
西　藏				
陕　西	7.59	1.70	48.56	22.10
甘　肃	1.19	0.27	21.64	9.34
青　海	0.00	0.00	0.01	0.01
宁　夏	0.01	0.00	0.24	0.13
新　疆	0.19	0.03	1.85	1.10
东部地区	117.15	50.27	2206.11	1564.71
中部地区	93.48	35.18	1268.70	746.04
西部地区	71.37	18.36	1060.57	544.57
东北地区	6.56	2.55	105.50	66.63

1-3-5　丘陵建制镇固定资产投资与社区建设情况

单位：亿元、个、公里

地　区	固定资产投资完成额		储蓄所	公路里程	市场个数	公园个数
		农业投资完成额				
北　京	192.55	4.45	103	2993	62	47
天　津						
河　北	480.12	23.40	360	7129	313	78
山　西	237.64	22.14	486	13984	325	106
内蒙古	1102.47	89.49	923	36046	515	98
辽　宁	138.01	21.64	635	14976	593	54
吉　林	47.03	5.58	358	12182	266	10
黑龙江	137.99	4.60	227	8179	177	31
上　海						
江　苏	1632.65	70.27	447	15589	347	107
浙　江	1152.56	64.11	1198	22997	908	785
安　徽	2058.55	132.93	1521	54767	1162	181
福　建	1776.09	41.55	1092	24055	693	305
江　西	1487.68	81.65	1875	48850	1132	231
山　东	6124.71	212.09	2487	48673	2824	534
河　南	2244.12	165.89	819	34584	900	359
湖　北	2308.71	242.26	1211	64120	1022	111
湖　南	1838.67	165.77	2313	80112	1864	162
广　东	3031.31	74.39	3013	46978	2207	1085
广　西	2773.44	123.51	2074	34256	1354	133
海　南	61.42	5.78	297	7120	222	14
重　庆	3852.87	151.30	2235	43784	1269	187
四　川	2103.21	192.45	3736	149816	2811	270
贵　州	96.35	7.94	124	4543	90	8
云　南	506.70	39.18	679	19781	475	114
西　藏			9	3181		
陕　西	211.81	14.88	526	17112	354	48
甘　肃	215.50	5.24	256	4288	139	37
青　海	0.19	0.19	1	45	1	
宁　夏	9.42	1.73	12	510	5	
新　疆	16.98	0.72	41	938	25	3
东部地区	14451.41	496.03	8997	175534	7576	2955
中部地区	10175.36	810.64	8225	296417	6405	1150
西部地区	10888.94	626.65	10616	314298	7038	898
东北地区	323.03	31.82	1220	35337	1036	95

1-3-6　丘陵建制镇农业技术情况

单位：个、人、户

地　区	农技推广服务机构	农技推广服务从业人员	农业专业合作经济组织个数	农业专业合作经济组织成员
北　京	61	459	1270	61166
天　津				
河　北	394	1580	556	30434
山　西	363	1249	4874	66598
内蒙古	439	3673	2456	112470
辽　宁	713	3819	1846	136016
吉　林	529	2966	1245	34857
黑龙江	133	1201	1235	40268
上　海				
江　苏	142	2456	2694	336811
浙　江	639	3794	6872	180595
安　徽	887	5069	3553	242723
福　建	652	4113	1516	56303
江　西	1048	6033	3297	151926
山　东	1428	9734	8614	560043
河　南	1221	11601	2486	173288
湖　北	573	3427	3489	320923
湖　南	1300	7572	3054	426272
广　东	759	4363	2725	182037
广　西	990	6712	2474	134732
海　南	149	1011	1882	30832
重　庆	559	7498	4935	578637
四　川	2382	11466	6415	872665
贵　州	59	530	288	21822
云　南	323	3998	1571	161956
西　藏	1	2	10	1969
陕　西	343	1999	1354	64285
甘　肃	330	4260	390	19917
青　海	1	1	12	127
宁　夏	2	4	17	2441
新　疆	26	142	107	6858
东部地区	4224	27510	26129	1438221
中部地区	5392	34951	20753	1381730
西部地区	5455	40285	20029	1977879
东北地区	1375	7986	4326	211141

1-3-7 丘陵建制镇教育情况

单位：个、万人

地　区	小学校数	小学在校学生数	小学教师数	中学校数	中学在校学生数	中学教师数	幼儿园、托儿所
北　京	115	3.57	0.47	54	2.47	0.41	182
天　津							
河　北	784	30.67	1.98	194	17.73	1.62	943
山　西	1896	33.47	3.01	303	23.45	1.93	1581
内蒙古	943	40.74	4.37	290	29.82	2.85	979
辽　宁	1302	29.42	2.67	245	18.68	1.81	1599
吉　林	926	16.63	2.09	165	10.02	1.06	667
黑龙江	557	12.40	1.21	138	8.18	0.78	670
上　海							
江　苏	404	27.51	2.10	218	24.14	2.21	723
浙　江	842	53.87	2.98	443	43.02	3.38	2499
安　徽	4400	116.49	6.94	1060	97.24	6.60	2810
福　建	2700	80.25	5.43	596	67.20	5.64	3474
江　西	7065	194.14	9.85	1012	114.64	7.82	5876
山　东	2624	119.74	8.67	802	101.34	9.19	5549
河　南	3327	88.70	4.95	528	57.27	4.16	3106
湖　北	2618	83.62	5.27	585	59.55	5.29	1883
湖　南	7528	201.14	11.32	1590	124.64	10.50	4904
广　东	5976	270.00	14.39	1226	203.31	11.92	3974
广　西	7273	247.71	13.55	1127	148.59	9.39	4954
海　南	1228	33.38	2.39	188	23.70	1.60	644
重　庆	2270	109.17	6.74	735	105.69	7.12	3267
四　川	4250	242.85	13.42	2043	245.42	15.23	6616
贵　州	494	13.79	0.76	81	9.37	0.56	151
云　南	1986	65.21	3.75	337	49.24	3.16	1415
西　藏	21	1.09	0.05	1	0.19	0.01	1
陕　西	1680	35.39	2.73	360	32.19	2.53	991
甘　肃	960	16.09	1.19	136	12.45	0.88	285
青　海							4
宁　夏	75	1.70	0.06	6	0.98	0.07	11
新　疆	32	2.36	0.19	27	2.48	0.22	48
东部地区	14673	618.99	38.41	3721	482.90	35.97	17988
中部地区	26834	717.56	41.35	5078	476.79	36.29	20160
西部地区	19984	776.11	46.83	5143	636.42	42.04	18722
东北地区	2785	58.45	5.97	548	36.88	3.65	2936

1-3-8 丘陵建制镇文化、体育情况

单位：个

地 区	图书馆、文化站	影剧院	体育场馆
北 京	34	7	5
天 津			
河 北	601	13	14
山 西	643	35	208
内蒙古	436	34	53
辽 宁	614	33	24
吉 林	125	6	5
黑龙江	135	5	22
上 海			
江 苏	325	68	146
浙 江	577	101	121
安 徽	864	98	179
福 建	623	80	147
江 西	848	128	167
山 东	1504	176	281
河 南	1179	126	303
湖 北	720	158	146
湖 南	967	188	219
广 东	1053	210	291
广 西	670	118	171
海 南	207	22	35
重 庆	678	77	77
四 川	1741	155	194
贵 州	59	3	11
云 南	279	31	45
西 藏	17		3
陕 西	357	31	33
甘 肃	104	29	36
青 海	1		
宁 夏	3	1	
新 疆	24	4	4
东部地区	4924	677	1040
中部地区	5221	733	1222
西部地区	4369	483	627
东北地区	874	44	51

1-3-9 丘陵建制镇卫生及社会保障情况

单位：个、人、床

地　区	医院、卫生院	医生数	病床数	敬老院、福利院	现收养人数
北　京	51	2451	3240	40	3057
天　津					
河　北	244	4962	13375	106	3596
山　西	344	8351	13227	124	2992
内蒙古	635	12838	16650	262	8391
辽　宁	373	8143	14330	210	9294
吉　林	181	4324	5922	120	7088
黑龙江	150	2732	5119	42	2555
上　海					
江　苏	243	10339	12296	127	11536
浙　江	512	14907	17373	343	15083
安　徽	1191	30186	37940	707	39636
福　建	390	12875	24436	233	2867
江　西	913	30189	38049	689	41591
山　东	859	49691	88351	573	38845
河　南	328	14931	23868	375	16922
湖　北	558	34771	39431	534	35178
湖　南	1326	55938	71920	919	35064
广　东	996	32609	53917	921	18625
广　西	840	49557	78331	1914	22891
海　南	188	3711	7864	105	1647
重　庆	764	30380	57560	924	31673
四　川	1989	67405	101155	1476	70389
贵　州	96	1639	3059	36	602
云　南	437	11793	28649	116	3637
西　藏	30	98	85	4	54
陕　西	436	10130	13491	120	3337
甘　肃	125	4129	5581	52	518
青　海	8	23	74	1	34
宁　夏	6	172	348	3	112
新　疆	29	490	1857	6	263
东部地区	3483	131545	220852	2448	95256
中部地区	4660	174366	224435	3348	171383
西部地区	5395	188654	306840	4914	141901
东北地区	704	15199	25371	372	18937

1-3-10 丘陵建制镇镇区情况

单位：万户、万人、公顷

地 区	镇区总户数	镇区总人口	镇区占地面积	镇区绿化面积
北 京	8.63	21.86	19879	1254
天 津				
河 北	51.03	149.94	68056	3216
山 西	43.33	136.12	30854	2566
内蒙古	78.94	238.90	168791	9883
辽 宁	45.82	141.24	150187	4426
吉 林	25.38	73.80	37348	764
黑龙江	27.36	82.44	25041	1678
上 海				
江 苏	62.22	208.66	56692	9193
浙 江	114.51	339.98	133260	5362
安 徽	154.42	509.61	177819	16433
福 建	107.29	402.41	133802	5403
江 西	162.55	529.33	181052	14278
山 东	260.28	811.17	309571	34037
河 南	68.11	263.22	98446	7832
湖 北	150.13	481.17	148502	13096
湖 南	255.63	807.17	284875	19377
广 东	243.14	885.76	324181	36036
广 西	215.07	700.08	161346	9048
海 南	29.73	121.47	28628	3411
重 庆	247.83	697.46	144583	17386
四 川	361.33	1024.31	218043	13531
贵 州	15.11	49.82	10878	326
云 南	65.71	202.28	59912	6219
西 藏	1.69	6.89	41513	
陕 西	30.99	104.09	49025	2363
甘 肃	17.77	68.76	30862	873
青 海	0.11	0.40	31572	11
宁 夏	1.61	5.28	3281	430
新 疆	2.95	9.42	7459	935
东部地区	876.82	2941.27	1074068	97912
中部地区	834.17	2726.62	921547	73582
西部地区	1039.10	3107.68	927265	61005
东北地区	98.56	297.49	212576	6868

四、山区建制镇

1-4-1 山区建制镇基本情况

单位：个

地区	居民委员会个数	村民委员会个数	通电的村	通电话的村	通公路的村	通有线电视的村
北京	35	769	769	769	769	766
天津		312	312	312	312	312
河北	207	4751	4751	4728	4742	3376
山西	144	6617	6588	6445	6498	4379
内蒙古	91	567	546	505	542	308
辽宁	138	1568	1568	1568	1568	1522
吉林	428	1802	1802	1800	1801	1764
黑龙江	194	750	750	750	749	737
上海						
江苏						
浙江	193	5611	5611	5601	5580	5450
安徽	105	1175	1175	1175	1170	1034
福建	194	3572	3572	3570	3571	3232
江西	181	1570	1570	1568	1568	1451
山东	294	5211	5211	5211	5211	4999
河南	74	2548	2545	2545	2543	1897
湖北	306	5987	5984	5971	5971	3765
湖南	483	4616	4616	4601	4571	2908
广东	600	7208	7207	7207	7194	6288
广西	256	2765	2765	2705	2716	1710
海南	22	397	397	365	396	130
重庆	371	2019	2019	2019	2017	1547
四川	757	5942	5888	5822	5793	4136
贵州	847	9002	9002	8484	8859	3987
云南	398	4530	4529	4491	4509	2398
西藏	82	1095	826	936	1021	709
陕西	387	12031	12025	11984	11868	5001
甘肃	279	4693	4691	4651	4551	1861
青海	189	1988	1891	1855	1943	542
宁夏	25	495	495	495	480	346
新疆	63	212	205	194	200	128
东部地区	1545	27831	27830	27763	27775	24553
中部地区	1293	22513	22478	22305	22321	15434
西部地区	3745	45339	44882	44141	44499	22673
东北地区	760	4120	4120	4118	4118	4023

1-4-1 续表 单位：个、万公顷、亿千瓦时

地 区	通自来水的村	垃圾集中处理的村	行政区域面积	用电总量
北 京	765	760	60.18	8.46
天 津	243	203	6.61	1.60
河 北	3682	1615	322.24	37.83
山 西	5179	3506	409.55	17.49
内 蒙 古	304	28	937.55	4.47
辽 宁	1134	554	338.15	39.59
吉 林	1577	620	680.07	11.70
黑 龙 江	667	455	731.36	11.41
上 海				
江 苏				
浙 江	5378	4864	290.47	68.49
安 徽	945	473	190.42	9.02
福 建	3255	2084	409.96	59.99
江 西	985	845	232.13	7.74
山 东	4948	3053	151.45	37.19
河 南	2062	954	206.68	18.02
湖 北	2695	668	630.13	20.19
湖 南	2532	544	336.62	23.06
广 东	4971	2643	832.03	54.09
广 西	1774	328	532.61	13.06
海 南	259	37	73.03	0.60
重 庆	1263	208	252.49	15.34
四 川	3506	1454	665.62	25.55
贵 州	6400	1816	877.18	80.52
云 南	4256	766	1330.62	47.48
西 藏	797	63	1126.67	0.37
陕 西	8977	2255	1234.98	20.39
甘 肃	2987	406	754.85	9.48
青 海	1652	241	2657.96	2.65
宁 夏	263	67	124.09	2.74
新 疆	151	27	335.98	3.53
东部地区	23501	15259	2145.98	268.26
中部地区	14398	6990	2005.54	95.52
西部地区	32330	7659	10830.61	225.56
东北地区	3378	1629	1749.58	62.69

1-4-2 山区建制镇人口与就业情况

单位：万户、万人

地 区	总户数	总人口	从业人员数		
				第二产业	第三产业
北 京	24.54	54.09	29.67	6.65	11.19
天 津	7.93	25.50	11.60	4.08	3.07
河 北	195.50	578.56	281.81	85.99	63.09
山 西	199.98	576.01	252.85	57.89	59.15
内蒙古	39.42	125.62	55.59	10.04	11.86
辽 宁	105.88	338.27	175.27	34.38	51.80
吉 林	96.95	276.43	130.58	22.47	37.20
黑龙江	56.16	178.61	90.41	20.81	26.57
上 海					
江 苏					
浙 江	174.92	525.05	337.60	106.22	112.30
安 徽	90.44	300.52	165.06	44.63	37.96
福 建	171.29	617.99	311.70	74.82	81.97
江 西	91.16	326.72	156.38	39.60	33.02
山 东	182.73	565.10	325.77	100.57	82.60
河 南	112.55	389.56	224.17	58.63	47.92
湖 北	305.89	996.30	499.88	120.84	142.47
湖 南	191.57	666.57	363.06	71.10	82.91
广 东	454.92	1804.33	827.32	171.64	191.56
广 西	220.33	824.39	425.63	74.51	73.26
海 南	19.22	75.28	34.76	1.78	4.73
重 庆	193.77	622.65	347.81	79.12	100.32
四 川	325.10	1023.95	546.54	96.67	173.52
贵 州	613.08	2262.53	1238.60	172.03	301.20
云 南	429.99	1573.16	839.55	85.81	140.27
西 藏	12.68	55.21	27.50	3.15	5.53
陕 西	337.84	1115.84	534.62	101.23	126.64
甘 肃	182.28	723.61	373.44	41.02	87.16
青 海	69.45	254.72	117.88	27.27	26.15
宁 夏	29.34	101.68	46.97	8.83	8.29
新 疆	13.68	44.35	20.43	3.41	5.88
东部地区	1231.05	4245.90	2160.23	551.75	550.50
中部地区	991.58	3255.69	1661.40	392.69	403.43
西部地区	2466.96	8727.70	4574.56	703.09	1060.08
东北地区	258.99	793.30	396.26	77.65	115.57

1-4-3　山区建制镇农业生产情况

单位：万公顷

地　区	年末耕地面积	年末有效灌溉面积	农作物播种面积	
				粮食播种面积
北　京	2.68	0.72	3.44	2.77
天　津	1.21	0.77	1.61	1.45
河　北	32.79	17.51	41.93	33.42
山　西	61.08	7.55	65.05	58.44
内蒙古	34.41	6.06	34.61	28.30
辽　宁	35.37	5.95	38.27	32.87
吉　林	53.39	6.42	58.72	52.36
黑龙江	60.92	10.06	61.68	55.76
上　海				
江　苏				
浙　江	19.64	12.90	39.68	22.09
安　徽	11.97	9.04	25.38	14.53
福　建	31.51	24.70	66.98	36.90
江　西	16.83	13.48	35.70	24.16
山　东	36.13	16.59	53.63	35.64
河　南	25.72	9.97	49.22	31.42
湖　北	57.88	19.12	147.22	89.81
湖　南	33.92	23.93	73.91	42.17
广　东	71.58	45.83	153.14	92.23
广　西	69.47	20.91	100.54	48.96
海　南	4.14	1.93	8.73	4.91
重　庆	44.19	11.50	82.57	56.63
四　川	42.50	19.66	105.26	74.20
贵　州	97.89	35.31	272.43	171.92
云　南	97.58	38.10	230.58	144.11
西　藏	5.07	4.02	5.51	4.12
陕　西	112.98	16.93	165.03	119.27
甘　肃	81.40	21.48	97.75	69.96
青　海	26.43	10.24	27.24	13.53
宁　夏	25.59	4.83	26.62	15.24
新　疆	7.92	6.42	8.76	5.91
东部地区	199.68	120.94	369.13	229.39
中部地区	207.39	83.10	396.47	260.53
西部地区	645.42	195.46	1156.90	752.15
东北地区	149.68	22.43	158.67	140.99

1-4-4 山区建制镇企业情况

单位：万个、万人

地区	企业个数		企业从业人员	
		工业企业		工业企业
北京	0.17	0.07	6.64	3.05
天津	0.10	0.08	2.85	2.37
河北	9.11	2.40	98.35	55.20
山西	2.85	0.79	48.88	30.29
内蒙古	0.25	0.08	7.54	4.01
辽宁	1.24	0.61	32.90	22.16
吉林	1.11	0.37	20.14	10.49
黑龙江	2.01	0.69	17.01	13.45
上海				
江苏				
浙江	9.63	5.31	94.89	74.85
安徽	2.68	1.09	31.78	19.34
福建	8.28	2.25	77.17	49.57
江西	2.74	0.85	24.72	14.05
山东	3.16	1.67	85.33	56.38
河南	3.25	1.31	60.33	36.09
湖北	9.98	3.07	91.12	47.31
湖南	5.41	1.42	52.72	29.38
广东	10.35	3.39	108.02	68.08
广西	4.94	0.86	33.77	17.51
海南	0.06	0.01	0.65	0.29
重庆	0.83	0.38	28.53	15.76
四川	5.00	1.36	64.68	33.62
贵州	9.77	2.25	109.49	59.55
云南	9.12	1.38	81.68	43.41
西藏	0.01	0.01	0.35	0.24
陕西	13.11	2.15	81.87	36.04
甘肃	4.17	1.14	47.10	19.89
青海	2.08	0.76	12.35	7.40
宁夏	0.14	0.06	4.38	2.26
新疆	0.14	0.04	3.15	2.43
东部地区	40.87	15.19	473.91	309.78
中部地区	26.90	8.54	309.54	176.45
西部地区	49.56	10.45	474.89	242.12
东北地区	4.36	1.66	70.05	46.10

1-4-5 山区建制镇固定资产投资与社区建设情况

单位：亿元、个、公里

地 区	固定资产投资完成额	农业投资完成额	储蓄所	公路里程	市场个数	公园个数
北 京	108.12	2.75	66	2948	38	49
天 津	57.64	5.77	16	664	18	1
河 北	1092.71	50.77	649	14949	547	251
山 西	295.60	29.58	776	18935	394	189
内蒙古	99.40	3.50	168	6091	93	20
辽 宁	6.80	1.47	406	10071	414	24
吉 林	170.10	21.94	357	10983	269	19
黑龙江	194.80	7.06	211	6640	138	40
上 海						
江 苏						
浙 江	320.44	28.82	673	18925	435	311
安 徽	324.71	30.11	363	11273	195	55
福 建	597.48	37.31	554	24163	307	190
江 西	139.58	16.73	336	13271	209	40
山 东	860.69	53.22	416	14990	744	145
河 南	665.27	97.61	397	14375	350	145
湖 北	745.43	97.31	704	71622	562	81
湖 南	172.81	18.66	620	22779	388	59
广 东	494.06	47.94	1066	42727	767	173
广 西	572.28	26.61	603	18522	446	38
海 南	35.56	0.43	74	1728	37	3
重 庆	300.97	47.88	614	24293	387	37
四 川	465.76	35.53	1226	65445	870	117
贵 州	1102.63	73.29	1598	73567	1293	89
云 南	440.78	56.03	1080	75012	1107	131
西 藏	4.39	0.20	105	7928	40	11
陕 西	583.46	43.78	1256	70906	804	130
甘 肃	153.17	9.02	666	17542	481	64
青 海	120.55	8.10	257	9742	177	15
宁 夏	74.29	4.76	71	3200	41	8
新 疆	23.89	0.92	52	2592	49	9
东部地区	3566.69	227.00	3514	121093	2893	1123
中部地区	2343.40	290.00	3196	152256	2098	569
西部地区	3941.57	309.61	7696	374839	5788	669
东北地区	371.71	30.47	974	27694	821	83

1-4-6 山区建制镇农业技术情况

单位：个、人、户

地　区	农技推广服务机构	农技推广服务从业人员	农业专业合作经济组织个数	农业专业合作经济组织成员
北　京	73	576	1261	78213
天　津	14	53	28	3024
河　北	645	2065	846	51546
山　西	466	1765	4743	59853
内蒙古	58	432	236	8880
辽　宁	389	1821	1516	81582
吉　林	604	2575	1811	56464
黑龙江	151	1149	1037	27921
上　海				
江　苏				
浙　江	496	2675	3728	121824
安　徽	168	1007	1066	57849
福　建	407	2494	1618	56746
江　西	225	1151	677	36876
山　东	351	2016	3355	257831
河　南	443	3546	947	72120
湖　北	394	3101	2790	185273
湖　南	357	1982	772	77579
广　东	693	2818	1868	87332
广　西	314	1884	575	24260
海　南	37	133	272	2189
重　庆	243	2127	1847	167658
四　川	920	3418	1917	231923
贵　州	894	7195	2049	135301
云　南	793	8387	2580	200689
西　藏	25	93	58	4525
陕　西	973	6524	3428	131249
甘　肃	926	8020	927	54933
青　海	135	722	1042	26179
宁　夏	42	276	356	17779
新　疆	57	347	125	3509
东部地区	2716	12830	12976	658705
中部地区	2053	12552	10995	489550
西部地区	5380	39425	15140	1006885
东北地区	1144	5545	4364	165967

1-4-7 山区建制镇教育情况

单位：个、万人

地 区	小学校数	小学在校学生数	小学教师数	中学校数	中学在校学生数	中学教师数	幼儿园、托儿所
北 京	69	1.48	0.27	33	1.13	0.19	95
天 津	49	1.13	0.10	18	0.95	0.12	78
河 北	1204	39.98	2.63	297	30.98	2.47	1595
山 西	2721	42.41	3.51	432	32.82	2.79	1787
内蒙古	189	4.73	0.75	62	4.06	0.52	165
辽 宁	761	16.36	1.61	168	11.64	1.07	726
吉 林	624	10.88	1.54	199	6.86	0.93	642
黑龙江	338	8.69	0.88	116	7.91	0.82	451
上 海							
江 苏							
浙 江	627	27.75	1.88	297	22.10	1.78	1455
安 徽	1273	15.41	1.10	200	16.09	1.14	420
福 建	1296	31.01	2.83	296	25.09	2.50	1325
江 西	1397	26.52	1.46	187	14.70	1.07	836
山 东	872	29.42	2.26	205	23.50	2.03	1375
河 南	1900	33.55	2.12	194	17.56	1.28	1087
湖 北	2033	52.24	3.35	414	41.12	3.15	970
湖 南	1724	42.62	2.86	378	29.70	2.55	1008
广 东	4988	121.31	7.98	756	94.37	6.30	1693
广 西	2722	62.56	3.90	334	36.79	2.53	1364
海 南	296	4.91	0.49	56	3.35	0.31	62
重 庆	1306	45.69	2.74	258	42.84	2.36	837
四 川	2384	81.92	4.69	648	77.42	4.84	1889
贵 州	7708	216.44	11.19	1168	130.94	7.49	1720
云 南	5736	149.60	8.59	712	95.98	6.10	2110
西 藏	273	7.20	0.51	39	4.32	0.30	57
陕 西	3623	67.44	5.23	704	56.06	4.35	1313
甘 肃	4066	70.19	4.29	460	46.56	3.11	565
青 海	830	24.70	1.41	207	19.72	1.32	446
宁 夏	463	10.68	0.57	44	6.47	0.44	71
新 疆	71	3.31	0.32	34	2.43	0.25	59
东部地区	9401	256.99	18.44	1958	201.49	15.70	7678
中部地区	11048	212.74	14.41	1805	151.99	11.98	6108
西部地区	29371	744.45	44.18	4670	523.59	33.60	10596
东北地区	1723	35.93	4.02	483	26.40	2.82	1819

1-4-8 山区建制镇文化、体育情况

单位：个

地　区	图书馆、文化站	影剧院	体育场馆
北　京	28	1	1
天　津	5		
河　北	587	30	41
山　西	821	78	352
内蒙古	66	3	11
辽　宁	193	13	20
吉　林	161	14	16
黑龙江	83	7	15
上　海			
江　苏			
浙　江	700	74	59
安　徽	271	16	69
福　建	272	59	72
江　西	183	38	73
山　东	184	21	56
河　南	279	47	96
湖　北	390	57	57
湖　南	327	58	48
广　东	544	89	121
广　西	245	24	36
海　南	37	2	5
重　庆	272	10	10
四　川	607	54	92
贵　州	844	41	79
云　南	547	60	161
西　藏	189		18
陕　西	753	48	69
甘　肃	314	52	39
青　海	139	8	19
宁　夏	34	12	4
新　疆	42	5	12
东部地区	2357	276	355
中部地区	2271	294	695
西部地区	4052	317	550
东北地区	437	34	51

1-4-9　山区建制镇卫生及社会保障情况

单位：个、人、床

地　区	医院、卫生院	医生数	病床数	敬老院、福利院	现收养人数
北　京	38	1003	970	39	1271
天　津	11	437	341	9	97
河　北	300	9231	19284	120	10637
山　西	480	9840	16869	173	3788
内蒙古	97	2523	2915	41	1336
辽　宁	182	3960	8690	122	7362
吉　林	209	5185	7344	154	5286
黑龙江	144	3368	5120	35	1365
上　海					
江　苏					
浙　江	459	7828	9625	238	8171
安　徽	235	7012	8379	153	7117
福　建	281	4767	11379	202	2274
江　西	208	4570	5636	156	8345
山　东	195	6992	14494	139	9801
河　南	155	4876	7837	176	8732
湖　北	402	20235	26339	442	25061
湖　南	384	15523	21800	268	8427
广　东	636	13219	21284	563	10921
广　西	340	8865	17580	558	5859
海　南	65	971	1303	29	356
重　庆	314	8887	13072	292	6742
四　川	911	25673	39921	318	14615
贵　州	1089	25368	40230	494	7718
云　南	749	22422	42253	225	5929
西　藏	140	1369	1431	47	827
陕　西	1025	16021	25702	449	15800
甘　肃	419	12025	17252	134	2178
青　海	259	4144	7145	52	1801
宁　夏	51	1252	2152	14	1327
新　疆	44	764	1731	15	324
东部地区	1985	44448	78680	1339	43528
中部地区	1864	62056	86860	1368	61470
西部地区	5438	129313	211384	2639	64456
东北地区	535	12513	21154	311	14013

1-4-10　山区建制镇镇区情况

单位：万户、万人、公顷

地　区	镇区总户数	镇区总人口	镇区占地面积	镇区绿化面积
北　京	5.05	11.70	11300	695
天　津	0.78	2.80	3402	13
河　北	71.61	211.31	176972	4141
山　西	57.87	178.32	44555	3689
内蒙古	17.57	50.50	36225	1194
辽　宁	32.99	94.48	81161	1507
吉　林	38.12	107.73	46365	1167
黑龙江	26.86	81.58	69343	2710
上　海				
江　苏				
浙　江	53.61	157.76	111310	2430
安　徽	24.88	76.28	41456	5120
福　建	51.30	176.46	64736	1944
江　西	22.16	73.96	38252	2748
山　东	46.20	148.19	60811	3233
河　南	28.41	100.43	38550	2392
湖　北	83.52	265.92	110848	6386
湖　南	57.10	194.91	82429	6027
广　东	86.11	277.60	136278	5191
广　西	53.21	175.25	60412	1808
海　南	3.96	14.99	3218	259
重　庆	52.95	171.48	39699	2119
四　川	100.72	302.65	216069	3784
贵　州	167.09	558.67	294289	13024
云　南	96.24	315.91	229568	4681
西　藏	12.55	54.96	549961	1360
陕　西	64.96	225.77	166744	16550
甘　肃	49.43	190.37	84857	1193
青　海	21.22	75.69	46229.10	521.16
宁　夏	5.53	20.67	15350	934
新　疆	5.89	18.82	87739	2433
东部地区	318.61	1000.81	568027	17905
中部地区	273.94	889.83	356090	26362
西部地区	647.37	2160.74	1827141	49601
东北地区	97.97	283.78	196869	5384

五、城关镇

1-5-1　城关镇基本情况

单位：个

地　区	居　民委员会个数	村　民委员会个数	通电的村	通电话的村	通公路的村	通有线电视的村
北　京	54	190	190	190	190	183
天　津	100	196	196	196	196	191
河　北	722	5023	5019	5018	5004	3861
山　西	360	2620	2617	2609	2612	2030
内蒙古	532	1534	1495	1470	1457	922
辽　宁	189	244	244	244	244	244
吉　林	235	412	412	412	412	355
黑龙江	455	580	578	578	578	572
上　海	152	73	73	73	73	73
江　苏	1224	924	924	924	924	922
浙　江	158	992	992	992	992	981
安　徽	619	791	791	791	791	630
福　建	305	321	321	321	321	314
江　西	532	979	979	979	979	896
山　东	109	322	322	322	322	299
河　南	530	821	821	821	821	813
湖　北	386	1262	1262	1262	1253	948
湖　南	504	1373	1373	1373	1372	1142
广　东	327	1224	1224	1224	1223	1114
广　西	398	1223	1223	1209	1218	933
海　南	140	389	389	389	389	230
重　庆	73	68	68	68	67	59
四　川	874	2137	2104	2075	2086	1776
贵　州	352	1229	1229	1218	1215	789
云　南	514	1318	1318	1290	1312	939
西　藏	53	243	211	201	204	154
陕　西	352	2412	2412	2410	2400	1591
甘　肃	248	784	782	778	772	482
青　海	109	458	431	400	454	242
宁　夏	45	154	154	154	152	108
新　疆	325	292	292	290	292	186
东部地区	3291	9654	9650	9649	9634	8168
中部地区	2931	7846	7843	7835	7828	6459
西部地区	3875	11852	11719	11563	11629	8181
东北地区	879	1236	1234	1234	1234	1171

1-5-1 续表　　　　单位：个、万公顷、亿千瓦时

地　区			行政区域面积	用电总量
	通自来水的村	垃圾集中处理的村		
北　京	190	183	3.35	2.86
天　津	196	192	3.46	4.54
河　北	4593	2224	130.58	133.54
山　西	2283	1599	125.59	13.88
内蒙古	888	100	1265.46	14.69
辽　宁	204	100	31.39	18.22
吉　林	294	147	55.62	6.00
黑龙江	511	276	125.39	13.18
上　海	73	73	2.61	17.31
江　苏	921	791	67.60	281.45
浙　江	953	953	38.16	51.44
安　徽	546	335	72.98	40.44
福　建	312	235	26.14	24.13
江　西	688	519	81.47	14.69
山　东	260	129	6.70	12.41
河　南	778	626	23.61	48.91
湖　北	792	330	105.01	11.77
湖　南	834	239	74.33	24.64
广　东	1005	726	88.21	112.30
广　西	910	294	181.79	14.81
海　南	312	171	37.17	4.14
重　庆	60	10	9.17	0.95
四　川	1410	774	202.57	23.80
贵　州	1031	402	104.13	23.78
云　南	1271	367	359.42	32.39
西　藏	160	12	372.37	0.20
陕　西	1919	1003	164.65	11.76
甘　肃	587	169	384.32	3.30
青　海	374	67	751.97	0.73
宁　夏	96	50	23.48	1.84
新　疆	277	127	108.79	10.64
东部地区	8815	5677	403.99	644.10
中部地区	5921	3648	483.00	154.34
西部地区	8983	3375	3928.11	138.89
东北地区	1009	523	212.40	37.40

1-5-2 城关镇人口与就业情况

单位：万户、万人

地　区	总户数	总人口	从业人员数		
				第二产业	第三产业
北　京	14.65	42.40	23.78	6.76	15.13
天　津	22.03	63.83	21.18	8.05	11.30
河　北	321.34	965.33	438.94	142.24	159.15
山　西	182.52	504.49	201.98	48.56	70.93
内蒙古	141.61	419.25	199.11	37.59	64.12
辽　宁	66.96	173.22	90.38	18.90	49.94
吉　林	71.80	188.79	77.29	10.81	30.19
黑龙江	117.08	330.07	144.99	32.47	69.17
上　海	44.78	109.50	35.64	17.01	15.74
江　苏	350.09	1012.60	575.23	257.56	259.04
浙　江	83.13	235.69	144.84	52.66	68.18
安　徽	212.18	654.24	350.77	108.81	134.76
福　建	69.75	234.09	112.35	36.45	45.45
江　西	201.67	599.51	301.80	98.62	126.00
山　东	30.21	106.85	45.48	19.62	13.62
河　南	139.56	467.09	244.50	78.73	110.78
湖　北	181.05	522.12	226.01	62.58	96.99
湖　南	191.69	545.07	285.74	77.45	118.93
广　东	161.87	604.73	273.42	103.44	83.02
广　西	203.30	693.98	309.20	69.22	88.46
海　南	47.18	189.39	78.86	10.85	27.65
重　庆	23.29	67.80	33.69	11.55	16.02
四　川	333.05	895.58	451.93	112.37	204.20
贵　州	149.14	483.67	223.35	49.92	66.78
云　南	222.94	736.82	366.26	51.43	106.04
西　藏	3.57	15.43	7.28	0.72	1.83
陕　西	164.99	477.64	220.60	46.72	62.65
甘　肃	72.95	237.79	110.81	16.55	40.59
青　海	23.74	78.85	31.26	7.50	7.66
宁　夏	21.78	69.99	35.41	9.08	13.74
新　疆	64.67	203.95	82.22	16.08	42.13
东部地区	1145.03	3564.41	1749.73	654.63	698.29
中部地区	1108.67	3292.52	1610.81	474.76	658.39
西部地区	1425.03	4380.75	2071.11	428.73	714.22
东北地区	255.84	692.08	312.66	62.17	149.30

1-5-3 城关镇农业生产情况

单位：万公顷

地区	年末耕地面积	年末有效灌溉面积	农作物播种面积	
				粮食播种面积
北 京	0.87	0.49	0.66	0.39
天 津	0.88	0.71	0.77	0.34
河 北	46.78	37.64	75.56	52.73
山 西	27.66	9.63	32.44	28.03
内蒙古	80.36	34.07	71.11	55.82
辽 宁	5.60	1.55	6.51	5.20
吉 林	18.58	3.51	18.99	16.17
黑龙江	45.34	14.13	45.68	41.55
上 海	0.77	0.77	1.18	0.50
江 苏	23.13	20.05	45.77	31.50
浙 江	5.07	4.09	9.48	5.90
安 徽	17.65	14.42	38.50	25.59
福 建	2.50	1.92	5.11	2.34
江 西	9.77	8.32	26.36	16.24
山 东	2.40	1.85	5.04	3.33
河 南	7.59	6.16	15.63	10.57
湖 北	12.34	6.04	33.02	19.51
湖 南	10.17	8.21	26.48	15.41
广 东	9.75	5.63	18.91	10.77
广 西	28.06	13.04	53.00	27.29
海 南	4.49	2.59	10.96	5.78
重 庆	1.00	0.47	2.55	1.74
四 川	15.33	9.05	37.68	25.26
贵 州	10.15	4.30	29.49	17.82
云 南	29.76	15.09	64.37	39.22
西 藏	0.97	0.65	1.16	0.88
陕 西	21.55	9.60	32.06	23.39
甘 肃	13.69	4.88	16.91	11.07
青 海	4.70	2.00	4.95	2.42
宁 夏	5.75	2.31	5.68	3.82
新 疆	5.07	4.61	6.51	3.75
东部地区	96.64	75.74	173.43	113.58
中部地区	85.18	52.78	172.42	115.35
西部地区	216.38	100.05	325.48	212.47
东北地区	69.52	19.20	71.18	62.92

1-5-4 城关镇企业情况

单位：万个、万人

地 区	企业个数	工业企业	企业从业人员	工业企业
北 京	0.65	0.13	9.23	4.26
天 津	1.23	0.22	16.93	8.20
河 北	25.66	7.73	241.19	133.39
山 西	2.68	0.88	43.25	24.76
内蒙古	1.24	0.42	29.33	16.35
辽 宁	0.79	0.24	17.13	7.72
吉 林	0.42	0.17	11.14	3.10
黑龙江	2.74	0.60	21.40	10.74
上 海	1.67	0.30	29.30	12.11
江 苏	14.47	6.67	344.53	212.52
浙 江	3.55	2.04	61.21	41.23
安 徽	5.88	1.70	100.45	36.84
福 建	5.36	1.16	43.52	25.19
江 西	10.10	2.72	77.21	41.60
山 东	0.81	0.33	27.76	19.03
河 南	4.10	2.03	80.86	45.94
湖 北	7.98	2.46	93.85	50.43
湖 南	8.74	2.25	92.09	35.12
广 东	6.69	2.68	119.25	88.50
广 西	11.82	2.27	89.05	43.37
海 南	0.81	0.09	9.38	2.10
重 庆	0.35	0.06	15.70	4.56
四 川	7.20	1.46	106.08	48.26
贵 州	4.66	0.91	44.87	18.18
云 南	7.89	1.04	52.58	19.42
西 藏	0.01	0.00	0.15	0.07
陕 西	9.23	1.57	62.75	22.28
甘 肃	2.08	0.52	22.96	7.62
青 海	0.76	0.22	3.98	2.17
宁 夏	0.25	0.09	6.01	3.50
新 疆	1.20	0.16	10.37	4.68
东部地区	60.92	21.35	902.30	546.54
中部地区	39.48	12.02	487.71	234.68
西部地区	46.69	8.72	443.82	190.46
东北地区	3.95	1.01	49.67	21.55

1-5-5 城关镇固定资产投资与社区建设情况

单位：亿元、个、公里

地区	固定资产投资完成额	农业投资完成额	储蓄所	公路里程	市场个数	公园个数
北京	198.51	0.23	71	520	30	14
天津	157.43	5.41	48	414	26	11
河北	1562.16	55.47	1296	15858	708	364
山西	172.07	12.86	792	9935	331	188
内蒙古	542.89	30.42	873	12517	255	105
辽宁	4.26	1.43	350	1987	106	38
吉林	26.04	1.10	260	2397	107	21
黑龙江	210.14	5.96	348	3691	191	79
上海	79.89	0.70	92	375	61	14
江苏	2766.54	70.53	1432	20706	799	248
浙江	227.64	14.74	473	3897	223	116
安徽	610.28	13.21	933	7971	440	150
福建	280.31	2.80	396	1903	148	102
江西	409.48	6.40	864	6603	300	128
山东	185.75	0.54	145	1169	50	20
河南	863.06	25.35	1035	7065	596	233
湖北	833.34	37.00	744	14715	482	76
湖南	348.99	12.98	763	5860	408	89
广东	451.17	10.78	641	7829	336	175
广西	754.73	28.17	823	6992	370	105
海南	52.84	1.14	205	2449	98	19
重庆	126.02	7.33	133	1004	52	13
四川	749.66	21.91	1415	20184	680	182
贵州	370.06	15.81	613	7343	265	48
云南	232.26	19.75	1008	20213	493	141
西藏	4.72	0.07	24	3211	19	3
陕西	284.77	13.59	813	10298	394	109
甘肃	74.36	4.59	364	3433	177	78
青海	73.75	3.09	122	2052	72	13
宁夏	90.97	3.67	98	1127	27	16
新疆	65.93	1.32	253	2526	173	54
东部地区	5962.23	162.33	4799	55120	2479	1083
中部地区	3237.22	107.81	5131	52148	2557	864
西部地区	3370.11	149.71	6539	90899	2977	867
东北地区	240.44	8.49	958	8075	404	138

1-5-6　城关镇农业技术情况

单位：个、人、户

地　区	农技推广服务机构	农技推广服务从业人员	农业专业合作经济组织个数	农业专业合作经济组织成员
北　京	15	131	108	7296
天　津	10	45	47	1047
河　北	1137	4841	1032	60166
山　西	374	1444	2412	22816
内蒙古	182	2028	822	35848
辽　宁	65	589	502	26248
吉　林	112	715	370	12699
黑龙江	148	1253	1000	27440
上　海	13	304	130	3260
江　苏	249	4572	2035	260321
浙　江	122	1176	1357	78385
安　徽	209	1799	887	49699
福　建	80	409	144	7758
江　西	180	1078	487	24249
山　东	38	258	85	9393
河　南	539	5661	739	30401
湖　北	138	1351	898	95870
湖　南	178	980	343	54531
广　东	105	587	620	66209
广　西	180	1428	569	28402
海　南	34	318	208	7216
重　庆	11	139	79	9448
四　川	408	2294	924	117819
贵　州	168	1429	350	21241
云　南	339	4909	1279	117907
西　藏	8	37	22	1729
陕　西	322	3581	795	40099
甘　肃	253	3132	327	18224
青　海	41	333	266	7993
宁　夏	21	121	173	10591
新　疆	114	1016	228	6269
东部地区	1803	12641	5766	501051
中部地区	1618	12313	5766	277566
西部地区	2047	20447	5834	415570
东北地区	325	2557	1872	66387

1-5-7 城关镇教育情况

单位：个、万人

地区	小学校数	小学在校学生数	小学教师数	中学校数	中学在校学生数	中学教师数	幼儿园、托儿所
北京	46	2.48	0.25	23	1.99	0.27	79
天津	35	2.80	0.22	16	2.12	0.19	123
河北	1563	86.47	5.15	511	95.79	6.56	2033
山西	1357	50.16	3.48	444	58.30	4.20	1426
内蒙古	447	31.31	2.64	252	32.84	2.98	799
辽宁	152	11.58	0.92	97	15.86	1.31	537
吉林	231	11.43	1.07	97	12.43	1.08	465
黑龙江	351	16.29	1.17	165	20.92	1.69	848
上海	32	4.13	0.31	43	4.46	0.43	84
江苏	661	79.69	4.53	448	86.34	6.38	1482
浙江	194	18.21	1.11	184	26.58	1.85	591
安徽	990	55.09	2.66	345	67.60	3.51	1029
福建	309	23.85	1.29	147	28.41	2.23	703
江西	885	64.03	3.05	338	67.90	4.42	1640
山东	109	10.17	0.53	49	12.87	0.70	285
河南	784	76.69	4.22	481	102.57	6.13	1502
湖北	622	31.86	1.84	222	35.99	2.53	753
湖南	681	47.90	3.09	292	46.76	3.99	981
广东	1088	52.46	2.82	249	53.56	3.41	1200
广西	1466	65.50	3.56	380	63.72	3.92	1528
海南	396	17.74	1.23	95	17.47	1.15	390
重庆	66	7.88	0.40	31	10.47	0.56	154
四川	911	75.43	4.11	518	112.36	6.65	1484
贵州	1174	54.28	2.76	314	44.70	2.58	639
云南	1950	71.04	4.10	440	76.18	4.84	1170
西藏	48	2.48	0.17	22	2.65	0.16	27
陕西	962	44.66	2.81	324	60.54	3.72	793
甘肃	671	23.36	1.47	133	20.88	1.34	252
青海	194	10.22	0.57	80	11.19	0.70	140
宁夏	160	8.66	0.44	42	8.35	0.53	59
新疆	209	21.26	1.40	152	23.24	1.95	253
东部地区	4433	298.00	17.43	1765	329.60	23.17	6970
中部地区	5319	325.73	18.33	2122	379.12	24.78	7331
西部地区	8258	416.08	24.42	2688	467.11	29.94	7298
东北地区	734	39.31	3.16	359	49.21	4.09	1850

1-5-8 城关镇文化、体育情况

单位：个

地　区	图书馆、文化站	影剧院	体育场馆
北　京	8	4	3
天　津	6	3	4
河　北	670	85	81
山　西	471	73	147
内蒙古	204	40	64
辽　宁	79	16	21
吉　林	43	16	17
黑龙江	118	19	46
上　海	16	11	8
江　苏	382	123	204
浙　江	128	32	39
安　徽	215	65	101
福　建	69	43	55
江　西	157	65	90
山　东	84	11	8
河　南	409	84	128
湖　北	251	64	74
湖　南	146	83	95
广　东	144	46	81
广　西	172	67	83
海　南	52	15	20
重　庆	10	9	9
四　川	360	88	123
贵　州	116	33	55
云　南	266	72	152
西　藏	35		4
陕　西	236	82	73
甘　肃	111	38	47
青　海	27	5	14
宁　夏	19	12	7
新　疆	166	35	41
东部地区	1559	373	503
中部地区	1649	434	635
西部地区	1722	481	672
东北地区	240	51	84

1-5-9 城关镇卫生及社会保障情况

单位：个、人、床

地区	医院、卫生院	医生数	病床数	敬老院、福利院	现收养人数
北京	22	2056	2536	7	897
天津	13	826	1013	4	97
河北	472	22988	53951	219	15435
山西	392	15181	24447	111	2998
内蒙古	315	11286	15969	118	4704
辽宁	102	6991	12806	40	2279
吉林	111	8542	11053	45	2515
黑龙江	214	8728	12716	115	5252
上海	26	3330	6014	19	2706
江苏	850	45304	62703	182	12180
浙江	126	7769	12730	48	3181
安徽	560	24208	33661	122	5449
福建	146	7897	17835	36	938
江西	336	19184	25783	115	8578
山东	37	3407	7839	9	534
河南	412	33764	59819	139	6194
湖北	311	22730	34549	141	11418
湖南	348	31498	46998	90	4373
广东	226	9130	16177	92	1693
广西	322	16556	31706	296	4110
海南	117	4029	6627	30	425
重庆	43	2920	5744	13	447
四川	760	35916	59148	179	9398
贵州	402	13928	23205	65	1274
云南	636	25490	54963	108	4701
西藏	42	652	672	8	123
陕西	490	22402	36951	111	4095
甘肃	152	7473	13943	47	1166
青海	106	2354	3713	22	1148
宁夏	41	1612	3311	12	1008
新疆	202	6365	17681	59	3545
东部地区	2035	106736	187425	646	38086
中部地区	2359	146565	225257	718	39010
西部地区	3511	146954	267006	1038	35719
东北地区	427	24261	36575	200	10046

1-5-10 城关镇镇区情况

单位：万户、万人、公顷

地 区	镇区总户数	镇区总人口	镇区占地面积	镇区绿化面积
北 京	4.06	10.77	4103	772
天 津	11.13	30.84	5070	296
河 北	198.10	623.08	210984	15153
山 西	94.62	285.91	51468	4548
内 蒙 古	80.78	235.71	101833	7710
辽 宁	50.33	126.44	40824	1946
吉 林	45.94	124.09	22472	2656
黑 龙 江	86.22	240.02	62829	3724
上 海	27.66	73.57	8189	1192
江 苏	237.20	700.62	160733	35353
浙 江	48.52	139.82	33510	4901
安 徽	126.92	379.15	99992	8983
福 建	44.08	144.24	34674	1627
江 西	116.78	348.44	65039	5642
山 东	15.52	57.98	12790	1285
河 南	93.61	332.29	78849	6637
湖 北	108.00	324.05	71437	6349
湖 南	132.25	383.86	85642	8297
广 东	91.12	335.65	86234	6612
广 西	100.27	319.74	60603	6012
海 南	29.92	114.49	17972	2556
重 庆	18.90	55.52	7308	704
四 川	206.24	575.65	178460	6120
贵 州	88.72	276.69	77336	4237
云 南	90.34	273.12	78353	7865
西 藏	3.57	15.43	120235	1366
陕 西	58.89	193.49	54225	5238
甘 肃	44.53	146.48	44199	1089
青 海	13.07	43.97	24421	196
宁 夏	11.81	36.89	13280	1308
新 疆	34.21	105.78	44477	5052
东部地区	707.32	2231.06	574260	69746
中部地区	672.18	2053.70	452427	40456
西部地区	751.34	2278.48	804730	46895
东北地区	182.50	490.55	126125	8326

建制镇名录及基本情况

2-1-1 北京市建制镇名录及基本情况

单位：公顷、人

建制镇名称	行政区域面积	总人口	镇区人口	从业人员	#二三产业
丰台区长辛店镇	6302	34347	3088	20015	17266
丰台区王佐镇	6250	44394	34085	21535	19030
海淀区万柳镇	480	36850	216	21778	21778
海淀区东升镇	830	77621	232	47106	47003
海淀区温泉镇	3320	45803	7160	24869	23311
海淀区四季青镇	4080	217077	15723	153425	152179
海淀区西北旺镇	5100	140097	15039	75053	71033
海淀区苏家坨镇	8450	40632	3615	19929	16630
海淀区上庄镇	3850	38278	8150	19005	14959
门头沟区王平镇	4570	6526	1456	3412	2973
门头沟区潭柘寺镇	7983	10068	3701	6172	5165
门头沟区永定镇	6568	29382	29382	11282	10762
门头沟区龙泉镇	4814	47343	1354	25590	24536
门头沟区军庄镇	3450	12828	7285	5782	5276
门头沟区雁翅镇	29802	8094	750	3993	2072
门头沟区斋堂镇	38234	13468	3755	6039	3552
门头沟区清水镇	33518	9644	2070	5557	3177
门头沟区妙峰山镇	11257	9778	1590	5188	3889
房山区良乡镇	2590	18932	2122	10744	8550
房山区周口店镇	11983	38493	10316	16110	13624
房山区琉璃河镇	10742	59248	20813	38845	28542
房山区阎村镇	4851	38077	6291	17150	14355
房山区窦店镇	6524	66390	31740	22019	18020
房山区石楼镇	4229	31666	4046	14199	9902
房山区长阳镇	9133	64996	13235	38998	35920
房山区河北镇	6787	23094	8359	8285	6560
房山区长沟镇	3811	28318	11000	16120	12697
房山区大石窝镇	9155	40910	10823	23671	15607
房山区张坊镇	11870	21550	2571	9485	6846
房山区十渡镇	19206	10961	1892	6136	4063
房山区青龙湖镇	9585	44628	8731	21047	16443
房山区韩村河镇	10081	41966	5690	20112	13374
通州区永顺镇	3947	184701	184701	97139	96821
通州区梨园镇	2460	140520	140520	51200	50601
通州区宋庄镇	11593	104413	35560	54929	45425
通州区张家湾镇	10543	80095	3490	45177	39920
通州区漷县镇	11360	78309	23279	39350	24504
通州区马驹桥镇	8200	89383	30073	51408	46131
通州区西集镇	9096	36556	2705	20267	12327
通州区台湖镇	8130	111228	3050	44341	40031
通州区永乐店镇	10500	42646	7525	21351	11585
通州区潞城镇	7000	76081	2380	41250	34580
顺义区仁和镇	5400	54319	14000	27713	27559
顺义区后沙峪镇	4260	29432	7507	13863	13652
顺义区天竺镇	1324	17661	2080	12837	12753
顺义区杨镇镇	9610	61867	25503	40370	29029
顺义区牛栏山镇	4710	34285	17892	15219	13836
顺义区南法信镇	2060	22272	7829	17015	16777
顺义区马坡镇	3510	29720	18055	12896	11938

北京市

2-1-1 续表 1 单位：公顷、人

建制镇名称	行政区域面积	总人口	镇区人口	从业人员	#二三产业
顺义区高丽营镇	6110	34888	2447	19762	17959
顺义区李桥镇	7558	60253	2996	29852	25341
顺义区李遂镇	4000	20460	3320	10293	8695
顺义区南彩镇	5400	51658	5280	31145	28875
顺义区北务镇	3200	11688	4200	6985	4241
顺义区大孙各庄镇	7460	25764	2112	12317	9161
顺义区张镇	5345	23934	5466	10224	7638
顺义区龙湾屯镇	5660	15504	3945	9939	6801
顺义区木林镇	8200	33224	2937	16433	11191
顺义区北小营镇	5580	37764	8958	19946	18009
顺义区北石槽镇	3250	15428	1760	8541	7046
顺义区赵全营镇	6450	28238	3540	16896	14900
昌平区南口镇	20100	70240	32785	21350	18600
昌平区马池口镇	6167	43600	4679	22502	19861
昌平区沙河镇	5470	86312	2960	53233	52555
昌平区回龙观镇	3066	306311	20942	146871	146613
昌平区东小口镇	3190	190387	1998	65125	64967
昌平区阳坊镇	4058	22033	9097	10947	9627
昌平区小汤山镇	7018	62438	18952	37923	33073
昌平区南邵镇	3519	21471	1575	13293	11378
昌平区崔村镇	6285	17652	3110	9990	7973
昌平区百善镇	3519	20520	4842	12294	9483
昌平区北七家镇	5665	164384	164384	137975	132802
昌平区兴寿镇	15341	34734	3486	20256	14393
昌平区流村镇	26936	20806	176	12051	8004
昌平区十三陵镇	6701	17253	1398	10387	6956
昌平区延寿镇	13951	16277	436	9525	4569
大兴区亦庄镇	1818	53304	3896	35447	35430
大兴区黄村镇	6537	148160	8612	92911	85287
大兴区旧宫镇	2940	109525	12511	21206	21156
大兴区西红门镇	2854	144428	81829	92187	91492
大兴区瀛海镇	3238	26985	2289	20478	17395
大兴区青云店镇	7030	59312	9159	41753	34445
大兴区采育镇	7155	32520	11350	18530	12845
大兴区安定镇	7780	28474	5065	16900	5949
大兴区礼贤镇	9383	33225	7220	17478	6770
大兴区榆垡镇	13414	56342	17985	33501	17892
大兴区庞各庄镇	10940	51635	13940	31125	20900
大兴区北臧村镇	4740	32459	5660	19669	15520
大兴区魏善庄镇	8133	40487	3473	22973	14049
大兴区长子营镇	5971	32259	3664	21704	13727
怀柔区怀柔镇	5884	56745	5588	29270	26536
怀柔区雁栖镇	15383	18124	2349	10695	9046
怀柔区庙城镇	3270	25122	4724	12399	11123
怀柔区北房镇	5466	22850	7475	10856	7876
怀柔区杨宋镇	4721	19783	11872	9875	7073
怀柔区桥梓镇	11201	18844	4432	9478	6608
怀柔区怀北镇	10480	11824	1865	6109	3942

北京市

2-1-1　续表 2　　　　单位：公顷、人

建制镇名称	行政区域面积	总人口	镇区人口	从业人员	#二三产业
怀柔区汤河口镇	22560	9908	3998	4874	1869
怀柔区渤海镇	15277	15264	6672	7741	3351
怀柔区九渡河镇	17691	16252	2050	8774	3433
怀柔区琉璃庙镇	20500	7869	876	3893	1877
怀柔区宝山镇	25045	9502	821	5236	2467
平谷区渔阳镇	2800	56849	34723	29990	28120
平谷区峪口镇	6400	27002	4521	16038	11940
平谷区马坊镇	3700	19620	11332	10061	7697
平谷区金海湖镇	13400	26835	3000	16484	9065
平谷区东高村镇	5700	27911	8535	16579	11654
平谷区山东庄镇	4400	17921	3961	11274	9151
平谷区南独乐河镇	6900	22036	4900	11247	5560
平谷区大华山镇	9700	16617	3419	11512	5220
平谷区夏各庄镇	6100	23826	7420	13724	10971
平谷区马昌营镇	2800	13629	2907	7418	4942
平谷区王辛庄镇	6700	28030	3058	14824	10394
平谷区大兴庄镇	3300	18700	2925	9879	7457
平谷区刘家店镇	3600	7505	1052	4675	789
平谷区镇罗营镇	8000	8122	1040	5087	2090
密云县密云镇	1370	15526	7927	8454	6947
密云县溪翁庄镇	8790	26188	12841	17453	13228
密云县西田各庄镇	12964	40859	8044	26169	18162
密云县十里堡镇	3080	25680	7880	18680	14920
密云县河南寨镇	6670	25094	8097	14313	8941
密云县巨各庄镇	10780	21910	4390	11295	5883
密云县穆家峪镇	10200	35841	4975	19633	11747
密云县太师屯镇	20200	35841	11072	22696	13929
密云县高岭镇	11144	18028	2275	9895	4836
密云县不老屯镇	19320	22642	2004	12871	5313
密云县冯家峪镇	21425	8374	600	4924	2258
密云县古北口镇	8410	11498	4410	7582	5781
密云县大城子镇	14400	14976	1905	8094	4314
密云县东邵渠镇	11000	13008	2900	7355	2796
密云县北庄镇	8350	9426	3152	5788	3687
密云县新城子镇	15702	9453	1156	6059	3043
密云县石城镇	25280	5678	995	3487	1789
延庆县延庆镇	6731	45082	35479	23892	19936
延庆县康庄镇	10650	31461	10985	20859	15257
延庆县八达岭镇	9631	7639	1935	4060	3521
延庆县永宁镇	14713	26156	13548	14487	8714
延庆县旧县镇	10703	20827	5995	10932	5622
延庆县张山营镇	26345	20788	368	11956	6195
延庆县四海镇	11543	6353	1238	3439	1357
延庆县千家店镇	36349	10421	3000	5213	2758
延庆县沈家营镇	3111	11599	750	6534	4199
延庆县大榆树镇	6032	14286	1305	6597	4136
延庆县井庄镇	12612	10550	829	7417	3392

2-1-2　天津市建制镇名录及基本情况

单位：公顷、人

建制镇名称	行政区域面积	总人口	镇区人口	从业人员	#二三产业
西青区中北镇	3976	50001	15535	21792	17692
西青区杨柳青镇	6517	130583	96011	52058	47183
西青区辛口镇	6279	42413	4785	23301	12082
西青区张家窝镇	6271	33490	18531	18632	17214
西青区精武镇	6873	38932	6694	19698	16980
西青区大寺镇	8914	114762	15094	56831	55024
西青区王稳庄镇	12010	38162	2773	19167	16325
津南区咸水沽镇	6039	143118	95678	58780	58780
津南区葛沽镇	4410	54575	19901	26736	26736
津南区小站镇	6380	67968	23181	24800	24800
津南区双港镇	3500	36486	6251	16766	15272
津南区辛庄镇	2848	33792	7020	11403	9403
津南区双桥河镇	2230	33795	5748	17226	17226
津南区八里台镇	10600	56567	15786	29426	29426
津南区北闸口镇	3814	59611	10044	21394	21394
北辰区天穆镇	2700	37825	16634	19976	19827
北辰区北仓镇	3500	22969	6590	11274	9901
北辰区双街镇	4073	40387	9632	16518	15530
北辰区双口镇	7240	39531	11750	16577	7436
北辰区青光镇	4400	32109	11020	12895	10315
北辰区宜兴埠镇	2290	26199	2969	14304	13856
北辰区小淀镇	4000	33387	15570	13945	12527
北辰区大张庄镇	9815	33862	4498	14181	10853
北辰区西堤头镇	8965	35226	6929	13905	9140
武清区梅厂镇	7200	37994	9442	23136	15080
武清区大碱厂镇	3537	20091	4409	12056	6750
武清区崔黄口镇	9000	50731	10588	26326	19172
武清区大良镇	8120	41680	6450	19417	9967
武清区下伍旗镇	5000	24456	3856	13670	3065
武清区南蔡村镇	8000	42624	4587	19397	9837
武清区大孟庄镇	4650	24293	2500	11511	5607
武清区泗村店镇	5260	17798	3966	8956	2937
武清区河西务镇	7000	44089	14316	25656	8496
武清区城关镇	5600	25720	6083	13884	3610
武清区东马圈镇	3700	15694	3207	8667	5099
武清区黄花店镇	4800	24493	5919	13160	3736
武清区石各庄镇	4500	22543	8895	13657	6210
武清区王庆坨镇	5200	38736	27126	25969	14380
武清区汊沽港镇	5856	37194	16831	21741	11513
武清区河北屯镇	4497	30415	4452	15829	7688
武清区上马台镇	6708	21459	8383	16590	11253
武清区大王古庄镇	4808	21930	7022	11561	7675

天津市

2-1-2　续表 1　　　　单位：公顷、人

建制镇名称	行政区域面积	总人口	镇区人口	从业人员	#二三产业
武清区陈咀镇	6127	29786	5400	14309	8367
宝坻区大口屯镇	8820	53104	6370	30363	8850
宝坻区大白庄镇	8200	15416	1428	9278	3810
宝坻区王卜庄镇	7236	32998	6273	16218	5655
宝坻区方家庄镇	4600	27579	2760	15562	7922
宝坻区林亭口镇	10780	29950	4278	11966	6266
宝坻区八门城镇	11122	27089	3293	7965	3213
宝坻区大钟庄镇	9900	33627	2066	15421	10197
宝坻区新安镇	5670	31403	3015	18059	9143
宝坻区马家店镇	4898	26483	2256	10309	8908
宝坻区霍各庄镇	3800	26570	3130	13035	10473
宝坻区新开口镇	4050	25195	4580	8986	5766
宝坻区大唐庄镇	6000	12476	2421	8400	1126
宝坻区高家庄镇	6385	39340	780	14500	9315
宝坻区口东镇	7060	28250	2305	13466	7494
宝坻区牛道口镇	6900	47278	2120	18412	7302
宝坻区史各庄镇	3900	24573	1148	10516	6464
宝坻区郝各庄镇	4505	19419	418	9828	4906
宝坻区周良庄镇	5000	9664	770	3934	2287
宝坻区牛家牌镇	6200	16913	1531	7287	1590
宝坻区尔王庄镇	7500	12519	1328	7787	834
宝坻区黄庄镇	11200	11306	3549	5180	2216
滨海新区新城镇	3200	26473	9674	11801	9937
滨海新区大田镇	1355	9440	2246	4763	2824
滨海新区杨家泊镇	6017	16958	3170	8565	2405
滨海新区茶淀镇	5239	24371	2850	12819	5349
滨海新区太平镇	17493	32675	16702	20309	17345
滨海新区小王庄镇	9400	20183	3198	7742	7484
滨海新区中塘镇	8900	37113	7852	22903	17789
宁河县芦台镇	6286	112443	4426	61817	59525
宁河县宁河镇	8319	21958	617	9033	3047
宁河县苗庄镇	6230	16720	786	7680	2824
宁河县丰台镇	8562	26104	1858	8587	2374
宁河县岳龙镇	6568	12994	2095	6207	687
宁河县板桥镇	4709	10202	1192	4693	1176
宁河县潘庄镇	11415	31152	6175	10542	5490
宁河县造甲城镇	10506	24910	8450	6380	3438
宁河县七里海镇	5934	26430	4407	12320	7252
宁河县大北涧沽镇	2548	13398	1923	5508	5063
宁河县东棘坨镇	16410	27588	380	13429	2656
静海县静海镇	8027	110019	95889	16128	11014

天津市

2-1-2 续表 2

单位：公顷、人

建制镇名称	行政区域面积	总人口	镇区人口	从业人员	#二三产业
静海县唐官屯镇	11310	47656	8761	15772	12833
静海县独流镇	6440	36529	21519	15955	11114
静海县王口镇	5414	34078	17707	11295	7672
静海县台头镇	5660	24310	1643	8321	6199
静海县子牙镇	6010	39408	10513	16127	8273
静海县陈官屯镇	9250	30237	5869	12187	6965
静海县中旺镇	11840	31566	7414	12252	9077
静海县大邱庄镇	12340	98895	40619	57632	57392
静海县蔡公庄镇	7540	19760	2559	7942	4080
静海县梁头镇	9670	21122	3088	8574	5476
静海县团泊镇	3206	11367	8098	5849	4999
静海县双塘镇	4250	13143	4733	6519	5830
静海县大丰堆镇	4501	15162	2830	6066	4357
静海县沿庄镇	9870	35710	3234	19222	11772
静海县西翟庄镇	4450	14014	2567	4871	2878
蓟县渔阳镇	7717	142099	16351	22998	17020
蓟县洇溜镇	2828	25596	1130	9880	5687
蓟县官庄镇	8422	33786	3318	13962	8121
蓟县马伸桥镇	4350	37481	4340	13383	8514
蓟县下营镇	14364	20513	4718	8927	4501
蓟县邦均镇	3473	33410	19260	15183	5425
蓟县别山镇	8218	48223	2491	22435	19070
蓟县尤古庄镇	4993	26794	4618	13504	6031
蓟县上仓镇	4695	37346	4366	14365	6981
蓟县下仓镇	8529	47755	5895	22246	11463
蓟县罗庄子镇	9631	13513	1089	6790	4535
蓟县白涧镇	4331	20401	4977	9327	6675
蓟县五百户镇	4312	26038	480	11833	5647
蓟县侯家营镇	5573	39089	7950	20458	8065
蓟县桑梓镇	6876	41329	6130	16978	9092
蓟县东施古镇	2736	16849	1184	7540	3215
蓟县下窝头镇	4479	29677	1757	14170	9906
蓟县杨津庄镇	7103	37107	3217	15603	9411
蓟县出头岭镇	3490	37491	1189	16414	6394
蓟县西龙虎峪镇	4365	27299	3969	11649	5634
蓟县穿芳峪镇	4807	15814	2389	7694	5008
蓟县东二营镇	2833	18462	3231	9977	5729
蓟县许家台镇	4205	11949	3391	7018	5872
蓟县礼明庄镇	3617	25265	1041	11061	6386
蓟县东赵各庄镇	2943	22088	572	10593	6357

2-1-3 河北省建制镇名录及基本情况

单位：公顷、人

建制镇名称	行政区域面积	总人口	镇区人口	从业人员	#二三产业
石家庄市长安区西兆通镇	3000	38000	7180	23456	17566
石家庄市长安区南村镇	3000	39809	6768	18623	11431
石家庄市长安区高营镇	1600	18176	7235	9458	6459
石家庄市桥东区桃园镇	1836	34528	2600	24140	22390
石家庄市新华区大郭镇	1847	40194	3850	5963	5663
石家庄市新华区赵陵铺镇	830	51569	4910	19472	19158
石家庄市井陉矿区贾庄镇	3441	24412	8584	11155	10341
石家庄市井陉矿区凤山镇	1913	14795	2201	4847	3702
石家庄市裕华区宋营镇	2945	63246	6340	23317	20414
石家庄市裕华区方村镇	2090	40810	7350	18938	13462
井陉县微水镇	10021	62885	46387	36067	31166
井陉县上安镇	5711	23797	6914	12478	8728
井陉县天长镇	10106	40523	8406	19006	6675
井陉县秀林镇	5868	27455	11848	13445	9525
井陉县南峪镇	8088	14908	4005	7004	4927
井陉县威州镇	7947	27197	7479	16817	12612
井陉县小作镇	7946	18904	6279	12005	9142
井陉县南障城镇	10313	11744	2950	7605	4402
井陉县苍岩山镇	11916	9904	878	6178	3259
井陉县测鱼镇	16644	15503	3577	6888	3215
正定县正定镇	10300	90836	26633	45300	31250
正定县新城铺镇	3600	36964	9956	19021	13315
正定县新安镇	4100	38032	5437	21805	15978
栾城县栾城镇	5218	77120	48529	25545	19127
栾城县郄马镇	2527	28455	11111	20079	12560
栾城县冶河镇	4075	45794	11516	24065	18085
栾城县窦妪镇	5589	50233	10760	25966	19018
栾城县楼底镇	3280	41452	29875	26196	18867
行唐县龙州镇	4221	70599	58545	19371	12285
行唐县南桥镇	6193	34675	4340	12682	6615
行唐县上碑镇	2552	18617	7785	7126	3517
行唐县口头镇	13877	26706	4185	9845	5795
灵寿县灵寿镇	4805	61216	47792	10425	6172
灵寿县青同镇	6235	27485	10032	11925	4057
灵寿县塔上镇	4398	11696	1902	5399	1721
灵寿县陈庄镇	16073	22358	8807	9489	2227
灵寿县慈峪镇	9275	34830	11045	14190	4699
灵寿县岔头镇	9382	18210	2800	10319	3824
高邑县高邑镇	3780	53030	9145	17933	10095
高邑县大营镇	4620	32228	2460	17618	9852
高邑县富村镇	5450	38684	3250	21431	10523
深泽县深泽镇	2814	49939	32997	34725	31416
深泽县铁杆镇	7344	42534	1999	24102	15065
深泽县赵八镇	3598	35638	2478	19142	13055
赞皇县赞皇镇	6324	63914	55298	20215	11004
赞皇县院头镇	10402	23831	3495	12731	7668
无极县无极镇	5700	82496	45800	25624	13586
无极县七汲镇	5400	43367	2785	22695	11909
无极县张段固镇	5100	43520	4365	22511	12026

河北省

2-1-3 续表 1　　　　单位：公顷、人

建制镇名称	行政区域面积	总人口	镇区人口	从业人员	#二三产业
无极县北苏镇	5400	57963	6566	29774	15874
无极县郭庄镇	4300	44016	5370	22802	12258
无极县大陈镇	4200	33478	4327	17054	9034
平山县平山镇	19988	114628	96229	49707	20740
平山县东回舍镇	7835	37624	8763	18947	7919
平山县温塘镇	9820	23361	3351	10354	6195
平山县南甸镇	6346	25089	10627	9470	5515
平山县岗南镇	9642	32601	2589	14280	4801
平山县中古月镇	13135	19531	3967	10680	3325
平山县下槐镇	13775	17814	1173	10872	2318
平山县孟家庄镇	10827	8459	678	3899	1582
平山县小觉镇	17987	19007	1043	10106	4124
平山县蛟潭庄镇	14943	8205	1226	4725	608
平山县西柏坡镇	2523	6954	1799	4067	1318
平山县下口镇	12075	9008	3126	4604	3032
元氏县槐阳镇	5597	77748	51321	27278	13278
元氏县因村镇	3956	31367	5348	18173	5913
元氏县南佐镇	4261	16859	6777	9345	7043
元氏县宋曹镇	3684	33422	5215	17917	7635
元氏县南因镇	3767	35965	7944	21190	13717
元氏县姬村镇	4188	26927	3525	15474	10642
赵县赵州镇	7827	112306	52497	36667	23575
赵县范庄镇	8968	74430	6830	41265	23097
赵县北王里镇	6209	47077	4998	24847	15133
赵县新寨店镇	4721	32457	2886	18080	9850
赵县韩村镇	6442	51257	5898	27570	17497
赵县南柏舍镇	5825	41829	3599	21824	16030
赵县沙河店镇	4677	35600	5760	19248	13593
辛集市辛集镇	7543	64835	33860	37609	29193
辛集市旧城镇	5516	44115	4388	21961	14932
辛集市张古庄镇	4608	31800	4390	19298	12667
辛集市位伯镇	5150	38442	3172	25388	17529
辛集市新垒头镇	6167	43236	6174	28222	18892
辛集市新城镇	5555	24145	7331	10494	6579
辛集市南智丘镇	7896	36044	1928	17870	12027
辛集市王口镇	10411	40903	6303	18775	12515
藁城市廉州镇	8628	74098	13185	39016	33647
藁城市兴安镇	6705	50687	9498	24051	18984
藁城市贾市庄镇	5492	50195	10353	25129	19239
藁城市南营镇	5260	43818	9476	23813	20380
藁城市梅花镇	7445	62498	5359	34500	26625
藁城市岗上镇	5763	35351	3755	19744	12306
藁城市丘头镇	5421	48762	6840	24550	18185
藁城市南董镇	4875	44109	3291	26197	21197
藁城市张家庄镇	4740	54301	6421	32264	25811
藁城市南孟镇	3974	43481	3617	25202	19490
藁城市增村镇	5637	60465	6473	29900	22947
藁城市常安镇	6638	54939	4015	29121	22902
藁城市西关镇	4982	44366	5779	25639	19772

河北省

2-1-3 续表 2　　　　　　　　　　　　　　　　　　　　　　　单位：公顷、人

建制镇名称	行政区域面积	总人口	镇区人口	从业人员	#二三产业
晋州市晋州镇	8896	127466	41382	42539	29037
晋州市总十庄镇	6448	52683	34446	27229	15609
晋州市营里镇	4625	34422	4389	15767	9410
晋州市桃园镇	7691	55653	2608	26872	15779
晋州市东卓宿镇	5404	45310	3595	23482	15811
晋州市马于镇	5987	43824	3196	22653	12958
晋州市小樵镇	6372	61232	9069	33249	24087
晋州市槐树镇	6960	59469	9875	31166	20324
晋州市东里庄镇	5753	49706	3869	29902	17054
新乐市化皮镇	2671	23029	3885	13319	10389
新乐市承安镇	8456	78300	5140	31132	23636
新乐市正莫镇	3990	22951	5030	10924	8164
新乐市南大岳镇	2069	21885	3746	11316	7288
新乐市杜固镇	3133	32536	4215	15484	11558
新乐市邯邰镇	8361	75582	8763	31697	24681
新乐市东王镇	3800	31203	3102	14665	10615
新乐市马头铺镇	4541	43753	2430	22925	17306
鹿泉市获鹿镇	4952	63566	19803	17073	11306
鹿泉市铜冶镇	7270	63333	12401	24700	13896
鹿泉市寺家庄镇	3984	38857	14119	17960	12947
鹿泉市上庄镇	4872	35516	22513	18595	10211
鹿泉市李村镇	6500	35215	4187	13065	6259
鹿泉市宜安镇	6997	28864	3546	17483	10984
鹿泉市黄壁庄镇	3300	17783	757	10117	3295
鹿泉市大河镇	6397	42972	4350	19965	8993
鹿泉市山尹村镇	2355	13063	5023	5048	3539
唐山市芦苔开发区海北镇	8450	27000	1129	18428	8327
唐山市汉沽管理区汉丰镇	8950	24390	7475	14164	6554
唐山市古冶区卑家店镇	5767	32875	9735	16367	8039
唐山市古冶区范各庄镇	6380	59418	26358	25383	25383
唐山市开平区开平镇	6110	52792	1450	22571	17205
唐山市开平区栗园镇	3370	29530	491	16210	10607
唐山市开平区郑庄子镇	2264	19359	5579	9719	5186
唐山市开平区双桥镇	3170	16377	3452	6933	3768
唐山市开平区洼里镇	3200	20173	1004	10215	7683
唐山市开平区越河镇	3936	26825	2428	14042	8069
唐山市丰南区稻地镇	5008	28629	13800	15560	9560
唐山市丰南区小集镇	7733	35619	7324	18710	9447
唐山市丰南区黄各庄镇	6856	49295	26542	32602	25266
唐山市丰南区西葛镇	4810	24235	14484	12560	11151
唐山市丰南区大新庄镇	13200	56449	5184	31960	12340
唐山市丰南区钱营镇	13158	46613	10320	23636	14536
唐山市丰南区唐坊镇	4871	18170	6719	9034	4996
唐山市丰南区王兰庄镇	8650	38699	12500	22812	17764
唐山市丰南区柳树鄌镇	10906	29135	13438	13112	6971
唐山市丰南区黑沿子镇	10729	22454	11395	10779	5531
唐山市丰南区滨海镇	9763	17609	3263	9177	5357
唐山市丰南区丰南镇	7417	105276	105276	69642	66642
唐山市丰南区大齐各庄镇	3986	13782	3314	8183	6179

河北省

2-1-3 续表 3　　　　单位：公顷、人

建制镇名称	行政区域面积	总人口	镇区人口	从业人员	#二三产业
唐山市丰润区丰润镇	9520	73151	36600	46618	30960
唐山市丰润区老庄子镇	3817	26614	4516	15093	7650
唐山市丰润区任各庄镇	4986	28153	3669	17339	14334
唐山市丰润区左家坞镇	8370	40945	2177	22261	6340
唐山市丰润区泉河头镇	5380	26051	1483	15050	5602
唐山市丰润区王官营镇	9710	37858	8386	24596	7297
唐山市丰润区火石营镇	13080	28799	5530	20083	4287
唐山市丰润区韩城镇	5560	50827	18442	30969	21010
唐山市丰润区岔河镇	4229	26842	4139	15726	7100
唐山市丰润区新军屯镇	4970	37808	5320	22358	11538
唐山市丰润区小张各庄镇	2230	15887	1901	9020	2709
唐山市丰润区丰登坞镇	6820	40296	13601	27377	8351
唐山市丰润区李钊庄镇	6370	23164	3210	15190	4644
唐山市丰润区白官屯镇	6600	44486	18650	28042	6820
唐山市丰润区石各庄镇	4510	23634	2782	12538	5496
唐山市丰润区沙流河镇	5630	36201	5482	24480	14860
唐山市丰润区七树庄镇	2670	18677	2783	9702	620
唐山市丰润区杨官林镇	4810	26266	2640	18386	5651
滦县滦州镇	8907	131691	102415	32537	18945
滦县响堂镇	6574	39315	21044	18972	11067
滦县东安各庄镇	11673	63295	8526	39077	20234
滦县雷庄镇	7743	35921	15234	16961	8322
滦县茨榆坨镇	6125	26100	8223	14890	8370
滦县榛子镇	9588	56676	31385	31490	15817
滦县杨柳庄镇	8299	23494	7878	12595	7013
滦县油榨镇	8194	45689	4737	22939	12657
滦县古马镇	6965	33909	5078	19788	9339
滦县小马庄镇	8562	36925	2019	22205	11800
滦县九百户镇	8036	33793	8150	18175	11387
滦县王店子镇	5912	27009	10846	16906	8108
滦南县奔城镇	8430	94277	93498	44230	21353
滦南县宋道口镇	7470	51534	20247	29229	11200
滦南县长凝镇	5470	34707	14865	19644	9061
滦南县胡各庄镇	5820	36070	13064	18477	10916
滦南县坨里镇	3580	18637	5530	11130	4003
滦南县姚王庄镇	2080	16966	4510	9459	1353
滦南县司各庄镇	10070	43493	4462	26504	9217
滦南县安各庄镇	5820	25678	3786	13741	3226
滦南县扒齿港镇	9850	38469	5612	23244	7183
滦南县程庄镇	8000	52563	7650	30159	7834
滦南县青坨营镇	7990	28512	3507	13536	3009
滦南县柏各庄镇	7960	47975	18583	23469	8358
滦南县柳赞镇	5490	13354	8266	6545	3450
滦南县南堡镇	27570	15352	7623	8303	1756
滦南县方各庄镇	4160	30362	7230	18053	7525
滦南县东黄坨镇	5210	16843	4993	8503	3933
滦南县马城镇	2030	16962	3472	10156	5790
乐亭县乐亭镇	8129	37426	37426	26201	15377
乐亭县汤家河镇	9548	26925	8755	15021	9476

河北省

2-1-3 续表 4

单位：公顷、人

建制镇名称	行政区域面积	总人口	镇区人口	从业人员	#二三产业
乐亭县胡家坨镇	5100	21519	5519	13569	4144
乐亭县王滩镇	16800	47795	19954	28301	17091
乐亭县闫各庄镇	6820	35601	8751	22214	12373
乐亭县马头营镇	9311	29635	8309	16627	11118
乐亭县新寨镇	3960	25464	11220	14651	7004
乐亭县汀流河镇	6714	26535	14279	15400	7581
乐亭县姜各庄镇	21132	49393	12710	28743	19822
乐亭县毛庄镇	8600	32165	3012	18661	10515
乐亭县中堡镇	8640	31942	3580	19264	10343
迁西县兴城镇	14300	54209	40280	28136	17264
迁西县金厂峪镇	8600	17307	8133	9340	5232
迁西县洒河桥镇	7900	19185	14144	10990	6521
迁西县太平寨镇	11200	35564	11853	18252	9348
迁西县罗家屯镇	6900	24663	11960	12972	6524
迁西县东荒峪镇	7000	14304	5996	8037	4145
迁西县新集镇	9700	27772	11771	13403	8578
迁西县三屯营镇	11100	28880	16497	14840	8684
迁西县滦阳镇	10400	19301	7879	10475	6053
玉田县玉田镇	9000	115823	111279	88921	84068
玉田县亮甲店镇	7500	39758	6641	21814	14785
玉田县鸦鸿桥镇	6300	54937	38510	41535	36783
玉田县窝洛沽镇	7700	50934	22480	24897	19959
玉田县石臼窝镇	11300	36600	8456	21596	14421
玉田县虹桥镇	5500	31848	15925	22006	17784
玉田县散水头镇	5100	27156	6936	14932	12881
玉田县林南仓镇	2900	23546	23546	14515	12202
玉田县林西镇	6400	30690	4152	15812	11956
玉田县杨家板桥镇	5600	27333	7578	14243	9695
玉田县彩亭桥镇	2800	19924	7517	13810	12310
玉田县孤树镇	4400	26033	11451	15567	11203
玉田县大安镇	5700	30446	8195	12382	8981
玉田县唐自头镇	5700	19326	3901	12682	9536
唐海县唐海镇	5617	46268	37885	16946	13811
遵化市遵化镇	3140	101689	101689	55976	53901
遵化市堡子店镇	6750	39507	16514	16266	10176
遵化市马兰峪镇	5280	24964	10309	8395	5650
遵化市平安城镇	9570	52652	5837	24317	17021
遵化市东新庄镇	6320	39695	8193	19130	13760
遵化市新店子镇	9540	48732	2244	20476	10389
遵化市党峪镇	2334	28337	3600	14823	10730
遵化市地北头镇	6350	22271	2575	12602	3076
遵化市东旧寨镇	7590	24460	2198	12215	6559
遵化市铁厂镇	7630	19208	7318	10209	6455
遵化市苏家洼镇	6200	30322	8387	14485	9633
遵化市建明镇	7230	33101	14560	14788	8564
遵化市石门镇	6960	32947	8336	17467	12147
迁安市夏官营镇	6869	32981	15010	17057	13981
迁安市杨各庄镇	7648	38837	2800	20123	15972
迁安市建昌营镇	9110	45182	22045	32223	18674

河北省

2-1-3 续表 5 单位：公顷、人

建制镇名称	行政区域面积	总人口	镇区人口	从业人员	#二三产业
迁安市赵店子镇	3854	21279	2913	10521	7964
迁安市野鸡坨镇	7293	36719	2993	17797	14928
迁安市大崔庄镇	6893	26415	2293	12185	9073
迁安市蔡园镇	5347	25569	17811	13001	10335
迁安市马兰庄镇	4533	24902	14338	8190	7492
迁安市沙河驿镇	4135	29262	9396	16207	14131
迁安市木厂口镇	5808	23884	7549	12753	10473
秦皇岛市海港区东港镇	1104	19374	775	11514	9514
秦皇岛市海港区海港镇	2000	26893	9185	7643	6219
秦皇岛市海港区西港镇	1404	19314	3016	9669	6557
秦皇岛市海港区海阳镇	2560	18318	3652	10025	7699
秦皇岛市海港区北港镇	5459	24869	9379	11126	4312
秦皇岛市山海关区第一关镇	2200	15868	1292	9676	4894
秦皇岛市山海关区石河镇	6250	22273	2147	13812	2733
秦皇岛市山海关区孟姜镇	4100	17467	3577	8596	4346
秦皇岛市北戴河区海滨镇	917	13328	3129	7582	6482
秦皇岛市北戴河区戴河镇	3714	24043	815	15026	8419
青龙满族县青龙镇	35237	76361	47984	46560	25101
青龙满族县祖山镇	31517	22376	10258	12062	7441
青龙满族县木头凳镇	18848	32416	4620	22999	6000
青龙满族县双山子镇	10263	21022	3596	16310	7930
青龙满族县马圈子镇	18736	25095	5408	12789	8625
青龙满族县肖营子镇	13762	33825	4690	15270	5225
青龙满族县大巫岚镇	16089	32384	5787	18017	7505
青龙满族县土门子镇	12386	25758	2565	14843	3852
青龙满族县八道河镇	17399	29075	3845	16006	6282
青龙满族县隔河头镇	16650	26074	1801	15450	2475
青龙满族县娄杖子镇	11210	24149	2565	14789	4765
昌黎县昌黎镇	8581	121033	92455	53663	36642
昌黎县靖安镇	9027	42784	10279	26330	9113
昌黎县安山镇	8290	47964	8475	28457	20474
昌黎县龙家店镇	8136	43563	7620	23700	15405
昌黎县泥井镇	7444	26799	2392	16443	3149
昌黎县大蒲河镇	7450	29179	1806	18144	5736
昌黎县新集镇	8523	32277	1639	22743	3912
昌黎县刘台庄镇	5899	23406	3306	15703	3068
昌黎县茹荷镇	10840	16032	1921	8884	1708
昌黎县朱各庄镇	5830	31243	2987	21137	9768
昌黎县荒佃庄镇	7122	29798	9818	15958	3929
抚宁县抚宁镇	20222	110628	36637	43406	13072
抚宁县留守营镇	12831	61604	6247	31247	12853
抚宁县榆关镇	12750	37645	3262	18874	3744
抚宁县牛头崖镇	5257	36177	8676	17858	11577
抚宁县石门寨镇	17928	48850	8615	23249	12037
抚宁县台营镇	15864	45456	3890	21300	2274
抚宁县大新寨镇	21357	37336	3476	20165	2650
抚宁县驻操营镇	22436	24762	3707	16011	5595
抚宁县杜庄镇	9257	22896	2464	11516	5334
卢龙县卢龙镇	11070	69808	38755	36289	17824

河北省

2-1-3 续表 6　　单位：公顷、人

建制镇名称	行政区域面积	总人口	镇区人口	从业人员	#二三产业
卢龙县潘庄镇	8450	26058	1460	16258	5552
卢龙县燕河营镇	10880	35939	2508	23188	7056
卢龙县双望镇	7970	31112	3055	18862	6320
卢龙县刘田各庄镇	11240	45248	3855	26628	6735
卢龙县石门镇	9030	44874	6393	20939	6844
邯郸市邯山区马头镇	1800	40953	4327	11743	7705
邯郸市邯山区北张庄镇	3600	27739	2755	14888	7273
邯郸市峰峰矿区临水镇	2243	123448	112695	13513	9087
邯郸市峰峰矿区峰峰镇	4307	78854	5705	30105	26085
邯郸市峰峰矿区新坡镇	2415	30520	13828	10694	7966
邯郸市峰峰矿区大社镇	4112	48187	14863	18800	13682
邯郸市峰峰矿区和村镇	5249	66132	12376	37156	33018
邯郸市峰峰矿区义井镇	5686	56683	12476	24808	19602
邯郸市峰峰矿区彭城镇	3334	56480	2130	23320	20120
邯郸市峰峰矿区界城镇	2715	29125	686	12440	9880
邯郸市峰峰矿区大峪镇	2012	20248	2832	3725	1916
邯郸县尚璧镇	2918	32920	4620	11820	5633
邯郸县黄粱梦镇	5819	53576	47045	19998	11954
邯郸县河沙镇镇	4813	41661	5503	16762	7207
邯郸县户村镇	4012	29021	14612	16932	12570
临漳县临漳镇	5201	93396	23820	24496	11672
临漳县南东坊镇	2695	28977	4940	13211	4527
临漳县孙陶集镇	7300	64517	2067	25955	6313
临漳县柳园镇	7111	64857	7769	24688	10198
临漳县称勾集镇	5470	48018	3144	19565	14420
成安县成安镇	4842	80134	80134	60512	52578
成安县商城镇	7213	64620	37058	20303	9450
成安县漳河店镇	4888	40791	8635	14514	6616
成安县李家疃镇	5102	45807	13177	15990	7176
大名县大名镇	4607	68462	19050	19152	11370
大名县杨桥镇	6297	49764	15248	19683	2519
大名县万堤镇	4906	36706	10406	13976	2092
大名县龙王庙镇	5043	56065	19389	29638	2509
大名县束馆镇	5364	41958	6370	18700	2926
大名县金滩镇	6065	53822	16614	21226	2630
涉县涉城镇	5810	65420	34040	37090	28130
涉县河南店镇	7238	31091	17494	15158	10332
涉县索堡镇	8026	25883	4493	14223	8560
涉县西戌镇	4130	15295	7599	7353	600
涉县井店镇	8600	41628	25994	21946	18741
涉县更乐镇	5736	22974	14613	12935	10583
涉县固新镇	13592	24905	12353	11396	7918
涉县西达镇	1950	16844	8763	6870	1260
涉县偏城镇	12300	14108	2737	5900	3127
磁县磁州镇	8036	143978	117043	40563	31123
磁县高臾镇	5270	39262	10950	20798	14729
磁县西光禄镇	5263	24938	17068	11482	8728
磁县讲武城镇	5606	48212	5057	26731	20993

河北省

2-1-3 续表 7

单位：公顷、人

建制镇名称	行政区域面积	总人口	镇区人口	从业人员	#二三产业
磁县岳城镇	9489	35428	7142	16669	12939
磁县观台镇	4041	32210	13679	15466	11356
磁县林坦镇	5756	31111	3581	14555	11088
磁县白土镇	6383	21485	6855	8979	6058
磁县黄沙镇	2026	16673	8566	6608	4689
肥乡县肥乡镇	8062	82021	65975	40552	31182
肥乡县天台山镇	5928	38590	9998	18667	11407
永年县临洺关镇	8135	80338	77794	44488	32932
永年县大北汪镇	3971	34198	14348	17812	12144
永年县张西堡镇	5078	39932	10108	20668	10681
永年县广府镇	4037	43300	29715	25114	15957
永年县南沿村镇	4212	45371	23220	24449	11056
永年县永合会镇	7883	35710	4573	18526	11683
邱县新马头镇	12045	48448	20806	26766	15595
邱县邱城镇	6638	32853	7594	18380	6415
邱县梁二庄镇	6800	30825	2145	13935	6434
邱县香城固镇	5100	31407	1065	18776	6371
鸡泽县鸡泽镇	7266	72118	43382	23089	17138
鸡泽县小寨镇	6258	41434	15968	17054	10113
鸡泽县双塔镇	3564	36387	12620	21200	17400
广平县广平镇	5200	70193	27037	30935	13595
广平县平固店镇	5307	37070	2110	18546	10373
广平县胜营镇	4659	48029	3160	22482	12546
馆陶县馆陶镇	4825	68548	48058	20597	12608
馆陶县房寨镇	4378	29087	11172	12460	5641
馆陶县柴堡镇	7447	47072	11451	22440	4050
馆陶县魏僧寨镇	5598	36317	16000	17960	11177
魏县魏城镇	5500	125703	31150	41460	21299
魏县德政镇	3190	25777	5001	10391	2616
魏县北皋镇	5446	74990	8010	22450	2784
魏县双井镇	3600	49333	6852	17138	3759
魏县牙里镇	3578	61255	8061	28247	10746
魏县车往镇	4190	45034	10133	15150	4938
魏县回隆镇	4429	55633	14722	20220	7736
魏县张二庄镇	3875	63703	15912	20300	9002
曲周县曲周镇	7099	79641	67505	29651	24936
曲周县安寨镇	9511	58777	7349	30242	16264
曲周县侯村镇	9532	61995	5460	30188	17391
曲周县河南疃镇	7741	44471	7394	20236	13591
曲周县第四疃镇	7325	40358	9808	19245	14805
武安市武安镇	4150	205546	127774	94551	86757
武安市康二城镇	8000	27968	6536	21356	16551
武安市午汲镇	7200	36438	3271	20652	11876
武安市磁山镇	6800	69837	12540	39306	36863
武安市伯延镇	4300	15139	7625	9512	5500
武安市淑村镇	6300	20302	3099	14536	9449
武安市大同镇	7400	35685	4052	21056	14535
武安市邑城镇	6700	34445	7536	21837	16977

河北省

2-1-3 续表 8 单位：公顷、人

建制镇名称	行政区域面积	总人口	镇区人口	从业人员	#二三产业
武安市矿山镇	9900	37828	2207	20961	12020
武安市贺进镇	12000	20488	6425	13734	4764
武安市阳邑镇	10200	39764	8157	21411	13743
武安市徘徊镇	10600	21930	2510	12371	6521
武安市冶陶镇	7409	18398	4811	11338	7670
邢台市桥东区东郭村镇	1307	15660	15660	5951	3630
邢台市桥西区南大郭镇	2380	28705	3180	15728	8686
邢台市桥西区李村镇	6500	34425	4914	17774	12306
邢台县东汪镇	2080	25805	25805	16130	11465
邢台县王快镇	2860	33909	14958	18756	12240
邢台县祝村镇	3655	26067	3864	14192	12718
邢台县晏家屯镇	4927	27890	2120	15182	10880
邢台县南石门镇	10238	46622	13584	25250	20390
邢台县羊范镇	7817	28087	8170	12318	9203
邢台县皇寺镇	15500	34168	5091	18500	15120
邢台县会宁镇	10400	36979	7225	19480	14478
邢台县西黄村镇	14000	21122	6627	8935	5793
邢台县路罗镇	14600	16602	2780	7170	5248
邢台县将军墓镇	12500	14187	3940	7206	5042
邢台县浆水镇	16300	24418	8924	10935	5644
邢台县宋家庄镇	16200	18356	6533	9605	4417
临城县临城镇	12900	53649	35120	29390	15328
临城县东镇镇	5296	23268	14680	9790	2839
临城县西竖镇	8867	18369	4315	7176	2360
临城县郝庄镇	9482	14375	3650	6065	3060
内邱县内邱镇	6520	60657	50246	28871	20471
内邱县大孟村镇	7650	33168	10866	17665	5000
内邱县金店镇	9920	65449	6212	26997	4457
内邱县官庄镇	4830	30660	4345	16452	7462
内邱县柳林镇	9160	22418	4467	10952	3201
柏乡县柏乡镇	5030	36654	27156	16148	7315
柏乡县固城店镇	5240	37978	5019	16801	8500
柏乡县西汪镇	3660	30612	3686	16478	8239
隆尧县隆尧镇	8160	94218	69118	64900	57426
隆尧县魏家庄镇	4110	33025	14760	22798	17899
隆尧县尹村镇	6690	51284	12228	25280	15250
隆尧县山口镇	5280	36526	20277	17800	13690
隆尧县莲子镇	7800	43620	42177	32680	26880
隆尧县固城镇	6470	45935	24913	20189	14480
任县任城镇	5600	63946	63716	45270	38998
任县邢家湾镇	5300	42940	10037	29920	19390
任县辛店镇	3500	38257	13722	22753	12874
南和县和阳镇	4514	61045	56108	16650	6750
南和县贾宋镇	6768	51196	16525	32480	20854
南和县郝桥镇	6110	57287	19815	29647	19135
宁晋县凤凰镇	11170	136117	60544	47068	25394
宁晋县河渠镇	7960	67036	3649	31961	9150
宁晋县北河庄镇	5996	53223	7187	26440	11369

河北省

2-1-3 续表 9 单位：公顷、人

建制镇名称	行政区域面积	总人口	镇区人口	从业人员	#二三产业
宁晋县耿庄桥镇	13312	63310	5616	25764	9981
宁晋县东汪镇	5860	37155	12806	18885	7383
宁晋县贾家口镇	8616	51975	4520	33420	20484
宁晋县四芝兰镇	8586	59427	6044	23157	10893
宁晋县大陆村镇	6637	48600	17706	23421	15552
宁晋县苏家庄镇	8667	64665	8139	23787	14155
宁晋县换马店镇	6571	52567	4327	24662	14552
巨鹿县巨鹿镇	8635	83214	70302	29943	17092
巨鹿县王虎寨镇	4719	27692	4368	15425	7629
巨鹿县西郭城镇	3717	14399	2163	7520	3813
巨鹿县官亭镇	6535	37925	10186	19300	6675
巨鹿县阎疃镇	6351	33664	5811	17095	4559
巨鹿县小吕寨镇	3760	24137	5405	13700	3146
新河县新河镇	5706	43476	19023	18449	14276
新河县寻寨镇	5456	27795	4166	15810	7302
广宗县广宗镇	6480	54511	9916	19000	8915
平乡县丰州镇	6450	51713	29928	21520	15318
平乡县平乡镇	5270	39455	14024	17886	11712
平乡县河古庙镇	6370	40617	9351	21350	17326
威县名洲镇	6300	42825	39455	21060	14860
威县梨元屯镇	5400	31990	3240	16614	8311
威县章台镇	5850	35957	3680	17897	2122
威县侯贯镇	6800	36789	4410	18972	7551
威县七级镇	6800	32260	5289	16162	3342
清河县葛仙庄镇	12698	119356	56049	52427	47315
清河县连庄镇	8200	58614	6552	20926	14698
清河县油坊镇	7150	51670	6614	27229	20382
清河县谢炉镇	7021	53659	7030	23659	15579
清河县王官庄镇	7200	57356	5890	29320	24450
清河县坝营镇	7771	49141	2315	18794	12901
临西县临西镇	4100	51345	42310	9284	8730
临西县河西镇	5300	45257	18430	21180	14840
临西县下堡寺镇	6000	37892	3760	16521	5121
临西县尖冢镇	6000	41132	6021	14823	8030
临西县老官寨镇	7400	41260	4269	16592	12438
南宫市苏村镇	5060	22992	4498	11375	5606
南宫市大高村镇	4620	21739	5974	11305	5088
南宫市垂杨镇	7760	41696	10980	18813	10495
南宫市明化镇	6950	33529	8259	16403	5703
南宫市段芦头镇	9300	50524	13549	22647	10315
南宫市紫冢镇	8510	42079	8766	20595	12618
沙河市沙河城镇	2985	17632	8132	6784	4720
沙河市新城镇	5244	42926	7721	13877	6909
沙河市白塔镇	8400	43082	30750	26165	13782
沙河市十里亭镇	7330	28642	8500	11400	4272
沙河市綦村镇	10840	31406	7735	12424	5007
满城县满城镇	8542	108206	34110	56660	31800
满城县大册营镇	4740	36192	2613	19695	10601

河北省

2-1-3　续表 10　　　　单位：公顷、人

建制镇名称	行政区域面积	总人口	镇区人口	从业人员	#二三产业
满城县神星镇	7391	39935	3632	21888	9923
满城县南韩村镇	5933	43965	5340	20325	7752
满城县方顺桥镇	5199	42218	8058	21479	11011
清苑县清苑镇	4690	37188	30988	18340	8043
清苑县冉庄镇	6440	36022	4550	20084	10678
清苑县阳城镇	6563	39028	4552	19543	8214
清苑县魏村镇	4529	38558	18666	21447	8590
清苑县温仁镇	6709	50506	9120	25134	7878
清苑县张登镇	5538	38542	11208	23834	10561
清苑县大庄镇	2757	23094	6158	13338	6059
清苑县臧村镇	4069	31751	7200	21939	12222
涞水县涞水镇	3524	67060	37964	41322	8267
涞水县永阳镇	6537	30897	1933	19930	7930
涞水县义安镇	5417	31440	1789	15742	6297
涞水县石亭镇	4514	37028	4435	18462	7334
涞水县赵各庄镇	8550	23627	2773	11103	1774
涞水县九龙镇	17716	16552	1963	6577	904
涞水县三坡镇	21400	13144	1600	6805	3800
阜平县阜平镇	29440	58020	28596	28123	7115
阜平县龙泉关镇	14872	8770	2000	3596	1325
阜平县平阳镇	18726	24810	1435	9770	1825
阜平县城南庄镇	27580	20650	3148	9536	5460
阜平县天生桥镇	16483	11415	1580	5440	2190
徐水县安肃镇	8154	131153	58240	44826	24823
徐水县崔庄镇	7039	69524	3550	37700	23940
徐水县大因镇	5744	58526	5629	35622	12853
徐水县遂城镇	6791	49939	2963	25776	7240
徐水县高林村镇	6577	44620	5632	25009	8460
徐水县大王店镇	6917	45830	7450	20106	12945
徐水县漕河镇	5287	35550	844	19544	8840
定兴县定兴镇	4671	96589	85695	42658	20814
定兴县固城镇	6732	51847	22153	37265	12765
定兴县贤寓镇	6722	46721	8952	26155	10667
定兴县北河镇	3331	22902	5658	13559	7082
定兴县天宫寺镇	4271	38463	8055	25998	9947
唐县仁厚镇	5000	40777	34198	24785	9184
唐县王京镇	4600	52565	3584	24200	16415
唐县高昌镇	5500	35535	3411	16665	1213
唐县北罗镇	4100	51256	2951	23846	12645
唐县白合镇	11000	28918	3035	15820	10131
唐县军城镇	9700	22672	1851	10516	2006
唐县川里镇	10100	8562	1107	5283	2020
高阳县高阳镇	3884	64162	8437	30387	24325
高阳县庞口镇	8727	44602	3555	26709	16026
高阳县西演镇	7176	47180	3973	30810	19050
高阳县邢家南镇	5046	33930	14600	20064	14564
容城县容城镇	7590	68050	27348	43059	31970
容城县小里镇	3500	25746	14400	14760	9700

河北省

2-1-3 续表 11

单位：公顷、人

建制镇名称	行政区域面积	总人口	镇区人口	从业人员	#二三产业
容城县南张镇	5380	43850	10688	25620	15030
容城县大河镇	3200	23672	2620	13862	9549
容城县晾马台镇	3380	24965	4392	15252	10798
涞源县涞源镇	25834	82500	45331	23310	8834
涞源县银坊镇	23220	14589	1118	7811	2685
涞源县走马驿镇	8116	18402	1118	8981	2023
涞源县水堡镇	15260	7741	584	3236	995
涞源县王安镇	14550	15896	1864	7664	2839
涞源县杨家庄镇	11700	10838	3002	4725	3184
涞源县白石山镇	15660	18498	2056	9012	2367
望都县望都镇	3980	55938	22443	20983	10240
望都县固店镇	4994	30655	2442	17300	3545
安新县安新镇	7138	45662	13400	28250	18433
安新县大王镇	7069	27582	2630	14812	5061
安新县三台镇	5770	30900	4150	19005	10438
安新县端村镇	7050	46445	10500	27120	10640
安新县赵北口镇	2260	21207	10668	13693	6867
安新县同口镇	8700	32785	10405	18897	4671
安新县刘李庄镇	3820	48993	3407	13110	11118
安新县安州镇	7200	38365	465	23850	4850
安新县老河头镇	6090	41698	6346	22942	5358
易县易州镇	8060	51149	13589	22189	13657
易县梁格庄镇	14500	30724	2021	15502	8075
易县西陵镇	8000	16443	1194	7084	2523
易县裴山镇	8100	35975	1865	19563	5490
易县塘湖镇	7333	44686	3905	26159	5957
易县狼牙山镇	14667	17126	1274	7551	2246
易县良岗镇	16700	12813	1810	6617	3253
易县紫荆关镇	26300	19955	817	6359	3848
易县高村镇	9800	35065	1100	19031	7662
曲阳县恒州镇	4820	76787	35985	23490	6203
曲阳县灵山镇	12210	70936	13516	28836	13187
曲阳县燕赵镇	4850	49943	4949	22620	6262
曲阳县羊平镇	5150	45075	3800	18558	10556
曲阳县文德镇	3800	47542	6051	20340	8308
蠡县蠡吾镇	9954	107286	44426	57000	33552
蠡县留史镇	5962	57356	16311	32415	25030
蠡县大百尺镇	7130	60358	6081	34898	22330
蠡县辛兴镇	6251	50442	9523	24815	14748
蠡县北郭丹镇	2569	20682	10577	9570	7290
蠡县万安镇	2991	28597	3415	17958	8412
蠡县桑园镇	3686	27453	8718	14706	8970
蠡县南庄镇	6870	40391	6800	21903	3843
顺平县蒲阳镇	6500	71643	45579	40836	21926
顺平县高于铺镇	7000	52357	19472	31636	9138
顺平县腰山镇	5100	37033	2671	18903	8485
顺平县蒲上镇	5500	31716	8543	16726	6661
顺平县神南镇	9500	12634	7058	6457	1607

河北省

2-1-3 续表 12 单位：公顷、人

建制镇名称	行政区域面积	总人口	镇区人口	从业人员	#二三产业
博野县博野镇	7828	69012	18999	29173	19975
博野县小店镇	3078	32937	3390	18390	12790
博野县程委镇	7143	45682	2611	26540	10773
雄县雄州镇	9018	99890	58810	51890	45500
雄县昝岗镇	4503	34215	9321	22324	13082
雄县大营镇	6137	38420	8845	22706	9543
雄县龙湾镇	8074	51457	18128	22185	14530
雄县朱各庄镇	5120	34623	8310	19990	9802
雄县米家务镇	5769	36893	10738	21134	8040
涿州市松林店镇	7200	60729	18240	25500	10168
涿州市码头镇	5916	35903	5720	20254	6510
涿州市东城坊镇	10000	39021	2291	24481	8081
涿州市高官庄镇	4260	27634	1800	18792	6437
涿州市东仙坡镇	4420	32844	5200	16624	8060
涿州市百尺竿镇	5400	43756	944	26168	16317
定州市留早镇	8565	47910	6840	26524	13848
定州市清风店镇	5257	50599	15490	25276	12906
定州市庞村镇	4478	47252	11784	24301	15796
定州市砖路镇	6325	55711	5373	30939	20110
定州市明月店镇	4800	51148	10450	33572	20822
定州市叮咛店镇	8206	54256	4820	33405	28440
定州市东亭镇	4865	34437	6928	20795	12390
定州市大辛庄镇	4120	30914	7852	19016	12520
定州市东旺镇	4334	32375	7646	21092	13710
定州市高蓬镇	5548	43707	8740	23951	16244
定州市邢邑镇	4745	37080	11140	22530	16395
定州市李亲顾镇	4904	51856	30570	43950	38817
定州市子位镇	6025	46751	7915	26672	17337
定州市开元镇	4243	49524	7995	30554	19301
定州市赵村镇	6503	52197	2884	30928	18349
定州市周村镇	4973	50106	5997	38864	17349
定州市息冢镇	5432	39156	6350	20698	9779
安国市祁州镇	4302	63724	30850	26408	18398
安国市伍仁桥镇	3480	31530	3370	20020	12020
安国市石佛镇	5495	33340	4256	20444	10160
安国市郑章镇	5500	38386	3605	23367	11210
安国市大五女镇	3900	24746	1978	14826	4937
安国市西佛落镇	3200	22761	2832	15270	8196
高碑店市方官镇	6400	46010	5170	28150	11353
高碑店市新城镇	7000	50148	5360	30591	12160
高碑店市泗庄镇	5600	33168	8702	20642	10165
高碑店市白沟镇	5397	139280	31372	105310	97552
高碑店市辛立庄镇	6030	41661	5571	22272	5062
高碑店市东马营镇	4000	30924	11924	15448	6733
张家口市桥东区老鸦庄镇	2900	32200	5133	12181	7798
张家口市桥东区姚家庄镇	4954	18810	3172	7694	4270
张家口市桥西区东窑子镇	8707	17418	3148	8245	7394
张家口市桥西区沈家屯镇	4500	25098	1978	13545	3757

河北省

2-1-3 续表 13 单位：公顷、人

建制镇名称	行政区域面积	总人口	镇区人口	从业人员	#二三产业
张家口市宣化区庞家堡镇	12718	26367	12473	10732	6298
宣化县洋河南镇	13060	27161	17629	21590	14060
宣化县深井镇	26644	30082	5324	14702	3302
宣化县崞村镇	25587	19513	1232	11347	2049
宣化县沙岭子镇	4107	29942	25017	16088	7160
宣化县姚家房镇	3013	24325	6570	13176	5586
宣化县大仓盖镇	9697	21007	2797	10718	4444
宣化县贾家营镇	19513	21946	1461	12846	4351
宣化县顾家营镇	4533	14298	1861	7582	2789
宣化县赵川镇	17753	32613	7513	19956	9926
张北县张北镇	14177	112305	60011	95459	71604
张北县公会镇	16033	15936	2702	8899	3357
张北县二台镇	17873	24990	4364	14932	5683
张北县大囫囵镇	27782	18760	1059	7796	1219
张北县沙沟镇	14627	15816	7756	8784	4805
康保县康保镇	32903	56703	53750	13674	6850
康保县张纪镇	26208	20694	1580	11753	3628
康保县土城子镇	19644	16314	1625	8284	2003
康保县邓油坊镇	15602	16397	2369	8359	2303
康保县李家地镇	15261	14198	1214	7755	2586
康保县照阳河镇	25103	13046	535	6092	1092
康保县屯垦镇	41057	24533	1261	17371	985
沽源县平定堡镇	39600	28783	27100	22215	11448
沽源县小厂镇	22000	14600	1154	8100	2972
沽源县黄盖淖镇	17800	17149	302	7843	2775
沽源县九连城镇	32200	22326	1525	12780	806
尚义县南壕堑镇	24828	42464	27319	25216	15748
尚义县大青沟镇	18187	20963	7845	12578	3268
尚义县八道沟镇	20015	15186	1399	7500	376
尚义县红土梁镇	26815	6952	3523	4400	1234
尚义县小蒜沟镇	37284	9429	1677	7457	2991
尚义县三工地镇	10792	9237	1018	5832	467
尚义县满井镇	16490	10700	1268	7318	2503
蔚县蔚州镇	3689	81116	77020	13528	9744
蔚县代王城镇	6910	30939	7941	15960	7302
蔚县西合营镇	14032	52471	21131	19000	8778
蔚县吉家庄镇	13500	25197	4305	15434	3972
蔚县白乐镇	6701	20695	6210	9790	2245
蔚县暖泉镇	4370	17281	4220	5751	1568
蔚县南留庄镇	7120	28312	7968	8755	3298
蔚县北水泉镇	10425	13294	4694	5442	1828
蔚县桃花镇	15470	21495	8493	11261	2038
蔚县阳眷镇	13670	18474	4259	5476	3143
蔚县宋庄镇	30483	27359	1788	9364	1853
阳原县西城镇	11219	62997	53556	13520	8750
阳原县东城镇	16742	18508	6541	10139	4182
阳原县化稍营镇	9411	26296	10790	11775	3665
阳原县揣骨疃镇	28809	26804	6185	11538	4183

河北省

2-1-3　续表 14　　　　单位：公顷、人

建制镇名称	行政区域面积	总人口	镇区人口	从业人员	#二三产业
阳原县东井集镇	12747	34637	6596	17310	5817
怀安县柴沟堡镇	16406	76135	50667	22806	9896
怀安县左卫镇	26850	37995	9439	21347	9319
怀安县头百户镇	8361	16452	2811	9331	1668
怀安县怀安城镇	17583	32090	14520	15490	8967
万全县孔家庄镇	6540	37830	21116	16621	5865
万全县万全镇	8902	19007	7320	9500	4450
万全县洗马林镇	13858	10346	5146	7128	2088
万全县郭磊庄镇	5852	24506	3029	11211	2452
怀来县沙城镇	5902	94847	83640	13661	8445
怀来县北辛堡镇	7056	16623	3756	11029	1713
怀来县新保安镇	6686	24124	9721	8300	463
怀来县东花园镇	13100	19720	3240	8112	1300
怀来县官厅镇	17800	12167	3626	6912	1922
怀来县桑园镇	12133	27252	3998	19231	5927
怀来县存瑞镇	15125	28454	2690	17393	6086
怀来县土木镇	9354	23081	991	14613	5801
怀来县大黄庄镇	4617	18242	9431	11724	4691
怀来县西八里镇	3658	21897	4417	13112	4175
怀来县小南辛堡镇	16796	17493	1488	10592	2504
涿鹿县涿鹿镇	7122	69182	60528	40960	1545
涿鹿县张家堡镇	6914	23893	5742	10262	4260
涿鹿县武家沟镇	27000	16276	4611	6335	1798
涿鹿县五堡镇	6773	28986	6482	18771	5766
涿鹿县保岱镇	9930	30342	5413	15720	4830
涿鹿县矾山镇	14726	22220	7833	10420	2972
涿鹿县大堡镇	26676	18787	7836	12340	1360
涿鹿县河东镇	39661	11369	4045	5457	1230
涿鹿县东小庄镇	5823	32202	18099	19063	4262
涿鹿县辉耀镇	22483	12537	1576	5618	1480
涿鹿县大河南镇	26643	10509	3310	4189	1208
涿鹿县温泉屯镇	7660	14745	2427	12530	364
涿鹿县蟒石口镇	20439	9486	3544	4021	1237
赤城县赤城镇	24660	48302	39780	16179	5650
赤城县田家窑镇	19620	20278	2223	8800	2700
赤城县龙关镇	28730	26745	12686	10350	4468
赤城县雕鹗镇	35390	15522	2103	6983	2066
赤城县独石口镇	21706	6540	2030	2395	1010
赤城县白草镇	24380	12631	1701	6260	1155
赤城县龙门所镇	23590	14153	3735	5876	1524
赤城县后城镇	37468	21458	3985	9460	3460
赤城县东卯镇	44560	23209	865	8228	2840
崇礼县西湾子镇	22440	31216	15906	16685	11240
崇礼县高家营镇	34256	23746	8636	12430	4446
承德市双桥区水泉沟镇	4128	26302	1374	5722	4016
承德市双桥区狮子沟镇	3038	25509	384	10416	7589
承德市双桥区牛圈子沟镇	6200	37287	12911	13675	11817
承德市双桥区大石庙镇	9410	22820	3374	8982	4906

河北省

2-1-3 续表 15　　　　单位：公顷、人

建制镇名称	行政区域面积	总人口	镇区人口	从业人员	#二三产业
承德市双桥区冯营子镇	5658	18622	9769	7302	4863
承德市双桥区双峰寺镇	12513	28629	13075	14750	8685
承德市双桥区上板城镇	19627	37874	28108	17734	7730
承德市双滦区双塔山镇	8856	49923	44654	30528	25701
承德市双滦区滦河镇	1525	42215	41461	24771	24641
承德市双滦区大庙镇	9436	8979	1948	4820	2871
承德市双滦区偏桥子镇	5253	9219	1337	5865	2585
鹰手营子矿区鹰手营子镇	4250	29782	8513	7970	7125
鹰手营子矿区北马圈子镇	2392	13072	2273	8095	7166
鹰手营子矿区寿王坟镇	5998	12623	10470	6310	6200
鹰手营子矿区汪家庄镇	2500	10523	915	4205	3218
承德县下板城镇	25364	70177	62210	22715	10929
承德县甲山镇	17116	22142	7765	12356	6218
承德县六沟镇	18040	31862	11988	17962	5026
承德县三沟镇	18033	21766	8616	13384	3412
承德县头沟镇	18513	26089	5049	10780	2918
承德县高寺台镇	13364	14130	11426	7260	3330
兴隆县兴隆镇	19200	70078	62078	42075	33975
兴隆县半壁山镇	13100	21648	7030	10760	2546
兴隆县挂兰峪镇	18800	13776	3363	6278	1716
兴隆县青松岭镇	18100	14667	1692	7831	1474
兴隆县六道河镇	17600	18552	1798	10038	3397
兴隆县平安堡镇	11200	15932	6902	11764	5865
兴隆县北营房镇	13200	14041	1386	7259	3885
兴隆县孤山子镇	7500	11443	3702	6411	2350
兴隆县蓝旗营镇	9800	14580	3598	7175	1267
平泉县平泉镇	22465	98911	91755	66912	56826
平泉县黄土梁子镇	15180	21211	4080	11960	5386
平泉县榆树林子镇	30150	32465	4351	17400	7107
平泉县杨树岭镇	20652	33004	5110	16614	9657
平泉县七沟镇	28120	28268	4875	15210	8454
平泉县小寺沟镇	14226	25026	2874	13031	5633
平泉县党坝镇	22250	27323	3999	15783	6457
平泉县卧龙镇	23490	31011	4358	17405	11347
平泉县南五十家子镇	9560	20503	4882	10440	4988
平泉县北五十家子镇	11620	13334	4369	7260	3600
滦平县滦平镇	14600	16950	4914	8995	5687
滦平县长山峪镇	20084	21881	1238	12007	10928
滦平县红旗镇	13531	15618	2579	9410	5510
滦平县金沟屯镇	21025	20272	4456	10556	5768
滦平县虎什哈镇	24224	22707	2382	11556	5700
滦平县巴克什营镇	18445	20787	7327	9824	7261
滦平县张百湾镇	21751	25514	3993	13904	7085
隆化县隆化镇	28883	77039	73060	47432	39315
隆化县韩麻营镇	21601	23804	3806	11506	5306
隆化县中关镇	8307	10844	2050	5241	2240
隆化县七家镇	14708	13233	2650	7500	2723
隆化县汤头沟镇	26410	29931	4426	13485	3285

河北省

2-1-3 续表 16　　单位：公顷、人

建制镇名称	行政区域面积	总人口	镇区人口	从业人员	#二三产业
隆化县张三营镇	14316	24745	10446	12485	5002
隆化县唐三营镇	27829	28641	5526	19453	7473
隆化县蓝旗镇	26686	20317	4166	12470	6470
隆化县步古沟镇	27231	17149	3006	9785	4754
隆化县郭家屯镇	70375	23047	4372	11062	2094
丰宁满族自治县大阁镇	39616	82257	64019	22637	11277
丰宁满族自治县大滩镇	62100	23010	2200	12865	5311
丰宁满族自治县鱼儿山镇	31342	15547	2471	8847	3293
丰宁满族自治县土城镇	36170	17542	2023	8996	2237
丰宁满族自治县黄旗镇	32032	15628	3977	7658	3138
丰宁满族自治县凤山镇	36258	39914	10825	18782	4838
丰宁满族自治县波罗诺镇	16100	12022	4109	5782	1855
丰宁满族自治县黑山咀镇	29585	20944	5137	9275	3435
丰宁满族自治县天桥镇	15891	9865	2341	5037	2317
宽城满族自治县宽城镇	17253	58164	51236	37542	31213
宽城满族自治县龙须门镇	18620	23720	8422	12003	6459
宽城满族自治县峪耳崖镇	14149	26829	9242	16113	8712
宽城满族自治县板城镇	16061	22919	7871	13005	9274
宽城满族自治县汤道河镇	23126	21266	5363	11564	5806
宽城满族自治县饽罗台镇	8091	8033	4469	5700	3070
宽城满族自治县碾子峪镇	7849	16243	4018	8853	5444
围场满蒙自治县围场镇	18575	69609	57536	30456	24434
围场满蒙自治县四合永镇	15320	26747	19959	17033	10320
围场满蒙自治县克勒沟镇	15776	20609	3055	8867	2341
围场满蒙自治县棋盘山镇	28000	23322	3256	9109	2380
围场满蒙自治县半截塔镇	20930	12492	2915	6463	1633
围场满蒙自治县朝阳地镇	16220	19681	2445	9150	2675
围场满蒙自治县朝阳湾镇	18272	22258	1065	10938	3002
沧州市运河区小王庄镇	4992	32663	32663	15500	8096
沧县旧州镇	8200	22270	9896	13410	12470
沧县兴济镇	11400	48215	12063	31801	29514
沧县杜生镇	5800	42650	10250	25136	14595
沧县崔尔庄镇	11800	58042	6589	31230	22705
青县清州镇	11000	102845	82480	69935	63094
青县金牛镇	14300	41719	11154	25151	22339
青县新兴镇	8800	36140	9052	20689	12418
青县流河镇	11000	35046	10032	23570	17138
青县木门店镇	7800	30219	7711	14516	8836
青县马厂镇	14100	40747	22551	27535	24038
东光县东光镇	6149	71201	59333	23526	19765
东光县连镇镇	8890	41689	14839	23156	13205
东光县找王镇	4562	28323	8870	13920	8701
东光县秦村镇	6940	30312	4382	13993	6570
东光县灯明寺镇	8796	31651	6917	15293	7628
东光县南霞口镇	9500	38789	13734	26181	16502
东光县大单镇	8657	48778	3560	22414	16912
海兴县苏基镇	10900	56452	32750	29850	23340
海兴县辛集镇	4800	21322	5891	14000	5190

河北省

2-1-3 续表 17 单位：公顷、人

建制镇名称	行政区域面积	总人口	镇区人口	从业人员	#二三产业
海兴县高湾镇	7900	28048	4676	15002	4760
盐山县盐山镇	9640	48028	45692	34647	22800
盐山县望树镇	5380	29162	3424	15872	6498
盐山县庆云镇	5600	42804	4946	19180	9234
盐山县韩集镇	5270	40505	4420	19384	9499
盐山县千童镇	3810	27442	7583	15031	8241
盐山县圣佛镇	7770	48960	12105	17631	8667
肃宁县肃宁镇	4972	63933	62864	41793	35458
肃宁县梁家村镇	8146	50526	10841	31317	20619
肃宁县窝北镇	6083	34857	12356	21399	13923
肃宁县尚村镇	5453	34490	25996	22711	16478
肃宁县万里镇	5595	35517	13213	29007	21007
南皮县南皮镇	6524	60726	32000	43152	34790
南皮县冯家口镇	10095	44407	3932	21659	11407
南皮县寨子镇	8571	57970	8156	26340	12360
南皮县鲍官屯镇	9104	34639	5373	16195	9136
南皮县王寺镇	9069	40183	4293	21090	6600
南皮县乌马营镇	9569	26961	2430	16085	12532
吴桥县桑园镇	4542	51409	49687	33914	29852
吴桥县铁城镇	7357	39262	11773	25322	16835
吴桥县于集镇	6065	26541	8341	15421	7886
吴桥县梁集镇	5262	21132	4450	13577	6310
吴桥县安陵镇	6745	24826	1290	14966	8987
献县乐寿镇	9900	80166	75510	19773	9805
献县淮镇镇	7200	41627	18252	19202	16102
献县郭庄镇	5800	33060	11527	18200	12183
献县河城街镇	8300	45766	26093	21800	17222
献县韩村镇	11100	53820	16026	25959	10189
献县陌南镇	8400	41432	8812	21440	10092
献县陈庄镇	8600	35137	7223	15415	8171
孟村回族自治县孟村镇	7600	57598	39980	32307	30902
孟村回族自治县新县镇	6400	30353	8175	14272	14272
孟村回族自治县辛店镇	4100	27003	14508	13468	13468
孟村回族自治县高寨镇	6100	21591	7632	12583	12583
泊头市泊镇	6700	48812	33896	37024	33230
泊头市交河镇	7900	49863	33060	28860	26900
泊头市齐桥镇	10400	57816	5510	28600	21690
泊头市寺门村镇	8200	34989	3028	19680	15290
泊头市郝村镇	9300	38295	9011	23758	17630
泊头市富镇镇	7800	36695	11960	19000	15500
泊头市文庙镇	8400	40599	2418	19302	12904
泊头市洼里王镇	7600	41368	4980	23096	16439
任丘市出岸镇	5400	35005	8376	17629	12254
任丘市石门桥镇	5990	40606	11027	19542	14981
任丘市吕公堡镇	5170	38556	12517	19924	16066
任丘市长丰镇	7860	45056	6702	28127	19510
任丘市莫州镇	5820	25846	8171	11012	8985
任丘市苟各庄镇	6208	27868	12043	14902	12557

河北省

2-1-3 续表 18 单位：公顷、人

建制镇名称	行政区域面积	总人口	镇区人口	从业人员	#二三产业
任丘市梁召镇	7390	41706	13713	18107	16315
任丘市辛中驿镇	5880	37902	15936	16759	11430
任丘市麻家坞镇	7230	37877	6120	19681	16967
黄骅市黄骅镇	12931	63426	59681	35611	33665
黄骅市南排河镇	7194	49351	11987	23385	12771
黄骅市吕桥镇	11368	39020	11344	18362	17976
黄骅市旧城镇	14311	39127	14075	24385	22800
河间市瀛州镇	5750	102140	62256	25503	18710
河间市米各庄镇	8800	59287	21178	41256	28166
河间市景和镇	6520	28128	13589	18273	15421
河间市卧佛堂镇	8150	48998	13301	24052	20590
河间市束城镇	9600	50465	20020	23451	22200
河间市留古寺镇	5650	32895	11759	26480	21330
河间市沙河桥镇	8040	42698	15316	17751	13044
廊坊市安次区落垡镇	5933	25471	4750	12460	2503
廊坊市安次区码头镇	10564	49485	4852	24251	9952
廊坊市安次区葛渔城镇	8016	43339	13130	23287	11736
廊坊市安次区东沽港镇	6478	38174	9343	22374	7647
廊坊市广阳区南尖塔镇	8123	27165	1526	10664	6514
廊坊市广阳区万庄镇	8962	73221	3639	21350	3831
廊坊市广阳区九州镇	13503	52415	2714	29430	8723
固安县固安镇	8400	112713	109855	32177	8388
固安县宫村镇	6970	32727	11938	17695	3801
固安县柳泉镇	6400	43972	15155	19068	3174
固安县牛驼镇	6778	58163	18186	31135	5945
固安县马庄镇	5928	45859	11371	23470	5519
永清县永清镇	17620	122736	68339	91822	82586
永清县韩村镇	4025	27956	3341	12660	11029
永清县后奕镇	3741	25543	5536	11810	9579
永清县别古庄镇	4450	28528	4270	17780	9544
永清县里澜城镇	6793	28652	8016	13457	9345
香河县淑阳镇	6765	80469	72590	38477	35395
香河县蒋辛屯镇	5520	28650	2996	12003	6841
香河县渠口镇	6632	47773	5460	22775	11452
香河县安头屯镇	4588	26455	4330	12610	4025
香河县安平镇	3255	24502	10920	12735	7378
香河县刘宋镇	5900	35153	3935	15136	11766
香河县五百户镇	6350	37094	5046	17342	5094
大城县平舒镇	6796	73255	8575	35480	30437
大城县旺村镇	14564	40292	4500	21362	12500
大城县大尚屯镇	13146	69846	4096	38836	25398
大城县南赵扶镇	10705	44527	4277	34800	22250
大城县留各庄镇	7907	42606	5975	20535	10809
大城县权村镇	6359	36871	5197	18600	16992
大城县里坦镇	5994	25554	3946	13892	3987
大城县大广安镇	6856	37888	4495	22875	10601
文安县文安镇	13717	82301	28482	20192	13102
文安县新镇镇	4815	32008	10537	17054	14584

河北省

2-1-3 续表 19 单位：公顷、人

建制镇名称	行政区域面积	总人口	镇区人口	从业人员	#二三产业
文安县苏桥镇	8253	34630	5590	18423	10006
文安县大柳河镇	8911	38122	3412	17745	14426
文安县左各庄镇	4682	25247	14129	11451	9565
文安县滩里镇	5486	31194	11076	11450	9169
文安县史各庄镇	3628	23583	9086	11669	8306
文安县赵各庄镇	7949	44428	7381	19883	13770
文安县兴隆宫镇	5462	28392	8237	14650	10709
文安县大留镇镇	6617	40936	4347	22615	16809
文安县孙氏镇	14392	61120	6003	28856	11891
文安县德归镇	9822	22005	2861	10490	4551
大厂回族自治县大厂镇	4133	26726	11132	15530	10094
大厂回族自治县夏垫镇	4118	33538	18926	14120	13338
大厂回族自治县祁各庄镇	4752	22447	5665	11397	6747
霸州市霸州镇	9239	136249	122856	101122	86819
霸州市南孟镇	5196	35241	13171	21630	13074
霸州市信安镇	4119	28916	19267	18562	17862
霸州市堂二里镇	4638	33294	14713	12911	9201
霸州市煎茶铺镇	7420	41565	11321	23210	20590
霸州市胜芳镇	9701	94190	85084	71000	68000
霸州市杨芬港镇	8506	38433	11021	18999	11450
三河市泃阳镇	5540	56352	31975	28643	17536
三河市李旗庄镇	4800	25583	3442	13386	8921
三河市杨庄镇	4800	27640	4536	17780	12238
三河市皇庄镇	6500	44414	6290	22368	17692
三河市新集镇	6300	46557	7754	17519	12151
三河市段甲岭镇	6200	21954	8895	10763	7513
三河市黄土庄镇	6300	35502	6785	23049	17440
三河市高楼镇	7800	37317	5236	19436	11506
三河市齐心庄镇	4400	23429	4188	13658	8651
三河市燕郊镇	10800	198241	147125	104419	90376
衡水市桃城区郑家河沿镇	11400	41910	5484	20351	13802
衡水市桃城区赵家圈镇	11394	38535	5223	21166	14193
枣强县枣强镇	19200	101672	53662	47944	27109
枣强县恩察镇	3700	15872	1678	8401	3397
枣强县大营镇	13600	76852	27858	30745	19849
枣强县嘉会镇	3200	11600	3092	6702	4096
枣强县马屯镇	11400	39840	6540	18180	11747
枣强县肖张镇	3400	14010	6036	6100	2615
武邑县武邑镇	16040	79361	65315	38821	28359
武邑县清凉店镇	8770	31693	11037	18693	8183
武邑县审坡镇	10570	37540	11263	19096	10709
武邑县赵桥镇	9720	39195	6127	19059	10342
武邑县韩庄镇	10540	39935	6166	18691	8584
武邑县肖桥头镇	7310	29718	5168	14729	7621
武强县武强镇	9503	61239	41862	21952	12058
武强县街关镇	7483	33561	4915	18158	5881
武强县周窝镇	5133	26574	4992	14810	7551
饶阳县饶阳镇	8235	38825	30535	21820	14544

河北省

2-1-3 续表 20　　单位：公顷、人

建制镇名称	行政区域面积	总人口	镇区人口	从业人员	#二三产业
饶阳县大尹村镇	4701	22058	7855	15018	9614
饶阳县五公镇	6611	34280	11904	17760	12032
饶阳县大官亭镇	8740	40105	21078	21731	13442
安平县安平镇	8195	82664	22381	26810	15161
安平县马店镇	8145	54528	7175	27160	19333
安平县南王庄镇	6159	35289	6840	19331	11364
故城县郑口镇	12070	106435	66606	34710	26610
故城县夏庄镇	8027	36328	2432	28670	3719
故城县青罕镇	4740	27058	3703	13658	3312
故城县故城镇	5226	27187	6291	14482	6888
故城县武官寨镇	7660	37647	2528	18157	8913
故城县饶阳店镇	8441	32518	5603	15980	5983
故城县军屯镇	3010	17034	2183	6398	2841
故城县建国镇	6693	50663	18192	16998	8229
故城县西半屯镇	8129	38330	2786	17997	10713
景县景州镇	8973	58783	31998	28998	22967
景县龙华镇	7851	41285	16240	17754	13014
景县广川镇	8055	33153	5578	16509	12443
景县王瞳镇	6355	29132	3899	12542	6086
景县洚河流镇	6275	26678	6636	13795	7006
景县安陵镇	5692	24200	2420	14470	7314
景县杜桥镇	8982	38097	6210	16912	9406
景县王谦寺镇	7560	29905	2908	14930	8232
景县北留智镇	7706	32398	6951	15040	8297
景县留智庙镇	8254	38394	4253	16840	8889
阜城县阜城镇	8680	43833	5387	28540	16809
阜城县古城镇	9032	42281	6746	23258	11638
阜城县码头镇	10060	39994	3860	22010	17747
阜城县霞口镇	6804	31274	3779	17664	10061
阜城县崔家庙镇	9211	42434	10620	21678	17906
冀州市冀州镇	13766	50219	40095	24258	17382
冀州市魏屯镇	4183	20312	2000	9502	4078
冀州市官道李镇	6382	20245	2537	13512	5800
冀州市南午村镇	11646	37787	4268	22244	13345
冀州市周村镇	7709	25769	4928	12625	6514
冀州市码头李镇	9256	31377	6033	14950	5701
冀州市西王镇	7315	29856	4220	11600	3593
深州市唐奉镇	8373	40580	8208	24027	13926
深州市深州镇	8302	75254	49406	38565	31250
深州市辰时镇	9829	43406	4667	22895	15934
深州市榆科镇	7510	28415	2282	13718	8935
深州市魏桥镇	7782	30301	4042	14382	8030
深州市大堤镇	7214	24294	2733	13337	4849
深州市前磨头镇	6909	24644	6860	14733	8925
深州市王家井镇	8581	36402	5549	19150	15289
深州市护驾迟镇	6785	25091	2519	12470	7956
深州市大屯镇	7745	26654	3222	14469	7496

2-1-4 山西省建制镇名录及基本情况

单位：公顷、人

建制镇名称	行政区域面积	总人口	镇区人口	从业人员	#二三产业
太原市小店区北格镇	6755	36890	5200	17000	6700
太原市迎泽区郝庄镇	8508	60821	29312	29412	17271
太原市尖草坪区向阳镇	2940	17327	8000	6625	3800
太原市尖草坪区阳曲镇	3200	18025	5125	7534	5120
太原市晋源区金胜镇	4453	44894	2900	17040	7180
太原市晋源区晋祠镇	7462	39265	6929	20135	10897
太原市晋源区姚村镇	5599	25522	4850	11386	5002
清徐县清源镇	7874	103600	1799	53120	45142
清徐县徐沟镇	8426	45105	25000	25269	7265
清徐县东于镇	9700	25747	7760	11602	6341
清徐县孟封镇	7614	31061	4520	12293	2579
阳曲县黄寨镇	18363	47027	31254	18906	13020
阳曲县大盂镇	10108	13207	2189	5195	1867
阳曲县东黄水镇	14121	13248	2615	5204	2033
阳曲县泥屯镇	26844	22813	2317	9321	4195
娄烦县娄烦镇	15900	36891	19452	17214	7380
娄烦县静游镇	13200	24472	4443	12398	4792
娄烦县杜交曲镇	15800	8639	2369	3421	1920
古交市河口镇	20285	21780	5271	5454	4054
古交市镇城底镇	4965	13357	3502	3196	2506
古交市马兰镇	11456	7306	1220	3176	2617
大同市南郊区古店镇	8312	10855	3185	5843	2852
大同市南郊区高山镇	14425	17567	1990	7303	3129
大同市南郊区云冈镇	12250	12503	12503	5347	3511
大同市新荣区新荣镇	10300	35809	27719	13862	5840
阳高县龙泉镇	17639	92113	11835	53226	28021
阳高县罗文皂镇	16120	28795	6989	15412	4845
阳高县大白登镇	10817	19111	2211	7255	2131
阳高县王官屯镇	19929	24444	1355	10120	3750
阳高县古城镇	15128	18494	1981	8400	4242
阳高县东小村镇	10581	11110	1909	5387	1040
阳高县友宰镇	14101	11027	2243	5603	1908
天镇县玉泉镇	7496	60328	45139	34893	31281
天镇县谷前堡镇	12987	19564	5687	7390	2695
天镇县米薪关镇	20568	20792	1393	7756	1447
天镇县逯家湾镇	22759	15801	2100	6026	1830
天镇县新平镇	18421	13485	2642	6313	536
广灵县壶泉镇	7910	26637	7030	10097	4867
广灵县南村镇	27660	26266	3728	7450	3120
灵丘县武灵镇	23300	96580	33447	38275	26607
灵丘县东河南镇	24700	32023	6214	15383	12980
灵丘县上寨镇	29100	17678	3953	9154	1189
浑源县永安镇	8188	114692	76921	24233	14554
浑源县西坊城镇	5619	15221	3895	6652	1942
浑源县蔡村镇	5968	13508	3408	5988	3836
浑源县沙圪坨镇	17778	26848	2723	15143	10372
浑源县王庄堡镇	18950	15973	3621	6575	3843
浑源县大磁窑镇	5072	7376	2008	3736	2896

山西省

2-1-4 续表 1　　　　单位：公顷、人

建制镇名称	行政区域面积	总人口	镇区人口	从业人员	#二三产业
左云县云兴镇	13758	59298	36921	21106	17603
左云县鹊儿山镇	5558	7318	1446	3236	1965
左云县店湾镇	10636	11372	1449	5588	1638
大同县西坪镇	14101	58635	42300	19215	15670
大同县倍加造镇	7756	18574	4725	6646	2405
大同县周士庄镇	14751	17091	7153	7545	3517
阳泉市郊区荫营镇	10381	54127	21756	25996	21880
阳泉市郊区河底镇	10262	37049	5300	10855	8194
阳泉市郊区义井镇	4147	33513	6501	17092	12887
阳泉市郊区平坦镇	17591	30321	2880	15142	8795
平定县冠山镇	8546	124654	53000	25668	20311
平定县冶西镇	12876	13514	2410	6301	3783
平定县锁簧镇	5303	31524	4716	15874	10899
平定县张庄镇	16014	37691	3290	19854	10889
平定县东回镇	23973	28828	2241	14911	5902
平定县柏井镇	12678	18866	4269	9145	4255
平定县娘子关镇	13541	16276	4320	8904	4355
平定县巨城镇	16438	25897	2870	12643	8628
盂县秀水镇	5465	76489	65279	14721	10088
盂县孙家庄镇	9256	26987	5075	8221	3410
盂县路家村镇	9393	23117	1938	10065	4824
盂县南娄镇	16125	30536	1968	10185	3657
盂县牛村镇	6964	19883	2561	11449	1945
盂县长池镇	24944	24091	2595	15542	4677
盂县上社镇	37947	16387	2258	6972	1834
盂县西烟镇	34506	20112	1833	8630	750
长治市郊区老顶山镇	6521	34140	3840	12557	7707
长治市郊区堠北庄镇	4409	38792	2145	14757	9147
长治市郊区大辛庄镇	2842	23440	925	11173	8611
长治市郊区马厂镇	4150	30933	4530	14756	11572
长治市郊区黄碾镇	3958	29509	2601	14182	9070
长治县韩店镇	4300	76991	33350	25600	16659
长治县苏店镇	4500	36788	5888	15781	10157
长治县荫城镇	6600	43417	4385	21520	10254
长治县西火镇	5100	25828	7541	14730	5666
长治县八义镇	4700	24835	3561	12246	6486
长治县贾掌镇	2900	16598	5357	8068	4530
襄垣县古韩镇	13151	77600	49400	34690	23494
襄垣县王桥镇	8791	34351	6500	15060	4180
襄垣县侯堡镇	7958	18491	2142	8359	4850
襄垣县夏店镇	16138	26340	1157	10494	2169
襄垣县虎亭镇	12512	17017	1164	9196	2042
襄垣县西营镇	5756	10715	2302	3860	1102
襄垣县王村镇	13794	14918	976	7420	977
襄垣县下良镇	17343	16353	1235	5662	3246
屯留县麟绛镇	6035	49371	21575	23834	6797
屯留县上村镇	5912	22200	2613	11422	3839

山西省

2-1-4 续表 2　　　　单位：公顷、人

建制镇名称	行政区域面积	总人口	镇区人口	从业人员	#二三产业
屯留县渔泽镇	2680	23699	5268	11141	3843
屯留县余吾镇	6645	21246	4418	7211	2701
屯留县吾元镇	16288	16579	1060	7545	2000
屯留县张店镇	28830	21349	1833	8746	2145
屯留县丰宜镇	4890	9842	2660	5702	1804
平顺县青羊镇	16100	20800	19823	11403	5342
平顺县龙溪镇	9000	17010	2900	7398	3129
平顺县石城镇	17800	12149	1720	7765	2035
平顺县苗庄镇	3400	8730	1690	4300	670
平顺县杏城镇	19100	11415	1831	5192	2070
黎城县黎侯镇	13060	51004	35074	25322	7420
黎城县东阳关镇	14040	17744	2562	8275	2285
黎城县上遥镇	26260	18860	1601	7282	4900
黎城县西井镇	23348	29529	4279	12833	4284
黎城县黄崖洞镇	12350	14446	1566	6782	3962
壶关县龙泉镇	32394	41562	21500	16484	8764
壶关县百尺镇	9565	33909	2850	19640	9479
壶关县店上镇	7512	28999	5110	18906	6000
壶关县晋庄镇	10094	28180	2210	15268	6156
壶关县树掌镇	2726	11740	2245	6417	2939
长子县丹朱镇	7150	51326	23167	23960	5228
长子县鲍店镇	4950	24710	5880	14543	4647
长子县石哲镇	32600	29243	2670	14040	3195
长子县大堡头镇	7650	37468	3135	14085	6198
长子县慈林镇	7800	26453	1117	13240	3478
长子县色头镇	6200	17020	2846	8050	3780
长子县南漳镇	3100	24881	3275	16956	4219
武乡县丰州镇	16240	48558	42048	16300	5073
武乡县洪水镇	20360	26025	2897	15630	3177
武乡县蟠龙镇	19650	25774	3512	13129	5799
武乡县监漳镇	4840	10995	2059	3950	690
武乡县故城镇	15320	18055	2290	7753	3043
沁县定昌镇	7400	55811	30089	20587	12786
沁县郭村镇	7900	11786	1978	4513	1244
沁县故县镇	15000	13428	2548	5677	2160
沁县新店镇	12400	15308	1291	5572	1719
沁县漳源镇	12600	14354	1640	5369	2694
沁县册村镇	12700	13784	1491	6780	2160
沁源县沁河镇	19567	41391	26894	22542	8670
沁源县郭道镇	26550	18285	5885	7188	2284
沁源县灵空山镇	14910	9292	1162	3750	2291
沁源县王和镇	15330	12884	2526	5600	3481
沁源县李元镇	12210	13430	2590	6179	5279
潞城市店上镇	8411	30008	9116	17762	7628
潞城市微子镇	7749	20371	4264	8126	3138
潞城市辛安泉镇	8704	14055	1299	6624	1595
潞城市翟店镇	4948	21915	2720	11483	4819

山西省

2-1-4 续表 3　　　　单位：公顷、人

建制镇名称	行政区域面积	总人口	镇区人口	从业人员	#二三产业
晋城市城区北石店镇	3780	80349	72500	35391	31602
沁水县龙港镇	38975	50868	46107	20098	17510
沁水县中村镇	24368	14597	4720	7930	3992
沁水县郑庄镇	37853	17143	1163	8962	1915
沁水县端氏镇	24728	25351	9845	13505	6010
沁水县嘉峰镇	8187	24466	11669	11553	6882
沁水县郑村镇	9264	15249	2485	8199	5006
沁水县柿庄镇	24122	12249	1028	5985	2101
阳城县凤城镇	10670	107729	79985	49349	39159
阳城县北留镇	8370	35739	10577	20952	10618
阳城县润城镇	7222	33357	13985	13450	8862
阳城县町店镇	6087	14895	4857	6952	3498
阳城县芹池镇	13010	16610	6064	7904	3110
阳城县次营镇	6197	13845	4981	7719	2310
阳城县横河镇	18730	4753	1067	2210	710
阳城县河北镇	20060	16639	4578	8252	2201
阳城县蟒河镇	24140	20913	6105	13368	6835
阳城县东冶镇	26750	23100	3191	10746	3769
陵川县崇文镇	14200	64809	42720	22427	12628
陵川县礼义镇	8600	31583	8156	15553	8165
陵川县附城镇	19000	32013	6125	12594	6283
陵川县西河底镇	8700	20692	3510	8040	3058
陵川县平城镇	5180	25626	8854	12948	6091
陵川县杨村镇	3100	16983	3261	8841	1448
陵川县潞城镇	14400	15631	2285	7143	2728
泽州县南村镇	8225	43684	10910	18506	11044
泽州县下村镇	9486	46860	8560	18320	11520
泽州县大东沟镇	9600	32611	9176	16922	6904
泽州县周村镇	6843	25406	6072	14514	7958
泽州县犁川镇	4021	16878	5900	8755	3625
泽州县晋庙铺镇	15000	19191	2002	6728	2604
泽州县金村镇	21155	50620	2122	23623	13419
泽州县高都镇	11911	39376	7287	16925	7910
泽州县巴公镇	11708	61979	11580	26590	23361
泽州县大阳镇	5258	28087	11821	12196	7808
泽州县山河镇	22205	23930	1677	10893	3837
泽州县大箕镇	13190	22059	2281	9471	4202
泽州县柳树口镇	33644	16015	1080	8461	1227
泽州县北义城镇	7165	28641	1610	14334	5954
高平市米山镇	6407	33266	5938	17770	7693
高平市三甲镇	3973	24761	3152	14071	8037
高平市神农镇	5020	23675	3220	11227	4501
高平市陈区镇	6233	30627	3937	15241	7730
高平市北诗镇	7373	31883	2030	16207	7294
高平市河西镇	10360	47035	6890	21702	8235
高平市马村镇	6556	34292	4868	15570	8898
高平市野川镇	9310	22385	2625	11563	3358

山西省

2-1-4 续表 4 单位：公顷、人

建制镇名称	行政区域面积	总人口	镇区人口	从业人员	#二三产业
高平市寺庄镇	13204	47183	2724	20641	9029
朔州市朔城区神头镇	16118	35053	1940	13500	3453
朔州市朔城区利民镇	26615	16050	2150	11268	9156
朔州市平鲁区井坪镇	15700	80815	51682	39420	15870
朔州市平鲁区凤凰城镇	18200	10662	2588	6038	1564
山阴县玉井镇	16845	19241	2342	7372	2674
山阴县北周庄镇	16786	20095	4123	10927	2741
山阴县古城镇	16681	18506	5538	11799	3185
山阴县岱岳镇	13553	159105	82000	76111	54266
应县金城镇	9847	105038	87814	36780	27053
应县南河种镇	15173	39882	7412	15600	2400
应县下社镇	5266	23652	1447	8368	2100
右玉县新城镇	17387	14260	9187	5570	2625
右玉县右卫镇	24275	13898	2781	5114	1632
右玉县威远镇	25806	13161	2527	6439	2168
右玉县元堡子镇	14450	9046	1298	5427	5427
怀仁县云中镇	15800	171536	139782	43413	30600
怀仁县吴家窑镇	4050	10049	6152	2939	2036
怀仁县金沙滩镇	18075	24047	3000	9092	3386
怀仁县毛家皂镇	12788	15692	1867	6797	2497
晋中市榆次区乌金山镇	15924	30376	3715	16827	6665
晋中市榆次区东阳镇	5789	26766	4060	13376	4165
晋中市榆次区什贴镇	11893	15328	2208	7605	1735
晋中市榆次区长凝镇	32807	15675	1645	8425	2263
晋中市榆次区北田镇	10204	22015	3618	8142	2121
晋中市榆次区修文镇	7388	28265	1297	15356	4255
榆社县箕城镇	28300	32774	7350	12120	6290
榆社县云竹镇	12700	18950	4200	8000	2600
榆社县郝北镇	15400	13488	1626	6090	1818
榆社县社城镇	31200	7677	740	2901	1008
左权县辽阳镇	18144	18244	869	8169	4533
左权县桐峪镇	15700	11975	3865	4702	1681
左权县麻田镇	22700	23021	3989	11698	807
左权县芹泉镇	17900	15834	2237	9783	895
左权县拐儿镇	23200	13222	1854	7411	3048
和顺县义兴镇	38400	28815	25324	12343	4465
和顺县李阳镇	15200	18755	1790	10998	2291
和顺县松烟镇	28400	15037	1873	5989	1899
和顺县青城镇	18900	8963	1515	5157	607
和顺县横岭镇	26400	5450	750	2457	500
昔阳县乐平镇	19626	39977	1605	15770	11049
昔阳县皋落镇	18862	11733	2671	6386	1567
昔阳县冶头镇	12502	13309	1706	6095	2470
昔阳县沾尚镇	25923	9177	646	4857	842
昔阳县大寨镇	18531	32968	715	17322	9136
寿阳县朝阳镇	17700	68054	42286	30019	17430
寿阳县南燕竹镇	15000	16610	1900	10931	2700

山西省

2-1-4 续表 5　　单位：公顷、人

建制镇名称	行政区域面积	总人口	镇区人口	从业人员	#二三产业
寿阳县宗艾镇	6700	11813	5000	6363	2424
寿阳县平头镇	20000	20623	3617	8260	1811
寿阳县松塔镇	31300	12290	1825	2220	1295
寿阳县西洛镇	20700	11835	848	4983	404
寿阳县尹灵芝镇	21800	12020	865	4336	922
太谷县明星镇	2495	74901	58919	31429	28795
太谷县胡村镇	7366	46681	6770	21958	12272
太谷县范村镇	30401	16380	4480	8100	1520
祁县昭馀镇	2985	22324	22324	11392	9011
祁县东观镇	10860	54955	13829	27555	11931
祁县古县镇	14015	34437	2228	18978	5900
祁县贾令镇	6518	28015	4115	11655	2810
祁县城赵镇	7541	35474	4929	16541	7543
祁县来远镇	27267	3610	615	1588	125
平遥县古陶镇	2700	104529	104529	45020	36030
平遥县段村镇	6196	34768	15670	11596	6605
平遥县东泉镇	13996	19492	3869	8582	3330
平遥县洪善镇	7520	35202	2262	17400	7699
平遥县宁固镇	8100	39964	4356	19818	8400
灵石县翠峰镇	20866	87014	39957	30245	10454
灵石县静升镇	5583	22326	8600	11000	6845
灵石县两渡镇	9850	28556	15217	14270	10090
灵石县夏门镇	9600	16156	1850	7164	2873
灵石县南关镇	25745	36276	16778	21610	14250
灵石县段纯镇	8419	17006	4055	5724	2300
介休市义安镇	8620	54533	9850	21300	19451
介休市张兰镇	10060	47034	11700	20819	9796
介休市连福镇	10150	31465	2684	13101	7799
介休市洪山镇	2740	12422	4091	5723	3704
介休市龙凤镇	11040	13784	4042	6716	3314
介休市绵山镇	15850	29956	2872	16970	10391
介休市义棠镇	7800	34496	5064	14130	9967
运城市盐湖区解州镇	20465	63505	7000	37041	15095
运城市盐湖区龙居镇	9123	41596	1868	22429	5029
运城市盐湖区北相镇	6615	37168	4900	21743	20641
运城市盐湖区泓芝驿镇	4074	21083	1958	12772	6546
运城市盐湖区三路里镇	5136	13899	5940	8320	3494
运城市盐湖区陶村镇	5633	27580	2680	15280	4445
运城市盐湖区东郭镇	5699	15637	3703	9192	1067
临猗县猗氏镇	8036	36081	11987	20110	13805
临猗县嵋阳镇	8400	26659	3910	12989	3817
临猗县临晋镇	9000	35622	12630	17486	4485
临猗县七级镇	7301	28299	2900	16981	3606
临猗县东张镇	7768	32069	4240	16166	2257
临猗县孙吉镇	15840	54080	6315	24556	7736
临猗县三管镇	5002	17754	3780	10610	3501
临猗县牛杜镇	7847	33581	5264	14505	5236

山西省

2-1-4 续表 6 单位：公顷、人

建制镇名称	行政区域面积	总人口	镇区人口	从业人员	#二三产业
临猗县耽子镇	7070	23048	766	9124	1497
万荣县解店镇	8670	40128	17396	13815	3065
万荣县通化镇	5164	30661	8610	11651	3065
万荣县汉薛镇	6400	25364	10397	9658	2629
万荣县荣河镇	11128	45075	15710	16326	4453
闻喜县桐城镇	14038	115363	51000	39332	21963
闻喜县郭家庄镇	11965	33806	1373	14364	8688
闻喜县凹底镇	8047	29491	3586	17822	10889
闻喜县薛店镇	3946	13573	1170	8388	3288
闻喜县东镇镇	7533	47516	16017	17743	10657
闻喜县礼元镇	8068	31523	1627	19229	8151
闻喜县河底镇	12346	35986	2535	16227	7354
稷山县稷峰镇	15035	122902	48000	68500	28130
稷山县西社镇	10260	29034	5070	11857	5560
稷山县化峪镇	11313	41883	3190	20798	8916
稷山县翟店镇	6000	40630	11662	20600	13956
稷山县清河镇	7090	32280	5067	14880	8792
新绛县龙兴镇	7000	37601	3781	20564	10081
新绛县三泉镇	4911	41638	5990	19528	6653
新绛县泽掌镇	8267	28109	4678	13036	3343
新绛县北张镇	6121	23090	3180	13553	1880
新绛县古交镇	5814	38010	5180	26263	8907
新绛县万安镇	4516	18122	5176	6380	2110
新绛县阳王镇	6600	24724	3705	14605	5286
新绛县泉掌镇	2585	19449	1646	11975	2002
绛县古绛镇	14131	73156	47200	38145	25437
绛县横水镇	8025	51832	12843	28292	12085
绛县陈村镇	9796	12381	4200	6590	3596
绛县卫庄镇	14076	20294	2155	11520	5345
绛县么里镇	15930	11465	4840	5647	3055
绛县南樊镇	5617	26710	6050	19799	4709
绛县安峪镇	10263	32249	2579	16692	6208
绛县大交镇	5517	29810	4556	16683	6518
垣曲县新城镇	9800	72118	66653	26149	22694
垣曲县历山镇	39200	13440	2836	8252	3558
垣曲县古城镇	11900	25614	10413	11796	2536
垣曲县王茅镇	5500	11662	2706	5559	1764
垣曲县毛家镇	19300	8900	1196	4020	1680
夏县瑶峰镇	19638	85234	49524	40528	18537
夏县庙前镇	11930	28310	6890	15986	3906
夏县裴介镇	6190	50467	3518	27521	8454
夏县水头镇	8902	46064	15263	22329	4304
夏县埝掌镇	5428	11828	3810	8780	480
夏县泗交镇	38258	9989	779	4967	1466
平陆县圣人涧镇	25765	77317	32500	37950	8747
平陆县常乐镇	15916	44421	4850	23301	2870
平陆县张店镇	9409	17612	3748	8777	1378

山西省

2-1-4 续表 7 单位：公顷、人

建制镇名称	行政区域面积	总人口	镇区人口	从业人员	#二三产业
平陆县张村镇	9262	26511	1848	11395	5782
平陆县曹川镇	18277	21280	3700	10963	2120
平陆县三门镇	9860	9143	1530	4986	1904
芮城县古魏镇	12340	77075	47780	37706	28150
芮城县风陵渡镇	18850	75376	7272	44325	24024
芮城县陌南镇	14460	43568	11300	26200	6542
芮城县西陌镇	8550	21780	2028	9438	3071
芮城县永乐镇	7440	23443	2300	13995	5042
芮城县大王镇	12860	29693	2203	16373	1280
芮城县阳城镇	16620	39625	7180	20917	8753
永济市于乡镇	15010	45575	3869	20320	10733
永济市卿头镇	11564	50883	4029	26650	7119
永济市开张镇	11036	41514	4900	22015	4905
永济市栲栳镇	10010	51309	4100	30682	17121
永济市蒲州镇	9775	41581	2510	22300	4360
永济市韩阳镇	7668	24199	546	15201	4758
永济市张营镇	6913	31469	2810	18000	5763
河津市樊村镇	6256	47314	9910	19656	13434
河津市僧楼镇	7525	52676	2215	24620	13972
忻州市忻府区播明镇	4200	18827	1650	8225	4315
忻州市忻府区奇村镇	18400	30281	5311	14179	5472
忻州市忻府区三交镇	38200	10610	205	5025	1479
忻州市忻府区庄磨镇	12000	11906	1600	7253	3531
忻州市忻府区豆罗镇	13200	19464	1911	10337	3200
忻州市忻府区董村镇	8000	23321	5577	13131	5568
定襄县晋昌镇	3594	21962	7706	9828	6992
定襄县河边镇	23120	29321	10113	15962	10064
定襄县宏道镇	6263	26905	9223	13984	6079
五台县台城镇	8615	31616	21616	16740	14697
五台县台怀镇	18945	7400	4200	3918	3200
五台县耿镇镇	21833	14214	2220	5628	2281
五台县豆村镇	32695	27620	3733	8606	3913
五台县白家庄镇	8271	16869	3100	6578	1288
五台县东冶镇	9914	31744	15339	11449	10568
代县上馆镇	8641	45895	3450	14920	5748
代县阳明堡镇	11490	21891	5143	10435	3186
代县峨口镇	4025	31775	14813	12495	5938
代县聂营镇	19207	12295	3780	6655	1230
代县枣林镇	11640	18915	900	10248	3394
代县滩上镇	28432	8101	900	4566	1737
繁峙县繁城镇	16981	55209	41888	19780	9960
繁峙县砂河镇	22234	50251	19886	16850	7476
繁峙县大营镇	13878	22505	4200	7601	1372
宁武县凤凰镇	8732	13477	4720	4500	3760
宁武县阳方口镇	7533	10280	2773	4456	1941
宁武县东寨镇	20675	15440	4155	6212	2414
宁武县石家庄镇	2085	4327	520	2756	425

山西省

2-1-4 续表 8 单位：公顷、人

建制镇名称	行政区域面积	总人口	镇区人口	从业人员	#二三产业
静乐县鹅城镇	12632	38820	25500	15916	10186
静乐县杜家村镇	17286	13595	2700	6723	1907
静乐县康家会镇	16055	8380	1890	3393	1813
静乐县丰润镇	10275	9080	2250	3390	1390
神池县龙泉镇	3012	12641	8419	4609	629
神池县义井镇	12000	11689	3850	3921	514
神池县八角镇	22000	10080	1950	3410	410
五寨县砚城镇	3499	43050	41050	16500	13850
五寨县小河头镇	8357	6058	1519	3191	399
五寨县三岔镇	18014	12476	4869	4487	2532
岢岚县岚漪镇	21660	41820	25847	19320	2613
岢岚县三井镇	11304	7105	2097	2410	426
河曲县文笔镇	5142	83121	45000	20000	13900
河曲县楼子营镇	5499	11480	5464	3643	1966
河曲县刘家塔镇	12353	13889	3245	4742	1280
河曲县巡镇镇	8262	15535	2980	4446	1758
保德县东关镇	4599	19275	17203	5737	4005
保德县义门镇	8895	20100	2950	9253	3833
保德县桥头镇	9790	18943	5923	9662	3444
保德县杨家湾镇	6660	11820	1270	4530	1421
偏关县新关镇	17958	21180	14000	9337	5110
偏关县天峰坪镇	6533	9471	728	3610	1560
偏关县老营镇	21429	8174	2158	3270	638
偏关县万家寨镇	21133	8157	584	3730	1295
原平市东社镇	20527	37108	4613	14975	8583
原平市苏龙口镇	20467	15003	873	5626	2579
原平市崞阳镇	15326	30914	9370	14640	7050
原平市大牛店镇	18129	20769	2100	9397	6108
原平市闫庄镇	11426	24733	6400	14712	4702
原平市长梁沟镇	19215	16646	1525	5857	4857
原平市轩岗镇	21613	54609	50109	31256	31249
临汾市尧都区屯里镇	2151	16638	4431	8657	6933
临汾市尧都区乔李镇	3330	19836	4486	9172	5529
临汾市尧都区大阳镇	11565	29936	4200	15664	6809
临汾市尧都区县底镇	8730	35015	2584	18608	6058
临汾市尧都区刘村镇	7012	47988	4462	22500	11675
临汾市尧都区金殿镇	9590	66768	4018	38172	16192
临汾市尧都区吴村镇	4263	24806	2944	13534	4937
临汾市尧都区土门镇	12988	30120	3425	16475	9934
临汾市尧都区魏村镇	2949	12747	4321	5770	2814
临汾市尧都区尧庙镇	3130	21328	2720	8530	4502
曲沃县乐昌镇	3919	62614	60285	21982	11607
曲沃县史村镇	8596	42146	1610	22580	8070
曲沃县曲村镇	4520	25098	5200	15230	6698
曲沃县高显镇	7020	26490	6500	12539	9710
曲沃县里村镇	4700	18064	1980	9836	2677
翼城县唐兴镇	6600	89051	82078	37637	28295

山西省

2-1-4 续表 9　　　　单位：公顷、人

建制镇名称	行政区域面积	总人口	镇区人口	从业人员	#二三产业
翼城县南梁镇	12140	46410	3397	17702	8288
翼城县里寨镇	9650	29519	3087	12282	3770
翼城县隆化镇	16638	37243	2527	13436	6184
翼城县桥上镇	6540	10975	4542	4086	2507
翼城县西闫镇	23200	6609	3042	2476	1269
襄汾县新城镇	9954	103748	54125	49008	32119
襄汾县赵康镇	7952	36054	5290	19878	6878
襄汾县汾城镇	12885	54512	8623	25532	6645
襄汾县南贾镇	8464	33726	4760	17793	2793
襄汾县古城镇	8761	47948	6980	21931	11227
襄汾县襄陵镇	6926	38337	9860	21263	13435
襄汾县邓庄镇	7602	42080	5570	23110	9623
洪洞县大槐树镇	9453	156515	69870	57779	33955
洪洞县甘亭镇	5302	38925	9810	17130	14580
洪洞县曲亭镇	12222	52476	8445	27737	9688
洪洞县苏堡镇	12490	27817	5248	16578	11986
洪洞县广胜寺镇	5760	53642	18000	25293	17810
洪洞县明姜镇	10106	50914	9416	23833	7355
洪洞县赵城镇	8499	81900	13500	31791	21687
洪洞县万安镇	16534	66062	8710	29498	10418
洪洞县刘家垣镇	10802	29174	4350	15377	5007
古县岳阳镇	21800	35633	13880	18102	11956
古县北平镇	12449	12565	2210	7438	6337
古县古阳镇	12948	10901	1905	4872	2171
古县旧县镇	12486	11470	1481	4328	1615
安泽县府城镇	32650	30701	17132	11502	5859
安泽县和川镇	30892	12933	4422	5138	1719
安泽县唐城镇	17600	9639	4968	4995	3359
安泽县冀氏镇	28423	10619	3436	4728	1461
浮山县天坛镇	10823	37726	25300	18709	13468
浮山县响水河镇	8798	19338	3880	6822	3290
吉县吉昌镇	14945	37872	15945	9500	7950
吉县屯里镇	63328	12642	1571	4351	3733
吉县壶口镇	10164	4992	338	1890	795
乡宁县昌宁镇	22527	53091	26783	23790	3102
乡宁县光华镇	14453	22981	7880	9290	1949
乡宁县台头镇	10507	13750	9142	5857	2198
乡宁县管头镇	22399	25010	3775	8718	1786
乡宁县西坡镇	8386	19222	13000	6535	1997
大宁县昕水镇	17382	30910	16390	11889	3869
大宁县曲峨镇	22998	10286	1270	4571	786
隰县龙泉镇	10882	37585	22247	12533	2665
隰县午城镇	15134	11689	3598	4176	1028
隰县黄土镇	22533	12927	2926	8275	1440
永和县芝河镇	26500	23348	15030	7740	2680
永和县桑壁镇	18300	6338	1357	2575	395
蒲县蒲城镇	26498	25850	16880	9698	6510

山西省

2-1-4 续表 10　　单位：公顷、人

建制镇名称	行政区域面积	总人口	镇区人口	从业人员	#二三产业
蒲县薛关镇	13671	10380	4740	5427	2016
蒲县黑龙关镇	21865	19995	3140	6990	4287
蒲县克城镇	19923	18884	3900	8777	1415
汾西县永安镇	16100	53662	41250	21464	7288
汾西县对竹镇	11800	14137	2562	6514	2284
汾西县勍香镇	15000	17838	3982	8100	1925
汾西县和平镇	8600	14967	2913	6874	1572
汾西县僧念镇	9300	14809	2912	6800	2335
霍州市白龙镇	5230	18704	8986	8628	5113
霍州市辛置镇	5390	72047	13784	38163	35158
霍州市大张镇	4070	28650	8079	13460	5741
霍州市李曹镇	20395	26445	1815	14345	4191
吕梁市离石区吴城镇	42328	11720	1200	4830	1189
吕梁市离石区信义镇	42829	15910	1836	7088	1563
文水县凤城镇	14901	71755	8594	32304	16924
文水县开栅镇	37929	36590	10316	22435	17795
文水县南庄镇	3922	21968	4542	8022	2492
文水县南安镇	6551	35221	4870	17603	1235
文水县刘胡兰镇	6133	45018	2100	25274	6842
文水县下曲镇	9933	45844	6069	20189	8650
文水县孝义镇	3133	29332	4300	15003	6555
交城县天宁镇	7620	45612	18822	20151	16201
交城县夏家营镇	5118	36387	5748	20866	13532
交城县西营镇	2800	27343	7450	11331	6739
交城县水峪贯镇	14500	13393	2783	5219	2234
交城县西社镇	10999	11813	2038	5823	3762
交城县庞泉沟镇	25400	3865	584	1444	419
兴县蔚汾镇	22056	64000	24132	31200	3020
兴县魏家滩镇	25346	24247	3257	9217	1217
兴县瓦塘镇	17391	20092	2100	7128	131
兴县康宁镇	19400	19170	3400	12101	750
兴县高家村镇	18200	15711	1945	8925	2188
兴县罗峪口镇	19096	8827	731	3689	508
兴县蔡家会镇	17530	10616	2430	6397	300
临县临泉镇	14103	80401	5260	25980	8160
临县白文镇	26115	45002	9003	17080	4744
临县城庄镇	28486	27849	3180	12383	3681
临县兔坂镇	20863	24687	1830	9449	2268
临县克虎镇	8700	13200	2450	5316	827
临县三交镇	12195	59570	11768	28666	9000
临县湍水头镇	6496	19173	1752	5989	3569
临县林家坪镇	8700	30378	2691	10753	6274
临县招贤镇	3212	16466	3552	5397	2619
临县碛口镇	9531	34032	1972	12897	11500
临县刘家会镇	12249	32389	2127	12654	748
临县丛罗峪镇	7000	19320	1780	5621	385
临县曲峪镇	13812	28302	830	9780	1803

山西省

2-1-4 续表 11 单位：公顷、人

建制镇名称	行政区域面积	总人口	镇区人口	从业人员	#二三产业
柳林县柳林镇	10500	84088	70198	18381	12150
柳林县穆村镇	3582	34920	12858	18677	14721
柳林县薛村镇	8900	21642	5574	9040	5970
柳林县庄上镇	8300	16769	3500	6155	5775
柳林县留誉镇	15400	17626	1340	6626	1840
柳林县三交镇	10700	20800	4005	8000	6100
柳林县成家庄镇	7698	14886	1610	5622	3599
柳林县孟门镇	7300	14990	1057	7850	4850
石楼县灵泉镇	20800	40147	15192	16510	9167
石楼县罗村镇	20400	11779	2030	4699	1607
石楼县义牒镇	19600	5713	931	2297	540
石楼县小蒜镇	19400	11571	2032	4783	660
岚县东村镇	7640	44940	33064	19158	16349
岚县岚城镇	12470	12762	4070	5287	2735
岚县普明镇	15450	23595	4010	8992	2597
岚县界河口镇	12760	6635	1303	2816	428
方山县圪洞镇	21222	28015	17230	11989	11822
方山县马坊镇	36843	16712	2831	6990	347
方山县峪口镇	16037	25487	5100	10375	4982
方山县大武镇	15730	36753	7161	18828	5750
方方山县北武当镇	11018	7094	1326	2810	49
中阳县宁乡镇	46527	54962	32960	22160	19456
中阳县金罗镇	6993	22297	4870	9649	7105
中阳县枝柯镇	25080	9541	2930	4120	2840
中阳县武家庄镇	18467	12607	2030	5037	2334
中阳县暖泉镇	18280	15755	5214	6303	2669
交口县水头镇	32600	14680	9380	5858	2283
交口县康城镇	19200	15217	1620	6235	2900
交口县双池镇	8600	17625	5650	7909	3869
交口县桃红坡镇	28700	15927	2650	7859	2373
孝义市兑镇镇	6478	43572	26897	17325	6487
孝义市阳泉曲镇	7461	40010	1792	22257	19205
孝义市下堡镇	6800	23817	2399	12919	6975
孝义市西辛庄镇	7467	16109	976	6660	3618
孝义市高阳镇	4904	45580	2217	11718	8680
孝义市梧桐镇	4300	27882	2083	17977	16837
孝义市柱濮镇	6549	14030	1446	5843	1800
汾阳市贾家庄镇	5675	30994	2600	13643	8679
汾阳市杏花村镇	8000	32618	30524	17539	12113
汾阳市冀村镇	6268	39720	8905	18238	7422
汾阳市肖家庄镇	5944	33625	5950	15850	8090
汾阳市演武镇	5809	27465	3720	12474	2164
汾阳市三泉镇	8297	31895	6921	16562	6893
汾阳市石庄镇	8724	12182	2055	5474	1898
汾阳市杨家庄镇	13976	16519	1419	9337	5645
汾阳市峪道河镇	30255	22536	3087	11110	5156

2-1-5 内蒙古自治区建制镇名录及基本情况

单位：公顷、人

建制镇名称	行政区域面积	总人口	镇区人口	从业人员	#二三产业
呼和浩特市新城区毫沁营镇	17300	33138	8222	25911	12390
呼和浩特市新城区保和少镇	50130	15774	2345	10052	3059
呼和浩特市回民区攸攸板镇	15492	161820	38500	39200	39100
呼和浩特市玉泉区小黑河镇	21600	35874	2278	21800	2302
呼和浩特市赛罕区巧报镇	4225	38427	3631	19990	1132
呼和浩特市赛罕区榆林镇	24300	22348	1478	14760	7861
呼和浩特市赛罕区巴彦镇	6028	14665	4665	6800	5880
呼和浩特市赛罕区黄合少镇	35582	45087	8150	31372	11344
呼和浩特市赛罕区金河镇	16960	47286	3256	20578	1837
土默特左旗察素齐镇	57110	103711	65240	52180	13798
土默特左旗毕克齐镇	60113	34616	13189	18663	8746
土默特左旗善岱镇	20280	47476	3596	25592	6892
土默特左旗台阁牧镇	12200	27860	1867	12954	7464
土默特左旗白庙子镇	21230	39125	5046	20692	9278
土默特左旗沙尔沁镇	17900	18491	2449	9099	4322
托克托县双河镇	24600	79550	57050	58035	19825
托克托县新营子镇	35400	52236	7569	25719	10796
托克托县五申镇	20800	33424	2108	22194	11369
托克托县伍什家镇	22300	15991	2271	7364	1566
托克托县古城镇	28900	25908	1520	15594	4036
和林格尔县城关镇	49893	52230	42350	21181	6878
和林格尔县盛乐镇	58716	51224	3916	29000	10300
和林格尔县新店子镇	51776	16226	1517	5728	1218
清水河县城关镇	49800	48360	29757	16021	9822
清水河县宏河镇	55269	24667	3106	12800	2768
清水河县喇嘛湾镇	21766	14220	10237	7103	3574
武川县可可以力更镇	24500	54997	46030	33279	22400
武川县哈乐镇	81154	31656	2214	23580	3910
武川县西乌兰不浪镇	61830	14251	738	8320	1973
包头市东河区河东镇	3419	60476	5153	22900	18495
包头市东河区沙尔沁镇	38400	54503	5430	30525	10524
包头市昆都仑区昆河镇	1650	82030	658	39374	28842
包头市昆都仑区卜尔汗图镇	20110	25738	16170	9067	8191
包头市青山区青福镇	4570	41980	41980	33973	18962
包头市青山区兴胜镇	17600	36000	36000	24181	13353
包头市青山区万水泉镇	11759	33995	33995	16329	12190
包头市石拐区五当召镇	47300	6868	593	3781	838
包头市九原区麻池镇	4460	33050	9500	16125	8040
包头市九原区哈林格尔镇	18300	22998	3592	9390	5690
包头市九原区哈业胡同镇	21440	17287	3475	9330	2205
土默特右旗萨拉齐镇	10700	104090	93542	65535	61081
土默特右旗双龙镇	24800	24565	2559	14675	4675
土默特右旗美岱召镇	26700	23204	3039	20995	5270
土默特右旗沟门镇	18800	30600	2300	15105	7637
土默特右旗将军尧镇	39900	30568	1750	22910	6002
固阳县金山镇	157800	72284	3323	55869	42937
固阳县西斗铺镇	89000	21741	927	10323	4484
固阳县下湿壕镇	62600	28776	742	15740	9954
固阳县银号镇	59000	11680	1172	6664	168

内蒙古自治区

2-1-5 续表 1　　　　单位：公顷、人

建制镇名称	行政区域面积	总人口	镇区人口	从业人员	#二三产业
固阳县怀朔镇	75700	22890	1311	12271	11327
固阳县兴顺西镇	58400	18685	1433	10243	1005
达尔罕茂明安联合旗满都拉镇	249196	1921	450	1280	640
达尔罕茂明安联合旗希拉穆仁镇	69239	2329	620	1020	889
达尔罕茂明安联合旗百灵庙镇	295969	35491	3491	17260	6290
达尔罕茂明安联合旗石宝镇	109246	20100	2170	11124	6352
达尔罕茂明安联合旗乌克忽洞镇	127631	20657	1840	13072	2645
达尔罕茂明安联合旗明安镇	161872	2610	38	1620	1015
达尔罕茂明安联合旗巴音花镇	371181	3111	71	1650	358
乌海市海勃湾区千里山镇	18000	23606	3603	8336	5312
乌海市海南区公务素镇	5400	24955	23715	10039	8600
乌海市海南区拉僧庙镇	7785	13972	8972	8500	8360
乌海市海南区巴音陶亥镇	79200	12490	1820	9180	2444
乌海市乌达区乌兰淖尔镇	8700	3687	989	2507	1159
赤峰市红山区红庙子镇	6500	18039	1280	6750	4600
赤峰市红山区文钟镇	33693	32761	7518	16521	6005
赤峰市元宝山区风水沟镇	12960	19487	9578	12043	6055
赤峰市元宝山区元宝山镇	30089	43211	15179	22780	10763
赤峰市元宝山区美丽河镇	23000	26194	7974	12305	8612
赤峰市元宝山区平庄镇	20800	72022	6812	37053	19985
赤峰市元宝山区五家镇	4423	21786	15004	6889	2192
赤峰市松山区穆家营子镇	24500	106000	37989	41071	16958
赤峰市松山区初头朗镇	49075	32602	8500	15302	6350
赤峰市松山区大庙镇	45800	25668	1534	15013	6411
赤峰市松山区王府镇	28600	32108	4206	16505	4556
赤峰市松山区老府镇	58800	35428	5236	23616	3282
赤峰市松山区哈拉道口镇	31067	28982	2160	19285	9257
赤峰市松山区上官地镇	33000	20863	1493	11474	5737
赤峰市松山区安庆镇	28400	25569	2873	16276	6736
赤峰市松山区太平地镇	30694	37398	1854	22034	9499
阿鲁科尔沁旗天山镇	52809	32371	2243	19915	5180
阿鲁科尔沁旗天山口镇	47974	33400	1262	19953	3680
阿鲁科尔沁旗双胜镇	30503	22130	2037	16000	1630
阿鲁科尔沁旗坤都镇	134512	8804	795	4686	165
阿鲁科尔沁旗巴彦花镇	49959	25728	1627	16892	522
阿鲁科尔沁旗绍根镇	196175	21664	1035	11199	6236
巴林左旗林东镇	89800	65714	31460	34050	24248
巴林左旗隆昌镇	70500	46236	3282	28572	8780
巴林左旗十三敖包镇	81370	57901	1751	29951	4509
巴林左旗碧流台镇	82500	51555	2613	16723	1247
巴林左旗富河镇	83900	24736	780	6128	3426
巴林左旗白音诺尔镇	90400	16088	1202	5400	275
巴林左旗哈啦哈达镇	33800	16849	3312	9600	2508
巴林右旗大板镇	192500	24398	5062	7318	596
巴林右旗索博日嘎镇	157900	20556	1982	10239	1255
巴林右旗宝日勿苏镇	116800	17215	1112	11802	1115
巴林右旗查干诺尔镇	97500	15912	762	4992	121
巴林右旗查干沐沦镇	140000	15517	1448	4105	590
林西县林西镇	35400	17968	2317	9986	1379

内蒙古自治区

2-1-5 续表 2 单位：公顷、人

建制镇名称	行政区域面积	总人口	镇区人口	从业人员	#二三产业
林西县新城子镇	61300	20827	2125	10130	1499
林西县新林镇	51600	22257	3568	12610	842
林西县五十家子镇	66200	31056	2275	12739	1380
林西县官地镇	40800	20221	3810	13850	3413
林西县大井镇	24200	15608	1886	6730	1410
林西县统部镇	55100	26500	3328	7980	1972
克什克腾旗经棚镇	169728	53649	49302	29651	2756
克什克腾旗宇宙地镇	72800	21896	2074	10831	1764
克什克腾旗土城子镇	74100	28231	1675	14235	2534
克什克腾旗同兴镇	128500	16884	1385	7991	2262
克什克腾旗万和永镇	17333	24267	356	12250	900
克什克腾旗芝瑞镇	211990	36162	742	9608	3617
克什克腾旗达来诺日镇	154200	5344	1080	3250	216
翁牛特旗乌丹镇	206521	148196	106849	62263	39006
翁牛特旗乌敦套海镇	54347	29449	4056	12738	3951
翁牛特旗五分地镇	124138	53015	3486	27158	6218
翁牛特旗桥头镇	74013	56178	2680	26938	10890
翁牛特旗广德公镇	66939	32999	1186	12652	4440
翁牛特旗梧桐花镇	83069	43954	3330	18101	9528
翁牛特旗海拉苏镇	161536	11212	1769	4438	774
翁牛特旗亿合公镇	84045	38971	3155	18944	3012
喀喇沁旗锦山镇	31300	101026	51675	33668	20825
喀喇沁旗美林镇	55000	33408	3653	16695	6750
喀喇沁旗王爷府镇	50300	38541	1946	20029	7082
喀喇沁旗小牛群镇	60600	48879	1850	20995	4670
喀喇沁旗牛家营子镇	35400	56105	3676	25282	6722
喀喇沁旗乃林镇	14100	37853	5120	12354	2563
喀喇沁旗西桥镇	24200	29293	4200	17923	3870
宁城县天义镇	16200	59050	9586	32156	13353
宁城县小城子镇	31800	27840	6600	6634	5969
宁城县大城子镇	38400	34116	4821	22685	1814
宁城县八里罕镇	37300	36582	5196	17646	7083
宁城县黑里河镇	53100	25317	1630	11907	2651
宁城县甸子镇	26700	45711	1870	23879	12391
宁城县大双庙镇	28400	44507	2560	24136	6001
宁城县汐子镇	34200	58364	1932	31245	11430
宁城县大明镇	28600	54737	1560	29473	21411
宁城县忙农镇	19466	39246	580	20243	7619
宁城县五化镇	25000	23578	2209	12188	3432
敖汉旗新惠镇	88700	120297	76023	78156	26685
敖汉旗四家子镇	43561	47190	3438	25370	8510
敖汉旗长胜镇	76293	59302	2972	38143	3855
敖汉旗贝子府镇	73700	54426	6850	25015	8040
敖汉旗四道湾镇	38120	36132	7056	22316	3467
敖汉旗下洼镇	49500	35270	10956	19782	2667
敖汉旗金厂沟梁镇	35300	32564	7746	18000	5070
通辽市科尔沁区大林镇	45161	96144	17209	74126	5954
通辽市科尔沁区钱家店镇	26302	61986	8599	29140	13236

内蒙古自治区

2-1-5 续表 3　　　　单位：公顷、人

建制镇名称	行政区域面积	总人口	镇区人口	从业人员	#二三产业
通辽市科尔沁区余粮堡镇	17346	36865	11460	17930	6797
通辽市科尔沁区木里图镇	16559	43609	10154	26601	13607
通辽市科尔沁区丰田镇	19733	31248	2516	18642	9321
通辽市科尔沁区清河镇	22267	37230	2842	19007	10993
通辽市科尔沁区育新镇	14240	34933	2497	30105	24152
通辽市科尔沁区庆和镇	23210	23845	3775	12485	3824
通辽市科尔沁区敖力布皋镇	22046	29112	2148	15500	2121
通辽市科尔沁区辽河镇	24114	35970	2336	19512	11540
科左中旗保康镇	63000	53626	32328	27818	1278
科左中旗宝龙山镇	105000	63317	23051	31353	2798
科左中旗舍伯吐镇	65333	52635	14985	23216	3203
科左中旗巴颜塔拉镇	53118	36725	4550	26480	4945
科左中旗门达镇	16000	20484	3521	10791	2229
科左中旗架玛吐镇	37800	38251	2300	20000	5000
科左中旗腰林毛都镇	42000	23000	12000	1640	640
科左中旗稀伯花镇	43333	31695	3777	16274	3269
科左中旗花吐古拉镇	59994	37808	2891	19850	2966
科左中旗代力吉镇	55333	21171	1928	5378	2330
科左中旗努日木镇	24666	20750	1431	9560	4300
科左后旗甘旗卡镇	217400	97775	50681	17500	2210
科左后旗吉尔嘎朗镇	70666	27642	4623	9488	498
科左后旗金宝屯镇	50375	33000	9830	16200	6970
科左后旗常胜镇	98445	47017	4185	39456	4565
科左后旗查日苏镇	72000	33738	2100	16700	16182
科左后旗双胜镇	17864	39692	1218	15835	6330
科左后旗阿古拉镇	96667	17327	988	7583	687
科左后旗朝鲁吐镇	131333	18654	1976	5640	
科左后旗努古斯台镇	97620	18026	1532	1285	
科左后旗海鲁吐镇	86000	23554	1212	11065	
开鲁县开鲁镇	73065	108673	40885	39651	8861
开鲁县大榆树镇	11133	24646	2869	13521	5326
开鲁县黑龙坝镇	11406	22304	2010	7199	7199
开鲁县麦新镇	22000	31998	3815	17865	4577
开鲁县义和镇	69333	32218	3784	21000	5985
开鲁县建华镇	61330	40835	3450	17617	2994
开鲁县小街基镇	74400	53998	6100	28436	5961
开鲁县东风镇	23436	19869	2125	12787	2583
开鲁县吉日嘎朗吐镇	17000	23396	2192	13070	1014
开鲁县东来镇	17133	19108	6895	11142	2675
库伦旗库伦镇	112644	58210	37569	20961	595
库伦旗扣河子镇	68923	39000	2096	23596	3310
库伦旗白音花镇	60053	25094	1191	13390	251
库伦旗六家子镇	41333	17871	1996	12502	329
库伦旗额勒顺镇	7333	11953	1158	3945	
奈曼旗大沁他拉镇	133300	66651	66651	44264	16420
奈曼旗八仙筒镇	86400	50607	6281	18256	9695
奈曼旗青龙山镇	58870	36983	3976	17625	2753
奈曼旗新镇	86604	41205	1499	22649	3367

内蒙古自治区

2-1-5 续表 4　　单位：公顷、人

建制镇名称	行政区域面积	总人口	镇区人口	从业人员	#二三产业
奈曼旗治安镇	36134	19748	1860	7279	771
奈曼旗东明镇	71809	52176	6079	37488	5590
奈曼旗沙日浩来镇	51844	24534	2018	11147	2692
奈曼旗义隆永镇	26812	20564	1636	11244	4917
扎鲁特旗鲁北镇	115787	111642	66460	56381	22005
扎鲁特旗黄花山镇	35600	15952	8631	8973	5500
扎鲁特旗嘎亥图镇	163667	26769	3607	13514	2076
扎鲁特旗巨日合镇	66233	32351	2889	14355	2109
扎鲁特旗巴雅尔图胡硕镇	254667	11955	2034	5300	
扎鲁特旗香山镇	36913	25145	1856	12829	10338
扎鲁特旗阿日昆都楞镇	140666	4583	550	2013	252
鄂尔多斯市东胜区泊江海子镇	91800	6311	1276	3786	375
鄂尔多斯市东胜区罕台镇	56250	12075	10095	10016	6306
鄂尔多斯市东胜区塔拉壕镇	59900	4461	3476	2737	1691
达拉特旗树林召镇	127500	119000	1878	70747	32413
达拉特旗吉格斯太镇	92700	27814	2604	17894	2466
达拉特旗白泥井镇	86000	37056	3756	23037	5462
达拉特旗王爱召镇	65500	52216	1556	29012	9720
达拉特旗昭君镇	124300	42552	3401	15605	3947
达拉特旗恩格贝镇	166666	24403	440	6351	652
达拉特旗中和西镇	79200	5652	800	3512	316
准格尔旗薛家湾镇	136400	175220	133000	101235	66632
准格尔旗沙圪堵镇	156700	65223	41882	34630	23707
准格尔旗大路镇	73400	20258	2950	10869	2291
准格尔旗纳日松镇	83800	45818	5015	20600	6137
准格尔旗龙口镇	57000	30139	9105	16950	6311
准格尔旗准格尔召镇	47200	17949	3890	9450	4536
鄂托克前旗敖勒召其镇	166271	36142	30212	25961	18403
鄂托克前旗上海庙镇	387121	11342	3800	8323	5453
鄂托克前旗城川镇	241802	14070	2056	11226	1708
鄂托克前旗昂素镇	423788	6728	865	6412	1951
鄂托克旗乌兰镇	322400	44785	44423	18798	18698
鄂托克旗棋盘井镇	355782	79123	50271	33632	15402
鄂托克旗蒙西镇	198538	16650	8890	14586	10649
鄂托克旗木凯淖尔镇	249700	11180	2082	6326	3571
杭锦旗锡尼镇	310900	58994	42715	38225	16806
杭锦旗巴拉贡镇	197700	10056	5400	8588	1630
杭锦旗吉日嘎朗图镇	274700	8965	1339	7640	117
杭锦旗独贵特拉镇	460371	20341	2416	15427	2813
杭锦旗呼和木独镇	122640	4989	1845	4533	326
乌审旗嘎鲁图镇	228740	31489	30679	4842	518
乌审旗乌审召镇	190100	10425	8965	3085	369
乌审旗图克镇	140960	13128	577	6521	343
乌审旗乌兰陶勒盖镇	138740	8075	880	3751	385
乌审旗无定河镇	129400	33951	915	14996	6028
伊金霍洛旗阿勒腾席热镇	30070	72810	61290	39000	30110
伊金霍洛旗札萨克镇	110630	23393	5403	14000	6020
伊金霍洛旗乌兰木伦镇	74320	61289	20635	51383	31383

内蒙古自治区

2-1-5 续表 5

单位：公顷、人

建制镇名称	行政区域面积	总人口	镇区人口	从业人员	#二三产业
伊金霍洛旗纳林陶亥镇	76590	20257	5100	13670	6331
伊金霍洛旗苏布尔嘎镇	95260	19409	1054	7201	1975
伊金霍洛旗红庆河镇	99910	26592	1235	15691	3305
伊金霍洛旗伊金霍洛镇	67820	14854	7467	7664	2106
呼伦贝尔市海拉尔区哈克镇	121400	14400	2061	3004	800
呼伦贝尔市海拉尔区奋斗镇	13972	34263	9673	23798	21160
阿荣旗那吉镇	2800	50900	50900	33080	31530
阿荣旗六合镇	79124	51369	4693	22973	2700
阿荣旗亚东镇	58400	37476	6530	19000	1015
阿荣旗霍尔奇镇	80985	30927	2826	11860	729
阿荣旗向阳峪镇	56012	34450	1296	14380	3395
莫旗尼尔基镇	114156	129820	56400	34300	2290
莫旗红彦镇	134845	17891	6617	9876	389
莫旗宝山镇	51833	21600	3726	8620	980
莫旗哈达阳镇	96810	20278	2452	4462	270
莫旗阿尔拉镇	73695	14273	1440	10829	288
莫旗汉古尔河镇	28228	16900	2123	8359	473
莫旗西瓦尔图镇	75700	23508	3164	11019	1296
莫旗腾克镇	156000	15800	2256	6700	300
莫旗奎勒河镇	51600	16441	814	13156	360
莫旗塔温敖宝镇	120232	28174	2246	18152	2235
鄂伦春旗阿里河镇	454140	33192	30667	12910	8630
鄂伦春旗大杨树镇	101600	79584	79584	34546	25402
鄂伦春旗甘河镇	356300	37575	36870	13170	10400
鄂伦春旗吉文镇	230000	13953	12516	5016	3745
鄂伦春旗诺敏镇	782500	15760	11220	6730	1210
鄂伦春旗乌鲁布铁镇	380650	14402	1449	8094	347
鄂伦春旗宜里镇	329000	21080	5216	9282	706
鄂伦春旗克一河镇	616441	13759	10893	3785	1882
鄂温克旗巴彦托海镇	54300	24513	22365	11300	3970
鄂温克旗大雁镇	31230	71094	71094	600	
鄂温克旗伊敏河镇	20760	23565	21260	8190	6860
鄂温克旗红花尔基镇	29100	4321	4321	2342	911
陈巴尔虎旗巴彦库仁镇	360700	20708	18635	2068	1756
陈巴尔虎旗宝日希勒镇	61320	16937	16147	7120	4117
陈巴尔虎旗呼和诺尔镇	457900	4446	3841	3362	126
新左旗嵯岗镇	210500	8163	3286	3666	210
新左旗阿木古郎镇	167100	16319	14804	9967	7818
新右旗阿拉坦额莫勒镇	269333	23287	21237	16300	5567
新右旗阿日哈沙特镇	264200	3339	344	3117	1499
新右旗呼伦镇	231000	1312	701	1100	77
牙克石市免渡河镇	412650	24770	20913	18751	12478
牙克石市博克图镇	398800	26095	16312	9345	8248
牙克石市绰河源镇	222000	14295	7577	8870	6030
牙克石市乌尔其汉镇	384800	38099	38099	17800	
牙克石市库都尔镇	316380	32497	11975	10400	4324
牙克石市图里河镇	367819	27019	17114	13844	12766
牙克石市乌奴耳镇	222950	12504	10843	5528	3410

内蒙古自治区

2-1-5 续表 6 单位：公顷、人

建制镇名称	行政区域面积	总人口	镇区人口	从业人员	#二三产业
牙克石市塔尔气镇	103100	18659	18659	2255	409
牙克石市伊图里河镇	113513	11824	11824		
扎兰屯市蘑菇气镇	90700	41175	7069	17610	3859
扎兰屯市卧牛河镇	145000	33061	3530	16455	4103
扎兰屯市成吉思汗镇	117600	36386	15460	22400	5300
扎兰屯市大河湾镇	51900	35029	2089	12492	4099
扎兰屯市浩饶山镇	63100	4990	2300	1700	380
扎兰屯市柴河镇	568800	7633	3833	1073	800
扎兰屯市中和镇	106240	48103	2850	19060	5270
扎兰屯市哈多河镇	56000	13048	2760	7860	422
额尔古纳市黑山头镇	105600	2166	1017	1035	198
额尔古纳市莫尔道嘎镇	938400	18090	17985	10596	7774
根河市金河镇	504279	18486	14768	2023	1035
根河市阿龙山镇	313855	13473	13273	5667	4610
根河市满归镇	307281	18374	18374	6652	3750
根河市得耳布尔镇	242684	18974	18612	4300	3927
巴彦淖尔市临河区狼山镇	29300	31964	3125	15149	1777
巴彦淖尔市临河区新华镇	48370	37911	863	21578	2278
巴彦淖尔市临河区干召庙镇	32000	51783	2355	29642	5215
巴彦淖尔市临河区乌兰图克镇	32084	26943	2784	12264	1374
巴彦淖尔市临河区双河镇	27642	20525	1480	11010	893
巴彦淖尔市临河区城关镇	12667	22418	588	13048	4144
巴彦淖尔市临河区白脑包镇	31284	35193	942	24057	2089
五原县隆兴昌镇	54667	36686	19530	33900	15964
五原县塔尔湖镇	43066	40270	9686	25911	1631
五原县套海镇	48290	38068	6703	32900	8440
五原县新公中镇	26073	32000	2573	16192	1068
五原县天吉太镇	18901	16800	2473	10392	925
五原县胜丰镇	29800	21914	2752	13780	705
五原县银定图镇	20220	16276	2195	9681	562
磴口县巴彦高勒镇	29815	12059	6227	6621	4120
磴口县隆盛合镇	31153	19601	3680	11870	2080
磴口县渡口镇	23281	13651	3022	7590	930
乌拉特前旗乌拉山镇	34240	14603	6858	7917	4553
乌拉特前旗巴音花镇	67220	8795	3436	4836	1527
乌拉特前旗先锋镇	48800	34660	893	30816	8031
乌拉特前旗新安镇	48783	44269	2422	26846	3029
乌拉特前旗西小召镇	46450	33924	1465	18342	2346
乌拉特前旗大佘太镇	131000	40026	7126	30092	3669
乌拉特前旗明安镇	74180	20480	1451	10751	3673
乌拉特前旗小佘太镇	63500	11406	2410	4640	2066
乌拉特中旗海流图镇	208000	16480	9895	10950	5910
乌拉特中旗乌加河镇	72900	19241	1876	12582	1364
乌拉特中旗德岭山镇	92300	18293	1960	14280	1490
乌拉特中旗石哈河镇	184400	20721	2019	5920	828
乌拉特中旗川井镇	632800	3570	453	1969	479
乌拉特后旗巴音宝力格镇	209100	5467	2743	2795	2121
乌拉特后旗呼和温都尔镇	156700	8377	6295	4979	2751

内蒙古自治区

2-1-5 续表 7　　单位：公顷、人

建制镇名称	行政区域面积	总人口	镇区人口	从业人员	#二三产业
乌拉特后旗潮格温都尔镇	613400	5563	5114	2704	618
杭锦后旗陕坝镇	18120	22016	14058	12650	6196
杭锦后旗头道桥镇	20827	26481	482	10986	1460
杭锦后旗二道桥镇	24200	29128	781	19106	2595
杭锦后旗三道桥镇	20353	24769	3463	18120	1225
杭锦后旗蛮会镇	19780	22596	1020	16449	1886
杭锦后旗团结镇	17640	21408	392	7906	900
杭锦后旗双庙镇	22600	24468	1116	11458	1479
杭锦后旗沙海镇	15760	32840	428	10866	3487
乌兰察布市集宁区白海子镇	15020	12826	1750	7941	4515
卓资县卓资山镇	37879	49725	2712	30425	21826
卓资县旗下营镇	59787	32558	3420	22852	12374
卓资县十八台镇	44880	19217	614	11432	1545
卓资县巴音锡勒镇	36500	10685	816	7126	3556
卓资县梨花镇	38479	12350	552	9057	2300
化德县长顺镇	55196	53000	42100	32000	10100
化德县朝阳镇	53462	16630	1260	11000	228
化德县七号镇	58095	13217	1660	8100	475
商都县七台镇	51158	91686	395	57600	46840
商都县十八顷镇	43428	12730	795	8030	1056
商都县大黑沙土镇	40896	12862	804	8023	1055
商都县西井子镇	60789	10423	836	7896	2031
商都县屯垦队镇	58089	12382	1101	8926	1246
商都县小海子镇	44090	21045	534	15124	2428
兴和县城关镇	44883	92596	39825	48000	27600
兴和县张皋镇	44960	36297	5800	16642	4500
兴和县赛乌素镇	47832	41724	1637	21934	10150
兴和县鄂尔栋镇	45738	35039	312	18300	6700
兴和县店子镇	48175	29893	1920	14550	4130
凉城县岱海镇	31425	68952	5199	41500	27250
凉城县六苏木镇	58880	41415	1100	25700	10280
凉城县麦胡图镇	22500	30495	2832	19825	2400
凉城县永兴镇	36300	14000	1700	9500	2500
凉城县蛮汉镇	58300	26214	912	11016	83
察右前旗土贵乌拉镇	34875	73812	35193	41100	2360
察右前旗平地泉镇	28346	31840	10800	10423	3230
察右前旗玫瑰营镇	39800	18280	2250	12105	1580
察右前旗巴音塔拉镇	25603	25010	681	12010	1660
察右前旗黄旗海镇	9806	30012	485	27335	1789
察右中旗科布尔镇	39826	46297	36520	21288	10636
察右中旗铁沙盖镇	22676	19987	1653	10018	633
察右中旗黄羊城镇	42000	13587	701	12893	1458
察右中旗广益隆镇	52400	12013	1089	11768	310
察右中旗乌素图镇	24000	7902	1793	5825	491
察右后旗白音察干镇	58780	58996	11197	23400	12207
察右后旗土牧尔台镇	56000	46885	14163	14911	7809
察右后旗红格尔图镇	21600	17103	8070	11176	7032
察右后旗贲红镇	61820	20574	970	12180	5710

内蒙古自治区

2-1-5 续表 8 单位：公顷、人

建制镇名称	行政区域面积	总人口	镇区人口	从业人员	#二三产业
四子王旗乌兰花镇	40169	51861	2840	28510	17300
四子王旗吉生太镇	103390	27082	805	14800	11580
四子王旗库伦图镇	44256	26029	715	18100	12940
四子王旗供济堂镇	54721	24937	795	11200	900
四子王旗白音朝克图镇	317916	8005	668	389	300
丰镇市隆庄镇	24747	38510	3400	15000	9400
丰镇市黑土台镇	21070	31160	516	13000	10100
丰镇市红砂坝镇	36081	18327	268	3720	2140
丰镇市巨宝庄镇	20986	39015	2900	9768	5990
丰镇市三义泉镇	36100	22506	560	8000	
乌兰浩特市乌兰哈达镇	37278	23109	1194	10173	3415
乌兰浩特市葛根庙镇	59900	30295	790	14161	436
乌兰浩特市太本站镇	110400	4866	1283	2980	137
乌兰浩特市义勒力特镇	17163	13036	1672	7058	1782
阿尔山市天池镇	373929	3056	554	1385	1035
阿尔山市白狼镇	72055	1938	1078	484	474
阿尔山市五岔沟镇	80700	5948	5035	1271	263
阿尔山市明水河镇	201200	5948	2460	2550	568
科右前旗科尔沁镇	144034	17054	1530	8350	4100
科右前旗索伦镇	150000	17119	8410	6938	1647
科右前旗德伯斯镇	47400	8890	1600	2820	110
科右前旗大石寨镇	55600	23726	8709	9981	199
科右前旗归流河镇	33910	22779	5570	5238	117
科右前旗居力很镇	24300	25010	4600	13343	6378
科右前旗察尔森镇	83560	17302	3734	9852	905
科右前旗额尔格图镇	66700	18671	2871	8610	3295
科右前旗俄体镇	43209	24216	2602	14530	9200
科右中旗巴彦呼舒镇	80038	76581	54262	32582	22437
科右中旗巴仁哲里木镇	37800	17273	1224	10032	857
科右中旗吐列毛都镇	173010	30325	3332	15498	929
科右中旗杜尔基镇	114300	22097	2109	11067	1107
科右中旗高力板镇	106130	28609	4590	14419	1456
科右中旗好腰苏木镇	134666	31217	936	16599	2283
扎赉特旗音德尔镇	102000	83475	50338	45412	15000
扎赉特旗新林镇	72666	31120	5700	18925	1425
扎赉特旗巴彦高勒镇	111788	42078	5650	29400	2707
扎赉特旗胡尔勒镇	213100	36325	3429	18236	1341
扎赉特旗阿尔本格勒镇	104120	40690	4160	18562	1500
扎赉特旗巴达尔胡镇	83000	23768	2890	12950	1488
扎赉特旗图牧吉镇	96000	12430	1400	5930	280
突泉县突泉镇	85487	100105	40918	30265	19779
突泉县六户镇	76139	50243	5220	20232	12070
突泉县东杜尔基镇	59771	47490	3810	11250	3397
突泉县永安镇	39423	25230	2299	13344	5679
突泉县水泉镇	83459	32335	2612	15431	1095
突泉县宝石镇	137126	44887	2335	26163	3245
锡林浩特市阿尔善宝力格镇	370000	2558	799	1923	205
阿巴嘎旗别力古台镇	607700	23319	19159	16087	13130

内蒙古自治区

2-1-5 续表 9 单位：公顷、人

建制镇名称	行政区域面积	总人口	镇区人口	从业人员	#二三产业
阿巴嘎旗洪格尔高勒镇	277400	4596	672	3189	28
阿巴嘎旗查干淖尔镇	426000	5201	689	3584	311
苏尼特左旗满都拉图镇	568800	16791	13431	12000	9990
苏尼特左旗查干敖包镇	766200	2765	81	1881	457
苏尼特左旗巴彦淖尔镇	609800	6492	113	4138	700
苏尼特右旗赛汉塔拉镇	330717	38369	33051	13390	12720
苏尼特右旗朱日和镇	270000	17852	2890	7870	3445
苏尼特右旗乌日根塔拉镇	566300	14659	7454	10242	6683
东乌旗乌里雅斯太镇	545900	36728	23301	14200	3888
东乌旗道特淖尔镇	491490	6288	2265	3465	590
东乌旗嘎达布其镇	426000	4882	210	2995	148
东乌旗满都宝拉格镇	854000	5783	1609	2765	406
东乌旗额吉淖尔镇	545500	7326	384	5124	137
东乌旗巴音胡硕镇	501367	24572	16890	10163	6122
西乌旗巴拉嘎高勒镇	262100	42069	37417	12500	6000
西乌旗巴彦花镇	507360	9505	1133	5781	449
西乌旗吉仁高勒镇	415291	7593	1355	4316	194
西乌旗浩勒图高勒镇	271492	8756	332	5320	828
西乌旗高力罕镇	190954	4619	1094	3563	27
太仆寺旗宝昌镇	63400	85798	40423	34125	12094
太仆寺旗千斤沟镇	58600	41341	1941	13056	450
太仆寺旗红旗镇	63980	42128	1258	13223	370
太仆寺旗骆驼山镇	59800	23015	1610	6271	116
镶黄旗新宝拉格镇	171200	18211	13165	2299	274
镶黄旗白音塔拉镇	176666	6305	235	4456	223
正镶白旗明安图镇	219800	31381	18949	10637	4063
正镶白旗星耀镇	39700	28173	1739	11524	164
正蓝旗上都镇	181640	41073	34476	5360	1733
正蓝旗桑根达来镇	165850	10636	2538	5789	1261
正蓝旗哈毕日嘎镇	44745	20883	2691	10614	5635
多伦县大北沟镇	107700	29762	524	18605	5125
多伦县多伦诺尔镇	51500	58068	51497	27142	22932
阿拉善左旗温都尔勒图镇	331900	3231	236	2164	257
阿拉善左旗乌斯太镇	181900	31100	31000	23219	13046
阿拉善左旗巴润别立镇	329500	8780	740	5855	766
阿拉善左旗巴彦浩特镇	550900	94117	86443	43300	25137
阿拉善左旗嘉尔嘎勒赛汉镇	720300	9533	1580	5370	1140
阿拉善左旗吉兰泰镇	1241150	19693	12383	13720	10119
阿拉善左旗宗别立镇	202400	16358	85	8661	6017
阿拉善左旗敖伦布拉格镇	478700	4666	755	2862	577
阿拉善左旗腾格里额里斯镇	268800	2311	312	1876	894
阿拉善右旗额肯呼都格镇	779600	13097	11046	9239	8340
阿拉善右旗雅布赖镇	1171760	4312	3222	2627	1888
阿拉善右旗阿拉腾敖包镇	2866500	3364	816	1318	196
额济纳旗达来呼布镇	2095200	16073	11685	11284	7650
额济纳旗东风镇	2579500	1265	156	912	75
额济纳旗哈日布日格德音乌拉镇	1800000	2212	165	2047	1852

2-1-6 辽宁省建制镇名录及基本情况

单位：公顷、人

建制镇名称	行政区域面积	总人口	镇区人口	从业人员	#二三产业
辽中县辽中镇	9900	119219	85658	46300	31093
辽中县于家房镇	6995	21022	8655	16769	2047
辽中县朱家镇	10622	31986	5015	13870	3325
辽中县冷子堡镇	12900	28788	5881	16996	5418
辽中县刘二堡镇	8649	19568	4015	15654	7749
辽中县茨榆坨镇	10400	54621	25620	28390	26909
辽中县新民屯镇	5983	19091	4974	11206	4091
辽中县满都户镇	8845	20987	6870	11890	3866
辽中县杨士岗镇	5300	14461	6896	6807	1675
辽中县肖寨门镇	7523	27320	7225	16395	7495
辽中县长滩镇	6359	22645	4593	13152	3800
辽中县四方台镇	6154	20609	6996	10998	4112
辽中县城郊镇	6526	16289	16289	9145	4080
辽中县六间房镇	9903	21190	1951	11410	5278
辽中县养士堡镇	8081	16110	1846	10096	3288
辽中县潘家堡镇	6400	17527	3032	8739	4286
辽中县老观坨镇	6069	15857	3514	6344	1895
辽中县老大房镇	8285	15987	3238	10478	5912
辽中县大黑岗子镇	8600	14671	1194	7821	1058
辽中县牛心坨镇	14380	20122	2847	10935	3676
康平县康平镇	6200	73752	60311	33415	21347
康平县小城子镇	15933	18931	2783	9750	2544
康平县张强镇	15800	24028	2075	10350	4128
康平县方家屯镇	10100	19698	3959	8933	3942
康平县东关屯镇	8880	18184	4399	8760	3156
康平县郝官屯镇	13255	19549	1381	6432	595
康平县二牛所口镇	16667	22586	1932	10660	5058
法库县法库镇	7800	74866	64070	49780	48650
法库县大孤家子镇	13713	24596	4324	10852	5992
法库县三面船镇	12400	22349	5783	12761	2936
法库县秀水河子镇	20400	33336	4777	15187	5349
法库县叶茂台镇	17500	24310	4580	17202	4088
法库县登仕堡镇	9468	16632	2037	8015	3088
法库县柏家沟镇	12500	24688	4210	15208	7421
法库县丁家房镇	13200	20581	3722	13316	3570
法库县孟家镇	11600	19279	852	12192	5280
法库县十间房镇	10796	30131	1720	15866	8573
法库县冯贝堡镇	8917	16968	2300	9520	1313
法库县依牛堡镇	13000	23637	1620	14797	5479
新民市大红旗镇	12300	26457	1690	13130	3057
新民市梁山镇	20520	23395	3546	12727	1391
新民市公主屯镇	19600	39524	3855	15984	5540
新民市兴隆镇	14403	34685	5710	18195	10315
新民市前当堡镇	9343	22323	3680	11655	6686
新民市大民屯镇	11364	32236	10289	18808	5371
新民市大柳屯镇	23044	28946	1601	12745	2983

辽宁省

2-1-6 续表 1　　　　单位：公顷、人

建制镇名称	行政区域面积	总人口	镇区人口	从业人员	#二三产业
新民市兴隆堡镇	15517	61656	3216	24650	14555
新民市胡台镇	9707	32745	7909	21243	12176
新民市法哈牛镇	10610	36102	6309	13762	4283
新民市柳河沟镇	20000	26945	1851	13348	2268
新民市高台子镇	9600	14421	1780	6936	2604
新民市张家屯镇	8700	16933	527	10017	2321
新民市罗家房镇	12800	27957	2576	13236	2335
新民市三道岗子镇	11700	21567	1837	13160	4079
新民市东蛇山子镇	11677	25222	2219	14709	3203
新民市陶家屯镇	5090	11321	1583	7216	2191
新民市周坨子镇	13340	15349	1237	8014	613
长海县大长山岛镇	3200	29717	28192	11342	4068
长海县獐子岛镇	1495	18346	13038	9210	4286
瓦房店市复州城镇	11926	42547	34090	22901	19820
瓦房店市复州湾镇	21100	43178	29469	21471	13584
瓦房店市松树镇	13154	38876	5596	26767	3119
瓦房店市得利寺镇	8900	25648	7056	11443	5987
瓦房店市万家岭镇	13300	24855	2460	12710	6272
瓦房店市许屯镇	14740	35898	10236	20597	14571
瓦房店市永宁镇	13333	36151	3516	19156	13850
瓦房店市谢屯镇	19250	25819	8177	12355	6896
瓦房店市炮台镇	23500	42864	18769	23797	16750
瓦房店市老虎屯镇	10795	23871	9851	10743	9420
瓦房店市红沿河镇	13900	17193	2960	8574	5800
瓦房店市李官镇	11172	29129	3345	19296	7353
瓦房店市仙浴湾镇	8246	12540	3027	5168	3510
普兰店市双塔镇	15600	33344	3400	13563	6325
普兰店市安波镇	30500	41459	13074	19291	9478
普兰店市四平镇	10200	24078	2400	12500	2100
普兰店市沙包镇	16550	30120	1637	18185	551
普兰店市瓦窝镇	9700	22460	2350	10573	6600
普兰店市元台镇	15000	41189	7495	21281	6058
普兰店市星台镇	23292	52527	5267	26158	15659
庄河市青堆镇	18960	54713	27480	31042	22715
庄河市徐岭镇	9712	31947	10888	16966	11599
庄河市黑岛镇	13054	32392	14680	18001	12666
庄河市栗子房镇	22202	56805	19163	34111	19456
庄河市大营镇	13934	22989	3118	11796	7889
庄河市塔岭镇	17824	22591	3730	12655	5946
庄河市仙人洞镇	33422	34480	5600	17113	9618
庄河市蓉花山镇	21277	35799	9221	18763	9707
庄河市长岭镇	15341	27365	5161	12305	6660
庄河市荷花山镇	14949	12727	2822	6720	3456
庄河市城山镇	19794	35050	2320	19419	10135
庄河市光明山镇	23892	53732	4275	27559	14803
庄河市大郑镇	24667	55727	11210	29163	20678

辽宁省

2-1-6 续表 2　　　　　　　　　　　　　　　　　　　　　　　　单位：公顷、人

建制镇名称	行政区域面积	总人口	镇区人口	从业人员	#二三产业
庄河市吴炉镇	17371	37238	15138	17129	10685
庄河市王家镇	967	4614	3218	2854	1882
鞍山市铁东区千山镇	1390	8928	3039	3958	2428
鞍山市铁东区大孤山镇	7125	21564	3039	10041	4997
鞍山市铁西区宁远镇	3800	23444	15268	14461	11282
鞍山市铁西区达道湾镇	5200	35255	2621	13964	12170
鞍山市立山区沙河镇	2350	21836	14782	11577	7802
鞍山市立山区齐大山镇	6716	24268	18576	10012	5632
鞍山市千山区东鞍山镇	4200	14723	13091	6470	2981
鞍山市千山区唐家房镇	3405	11116	8636	4250	1779
鞍山市千山区甘泉镇	7670	25030	5159	12024	6428
鞍山市千山区大屯镇	8950	29572	20800	22050	18193
鞍山市千山区汤岗子镇	2500	20373	11397	9820	7787
台安县台安镇	14300	93362	55782	36928	22851
台安县西佛镇	11500	27687	7874	16500	6200
台安县新开河镇	11300	31324	2655	14757	5270
台安县黄沙坨镇	14300	50420	9120	26666	10486
台安县高力房镇	11200	38472	4973	26923	8040
台安县桑林镇	16600	22661	3420	15517	5368
台安县富家镇	8500	18640	3980	11087	6899
台安县达牛镇	9900	27860	4545	19555	6527
台安县韭菜台镇	5800	15436	2490	8710	2082
台安县新台镇	13300	19056	3113	10702	3401
台安县桓洞镇	9700	16604	3036	10258	2134
岫岩县岫岩镇	27200	134771	103048	94339	63561
岫岩县三家子镇	21700	17871	4046	9187	4051
岫岩县石庙子镇	20100	17100	2513	5676	1906
岫岩县黄花甸镇	17300	24701	8074	19083	4719
岫岩县大营子镇	36000	22180	3065	10543	3578
岫岩县苏子沟镇	16800	14620	3833	7652	2056
岫岩县偏岭镇	26500	27245	8128	13817	7540
岫岩县哈达碑镇	30600	28843	4225	15704	7055
岫岩县新甸镇	12300	21177	4236	13396	2998
岫岩县洋河镇	20600	18298	2661	7142	3290
岫岩县杨家卜镇	14700	13561	4466	8077	2856
岫岩县清凉山镇	21100	17464	3043	6752	3963
岫岩县石灰窑镇	23073	21877	2863	10853	4134
岫岩县前营镇	23100	21274	875	12100	6005
岫岩县龙潭镇	19891	15645	2612	8296	4426
岫岩县牧牛镇	20800	15880	3101	7167	4560
岫岩县药山镇	15100	12707	2691	6733	2626
岫岩县大房身镇	18133	13470	2884	6112	3241
岫岩县朝阳镇	20600	16368	2291	7070	1938
海城市孤山镇	20360	23709	2850	8939	2153
海城市岔沟镇	14100	25290	6789	14700	4958
海城市接文镇	17070	23560	4425	9486	2565

辽宁省

2-1-6 续表 3 单位：公顷、人

建制镇名称	行政区域面积	总人口	镇区人口	从业人员	#二三产业
海城市析木镇	14027	31291	5611	18164	6248
海城市马风镇	16540	30575	2542	14929	10045
海城市牌楼镇	9570	30116	19306	14350	12660
海城市八里镇	9318	36563	13072	25657	20027
海城市毛祁镇	6470	20822	8373	10645	7891
海城市英落镇	16180	38841	2608	23120	17775
海城市感王镇	9318	41036	7132	22978	17188
海城市西柳镇	6480	44048	22835	28543	23420
海城市中小镇	5160	24259	7574	17643	14467
海城市王石镇	16020	39031	15225	19024	6012
海城市南台镇	9360	53156	20159	25966	19405
海城市腾鳌镇	12670	74581	50568	42614	34784
海城市耿庄镇	11360	42295	9153	20673	7984
海城市牛庄镇	4990	36736	27909	21432	13657
海城市西四镇	9280	31144	5071	18999	5312
海城市望台镇	7520	26631	7714	14783	10502
海城市温香镇	13980	41602	9801	23150	4196
海城市高坨镇	5930	20020	6172	9170	3997
抚顺市东洲区章党镇	22200	17849	11088	9506	3001
抚顺市东洲区哈达镇	20200	22665	2873	10757	2021
抚顺市望花区塔峪镇	5277	18416	5027	10744	4493
抚顺市顺城区前甸镇	12834	36160	3150	13891	10108
抚顺县石文镇	13893	23473	3356	14677	4369
抚顺县后安镇	36645	17359	2043	11405	4530
新宾满族自治县新宾镇	38622	66859	45893	27222	13508
新宾满族自治县旺清门镇	23051	15280	4236	9785	2756
新宾满族自治县永陵镇	51578	42368	21489	22153	8338
新宾满族自治县平顶山镇	35495	19191	3785	11325	2539
新宾满族自治县大四平镇	26488	21777	3336	11136	6555
新宾满族自治县苇子峪镇	40280	16097	3012	8070	2595
新宾满族自治县木奇镇	43965	19710	4900	12946	5231
新宾满族自治县上夹河镇	26740	16541	5351	9334	1989
新宾满族自治县南杂木镇	9063	22633	15875	12137	9995
清原满族自治县清原镇	30013	87319	66436	34810	27529
清原满族自治县红透山镇	19958	32022	2920	22642	15077
清原满族自治县草市镇	15253	15695	4291	8049	696
清原满族自治县英额门镇	27960	18403	4358	10860	2464
清原满族自治县南口前镇	33446	22770	7050	13015	6767
清原满族自治县南山城镇	42867	30045	4316	17208	5700
清原满族自治县湾甸子镇	35872	17362	1859	8989	2546
清原满族自治县大孤家镇	20600	20730	4120	9800	3270
清原满族自治县夏家堡镇	45192	31232	3598	18499	3835
本溪市溪湖区火连寨镇	4158	7768	3305	3357	3150
本溪市明山区高台子镇	14265	19032	2160	9680	5302
本溪市南芬区下马塘镇	22300	12817	1913	5974	3695
本溪县小市镇	54819	34751	3752	18306	13125

辽宁省

2-1-6 续表 4　　　　单位：公顷、人

建制镇名称	行政区域面积	总人口	镇区人口	从业人员	#二三产业
本溪县草河掌镇	37540	11233	548	5432	3155
本溪县草河城镇	20374	13588	1080	7381	5530
本溪县草河口镇	19666	23467	13486	10234	5780
本溪县连山关镇	20339	12793	2018	6150	3915
本溪县清河城镇	31460	12653	2240	6895	3031
本溪县田师傅镇	13426	30369	13101	16315	13900
本溪县南甸镇	17400	15934	3756	9120	6756
本溪县碱厂镇	35487	25276	8280	12986	5247
本溪县高官镇	43279	21444	896	11262	4389
桓仁县桓仁镇	33900	37480	11470	20614	11079
桓仁县普乐堡镇	30700	11233	3276	5316	1931
桓仁县二棚甸子镇	33447	23868	16416	13395	6506
桓仁县沙尖子镇	28966	15574	3152	7971	4328
桓仁县五里甸子镇	22447	10386	2784	4873	1855
桓仁县八里甸子镇	37900	16378	4012	8609	4280
桓仁县华来镇	59991	40999	6540	22927	10526
桓仁县古城镇	31200	25685	2932	14138	4736
丹东市元宝区金山镇	7181	37772	37772	12500	8992
丹东市振兴区浪头镇	3314	27821	1915	15275	10088
丹东市振兴区安民镇	2009	12531	2266	4895	2086
丹东市振兴区汤池镇	7300	27392	6435	13288	8451
丹东市振安区同兴镇	7440	17574	6116	10795	7715
丹东市振安区五龙背镇	10511	28973	12704	12982	6497
丹东市振安区楼房镇	11323	16913	3165	10833	3974
丹东市振安区九连城镇	4660	26782	4250	12383	7497
丹东市振安区汤山城镇	22590	20589	3725	11565	3204
宽甸县宽甸镇	3584	93291	80643	61096	58541
宽甸县灌水镇	37808	33712	10206	12095	5357
宽甸县硼海镇	26508	13704	1992	7211	3754
宽甸县红石镇	44295	20106	3654	11495	3732
宽甸县毛甸子镇	32485	15517	1988	8107	3325
宽甸县长甸镇	40005	26854	5029	14915	5112
宽甸县永甸镇	29592	22162	5698	10545	3452
宽甸县太平哨镇	34987	19450	2561	10767	2793
宽甸县青山沟镇	26306	11182	2149	6535	3856
宽甸县牛毛坞镇	32402	15655	1296	7943	2124
宽甸县大川头镇	27939	10842	1385	5598	1309
宽甸县青椅山镇	20502	13011	566	7493	1977
宽甸县杨木川镇	25809	12571	1367	6672	2555
宽甸县虎山镇	21218	12868	1293	6669	3142
宽甸县振江镇	29670	12338	898	7137	1785
宽甸县步达远镇	31800	17124	1350	8715	2654
宽甸县大西岔镇	32249	13445	1293	6782	2046
宽甸县八河川镇	19656	10621	1067	6474	1937
宽甸县双山子镇	26860	13902	1967	8759	2903
东港市孤山镇	19817	64290	33013	37455	21704

辽宁省

2-1-6 续表 5 单位：公顷、人

建制镇名称	行政区域面积	总人口	镇区人口	从业人员	#二三产业
东港市前阳镇	12116	61639	23018	32643	20795
东港市长安镇	19476	14161	922	8098	3121
东港市十字街镇	11980	26312	3256	14278	6437
东港市长山镇	15049	48556	17204	23245	9720
东港市北井子镇	12340	31895	8369	16442	7157
东港市椅圈镇	14498	33360	3582	17736	4531
东港市黄土坎镇	10397	25437	6070	13024	4700
东港市马家店镇	13218	29795	3600	16397	7748
东港市龙王庙满族锡伯族镇	8156	18880	2106	11005	3469
东港市小甸子镇	12149	24396	2487	13394	4849
东港市菩萨庙镇	8599	24080	2350	13062	6015
东港市黑沟镇	15564	14936	1601	6964	3760
东港市新农镇	11365	15834	2089	8338	2798
凤城市宝山镇	31944	20813	823	10433	3365
凤城市白旗镇	19271	13738	1847	8210	3380
凤城市沙里寨镇	19000	13904	1734	8357	1598
凤城市红旗镇	26275	19467	1905	10908	2485
凤城市蓝旗镇	16000	17613	4270	12889	2307
凤城市边门镇	39500	27061	5515	15437	5954
凤城市东汤镇	32700	23632	3286	10358	3603
凤城市石城镇	40917	21035	3890	12713	3507
凤城市大兴镇	20199	10470	1834	6740	2707
凤城市爱阳镇	32611	33763	17723	18358	7989
凤城市赛马镇	41383	28478	8964	18358	6352
凤城市弟兄山镇	20522	16519	4395	9004	3586
凤城市鸡冠山镇	43800	24803	1870	12260	4283
凤城市刘家河镇	35580	24269	5110	12634	4020
凤城市通远堡镇	18000	33456	16000	19656	17457
凤城市四门子镇	27000	15291	2719	9175	4285
凤城市青城子镇	23695	30550	15950	21205	18330
锦州市太和区娘娘宫镇	6900	28337	2548	13281	7004
锦州市太和区松山镇	16513	40686	4055	23381	8380
黑山县黑山镇	2497	88805	78203	60827	52430
黑山县芳山镇	14494	31450	4178	18818	5161
黑山县白厂门镇	9426	16600	3055	11438	5950
黑山县常兴镇	11748	23219	3760	11688	1923
黑山县姜屯镇	9221	22961	4451	12758	5326
黑山县励家镇	10234	26600	4238	16951	5095
黑山县绕阳河镇	12391	26617	2697	11323	5215
黑山县半拉门镇	11938	20978	7136	13855	2600
黑山县无梁殿镇	12344	24322	2270	12083	11815
黑山县胡家镇	10747	24689	2647	14030	5195
黑山县新立屯镇	6925	29723	19617	20560	13767
黑山县八道壕镇	9038	41780	20207	20205	12357
黑山县大虎山镇	10514	44321	25583	20763	11207
黑山县四家子镇	13321	18915	1415	10929	2192

辽宁省

2-1-6 续表 6　　　　单位：公顷、人

建制镇名称	行政区域面积	总人口	镇区人口	从业人员	#二三产业
黑山县新兴镇	16116	16006	1220	7788	1450
黑山县太和镇	11541	24606	2825	13893	5069
义县义州镇	850	62342	62342	33295	31734
义县刘龙台镇	9602	7761	1886	3188	955
义县七里河镇	14975	32994	3371	14769	6621
义县大榆树堡镇	20384	33114	3092	15666	3680
义县稍户营子镇	14330	27607	4551	13705	4761
义县九道岭镇	16003	34192	2102	17307	8576
义县高台子镇	18090	22950	1703	14452	2920
义县瓦子峪镇	23454	28141	2790	11410	5089
凌海市石山镇	8500	29718	3421	15021	9915
凌海市余积镇	10800	25110	2225	11072	5035
凌海市双羊镇	9870	31582	4219	14843	6677
凌海市班吉塔镇	13300	17058	1790	8957	3020
凌海市沈家台镇	18400	21363	1670	14150	4127
凌海市三台子镇	15000	41591	1338	18314	6057
凌海市右卫镇	8000	17054	1402	8573	2370
凌海市阎家镇	7500	14354	1725	8632	2835
凌海市新庄子镇	12300	29026	2320	10884	3703
凌海市翠岩镇	13000	16723	2056	10604	2906
凌海市安屯镇	11100	9786	2396	5800	2511
北镇市大市镇	11290	11816	3700	6260	864
北镇市罗罗堡镇	17950	21907	2714	10322	5800
北镇市常兴店镇	7500	23366	3790	8030	1240
北镇市正安镇	10324	28362	4964	15769	1980
北镇市闾阳镇	7978	30442	4583	16887	4413
北镇市中安镇	22733	76060	3783	43586	7438
北镇市廖屯镇	10134	37418	3298	13976	4400
北镇市赵屯镇	6722	25635	2595	9100	1300
北镇市青堆子镇	5500	19271	4685	11840	2502
北镇市高山子镇	6009	20042	4750	8620	1680
北镇市沟帮子镇	5557	65829	8500	44107	31804
营口市鲅鱼圈区熊岳镇	5355	98791	49597	46515	40585
营口市鲅鱼圈区芦屯镇	10320	58638	16800	27500	22100
营口市鲅鱼圈区红旗镇	3644	26511	6450	14704	7093
营口市老边区路南镇	10832	40624	3598	23525	21694
营口市老边区柳树镇	5997	21374	3967	13451	6838
营口市老边区边城镇	2864	24536	6100	19442	10603
盖州市高屯镇	12559	20552	3469	12796	3701
盖州市沙岗镇	5400	21011	2100	8901	6700
盖州市九寨镇	11400	36939	2564	19880	4722
盖州市万福镇	22364	38160	7101	20053	8100
盖州市卧龙泉镇	18443	18847	2740	10219	7479
盖州市青石岭镇	8248	27725	3407	17878	6774
盖州市暖泉镇	10400	14633	1430	8297	2390
盖州市榜式堡镇	15600	22589	3430	11910	8345

辽宁省

2-1-6 续表 7 单位：公顷、人

建制镇名称	行政区域面积	总人口	镇区人口	从业人员	#二三产业
盖州市团甸镇	5660	11490	2200	4898	1750
盖州市双台镇	8740	18256	6605	8820	4630
盖州市杨运镇	23000	25835	2830	16795	2580
盖州市徐屯镇	10623	19332	2979	11520	7014
盖州市什字街镇	28800	30839	1055	17526	6019
盖州市矿洞沟镇	26000	27572	3849	14085	6237
盖州市陈屯镇	7561	21445	2576	10453	3239
盖州市梁屯镇	21139	29537	2794	19871	6196
大石桥市水源镇	11600	43225	2913	22332	16911
大石桥市沟沿镇	8700	36081	8881	22106	9068
大石桥市石佛镇	5851	25750	3498	14379	7776
大石桥市高坎镇	15300	53106	10877	31863	8668
大石桥市旗口镇	12327	53203	8419	30521	15039
大石桥市虎庄镇	8700	33450	8566	17357	8704
大石桥市官屯镇	9180	32549	3810	15969	10920
大石桥市博洛卜镇	6500	31231	8262	16793	9882
大石桥市永安镇	4930	27211	4906	15210	7843
大石桥市汤池镇	13117	43093	7043	21393	16650
大石桥市建一镇	15000	18699	3015	8090	4411
大石桥市黄土岭镇	19900	34475	3416	13236	4932
大石桥市周家镇	11400	22740	2756	9294	6317
阜新市海州区韩家店镇	3700	21141	2841	10068	7298
阜新市新邱区长营子镇	11718	30962	5905	18060	12159
阜新市太平区水泉镇	6150	21530	1900	12454	4850
阜新市清河门区河西镇	4100	15548	1820	6295	3153
阜新市清河门区乌龙坝镇	4800	13461	1750	6130	3203
阜新市细河区四合镇	7411	20989	7024	15200	12355
阜新蒙古族自治县阜新镇	28333	32867	1920	19155	10744
阜新蒙古族自治县东梁镇	11800	24833	1453	12063	7299
阜新蒙古族自治县佛寺镇	11853	12342	1277	7821	2305
阜新蒙古族自治县伊吗图镇	9240	26893	2950	14200	12050
阜新蒙古族自治县旧庙镇	32400	26698	4100	16682	3750
阜新蒙古族自治县务欢池镇	21667	29764	5014	16452	6985
阜新蒙古族自治县建设镇	19400	26390	1894	15714	1650
阜新蒙古族自治县大巴镇	19134	24639	2112	15155	7809
阜新蒙古族自治县泡子镇	21333	32335	6124	15769	6231
阜新蒙古族自治县十家子镇	11000	22328	1718	13063	5281
阜新蒙古族自治县王府镇	16200	25454	3541	13100	6040
阜新蒙古族自治县于寺镇	22353	17194	1732	9731	3477
阜新蒙古族自治县富荣镇	14710	21549	1558	15295	1395
阜新蒙古族自治县新民镇	14488	17813	2558	10495	4750
阜新蒙古族自治县福兴地镇	26246	17483	2400	11361	1616
阜新蒙古族自治县平安地镇	30000	21066	3813	11785	4463
阜新蒙古族自治县沙拉镇	14289	16985	1012	10453	6055
阜新蒙古族自治县大固本镇	15668	24392	2200	13544	3777
阜新蒙古族自治县大五家子镇	25700	18997	1872	10907	3371

辽宁省

2-1-6　续表 8　　　　单位：公顷、人

建制镇名称	行政区域面积	总人口	镇区人口	从业人员	#二三产业
阜新蒙古族自治县大板镇	14206	12510	2215	7010	968
阜新蒙古族自治县招束沟镇	16645	17459	2675	11079	5758
阜新蒙古族自治县八家子镇	18600	13448	2227	8900	1044
阜新蒙古族自治县蜘蛛山镇	18000	21393	2720	11387	6699
阜新蒙古族自治县塔营子镇	11473	12552	12552	7228	3622
阜新蒙古族自治县扎兰营子镇	21333	16452	3197	9521	1833
阜新蒙古族自治县七家子镇	11713	15040	1250	9334	3229
阜新蒙古族自治县红帽子镇	17200	14030	2668	7314	3185
彰武县彰武镇	5470	79400	64687	51000	5701
彰武县哈尔套镇	17400	23896	6219	10856	5053
彰武县章古台镇	26000	12956	1352	5153	824
彰武县五峰镇	19100	20944	2250	11755	4989
彰武县冯家镇	14400	17215	3886	9468	2619
彰武县后新邱镇	18200	21314	2279	12324	4036
彰武县东六家子满族蒙古族镇	11500	16174	3177	9571	2682
彰武县阿尔乡镇	14700	5743	3225	3949	1378
辽阳市文圣区小屯镇	20500	32122	15291	18136	8426
辽阳市文圣区罗大台镇	7366	28729	3086	15934	7648
辽阳市宏伟区曙光镇	5000	36222	7892	19360	13801
辽阳市宏伟区兰家镇	4177	17549	5360	8079	5946
辽阳市弓长岭区汤河镇	15300	16267	2900	7293	1464
辽阳市太子河区祁家镇	3250	26023	3464	15244	8640
辽阳市太子河区沙岭镇	10200	41996	5908	20918	8919
辽阳市太子河区王家镇	6946	20083	7420	11972	3684
辽阳县首山镇	2367	27414	4880	14121	10187
辽阳县刘二堡镇	12500	66013	26085	31530	18996
辽阳县小北河镇	13400	45387	5112	24765	14943
辽阳县黄泥洼镇	8800	36814	6814	16805	7227
辽阳县唐马镇	13900	41663	4100	20606	6804
辽阳县穆家镇	11500	34000	6872	19366	6872
辽阳县柳壕镇	10300	23644	3211	11248	3303
辽阳县河栏镇	43300	24451	1893	8166	2077
辽阳县隆昌镇	12100	13486	2385	6574	1544
辽阳县八会镇	17500	16485	1295	9534	2700
辽阳县寒岭镇	18900	18871	600	10660	4703
辽阳县兴隆镇	5333	24745	3090	9928	4964
灯塔市佟二堡镇	9800	42796	17726	33834	22000
灯塔市铧子镇	11400	59246	19389	30500	13000
灯塔市张台子镇	5200	19081	4404	9467	4347
灯塔市西大窑镇	8688	23736	2960	14568	7307
灯塔市沈旦镇	8792	33404	2790	22443	7442
灯塔市西马峰镇	7938	34955	3612	17214	4490
灯塔市柳条寨镇	9630	35857	2040	21413	3726
灯塔市柳河子镇	11394	17780	2493	10592	4748
灯塔市大河南镇	5619	22126	2901	12773	3430

辽宁省

2-1-6 续表 9

单位：公顷、人

建制镇名称	行政区域面积	总人口	镇区人口	从业人员	#二三产业
灯塔市五星镇	10969	44400	1501	19565	5690
大洼县大洼镇	2356	76866	76866	49162	46338
大洼县田庄台镇	3600	30586	12370	18713	7921
大洼县东风镇	10993	23190	4860	12756	4300
大洼县新开镇	6692	20570	1795	11010	3965
大洼县田家镇	7200	59213	35577	43628	33958
大洼县清水镇	7400	23799	4297	13240	5970
大洼县新兴镇	6703	21227	7622	15810	10197
大洼县西安镇	8559	28024	4021	10763	5422
大洼县新立镇	8584	25246	5342	17587	4927
大洼县荣兴镇	21200	22161	1537	10197	2197
大洼县王家镇	6874	14481	2788	7742	2953
大洼县唐家镇	14485	36967	2610	21373	6285
大洼县平安镇	6768	19852	6340	11450	7194
大洼县赵圈河镇	17200	9465	2770	4516	1609
大洼县榆树镇	21712	26048	7686	13884	5320
盘山县沙岭镇	12900	41901	16292	26960	15700
盘山县高升镇	15921	30646	15600	20017	5895
盘山县胡家镇	16971	28979	3257	14266	1353
盘山县石新镇	9467	14741	6159	8188	2438
盘山县东郭镇	65462	19359	4757	12280	5072
盘山县羊圈子镇	24607	19871	5064	10510	3598
盘山县古城子镇	7169	21487	3042	12350	3929
盘山县坝墙子镇	6682	18778	2045	12173	4125
盘山县太平镇	10552	46800	21400	25838	20600
盘山县陈家镇	8750	12712	1456	6539	1812
盘山县甜水镇	8636	16198	13000	7304	2646
盘山县吴家镇	4084	12397	1504	6878	2979
盘山县得胜镇	9376	16962	2034	8325	2134
铁岭市清河区张相镇	11579	20878	7720	7842	5624
铁岭市清河区杨木林子镇	15600	23005	3906	8435	2976
铁岭县新台子镇	11431	51703	19926	28740	18608
铁岭县阿吉镇	11733	28453	4532	15873	6291
铁岭县平顶堡镇	8292	19156	11946	11367	7953
铁岭县大甸子镇	29000	24522	4223	10885	5450
铁岭县凡河镇	17800	146750	108253	26523	15843
铁岭县腰堡镇	12190	27997	6242	10613	9030
铁岭县镇西堡镇	14522	31135	2505	12838	4429
铁岭县蔡牛镇	13400	34617	760	20033	2331
铁岭县李千户镇	30500	39650	2333	16668	4299
西丰县西丰镇	12930	67251	44121	42162	35252
西丰县平岗镇	7960	17340	2741	5737	1600
西丰县郜家店镇	23149	28296	1520	12774	6420
西丰县凉泉镇	12100	14603	4432	6912	3412
西丰县振兴镇	16400	17127	3652	7602	3980

辽宁省

2-1-6 续表 10　　　　单位：公顷、人

建制镇名称	行政区域面积	总人口	镇区人口	从业人员	#二三产业
西丰县安民镇	17859	19979	2520	9740	5128
西丰县天德镇	15580	20543	2020	8110	2638
西丰县房木镇	22667	23485	2594	9390	5200
昌图县昌图镇	19800	172386	121248	84969	76999
昌图县老城镇	10560	42114	13980	20126	10223
昌图县八面城镇	13740	68167	32000	30816	23104
昌图县三江口镇	18700	31800	8208	11859	885
昌图县金家镇	10000	25673	3300	10702	3409
昌图县宝力镇	15300	47596	10680	18206	13074
昌图县泉头满族镇	14064	22432	4023	10398	5103
昌图县双庙子镇	7500	20041	4130	6702	1848
昌图县亮中桥镇	15700	35681	2450	9657	1733
昌图县马仲河镇	8711	22264	1842	5241	4296
昌图县毛家店镇	18630	38207	4100	13035	2755
昌图县老四平镇	8200	18849	2858	5167	2437
昌图县大洼镇	13000	27044	1540	12645	3572
昌图县头道镇	10495	22402	2213	9001	3849
昌图县此路树镇	10400	21986	1248	9110	1950
昌图县付家镇	21100	30104	2525	11041	3288
昌图县四合镇	9400	21100	1515	12276	3358
昌图县朝阳镇	10700	20081	1435	9248	3450
昌图县古榆树镇	20400	33324	4856	14707	3973
昌图县七家子镇	10700	17529	694	5543	2089
昌图县东嘎镇	11000	21390	1048	13834	5849
昌图县四面城镇	11333	24624	1434	13061	5124
昌图县前双井子镇	13100	24457	1400	11126	3150
昌图县通江口镇	12850	30765	2252	12737	1864
昌图县大四家子镇	10440	23983	2969	14845	4710
昌图县曲家店镇	13700	31922	1560	10436	2350
调兵山市晓明镇	6100	22810	5520	12992	8683
调兵山市大明镇	5900	32754	25014	16011	12400
调兵山市晓南镇	10590	36170	11650	19120	10300
开原市威远堡镇	17680	21977	4703	11141	1449
开原市庆云堡镇	19115	55371	12448	30054	11240
开原市中固镇	12750	25057	8566	14439	6438
开原市八棵树镇	22470	31775	5905	15605	3742
开原市金沟子镇	11310	28445	3000	12107	3095
开原市八宝镇	10780	35345	9441	9540	7764
开原市业民镇	9750	23368	2890	17540	10309
开原市莲花镇	17980	13265	2325	7638	1981
开原市靠山镇	19493	20515	1956	11058	5526
朝阳市双塔区桃花吐镇	11400	18165	2198	9940	5607
朝阳市双塔区他拉皋镇	7419	19275	4645	11106	6144
朝阳市龙城区七道泉子镇	4099	17715	5350	9799	5436
朝阳市龙城区西大营子镇	6834	25068	4534	13044	5879

辽宁省

2-1-6 续表 11 单位：公顷、人

建制镇名称	行政区域面积	总人口	镇区人口	从业人员	#二三产业
朝阳市龙城区召都巴镇	8795	20986	3792	13075	6677
朝阳市龙城区大平房镇	11000	20254	4434	10962	1251
朝阳县波罗赤镇	10830	18655	3120	11278	4233
朝阳县木头城子镇	13300	28266	4480	16256	4856
朝阳县二十家子镇	20920	36718	6591	16742	6397
朝阳县羊山镇	19150	39485	4220	20108	11415
朝阳县六家子镇	11820	27400	3627	13480	2990
朝阳县瓦房子镇	10780	22998	6828	11207	5961
朝阳县大庙镇	17190	19968	2118	11988	4132
朝阳县柳城镇	14400	46409	9512	28111	15437
建平县朱碌科镇	13789	25069	3678	12061	6373
建平县建平镇	28877	22680	3732	11660	3408
建平县黑水镇	17000	22555	7278	11335	4214
建平县喀喇沁镇	19800	21495	3065	12249	4037
建平县北廿家子镇	16900	15415	3500	7891	1417
建平县沙海镇	20800	30885	6413	13681	7026
建平县哈拉道口镇	19800	13185	4299	6450	4050
建平县榆树林子镇	25300	34546	5207	17987	8164
建平县老官地镇	16048	10506	2446	5807	3256
建平县深井镇	15640	16574	2134	8800	7100
建平县奎德素镇	21200	20915	2502	12355	3571
建平县小塘镇	17836	19098	2296	10729	3941
建平县马厂镇	20700	16508	2142	8740	3150
建平县昌隆镇	14500	15657	2089	8082	2380
建平县张家营子镇	22000	16716	2168	8983	3839
建平县青峰山镇	17000	14125	1193	7942	4819
喀左县大城子镇	8700	69916	3066	11168	6163
喀左县南公营子镇	11200	27155	2815	11335	3325
喀左县山嘴子镇	9100	19381	5899	11918	6239
喀左县南哨镇	5100	13663	2125	6977	5512
喀左县公营子镇	17100	33945	8341	20830	15252
喀左县白塔子镇	11100	29002	3412	14228	5348
喀左县中三家镇	17400	15331	2183	7488	4643
喀左县老爷庙镇	13300	22367	2518	10513	4389
喀左县六官营子镇	12400	12594	2281	7674	3450
喀左县平房子镇	13300	28247	2551	13837	3335
喀左县十二德堡镇	10065	19238	1631	12825	7618
北票市西官营镇	20100	25498	3982	12960	7125
北票市大板镇	15500	6359	2135	3509	1114
北票市上园镇	25000	13452	3604	7743	2639
北票市宝国老镇	23400	21744	1790	12170	5890
北票市黑城子镇	14900	15582	3167	9285	4657
北票市五间房镇	10900	31496	1963	17642	9198
北票市台吉镇	4700	13746	3179	8118	4740
凌源市万元店镇	9100	13675	832	7327	3118

辽宁省

2-1-6 续表 12 单位：公顷、人

建制镇名称	行政区域面积	总人口	镇区人口	从业人员	#二三产业
凌源市宋杖子镇	10800	31128	2011	18214	4130
凌源市三十家子镇	19300	38886	7897	20078	10230
凌源市杨杖子镇	3300	4464	3081	1939	1364
凌源市刀尔登镇	22500	26758	3646	15527	3359
凌源市松岭子镇	16400	24398	2719	10655	3630
凌源市四官营子镇	15000	23098	3910	12362	4690
凌源市沟门子镇	15600	31762	1380	14520	3052
凌源市小城子镇	7500	19116	2163	9273	5100
凌源市四合当镇	21730	35787	3355	16216	7307
凌源市乌兰白镇	8500	13739	1234	7773	3755
葫芦岛市连山区虹螺岘镇	7797	27829	11795	12997	6306
葫芦岛市连山区钢屯镇	14815	33193	9169	12476	6958
葫芦岛市连山区寺儿卜镇	10487	25318	1847	12300	7832
葫芦岛市连山区新台门镇	16500	23466	2673	8983	3043
葫芦岛市连山区金星镇	6333	30332	6726	19455	11136
葫芦岛市连山区台集屯镇	8111	18082	2011	9700	2062
葫芦岛市南票区缸窑岭镇	12600	19595	1521	6676	2910
葫芦岛市南票区暖池塘镇	12500	20220	1800	10821	4850
葫芦岛市南票区高桥镇	5831	22811	13124	14109	9631
绥中县绥中镇	1993	79400	79400	51100	51030
绥中县西甸子镇	8507	22894	5947	14426	3280
绥中县宽帮镇	15762	26155	2969	10356	3500
绥中县大王庙镇	19992	33927	2629	18217	6145
绥中县万家镇	6756	23647	2765	8695	3704
绥中县前所镇	7144	20439	3240	7420	4055
绥中县高岭镇	13247	27967	3854	11956	4283
绥中县前卫镇	12495	25919	11997	17850	5115
绥中县荒地镇	8634	28355	2925	12540	5567
绥中县塔山镇	7338	33935	3702	20625	3219
绥中县高台镇	11331	30954	3697	14105	5006
绥中县王宝镇	6630	20791	1941	8392	2677
绥中县沙河镇	14170	33452	2680	15169	3871
绥中县小庄子镇	8545	34615	829	16810	6000
建昌县建昌镇	1500	100012	100012	38759	35136
建昌县八家子镇	9300	15872	7509	11252	8001
建昌县喇嘛洞镇	10900	25525	4982	17161	7282
建昌县药王庙镇	21700	30618	2812	20378	8186
建昌县汤神庙镇	11700	30671	1291	17853	6261
建昌县玲珑塔镇	12400	22992	2641	10839	5747
建昌县大屯镇	16900	19236	2069	8892	4874
兴城市曹庄镇	7346	35552	2226	13990	5886
兴城市沙后所镇	8593	39751	10485	16802	8269
兴城市东辛庄镇	4668	31982	5123	14488	7447
兴城市郭家镇	11900	10673	3049	4350	1480

2-1-7 吉林省建制镇名录及基本情况

单位：公顷、人

建制镇名称	行政区域面积	总人口	镇区人口	从业人员	#二三产业
长春市南关区新立城镇	5200	19898	1803	11938	4708
长春市南关区新湖镇	11300	22125	2100	10189	2075
长春市南关区玉潭镇	14300	15450	1088	9598	4900
长春市宽城区兰家镇	11019	58583	3987	24879	11179
长春市宽城区米沙子镇	30554	79813	12986	32614	15734
长春市宽城区万宝镇	13741	35654	2850	16904	3268
长春市宽城区兴隆山镇	6130	42765	27676	31307	21800
长春市宽城区合隆镇	19400	69112	17103	36853	27273
长春市朝阳区乐山镇	13400	27913	1861	17119	4844
长春市朝阳区永春镇	7100	17812	4788	7610	2875
长春市二道区英俊镇	5458	39834	6825	21045	10375
长春市二道区龙嘉镇	23035	64405	5919	27071	11545
长春市二道区卡伦湖镇	16923	68779	30193	44766	41143
长春市二道区东湖镇	11232	36458	8245	21996	13987
长春市二道区劝农镇	12070	19811	2500	9246	6287
长春市二道区泉眼镇	12950	16503	1520	11846	2700
长春市绿园区合心镇	7100	17414	9014	13094	4211
长春市绿园区西新镇	3560	13708	3275	7061	4666
长春市绿园区城西镇	6001	34720	8271	20685	14655
长春市双阳区齐家镇	27741	47689	4148	24704	6983
长春市双阳区太平镇	32600	41910	1880	19027	7155
长春市双阳区鹿乡镇	27226	41400	2188	19536	7997
农安县农安镇	60000	282006	161475	81605	34856
农安县伏龙泉镇	30300	63855	12864	26957	8754
农安县哈拉海镇	43500	75406	6475	42437	8345
农安县靠山镇	9700	28443	3880	13306	7088
农安县开安镇	31100	58855	2918	28191	9666
农安县烧锅镇	14400	25218	5600	10775	3728
农安县高家店镇	16400	32072	2590	17793	7476
农安县华家镇	24400	40800	3650	15800	6000
农安县三盛玉镇	29200	36689	3060	20593	3138
农安县巴吉垒镇	40800	52488	4932	28411	6533
农安县三岗镇	19300	29798	4012	19568	3469
九台市沐石河镇	38099	62374	1620	29353	14795
九台市城子街镇	27429	51435	3220	25048	6558
九台市其塔木镇	21232	49396	7443	25150	11223
九台市上河湾镇	25064	54255	4399	25688	9160
九台市土们岭镇	20322	29936	2357	10810	6735
九台市苇子沟镇	25329	55619	980	28797	13500
九台市兴隆镇	18728	39781	1230	16502	4470
九台市纪家镇	17923	35678	1747	18720	4020
九台市波泥河镇	29984	36124	6513	18630	3075
榆树市五棵树镇	22235	69575	22518	22142	8275
榆树市弓棚镇	23489	62539	3986	32280	10970
榆树市闵家镇	13880	38506	6712	22047	2324
榆树市大坡镇	12010	35747	5433	19746	6801
榆树市黑林镇	24513	55100	4438	31009	9664
榆树市土桥镇	37983	74204	4415	36260	12534

吉林省

2-1-7　续表 1　　　　单位：公顷、人

建制镇名称	行政区域面积	总人口	镇区人口	从业人员	#二三产业
榆树市新立镇	25149	59178	11000	27832	8490
榆树市大岭镇	28316	59815	5560	25861	8519
榆树市于家镇	29403	58578	569	21142	9905
榆树市泗河镇	15283	32247	3865	18680	6300
榆树市八号镇	24943	56897	2593	29929	12250
榆树市刘家镇	13722	33952	2510	13636	7025
榆树市秀水镇	21519	53541	3315	23634	9110
榆树市保寿镇	15674	39539	4443	20379	6534
榆树市新庄镇	18615	43090	1283	23003	7261
德惠市大青嘴镇	16579	39111	3432	18988	4042
德惠市郭家镇	19271	42590	2119	26966	16779
德惠市松花江镇	16509	42618	886	23015	7872
德惠市达家沟镇	15951	37698	3988	16889	9625
德惠市大房身镇	27210	66281	3458	24836	11308
德惠市岔路口镇	22089	56408	2812	24651	7400
德惠市朱城子镇	15349	31460	3510	15545	9905
德惠市布海镇	20137	45128	1604	21176	11367
德惠市天台镇	18753	40331	1578	18162	8670
德惠市菜园子镇	18333	50300	2269	21382	4972
吉林市昌邑区孤店子镇	7140	23985	5107	13660	9105
吉林市昌邑区桦皮厂镇	17800	45502	9717	32023	10986
吉林市昌邑区左家镇	23200	32045	8879	20997	10805
吉林市龙潭区乌拉街镇	18800	68015	15009	37280	11440
吉林市龙潭区缸窑镇	29207	36773	11978	25121	12708
吉林市龙潭区江密峰镇	31300	41080	3620	16804	8713
吉林市龙潭区大口钦镇	10528	21566	4214	11449	4832
吉林市船营区大绥河镇	18950	22876	4890	16406	2680
吉林市船营区搜登站镇	29740	50587	2876	28064	11226
吉林市船营区越北镇	9246	21349	5618	10344	8523
吉林市丰满区旺起镇	53500	17304	4085	10793	6325
永吉县口前镇	32500	110412	78728	56294	36623
永吉县双河镇	31600	24457	4203	13695	6813
永吉县西阳镇	42200	32787	2701	18299	4037
永吉县北大湖镇	44456	39654	2307	16357	7001
永吉县一拉溪镇	34956	55102	2452	32440	5738
永吉县岔路河镇	21600	52442	9923	18178	11735
永吉县万昌镇	18100	48999	3120	26800	9510
蛟河市新站镇	56793	44569	20311	26824	13634
蛟河市天岗镇	41808	34858	10928	13512	9450
蛟河市白石山镇	57351	46629	23576	26925	19120
蛟河市漂河镇	107567	38609	4580	19931	8265
蛟河市黄松甸镇	58531	15832	4412	7536	3077
蛟河市天北镇	40991	21938	2862	11496	2339
蛟河市松江镇	58563	19999	3477	8744	2247
蛟河市庆岭镇	42032	17060	3254	9273	3896
桦甸市夹皮沟镇	98900	27989	17005	13526	10406
桦甸市二道甸子镇	82564	28885	5950	14713	8829
桦甸市红石砬子镇	129875	51843	30810	26227	18835

吉林省

2-1-7　续表 2　　　　单位：公顷、人

建制镇名称	行政区域面积	总人口	镇区人口	从业人员	#二三产业
桦甸市八道河子镇	66878	38447	4430	16960	4990
桦甸市常山镇	50700	21097	3425	11226	4604
桦甸市金沙镇	63346	30612	2804	11652	2591
舒兰市法特镇	14543	34401	6412	16758	4443
舒兰市白旗镇	14450	37111	7881	17235	4202
舒兰市溪河镇	17089	30609	3321	14694	3214
舒兰市朝阳镇	12192	20170	1565	8957	1814
舒兰市小城镇	47388	17948	4715	8012	3818
舒兰市上营镇	32048	12907	2385	6639	2370
舒兰市水曲柳镇	20261	26530	2310	11119	1196
舒兰市平安镇	15904	31134	6481	16726	6328
舒兰市金马镇	15479	17235	1996	8356	1590
舒兰市开原镇	44220	28297	3448	12832	4203
磐石市烟筒山镇	49793	71157	18620	43255	15347
磐石市红旗岭镇	16780	31413	25858	17975	13595
磐石市明城镇	26200	47255	25612	25144	14849
磐石市石嘴镇	24476	31321	8499	18792	12645
磐石市驿马镇	20588	14858	4254	6622	2158
磐石市牛心镇	26400	25332	2468	14095	4934
磐石市呼兰镇	28960	28324	2930	14485	6883
磐石市吉昌镇	36700	45576	3062	18629	6666
磐石市松山镇	27300	12424	2099	4934	920
磐石市黑石镇	23700	22210	4810	7729	913
磐石市朝阳山镇	24800	24470	3749	9121	2790
磐石市富太镇	19200	20485	2430	8726	4837
磐石市取柴河镇	28326	14653	4530	8066	4007
四平市铁东区山门镇	18170	27063	10293	12661	7206
四平市铁东区石岭镇	34000	36569	14026	23250	5600
四平市铁东区叶赫满族镇	26500	31790	6325	13192	3900
梨树县梨树镇	18500	124173	77646	34788	14550
梨树县郭家店镇	15400	65453	40696	24891	3630
梨树县榆树台镇	22000	49212	8713	17905	4100
梨树县孤家子镇	16260	53498	20279	18842	8890
梨树县小城子镇	18700	44526	7200	24153	8200
梨树县喇嘛甸镇	11130	32365	1460	13960	5000
梨树县蔡家镇	11130	30784	4181	12080	1910
梨树县刘家馆子镇	29200	28238	1374	13790	830
梨树县十家堡镇	20200	34435	7072	18301	4692
梨树县孟家岭镇	14320	18327	2620	10540	4030
梨树县万发镇	21317	43821	1792	21210	1830
梨树县东河镇	12643	29684	1186	13413	1360
梨树县沈洋镇	9000	21168	1300	10721	1306
梨树县林海镇	27500	34264	3851	12767	1625
梨树县小宽镇	9620	22561	2341	9383	1579
伊通满族自治县伊通镇	11760	32451	1955	13989	7059
伊通满族自治县二道镇	16200	19858	1560	8600	3289
伊通满族自治县伊丹镇	15000	28715	2985	11823	2397
伊通满族自治县马鞍镇	14900	31398	1156	14270	4020

吉林省

2-1-7 续表 3 单位：公顷、人

建制镇名称	行政区域面积	总人口	镇区人口	从业人员	#二三产业
伊通满族自治县景台镇	22500	35137	3889	15929	5277
伊通满族自治县靠山镇	14770	27370	2807	14990	3660
伊通满族自治县大孤山镇	21400	41729	7090	17953	5000
伊通满族自治县小孤山镇	16800	27489	3210	17590	5370
伊通满族自治县营城子镇	26500	38808	8910	13180	4225
伊通满族自治县西苇镇	14921	15735	956	5760	1480
伊通满族自治县河源镇	22300	22775	3810	12908	3367
伊通满族自治县黄岭子镇	12890	18080	930	7382	2700
公主岭市二十家子镇	11320	23426	6640	9340	2340
公主岭市黑林子镇	25500	58307	3008	21929	7101
公主岭市陶家屯镇	11900	31233	1570	13941	4001
公主岭市范家屯镇	17190	90295	68190	47369	34607
公主岭市响水镇	11300	38160	2520	17477	5817
公主岭市大岭镇	15700	38278	2040	15178	1730
公主岭市怀德镇	43900	105381	8228	42000	19695
公主岭市双城堡镇	39700	76552	5505	23811	6234
公主岭市双龙镇	12230	23822	1925	9782	2716
公主岭市杨大城子镇	25186	53130	6594	25409	3440
公主岭市毛城子镇	15600	25507	2368	9085	526
公主岭市玻璃城子镇	25300	31233	2318	8359	1336
公主岭市朝阳坡镇	12883	31731	2796	14003	7017
公主岭市大榆树镇	10800	27069	1010	16000	6910
公主岭市秦家屯镇	19020	53208	8370	25588	8204
公主岭市八屋镇	8900	33855	1610	12393	5100
公主岭市十屋镇	9000	29021	2870	10885	820
公主岭市桑树台镇	14200	25230	3460	13182	2461
双辽市茂林镇	46800	54108	5211	20321	3224
双辽市双山镇	34868	30433	7801	19758	4936
双辽市卧虎镇	31500	27862	4462	11164	854
双辽市服先镇	29272	29288	3224	11759	3500
双辽市王奔镇	12220	24358	1915	15061	3535
双辽市玻璃山镇	10600	8310	3326	4386	837
双辽市兴隆镇	15500	14324	1705	6744	2130
双辽市东明镇	10765	19201	1996	9260	1189
辽源市龙山区寿山镇	15400	32924	2550	16740	15473
辽源市西安区灯塔镇	16452	38759	38759	19603	15549
东丰县东丰镇	16377	103426	34570	20686	14700
东丰县大阳镇	29660	40311	3628	21612	7780
东丰县横道河镇	28958	32715	6326	12456	8473
东丰县那丹伯镇	15153	17627	2567	11456	7334
东丰县猴石镇	12693	14289	2052	8925	5355
东丰县杨木林镇	13527	14273	3172	10966	10862
东丰县小四平镇	21430	22843	2658	9950	3564
东丰县黄河镇	20477	24954	2150	13774	4426
东丰县拉拉河镇	10321	13638	1500	7670	3786
东丰县沙河镇	16574	14799	2543	9214	1550
东丰县南屯基镇	16793	23587	560	14859	6879
东丰县大兴镇	10228	13830	1952	6636	2266

吉林省

2-1-7 续表 4 单位：公顷、人

建制镇名称	行政区域面积	总人口	镇区人口	从业人员	#二三产业
东辽县白泉镇	18700	53124	25329	32970	20263
东辽县渭津镇	19200	32890	8062	16736	8792
东辽县安石镇	22870	27006	2406	11445	6720
东辽县辽河源镇	40000	36470	3204	15900	9388
东辽县泉太镇	9600	16730	4370	7827	3327
东辽县建安镇	24900	30723	4215	11847	4867
东辽县安恕镇	20900	26864	3386	12094	4834
东辽县平岗镇	9115	25640	10212	7152	2932
东辽县云顶镇	9600	16107	2526	9125	2676
通化市东昌区金厂镇	17083	17213	5887	8939	4265
通化市二道江区鸭园镇	15600	18799	3638	5924	5698
通化市二道江区铁厂镇	5400	17406	17200	3578	2008
通化市二道江区五道江镇	4900	21171	20141	8360	4790
通化县快大茂镇	25761	60943	44978	37582	5716
通化县二密镇	32268	28952	12278	9747	5598
通化县果松镇	36260	18814	5344	7821	4481
通化县石湖镇	28280	4197	2901	1820	766
通化县大安镇	17580	8983	1315	3400	1800
通化县光华镇	33310	10908	4260	5783	2379
通化县兴林镇	25369	7774	1977	2715	1015
通化县英额布镇	18515	10270	1540	5103	494
通化县三棵榆树镇	22919	12730	3264	6570	1925
通化县江甸镇	14260	15918	1620	9750	6029
辉南县朝阳镇	19490	131365	90338	44960	21756
辉南县辉南镇	22250	40448	23275	27467	25920
辉南县样子哨镇	24280	28659	4843	14520	3354
辉南县杉松岗镇	12480	24783	14590	8320	2085
辉南县石道河镇	33780	20456	3731	13619	9486
辉南县辉发城镇	15760	24566	1792	14920	3900
辉南县抚民镇	34610	21006	7388	9040	1931
辉南县金川镇	31510	14082	2435	7248	2274
辉南县团林镇	8910	15051	2520	11050	1970
辉南县庆阳镇	12220	15522	1029	11251	2204
柳河县柳河镇	32289	114035	81309	49386	33310
柳河县三源浦朝鲜族镇	38542	30344	6815	15187	9200
柳河县五道沟镇	18619	21598	1338	9861	700
柳河县驼腰岭镇	12834	15276	1289	7120	1770
柳河县孤山子镇	27096	27305	10200	11100	4400
柳河县圣水河子镇	22873	29666	2548	13482	1018
柳河县罗通山镇	12442	14223	2625	6011	2501
柳河县安口镇	25754	21514	3913	10285	1446
柳河县向阳镇	26656	18645	1382	8563	1539
柳河县红石镇	14279	12176	1391	6350	903
柳河县凉水河子镇	57789	18209	5311	6600	3230
柳河县亨通镇	10991	13324	2495	7006	2958
梅河口市山城镇	15659	55294	23993	25689	5244
梅河口市红梅镇	9440	61478	48112	30586	27240
梅河口市海龙镇	14035	43740	18065	22150	7852

吉林省

2-1-7 续表 5　　单位：公顷、人

建制镇名称	行政区域面积	总人口	镇区人口	从业人员	#二三产业
梅河口市新合镇	14866	31150	3963	12765	3157
梅河口市曙光镇	8138	15143	2152	5445	2695
梅河口市中和镇	6455	14624	1743	9156	2521
梅河口市黑山头镇	4588	13119	2611	6682	4317
梅河口市水道镇	8273	9900	724	4891	600
梅河口市进化镇	9216	13210	2036	6870	1788
梅河口市一座营镇	7750	11710	1419	5268	694
梅河口市康大营镇	10368	13815	1478	6512	1694
梅河口市牛心顶镇	19300	30484	4062	15316	7303
集安市青石镇	30000	7905	1285	4770	1390
集安市榆林镇	28300	12725	3179	6628	3484
集安市花甸镇	15500	10714	3458	5120	756
集安市头道镇	33200	25658	4871	12800	2425
集安市清河镇	50500	21890	6579	9961	2730
集安市台上镇	42200	15819	963	9860	2870
集安市财源镇	17500	15545	2330	8335	1140
集安市大路镇	25500	8346	1170	4085	608
集安市太王镇	37800	24522	7035	11601	5193
白山市浑江区七道江镇	26024	25616	5378	10928	8388
白山市浑江区六道江镇	15287	22510	4950	8403	4425
白山市浑江区红土崖镇	34800	13881	3524	6240	1611
白山市浑江区三道沟镇	40716	3395	1248	1717	1246
白山市江源区湾沟镇	29700	56472	10414	21360	19440
白山市江源区松树镇	20619	32053	13340	11845	9825
白山市江源区砟子镇	1700	21618	6824	9870	8790
白山市江源区石人镇	22000	33748	9453	17350	12098
白山市江源区大阳岔镇	18100	6568	2863	2503	1462
白山市江源区大石人镇	6700	9368	2435	3150	2470
抚松县抚松镇	19671	60981	49636	29519	25421
抚松县松江河镇	18981	54552	51060	22091	21326
抚松县泉阳镇	9600	40637	33999	12534	9181
抚松县露水河镇	85574	40952	35313	28945	20450
抚松县仙人桥镇	34252	15388	2855	5235	2693
抚松县万良镇	18600	19353	10478	9414	3102
抚松县新屯子镇	11383	7709	3014	3003	479
抚松县东岗镇	100700	15101	10303	6998	1860
抚松县漫江镇	129935	3629	2220	2226	521
抚松县北岗镇	39591	10594	8619	5854	810
抚松县兴参镇	27147	12037	5408	5400	740
靖宇县靖宇镇	16580	64801	55920	39210	33173
靖宇县三道湖镇	54500	14111	1558	6385	1207
靖宇县龙泉镇	18140	8569	1427	4543	964
靖宇县那尔轰镇	39230	8575	4620	4002	1877
靖宇县花园口镇	52380	17265	1490	6536	985
靖宇县景山镇	54360	16591	2031	5796	1476
长白朝鲜族自治县长白镇	2512	36175	27134	20343	17605
长白朝鲜族自治县八道沟镇	11002	9401	5250	4831	2734
长白朝鲜族自治县十四道沟镇	30496	5110	2168	1835	548

吉林省

2-1-7　续表 6　　　　　　　　　　　　　　　　　　单位：公顷、人

建制镇名称	行政区域面积	总人口	镇区人口	从业人员	#二三产业
长白朝鲜族自治县马鹿沟镇	94320	9377	3528	5683	1710
长白朝鲜族自治县宝泉山镇	4833	5799	1272	3310	1481
长白朝鲜族自治县新房子镇	56880	7120	1734	2312	874
临江市桦树镇	66955	20689	9128	11960	7730
临江市六道沟镇	54090	18040	3970	9831	2477
临江市苇沙河镇	26800	4363	1521	2951	911
临江市花山镇	23208	7383	3022	3741	1373
临江市闹枝镇	25164	6592	1301	3876	1603
临江市四道沟镇	36880	8023	1110	5010	1766
松原市宁江区大洼镇	40360	61824	4950	39167	6931
松原市宁江区善友镇	14946	24494	3380	13800	7740
松原市宁江区毛都站镇	14230	27509	4511	12115	3213
前郭尔罗斯蒙古族自治县前郭尔罗斯镇	3935	92039	81087	42780	23250
前郭尔罗斯蒙古族自治县长山镇	18106	70286	33690	36833	25023
前郭尔罗斯蒙古族自治县海渤日戈镇	28741	26855	8604	9228	5754
前郭尔罗斯蒙古族自治县乌兰图嘎镇	39000	28550	5219	10494	7627
前郭尔罗斯蒙古族自治县查干花镇	44740	21775	3486	6499	3912
前郭尔罗斯蒙古族自治县王府站镇	22802	33296	9900	19850	4500
前郭尔罗斯蒙古族自治县八郎镇	22228	29487	2285	10800	3020
前郭尔罗斯蒙古族自治县哈拉毛都镇	13988	22324	2560	13600	2150
长岭县长岭镇	41925	113907	55360	69659	36185
长岭县太平川镇	29309	37061	30927	19994	16672
长岭县巨宝镇	21090	34264	2862	11220	4302
长岭县太平山镇	17477	26759	5136	11800	2173
长岭县前七号镇	33356	37625	2392	13667	6667
长岭县新安镇	33500	43155	6237	13050	4100
长岭县三青山镇	22291	34256	4069	22356	4551
长岭县大兴镇	40405	35558	1608	11800	1803
长岭县北正镇	48100	17811	3845	11486	2440
长岭县流水镇	26943	32469	1400	17000	3080
长岭县永久镇	13000	24636	2289	14680	2160
长岭县利发盛镇	12800	16400	1800	5900	466
乾安县乾安镇	5666	80560	79513	47400	18450
乾安县大布苏镇	23543	14001	2058	7006	502
乾安县水字镇	27200	21830	6080	9300	1060
乾安县让字镇	38750	19823	3305	13765	857
乾安县所字镇	45791	27832	1439	20431	742
乾安县安字镇	40873	20110	2114	13072	348
扶余县三岔河镇	26613	114239	58965	57560	30650
扶余县长春岭镇	25080	56184	9720	24860	8010
扶余县五家站镇	23260	47897	19530	29500	16620
扶余县陶赖昭镇	29643	56101	6665	22675	5450
扶余县蔡家沟镇	19800	40827	5587	24560	11500
扶余县弓棚子镇	26927	45760	4560	17669	9560
扶余县三井子镇	38400	46612	7238	22676	9801
扶余县增盛镇	34500	39053	4520	28900	18730
扶余县新万发镇	26000	37725	2652	15987	4183
扶余县大林子镇	18200	27534	3352	9560	2620

吉林省

2-1-7 续表 7 单位：公顷、人

建制镇名称	行政区域面积	总人口	镇区人口	从业人员	#二三产业
扶余县新源镇	8200	16820	1640	8900	3796
扶余县得胜镇	31572	53858	2270	22250	4350
白城市洮北区平安镇	11147	20736	4396	9887	3801
白城市洮北区青山镇	16300	14137	744	7540	1300
白城市洮北区林海镇	8800	12465	1440	6539	3707
白城市洮北区洮河镇	13870	14679	1560	6680	355
白城市洮北区平台镇	17300	18311	4015	8963	1194
白城市洮北区到保镇	21379	14427	1978	5828	643
白城市洮北区岭下镇	15700	23397	10410	13576	5512
镇赉县镇赉镇	35660	109920	86025	36313	18247
镇赉县坦途镇	32000	32921	11541	13927	7133
镇赉县东屏镇	38304	10647	2573	6292	1909
镇赉县大屯镇	39000	22200	6460	11310	3370
镇赉县沿江镇	35000	7838	1712	4209	1008
镇赉县五棵树镇	28112	13443	2013	9096	1278
镇赉县黑鱼泡镇	58400	19236	350	12186	978
通榆县开通镇	52908	120063	85863	36250	12184
通榆县瞻榆镇	67400	35900	9422	18195	6083
通榆县双岗镇	32100	8432	570	3900	680
通榆县兴隆山镇	70520	25210	4250	12200	2215
通榆县边昭镇	35000	18001	3334	7371	1055
通榆县鸿兴镇	35172	14700	2230	7850	405
通榆县新华镇	56296	24269	5000	14050	2569
通榆县乌兰花镇	53296	22510	3510	7850	1590
洮南市瓦房镇	13000	23088	2955	16160	1186
洮南市万宝镇	36000	46341	19401	18670	5812
洮南市黑水镇	33000	17354	4160	7115	2306
洮南市那金镇	15780	18864	1781	11027	1159
洮南市安定镇	15240	18828	1619	6223	425
洮南市福顺镇	28500	34763	5296	11610	2056
大安市月亮泡镇	18800	14498	3802	7788	1770
大安市安广镇	15812	52494	38458	14530	10132
大安市丰收镇	13467	9142	1010	4130	770
大安市新平安镇	35600	11679	1910	2950	650
大安市两家子镇	41306	20415	1793	9800	1085
大安市舍力镇	41300	23640	7503	12380	3400
大安市大岗子镇	3960	9236	1516	4677	900
大安市叉干镇	32400	11860	1620	5441	1200
大安市龙沼镇	39400	17519	1835	8522	1750
大安市太山镇	21300	22834	642	6726	3211
大安市烧锅镇	25258	18410	2582	10372	1546
大安市乐胜镇	26339	24169	2142	11978	1720
延吉市小营镇	16863	25962	1750	8903	5024
延吉市依兰镇	58530	25929	2291	13281	7103
延吉市三道湾镇	56350	9065	1546	5413	2803
延吉市朝阳川镇	39300	50794	24692	19438	9075
图们市月晴镇	26885	9788	1257	5045	2412

吉林省

2-1-7 续表 8 单位：公顷、人

建制镇名称	行政区域面积	总人口	镇区人口	从业人员	#二三产业
图们市石岘镇	25342	22386	17224	6695	3441
图们市长安镇	25422	10178	3565	6068	2837
图们市凉水镇	36551	11814	3796	4837	1945
敦化市大石头镇	149027	56880	39533	12006	7032
敦化市黄泥河镇	41250	19375	7132	12530	6430
敦化市官地镇	62311	39194	9775	21020	3367
敦化市沙河沿镇	28166	18228	1800	9500	1953
敦化市秋梨沟镇	29042	10244	4148	2448	603
敦化市额穆镇	256552	12202	3301	6075	1211
敦化市贤儒镇	33476	13748	2951	5675	1322
敦化市大蒲柴河镇	164245	10891	4145	7097	899
敦化市雁鸣湖镇	149829	10781	3046	6611	863
敦化市江源镇	64802	8673	2046	5019	1136
敦化市江南镇	33792	29579	29579	14182	7011
珲春市春化镇	208200	8390	2750	4428	1765
珲春市敬信镇	34246	5274	1420	2963	469
珲春市板石镇	13391	8810	1957	5285	1177
珲春市英安镇	66529	41280	15805	16900	5894
龙井市开山屯镇	20100	19656	14769	10040	7622
龙井市老头沟镇	27016	33818	5545	14421	5253
龙井市三合镇	31125	4482	782	2797	131
龙井市东盛涌镇	25433	9856	1601	5519	583
龙井市智新镇	37824	15784	1102	9197	3965
和龙市八家子镇	6549	6808	3270	4193	1663
和龙市福洞镇	19234	13311	5135	8076	742
和龙市头道镇	51876	26312	9537	11452	3616
和龙市西城镇	109746	10286	3398	4527	1414
和龙市南坪镇	59310	5157	522	2162	197
和龙市东城镇	14899	8914	1549	5652	2289
和龙市崇善镇	71200	2241	561	1320	395
和龙市龙城镇	172611	17773	5312	9203	1610
汪清县汪清镇	25861	10420	5860	7046	2730
汪清县大兴沟镇	90915	27987	1982	13686	2843
汪清县天桥岭镇	135490	11989	2258	7708	1928
汪清县罗子沟镇	149073	20899	5968	12577	1510
汪清县百草沟镇	58402	13089	3961	8587	778
汪清县春阳镇	92500	14593	6273	9007	3248
汪清县复兴镇	132073	7497	1482	3274	414
汪清县东光镇	125599	12140	1063	7052	2611
安图县明月镇	89499	72829	59190	14570	3291
安图县松江镇	137887	32644	14515	12911	3121
安图县二道白河镇	198093	21985	16500	8320	6341
安图县两江镇	42907	16177	3615	6137	2903
安图县石门镇	32227	8618	2480	3004	674
安图县万宝镇	75780	10195	3750	2850	406
安图县亮兵镇	33173	8429	2775	3013	1140

2-1-8 黑龙江省建制镇名录及基本情况

单位：公顷、人

建制镇名称	行政区域面积	总人口	镇区人口	从业人员	#二三产业
哈尔滨市道里区太平镇	16200	29938	5960	10516	4415
哈尔滨市道里区新发镇	10563	35853	9550	18104	9944
哈尔滨市道里区新农镇	10400	34928	2815	12670	2995
哈尔滨市道里区榆树镇	5550	20101	4671	10953	4940
哈尔滨市南岗区王岗镇	5701	80927	29419	18986	12625
哈尔滨市道外区永源镇	16000	46817	18750	18650	5100
哈尔滨市道外区巨源镇	21000	32108	3492	12348	6043
哈尔滨市道外区团结镇	7670	68200	15121	16373	7000
哈尔滨市平房区平房镇	2275	14539	4817	5966	3704
哈尔滨市平房区平新镇	4200	14680	3680	5855	5548
哈尔滨市松北区对青山镇	19039	32812	8453	15441	6111
哈尔滨市松北区乐业镇	22800	42454	1449	18865	7226
哈尔滨市香坊区成高子镇	6720	36908	19128	15507	12542
哈尔滨市香坊区幸福镇	6750	29754	1890	11430	4489
哈尔滨市香坊区朝阳镇	5400	26600	3250	10120	6525
哈尔滨市呼兰区康金镇	24600	83167	4084	30840	14312
哈尔滨市呼兰区沈家镇	10803	26860	2920	11500	6221
哈尔滨市呼兰区二八镇	11139	24116	3355	11802	7470
哈尔滨市呼兰区石人镇	12940	30724	2215	16513	7995
哈尔滨市呼兰区白奎镇	13700	30881	3100	14400	5246
哈尔滨市呼兰区方台镇	15343	28434	3792	18197	7210
哈尔滨市呼兰区莲花镇	13900	24806	2060	11024	4685
哈尔滨市呼兰区大用镇	11622	27249	700	11905	6450
哈尔滨市呼兰区双井镇	8100	27700	3200	14100	8860
哈尔滨市呼兰区长岭镇	8400	26003	3872	13769	5720
哈尔滨市阿城区蜚克图镇	12667	21665	2082	8310	3602
哈尔滨市阿城区亚沟镇	7647	20137	5429	9543	6826
哈尔滨市阿城区交界镇	13867	19236	5764	8432	4272
哈尔滨市阿城区小岭镇	15605	31178	16916	18669	10561
哈尔滨市阿城区平山镇	18800	27168	13250	9395	6107
哈尔滨市阿城区松峰山镇	36468	12413	1673	5440	2370
哈尔滨市阿城区红星镇	15148	15223	1824	4150	3060
哈尔滨市阿城区金龙山镇	20043	15421	2535	7022	5115
依兰县依兰镇	10506	9511	5921	5022	2354
依兰县达连河镇	63767	18571	4002	11962	3660
依兰县江湾镇	57501	27541	2809	16096	5138
依兰县三道岗镇	60100	33752	3654	22800	6766
依兰县道台桥镇	43066	39386	3642	24500	7475
依兰县宏克利镇	39000	22185	2455	12899	4769
方正县方正镇	2663	54729	52394	3955	772
方正县会发镇	46540	25102	3187	14863	1262
方正县大罗密镇	108917	15642	4201	6234	1876
宾县宾州镇	34841	129482	129402	32460	14093
宾县居仁镇	13133	24680	3800	10852	6007
宾县宾西镇	21024	59000	14800	21000	3450
宾县糖坊镇	21029	34140	4050	23600	9600
宾县宾安镇	15729	33950	2982	27988	5747
宾县新甸镇	20633	27639	6255	15029	2956
宾县胜利镇	34515	32886	8992	16277	6361
宾县宁远镇	45119	46000	5316	16320	3800
宾县摆渡镇	25936	13901	1912	7025	2275

黑龙江省

2-1-8 续表 1　　单位：公顷、人

建制镇名称	行政区域面积	总人口	镇区人口	从业人员	#二三产业
宾县平坊镇	23600	23243	2024	8293	2640
宾县满井镇	17930	28964	1528	15646	10200
宾县常安镇	24641	32333	3725	16770	10240
巴彦县巴彦镇	13470	100926	68260	63212	49200
巴彦县兴隆镇	16620	110997	65143	67010	38590
巴彦县西集镇	13251	32106	9023	16310	7410
巴彦县洼兴镇	13000	32562	3500	10500	330
巴彦县龙泉镇	13330	30859	6800	19879	8075
巴彦县巴彦港镇	8600	25976	1680	7162	4372
巴彦县龙庙镇	15989	35280	906	19530	2570
巴彦县万发镇	14780	32857	1682	17643	7350
巴彦县天增镇	18650	45245	1846	18930	9800
巴彦县黑山镇	27500	22994	1608	10664	1931
木兰县木兰镇	8000	58756	42766	23216	16894
木兰县东兴镇	126000	43375	20842	21840	10231
木兰县大贵镇	14277	32011	2095	1450	1174
木兰县利东镇	120000	16481	4095	7655	1442
木兰县柳河镇	42000	35900	5000	17148	
木兰县新民镇	21100	28012	3972	16246	
通河县通河镇	21700	64404	51729	18431	11374
通河县乌鸦泡镇	13100	17698	2634	5386	1428
通河县清河镇	139600	20094	5535	12993	4679
通河县浓河镇	74100	25837	6312	9581	3018
通河县凤山镇	186500	12241	453	6954	2449
通河县祥顺镇	63400	22907	1535	10258	3522
延寿县延寿镇	32300	79820	59668	24548	12874
延寿县六团镇	43000	20874	1392	11426	2700
延寿县中和镇	16800	14842	5261	7886	1414
延寿县加信镇	15000	24278	3358	11428	3891
延寿县延河镇	23000	19857	1432	11410	4992
双城市双城镇	29102	186542	161462	23262	23065
双城市兰棱镇	13820	39664	5583	26358	10954
双城市周家镇	9914	31607	15000	16586	11551
双城市五家镇	11455	37433	16513	21900	21129
双城市韩甸镇	17264	40969	4715	21953	10457
双城市单城镇	11378	26996	3190	21554	10242
双城市东官镇	10036	23277	6412	16026	3981
双城市农丰满族锡伯族镇	12113	21495	3764	6704	1400
双城市杏山镇	14769	29756	3258	14452	8282
尚志市尚志镇	14790	122678	115918	66958	63223
尚志市一面坡镇	33309	42501	30030	13770	11998
尚志市苇河镇	59787	48721	31219	18935	17935
尚志市亚布力镇	42607	45673	26442	14159	4796
尚志市帽儿山镇	63791	33130	18899	1700	1100
尚志市亮河镇	92325	21432	12687	4754	963
尚志市庆阳镇	83269	22753	3946	16885	4150
尚志市石头河子镇	51060	16015	914	7455	644
尚志市元宝镇	39169	24456	4456	9784	4242
尚志市黑龙宫镇	42500	20813	4198	7627	395
五常市五常镇	6000	183093	179650	107425	85044
五常市拉林满族镇	15600	52823	33935	30241	26300

黑龙江省

2-1-8 续表 2 单位：公顷、人

建制镇名称	行政区域面积	总人口	镇区人口	从业人员	#二三产业
五常市山河镇	16040	62320	37240	37420	25600
五常市小山子镇	66150	43000	20000	34000	
五常市安家镇	11300	33090	4000	15769	4000
五常市牛家满族镇	20500	46516	3700	19594	5045
五常市杜家镇	13500	23690	5200	15940	2219
五常市背荫河镇	13200	25649	5890	12751	10751
五常市冲河镇	142300	32100	5490	16320	2720
五常市沙河子镇	160600	33760	8600	6287	6187
五常市向阳镇	36100	38000	1900	21000	320
齐齐哈尔市昂昂溪区水师营镇	19900	11091	4605	6985	2020
齐齐哈尔市昂昂溪区榆树屯镇	42500	38943	10140	22483	15074
齐齐哈尔市梅里斯区雅尔塞镇	18100	20189	4949	13000	4111
齐齐哈尔市梅里斯区卧牛吐镇	47300	13030	4763	8870	1706
齐齐哈尔市梅里斯区达呼店镇	53800	33156	3925	18675	1480
齐齐哈尔市梅里斯区共和镇	19600	17034	2900	13580	2200
龙江县龙江镇	28987	164988	129480	96211	87127
龙江县景星镇	56025	59368	8780	34839	10140
龙江县龙兴镇	62533	53064	6495	27426	6091
龙江县山泉镇	70635	45162	1539	21584	6134
龙江县七棵树镇	47998	42125	2410	28941	7779
依安县依安镇	3656	72608	5892	3823	819
依安县依龙镇	50770	54403	4104	28324	1927
依安县双阳镇	17000	25076	3821	13458	890
依安县三兴镇	22741	29577	2732	17336	1773
依安县中心镇	35345	48532	3750	31020	3046
泰来县泰来镇	28154	76100	62720	37500	32643
泰来县平洋镇	22240	22612	3787	11157	3948
泰来县汤池镇	41323	16471	4010	8488	2187
泰来县江桥镇	26537	19978	6130	11020	4760
泰来县塔子城镇	14289	14706	4829	10279	662
泰来县大兴镇	68917	26015	4770	20198	3905
泰来县和平镇	53957	35840	3289	16173	4368
泰来县克利镇	38420	45340	2273	21578	3008
甘南县甘南镇	41760	86835	56412	17703	994
甘南县音河镇	26000	14546	1378	7952	3500
甘南县平阳镇	11840	18436	3978	11958	4827
甘南县东阳镇	34960	29705	5655	20386	4095
甘南县巨宝镇	38040	19880	3010	12530	1882
富裕县富裕镇	6697	78960	78960	4480	4250
富裕县富路镇	52141	32721	6570	17866	4634
富裕县富海镇	24067	21902	5183	10190	3824
富裕县二道湾镇	26667	24274	1040	12450	5300
富裕县龙安桥镇	21000	14800	4900	6280	2040
克山县克山镇	2415	84315	367	41576	37821
克山县北兴镇	20740	29020	4550	12461	5957
克山县西城镇	18875	28480	2780	13830	3700
克山县古城镇	21165	32170	4089	12400	8000
克山县北联镇	22572	23566	1687	11741	6341
克山县西河镇	20806	28428	1570	17210	10842
克东县克东镇	6667	66331	57360	40920	36968

黑龙江省

2-1-8 续表 3　　　　单位：公顷、人

建制镇名称	行政区域面积	总人口	镇区人口	从业人员	#二三产业
克东县宝泉镇	35700	41547	8200	21986	15054
克东县乾丰镇	19436	30600	2550	18200	10900
克东县玉岗镇	57000	43634	1293	12000	3210
拜泉县拜泉镇	15500	72350	54650	37810	17461
拜泉县三道镇	34068	55804	3800	30919	4765
拜泉县兴农镇	30700	41150	1931	30416	672
拜泉县长春镇	27200	44007	3100	26990	4706
拜泉县龙泉镇	26200	40900	3480	19793	4927
拜泉县国富镇	20426	27875	2000	16944	4783
拜泉县富强镇	20100	28565	1980	14715	1600
讷河市拉哈镇	6949	30727	30727	22198	18147
讷河市二克浅镇	50171	50515	4237	31233	15433
讷河市学田镇	56091	36074	3320	16791	8316
讷河市龙河镇	88058	42390	2120	23764	10723
讷河市讷南镇	35796	39326	2133	16909	8596
讷河市六合镇	38170	33112	2206	11809	4995
讷河市长发镇	18975	29321	1533	12463	8888
讷河市通南镇	33197	42495	4688	25778	11370
讷河市同义镇	26444	36711	1065	26115	11912
讷河市九井镇	31561	35770	1280	18489	8177
讷河市老莱镇	45391	46405	7950	16774	9878
鸡东县鸡东镇	13172	83480	59680	24331	16100
鸡东县平阳镇	59233	24792	7300	13545	6730
鸡东县向阳镇	37216	19750	5373	9360	2043
鸡东县哈达镇	15897	17745	2120	7917	4925
鸡东县永安镇	13293	21768	9100	14185	4523
鸡东县永和镇	45062	18952	1860	7924	4460
鸡东县东海镇	32632	27923	1130	14994	4550
鸡东县兴农镇	79564	11298	4936	7581	3200
虎林市虎林镇	12374	71081	54577	39172	3949
虎林市东方红镇	4480	5160	2196	2716	1476
虎林市迎春镇	3054	6209	3212	725	275
虎林市虎头镇	96000	12007	3190	4630	245
虎林市杨岗镇	49385	15339	1360	7780	661
虎林市东诚镇	14010	10795	320	6800	572
虎林市宝东镇	15072	12928	3210	7000	830
密山市密山镇	16500	103235	87227	64470	59983
密山市连珠山镇	21000	17020	1573	7171	195
密山市当壁镇	22500	9758	1640	4782	403
密山市知一镇	20200	11478	3208	4930	1223
密山市黑台镇	28200	18949	3060	7569	2109
密山市兴凯镇	47600	14529	3120	5690	1800
密山市裴德镇	83500	18435	1500	8800	900
鹤岗市兴安区红旗镇	22500	12624	12624	6236	3136
鹤岗市东山区新华镇	21000	16538	4960	9060	1860
萝北县凤翔镇	3247	43126	40723	20610	19068
萝北县鹤北镇	9367	9145	638	5387	2063
萝北县名山镇	8270	2499	1248	1710	415
萝北县团结镇	33280	14950	1300	9764	626
萝北县肇兴镇	11541	9328	4366	6103	318

黑龙江省

2-1-8 续表 4　　　　单位：公顷、人

建制镇名称	行政区域面积	总人口	镇区人口	从业人员	#二三产业
绥滨县绥滨镇	15659	50531	35050	19800	14237
绥滨县绥东镇	20100	17620	6150	14001	1988
绥滨县忠仁镇	32364	24536	2610	14096	749
双鸭山市四方台区太保镇	17100	18430	3460	9390	2350
双鸭山市宝山区七星镇	16667	3098	678	1428	598
集贤县福利镇	28490	23355	9963	11910	5910
集贤县集贤镇	14301	30992	7464	16507	5262
集贤县升昌镇	13159	24764	3864	13520	900
集贤县丰乐镇	13259	22898	2196	13212	4231
集贤县太平镇	12803	21987	6280	11589	2139
宝清县宝清镇	35787	31788	10960	16744	5244
宝清县七星泡镇	113867	41316	9232	20169	13627
宝清县青原镇	29500	18964	3227	12416	1083
宝清县夹信子镇	13348	18126	2458	10760	6231
宝清县龙头镇	10880	7224	1077	3890	1167
宝清县小城子镇	156863	16198	3890	10420	4190
饶河县饶河镇	7680	3120	2214	1910	620
饶河县小佳河镇	47750	11357	5590	7208	2570
饶河县西丰镇	44390	7710	2895	4480	2073
饶河县五林洞镇	147550	1785	1785	1165	300
大庆市龙凤区龙凤镇	18674	45453	8332	21576	9515
大庆市让胡路区喇嘛甸镇	29500	78310	8772	32017	10982
大庆市红岗区杏树岗镇	40555	29985	1795	16052	9812
大庆市大同区大同镇	11060	22525	8416	16299	3351
大庆市大同区高台子镇	24162	24828	1265	13270	4003
大庆市大同区太阳升镇	14847	17695	2022	10762	5194
大庆市大同区林源镇	36996	43360	15461	16903	3468
肇州县肇州镇	20200	31543	2789	18600	8651
肇州县永乐镇	17781	21129	4876	13462	4358
肇州县丰乐镇	16696	29514	13783	16093	6098
肇州县朝阳沟镇	15170	25146	5078	16374	6981
肇州县兴城镇	34234	37528	5607	21912	6478
肇州县二井镇	22600	41481	3429	23830	5093
肇源县肇源镇	20261	24548	12380	12262	4831
肇源县三站镇	18182	29850	5779	15950	7075
肇源县二站镇	28096	39150	5448	25000	5500
肇源县茂兴镇	21294	22866	5576	10970	4170
肇源县古龙镇	41179	37180	3660	17693	8684
肇源县新站镇	33859	26800	18882	13720	4880
肇源县头台镇	28889	24053	6804	13100	4800
肇源县古恰镇	27122	30950	3600	15000	6100
林甸县林甸镇	14062	21619	3889	12868	7125
林甸县红旗镇	45750	27896	3320	13280	3070
林甸县花园镇	45750	33095	3980	23681	2569
林甸县四季青镇	45713	28330	2255	19390	4182
杜尔伯特县泰康镇	7745	70355	56343	47589	44699
杜尔伯特县胡吉吐莫镇	42503	10902	4508	7436	3044
杜尔伯特县烟筒屯镇	72679	23444	5690	16060	3245
杜尔伯特县他拉哈镇	55190	18512	4772	10023	492
杜尔伯特县连环湖镇	56476	12728	1810	7175	2265

黑龙江省

2-1-8 续表 5 单位：公顷、人

建制镇名称	行政区域面积	总人口	镇区人口	从业人员	#二三产业
伊春市南岔区晨明镇	2010	15001	8042	9774	883
伊春市南岔区浩良河镇	92399	27114	22580	17168	14344
嘉荫县朝阳镇	2886	2802	2800	1750	338
嘉荫县乌云镇	34900	10302	4428	4638	850
嘉荫县乌拉嘎镇	124700	3204	2719	2019	1546
铁力市铁力镇	6600	115910	115810	51672	41188
铁力市双丰镇	78800	49289	25768	20015	10890
铁力市桃山镇	177900	52035	27658	16700	16600
铁力市朗乡镇	277200	51158	45230	30120	15068
佳木斯市郊区大来镇	17517	18655	2710	8120	970
佳木斯市郊区敖其镇	9003	14085	3176	5630	1609
佳木斯市郊区望江镇	15500	21380	2281	13510	7055
佳木斯市郊区长发镇	13952	16675	4189	8150	729
佳木斯市郊区江口镇	10946	16490	8172	6758	3863
佳木斯市郊区建国镇	8100	14088	4150	5105	703
桦南县驼腰子镇	16224	21927	5542	9403	863
桦南县石头河子镇	55000	15343	579	9680	2836
桦南县桦南镇	29400	42193	12696	15034	6322
桦南县土龙山镇	44180	60625	4898	34465	4376
桦南县孟家岗镇	97300	36874	4312	19087	7271
桦南县闫家镇	23870	29847	2729	23694	6966
桦川县横头山镇	29900	17192	2817	6949	302
桦川县苏家店镇	13800	20763	3854	11067	1691
桦川县悦来镇	19600	57497	42722	8457	3060
桦川县新城镇	25600	29858	8008	8375	1574
汤原县香兰镇	13300	25348	8365	11224	2693
汤原县鹤立镇	8301	18032	14710	10602	8202
汤原县竹帘镇	11025	12689	1719	7742	2094
汤原县汤原镇	55201	18786	6059	13161	4352
抚远县抚远镇	16006	4003	412	2825	2609
抚远县寒葱沟镇	32300	12023	2050	7724	905
抚远县浓桥镇	30750	10046	4234	6305	317
抚远县抓吉镇	28873	8125	2570	3980	1700
同江市同江镇	8593	5732	1934	3150	1071
同江市乐业镇	20795	13459	2385	6497	473
同江市三村镇	29194	13618	1735	5390	370
同江市临江镇	17976	6784	2030	3080	317
富锦市长安镇	33519	18910	1480	11500	1300
富锦市砚山镇	27692	19812	1860	11053	995
富锦市头林镇	49857	14760	3029	10522	1467
富锦市兴隆岗镇	67104	14105	3200	9043	131
富锦市宏胜镇	45150	13510	1640	10020	1550
富锦市向阳川镇	58425	32117	5348	21438	5579
富锦市二龙山镇	61129	29401	4890	20600	3450
富锦市上街基镇	37080	25006	1557	14783	3283
富锦市锦山镇	63142	35512	4550	19220	3730
富锦市大榆树镇	40767	30660	1108	21030	3644
七台河市新兴区红旗镇	11698	25105	3102	8253	2029
七台河市桃山区万宝河镇	1911	27780	13780	9500	8800
七台河市茄子河区茄子河镇	9716	35981	12306	9528	6150

黑龙江省

2-1-8 续表 6 单位：公顷、人

建制镇名称	行政区域面积	总人口	镇区人口	从业人员	#二三产业
七台河市茄子河区宏伟镇	92400	29521	3360	9667	2400
勃利县勃利镇	19416	31246	980	9200	2100
勃利县小五站镇	36500	20335	4822	5700	2600
勃利县大四站镇	51589	27742	4900	7520	345
勃利县双河镇	37481	24513	7452	11380	1866
勃利县倭肯镇	10800	19858	6551	8045	2299
牡丹江市铁岭镇	26950	40995	19635	19986	12918
牡丹江市桦林镇	7120	11268	9998	7312	4087
牡丹江市磨刀石镇	48300	30152	15089	17952	6682
牡丹江市五林镇	49669	49887	9276	33974	16071
牡丹江市温春镇	29900	54317	17313	24188	13608
东宁县东宁镇	51300	74732	67663	33502	22378
东宁县三岔口镇	24300	16978	3796	9481	4887
东宁县大肚川镇	118100	21500	2311	13746	6030
东宁县老黑山镇	222000	12560	3572	7632	3682
东宁县道河镇	174700	16268	3497	10781	3374
东宁县绥阳镇	123500	36988	23645	24781	14869
林口县林口镇	19097	92160	87246	51442	44772
林口县古城镇	72563	38239	12066	33086	24074
林口县刁翎镇	67378	41654	10295	23210	9167
林口县朱家镇	37193	24001	9772	14889	2526
林口县柳树镇	49557	27616	1517	17552	7548
林口县三道通镇	119895	19240	3758	14870	5350
林口县龙爪镇	90305	37201	4327	22835	5446
林口县莲花镇	42098	12601	235	7275	1615
林口县青山镇	67636	18562	2071	9098	1782
绥芬河市绥芬河镇	8431	49959	49959	23810	23712
绥芬河市阜宁镇	33722	16732	10210	8560	6715
海林市海林镇	88440	112883	78584	72337	43922
海林市长汀镇	119620	27007	7061	14089	6658
海林市横道镇	79400	14478	7834	6930	3280
海林市山市镇	73100	20396	12474	12720	6353
海林市柴河镇	135580	23680	6759	15015	10077
海林市二道河镇	155000	13008	1011	7619	2233
海林市新安镇	13100	19164	5426	14058	3235
海林市三道河镇	206700	9925	3328	6168	1971
宁安市宁安镇	13123	99964	68729	58842	34972
宁安市东京城镇	17575	43868	28960	31340	21525
宁安市渤海镇	50632	38180	11630	17200	8200
宁安市石岩镇	46165	30595	3800	17960	7642
宁安市沙兰镇	208300	24265	6255	16956	5888
宁安市海浪镇	39784	40322	3490	25400	11400
宁安市兰岗镇	7397	13222	1624	11067	3543
穆棱市八面通镇	19000	62989	53199	41335	33668
穆棱市穆棱镇	144400	44295	28166	28275	18833
穆棱市下城子镇	39100	36589	14180	20710	10862
穆棱市马桥河镇	56000	25993	13189	16587	8528
穆棱市兴源镇	59700	20399	10936	12980	6172
穆棱市河西镇	86000	20236	5339	14165	6889
黑河市爱辉区西岗子镇	74400	12155	5640	4703	1400

黑龙江省

2-1-8　续表 7　　　　单位：公顷、人

建制镇名称	行政区域面积	总人口	镇区人口	从业人员	#二三产业
黑河市爱辉区爱辉镇	19200	9151	2137	6011	
黑河市爱辉区罕达气镇	400400	5236	915	2755	737
嫩江县嫩江镇	27923	19939	14196	2235	1710
嫩江县伊拉哈镇	21475	31778	2980	13351	2041
嫩江县双山镇	12744	10245	6307	6324	5546
嫩江县多宝山镇	320000	15000	1550	3560	1648
嫩江县海江镇	54641	43687	4920	17848	1600
嫩江县前进镇	24300	23042	2768	10882	908
嫩江县长福镇	36520	20005	1536	9894	
嫩江县科洛镇	203220	15913	2808	4120	258
逊克县奇克镇	42754	12116	1580	6860	1070
逊克县逊河镇	60213	10958	3917	6184	848
孙吴县孙吴镇	39784	7090	1755	3870	1214
孙吴县辰清镇	27927	4128	1050	2510	1285
北安市通北镇	13185	36470	21290	21303	12620
北安市赵光镇	121543	23500	7500	11800	4560
北安市海星镇	32808	11237	3157	8321	1661
北安市石泉镇	40603	25650	3260	15520	4572
北安市二井镇	42907	17955	910	10048	2879
五大连池市龙镇	16400	22251	17852	9043	1210
五大连池市和平镇	20200	24666	1610	10380	6318
五大连池市五大连池镇	72000	15856	10803	8113	4975
五大连池市双泉镇	21000	17612	3015	9702	1605
绥化市北林区宝山镇	13670	35350	4790	15130	5930
绥化市北林区绥胜镇	9930	19676	3435	13376	8426
绥化市北林区西长发镇	19100	45000	5500	26000	12795
绥化市北林区永安镇	13230	24100	8072	11006	5306
绥化市北林区太平川镇	15060	24934	1804	12350	4550
绥化市北林区秦家镇	12380	31050	5000	15300	4356
绥化市北林区双河镇	10750	24396	4213	10029	1109
绥化市北林区三河镇	12810	28048	2520	17640	730
绥化市北林区四方台镇	18140	43100	5870	21974	8974
绥化市北林区津河镇	8950	20600	1570	8323	3023
绥化市北林区张维镇	16000	28964	2517	6325	2125
绥化市北林区东津镇	14700	27534	2200	17430	5320
望奎县望奎镇	5664	16580	1920	9411	2509
望奎县通江镇	16548	27277	4418	15954	2026
望奎县卫星镇	18696	30578	3687	15656	2504
望奎县海丰镇	16891	22960	2570	12199	5065
望奎县莲花镇	13250	19561	2204	11876	2562
望奎县惠七镇	14638	23053	2640	11045	3337
望奎县先锋镇	22633	33475	2330	15919	2019
兰西县兰西镇	12593	28879	3256	15010	9330
兰西县榆林镇	17485	38965	9977	17971	8925
兰西县临江镇	20068	37740	4500	17450	4550
兰西县平山镇	20239	35131	4669	15123	3025
青冈县青冈镇	6038	18341	1191	8973	461
青冈县中和镇	14214	26748	7946	12956	6825
青冈县祯祥镇	29114	44838	5318	20326	614
青冈县兴华镇	18877	30195	5065	11970	1580

黑龙江省

2-1-8 续表 8 单位：公顷、人

建制镇名称	行政区域面积	总人口	镇区人口	从业人员	#二三产业
青冈县永丰镇	14325	25309	2887	9650	5570
青冈县芦河镇	12891	24868	3620	9032	3072
庆安县庆安镇	12563	23627	7153	12627	3725
庆安县民乐镇	10696	18886	1678	9078	2900
庆安县大罗镇	14043	21253	1258	10090	3172
庆安县平安镇	9791	17827	1043	8977	1585
庆安县勤劳镇	13471	18153	1271	10688	1601
庆安县久胜镇	13739	24055	461	10284	2952
明水县明水镇	17116	21718	2664	12029	5303
明水县兴仁镇	11610	12191	1222	6149	2973
明水县永兴镇	18240	18511	1302	13376	4519
明水县崇德镇	23030	16282	2015	10171	4009
明水县通达镇	34959	24941	2910	19174	6367
绥棱县绥棱镇	210	64995	53240	31455	30455
绥棱县上集镇	11120	26692	5709	12500	7980
绥棱县四海店镇	6703	9182	1800	5389	971
绥棱县双岔河镇	18886	17548	2270	8470	660
安达市安达镇	9600	23376	426	9065	3189
安达市任民镇	21040	18890	7416	15394	9655
安达市万宝山镇	28596	24378	1956	14020	2664
安达市昌德镇	35333	17815	1284	7412	1543
安达市升平镇	23080	19621	3549	12739	2218
安达市羊草镇	25591	27181	520	19241	3530
安达市老虎岗镇	21923	22913	1021	14611	1598
安达市中本镇	12238	10142	1480	5636	1760
安达市太平庄镇	34400	10716	398	6370	1970
安达市吉星岗镇	28219	25202	1792	14892	4362
肇东市肇东镇	26299	34972	3042	15209	7687
肇东市昌五镇	13900	36100	16000	14300	8450
肇东市宋站镇	24751	27149	16291	16156	8242
肇东市五站镇	23481	56626	10000	33008	11020
肇东市尚家镇	31000	35415	5806	16415	8025
肇东市姜家镇	9262	24530	5780	11864	1028
肇东市里木店镇	10841	22992	4622	13286	3421
肇东市四站镇	11800	27014	10400	9936	2879
肇东市涝洲镇	18533	34866	3460	29000	2410
肇东市五里明镇	18485	37922	5960	15800	4783
肇东市黎明镇	20371	41706	2765	22636	2030
海伦市海伦镇	1580	10027	10002	4250	1766
海伦市海北镇	24842	49699	5965	23815	5810
海伦市伦河镇	19800	33733	12745	17231	4315
海伦市共合镇	13860	28967	4721	14002	2778
海伦市海兴镇	15742	30141	3569	18175	7200
海伦市祥富镇	14292	29280	3630	14320	870
海伦市东风镇	21637	30469	912	18020	2112
呼玛县呼玛镇	249500	25519	21440	5909	3411
呼玛县韩家园镇	50140	4927	2211	2441	1792
漠河县西林吉镇	71839	41420	36228	17341	5629
漠河县兴安镇	107591	2150	765	1474	706

2-1-9　上海市建制镇名录及基本情况

单位：公顷、人

建制镇名称	行政区域面积	总人口	镇区人口	从业人员	#二三产业
闵行区莘庄镇	1960	275056	275056	71891	71891
闵行区七宝镇	1960	245624	245624	52145	52145
闵行区颛桥镇	3229	164926	96841	88513	88447
闵行区华漕镇	2820	198010	7320	105167	103893
闵行区虹桥镇	1108	157779	157779	80179	80179
闵行区梅陇镇	2847	340672	209520	233625	233260
闵行区吴泾镇	3715	113271	43498	64567	63320
闵行区马桥镇	3363	109909	36020	83051	82482
闵行区浦江镇	10220	304156	90860	189845	183469
宝山区罗店镇	4519	116174	4140	55065	52422
宝山区大场镇	3682	334766	334766	82847	82808
宝山区杨行镇	3791	175856	79316	95278	93935
宝山区月浦镇	2808	147641	51461	53581	52003
宝山区罗泾镇	3535	67047	863	31993	30968
宝山区顾村镇	4160	218877	7848	86876	86118
宝山区高境镇	697	99904	99904	49752	49752
宝山区庙行镇	640	65621	65621	42653	42653
宝山区淞南镇	1365	102271	102271	60443	60443
嘉定区南翔镇	3327	147567	39742	85066	85013
嘉定区安亭镇	8934	246869	72360	154293	152887
嘉定区马陆镇	5716	143290	17992	118226	117112
嘉定区徐行镇	3991	98065	18378	71908	69353
嘉定区华亭镇	3954	52856	2829	35739	32945
嘉定区外冈镇	5091	85148	17118	56336	53308
嘉定区江桥镇	4249	252162	101959	140417	139175
浦东新区川沙新镇	13973	338426	135370	124560	120095
浦东新区高桥镇	3873	175328	118296	68364	67435
浦东新区北蔡镇	2371	281126	44550	59078	58607
浦东新区合庆镇	4197	122734	30176	79707	77568
浦东新区唐镇	3177	129267	61766	91972	91236
浦东新区曹路镇	4558	175457	39232	117462	116626
浦东新区金桥镇	1128	62506	24240	43925	43845
浦东新区高行镇	2285	117525	5773	9103	9094
浦东新区高东镇	3530	105067	17822	31142	30404
浦东新区张江镇	4502	158987	21226	112667	106309
浦东新区三林镇	3419	286221	198793	74417	73257
浦东新区惠南镇	6578	260677	116372	81692	65061
浦东新区周浦镇	4230	154586	92562	120728	117296
浦东新区新场镇	5386	87824	34868	54324	39818
浦东新区大团镇	5050	66810	15508	46279	31149
浦东新区芦潮港镇	2830	29373	5585	12655	9205
浦东新区康桥镇	4125	205825	58919	145335	144442
浦东新区航头镇	6000	114343	41768	68164	52174
浦东新区六灶镇	3180	57717	1477	39033	30702
浦东新区祝桥镇	8600	101507	41527	62321	53909
浦东新区泥城镇	6150	71449	4250	24163	17445
浦东新区宣桥镇	4578	67105	5778	46370	37440
浦东新区书院镇	6500	69869	15687	49610	35065
浦东新区万祥镇	2335	29689	1917	21079	16188
浦东新区老港镇	4576	43461	2661	30220	21288
金山区朱泾镇	7567	121296	64148	66074	60934
金山区枫泾镇	9167	95070	25861	62751	58784

上海市

2-1-9 续表　　　　单位：公顷、人

建制镇名称	行政区域面积	总人口	镇区人口	从业人员	#二三产业
金山区张堰镇	3512	38700	7689	18650	18235
金山区亭林镇	7912	89100	23313	66478	61566
金山区吕巷镇	5979	55416	16851	38512	35432
金山区廊下镇	4656	37777	6668	22983	18763
金山区金山卫镇	5493	76200	23580	50896	47552
金山区漕泾镇	4492	42091	11218	30269	25503
金山区山阳镇	4212	72293	13531	42428	41937
松江区泗泾镇	2360	110069	20229	72600	72570
松江区佘山镇	6688	73782	20838	52481	50014
松江区车墩镇	4530	169409	24652	123560	122404
松江区新桥镇	3535	166707	34909	121624	120985
松江区洞泾镇	2451	52253	14698	41663	40823
松江区九亭镇	3292	287722	230178	211728	211147
松江区泖港镇	5728	49691	5376	38499	34448
松江区石湖荡镇	4428	50728	3112	39189	37924
松江区新浜镇	4475	33467	3455	25434	24658
松江区叶榭镇	7254	80104	18701	58718	57365
松江区小昆山镇	4870	51267	22941	37931	37184
青浦区朱家角镇	13828	102478	43349	65852	60287
青浦区练塘镇	9366	78436	6103	44922	36254
青浦区金泽镇	10849	81003	11799	48469	45043
青浦区赵巷镇	3635	76843	11354	49428	48581
青浦区徐泾镇	3859	115453	42350	88461	87684
青浦区华新镇	4651	176854	22366	112750	111214
青浦区重固镇	2536	39775	13069	29742	27313
青浦区白鹤镇	6332	102004	20829	76196	70733
奉贤区南桥镇	7556	369878	238637	126666	123416
奉贤区奉城镇	10991	168678	69885	105907	91260
奉贤区庄行镇	7001	71331	19110	47071	40389
奉贤区金汇镇	7172	135762	25315	100004	90668
奉贤区四团镇	5800	76091	20050	52182	43044
奉贤区青村镇	7316	92530	16544	55833	48798
奉贤区柘林镇	9566	67174	21943	34520	29553
奉贤区海湾镇	9170	25135	25135	16232	16232
崇明县城桥镇	5752	117128	92145	33754	25185
崇明县堡镇	6130	61935	20944	27066	14440
崇明县新河镇	6196	48426	9405	30764	19944
崇明县庙镇	9551	56088	4495	30818	15507
崇明县竖新镇	5886	51551	2420	36082	24537
崇明县向化镇	5378	31270	6912	19478	11968
崇明县三星镇	6817	39745	1935	23591	11780
崇明县港沿镇	7492	47678	1503	31334	16511
崇明县中兴镇	5150	32528	2722	22855	12031
崇明县陈家镇	8231	65011	1226	25369	9376
崇明县绿华镇	3745	9220	678	7317	2551
崇明县港西镇	4573	23561	928	12606	7093
崇明县建设镇	4240	29006	5749	16605	9875
崇明县新海镇	10504	16491	2435	4507	3294
崇明县东平镇	11970	23913	4890	4620	3168
崇明县长兴镇	8296	70395	13577	53257	41302

2-1-10 江苏省建制镇名录及基本情况

单位：公顷、人

建制镇名称	行政区域面积	总人口	镇区人口	从业人员	#二三产业
南京市浦口区永宁镇	10860	38612	10853	19940	16279
南京市浦口区星甸镇	13300	38230	9765	16017	14399
南京市浦口区石桥镇	6759	26828	3741	12726	10193
南京市浦口区乌江镇	5700	23350	11180	11007	8480
南京市六合区冶山镇	9582	44039	3987	21807	15905
南京市六合区东沟镇	4538	27258	4416	15767	10869
南京市六合区龙袍镇	4160	31129	5887	17761	13489
南京市六合区玉带镇	4900	30549	5565	15753	11568
南京市六合区瓜埠镇	4529	34015	9056	16435	13603
南京市六合区竹镇镇	20900	64758	15980	33904	26333
南京市六合区马集镇	9900	41685	6100	22445	14765
南京市六合区马鞍镇	11855	49439	4235	21045	16974
南京市六合区新篁镇	6050	27538	7626	13872	11462
溧水县永阳镇	13297	106194	67055	69218	62640
溧水县白马镇	12400	40072	13018	20700	15848
溧水县东屏镇	11953	40138	5272	19694	13567
溧水县柘塘镇	4600	36045	3945	25922	21667
溧水县石湫镇	12830	49267	8417	25839	22610
溧水县洪蓝镇	10133	46664	11311	27419	21653
溧水县晶桥镇	13233	38189	8430	24499	19709
溧水县和风镇	19000	50969	13788	26917	20868
高淳县淳溪镇	8357	114094	66560	76550	70323
高淳县阳江镇	12503	70320	15328	46189	30614
高淳县砖墙镇	6888	34084	4566	22281	10748
高淳县古柏镇	5068	37438	7723	22622	18725
高淳县漆桥镇	5370	25492	7361	16016	12697
高淳县固城镇	8346	39842	11652	24349	15396
高淳县东坝镇	10432	44819	20140	27115	21456
高淳县桠溪镇	14900	58544	29177	34564	27520
无锡市锡山区羊尖镇	5046	55750	34378	35157	29538
无锡市锡山区鹅湖镇	5457	70291	24715	40902	37481
无锡市锡山区锡北镇	6238	89089	10830	52154	47232
无锡市锡山区东港镇	8431	118343	37000	88601	82101
无锡市惠山区洛社镇	7757	177039	65360	102003	90108
无锡市惠山区阳山镇	3278	52206	13294	29460	24343
无锡市滨湖区胡埭镇	3608	57850	23625	30125	29474
江阴市璜土镇	6449	89360	15308	50315	42988
江阴市利港镇	5942	80970	31260	54283	44610
江阴市月城镇	3853	57778	19350	31290	24458
江阴市青阳镇	6756	97448	51815	55284	45696
江阴市徐霞客镇	11017	154382	41005	82720	69020
江阴市华士镇	7458	140127	50502	89034	86369
江阴市周庄镇	7596	144622	54977	87801	85698
江阴市新桥镇	2000	51035	23983	44124	43408
江阴市长泾镇	5330	99041	23876	71423	68112
江阴市顾山镇	4971	87665	34873	60508	54697
江阴市祝塘镇	5959	130332	59365	70670	66878
宜兴市张渚镇	17651	72935	42780	43803	38928

江苏省

2-1-10 续表 1 单位：公顷、人

建制镇名称	行政区域面积	总人口	镇区人口	从业人员	#二三产业
宜兴市西渚镇	6666	31675	6895	19641	14325
宜兴市太华镇	9157	24648	5580	13416	10797
宜兴市徐舍镇	17991	100145	17238	54040	35665
宜兴市官林镇	10458	104525	28950	47472	38245
宜兴市杨巷镇	8642	50899	10049	26262	13752
宜兴市新建镇	4500	31739	10600	18945	14956
宜兴市和桥镇	10510	68860	26850	48162	34062
宜兴市高塍镇	8118	59183	38528	32680	26172
宜兴市万石镇	4377	25374	13395	13931	11921
宜兴市周铁镇	7300	56759	16103	29167	22700
宜兴市芳桥镇	4980	27664	6904	12388	8353
宜兴市丁蜀镇	19185	199185	122195	87012	75000
宜兴市湖父镇	9324	23613	8290	12760	10847
徐州市金山桥开发区大庙镇	8346	77367	58800	37985	32053
徐州市贾汪区贾汪镇	7956	52390	14328	21960	13052
徐州市贾汪区青山泉镇	8366	58716	42649	33427	28149
徐州市贾汪区大吴镇	6620	86347	52061	39219	32974
徐州市贾汪区紫庄镇	6668	50517	16493	25982	14756
徐州市贾汪区塔山镇	9468	69936	15205	28571	14004
徐州市贾汪区汴塘镇	10500	58549	8517	18566	9058
徐州市贾汪区江庄镇	7496	34924	3880	13130	8653
徐州市铜山区铜山镇	5000	157109	150001	72452	68852
徐州市铜山区何桥镇	7400	50234	4210	28912	16464
徐州市铜山区黄集镇	8340	57751	12080	32840	18458
徐州市铜山区马坡镇	6900	49704	10405	22001	10524
徐州市铜山区郑集镇	6800	50772	35150	27650	18095
徐州市铜山区柳新镇	8500	72659	27106	37048	26352
徐州市铜山区刘集镇	8360	64946	11034	29367	12392
徐州市铜山区大彭镇	7600	64981	8124	42239	26239
徐州市铜山区汉王镇	9300	53548	8600	25302	18344
徐州市铜山区三堡镇	7157	45558	18500	23214	14989
徐州市铜山区棠张镇	8500	57555	16500	33540	26260
徐州市铜山区张集镇	14800	78652	6720	32872	18019
徐州市铜山区房村镇	13600	73286	8781	37643	19666
徐州市铜山区伊庄镇	8560	47030	7274	20258	10410
徐州市铜山区单集镇	13210	66515	13402	29391	15042
徐州市铜山区利国镇	7769	57315	26160	23684	17164
徐州市铜山区徐庄镇	13259	66321	29436	32116	19388
徐州市铜山区大许镇	12900	82344	28750	33442	17732
徐州市铜山区茅村镇	8396	70383	34560	32946	25165
徐州市铜山区柳泉镇	10520	59160	21200	32861	22001
丰县凤城镇	6197	62847	14510	31872	23172
丰县首羡镇	12176	93048	9985	48528	23829
丰县顺河镇	8648	58983	11136	32276	13988
丰县常店镇	7727	66041	8970	29716	12042
丰县欢口镇	10500	101240	39646	53992	41265
丰县师寨镇	10450	80082	9598	43415	20282
丰县华山镇	11300	87825	34800	51213	33012

江苏省

2-1-10 续表 2　　　　单位：公顷、人

建制镇名称	行政区域面积	总人口	镇区人口	从业人员	#二三产业
丰县梁寨镇	8680	65837	16832	32078	10531
丰县范楼镇	11610	82567	9585	45200	16660
丰县孙楼镇	6608	52580	6252	26647	14420
丰县宋楼镇	12214	92251	9988	44871	20548
丰县大沙河镇	8150	61054	9220	28207	7733
丰县王沟镇	12621	102994	10850	56467	25255
丰县赵庄镇	9100	69656	17400	42040	19589
沛县龙固镇	5302	61038	42516	29967	21985
沛县杨屯镇	4100	58958	19600	31296	22190
沛县大屯镇	5540	67305	36299	32300	24488
沛县沛城镇	10560	183600	134215	92214	86242
沛县胡寨镇	4594	40336	3400	22642	15925
沛县魏庙镇	5200	58560	10270	31410	20910
沛县五段镇	4700	45821	7021	24227	14471
沛县张庄镇	11200	100380	25256	57790	38350
沛县张寨镇	10634	100096	5565	37942	25974
沛县敬安镇	9600	63229	32425	33516	21716
沛县河口镇	8257	58756	5210	32611	22128
沛县栖山镇	8951	64476	6730	31405	24240
沛县鹿楼镇	12540	75032	9860	46716	28331
沛县朱寨镇	7900	65514	7409	26516	18513
沛县安国镇	13328	81702	25199	45574	23736
睢宁县睢城镇	9600	245248	202800	147854	126260
睢宁县王集镇	13152	77550	18377	45895	25124
睢宁县双沟镇	9827	58382	16539	34175	19304
睢宁县岚山镇	12837	88316	25671	47340	23955
睢宁县李集镇	6368	53672	24817	28768	19988
睢宁县桃园镇	10900	74232	19812	38013	21692
睢宁县官山镇	12528	75921	6582	48579	29986
睢宁县高作镇	6227	67723	17976	36521	28937
睢宁县沙集镇	4000	58600	15950	28420	18740
睢宁县凌城镇	9365	77430	19782	38442	23338
睢宁县邱集镇	14079	106092	21000	53606	34988
睢宁县古邳镇	10666	73322	30438	47658	21093
睢宁县姚集镇	16700	94881	18715	46001	31941
睢宁县魏集镇	12938	73793	16810	38421	17969
睢宁县梁集镇	11036	86075	10526	40565	19487
睢宁县庆安镇	11571	71343	16230	46340	26170
新沂市新安镇	7856	232095	74985	133238	98821
新沂市瓦窑镇	6172	37015	16254	24944	8790
新沂市港头镇	7818	42342	7312	20835	10425
新沂市唐店镇	8260	48971	15248	28215	15649
新沂市合沟镇	6172	59752	5987	29778	16319
新沂市草桥镇	10025	70023	38717	36077	25672
新沂市窑湾镇	11597	65417	26454	29718	16870
新沂市棋盘镇	16735	75519	20900	40445	19577
新沂市马陵山镇	10600	55814	33048	28640	16115
新沂市新店镇	12800	52708	8500	27673	18056

江苏省

2-1-10 续表 3　　　　单位：公顷、人

建制镇名称	行政区域面积	总人口	镇区人口	从业人员	#二三产业
新沂市邵店镇	5845	38755	11350	17296	12116
新沂市北沟镇	3400	61861	5049	25666	24210
新沂市时集镇	12119	52150	8640	27123	9946
新沂市高流镇	12190	56675	17300	30100	13900
新沂市阿湖镇	12545	61000	6300	32000	15000
新沂市双唐镇	9200	36898	5005	25600	19245
邳州市运河镇	7565	239489	210109	110797	98558
邳州市邳城镇	9028	79248	31698	38628	30376
邳州市官湖镇	8880	106381	45211	68924	62799
邳州市四户镇	8100	54236	7950	26198	13666
邳州市宿羊山镇	9013	74953	10947	39705	15035
邳州市八义集镇	9112	81305	6842	42249	27674
邳州市土山镇	6380	54116	18947	33962	20926
邳州市碾庄镇	12100	86818	25346	36951	20612
邳州市港上镇	6400	58320	16762	31500	12500
邳州市邹庄镇	7366	58000	7691	32967	17001
邳州市占城镇	8900	41907	2036	19640	9236
邳州市新河镇	9797	59000	6550	33100	16600
邳州市八路镇	6695	49820	12830	25900	13670
邳州市炮车镇	6225	52828	25100	34064	18754
邳州市铁富镇	12444	113352	6896	54136	30320
邳州市岔河镇	7030	39800	8170	21326	12618
邳州市戴圩镇	3478	22000	9600	12669	9234
邳州市陈楼镇	3667	42050	6952	24993	21921
邳州市邢楼镇	9650	47149	3800	34000	27500
邳州市戴庄镇	7373	51103	7180	29432	18984
邳州市车辐山镇	9500	51890	7650	31580	14350
邳州市燕子埠镇	7700	35900	3655	23900	11900
邳州市赵墩镇	12000	94200	8210	52465	28365
邳州市议堂镇	5760	32817	6378	17057	11243
常州市新北区春江镇	14109	142203	22108	73611	66189
常州市新北区孟河镇	8824	99004	35370	44627	40597
常州市新北区新桥镇	2714	26489	20500	12398	10776
常州市新北区薛家镇	3757	45692	22552	22913	21963
常州市新北区罗溪镇	5351	50222	11842	24621	20179
常州市新北区西夏墅镇	5196	50250	14200	27125	21866
常州市武进区湖塘镇	8406	271372	135255	122633	122368
常州市武进区牛塘镇	3839	84435	20565	40195	38111
常州市武进区洛阳镇	5570	87472	24202	55010	48497
常州市武进区遥观镇	4468	112342	29910	62434	60214
常州市武进区横林镇	4668	90650	32000	46500	45146
常州市武进区横山桥镇	5791	83976	28608	52306	45511
常州市武进区郑陆镇	8893	113417	21222	41024	33613
常州市武进区雪堰镇	10438	97552	8216	48976	38610
常州市武进区前黄镇	10240	78829	9232	37760	29156
常州市武进区礼嘉镇	5822	55590	9000	31321	25010
常州市武进区邹区镇	6086	96404	29580	45649	41318
常州市武进区嘉泽镇	10430	85545	12392	55176	25349

江苏省

2-1-10 续表 4 单位：公顷、人

建制镇名称	行政区域面积	总人口	镇区人口	从业人员	#二三产业
常州市武进区湟里镇	8715	72898	14731	38815	31614
常州市武进区奔牛镇	5578	59553	23404	31934	26071
溧阳市溧城镇	15520	246464	190587	169560	158366
溧阳市埭头镇	4369	27636	13307	19223	15000
溧阳市上黄镇	4760	26275	15174	13067	11679
溧阳市戴埠镇	13630	52167	15530	31560	23722
溧阳市天目湖镇	23897	72527	8210	34538	25334
溧阳市别桥镇	11265	69925	9864	43812	34102
溧阳市上兴镇	22696	79561	18720	38137	25166
溧阳市竹箦镇	18360	62172	14081	32512	25794
溧阳市南渡镇	11540	75612	9814	39297	31045
溧阳市社渚镇	20700	70416	10765	39606	23366
金坛市金城镇	19251	190195	104738	149375	139755
金坛市儒林镇	10500	33001	6945	16884	10216
金坛市尧塘镇	9880	56673	6466	39847	30094
金坛市直溪镇	10662	59491	10238	41335	35147
金坛市朱林镇	7699	37770	9340	25436	20373
金坛市薛埠镇	23610	67632	18115	48929	39599
金坛市指前镇	9172	40821	5343	24815	18584
苏州市苏州工业园区娄葑镇	7256	334391	236430	277533	275683
苏州市苏州工业园区唯亭镇	11574	253164	253164	174042	173108
苏州市苏州工业园区胜浦镇	1800	71856	71856	54162	54162
苏州市虎丘区浒关镇	3200	50945	18754	21000	20570
苏州市虎丘区通安镇	3698	45381	34964	25325	23618
苏州市虎丘区东渚镇	3772	40321	2467	22600	19000
苏州市吴中区甪直镇	9799	163220	48317	116624	111363
苏州市吴中区木渎镇	6228	277884	89633	239037	230630
苏州市吴中区胥口镇	3820	90641	22568	65705	64651
苏州市吴中区东山镇	9600	56130	25804	31768	19431
苏州市吴中区光福镇	6156	62690	23759	40821	31219
苏州市吴中区金庭镇	8342	48133	3416	27270	17343
苏州市吴中区临湖镇	5430	70618	34580	50580	45780
苏州市相城区望亭镇	4406	75561	14350	48682	45872
苏州市相城区黄埭镇	5600	135708	82943	86222	82897
苏州市相城区渭塘镇	3669	99909	19224	55673	54861
苏州市相城区阳澄湖镇	6284	64370	14012	41806	36734
常熟市虞山镇	18900	298217	255401	223305	220286
常熟市梅李镇	8084	115110	26140	61095	54774
常熟市海虞镇	10997	135963	54836	96920	92212
常熟市古里镇	11666	121090	12112	89978	86391
常熟市沙家浜镇	8040	79416	32743	51890	48197
常熟市支塘镇	12896	112053	20095	52280	45065
常熟市董浜镇	6261	66123	19205	49552	45013
常熟市辛庄镇	10426	114183	23791	73559	67654
常熟市尚湖镇	11260	127815	33565	74905	71810
张家港市杨舍镇	15309	274842	244626	228006	223072
张家港市塘桥镇	9427	152915	96750	98331	97330
张家港市金港镇	13161	293141	138562	196157	190356

江苏省

2-1-10 续表 5 单位：公顷、人

建制镇名称	行政区域面积	总人口	镇区人口	从业人员	#二三产业
张家港市锦丰镇	11434	169397	104570	97997	92287
张家港市乐余镇	9338	90401	32720	52989	47242
张家港市凤凰镇	7877	109713	55976	66442	64783
张家港市南丰镇	4750	71193	20749	37565	31780
张家港市大新镇	4048	68715	16250	34698	30829
昆山市玉山镇	11800	196900	162312	137126	134634
昆山市巴城镇	15700	100651	82388	73675	68440
昆山市周市镇	8156	144529	60157	102274	100415
昆山市陆家镇	3558	90561	76977	72951	72536
昆山市花桥镇	5000	111097	103318	77397	76940
昆山市淀山湖镇	6300	50148	36107	36354	35287
昆山市张浦镇	10904	136341	102748	99017	94094
昆山市周庄镇	3605	30069	14225	20964	19840
昆山市千灯镇	7853	127369	100035	90551	88544
昆山市锦溪镇	9069	51477	49125	48201	44118
吴江市松陵镇	26152	376650	281743	279895	272832
吴江市同里镇	10291	53638	37926	33024	30822
吴江市平望镇	13565	92341	43455	55001	50781
吴江市盛泽镇	14774	198842	140582	145470	141698
吴江市七都镇	8620	69625	24950	43487	38291
吴江市震泽镇	9561	78854	34930	46497	43197
吴江市桃源镇	9060	77484	17187	45481	42238
吴江市汾湖镇	25800	173079	98735	102275	97139
太仓市城厢镇	12964	276121	118355	152415	146161
太仓市沙溪镇	12580	136761	43000	89512	81116
太仓市浏河镇	6459	87406	26827	68313	59091
太仓市浮桥镇	13720	125652	25110	83854	76765
太仓市璜泾镇	7963	84375	20458	55282	45215
太仓市双凤镇	5937	57083	14532	47299	39203
太仓市陆渡镇	2377	54680	19950	44080	42540
南通市通州区金沙镇	13441	226183	124714	106242	91382
南通市通州区西亭镇	4875	44316	19716	25967	19933
南通市通州区二甲镇	6504	83071	39592	50378	39269
南通市通州区东社镇	6129	60661	32604	37527	28064
南通市通州区三余镇	15886	124378	47842	79891	60359
南通市通州区十总镇	4094	36265	17637	20903	14982
南通市通州区骑岸镇	6921	48065	22122	27651	20114
南通市通州区五甲镇	3584	32379	22205	18318	13781
南通市通州区石港镇	9836	67987	33763	43066	35047
南通市通州区四安镇	3958	39594	18486	24427	20401
南通市通州区刘桥镇	9001	75691	27225	40635	32673
南通市通州区平潮镇	5739	78250	38751	46373	41443
南通市通州区平东镇	4006	43343	19721	22589	17545
南通市通州区五接镇	3238	38137	20248	22575	17133
南通市通州区兴仁镇	3365	43218	16624	29233	27424
南通市通州区兴东镇	2576	32151	22865	18571	16061
南通市通州区张芝山镇	4266	55152	26346	30991	25378
南通市通州区川姜镇	5278	70096	35562	49083	39587

江苏省

2-1-10 续表 6 单位：公顷、人

建制镇名称	行政区域面积	总人口	镇区人口	从业人员	#二三产业
南通市通州区先锋镇	3520	53608	32083	27332	22494
海安县海安镇	21434	268440	182398	174939	160094
海安县城东镇	16388	146136	60000	81550	70260
海安县曲塘镇	11552	97280	35169	48476	36513
海安县李堡镇	9453	81997	29301	44895	36750
海安县角斜镇	12800	66923	13302	31991	24883
海安县大公镇	8928	62207	9200	28071	22058
海安县雅周镇	8330	59186	12641	30373	23297
海安县白甸镇	5305	31884	4781	16966	13546
海安县南莫镇	7420	53824	9481	26940	21267
海安县墩头镇	11556	66443	12090	38008	31778
如东县拼茶镇	8100	57215	21371	34572	30361
如东县洋口镇	11000	73642	3746	39580	30422
如东县苴镇	7100	37557	15418	20002	16012
如东县长沙镇	8000	38712	3910	22108	12299
如东县大豫镇	22873	102987	19514	60317	49725
如东县掘港镇	25600	210762	155725	153570	142945
如东县马塘镇	13700	81474	5280	33266	29627
如东县丰利镇	13600	81894	10942	38184	29448
如东县曹埠镇	9000	47573	6615	25425	22401
如东县岔河镇	13800	82911	28405	54449	47413
如东县双甸镇	10900	72845	13528	33817	28584
如东县新店镇	7800	37888	8775	19284	16408
如东县河口镇	11300	63765	12956	33672	28000
如东县袁庄镇	9600	53169	5879	41630	34284
启东市汇龙镇	13463	241453	171483	60120	46596
启东市北新镇	9720	75047	13570	37002	26852
启东市惠萍镇	10785	91714	18300	52595	38279
启东市寅阳镇	10058	77162	16902	40883	31478
启东市东海镇	8540	70638	7778	38888	27317
启东市近海镇	7990	64010	11821	32649	22543
启东市南阳镇	12680	107154	23540	59078	43583
启东市海复镇	7380	56752	10882	31111	21693
启东市合作镇	8870	65468	12598	35298	24401
启东市王鲍镇	12600	93163	19902	52850	39415
启东市吕四港镇	15280	177849	49510	86642	59029
如皋市如城镇	14069	190954	154744	126217	114727
如皋市柴湾镇	7634	105886	62365	44185	35586
如皋市雪岸镇	5084	34874	12275	16386	12246
如皋市东陈镇	6148	46273	16317	24814	19313
如皋市丁堰镇	7048	53114	26127	27724	20132
如皋市白蒲镇	8540	78333	35923	39685	31605
如皋市林梓镇	5949	44621	15442	22870	16885
如皋市下原镇	7076	59818	23366	31819	22991
如皋市九华镇	6961	66094	29107	43546	35755
如皋市郭园镇	5348	56113	25905	28173	20350
如皋市石庄镇	6106	63455	18936	35396	28242
如皋市长江镇	6861	108280	89000	92495	85629

江苏省

2-1-10 续表 7 单位：公顷、人

建制镇名称	行政区域面积	总人口	镇区人口	从业人员	#二三产业
如皋市吴窑镇	6436	64518	5864	39503	31301
如皋市江安镇	8655	92224	48000	42922	33109
如皋市高明镇	6657	53556	17424	23334	15619
如皋市常青镇	5900	48511	7280	26587	21042
如皋市搬经镇	10509	84814	38980	38129	28908
如皋市磨头镇	10315	82453	26316	38458	29164
如皋市桃园镇	7361	62815	12494	30175	22281
如皋市袁桥镇	6581	47809	9908	26923	20804
海门市海门镇	14238	268187	145907	163197	147288
海门市三星镇	6773	92924	19266	66818	59178
海门市德胜镇	5462	44421	12835	33150	26102
海门市三厂镇	6329	101673	41211	65489	59757
海门市常乐镇	6001	47277	11215	32437	24817
海门市麒麟镇	3809	30423	8900	16880	10148
海门市悦来镇	5426	50982	18723	28243	19918
海门市万年镇	2800	28888	15135	18577	13961
海门市三阳镇	4500	29768	7504	19217	16303
海门市四甲镇	5990	56237	15768	30068	22538
海门市货隆镇	3705	31794	15150	14593	9997
海门市余东镇	3000	29085	12942	17653	13840
海门市正余镇	3580	38278	12263	24927	18897
海门市包场镇	3858	57873	21755	41811	33860
海门市刘浩镇	4430	57560	8615	35199	23259
海门市王浩镇	2028	29737	13551	13378	9961
海门市树勋镇	3791	34566	8585	22708	18000
连云港市连云区朝阳镇	2446	20136	6780	10830	8580
连云港市新浦区南城镇	380	7783	2780	3345	3040
连云港市新浦区浦南镇	10850	53262	7692	27256	14886
连云港市海州区新坝镇	6946	31588	9460	20415	12405
连云港市海州区锦屏镇	5214	30172	5865	14120	9170
连云港市海州区板浦镇	8064	66869	34375	41689	24816
赣榆县青口镇	9080	187282	112252	85100	70000
赣榆县柘汪镇	7230	52710	8615	27000	18665
赣榆县石桥镇	7343	64342	10100	26838	13540
赣榆县金山镇	7000	49215	13100	19720	11938
赣榆县黑林镇	8798	44185	9766	19800	11650
赣榆县厉庄镇	6130	36405	11234	13980	10462
赣榆县海头镇	7900	84806	30472	34041	19761
赣榆县塔山镇	8498	61000	8897	27082	16185
赣榆县赣马镇	8430	83288	5205	37979	24294
赣榆县班庄镇	9167	56440	6792	25987	13887
赣榆县城头镇	6670	50410	5530	21400	16900
赣榆县门河镇	4854	35218	13037	16725	10528
赣榆县城西镇	4527	45440	12780	20040	13040
赣榆县欢墩镇	7900	40843	13462	16982	10762
赣榆县宋庄镇	3320	31727	7920	16175	7360
赣榆县沙河镇	13156	109216	39731	54027	36303
赣榆县墩尚镇	4744	39258	18065	19456	8309

江苏省

2-1-10 续表 8　　单位：公顷、人

建制镇名称	行政区域面积	总人口	镇区人口	从业人员	#二三产业
赣榆县罗阳镇	3733	37546	6549	21813	8735
东海县牛山镇	9279	151715	68679	87523	79153
东海县白塔埠镇	10329	59396	18485	31432	15613
东海县黄川镇	9383	63761	8740	32407	16084
东海县石梁河镇	7166	43139	10713	21825	15679
东海县青湖镇	9433	58285	8495	25200	12858
东海县石榴镇	7040	62708	6600	30841	22858
东海县温泉镇	3582	14870	3714	7588	3929
东海县双店镇	11700	51800	3980	30200	9664
东海县桃林镇	16978	72819	19325	33826	16182
东海县洪庄镇	6719	35666	5658	17706	10450
东海县安峰镇	13417	66832	15336	33826	19741
东海县房山镇	14972	79683	13126	46528	18966
东海县平明镇	15731	73880	12755	32057	10907
灌云县伊山镇	7675	157022	100022	62891	47269
灌云县杨集镇	7673	71225	1590	39545	18435
灌云县燕尾港镇	2580	13828	11125	8025	7047
灌云县同兴镇	5378	42008	4385	19209	10880
灌云县四队镇	4154	35388	5037	12170	5004
灌云县圩丰镇	6901	45957	8541	22868	12197
灌云县龙苴镇	6400	52052	7490	24013	15577
灌南县新安镇	14327	183702	97530	82338	65277
灌南县堆沟港镇	6172	39980	13052	20685	17835
灌南县长茂镇	5943	41640	8091	21501	14795
灌南县北陈集镇	5526	39030	2731	22580	12708
灌南县张店镇	5918	38845	2923	21025	8801
灌南县三口镇	8702	61443	3972	30137	19835
灌南县孟兴庄镇	7809	60885	5247	25595	19977
灌南县汤沟镇	3260	30250	12693	14844	10383
灌南县百禄镇	10516	67082	8196	33522	14991
淮安市楚州区淮城镇	4200	190220	152520	86565	80045
淮安市楚州区平桥镇	4600	37248	6630	19515	12695
淮安市楚州区上河镇	3375	28714	4802	13529	7137
淮安市楚州区马甸镇	3400	31287	3985	15016	11516
淮安市楚州区朱桥镇	5158	45778	9387	20530	10032
淮安市楚州区溪河镇	4308	31077	9313	17665	5310
淮安市楚州区施河镇	5775	44593	17174	21342	11700
淮安市楚州区车桥镇	6400	64316	13142	29323	16892
淮安市楚州区泾口镇	5680	45597	8028	21262	14213
淮安市楚州区流均镇	8860	67352	7845	26711	11389
淮安市楚州区博里镇	7191	47064	5517	25339	8092
淮安市楚州区仇桥镇	7447	44798	3560	20596	6781
淮安市楚州区复兴镇	6454	36730	5215	19622	9399
淮安市楚州区苏嘴镇	5987	41620	8816	24156	8370
淮安市楚州区钦工镇	4141	30981	14300	13778	6572
淮安市楚州区顺河镇	7756	44811	3352	22143	8903
淮安市楚州区季桥镇	5140	37854	6910	18865	7678
淮安市楚州区席桥镇	2510	21740	3248	9421	3898

江苏省

2-1-10 续表 9 单位：公顷、人

建制镇名称	行政区域面积	总人口	镇区人口	从业人员	#二三产业
淮安市楚州区林集镇	3660	22356	5951	9879	4154
淮安市楚州区南闸镇	3457	32204	3859	18678	5682
淮安市楚州区范集镇	5990	17219	9821	9364	3290
淮安市淮阴区王营镇	6139	164282	159846	29156	25862
淮安市淮阴区赵集镇	9825	41970	2948	19259	10420
淮安市淮阴区吴城镇	5312	34497	9263	18620	12096
淮安市淮阴区南陈集镇	13468	63924	12090	35621	18901
淮安市淮阴区码头镇	4200	24562	3789	12002	8019
淮安市淮阴区王兴镇	6100	34660	6502	18000	9292
淮安市淮阴区棉花庄镇	7078	41831	5122	21510	11470
淮安市淮阴区丁集镇	4030	33665	1820	11805	6316
淮安市淮阴区五里镇	5100	29757	5184	15783	14763
淮安市淮阴区徐溜镇	6430	39463	3430	17936	10179
淮安市淮阴区渔沟镇	9700	57895	10540	27347	19200
淮安市淮阴区吴集镇	5700	36327	3541	17389	13351
淮安市淮阴区西宋集镇	7390	51629	7694	23719	17267
淮安市淮阴区三树镇	7968	40080	4213	18415	9155
淮安市清浦区和平镇	7202	32456	1312	19655	11667
淮安市清浦区武墩镇	4078	20105	4456	9394	5568
淮安市清浦区盐河镇	3283	21269	2392	12300	7431
涟水县涟城镇	3960	137202	74135	50283	46356
涟水县高沟镇	9176	106054	34130	55320	43912
涟水县唐集镇	6051	34955	5826	22162	12336
涟水县保滩镇	4082	25137	2675	11657	5126
涟水县大东镇	3888	27805	4500	16206	6506
涟水县五港镇	9512	62970	5682	37665	14767
涟水县梁岔镇	3978	39014	11600	16901	6609
涟水县石湖镇	5359	45526	11210	26795	16337
涟水县朱码镇	5496	38097	8546	15837	8091
涟水县岔庙镇	6238	44430	7500	25960	12908
涟水县东胡集镇	4654	32417	2617	19223	3782
涟水县南集镇	5847	32150	6524	13940	8380
涟水县义兴镇	3670	22543	6480	9269	5377
涟水县成集镇	6167	45153	4712	22934	15118
涟水县红窑镇	8725	65076	5962	35045	10958
涟水县陈师镇	3706	29964	2049	18984	10970
涟水县前进镇	5087	30250	2951	14131	7107
洪泽县高良涧镇	12100	126989	88678	85314	74779
洪泽县蒋坝镇	326	10268	5038	3972	3428
洪泽县仁和镇	7438	27610	4327	18629	13312
洪泽县岔河镇	12500	36555	13200	22555	12300
洪泽县西顺河镇	1900	9246	2230	5371	3646
洪泽县老子山镇	1750	17199	4866	7667	6617
洪泽县三河镇	2938	21608	5457	18049	12203
洪泽县朱坝镇	3760	29139	14160	16163	12744
洪泽县黄集镇	5100	20087	3339	12114	7757
洪泽县万集镇	5562	25400	3747	13095	9005
洪泽县东双沟镇	4300	34620	8679	32790	14817

江苏省

2-1-10 续表 10　　　　单位：公顷、人

建制镇名称	行政区域面积	总人口	镇区人口	从业人员	#二三产业
洪泽县共和镇	3850	23452	4100	15002	7632
盱眙县盱城镇	10700	120784	118548	55612	47714
盱眙县马坝镇	19500	66012	30152	47111	35045
盱眙县官滩镇	13425	39067	16631	19440	8405
盱眙县旧铺镇	14979	35435	4498	17882	6961
盱眙县桂五镇	15850	37915	9615	15816	8593
盱眙县管镇镇	6750	32500	13265	7866	3881
盱眙县河桥镇	17080	36580	11735	13180	4680
盱眙县鲍集镇	13200	54129	6086	25787	15962
盱眙县黄花塘镇	13121	34102	7984	16371	11161
盱眙县明祖陵镇	13500	34652	7589	18521	8995
盱眙县铁佛镇	10800	40050	5756	17435	13185
盱眙县淮河镇	10895	29950	5831	11368	8923
盱眙县仇集镇	16556	31463	7830	18950	11436
盱眙县观音寺镇	12197	31212	7546	13415	7506
金湖县黎城镇	6600	103801	90546	80948	76555
金湖县金南镇	10201	33486	4950	21852	15431
金湖县闵桥镇	6791	22546	8570	13382	8572
金湖县塔集镇	4221	24255	8755	11773	8702
金湖县银集镇	5109	19817	4223	10849	8292
金湖县涂沟镇	5898	24008	1786	11369	6064
金湖县前锋镇	7329	27076	2391	15382	7806
金湖县吕良镇	7480	20153	5224	13013	6942
金湖县陈桥镇	5486	24381	1400	14821	8062
金湖县金北镇	6667	20891	2194	9432	4380
金湖县戴楼镇	7596	21218	1236	12540	7591
盐城市亭湖区南洋镇	12147	74647	12683	48603	30810
盐城市亭湖区新兴镇	7496	68031	14132	27689	11885
盐城市亭湖区便仓镇	7197	38356	9518	16108	6364
盐城市亭湖区步风镇	12900	59669	6583	28044	14788
盐城市亭湖区盐东镇	14195	57576	14760	26008	20196
盐城市亭湖区黄尖镇	10500	39007	15578	18463	11690
盐城市盐都区大纵湖镇	13790	69843	26135	32471	20133
盐城市盐都区楼王镇	15030	73015	21705	29172	18084
盐城市盐都区学富镇	8336	53863	16000	22602	16538
盐城市盐都区尚庄镇	10336	68066	21204	28216	15881
盐城市盐都区秦南镇	12780	90086	41000	34450	21450
盐城市盐都区龙冈镇	9339	77334	35200	28855	19300
盐城市盐都区郭猛镇	6242	48739	23500	22835	15209
盐城市盐都区大冈镇	13081	85646	37200	28400	18800
响水县响水镇	5121	110536	91568	65728	61133
响水县陈家港镇	8518	51941	27584	28183	16542
响水县小尖镇	18815	101966	32727	41456	20246
响水县黄圩镇	6877	34913	8658	14850	9800
响水县大有镇	11612	58406	10668	30021	16421
响水县双港镇	10372	59982	7075	30830	18594
响水县南河镇	11674	59336	13907	22421	10782
响水县运河镇	13130	75871	10384	35084	14705

江苏省

2-1-10 续表 11　　　　　　　　　　　　　　　　单位：公顷、人

建制镇名称	行政区域面积	总人口	镇区人口	从业人员	#二三产业
滨海县东坎镇	15007	219518	198412	111389	93593
滨海县五汛镇	15267	85654	31598	31813	12002
滨海县蔡桥镇	9212	61111	26126	19269	9748
滨海县正红镇	14500	106821	25020	37995	23413
滨海县通榆镇	5600	40421	9532	20297	12184
滨海县界牌镇	12194	78441	20456	34552	19492
滨海县八巨镇	6893	52230	10500	20864	11414
滨海县八滩镇	11185	89728	36500	35612	23996
滨海县滨淮镇	20132	104642	15814	48562	30262
滨海县天场镇	8150	48769	6460	21098	12240
滨海县陈涛镇	11091	66863	6035	32872	20038
滨海县滨海港镇	10440	57942	12974	28837	16386
阜宁县阜城镇	15095	236104	177156	124735	109768
阜宁县沟墩镇	11166	62607	34073	40321	28947
阜宁县陈良镇	6752	42219	6239	15165	9350
阜宁县三灶镇	9120	54492	12375	22326	11022
阜宁县郭墅镇	7071	43359	12140	18684	13724
阜宁县新沟镇	7742	50000	4816	21075	11660
阜宁县陈集镇	8727	46212	19500	23323	14189
阜宁县羊寨镇	9420	56947	13452	21780	12817
阜宁县芦蒲镇	8673	50296	4943	19636	9728
阜宁县板湖镇	6906	47820	13500	24927	19300
阜宁县东沟镇	16968	115798	17000	48732	28724
阜宁县益林镇	10918	95002	51280	47215	38419
阜宁县古河镇	8979	57455	14124	23406	8693
阜宁县罗桥镇	8810	59357	11147	24980	13884
射阳县合德镇	30200	245018	122509	103416	72392
射阳县临海镇	18628	78501	21779	32837	23186
射阳县千秋镇	15750	60375	6800	25000	17750
射阳县四明镇	17341	82748	19095	41707	29445
射阳县海河镇	24243	104907	22452	45049	31877
射阳县海通镇	7333	33808	10235	20713	14688
射阳县兴桥镇	12914	54935	8625	24493	17370
射阳县新坍镇	9816	51113	8689	21182	15007
射阳县长荡镇	9591	45592	7886	20370	14345
射阳县盘湾镇	9504	40553	11520	22100	15614
射阳县特庸镇	10295	41227	7923	16074	11297
射阳县洋马镇	9600	31834	6558	13588	9530
射阳县黄沙港镇	8648	40954	8115	18136	12817
建湖县近湖镇	7797	195633	159712	144749	139591
建湖县建阳镇	7200	53058	29983	18532	12319
建湖县九龙口镇	7480	34010	9906	16065	11053
建湖县恒济镇	8008	32536	14358	16926	10368
建湖县颜单镇	8974	33210	13152	16434	12199
建湖县沿河镇	8181	38622	10699	20218	11991
建湖县芦沟镇	8586	44361	14972	19651	15191
建湖县庆丰镇	9400	60447	29660	30319	20662
建湖县上冈镇	23127	152864	58414	67079	40245

江苏省

2-1-10 续表 12 单位：公顷、人

建制镇名称	行政区域面积	总人口	镇区人口	从业人员	#二三产业
建湖县冈西镇	6811	33951	9817	19797	14402
建湖县宝塔镇	5078	27901	9016	16042	10717
建湖县高作镇	7010	37041	10895	20258	14473
东台市溱东镇	7574	45206	23019	26344	24491
东台市时堰镇	10228	69850	28513	42962	32042
东台市五烈镇	13414	85474	20950	48291	31972
东台市梁垛镇	13221	82956	31060	47144	27505
东台市安丰镇	7121	55600	35100	24880	16580
东台市南沈灶镇	10323	52119	6768	28444	15699
东台市富安镇	16998	97328	44467	48252	30135
东台市唐洋镇	10748	50112	10130	30357	13730
东台市新街镇	10289	41241	7680	22900	8624
东台市许河镇	10698	47975	5901	25181	7877
东台市三仓镇	15700	70129	41500	33983	17184
东台市头灶镇	20682	76039	35080	37865	18363
东台市弶港镇	17491	44918	14388	26019	11818
东台市东台镇	30312	276520	171967	151886	118115
大丰市大中镇	20012	183558	130116	102299	86162
大丰市草堰镇	9589	39670	13720	18072	11390
大丰市白驹镇	11300	40310	19500	19966	13792
大丰市刘庄镇	9624	43723	16100	23043	16412
大丰市西团镇	8681	29552	13147	15643	10205
大丰市小海镇	12114	39472	11300	20112	14963
大丰市大桥镇	10254	32883	9126	16176	11124
大丰市草庙镇	12279	27756	14030	17172	10218
大丰市万盈镇	14256	48356	13420	25645	19209
大丰市南阳镇	9352	37223	13126	17130	10592
大丰市新丰镇	27431	106506	45026	47395	32342
大丰市三龙镇	15257	55568	17977	31263	19689
扬州市广陵区杭集镇	4026	36776	22320	21723	20266
扬州市广陵区李典镇	7045	43433	20906	25158	23943
扬州市广陵区沙头镇	5606	36358	13210	21199	18531
扬州市广陵区头桥镇	6421	43613	6320	22883	19226
扬州市广陵区泰安镇	3209	20110	2554	12770	10259
扬州市广陵区湾头镇	2760	27275	11500	16943	15298
扬州市邗江区公道镇	10605	37014	10713	18659	17159
扬州市邗江区方巷镇	8936	43466	13477	24736	20858
扬州市邗江区槐泗镇	6725	48354	17420	22175	18817
扬州市邗江区瓜洲镇	1602	17183	8602	8948	8199
扬州市邗江区杨寿镇	3940	21732	3468	15407	13858
扬州市邗江区杨庙镇	3102	21928	5985	13200	11466
扬州市邗江区西湖镇	2700	39651	22843	18153	16454
扬州市邗江区施桥镇	3099	35729	13441	21467	20168
扬州市邗江区八里镇	2326	23414	19883	14161	13256
扬州市邗江区朴席镇	4301	32449	2013	17625	13891
扬州市江都区仙女镇	14158	138110	84995	84035	76795
扬州市江都区小纪镇	17778	93139	37421	44913	37015
扬州市江都区武坚镇	6180	42173	21346	26872	22628

江苏省

2-1-10 续表 13　　　　单位：公顷、人

建制镇名称	行政区域面积	总人口	镇区人口	从业人员	#二三产业
扬州市江都区樊川镇	11758	68614	10470	45705	37167
扬州市江都区真武镇	6712	55533	14216	34985	31960
扬州市江都区宜陵镇	5986	53419	28924	25113	22271
扬州市江都区丁沟镇	10232	61957	27800	42278	34215
扬州市江都区郭村镇	10450	88492	18368	37542	29537
扬州市江都区邵伯镇	11465	76569	56855	60706	52343
扬州市江都区丁伙镇	8020	50000	22000	38500	32870
扬州市江都区大桥镇	15566	137597	48787	104859	92265
扬州市江都区吴桥镇	5596	47020	10998	22900	19000
扬州市江都区浦头镇	4290	47124	6085	24106	19880
宝应县安宜镇	14135	130800	94604	90929	81333
宝应县范水镇	17200	95736	31591	51100	37625
宝应县夏集镇	12200	62281	8175	30287	21307
宝应县柳堡镇	11740	51644	16650	30953	20777
宝应县射阳湖镇	19650	89757	12080	45968	32834
宝应县广洋湖镇	9020	34081	4934	21374	10837
宝应县鲁垛镇	6130	33090	8018	20503	15403
宝应县小官庄镇	4600	30050	9476	19405	17802
宝应县望直港镇	9000	63329	16000	40262	31247
宝应县曹甸镇	10000	62332	27850	36248	28983
宝应县西安丰镇	5839	29642	7612	16649	11787
宝应县山阳镇	12277	53804	5265	30485	22217
宝应县黄塍镇	4200	25803	5438	15693	11793
宝应县泾河镇	8317	57574	8445	26567	19240
仪征市真州镇	6084	140374	116992	71845	69860
仪征市青山镇	4603	32871	17255	21058	18326
仪征市新集镇	6389	43232	13148	25520	20510
仪征市新城镇	7822	47750	26618	28616	23697
仪征市马集镇	6573	30181	10040	17002	13912
仪征市刘集镇	9065	46566	9568	25985	22732
仪征市陈集镇	8155	38370	14895	19496	17451
仪征市大仪镇	10863	46536	13446	28976	26010
仪征市月塘镇	14446	57434	8542	28978	23812
高邮市高邮镇	4313	151169	142093	99907	96967
高邮市龙虬镇	3987	35798	4415	18916	12445
高邮市马棚镇	2266	18247	3515	11774	9685
高邮市车逻镇	3644	32375	14272	14602	12583
高邮市八桥镇	4000	22457	6200	13895	11035
高邮市汉留镇	6670	29590	7804	15648	11543
高邮市汤庄镇	4633	32931	8100	23400	19680
高邮市卸甲镇	12387	57007	11070	31770	25383
高邮市三垛镇	7537	55429	18763	32766	23207
高邮市甘垛镇	8839	37799	5176	18327	13789
高邮市司徒镇	7478	21460	6892	15845	9748
高邮市横泾镇	6133	22316	4417	13489	7985
高邮市界首镇	8580	33141	16950	16462	13456
高邮市周山镇	6202	26973	4780	15445	10905
高邮市周巷镇	8130	32256	4082	16125	12123

江苏省

2-1-10 续表 14 单位：公顷、人

建制镇名称	行政区域面积	总人口	镇区人口	从业人员	#二三产业
高邮市临泽镇	11810	59417	20477	32972	24820
高邮市送桥镇	4750	25425	8549	14530	12031
高邮市郭集镇	5400	22590	6493	21740	18531
高邮市天山镇	4672	20477	7440	16925	15550
镇江市新区姚桥镇	5588	44433	6644	27105	18307
镇江市新区大路镇	1750	30018	8002	15461	11161
镇江市新区丁岗镇	3536	29159	4462	13180	10030
镇江市丹徒区高桥镇	4022	20138	4750	12972	11171
镇江市丹徒区辛丰镇	7488	52369	33731	33441	27858
镇江市丹徒区谷阳镇	4675	30290	7006	18727	15833
镇江市丹徒区上党镇	11263	50338	13579	29075	17917
镇江市丹徒区宝堰镇	4019	25522	11289	13925	9775
镇江市丹徒区世业镇	2930	14542	3277	7087	5559
丹阳市司徒镇	10177	61530	9894	38579	28556
丹阳市延陵镇	11552	76942	23197	43507	36310
丹阳市珥陵镇	8367	51620	21360	29005	17304
丹阳市导墅镇	8060	50648	11236	26657	19922
丹阳市皇塘镇	8044	58405	19101	39611	29708
丹阳市吕城镇	6799	52007	22475	28623	22172
丹阳市陵口镇	6440	44446	18015	27061	21786
丹阳市访仙镇	7379	51653	19783	28787	22921
丹阳市界牌镇	2363	53160	17890	33528	32977
丹阳市新桥镇	2618	38050	21076	23333	23031
丹阳市后巷镇	4965	57706	26295	36432	34789
丹阳市埤城镇	3929	23315	11200	14833	12704
丹阳市云阳镇	7201	172842	137642	103655	93319
扬中市新坝镇	4920	55147	15307	31079	27178
扬中市油坊镇	4593	46552	18156	27480	20867
扬中市八桥镇	3458	37832	9290	21530	17952
扬中市西来桥镇	1950	20144	4928	10837	9011
句容市华阳镇	11600	44293	7718	25004	19665
句容市下蜀镇	12200	40228	6985	18191	8712
句容市白兔镇	11550	40984	8507	23060	15479
句容市边城镇	10900	35298	8668	18036	12259
句容市茅山镇	8100	29471	5943	16121	10485
句容市后白镇	14328	51612	22370	29804	23853
句容市郭庄镇	11700	55935	7825	29458	23970
句容市天王镇	13154	55336	22114	29368	22268
句容市宝华镇	10000	23470	13410	11773	8673
泰州市海陵区九龙镇	2680	26553	11603	14836	13041
泰州市海陵区罡杨镇	3400	23102	7950	14921	13361
泰州市海陵区苏陈镇	4580	42392	9260	25291	21717
泰州市高港区永安洲镇	5291	29470	11236	17325	16077
泰州市高港区白马镇	2402	22232	7784	12466	9726
泰州市高港区胡庄镇	4938	46990	12150	25431	20262
泰州市高港区大泗镇	3000	29776	9382	15021	12235
泰州市高新区野徐镇	2267	23462	7386	13051	11412
兴化市戴窑镇	10045	69112	18562	30147	20307

江苏省

2-1-10 续表 15

单位：公顷、人

建制镇名称	行政区域面积	总人口	镇区人口	从业人员	#二三产业
兴化市合陈镇	9928	54663	19500	25180	14927
兴化市永丰镇	7802	50590	5891	20550	12074
兴化市新垛镇	4903	26711	2321	10495	6144
兴化市安丰镇	9900	79863	28033	32164	22789
兴化市海南镇	7209	37152	2485	15223	7811
兴化市钓鱼镇	7552	45976	4812	18519	13156
兴化市大邹镇	4656	28226	8115	10515	4835
兴化市沙沟镇	7003	27812	9018	9951	5456
兴化市中堡镇	8320	35398	7854	14913	6639
兴化市李中镇	8100	32111	4044	15418	8577
兴化市西郊镇	7024	29554	5107	15089	5544
兴化市临城镇	9247	51029	4502	23807	15771
兴化市垛田镇	5955	53684	7281	27919	17078
兴化市竹泓镇	6450	39729	13501	17354	10615
兴化市沈沦镇	4959	28274	7855	11790	6861
兴化市大垛镇	7363	43024	14300	19286	15027
兴化市荻垛镇	7200	42407	9826	18609	11761
兴化市陶庄镇	6960	44366	7120	16965	10987
兴化市昌荣镇	6180	36916	8117	17687	6678
兴化市茅山镇	4304	30414	17654	11739	8566
兴化市周庄镇	9252	56116	25340	27027	19141
兴化市陈堡镇	8068	45260	12092	18938	11588
兴化市戴南镇	10773	126918	66055	56815	51920
兴化市张郭镇	8450	63481	10832	37636	34203
兴化市昭阳镇	5100	161284	138662	102467	101047
兴化市大营镇	5067	27933	5394	10672	7446
兴化市下圩镇	4912	25406	1629	10473	6389
兴化市城东镇	5547	30489	6717	14456	12101
靖江市新桥镇	6135	68750	27285	29584	25181
靖江市东兴镇	3568	34870	5017	21902	17763
靖江市斜桥镇	4398	53117	19996	28751	23642
靖江市西来镇	4666	49180	11682	22717	16758
靖江市季市镇	4163	48770	17929	22252	17299
靖江市孤山镇	4799	61657	3942	33862	28913
靖江市生祠镇	7019	49944	11019	27032	17066
靖江市马桥镇	5031	36851	9125	21287	14551
泰兴市黄桥镇	17501	191589	63766	91507	73840
泰兴市分界镇	7088	60454	7269	30918	24009
泰兴市古溪镇	7082	57762	12435	31965	24404
泰兴市元竹镇	4754	39304	9268	21971	17342
泰兴市珊瑚镇	4951	51558	8633	29233	23013
泰兴市广陵镇	5866	57009	9169	30559	24345
泰兴市曲霞镇	3526	32606	8102	17598	14625
泰兴市张桥镇	6177	57082	6515	30068	23996
泰兴市河失镇	6456	54649	10570	29084	20184
泰兴市新街镇	7214	60104	11773	33103	23822
泰兴市姚王镇	6688	52992	17231	29767	25161

江苏省

2-1-10 续表 16　　　　单位：公顷、人

建制镇名称	行政区域面积	总人口	镇区人口	从业人员	#二三产业
泰兴市宣堡镇	3216	33284	13763	17665	15294
泰兴市滨江镇	9467	98905	30522	51601	42778
泰兴市虹桥镇	9542	79717	32061	40820	34878
姜堰市姜堰镇	9103	196810	184250	92407	88582
姜堰市溱潼镇	3861	33554	12930	20113	16225
姜堰市蒋垛镇	6505	49676	17034	31000	23790
姜堰市顾高镇	3820	28261	8498	16375	15003
姜堰市大伦镇	5503	35864	8381	17945	13753
姜堰市张甸镇	9360	81476	32664	40497	30279
姜堰市梁徐镇	6557	55361	8445	26549	22718
姜堰市桥头镇	3799	24664	5422	15469	12833
姜堰市淤溪镇	7168	39790	12295	26097	18667
姜堰市白米镇	5488	44294	22811	28458	23735
姜堰市娄庄镇	6792	45312	27492	23162	20177
姜堰市沈高镇	5673	39774	14657	23835	21848
姜堰市兴泰镇	3691	24840	6464	15324	13029
姜堰市俞垛镇	7980	47286	14286	25671	20848
姜堰市华港镇	6977	40502	8075	22922	18751
宿迁市宿城区双庄镇	4178	35309	1986	20471	16360
宿迁市宿城区耿车镇	3501	34459	12513	18503	13577
宿迁市宿城区埠子镇	5242	54464	13197	32298	22991
宿迁市宿城区龙河镇	5800	50300	15015	28398	20606
宿迁市宿城区洋北镇	4400	29105	3881	18702	12752
宿迁市宿城区仓集镇	4683	43615	10500	23622	17092
宿迁市宿城区洋河镇	8998	103005	43976	49863	38723
宿迁市宿城区中扬镇	9315	50968	9964	28605	15962
宿迁市宿城区郑楼镇	6086	43274	3348	21493	10654
宿迁市宿城区陈集镇	6867	46232	3585	16166	8706
宿迁市宿豫区顺河镇	6880	77319	46852	37260	31431
宿迁市宿豫区晓店镇	15266	55824	12963	26921	16427
宿迁市宿豫区蔡集镇	4900	43384	16856	23125	18283
宿迁市宿豫区王官集镇	6270	51760	12120	23505	15412
宿迁市宿豫区皂河镇	26409	48572	11010	22367	13305
宿迁市宿豫区仰化镇	5236	36695	11452	20545	10235
宿迁市宿豫区大兴镇	5838	50137	25058	30125	21974
宿迁市宿豫区丁嘴镇	5300	34278	4593	17220	13440
宿迁市宿豫区来龙镇	7496	38388	14854	20851	11488
宿迁市宿豫区黄墩镇	5125	25841	9892	11538	8622
宿迁市宿豫区陆集镇	4208	24143	5938	13496	8817
宿迁市宿豫区关庙镇	7946	39708	5240	24123	14000
宿迁市宿豫区侍岭镇	5806	32575	6100	14538	7327
宿迁市宿豫区新庄镇	5368	23950	5890	11742	6999
沭阳县沭城镇	27715	395246	256720	217860	184340
沭阳县陇集镇	4688	26201	7492	16785	11361
沭阳县胡集镇	6868	54801	15168	29182	15759
沭阳县钱集镇	4949	33901	11668	17996	12975
沭阳县塘沟镇	5795	43859	13217	22790	16245

江苏省

2-1-10 续表 17 单位：公顷、人

建制镇名称	行政区域面积	总人口	镇区人口	从业人员	#二三产业
沭阳县马厂镇	8412	70532	20043	39496	31439
沭阳县沂涛镇	9456	75656	12854	41017	23935
沭阳县庙头镇	5847	49244	17752	23776	17494
沭阳县韩山镇	6557	43621	12316	19824	15139
沭阳县华冲镇	5455	49983	24425	23186	16236
沭阳县桑墟镇	5319	52783	17562	25914	22608
沭阳县悦来镇	8803	45188	10964	25838	16123
沭阳县刘集镇	7200	38846	8359	21812	12348
沭阳县李恒镇	6688	44122	7800	20790	16417
沭阳县扎下镇	5534	56354	16916	28713	24375
沭阳县颜集镇	9968	58068	6314	34980	12130
沭阳县潼阳镇	9968	50708	15720	26350	18885
沭阳县龙庙镇	4860	52764	10563	31368	24225
沭阳县高墟镇	6115	38321	9896	20806	16910
沭阳县耿圩镇	7044	36656	8493	21628	10561
沭阳县汤涧镇	5500	41110	4894	17178	10496
沭阳县新河镇	4860	42324	10020	23014	13264
沭阳县贤官镇	5029	50846	15321	31731	24540
沭阳县吴集镇	7305	46771	9786	20303	10100
沭阳县湖东镇	6343	41799	10941	21440	16340
沭阳县青伊湖镇	5000	39718	8193	18755	14242
泗阳县众兴镇	26200	341715	165080	141110	110450
泗阳县爱园镇	6501	56367	6560	31151	22741
泗阳县王集镇	8531	76511	11023	34682	24436
泗阳县裴圩镇	7686	62303	22704	33140	23486
泗阳县新袁镇	5359	45778	16755	28793	21469
泗阳县李口镇	6585	53070	10277	29011	20361
泗阳县临河镇	5872	49339	9636	27013	20997
泗阳县穿城镇	5436	39893	9105	23360	16540
泗阳县张家圩镇	5764	39878	7016	23724	16624
泗阳县高渡镇	5271	36432	4228	19283	14055
泗阳县卢集镇	8002	42509	6980	24360	19110
泗洪县青阳镇	25322	215885	147714	138972	115557
泗洪县双沟镇	7428	49808	32100	29107	17647
泗洪县上塘镇	13299	51567	7862	29880	6538
泗洪县魏营镇	10615	36451	9765	17719	14419
泗洪县临淮镇	2100	16860	5420	8767	2945
泗洪县半城镇	8300	19029	8231	8877	5390
泗洪县孙园镇	9604	47015	7310	19118	8199
泗洪县梅花镇	9350	33723	6800	21087	9287
泗洪县归仁镇	11459	62538	14006	24705	7705
泗洪县金锁镇	8073	44122	8445	25234	13584
泗洪县朱湖镇	7370	40431	9801	23133	17300
泗洪县界集镇	8960	42555	9810	23088	10294
泗洪县太平镇	7251	34580	3600	17138	11464
泗洪县龙集镇	8741	44036	6010	17720	5119

2-1-11 浙江省建制镇名录及基本情况

单位：公顷、人

建制镇名称	行政区域面积	总人口	镇区人口	从业人员	#二三产业
杭州市江干区彭埠镇	1480	49437	49437	22597	20556
杭州市江干区笕桥镇	1820	50744	3709	32276	29775
杭州市江干区丁桥镇	1500	23503	23503	10383	10228
杭州市江干区九堡镇	1460	39799	39799	16633	15156
杭州市西湖区三墩镇	3800	171983	44525	77392	75832
杭州市西湖区双浦镇	8180	57126	57126	30457	19239
杭州市萧山区楼塔镇	4760	27569	5588	17791	13313
杭州市萧山区河上镇	6340	29932	4098	19716	17192
杭州市萧山区戴村镇	6280	39226	10151	25927	22565
杭州市萧山区浦阳镇	4450	39569	4365	25601	22266
杭州市萧山区进化镇	8710	51088	3268	31226	19771
杭州市萧山区临浦镇	4300	57799	16663	36471	32405
杭州市萧山区义桥镇	5800	45648	7213	28882	24606
杭州市萧山区所前镇	4340	47521	7642	24571	21253
杭州市萧山区衙前镇	1980	27115	6382	16299	15047
杭州市萧山区闻堰镇	2360	22056	7262	20473	19273
杭州市萧山区宁围镇	4290	56942	22797	40339	34250
杭州市萧山区新街镇	3560	61471	24743	34756	23838
杭州市萧山区坎山镇	3290	53419	18999	32792	29469
杭州市萧山区瓜沥镇	4270	97376	41200	62710	57249
杭州市萧山区党山镇	4970	51979	16132	32467	29005
杭州市萧山区益农镇	4650	44066	3186	30703	24127
杭州市萧山区党湾镇	3270	42883	9959	30190	23306
杭州市余杭区塘栖镇	7900	111133	57044	73832	65223
杭州市余杭区径山镇	15700	36832	3235	23170	17087
杭州市余杭区瓶窑镇	12900	68056	36849	40635	36141
杭州市余杭区鸬鸟镇	7200	12320	2631	9551	6149
杭州市余杭区百丈镇	6000	11044	1903	7215	4501
杭州市余杭区黄湖镇	5800	14955	3298	9216	6870
桐庐县富春江镇	19890	31259	12874	19207	13724
桐庐县横村镇	11760	41246	24631	26213	21218
桐庐县分水镇	29940	60620	39102	45291	38471
桐庐县瑶琳镇	21660	31310	6459	24735	15668
桐庐县百江镇	23500	16033	3551	12467	9180
桐庐县江南镇	7820	52390	12627	32754	22671
淳安县千岛湖镇	35600	80011	65182	63220	58515
淳安县文昌镇	22100	13116	2745	10095	7161
淳安县石林镇	14400	4624	1195	3383	1765
淳安县临歧镇	22200	20209	5497	15192	8071
淳安县威坪镇	30100	49320	9980	39456	24888
淳安县姜家镇	20600	25586	3898	19960	11275
淳安县梓桐镇	15600	18812	3760	14980	7591
淳安县汾口镇	23700	53756	11785	39880	23700
淳安县中洲镇	16600	19379	4950	13985	8999
淳安县大市镇	16300	13850	4121	10733	6333
淳安县枫树岭镇	30800	18185	2630	14465	7825
建德市莲花镇	8700	10728	2772	6905	2787
建德市乾潭镇	38900	45196	15610	40845	32611

浙江省

2-1-11 续表 1 单位：公顷、人

建制镇名称	行政区域面积	总人口	镇区人口	从业人员	#二三产业
建德市梅城镇	15320	50335	29009	32742	27961
建德市杨村桥镇	13800	19485	4450	11807	5297
建德市下涯镇	15840	26097	3984	16892	9008
建德市大洋镇	25240	33273	2052	21544	11835
建德市三都镇	19360	27196	2784	16188	6763
建德市寿昌镇	14500	43130	17293	35117	26563
建德市航头镇	15230	32679	2990	21877	11678
建德市大慈岩镇	8150	19825	2870	12759	7036
建德市大同镇	16200	56097	10073	38068	24190
建德市李家镇	9850	19847	3806	15030	10713
富阳市万市镇	15510	21744	3903	14688	9722
富阳市洞桥镇	14760	18649	3166	11452	6925
富阳市渌渚镇	8320	16045	1652	10678	6066
富阳市永昌镇	4950	10525	3256	7084	4566
富阳市里山镇	2540	10208	3299	6214	4307
富阳市常绿镇	4930	13861	3835	9481	7298
富阳市场口镇	5840	40455	4897	25385	14177
富阳市常安镇	6330	24425	2334	15986	8752
富阳市龙门镇	2720	6892	6380	4569	4130
富阳市高桥镇	10400	31832	6268	23732	19549
富阳市受降镇	5430	19401	3667	11011	8774
富阳市新登镇	17990	97235	68922	48994	34296
富阳市胥口镇	6800	17303	2809	9742	4956
富阳市大源镇	10400	36592	8526	24875	20242
富阳市灵桥镇	5590	25132	8745	15141	13053
临安市高虹镇	11180	23112	6850	17233	14310
临安市太湖源镇	24040	32211	3068	20887	12457
临安市於潜镇	26120	50112	15112	27585	23473
临安市太阳镇	20520	24991	6822	16727	11017
临安市潜川镇	17550	22110	2808	15800	10760
临安市昌化镇	23170	27000	16000	12292	8914
临安市河桥镇	18880	14882	3189	11454	5999
临安市湍口镇	20650	12991	2515	9080	3575
临安市清凉峰镇	28860	29511	1980	19104	15096
临安市岛石镇	13910	26411	4130	17377	6248
临安市板桥镇	13860	27921	3138	16601	13798
临安市天目山镇	24180	33412	3072	21858	15455
临安市龙岗镇	26120	22711	4885	15390	11136
宁波市江北区慈城镇	10260	72161	16404	52569	48245
宁波市北仑区白峰镇	11040	37611	6410	23430	16475
宁波市北仑区春晓镇	7580	17991	1582	12078	7996
宁波市镇海区解浦镇	2930	45816	11896	27591	24703
宁波市镇海区九龙湖镇	6530	37242	3037	22710	18217
宁波市鄞州区瞻歧镇	9400	31220	11062	20020	15841
宁波市鄞州区咸祥镇	5400	29309	11287	18400	12989
宁波市鄞州区塘溪镇	9500	43494	12300	28977	25597
宁波市鄞州区东钱湖镇	13400	60733	18579	36404	33134
宁波市鄞州区东吴镇	8000	26745	7505	16505	14503

浙江省

2-1-11 续表 2　　　　单位：公顷、人

建制镇名称	行政区域面积	总人口	镇区人口	从业人员	#二三产业
宁波市鄞州区五乡镇	4800	68605	68605	41180	38112
宁波市鄞州区邱隘镇	2300	97989	71017	65388	63674
宁波市鄞州区云龙镇	4000	56080	6023	38598	35717
宁波市鄞州区横溪镇	9200	36493	21216	25145	22267
宁波市鄞州区姜山镇	8800	107327	42598	72406	64010
宁波市鄞州区高桥镇	5300	72899	14150	59203	56216
宁波市鄞州区横街镇	12200	54344	14648	32180	27832
宁波市鄞州区集士港镇	4900	60266	28721	36036	31344
宁波市鄞州区古林镇	4700	66230	15700	61100	57698
宁波市鄞州区洞桥镇	3100	31435	12646	18133	15702
宁波市鄞州区鄞江镇	6400	29579	14875	17139	14376
宁波市鄞州区章水镇	14600	26830	7676	14300	8587
象山县石浦镇	12610	100628	64064	77292	66020
象山县西周镇	15500	48189	31910	41620	35672
象山县鹤浦镇	10200	36827	11038	21879	7152
象山县贤庠镇	6600	30348	10386	19964	12515
象山县墙头镇	8700	21935	3808	13904	8495
象山县泗洲头镇	7400	18469	4510	10999	5646
象山县定塘镇	6000	30981	1591	23680	10379
象山县涂茨镇	6200	17082	2909	12185	8922
象山县大徐镇	5500	19989	3084	10132	6599
象山县新桥镇	12600	27890	4470	14829	9574
宁海县长街镇	27220	58129	11940	37255	23831
宁海县力洋镇	16030	35454	7814	21388	12015
宁海县一市镇	10800	15288	2651	10349	2534
宁海县岔路镇	10800	21606	6684	13229	8894
宁海县前童镇	6870	23950	7656	15020	11600
宁海县桑洲镇	5870	18684	3411	12214	11333
宁海县黄坛镇	18780	27105	7588	21514	18003
宁海县大佳何镇	7560	19071	8323	12807	8762
宁海县强蛟镇	6530	17958	7166	11233	9653
宁海县西店镇	10230	78350	44244	54045	47134
宁海县深圳镇	17280	31228	7813	21160	16247
余姚市临山镇	4650	51181	17528	28570	24315
余姚市黄家埠镇	4110	42256	7189	40050	29613
余姚市小曹娥镇	3300	31740	15475	23338	17490
余姚市泗门镇	6630	103298	51721	62048	57746
余姚市马渚镇	6580	73964	12145	46221	35721
余姚市牟山镇	3850	23201	7206	15609	13889
余姚市丈亭镇	5450	46770	19291	34919	31181
余姚市三七市镇	6800	38103	8671	23525	15600
余姚市河姆渡镇	6480	32364	5076	17141	13167
余姚市大隐镇	3090	13117	430	8310	7140
余姚市陆埠镇	11870	48181	27542	35141	28710
余姚市梁弄镇	9450	34500	15000	17894	13034
余姚市大岚镇	6340	12917	1771	8441	4183
余姚市四明山镇	13050	9028	985	6276	2746
慈溪市掌起镇	6830	58916	20156	33973	28755

浙江省

2-1-11 续表 3　　　　单位：公顷、人

建制镇名称	行政区域面积	总人口	镇区人口	从业人员	#二三产业
慈溪市观海卫镇	14600	146820	91861	102901	95455
慈溪市附海镇	2120	36806	5884	30598	26621
慈溪市桥头镇	4390	55055	6065	29283	25091
慈溪市匡堰镇	4200	36302	5688	21965	19088
慈溪市逍林镇	2600	59619	46718	45430	41682
慈溪市新浦镇	5300	52285	24015	32013	25473
慈溪市胜山镇	2320	40966	13798	30889	28320
慈溪市横河镇	8540	65776	13410	39136	31903
慈溪市崇寿镇	2000	37811	7589	22611	18468
慈溪市庵东镇	9350	80360	21044	51352	35188
慈溪市天元镇	1500	41129	6500	21505	19664
慈溪市长河镇	2730	50980	15648	43702	39368
慈溪市周巷镇	6800	130573	78680	92875	78573
慈溪市龙山镇	14090	111268	14060	62820	50333
奉化市溪口镇	38000	99959	45590	70160	55934
奉化市尚田镇	15610	34196	8988	25776	19394
奉化市莼湖镇	12630	69447	18780	47083	30769
奉化市裘村镇	8620	24877	4370	19020	15813
奉化市大堰镇	13000	13539	1248	8971	6329
奉化市松岙镇	5100	12792	8596	8910	6050
温州市鹿城区藤桥镇	15950	78926	16103	52880	40905
温州市瓯海区泽雅镇	14540	35841	4762	27345	19710
洞头县大门镇	3260	16580	4156	10615	7720
永嘉县桥头镇	9060	72614	36788	44387	40869
永嘉县桥下镇	27660	93184	16535	60363	42779
永嘉县大若岩镇	9090	17926	768	16625	11365
永嘉县碧莲镇	17460	27712	3391	22932	16361
永嘉县巽宅镇	25390	32983	3863	19399	12826
永嘉县岩头镇	21930	54758	23000	38310	24401
永嘉县枫林镇	7360	23980	9537	16001	9228
永嘉县岩坦镇	55380	33079	3494	23631	13513
永嘉县沙头镇	18360	46266	2549	28351	19534
永嘉县鹤盛镇	26260	31288	31288	23982	14657
平阳县昆阳镇	8040	118047	65784	81618	71647
平阳县鳌江镇	19770	212529	127217	125833	100552
平阳县水头镇	17980	159495	43345	98099	79729
平阳县萧江镇	3680	73474	28475	45386	29681
平阳县麻步镇	4280	35200	13980	26160	14710
平阳县腾蛟镇	8010	48280	9808	35806	28581
平阳县山门镇	9860	40125	3248	26817	17506
平阳县顺溪镇	10030	24956	997	18675	13002
平阳县南雁镇	4350	17694	8673	12894	8651
平阳县万全镇	7430	76451	16502	44779	24961
苍南县灵溪镇	17140	300986	170450	204670	171814
苍南县龙港镇	13080	398616	229995	234880	195626
苍南县宜山镇	1290	53889	25146	32634	31784
苍南县钱库镇	9500	147071	45694	94105	75552
苍南县金乡镇	8480	102538	25150	72843	57083

浙江省

2-1-11 续表 4

单位：公顷、人

建制镇名称	行政区域面积	总人口	镇区人口	从业人员	#二三产业
苍南县藻溪镇	7570	28344	3150	17461	14948
苍南县桥墩镇	19110	66922	26801	35730	20004
苍南县矾山镇	11300	40937	24968	34651	31292
苍南县赤溪镇	10900	33989	5906	21110	8936
苍南县马站镇	13530	83895	13778	46649	22355
文成县大学镇	15630	84733	43100	55193	41305
文成县百丈T镇	8860	21477	2262	14025	7772
文成县南田镇	16200	29377	5781	19563	11979
文成县西坑畲族镇	20040	14896	3225	9233	5628
文成县黄坦镇	19550	23722	7113	15065	7771
文成县珊溪镇	15060	36241	10821	25886	19029
文成县巨屿镇	5600	21030	10133	12591	8956
文成县玉壶镇	18210	22938	9771	15340	7660
文成县学口镇	8790	18733	2515	12795	6142
泰顺县罗阳镇	40980	71094	41713	50606	36471
泰顺县司前畲族镇	19930	13083	7976	8322	4409
泰顺县百丈镇	16530	13255	1258	8604	5393
泰顺县筱村镇	17280	31758	7068	21798	11831
泰顺县泗溪镇	18440	46373	9152	28943	14792
泰顺县彭溪镇	9400	16021	3097	10059	6582
泰顺县雅阳镇	13080	32848	10250	19229	14322
泰顺县仕阳镇	16490	44635	5146	23568	12626
泰顺县三魁镇	18030	43689	5434	25738	15296
瑞安市塘下镇	8160	327724	59309	229782	214847
瑞安市马屿镇	18940	142080	15247	93123	60121
瑞安市陶山镇	15160	129608	1798	76140	39218
瑞安市湖岭镇	27990	92568	16586	57801	36351
瑞安市高楼镇	27570	60970	10450	40900	26410
乐清市大荆镇	19780	130963	36350	82766	59850
乐清市仙溪镇	14010	44320	10492	26395	12578
乐清市雁荡镇	7450	49812	2100	30352	18817
乐清市芙蓉镇	15320	63699	2758	36628	27833
乐清市清江镇	4700	57476	16186	31949	20866
乐清市虹桥镇	9030	179938	77362	103325	83694
乐清市淡溪镇	8560	42412	11531	22888	15500
乐清市柳市镇	9200	261365	131195	147136	137151
乐清市北白象镇	8320	144285	57260	74108	62888
嘉兴市南湖区凤桥镇	8030	49200	8073	30296	19403
嘉兴市南湖区余新镇	6040	58065	32600	33516	28628
嘉兴市南湖区新丰镇	6520	54836	29334	32592	23128
嘉兴市南湖区七星镇	3030	31722	24947	21719	20035
嘉兴市南湖区大桥镇	8480	77150	23611	48396	40279
嘉兴市秀洲区王江泾镇	12730	112315	47719	54384	44960
嘉兴市秀洲区油车港镇	5650	60843	19993	38657	30296
嘉兴市秀洲区新塍镇	13310	100302	28350	40457	30158
嘉兴市秀洲区王店镇	11590	96199	24348	50301	39861
嘉兴市秀洲区洪合镇	5720	67198	18864	52377	48263

浙江省

2-1-11 续表 5 单位：公顷、人

建制镇名称	行政区域面积	总人口	镇区人口	从业人员	#二三产业
嘉善县大云镇	2870	17436	5688	15870	15220
嘉善县西塘镇	8290	86160	28932	54696	47667
嘉善县干窑镇	3710	34860	10466	20165	16329
嘉善县陶庄镇	4580	30008	8350	23937	20000
嘉善县姚庄镇	7450	45573	12461	38597	30158
嘉善县天凝镇	7560	64110	9300	44794	37887
海盐县沈荡镇	6740	36916	3073	23106	16774
海盐县百步镇	5930	32942	946	19664	15482
海盐县于城镇	4290	30465	492	18693	13937
海盐县澉浦镇	6500	36200	4979	20417	14333
海盐县通元镇	6830	46040	1331	27303	21809
海宁市许村镇	9120	115263	15276	69396	61361
海宁市长安镇	9210	117045	50204	76220	65922
海宁市周王庙镇	5390	49250	6091	33718	27855
海宁市丁桥镇	6070	44932	3611	25917	21415
海宁市斜桥镇	6450	62175	10960	36312	28672
海宁市黄湾镇	8950	24123	497	15622	12825
海宁市盐官镇	5600	62228	13406	38352	31668
海宁市袁花镇	7750	52716	3356	31780	25879
平湖市乍浦镇	5440	89586	58125	57831	56156
平湖市新埭镇	7730	74219	14500	50800	46600
平湖市新仓镇	5750	57320	18245	47586	43521
平湖市广陈镇	5490	43765	7553	24443	19124
平湖市林埭镇	4850	41113	7987	29639	22421
平湖市独山港镇	9200	119223	34185	87980	80868
桐乡市乌镇镇	6720	55633	23658	37425	30574
桐乡市濮院镇	6500	46670	45965	46592	43132
桐乡市屠甸镇	4110	29675	5355	28236	24452
桐乡市石门镇	6320	53149	14620	37633	30702
桐乡市河山镇	3930	29380	6600	20479	18586
桐乡市洲泉镇	7300	70793	16820	67124	61014
桐乡市大麻镇	3260	35930	6703	27868	25042
桐乡市崇福镇	10000	127052	73802	77299	69162
桐乡市高桥镇	5500	47636	7382	35703	29904
湖州市吴兴区织里镇	13580	269780	186250	239500	220371
湖州市吴兴区八里店镇	9500	58372	15513	32531	28675
湖州市吴兴区妙西镇	10600	15984	1285	9502	4297
湖州市吴兴区杨介埠镇	8500	36049	6862	20000	15778
湖州市吴兴区埭溪镇	17360	37549	16402	17238	12960
湖州市吴兴区东林镇	7750	34071	5257	19318	7726
湖州市南浔区南浔镇	14130	185748	109500	105848	100167
湖州市南浔区双林镇	9960	87596	23201	57340	49356
湖州市南浔区练市镇	12430	93200	14602	47847	41612
湖州市南浔区善琏镇	5500	32731	5411	15949	14628
湖州市南浔区旧馆镇	3140	19685	3082	10425	9198
湖州市南浔区菱湖镇	10680	63105	22461	35532	20830
湖州市南浔区和孚镇	9700	53142	5885	27551	21679

浙江省

2-1-11 续表 6　　单位：公顷、人

建制镇名称	行政区域面积	总人口	镇区人口	从业人员	#二三产业
湖州市南浔区千金镇	4200	22476	3703	13235	11209
湖州市南浔区石淙镇	2500	14378	852	7646	6559
德清县武康镇	25500	146635	136000	81279	71661
德清县乾元镇	6900	57152	36398	29797	25380
德清县新市镇	9300	75715	46989	56835	52041
德清县洛舍镇	4730	23899	7044	17694	15884
德清县钟管镇	7800	43962	13500	27782	23566
德清县莫干山镇	9200	13758	3430	9637	7810
德清县雷甸镇	5400	34463	3190	30708	25587
德清县禹越镇	3900	29560	5220	17049	14588
德清县新安镇	5600	31250	2830	22770	19734
长兴县雉城镇	19440	227065	124551	145304	131506
长兴县洪桥镇	7300	42589	6630	25139	21426
长兴县李家巷镇	5310	28323	9187	18475	16213
长兴县夹浦镇	6560	29208	9050	19369	16803
长兴县林城镇	13590	57427	12524	33715	24336
长兴县泗安镇	16500	57146	14106	36274	28818
长兴县虹星桥镇	7210	37899	6708	21865	19020
长兴县和平镇	13470	39108	7940	23380	16715
长兴县小浦镇	9650	26013	3209	14791	9575
长兴县煤山镇	8020	20212	10962	13768	12826
安吉县递铺镇	37190	189658	107568	122050	106414
安吉县梅溪镇	10160	50050	23105	37016	29763
安吉县良朋镇	9400	22694	1880	16573	12886
安吉县鄣吴镇	4950	11165	2695	7456	6413
安吉县杭垓镇	26700	34693	3242	21928	12581
安吉县孝丰镇	19100	53129	21890	34540	31241
安吉县报福镇	15120	17394	3276	10416	6002
安吉县章村镇	8920	15789	3800	11064	8401
安吉县天荒坪镇	11020	21659	4496	18747	16707
安吉县高禹镇	10600	25082	4590	14889	9331
绍兴市镜湖区东浦镇	3080	64531	6914	24887	22454
绍兴市镜湖区灵芝镇	4280	62150	4478	29785	26701
绍兴市越城区东湖镇	3050	57223	8987	29268	22704
绍兴市越城区鉴湖镇	5030	29365	6000	17212	13712
绍兴市越城区皋埠镇	5920	56210	12693	32548	24771
绍兴市袍江区马山镇	4120	55849	4334	38156	32927
绍兴市袍江区斗门镇	4300	73718	11185	49226	45756
绍兴县齐贤镇	2110	36996	4200	18410	16802
绍兴县钱清镇	5450	140317	96027	70395	66924
绍兴县孙端镇	3130	38968	6632	23160	19170
绍兴县福全镇	3980	52705	27226	29362	26961
绍兴县马安镇	5310	57461	6488	49137	45425
绍兴县平水镇	17320	49775	23458	33577	25753
绍兴县安昌镇	2410	60545	15066	38536	36590
绍兴县王坛镇	13790	30232	7673	18121	13841
绍兴县兰亭镇	8290	41993	28570	29355	25551

浙江省

2-1-11 续表 7 单位：公顷、人

建制镇名称	行政区域面积	总人口	镇区人口	从业人员	#二三产业
绍兴县稽东镇	11140	31472	5549	18738	13514
绍兴县杨汛桥镇	3790	43603	12525	22792	21991
绍兴县漓渚镇	3660	29697	8370	18375	15026
绍兴县富盛镇	7970	25413	4043	13115	7747
绍兴县陶堰镇	2510	23198	2691	14560	10254
绍兴县夏履镇	5100	24479	6083	11271	9133
新昌县澄潭镇	4400	19063	7971	13275	8466
新昌县梅渚镇	3550	14763	4960	10841	7397
新昌县回山镇	6270	16721	4269	11037	4762
新昌县大市聚镇	10860	27426	7436	18330	12451
新昌县小将镇	14500	13685	3149	9471	4138
新昌县沙溪镇	11830	10503	3471	7238	4099
新昌县镜岭镇	9500	23421	4100	15365	9155
新昌县儒岙镇	13250	34740	9551	23427	15537
诸暨市大唐镇	5380	48723	27505	41906	38952
诸暨市应店街镇	11790	47201	4597	30303	23203
诸暨市次坞镇	9720	39251	11088	35967	30665
诸暨市店口镇	10490	126479	100973	98644	96144
诸暨市阮市镇	7040	36474	5991	23603	22087
诸暨市直埠镇	5830	26624	8500	17807	13736
诸暨市江藻镇	4700	25575	5800	17840	12208
诸暨市山下湖镇	4260	31374	9541	19503	15018
诸暨市枫桥镇	16640	72636	39127	47067	41306
诸暨市赵家镇	9400	31729	5838	18802	8269
诸暨市马剑镇	11800	14079	1626	11658	10120
诸暨市五泄镇	3940	15730	4341	9959	8595
诸暨市草塔镇	8400	44259	15457	25754	24753
诸暨市王家井镇	5250	34362	4926	19028	13363
诸暨市牌头镇	8800	49345	15291	39354	32957
诸暨市同山镇	5500	16210	7288	13770	13140
诸暨市安华镇	6180	38197	9733	24503	20274
诸暨市街亭镇	7900	19290	8272	11883	9694
诸暨市璜山镇	13170	41053	19894	22375	15566
诸暨市陈宅镇	7900	19206	6831	10892	7782
诸暨市岭北镇	6600	13006	3709	8002	6855
诸暨市里浦镇	5700	21286	6000	12124	8684
诸暨市东白湖镇	19840	33021	6792	21022	14263
上虞市道墟镇	4300	58720	18820	40069	30215
上虞市长塘镇	3940	13425	3110	10275	6661
上虞市上浦镇	8660	26079	5437	16142	10351
上虞市汤浦镇	3140	15746	7768	8833	6032
上虞市章镇镇	14000	43390	12989	25790	13034
上虞市下管镇	4800	12306	4023	8616	6009
上虞市丰惠镇	11800	50818	16514	37357	25122
上虞市永和镇	3130	16114	4291	9477	5441
上虞市梁湖镇	6260	29093	11209	15997	11258
上虞市驿亭镇	5300	21694	3543	12390	8414

浙江省

2-1-11 续表 8　　　　单位：公顷、人

建制镇名称	行政区域面积	总人口	镇区人口	从业人员	#二三产业
上虞市小越镇	2890	37107	19045	18469	15007
上虞市谢塘镇	2800	27180	7180	16259	11877
上虞市盖北镇	2240	39879	4256	17499	11082
上虞市崧厦镇	8480	108908	41366	81555	67094
上虞市沥海镇	5700	58893	15372	37989	26664
嵊州市甘霖镇	15950	76201	43094	51775	46243
嵊州市长乐镇	20480	73503	32313	50513	39813
嵊州市崇仁镇	18000	77666	16752	46370	31532
嵊州市黄泽镇	9600	46842	9852	26787	19218
嵊州市三界镇	15500	49714	8690	37000	27700
嵊州市石璜镇	6380	21975	6813	15918	11703
嵊州市谷来镇	10370	24668	3322	16698	10418
嵊州市仙岩镇	7000	10442	1054	6956	4663
嵊州市金庭镇	7250	20407	4915	14510	9672
嵊州市北漳镇	8900	17735	2830	12470	8245
嵊州市下王镇	9000	13359	1735	7884	5306
金华市婺城区罗店镇	7200	19953	1454	12611	5685
金华市婺城区雅畈镇	7600	20078	5984	14969	6372
金华市婺城区安地镇	13040	14886	2315	10298	4496
金华市婺城区白龙桥镇	9140	66488	26732	43577	28914
金华市婺城区琅琊镇	9800	17643	4272	13191	6533
金华市婺城区蒋堂镇	5550	24211	5853	16414	10153
金华市婺城区汤溪镇	10430	47962	11377	32667	18474
金华市婺城区罗埠镇	4580	34536	4952	23726	9170
金华市婺城区洋埠镇	1820	14197	2780	10757	7434
金华市金东区孝顺镇	13000	74841	14691	39107	24210
金华市金东区傅村镇	3500	54254	16816	30914	25072
金华市金东区曹宅镇	9300	41345	5872	26733	13920
金华市金东区澧浦镇	9850	35829	4132	21529	6696
金华市金东区岭下镇	5800	16868	4678	10211	6909
金华市金东区江东镇	3450	14450	3232	7715	3187
金华市金东区塘雅镇	5300	32737	5056	20338	8279
金华市金东区赤松镇	5700	33219	6121	19464	11725
武义县柳城畲族镇	17080	25127	11331	15866	9423
武义县履坦镇	5060	13866	5235	9085	6954
武义县桐琴镇	4690	43191	21373	25207	21891
武义县泉溪镇	8730	33857	8019	23031	19452
武义县新宅镇	18120	9618	2458	6621	4711
武义县王宅镇	10170	24978	6605	17201	12491
武义县桃溪镇	10560	10642	3435	7267	4687
武义县茭道镇	5790	12460	4500	10200	8424
浦江县黄宅镇	6870	79973	17300	45837	35953
浦江县白马镇	5940	28779	11654	20233	15634
浦江县郑家坞镇	2380	11821	6580	8025	6966
浦江县郑宅镇	4080	30800	6936	21318	15078
浦江县岩头镇	4770	27387	4616	17202	11925
浦江县檀溪镇	11140	16523	3344	10744	5410

浙江省

2-1-11 续表 9 单位：公顷、人

建制镇名称	行政区域面积	总人口	镇区人口	从业人员	#二三产业
浦江县杭坪镇	9720	19454	2879	11268	4635
磐安县安文镇	12800	36700	31015	9810	6703
磐安县新渥镇	5300	16000	1220	10332	3422
磐安县尖山镇	3980	13244	7795	9821	5239
磐安县仁川镇	10700	14570	3391	10593	5021
磐安县大盘镇	7100	7591	3910	5736	3400
磐安县方前镇	12700	10079	1395	9748	4295
磐安县玉山镇	6300	16881	6124	9093	4882
磐安县尚湖镇	10800	17862	2811	10695	2855
磐安县冷水镇	4100	9809	4665	6161	2233
兰溪市游埠镇	6600	38457	14305	24221	16881
兰溪市诸葛镇	4890	27333	5419	16136	12026
兰溪市黄店镇	13530	31887	3062	22045	11681
兰溪市香溪镇	7710	35616	6760	22706	9924
兰溪市马涧镇	15910	47763	4980	29241	14467
兰溪市梅江镇	12540	41235	4187	25563	13383
兰溪市横溪镇	8260	24650	9240	14373	7358
义乌市佛堂镇	13410	185528	126431	124386	112333
义乌市赤岸镇	15000	35365	5384	21435	17337
义乌市义亭镇	5400	91620	41661	63120	50291
义乌市上溪镇	10200	83978	28298	45684	33306
义乌市苏溪镇	10910	82972	36019	56813	52253
义乌市大陈镇	13600	68260	30619	56241	51789
东阳市巍山镇	17800	68469	12863	45860	33652
东阳市虎鹿镇	9700	30447	7960	20100	8811
东阳市歌山镇	6400	42279	12882	28490	18471
东阳市佐村镇	15400	25577	2228	17370	8700
东阳市东阳江镇	14400	23006	7228	14311	7363
东阳市湖溪镇	9800	42146	17070	26058	12184
东阳市马宅镇	10800	25303	3186	15727	11469
东阳市千祥镇	10400	49348	14235	41924	21035
东阳市南马镇	10600	65069	5658	49315	35975
东阳市画水镇	12000	54602	16184	31689	16270
东阳市横店镇	12100	134956	83500	85280	78741
永康市石柱镇	6540	37704	4005	20663	15366
永康市前仓镇	7870	22896	2727	17891	10144
永康市舟山镇	7770	21837	3254	15074	8576
永康市古山镇	4910	70516	20870	52368	46042
永康市方岩镇	6710	28821	9099	21473	17986
永康市龙山镇	5470	46143	8432	22958	17758
永康市西溪镇	8600	24903	7900	15943	7974
永康市象珠镇	8070	46002	19272	23290	18503
永康市唐先镇	8560	40020	9869	27048	20310
永康市花街镇	11280	28510	3923	18076	12680
永康市芝英镇	5800	63646	10134	33558	24677
衢州市柯城区石梁镇	12200	27624	5811	17760	6857
衢州市柯城区航埠镇	6700	48790	18000	25605	20046

浙江省

2-1-11 续表 10 单位：公顷、人

建制镇名称	行政区域面积	总人口	镇区人口	从业人员	#二三产业
衢州市衢江区上方镇	15900	29218	3280	19405	10529
衢州市衢江区峡川镇	6200	14766	3507	9453	3266
衢州市衢江区莲花镇	7300	35887	1683	20485	6080
衢州市衢江区全旺镇	9700	21289	4138	13983	5330
衢州市衢江区大洲镇	14500	16167	3280	9458	5201
衢州市衢江区后溪镇	6400	24241	2783	14065	4526
衢州市衢江区廿里镇	6300	31777	8256	17335	8705
衢州市衢江区湖南镇	13500	11166	1767	6918	3099
衢州市衢江区高家镇	10800	49266	4813	30374	12982
衢州市衢江区杜泽镇	10500	28359	4995	16288	6534
常山县白石镇	4620	9413	3198	6069	3680
常山县招贤镇	6980	31302	4713	20575	13192
常山县青石镇	7870	31698	1030	19354	11493
常山县球川镇	12950	35395	6152	22480	15062
常山县天马镇	13630	81680	50890	46640	38180
常山县辉埠镇	5460	15148	3729	10196	7129
常山县芳村镇	6890	19541	6020	12496	6901
开化县桐村镇	12300	16505	3429	10869	5825
开化县杨林镇	13910	15471	1364	9611	5576
开化县苏庄镇	23400	19977	1522	12376	6839
开化县齐溪镇	12900	7122	388	4520	2177
开化县城关镇	15470	60111	45333	14045	8753
开化县华埠镇	23200	36822	13700	22441	11454
开化县马金镇	15370	35127	12680	21681	10186
开化县村头镇	7350	17629	3799	10074	6280
开化县池淮镇	13320	22269	6200	14188	5345
龙游县湖镇镇	10160	48012	29991	33638	18080
龙游县小南海镇	8360	30231	3250	19559	10239
龙游县詹家镇	5480	26240	8056	15511	8415
龙游县溪口镇	11300	21814	12018	13828	8798
龙游县横山镇	8750	30020	2443	19696	9336
龙游县塔石镇	8010	39376	3200	31228	16393
江山市四都镇	4280	15235	3686	8535	4452
江山市清湖镇	7140	34090	6750	23641	15821
江山市坛石镇	12460	24165	9295	14553	9293
江山市大桥镇	8060	15185	3945	10625	7787
江山市新塘边镇	4740	27177	4721	17534	12180
江山市廿八都镇	18650	11551	4425	7591	4235
江山市长台镇	5840	16366	5910	11024	7569
江山市上余镇	15580	36651	10590	22990	14735
江山市贺村镇	12950	86149	45902	62027	47019
江山市凤林镇	9270	36516	9977	23614	15807
江山市峡口镇	20470	39346	19176	23937	15144
江山市石门镇	9510	32332	7104	20257	14109
舟山市定海区金塘镇	8820	48158	9645	33623	28309
舟山市定海区小沙镇	4370	15258	8251	9450	7063
舟山市定海区岑港镇	5010	12226	1243	9570	7476

浙江省

2-1-11 续表 11 单位：公顷、人

建制镇名称	行政区域面积	总人口	镇区人口	从业人员	#二三产业
舟山市定海区双桥镇	5020	16763	2438	12459	9532
舟山市定海区白泉镇	6250	37026	14657	23649	17969
舟山市定海区干览镇	2350	12228	3269	6501	4807
舟山市定海区马岙镇	2500	13187	3500	8574	7612
舟山市普陀区六横镇	11880	64681	28488	47186	36901
舟山市普陀区虾峙镇	2290	17878	8904	9605	6065
舟山市普陀区桃花镇	4170	12362	6782	9601	4367
舟山市普陀区东极镇	1170	2124	731	866	392
舟山市普陀区普陀山镇	1250	5433	2060	3860	3824
岱山县高亭镇	5080	94575	49420	58575	50995
岱山县东沙镇	2300	17185	9675	12638	11705
岱山县岱东镇	2290	12885	3025	8960	6599
岱山县岱西镇	3140	12463	3807	9535	7498
岱山县长涂镇	5860	24635	6625	18528	16172
岱山县衢山镇	7220	57425	23291	30726	15584
嵊泗县菜园镇	3300	38919	21583	27100	23850
嵊泗县嵊山镇	800	9026	8434	6008	3244
嵊泗县洋山镇	2100	11769	11280	5932	3981
台州市椒江区大陈镇	1360	3413	2056	1994	766
台州市黄岩区宁溪镇	9000	31689	7264	19559	13938
台州市黄岩区北洋镇	6100	32149	5327	16830	10059
台州市黄岩区头陀镇	5800	35801	3865	26009	17496
台州市黄岩区院桥镇	8000	80358	15722	49516	37767
台州市黄岩区沙埠镇	4400	23370	6209	16137	11877
台州市路桥区新桥镇	1380	28433	17956	17471	15517
台州市路桥区横街镇	1490	31522	8723	20911	19894
台州市路桥区金清镇	8060	127913	38498	75178	55191
台州市路桥区蓬街镇	4520	69825	7138	40968	33881
玉环县清港镇	5470	78962	1082	61135	55921
玉环县楚门镇	3750	98524	70706	60438	54854
玉环县干江镇	2930	25648	4915	15566	12436
玉环县沙门镇	3530	33962	3805	26011	22271
玉环县芦浦镇	1970	26996	3142	15187	12552
三门县海游镇	14500	95674	10901	61854	56556
三门县沙柳镇	4900	13681	4840	9436	6713
三门县珠岙镇	3900	18909	6270	12326	10526
三门县亭旁镇	13100	46694	8798	31520	24198
三门县六敖镇	9400	31510	8977	21197	14037
三门县健跳镇	8700	29733	11778	19623	14769
三门县横渡镇	11300	12395	2533	8305	5980
三门县浦坝镇	8300	28236	3520	18742	10797
三门县花桥镇	8300	23377	7069	15682	10243
三门县小雄镇	6100	29557	4625	17890	10735
天台县白鹤镇	14010	62198	6931	36771	21905
天台县石梁镇	15830	15072	1526	9764	6531
天台县街头镇	14180	37476	5117	24530	16575
天台县平桥镇	18180	103724	40487	71526	50326

浙江省

2-1-11 续表 12 单位：公顷、人

建制镇名称	行政区域面积	总人口	镇区人口	从业人员	#二三产业
天台县坦头镇	8280	37110	10845	23760	17803
天台县三合镇	5970	36826	8504	20881	15417
天台县洪畴镇	4060	18930	8572	10268	8497
仙居县横溪镇	20000	49018	32900	31858	24313
仙居县埠头镇	6960	17109	8183	11306	9177
仙居县白塔镇	10410	40848	16843	24850	18872
仙居县田市镇	9280	26757	7839	15897	12127
仙居县官路镇	7920	22748	8467	14593	10245
仙居县下各镇	9100	51675	11065	30947	23317
仙居县朱溪镇	18570	24588	7256	16500	12478
温岭市泽国镇	6330	241739	149500	198391	184702
温岭市大溪镇	12950	133442	86613	91500	85370
温岭市松门镇	8270	103120	48200	58100	38813
温岭市箬横镇	11790	139514	29380	84844	60741
温岭市新河镇	7140	119180	50411	71904	54286
温岭市石塘镇	2820	71091	33580	52337	32003
温岭市滨海镇	6170	69048	15320	43557	28336
温岭市温峤镇	7750	67535	15936	44173	34429
温岭市城南镇	10910	70033	13041	48267	35193
温岭市石桥头镇	2840	28166	8524	18852	13308
温岭市坞根镇	3470	25585	5908	18295	12126
临海市汛桥镇	5300	18652	4320	13327	10034
临海市东塍镇	16500	62017	23509	36449	24860
临海市汇溪镇	5700	12266	2619	8261	6130
临海市小芝镇	9000	34541	5264	21681	15655
临海市河头镇	10000	32917	4799	20691	12165
临海市白水洋镇	21700	69268	24620	44830	28948
临海市括苍镇	15600	38209	11875	25122	18256
临海市永丰镇	15600	51060	6712	31500	21538
临海市尤溪镇	13600	20807	7792	15247	10596
临海市涌泉镇	11200	53722	11787	35551	25860
临海市沿江镇	7800	47253	7200	32312	25286
临海市杜桥镇	18600	252282	109140	148500	121860
临海市上盘镇	9900	54354	40333	34340	22512
临海市桃渚镇	12900	91745	14562	60083	40068
丽水市莲都区碧湖镇	13300	47267	16625	28545	13235
丽水市莲都区大港头镇	9420	11169	3360	6517	3303
丽水市莲都区老竹畲族镇	8400	11554	2993	7569	4006
丽水市莲都区雅溪镇	15930	10983	1963	6910	2702
青田县鹤城镇	14500	79469	48543	29982	23683
青田县温溪镇	5800	45583	24101	26745	23966
青田县东源镇	8600	11700	6803	6000	4552
青田县高湖镇	8900	12639	10233	8387	4803
青田县船寮镇	16600	35165	6047	20049	9585
青田县海口镇	10800	12203	3345	10593	6943
青田县腊口镇	9400	16923	9438	11816	6197
青田县北山镇	19000	3786	1171	2025	589

浙江省

2-1-11　续表 13　　　　单位：公顷、人

建制镇名称	行政区域面积	总人口	镇区人口	从业人员	#二三产业
青田县山口镇	7600	8462	6638	4807	4170
青田县仁庄镇	9300	5370	4456	3106	927
缙云县五云镇	5100	81347	44745	58735	51519
缙云县壶镇镇	22900	100530	45886	52738	35328
缙云县新建镇	21600	50933	15615	32614	22047
缙云县舒洪镇	6520	16618	7749	11667	6322
缙云县大洋镇	16100	12222	5162	6973	2434
缙云县东渡镇	12800	33734	5337	20637	8956
缙云县东方镇	8100	24044	18150	12304	6917
缙云县大源镇	8880	19398	3550	13105	6857
遂昌县妙高镇	19200	71778	56356	41601	32991
遂昌县云峰镇	21400	21350	5615	13410	7109
遂昌县新路湾镇	13600	11734	1309	7473	1752
遂昌县北界镇	8300	9558	1701	5471	1712
遂昌县金竹镇	14000	14845	1522	8764	2791
遂昌县大柘镇	12300	13676	6132	8739	3170
遂昌县石练镇	10900	13193	6113	7735	2677
遂昌县王村口镇	16500	8326	2465	5368	2074
遂昌县黄沙腰镇	16900	8156	763	5318	2223
松阳县西屏镇	11100	68373	36521	47304	29242
松阳县古市镇	5000	21484	9237	14788	7420
松阳县玉岩镇	14300	11650	1340	8246	1865
松阳县象溪镇	12100	12457	1067	10215	3376
松阳县大东坝镇	21600	16573	711	10678	3198
云和县崇头镇	22850	22986	1236	16560	7898
云和县石塘镇	17400	14088	530	8703	3658
云和县紧水滩镇	14580	8124	419	6214	3485
庆元县松源镇	19240	84615	63746	52575	37111
庆元县黄田镇	12180	12308	1764	8327	2493
庆元县竹口镇	17200	10135	3798	6114	3424
庆元县荷地镇	11700	3849	2089	2984	695
庆元县左溪镇	14600	3316	562	2321	1040
庆元县贤良镇	7610	4931	744	3102	396
景宁县鹤溪镇	10860	49800	35584	21000	17400
景宁县渤海镇	10840	5904	1004	3235	1021
景宁县东坑镇	17320	6625	1528	4269	2528
景宁县英川镇	12140	8300	1155	5656	2959
景宁县沙湾镇	12270	12630	2687	10322	6447
龙泉市八都镇	14280	24150	8190	14500	7839
龙泉市上垟镇	16200	17259	3919	10113	3485
龙泉市小梅镇	10250	11969	2367	6729	2171
龙泉市查田镇	12240	16853	2889	9377	5686
龙泉市安仁镇	20800	21886	5311	13226	7463
龙泉市锦旗镇	16700	9566	2578	6188	2546
龙泉市住龙镇	26970	5922	2042	3964	1295
龙泉市屏南镇	28500	3260	1100	2890	1385

2-1-12 安徽省建制镇名录及基本情况

单位：公顷、人

建制镇名称	行政区域面积	总人口	镇区人口	从业人员	#二三产业
合肥市瑶海区大兴镇	1560	31623	3582	13089	12770
合肥市庐阳区大杨镇	3602	34177	24632	27072	10409
合肥市蜀山区井岗镇	2644	105452	105452	33744	26658
合肥市蜀山区南岗镇	3900	18500	5120	9875	7652
合肥市包河区淝河镇	2650	98247	858	45688	45688
合肥市包河区大圩镇	3550	21800	1290	13434	7366
长丰县水湖镇	12930	119831	58696	79630	34733
长丰县庄墓镇	4127	30287	8653	14560	9860
长丰县杨庙镇	10200	39868	7500	23596	11922
长丰县吴山镇	13100	49503	14238	30172	12780
长丰县岗集镇	16100	62987	18940	33105	14924
长丰县双墩镇	21900	92457	20817	53841	36160
长丰县下塘镇	22800	94215	14439	50683	28037
长丰县朱巷镇	10500	42872	8753	15345	6067
长丰县三十头镇	8600	56365	9118	32692	22885
肥东县店埠镇	16200	182207	126813	142948	128797
肥东县撮镇镇	12400	92007	15945	49746	39186
肥东县梁园镇	17600	84118	25385	50066	35000
肥东县桥头集镇	12600	55965	3421	34293	20696
肥东县长临河镇	10000	50129	5365	40724	26031
肥东县石塘镇	12500	69606	13415	40080	29980
肥东县古城镇	18600	74193	6522	54400	39414
肥东县八斗镇	17700	77827	2748	40481	11126
肥东县元疃镇	9100	28790	3810	19030	11580
肥东县白龙镇	20000	74281	3947	49388	29288
肥东县包公镇	13500	60526	6128	36453	22255
肥西县上派镇	12200	145295	102000	99620	70780
肥西县三河镇	7365	74430	30593	42566	36788
肥西县高刘镇	19500	67045	15372	46875	20400
肥西县官亭镇	23700	88141	12300	57989	29590
肥西县小庙镇	19650	71625	23420	50870	36253
肥西县山南镇	20800	76948	19856	48628	35602
肥西县花岗镇	24520	105618	12082	63556	37176
肥西县紫蓬镇	8995	41520	1972	26000	13080
肥西县桃花镇	4100	71638	4095	39630	38630
肥西县丰乐镇	11894	58907	4526	30974	18870
庐江县庐城镇	16300	144845	76047	73756	54857
庐江县冶父山镇	15800	56127	10483	33276	18704
庐江县万山镇	9435	46025	9200	21725	12398
庐江县汤池镇	9190	48206	32000	22419	14012
庐江县郭河镇	11501	63242	11380	33678	20355
庐江县金牛镇	6750	36256	14300	21521	12721
庐江县石头镇	7250	37618	16350	18204	9400
庐江县同大镇	11362	84104	12010	41691	28021
庐江县白山镇	10500	62709	14383	23347	17301
庐江县盛桥镇	12794	72570	23160	34445	19232
庐江县白湖镇	16300	89150	14197	39344	21094
庐江县龙桥镇	10501	58377	12579	36042	19522

安徽省

2-1-12 续表 1 单位：公顷、人

建制镇名称	行政区域面积	总人口	镇区人口	从业人员	#二三产业
庐江县矾山镇	12600	66964	18050	35297	6354
庐江县罗河镇	11890	70227	19219	32925	16407
庐江县泥河镇	18610	94322	36012	54325	32396
庐江县乐桥镇	12864	60157	12429	30588	14956
庐江县柯坦镇	13668	62266	9350	25786	16136
巢湖市栏杆镇	18150	47643	5500	28586	11845
巢湖市苏湾镇	12120	59528	8500	34200	22000
巢湖市柘皋镇	14980	78502	13197	49884	3360
巢湖市银屏镇	9800	36810	3250	18166	8091
巢湖市夏阁镇	18300	68240	9260	38920	24998
巢湖市中埠镇	6697	33370	6536	20858	9761
巢湖市散兵镇	12600	39678	11153	22165	13546
巢湖市烔炀镇	15953	63889	22000	40054	19357
巢湖市黄麓镇	8340	41780	6329	22217	8563
巢湖市槐林镇	14696	70566	31110	35528	26414
巢湖市坝镇镇	6600	34720	9100	18700	6410
芜湖市弋江区火龙岗镇	41394	70756	3029	37675	27812
芜湖市鸠江区沈巷镇	23800	124625	46300	88300	48184
芜湖市三山区峨桥镇	10500	56614	3386	31267	21450
芜湖县湾沚镇	20590	115274	54867	86815	69353
芜湖县六郎镇	12470	83258	4578	44835	18230
芜湖县陶辛镇	8540	54576	1938	29021	4920
芜湖县红杨镇	14050	57725	9166	29275	21083
芜湖县花桥镇	9490	38460	5120	22938	18545
繁昌县繁阳镇	13800	105228	49877	58921	52201
繁昌县荻港镇	8800	41402	10232	28104	24236
繁昌县孙村镇	15400	57501	28520	43760	33880
繁昌县平铺镇	9300	31240	1520	19071	8356
繁昌县新港镇	3500	20471	4200	12451	7954
繁昌县峨山镇	7600	24526	1650	12552	9570
南陵县籍山镇	17210	138709	61060	54202	27101
南陵县许镇镇	17754	110613	50882	73500	33745
南陵县弋江镇	15910	96073	37450	57645	39276
南陵县三里镇	17236	48952	16600	28584	23819
南陵县何湾镇	21713	45222	8682	32195	14100
南陵县工山镇	18010	57149	16120	35284	15878
南陵县烟墩镇	10390	20732	2298	13481	7776
南陵县家发镇	8120	30502	4572	17315	10507
无为县无城镇	12000	198700	98560	126642	93556
无为县襄安镇	10700	63030	23428	32184	14665
无为县二坝镇	11400	54386	16689	38234	25680
无为县汤沟镇	11300	64206	14613	37917	13493
无为县陡沟镇	13200	75738	8324	41456	12598
无为县石涧镇	10533	78629	16293	43599	13801
无为县严桥镇	18100	65422	8792	37640	16587
无为县开城镇	11300	65624	6637	28965	17035
无为县蜀山镇	11200	66713	12176	36142	14067
无为县牛埠镇	15900	68417	9928	41976	26347

安徽省

2-1-12　续表 2　　　　单位：公顷、人

建制镇名称	行政区域面积	总人口	镇区人口	从业人员	#二三产业
无为县刘渡镇	7800	43218	4290	24047	10365
无为县姚沟镇	7930	37106	13124	21245	10786
无为县泥汊镇	11900	70123	14356	40522	29979
无为县白茆镇	12300	85692	10215	51291	21637
无为县福渡镇	7200	42099	8576	21999	7801
无为县泉塘镇	11095	62147	8260	30256	12604
无为县赫店镇	5600	42609	5531	22051	10012
无为县红庙镇	8400	44310	2760	18568	9519
无为县高沟镇	10000	50721	26864	36045	23071
蚌埠市龙子湖区长淮卫镇	9600	45601	2596	34609	16732
蚌埠市禹会区秦集镇	9800	46661	46661	29793	16343
蚌埠市淮上区小蚌埠镇	4400	51718	5420	29807	21411
蚌埠市淮上区吴小街镇	3700	28237	5541	18357	12169
蚌埠市淮上区曹老集镇	9800	48199	7617	30174	9260
怀远县城关镇	11000	193058	111842	86880	66745
怀远县包集镇	17420	78700	25238	44289	27589
怀远县龙亢镇	10800	65181	18466	34126	13962
怀远县河溜镇	14500	64669	9108	39615	17150
怀远县常坟镇	13800	103526	31000	69880	30700
怀远县马城镇	15514	86617	2714	41218	14427
怀远县双桥镇	13200	54406	5421	29408	13738
怀远县魏庄镇	10247	45267	1306	29976	10927
怀远县万福镇	12059	55053	5038	35782	9535
怀远县唐集镇	15406	66724	28300	42154	22038
五河县城关镇	7400	105471	74482	69252	59310
五河县新集镇	10200	51848	8255	31685	18975
五河县沫河口镇	16650	70603	8102	36923	11471
五河县小溪镇	9900	30041	5800	21634	10682
五河县双忠庙镇	14300	56339	2550	35450	14370
五河县小圩镇	10900	44007	5240	30720	13687
五河县东刘集镇	17300	65265	7372	39792	10641
五河县头铺镇	9500	53798	3800	27560	11410
五河县大新镇	5503	28432	5810	17963	6590
五河县武桥镇	7700	29126	4425	18486	6010
五河县朱顶镇	10900	48820	6938	32865	5874
五河县浍南镇	16590	56512	4085	33760	19652
五河县申集镇	12300	51343	3188	31096	3191
固镇县城关镇	12100	121275	80723	28000	10980
固镇县王庄镇	10800	38653	7425	22629	5659
固镇县新马桥镇	13700	56645	6746	34021	7731
固镇县连城镇	10100	47463	3978	27225	5391
固镇县刘集镇	16500	57418	16000	35812	11355
固镇县任桥镇	12500	57179	4884	32657	24843
固镇县湖沟镇	13100	63028	7460	37140	7440
固镇县濠城镇	7800	31067	4495	20418	4166
淮南市大通区上窑镇	6460	30264	5338	15411	14383
淮南市大通区洛河镇	3600	16782	10360	10388	10066
淮南市大通区九龙岗镇	3350	30767	2044	19743	16406

安徽省

2-1-12 续表 3　　　　单位：公顷、人

建制镇名称	行政区域面积	总人口	镇区人口	从业人员	#二三产业
淮南市田家庵区舜耕镇	4730	28882	2600	4667	4383
淮南市田家庵区安成镇	3990	28179	1996	18732	11397
淮南市田家庵区曹庵镇	5670	38701	2612	21007	6550
淮南市谢家集区望峰岗镇	2400	47776	289	22584	20884
淮南市谢家集区李郢孜镇	2350	44362	143	28752	27364
淮南市谢家集区唐山镇	37000	21786	147	11208	8488
淮南市谢家集区杨公镇	6840	36207	662	20115	9050
淮南市八公山区山王镇	4400	53941	34410	17263	15867
淮南市潘集区高皇镇	7300	53350	9010	28399	20479
淮南市潘集区平圩镇	5238	41092	20682	21300	17270
淮南市潘集区泥河镇	4600	38784	15663	20395	8464
淮南市潘集区潘集镇	5700	38439	11519	24960	21430
淮南市潘集区芦集镇	7106	61019	22019	27824	22697
淮南市潘集区架河镇	4278	30745	2251	20695	16130
凤台县城关镇	523	60101	4348	9139	8698
凤台县新集镇	6695	51407	11631	33275	8422
凤台县朱马店镇	6880	43212	4303	22228	11016
凤台县岳张集镇	6299	49264	9210	39375	29505
凤台县顾桥镇	4400	30186	8712	17014	12037
凤台县毛集镇	6500	53282	24321	35412	25897
凤台县夏集镇	3960	31681	11234	19481	13776
凤台县桂集镇	6560	44226	12870	26746	14547
凤台县焦岗镇	9400	46086	10346	26800	20400
马鞍山市雨山区向山镇	5400	51536	39857	9635	6749
马鞍山市雨山区银塘镇	2687	18280	3365	11397	8351
当涂县姑孰镇	11300	143499	122979	115021	104619
当涂县黄池镇	8350	48777	2709	16700	15615
当涂县乌溪镇	4700	24524	5623	10400	8300
当涂县石桥镇	8900	56278	12862	27566	19069
当涂县塘南镇	6300	33194	9256	17922	11912
当涂县护河镇	8400	31965	3544	17268	9619
当涂县太白镇	10000	37578	6000	28652	22978
当涂县丹阳镇	12700	55861	16150	25342	15104
当涂县博望镇	13300	87513	21680	49895	19895
当涂县新市镇	7240	40754	1579	23202	17032
含山县环峰镇	24054	143995	68893	91050	67000
含山县运漕镇	6856	41649	8765	23916	15333
含山县铜闸镇	7264	33866	7128	24640	8987
含山县陶厂镇	11640	39021	5913	21552	9719
含山县林头镇	14460	73313	32556	42705	26358
含山县清溪镇	13963	49252	3585	26416	16044
含山县仙踪镇	17422	66063	16400	47111	30621
含山县昭关镇	8788	25289	2580	15400	6000
和县历阳镇	16400	139007	72930	78320	54852
和县白桥镇	7400	53666	15839	33112	21466
和县姥桥镇	11800	63897	10768	34500	13665
和县功桥镇	12300	51115	6293	35274	29410
和县西埠镇	15000	56629	12199	36695	25627

安徽省

2-1-12 续表 4

单位：公顷、人

建制镇名称	行政区域面积	总人口	镇区人口	从业人员	#二三产业
和县香泉镇	12600	41800	13125	27498	12899
和县乌江镇	14100	63936	21803	42437	28884
和县善厚镇	13010	34229	8395	19946	12069
和县石杨镇	15800	40216	7687	26859	15377
淮北市杜集区朔里镇	5006	30422	4622	15155	10878
淮北市杜集区石台镇	5132	28651	5432	14220	9344
淮北市杜集区段园镇	4130	28449	4037	18933	9079
淮北市相山区渠沟镇	8800	65349	4140	34193	19367
淮北市烈山区烈山镇	11940	68990	6607	37482	3100
淮北市烈山区宋疃镇	10100	52829	5373	34816	9200
淮北市烈山区古饶镇	23400	88171	5590	55035	54280
濉溪县濉溪镇	6500	130903	88815	48656	36971
濉溪县韩村镇	12080	70402	17501	34650	20670
濉溪县刘桥镇	8419	62729	18950	27464	13200
濉溪县五沟镇	18876	102711	11667	55916	40968
濉溪县临涣镇	16738	94694	6300	50277	21500
濉溪县百善镇	25000	119945	15347	61857	28769
濉溪县铁佛镇	22314	129156	15267	52125	32381
濉溪县南坪镇	22529	99617	5600	62127	28630
濉溪县双堆集镇	25348	103449	5132	48641	28088
濉溪县孙町镇	20498	106058	17589	60880	12902
铜陵市狮子山区西湖镇	4784	24832	3050	14875	11268
铜陵市郊区铜山镇	3460	16689	8755	8608	6304
铜陵市郊区大通镇	7072	26697	8028	14138	10938
铜陵县五松镇	4800	41864	41864	35914	35289
铜陵县顺安镇	13800	50212	11633	25010	15281
铜陵县钟鸣镇	15400	46716	8100	26336	16436
铜陵县天门镇	16600	43968	1825	26956	17486
安庆市开发区老峰镇	4335	30000	2972	16000	9000
安庆市大观区海口 镇	6755	44772	3500	23000	4900
安庆市宜秀区大龙山镇	5354	22509	5127	10379	9334
安庆市宜秀区杨桥镇	10010	26393	8706	14532	
安庆市宜秀区罗岭镇	10200	27930	3664	20840	20240
怀宁县高河镇	8146	104620	62837	49150	43850
怀宁县石牌镇	7780	94683	30830	58816	43446
怀宁县月山镇	7165	31400	12740	14529	8824
怀宁县马庙镇	8516	56835	26148	39660	31882
怀宁县金拱镇	6127	32000	20267	17305	12680
怀宁县茶岭镇	6387	32454	10997	20335	10999
怀宁县公岭镇	5656	27318	5487	13854	9780
怀宁县黄墩镇	5749	42339	17030	29553	21158
怀宁县三桥镇	5561	28264	12161	17852	11682
怀宁县小市镇	5078	23878	2000	11892	8890
怀宁县黄龙镇	2778	19785	1194	16223	12428
怀宁县平山镇	7052	37679	973	18027	13983
怀宁县腊树镇	9255	34669	4235	20267	18282
怀宁县洪铺镇	8809	39147	9764	19152	18854
怀宁县江镇镇	7510	35759	3259	19509	426

安徽省

2-1-12 续表 5　　　　单位：公顷、人

建制镇名称	行政区域面积	总人口	镇区人口	从业人员	#二三产业
枞阳县枞阳镇	9058	90521	55647	54312	1725
枞阳县欧山镇	8768	50812	3327	30342	14300
枞阳县汤沟镇	9980	92062	3303	57800	3300
枞阳县老洲镇	8430	74650	10855	56780	36313
枞阳县陈瑶湖镇	9540	50765	8102	28354	9503
枞阳县周潭镇	8000	45277	5726	17236	4672
枞阳县横埠镇	11259	78586	35215	44037	19808
枞阳县项铺镇	9980	29800	4370	16341	2670
枞阳县钱桥镇	8900	56820	6436	34800	23427
枞阳县其林镇	9216	44127	4416	24335	12585
枞阳县义津镇	9880	54073	8046	29880	6881
枞阳县浮山镇	4150	20583	1312	15120	15120
枞阳县会宫镇	7621	45439	1506	27270	21800
枞阳县官埠桥镇	10600	41417	4142	21352	14370
潜山县梅城镇	11500	108014	49645	51001	30276
潜山县源潭镇	16200	77551	31000	34580	20102
潜山县余井镇	14200	60755	3500	31002	16330
潜山县王河镇	9600	52769	1329	26426	14820
潜山县黄铺镇	15200	50344	1808	26546	26546
潜山县槎水镇	17630	36659	5850	19237	10780
潜山县水吼镇	21450	33729	442	18760	18760
潜山县官庄镇	18800	31246	954	11843	1542
潜山县黄泥镇	3200	21578	1392	13542	13407
潜山县黄柏镇	5700	15196	658	4537	1680
潜山县天柱山镇	7100	13329	2102	7252	4109
太湖县晋熙镇	16792	78458	68243	51107	40099
太湖县徐桥镇	10300	49174	12080	24649	9077
太湖县新仓镇	16100	74410	7550	39880	7290
太湖县小池镇	12600	41856	3862	22956	14035
太湖县寺前镇	17200	29797	4142	17403	9397
太湖县天华镇	18800	31830	4238	16190	11113
太湖县牛镇镇	16300	25166	3861	12255	3677
太湖县弥陀镇	15150	38355	9936	20280	12754
太湖县北中镇	18200	38800	4980	21300	5845
太湖县百里镇	9600	24316	2700	11791	3400
宿松县孚玉镇	7696	84100	66610	49900	40050
宿松县复兴镇	7200	54838	17010	31671	9665
宿松县汇口镇	10600	47240	6745	28028	6318
宿松县许岭镇	9800	48735	5639	34056	22786
宿松县下仓镇	12870	38021	7800	18307	8497
宿松县二郎镇	5800	32856	1148	17143	10177
宿松县破凉镇	8900	44501	6200	19835	6831
宿松县凉亭镇	8698	41346	4590	25342	8896
宿松县长铺镇	8440	33120	3100	31400	31300
望江县华阳镇	14324	158210	83110	65210	45470
望江县杨湾镇	8347	33907	3410	21182	6584
望江县漳湖镇	15718	27888	5260	15791	8806
望江县赛口镇	9401	43064	1900	24702	13405

安徽省

2-1-12 续表 6 单位：公顷、人

建制镇名称	行政区域面积	总人口	镇区人口	从业人员	#二三产业
望江县高士镇	7384	80819	20612	44659	37760
望江县鸦滩镇	14625	79476	17703	42362	26473
望江县长岭镇	15564	76138	13317	42174	23115
望江县太慈镇	18285	76465	11520	41312	23402
岳西县天堂镇	4213	53837	53837	18450	10410
岳西县店前镇	18300	24874	3300	14830	11680
岳西县来榜镇	13400	23112	8175	12130	8698
岳西县菖蒲镇	14000	23280	3900	11150	3100
岳西县头陀镇	12300	10275	1831	4808	3900
岳西县白帽镇	13500	20911	3520	12628	2628
岳西县温泉镇	8600	33402	14100	17852	5170
岳西县响肠镇	6437	19294	1200	9970	4610
岳西县河图镇	17200	10737	1630	5333	891
岳西县五河镇	13100	19433	1020	11750	7020
岳西县主簿镇	9900	8050	900	4865	2050
岳西县冶溪镇	10600	24986	1007	13648	3040
岳西县黄尾镇	10300	6997	1820	3361	1210
桐城市孔城镇	16700	82385	15957	41330	24934
桐城市吕亭镇	16392	61052	25400	37829	25236
桐城市范岗镇	13424	73979	21206	38998	26448
桐城市新渡镇	11694	68476	24806	43428	21785
桐城市双港镇	10200	60073	22720	36010	19727
桐城市大关镇	16892	73636	10810	44186	23098
桐城市青草镇	17000	70189	14601	38786	12394
桐城市金神镇	13194	61587	13316	33507	16378
桐城市嬉子湖镇	13470	24773	1396	13296	4049
桐城市唐湾镇	12300	13229	1200	7468	4070
桐城市黄甲镇	9685	14001	186	8200	12
桐城市鲟鱼镇	281	1022	1022	602	600
黄山市屯溪区屯光镇	4200	19531	1189	11767	9658
黄山市屯溪区阳湖镇	2162	37244	32451	18581	16520
黄山市屯溪区黎阳镇	2289	13707	10421	8762	6250
黄山市屯溪区新潭镇	3400	11328	7122	7959	6412
黄山市屯溪区奕棋镇	3020	10417	8163	6947	3582
黄山市黄山区甘棠镇	10400	17967	1847	9920	6427
黄山市黄山区仙源镇	4400	11065	3418	6357	3914
黄山市黄山区汤口镇	12900	15020	4056	10007	6600
黄山市黄山区谭家桥镇	13600	8214	8214	4919	1480
黄山市黄山区太平湖镇	13100	11094	652	5808	2240
黄山市黄山区焦村镇	25815	14821	995	8034	3190
黄山市黄山区耿城镇	8500	8790	2580	2980	1567
黄山市黄山区三口镇	6000	10063	2754	5769	3992
黄山市徽州区岩寺镇	7900	27188	16555	19781	15625
黄山市徽州区西溪南镇	5630	16162	3825	9572	4452
黄山市徽州区潜口镇	3824	12806	5201	9515	6368
黄山市徽州区呈坎镇	8240	13062	3728	8403	5061
歙县徽城镇	6150	62136	46602	43495	34797
歙县深渡镇	9900	25219	7426	17810	5172

安徽省

2-1-12 续表 7 单位：公顷、人

建制镇名称	行政区域面积	总人口	镇区人口	从业人员	#二三产业
歙县北岸镇	8900	25576	13924	16668	9907
歙县富堨镇	5400	15960	3592	9103	2653
歙县郑村镇	4050	16285	6402	11868	4853
歙县桂林镇	14000	28087	15020	18571	6025
歙县许村镇	7500	9641	3611	5610	1231
歙县溪头镇	12000	17762	3263	9777	3166
歙县杞梓里镇	15800	30705	4002	19918	7759
歙县霞坑镇	9506	20012	7369	13629	4988
歙县岔口镇	9340	17809	1946	9899	4598
歙县街口镇	5300	14140	204	7800	3400
歙县王村镇	8730	23422	6368	17120	10920
休宁县海阳镇	13320	50987	26687	14136	6311
休宁县齐云山镇	10880	13199	1070	7965	4856
休宁县万安镇	7700	23103	3200	13818	9020
休宁县五城镇	18220	23009	5279	15065	8380
休宁县东临溪镇	11930	19822	4125	12150	12034
休宁县兰田镇	14790	12928	2254	8394	1840
休宁县溪口镇	22380	22736	1925	10598	3462
休宁县流口镇	6760	5516	2148	3674	2075
休宁县汪村镇	16880	10744	1081	6615	3983
休宁县商山镇	9540	21556	2448	16472	6276
黟县碧阳镇	12000	41160	20977	31592	22629
黟县宏村镇	18708	17877	2678	11890	3952
黟县渔亭镇	7272	9620	3690	5600	3150
黟县西递镇	7700	6240	1393	4590	2040
祁门县祁山镇	23016	52489	2175	26859	18663
祁门县小路口镇	9438	6706	597	4748	1641
祁门县金字牌镇	12700	11691	3731	7210	3364
祁门县平里镇	9278	7214	1805	4838	2210
祁门县历口镇	10524	15324	5009	8367	2980
祁门县闪里镇	13600	9638	1421	8124	3581
祁门县安凌镇	19500	13666	1624	7901	1777
祁门县凫峰镇	11704	10576	2278	6850	2534
滁州市南谯区乌衣镇	14442	49499	10816	23987	6516
滁州市南谯区沙河镇	10338	23510	17050	12716	6205
滁州市南谯区章广镇	20950	30204	3098	17181	2550
滁州市南谯区黄泥岗镇	8470	20725	2497	13960	2051
滁州市南谯区珠龙镇	13584	18913	3100	10061	1699
滁州市南谯区大柳镇	13178	13038	3038	6050	1401
滁州市南谯区腰铺镇	8970	27790	8183	19263	8907
滁州市南谯区施集镇	20281	31008	1802	16806	6652
来安县新安镇	13991	107746	65082	70562	66376
来安县半塔镇	28511	78359	18030	49297	17742
来安县水口镇	18869	60805	9560	32352	12678
来安县汊河镇	11677	41010	16100	25216	22173
来安县大英镇	4779	16571	4268	11040	3945
来安县雷官镇	9104	29212	3585	16947	2315
来安县施官镇	14140	43307	3340	31787	6448

安徽省

2-1-12 续表 8 单位：公顷、人

建制镇名称	行政区域面积	总人口	镇区人口	从业人员	#二三产业
来安县舜山镇	13338	36154	1458	19798	4174
全椒县襄河镇	12345	122810	75256	55562	44394
全椒县古河镇	10501	40333	14656	20056	6157
全椒县大墅镇	15846	48517	3625	23230	10820
全椒县二郎口镇	17797	54820	4223	25955	7202
全椒县武岗镇	9972	22674	3726	9030	2990
全椒县马厂镇	18056	41084	3190	22358	4698
全椒县石沛镇	19699	28330	1712	13848	6483
全椒县十字镇	18252	37840	3750	17229	6855
全椒县西王镇	14280	26705	1850	13010	4000
全椒县六镇镇	20082	44083	3136	23335	5667
定远县定城镇	27700	161732	110562	87650	57950
定远县炉桥镇	17880	102983	30550	60115	45932
定远县永康镇	19200	65172	12447	29718	15607
定远县吴圩镇	22700	64603	3130	38495	14639
定远县朱湾镇	6930	22752	5230	14213	2697
定远县张桥镇	18400	57514	12860	31820	5250
定远县藕塘镇	19150	52813	10210	27163	7190
定远县池河镇	19070	53613	8230	25733	10576
定远县连江镇	10524	42931	3213	25023	3216
定远县界牌集镇	10978	28203	4060	12158	1413
定远县仓镇	11550	34082	2218	19086	8954
定远县三和集镇	13590	34107	11040	21660	4305
定远县西卅店镇	16900	37784	2340	32164	10900
定远县桑涧镇	15700	38155	4801	26312	14300
定远县蒋集镇	9595	31121	2300	18152	5957
定远县大桥镇	7890	27103	2436	18261	10048
凤阳县府城镇	17472	139800	50460	70215	21000
凤阳县临淮镇	2945	45722	29607	26546	20346
凤阳县武店镇	10500	65408	17273	40437	17400
凤阳县西泉镇	7420	40268	5110	21053	10533
凤阳县官塘镇	7831	36803	1410	21300	9440
凤阳县刘府镇	21729	67761	10519	37848	18696
凤阳县大庙镇	16416	48836	3365	25302	11433
凤阳县殷涧镇	20480	28039	1280	18687	5438
凤阳县总铺镇	17643	51350	4820	27850	4819
凤阳县红心镇	15867	33000	2040	21360	6700
凤阳县板桥镇	14405	62913	4907	38946	14443
凤阳县大溪河镇	8909	30211	5500	13930	2800
凤阳县小溪河镇	20548	54186	5840	29684	10865
凤阳县枣巷镇	7307	28063	2824	19246	13489
天长市铜城镇	22280	76164	29556	48660	34711
天长市汊涧镇	16210	60650	17084	30055	16131
天长市秦栏镇	10340	65468	41986	50625	48800
天长市大通镇	15500	41307	2902	22280	8984
天长市杨村镇	13960	40330	8296	22469	16542
天长市石梁镇	10901	32252	9827	19947	14243
天长市金集镇	9600	38836	6639	22610	14169

安徽省

2-1-12 续表 9　　　　单位：公顷、人

建制镇名称	行政区域面积	总人口	镇区人口	从业人员	#二三产业
天长市永丰镇	8390	24579	6026	16656	11736
天长市仁和集镇	13300	43979	10568	26548	19423
天长市冶山镇	9630	33817	12806	20901	14412
天长市郑集镇	6450	22568	2299	11793	7720
天长市张铺镇	13810	32540	4229	18670	12586
天长市新街镇	8430	25891	4350	13828	8435
天长市万寿镇	7210	14994	1769	8946	5672
明光市张八岭镇	23800	34696	11515	17916	8398
明光市三界镇	13500	21825	5802	11712	6196
明光市管店镇	7190	20401	12360	8698	4869
明光市自来桥镇	19200	30661	4313	15083	8177
明光市涧溪镇	21600	51258	3024	29982	11119
明光市石坝镇	22600	50826	5957	32953	9980
明光市苏巷镇	10900	24074	6473	10665	4755
明光市桥头镇	15000	32010	4729	17894	6036
明光市女山湖镇	27900	41701	24315	25196	8078
明光市古沛镇	12610	30945	5350	19480	3477
明光市潘村镇	15100	70662	11546	34539	7988
明光市柳巷镇	5800	31861	1638	15656	7610
阜阳市颍州区王店镇	4362	66353	2437	22968	21515
阜阳市颍州区程集镇	4810	45276	13900	23404	13057
阜阳市颍州区三合镇	4200	36750	2100	22648	12977
阜阳市颍州区西湖镇	3600	33797	3495	20934	8266
阜阳市颍州区九龙镇	4800	41525	3463	27687	21764
阜阳市颍州区三十里铺镇	3800	42358	5539	25415	9861
阜阳市颍州区袁集镇	4800	47516	4870	24163	24056
阜阳市颍东区口孜镇	8283	81256	4726	53226	26174
阜阳市颍东区插花镇	10850	83380	8680	49500	29560
阜阳市颍东区袁寨镇	5390	64914	2300	39940	18190
阜阳市颍东区枣庄镇	7070	43153	1556	21228	5618
阜阳市颍东区老庙镇	5880	42350	1210	23150	11000
阜阳市颍东区正午镇	6450	47303	3318	21946	6700
阜阳市颍东区杨楼孜镇	4100	40213	5205	28226	12185
阜阳市颍东区新乌江镇	6400	47158	3400	27600	13300
阜阳市颍泉区伍明镇	14150	115218	15820	71307	50437
阜阳市颍泉区宁老庄镇	11720	110281	13936	63796	32876
阜阳市颍泉区闻集镇	14310	134410	14987	66555	49961
阜阳市颍泉区行流镇	10980	100600	7558	60062	42600
临泉县城关镇	5750	185496	110540	93675	66800
临泉县杨桥镇	7100	66580	10140	38616	15447
临泉县同城镇	4869	60986	12387	35112	25538
临泉县谭棚镇	6400	64276	6649	36896	13948
临泉县老集镇	6200	69832	6949	33886	20611
临泉县滑集镇	7080	75935	10796	44970	25958
临泉县吕寨镇	5600	58999	5200	36850	16700
临泉县单桥镇	5500	61381	1359	37237	18443
临泉县长官镇	7220	81936	8528	39739	25790
临泉县宋集镇	7605	89400	3896	50861	17039

安徽省

2-1-12 续表 10　　单位：公顷、人

建制镇名称	行政区域面积	总人口	镇区人口	从业人员	#二三产业
临泉县张新镇	5200	58393	2915	35410	27849
临泉县艾亭镇	7300	73909	4753	38085	15683
临泉县陈集镇	7500	67048	5328	33756	28398
临泉县韦寨镇	7260	85986	6209	51042	30522
临泉县迎仙镇	6200	76954	7696	42960	10396
临泉县瓦店镇	5900	70216	11186	37138	16490
临泉县姜寨镇	5670	71420	6001	37450	13475
临泉县庙岔镇	5840	69817	5930	37734	11459
临泉县黄岭镇	6300	74169	1903	39252	22263
临泉县白庙镇	4400	56123	3860	28781	11506
临泉县关庙镇	7183	66999	1920	29760	20230
太和县城关镇	5600	156520	18000	97900	28135
太和县旧县镇	6280	55709	12132	29246	21350
太和县税镇镇	4520	44230	5050	18225	5440
太和县皮条孙镇	2735	21720	1896	17201	4972
太和县原墙镇	5746	56493	5157	32684	16307
太和县倪邱镇	7200	55982	4800	27900	8750
太和县李兴镇	6800	69973	7250	38144	15362
太和县大新镇	6401	57072	5400	30194	11820
太和县肖口镇	5700	56462	4986	34131	23606
太和县关集镇	6800	50260	3686	33821	20196
太和县三塔镇	8948	67235	806	35980	17830
太和县双浮镇	5500	46702	6925	25104	11913
太和县蔡庙镇	4500	33480	2870	18995	10370
太和县三堂镇	6610	48286	4826	32407	16337
太和县苗集镇	6400	47706	2660	24101	8363
太和县赵庙镇	6400	62069	5421	34789	22000
太和县宫集镇	6800	44698	4443	28594	19579
太和县坟台镇	11600	82774	4900	51391	21885
太和县洪山镇	7500	64987	2550	49925	14000
太和县清浅镇	4108	40604	4150	13599	3572
太和县五星镇	5160	45262	2853	28787	12797
太和县高庙镇	2300	23605	1510	14253	6529
太和县桑营镇	6300	42144	3370	22712	7010
太和县大庙镇	7800	53200	5477	34048	20429
太和县阮桥镇	6700	45892	5204	32583	9637
太和县双庙镇	4900	49219	5870	29042	15337
阜南县方集镇	5520	42825	5856	22468	11320
阜南县中岗镇	4410	42487	4336	20031	8943
阜南县柴集镇	7300	69130	4767	43013	8171
阜南县新村镇	5970	57344	10357	35607	17396
阜南县三塔镇	6970	75619	5434	35531	24570
阜南县朱寨镇	7130	76400	6237	42093	22998
阜南县柳沟镇	4240	46085	8098	24984	14753
阜南县赵集镇	5870	50449	2685	30128	8422
阜南县田集镇	6300	59807	9079	37283	18620
阜南县苗集镇	6750	61083	6120	28024	9449
阜南县黄岗镇	5060	58929	8629	34695	19479

安徽省

2-1-12 续表 11 单位：公顷、人

建制镇名称	行政区域面积	总人口	镇区人口	从业人员	#二三产业
阜南县焦陂镇	6770	68027	5160	46835	26452
阜南县张寨镇	6510	59471	1356	34815	20859
阜南县王堰镇	6320	59024	7710	28079	12976
阜南县地城镇	5520	40667	5266	20088	17292
阜南县洪河桥镇	8000	69321	1625	41927	27347
阜南县王家坝镇	3330	31848	9989	15733	8875
阜南县王化镇	4610	39025	4285	19835	4450
阜南县曹集镇	7710	47499	7923	23538	8923
阜南县鹿城镇	8910	181546	162546	57250	31993
颍上县慎城镇	10880	164922	124745	90707	77186
颍上县谢桥镇	10594	112300	11230	65730	46000
颍上县南照镇	6400	52130	18660	39900	28625
颍上县杨湖镇	4970	55806	9863	32062	13855
颍上县江口镇	7900	75373	9510	38129	17646
颍上县润河镇	7800	70873	5385	36477	25535
颍上县新集镇	5144	48808	7890	22809	8592
颍上县六十铺镇	8520	68350	12380	21232	11232
颍上县耿棚镇	8550	84010	8992	50406	30803
颍上县半岗镇	7200	58360	7452	30079	19466
颍上县王岗镇	7350	40316	6072	20860	10613
颍上县夏桥镇	7901	52956	2564	28154	15604
颍上县江店孜镇	7550	55434	7422	29803	11566
颍上县陈桥镇	7007	48272	5368	27611	14982
颍上县黄桥镇	8000	68148	5510	35448	17709
颍上县八里河镇	8800	54726	636	24663	13183
颍上县迪沟镇	5880	44189	19220	22630	18190
颍上县西三十铺镇	5121	45534	5800	24870	15955
颍上县红星镇	5080	36733	5039	15420	7810
颍上县十八里铺镇	5580	55127	3665	31062	17984
颍上县鲁口镇	5900	35405	5728	21402	13188
界首市光武镇	4640	62269	22160	36676	23692
界首市泉阳镇	5030	43560	9300	28270	22560
界首市芦村镇	3504	30567	2438	17059	10235
界首市新马集镇	3960	46351	2944	27435	18877
界首市大黄镇	3360	37111	11127	19124	9518
界首市田营镇	2900	31706	4465	16958	10324
界首市陶庙镇	5602	56886	6310	31432	17020
界首市王集镇	4300	51160	4423	30890	9616
界首市砖集镇	4100	49114	1450	32292	24150
界首市顾集镇	4435	38991	3727	19470	4472
界首市代桥镇	3600	30032	3291	16790	11236
界首市舒庄镇	3368	32336	3729	17181	14097
宿州市埇桥区符离镇	13800	110560	49780	78769	59026
宿州市埇桥区芦岭镇	12700	85668	45641	51771	41865
宿州市埇桥区朱仙庄镇	15000	83190	32870	36820	26200
宿州市埇桥区褚兰镇	7908	49107	4998	28391	13440
宿州市埇桥区曹村镇	13323	64909	11315	36057	18472
宿州市埇桥区夹沟镇	17000	71840	8834	37084	20930

安徽省

2-1-12 续表 12 单位：公顷、人

建制镇名称	行政区域面积	总人口	镇区人口	从业人员	#二三产业
宿州市埇桥区栏杆镇	13700	72551	5860	42225	25016
宿州市埇桥区时村镇	12687	85073	24203	39736	18630
宿州市埇桥区永安镇	11948	64356	4623	39862	22650
宿州市埇桥区灰古镇	6144	35867	4312	20945	11064
宿州市埇桥区大店镇	20100	80140	9100	41788	24558
宿州市埇桥区西寺坡镇	11940	58048	5569	33246	22710
宿州市埇桥区桃园镇	9000	36416	9850	18620	13510
宿州市埇桥区祁县镇	9600	82798	50165	33653	15767
宿州市埇桥区大营镇	9516	39338	7691	19676	10150
砀山县砀城镇	9638	189451	33468	61510	34433
砀山县赵屯镇	7800	60279	5255	44316	22763
砀山县李庄镇	6500	56230	5950	34914	13560
砀山县唐寨镇	11800	79324	6489	45869	18062
砀山县葛集镇	8500	63646	7869	31420	8691
砀山县周寨镇	12000	78666	5912	54452	27562
砀山县玄庙镇	14900	96645	7063	46485	24771
砀山县官庄镇	6900	55549	7390	26427	12970
砀山县曹庄镇	5100	42578	7580	24375	11145
砀山县关帝庙镇	12300	104230	10156	53554	31856
砀山县朱楼镇	5700	41859	7655	25801	8317
砀山县良梨镇	7500	62228	8245	34850	8805
砀山县程庄镇	7300	64012	5498	35848	19108
萧县龙城镇	9500	112139	76915	62793	47246
萧县黄口镇	9500	94933	26800	49324	17610
萧县杨楼镇	10200	79451	29597	46462	32001
萧县闫集镇	8700	52819	2348	25136	6087
萧县新庄镇	11182	78562	9900	36811	11551
萧县刘套镇	6169	46590	6474	22210	6760
萧县马井镇	9000	69973	4800	34213	8960
萧县大屯镇	9200	67990	5380	32106	22606
萧县赵庄镇	8900	68869	8150	34353	4346
萧县杜楼镇	9925	66906	8452	34607	17101
萧县丁里镇	6250	42550	2789	19833	4099
萧县王寨镇	9400	76836	3200	39600	25685
萧县祖楼镇	5300	48431	4350	25640	11529
萧县青龙镇	27246	28516	6975	12703	1111
萧县张庄寨镇	11400	74755	6725	37131	11365
萧县永固镇	6100	30652	5998	15310	6037
萧县白土镇	6541	30243	4890	16419	6384
萧县官桥镇	5997	21203	2340	13360	8275
灵璧县灵城镇	12250	152556	73285	91207	64702
灵璧县韦集镇	13700	53702	7800	32225	15000
灵璧县黄湾镇	14800	51102	2637	26459	16527
灵璧县娄庄镇	22700	83922	5061	42250	12714
灵璧县杨疃镇	15700	76164	10282	37040	14240
灵璧县尹集镇	10800	79872	7633	36929	19528
灵璧县浍沟镇	7600	55312	9560	33765	12139
灵璧县尤集镇	12182	57272	5100	29579	17366

安徽省

2-1-12 续表 13 单位：公顷、人

建制镇名称	行政区域面积	总人口	镇区人口	从业人员	#二三产业
灵璧县下楼镇	12800	70463	8029	42398	14241
灵璧县朝阳镇	13800	76890	16900	40561	23168
灵璧县渔沟镇	11300	68572	5681	35532	11137
灵璧县高楼镇	9000	74720	9770	40401	39050
灵璧县冯庙镇	10800	80821	16272	46066	29595
泗县泗城镇	8250	92660	63900	58380	44900
泗县墩集镇	9430	35240	1779	21644	8936
泗县丁湖镇	15000	58310	3800	33780	11950
泗县草沟镇	21800	86125	4812	50319	17592
泗县长沟镇	9300	49439	8234	28292	4335
泗县黄圩镇	8370	64512	6045	40884	8552
泗县大庄镇	9800	66113	10157	38643	24806
泗县山头镇	9324	72071	3346	45210	20992
泗县刘圩镇	8250	47413	6800	33198	15764
泗县黑塔镇	19290	82151	3600	47532	10939
泗县草庙镇	6852	20164	6251	15912	880
泗县屏山镇	18666	64035	8145	35410	22102
六安市金安区木厂镇	6600	42372	7600	24973	13423
六安市金安区马头镇	5028	35746	5030	24085	12853
六安市金安区东桥镇	10420	37148	9810	22872	7636
六安市金安区张店镇	14400	50228	5764	27693	13908
六安市金安区毛坦厂镇	5957	22838	11000	7803	3645
六安市金安区东河口镇	16000	52287	3200	27502	18902
六安市金安区双河镇	8700	45830	6500	27057	15670
六安市金安区施桥镇	11600	58133	8149	30930	17290
六安市金安区孙岗镇	13593	56522	5627	39210	31601
六安市金安区三十铺镇	15040	70901	12326	35973	20946
六安市金安区椿树镇	10800	36263	2780	21760	11732
六安市裕安区苏埠镇	6800	80729	38192	57611	45537
六安市裕安区韩摆渡镇	4980	51351	3637	27890	13424
六安市裕安区新安镇	7400	69695	6618	44133	26286
六安市裕安区顺河镇	9460	47047	3550	28764	16544
六安市裕安区独山镇	18560	74806	18242	46162	28055
六安市裕安区石婆店镇	15230	43873	2744	26859	14697
六安市裕安区城南镇	6500	38922	3680	21488	14098
六安市裕安区丁集镇	9950	52431	4663	29350	17595
六安市裕安区固镇镇	9000	42004	5326	27766	15978
六安市裕安区徐集镇	8886	40370	4138	24640	16096
六安市裕安区分路口镇	11348	50698	16882	27799	16988
六安市裕安区江家店镇	11630	42965	3194	26703	9553
寿县寿春镇	8440	126952	64092	38550	19878
寿县双桥镇	11480	58149	5495	31756	10781
寿县涧沟镇	8310	51811	6791	27605	12403
寿县丰庄镇	7710	41208	2613	23932	10266
寿县正阳关镇	8830	62295	15542	37451	19878
寿县迎河镇	11100	77479	13820	36197	15746
寿县板桥镇	10770	67216	7884	37931	18754
寿县安丰塘镇	9370	49668	4600	26574	9623

安徽省

2-1-12 续表 14　　单位：公顷、人

建制镇名称	行政区域面积	总人口	镇区人口	从业人员	#二三产业
寿县堰口镇	14040	62648	4910	37098	14069
寿县保义镇	12930	60358	4685	34196	17323
寿县隐贤镇	9690	50466	13525	28250	16402
寿县安丰镇	19420	82134	34123	48357	18918
寿县众兴镇	11160	53918	11349	31492	11538
寿县茶庵镇	10060	32203	4900	17673	4596
寿县三觉镇	16630	61283	9012	38152	21136
寿县炎刘镇	19010	70859	22900	43349	14461
寿县刘岗镇	15820	40762	5248	23449	5566
寿县双庙集镇	9200	31814	4450	18695	5444
寿县小甸镇	18020	70867	3868	41228	10956
寿县瓦埠镇	4660	25088	5434	16042	7779
寿县大顺镇	9040	38691	5165	26127	11437
霍邱县城关镇	5777	153454	99783	92551	44806
霍邱县河口镇	4941	27115	17380	12488	5429
霍邱县周集镇	10405	85896	14893	32828	12256
霍邱县临水镇	8811	60555	15900	38997	28746
霍邱县新店镇	12951	74016	11230	38562	18438
霍邱县石店镇	12054	53489	9430	29832	8128
霍邱县马店镇	9286	41783	8482	22926	10935
霍邱县孟集镇	14573	56774	18655	24645	10824
霍邱县花园镇	10494	42236	4016	22621	6295
霍邱县户胡镇	14347	62083	6850	22942	12496
霍邱县长集镇	71742	38826	4936	19300	10548
霍邱县洪集镇	10266	43334	3910	24304	14505
霍邱县姚李镇	14419	58981	8585	31598	8550
霍邱县乌龙镇	10504	41103	7293	25480	1740
霍邱县高塘镇	13107	50096	9122	26957	7363
霍邱县龙潭镇	9869	42648	2131	23709	11649
霍邱县岔路镇	8505	34976	2816	20620	9640
霍邱县冯井镇	11833	50890	3395	24260	7112
霍邱县众兴集镇	9595	38644	2700	16086	10390
霍邱县夏店镇	8694	38203	1827	20832	5481
霍邱县曹庙镇	7762	37015	2574	20479	10210
叶安市叶集区叶集镇	9930	98879	29120	51241	40091
舒城县城关镇	11170	191795	144532	128672	86888
舒城县晓天镇	29415	38058	2840	20447	10642
舒城县桃溪镇	5780	34889	3567	16327	12325
舒城县万佛湖镇	11006	40036	18100	19969	11970
舒城县千人桥镇	7176	57822	4282	34132	26596
舒城县百神庙镇	6644	45493	2380	30830	10575
舒城县杭埠镇	8000	55968	21543	31624	21246
舒城县舒茶镇	7840	31858	2301	19328	11200
舒城县南港镇	12892	53229	9250	31180	22027
舒城县干汊河镇	8040	58257	3520	34908	25766
舒城县张母桥镇	6300	35199	3104	18605	11932
舒城县五显镇	9811	37289	2518	23853	16277
舒城县山七镇	13150	35083	2164	18230	9979

安徽省

2-1-12 续表 15　　　　单位：公顷、人

建制镇名称	行政区域面积	总人口	镇区人口	从业人员	#二三产业
舒城县河棚镇	7278	21623	3360	12671	9596
舒城县汤池镇	15800	50196	2608	26270	15481
金寨县梅山镇	31510	117801	48090	49476	34550
金寨县麻埠镇	13350	15413	2241	8341	562
金寨县青山镇	16440	23694	5102	12198	587
金寨县燕子河镇	30640	33667	4000	13580	3129
金寨县天堂寨镇	20660	17419	3926	9598	2557
金寨县古碑镇	22100	44853	7385	20183	8971
金寨县吴家店镇	21620	29171	5965	9120	2788
金寨县斑竹园镇	14810	21727	4680	12714	6153
金寨县汤家汇镇	26920	49202	7326	23608	8626
金寨县南溪镇	20500	52717	25600	30690	15355
金寨县双河镇	11210	25225	5018	11528	2639
霍山县衡山镇	9840	70772	46859	42465	33903
霍山县佛子岭镇	12700	17634	10420	10151	6727
霍山县下符桥镇	7050	20005	1400	9922	5077
霍山县但家庙镇	7200	15678	1205	10400	3756
霍山县与儿街镇	16000	36254	1168	18543	9664
霍山县黑石渡镇	11110	26158	5201	14357	8048
霍山县诸佛庵镇	17940	34256	6263	15141	7897
霍山县落儿岭镇	6130	10014	745	4912	2437
霍山县磨子潭镇	19173	14924	1635	9995	6651
霍山县大化坪镇	23090	25274	2434	12288	4280
霍山县漫水河镇	16900	20280	1952	9564	1667
霍山县上土市镇	10440	18494	1852	11087	4156
亳州市谯城区古井镇	11800	70123	4200	42000	17500
亳州市谯城区卢庙镇	6906	39625	3301	21543	12398
亳州市谯城区华佗镇	4105	46270	5000	29530	17304
亳州市谯城区魏岗镇	5200	56000	4500	25000	9700
亳州市谯城区牛集镇	6800	68760	3720	38200	11700
亳州市谯城区颜集镇	5126	51252	1515	35876	17427
亳州市谯城区五马镇	7165	42661	5100	27369	8000
亳州市谯城区十八里镇	11100	71343	13415	49939	26520
亳州市谯城区谯东镇	4958	71389	4100	39800	16300
亳州市谯城区十九里镇	3500	30507	6800	14460	6660
亳州市谯城区沙土镇	9900	63000	3100	35000	15000
亳州市谯城区观唐镇	8500	67500	6500	42100	5690
亳州市谯城区大杨镇	11950	63099	9600	32643	11769
亳州市谯城区城父镇	7139	65734	4620	32222	19607
亳州市谯城区十河镇	13500	66100	11500	35500	20500
亳州市谯城区双沟镇	18000	80316	18301	44793	29558
亳州市谯城区淝河镇	5900	50013	3700	29300	29300
亳州市谯城区古城镇	8900	58950	18000	30720	30435
亳州市谯城区龙扬镇	6847	64650	2860	46260	23185
亳州市谯城区立德镇	8708	47676	3628	38416	6098
涡阳县西阳镇	6160	42815	8090	23440	10260
涡阳县涡南镇	9850	59226	3432	30746	20221
涡阳县楚店镇	7700	55739	8399	34263	20473

安徽省

2-1-12 续表 16 单位：公顷、人

建制镇名称	行政区域面积	总人口	镇区人口	从业人员	#二三产业
涡阳县高公镇	5810	45132	6228	27938	21703
涡阳县高炉镇	8010	50648	14232	29782	20958
涡阳县曹市镇	13100	71178	10282	36462	22462
涡阳县青町镇	13830	74503	6335	40726	28285
涡阳县石弓镇	7940	52901	6452	35246	23533
涡阳县龙山镇	10470	68319	9762	35125	15619
涡阳县义门镇	8080	83252	5561	50132	39989
涡阳县新兴镇	12010	75874	4420	35971	23603
涡阳县临湖镇	10130	65137	5846	35674	22898
涡阳县丹城镇	10500	60715	5181	34467	25467
涡阳县马店集镇	8430	50072	3100	34220	21221
涡阳县花沟镇	8260	59223	4138	34489	25138
涡阳县店集镇	5070	38616	3594	20544	16025
涡阳县陈大镇	6880	55865	3203	33227	14502
涡阳县牌坊镇	15350	81544	5462	41786	23698
涡阳县公吉寺镇	6610	50301	3098	27265	18738
涡阳县标里镇	9090	64007	5800	34260	26011
蒙城县城关镇	1337	108400	108400	56385	55675
蒙城县双涧镇	9836	64745	15220	38276	9464
蒙城县小涧镇	11481	67992	4438	41120	15420
蒙城县坛城镇	10200	56144	3400	30904	11064
蒙城县许疃镇	12800	68145	22055	40106	17329
蒙城县板桥集镇	13343	78643	3860	39986	18930
蒙城县马集镇	10200	66933	6031	38471	13665
蒙城县岳坊镇	9859	58912	9860	30212	19870
蒙城县立仓镇	20082	105747	6556	57872	26370
蒙城县楚村镇	17209	97155	4550	45884	24028
蒙城县乐土镇	17618	99670	6280	43525	24386
蒙城县三义镇	11334	78962	7756	54998	54998
蒙城县篱笆镇	10283	65026	7588	32905	7177
利辛县城关镇	12247	192256	137900	127850	103810
利辛县阚疃镇	11870	85808	18850	42422	20362
利辛县张村镇	9645	84865	28260	49400	14170
利辛县江集镇	9636	66164	4893	38152	14804
利辛县旧城镇	7420	53380	7286	27261	17501
利辛县西潘楼镇	7294	66274	5053	36539	16016
利辛县孙集镇	6301	44496	7602	18148	11795
利辛县汝集镇	10035	67884	3509	45816	17183
利辛县巩店镇	9834	75514	6127	46937	27361
利辛县王人镇	7728	61939	9826	30910	23866
利辛县王市镇	7114	53993	7681	28076	15100
利辛县永兴镇	6992	53089	6600	30660	27616
利辛县马店镇	8876	70553	8372	39941	23458
利辛县大李集镇	7541	57746	2679	25065	23052
利辛县胡集镇	11180	89091	11873	42314	14854
利辛县展沟镇	5295	40622	6871	18982	13000
利辛县程家集镇	8706	58940	2658	32735	21020
利辛县中疃镇	9831	57740	3900	36403	29997

安徽省

2-1-12 续表 17 单位：公顷、人

建制镇名称	行政区域面积	总人口	镇区人口	从业人员	#二三产业
利辛县望疃镇	15313	100209	4209	53236	50800
池州市贵池区殷汇镇	15805	48935	14598	27186	17058
池州市贵池区牛头山镇	11300	41034	1460	23630	12000
池州市贵池区涓桥镇	15912	32839	1032	19718	8330
池州市贵池区梅街镇	26400	22412	2590	14000	7605
池州市贵池区梅村镇	24670	27109	2220	14235	5693
池州市贵池区唐田镇	13772	24791	4585	13593	6604
池州市贵池区牌楼镇	10646	22593	4418	11616	7232
池州市贵池区乌沙镇	9067	46963	5538	25342	10450
池州市贵池区棠溪镇	25100	11099	1475	5801	2625
东至县尧渡镇	38880	102264	56765	51050	16909
东至县东流镇	12000	36042	11422	23620	15630
东至县大渡口镇	10017	70556	10389	43508	20208
东至县胜利镇	14500	58954	10470	33234	19169
东至县张溪镇	26400	60796	6560	48377	9739
东至县洋湖镇	18000	31267	5843	17283	5019
东至县葛公镇	25149	27094	3085	15537	6008
东至县香隅镇	21800	34863	7023	19530	8359
东至县官港镇	24354	29764	2108	17032	6686
东至县昭潭镇	14693	20160	2147	11296	4787
东至县龙泉镇	18709	26028	6845	15392	4619
东至县泥溪镇	18330	24208	5260	12797	2850
石台县仁里镇	18900	29426	5078	16027	12188
石台县七都镇	38000	17313	2829	11932	5283
石台县仙寓镇	23590	14869	2245	8405	3873
石台县丁香镇	11280	9968	1116	5715	3085
石台县小河镇	13400	20229	2346	11594	5719
石台县横渡镇	17400	9294	1736	5107	1916
青阳县蓉城镇	11931	77617	38896	25620	12277
青阳县木镇镇	10500	24912	2828	15962	8538
青阳县庙前镇	5800	25575	2018	12303	8530
青阳县陵阳镇	21385	25751	5320	15325	8838
青阳县新河镇	11100	17929	983	11375	6483
青阳县丁桥镇	9420	21002	1587	12432	6715
青阳县朱备镇	6767	9263	1603	5821	1705
青阳县杨田镇	10800	21441	736	11877	4028
池州市九华山风景区九华镇	1310	5103	5103	4000	4000
宣城市宣州区水阳镇	20500	90246	8979	54750	26540
宣城市宣州区狸桥镇	22800	65834	10920	40500	25000
宣城市宣州区沈村镇	10832	41010	3659	26604	16176
宣城市宣州区古泉镇	9268	26538	3684	15929	7964
宣城市宣州区洪林镇	13560	43310	6418	28107	11507
宣城市宣州区寒亭镇	8203	20157	3100	11695	5093
宣城市宣州区文昌镇	3750	20394	3520	11684	3962
宣城市宣州区孙埠镇	11440	53943	18855	30787	19754
宣城市宣州区向阳镇	11240	45113	3512	26584	14908
宣城市宣州区杨柳镇	15200	36928	7903	23901	9066
宣城市宣州区水东镇	10842	32444	12600	19949	10093

安徽省

2-1-12 续表 18　　单位：公顷、人

建制镇名称	行政区域面积	总人口	镇区人口	从业人员	#二三产业
宣城市宣州区新田镇	9429	20410	3158	11235	2107
宣城市宣州区周王镇	10700	19980	3528	10774	7389
宣城市宣州区溪口镇	18777	25111	4763	16495	5688
郎溪县建平镇	9310	64871	54800	29495	12400
郎溪县十字镇	14200	33252	10213	18490	14490
郎溪县新发镇	6200	16074	7800	12800	10100
郎溪县涛城镇	7900	27197	2766	16397	3318
郎溪县南丰镇	7600	33568	5482	20366	6358
郎溪县梅渚镇	7470	26152	3500	12178	5083
郎溪县东夏镇	3200	18784	2794	11696	5092
郎溪县毕桥镇	5300	19279	3487	9681	3532
广德县桃州镇	22400	150758	53000	86987	66011
广德县柏垫镇	24900	46057	2132	27782	17248
广德县誓节镇	34200	75268	13707	49612	27462
广德县邱村镇	32800	72404	8850	47020	25632
广德县新杭镇	32300	81795	8936	42100	41074
泾县泾川镇	25392	95002	64528	49132	37331
泾县茂林镇	23275	22928	3674	7925	1089
泾县榔桥镇	34421	34739	8560	22463	10588
泾县桃花潭镇	25093	31772	2213	15957	7865
泾县琴溪镇	9312	19394	1597	15518	2576
泾县蔡村镇	13641	21573	1710	12100	5826
泾县云岭镇	19363	42901	1360	25518	12429
泾县黄村镇	15495	23617	1959	15705	2725
泾县丁家桥镇	5748	16607	2942	11712	7272
绩溪县华阳镇	8700	51623	39840	26860	10300
绩溪县临溪镇	9900	10336	916	6716	3001
绩溪县长安镇	12200	24396	1518	14030	5620
绩溪县上庄镇	7900	14650	7033	8740	8400
绩溪县扬溪镇	8900	12625	1112	7827	4580
绩溪县伏岭镇	18300	20653	3208	12530	6840
绩溪县金沙镇	10800	8269	821	4457	1822
旌德县旌阳镇	10910	23808	2812	13530	5700
旌德县蔡家桥镇	10620	15047	1500	8414	1890
旌德县三溪镇	7008	13133	4684	7265	3632
旌德县庙首镇	9600	12057	3600	6536	2660
旌德县白地镇	9578	13453	1516	7339	2450
旌德县俞村镇	8290	13102	1798	8270	1800
宁国市港口镇	9710	38211	15910	22984	13706
宁国市梅林镇	18550	21992	3759	15258	8149
宁国市中溪镇	20400	29305	18100	20063	12042
宁国市宁墩镇	123100	14705	1991	9076	3025
宁国市仙霞镇	13650	21772	7510	12740	6020
宁国市甲路镇	20100	14682	3678	11733	2605
宁国市胡乐镇	18300	13532	4100	5720	856
宁国市霞西镇	20400	23167	1020	14904	6770

2-1-13 福建省建制镇名录及基本情况

单位：公顷、人

建制镇名称	行政区域面积	总人口	镇区人口	从业人员	#二三产业
福州市鼓楼区洪山镇	1260	104298	104298	67289	66081
福州市仓山区仓山镇	580	27813	1125	19237	18991
福州市仓山区城门镇	5400	74993	2157	48293	46811
福州市仓山区盖山镇	3600	77808	1996	47728	44582
福州市仓山区建新镇	2400	66438	1679	22740	16906
福州市仓山区螺洲镇	640	14122	2320	6997	6987
福州市马尾区马尾镇	6500	33576	4639	11564	8156
福州市马尾区亭江镇	11100	22533	1450	7480	7103
福州市琅岐开发区琅岐镇	6900	68269	25382	25074	17254
福州市晋安区鼓山镇	5000	108531	1738	81924	73744
福州市晋安区新店镇	4700	128721	1365	59235	59225
福州市晋安区岳峰镇	1100	74197	3525	30971	5459
福州市晋安区宦溪镇	12900	11476	1816	4397	1802
闽侯县白沙镇	17500	33042	13320	13901	6619
闽侯县南屿镇	17000	58313	8190	26208	12565
闽侯县尚干镇	500	17875	2760	8052	5735
闽侯县祥谦镇	8900	61991	3654	33996	23086
闽侯县青口镇	12700	80952	1476	49505	43745
闽侯县南通镇	11200	45980	3356	22708	18038
闽侯县上街镇	15700	68450	2262	41235	38920
闽侯县荆溪镇	13100	47257	5522	32770	28470
连江县凤城镇	706	65774	65774	29865	28415
连江县敖江镇	4700	37164	5968	20002	14137
连江县东岱镇	2436	35360	11779	17571	9272
连江县馆头镇	6675	56787	14593	21930	11249
连江县晓澳镇	2153	37166	15523	16684	8143
连江县东湖镇	4386	16605	4525	9748	5066
连江县丹阳镇	10767	28292	4318	21798	12029
连江县长龙镇	4116	12569	3465	7795	4263
连江县透堡镇	2558	21514	12978	8596	5545
连江县马鼻镇	3823	44147	21762	25602	12842
连江县官坂镇	3648	31618	8832	14285	7729
连江县筱埕镇	3403	27902	5402	17000	6917
连江县黄岐镇	1400	24580	16105	10578	4092
连江县苔篆镇	821	26737	14774	9766	4553
连江县浦口镇	5062	37759	16446	18960	10824
连江县坑园镇	2587	22637	4581	13764	7585
罗源县凤山镇	3170	53197	4244	14633	3272
罗源县松山镇	6360	36314	1395	15659	2793
罗源县起步镇	7260	28423	2999	10893	4997
罗源县中房镇	13100	23928	3334	11896	4210
罗源县飞竹镇	12080	15981	2003	6780	1018
罗源县鉴江镇	6660	13354	1650	5980	2219
闽清县梅城镇	1200	40060	2893	18541	18294
闽清县梅溪镇	13400	22214	1385	9360	6450
闽清县白樟镇	9100	18276	2359	10445	7421
闽清县金沙镇	16500	14099	1199	7200	2480

福建省

2-1-13 续表 1 单位：公顷、人

建制镇名称	行政区域面积	总人口	镇区人口	从业人员	#二三产业
闽清县白中镇	4300	19132	5336	8450	5275
闽清县池园镇	10200	23651	10688	11501	10143
闽清县坂东镇	6100	43207	6694	18614	12048
闽清县塔庄镇	7200	24709	1838	14264	5031
闽清县省璜镇	10200	19237	2416	7815	3657
闽清县雄江镇	11100	6172	1587	3174	2055
闽清县东桥镇	17700	21628	2105	10638	4064
永泰县樟城镇	475	33939	8747	14300	13200
永泰县嵩口镇	24680	32868	9076	14914	7381
永泰县梧桐镇	17190	38971	1786	25694	16597
永泰县葛岭镇	25587	16606	2828	9950	4655
永泰县城峰镇	7870	23955	8236	13898	7020
永泰县清凉镇	10340	11872	1776	6998	5015
永泰县长庆镇	16524	23932	8380	11675	8047
永泰县同安镇	14326	30985	1033	20850	10496
永泰县大洋镇	10916	33013	3412	14095	7812
平潭县潭城镇	1100	59625	6570	32172	27254
平潭县苏澳镇	1600	35317	3468	19067	4250
平潭县流水镇	4200	50582	3913	23716	8049
平潭县澳前镇	2800	44349	2474	31197	6886
平潭县北厝镇	5900	35341	1446	16405	5612
平潭县平原镇	2300	25187	1525	12202	5755
平潭县敖东镇	2400	32854	2015	19816	5616
福清市海口镇	5300	73223	10545	40132	27508
福清市城头镇	7100	57498	16379	25816	9834
福清市南岭镇	3400	6889	1332	4800	1960
福清市龙田镇	8800	127328	24575	67890	66583
福清市江镜镇	5700	92837	18010	47830	21570
福清市港头镇	4500	81070	22513	39742	19948
福清市高山镇	4500	68952	16505	35691	19305
福清市沙埔镇	4000	49677	2832	26005	10755
福清市三山镇	10200	127356	9450	54800	24320
福清市东瀚镇	7000	42695	8046	23625	8565
福清市渔溪镇	11530	49872	13456	29162	9479
福清市上迳镇	5000	34525	3457	21998	10231
福清市新厝镇	7400	26555	4749	12322	3875
福清市江阴镇	6900	81187	10225	34850	20535
福清市东张镇	12850	31065	11537	16028	7404
福清市镜洋镇	8900	49878	4070	29600	23514
福清市一都镇	11500	11848	2600	5780	1421
长乐市首占镇	2600	27748	6355	12235	7499
长乐市玉田镇	5500	41384	4953	18018	12392
长乐市松下镇	5500	25414	6293	11983	10403
长乐市江田镇	9100	53815	5095	22950	17860
长乐市古槐镇	5200	58599	4782	30667	22181
长乐市文武砂镇	3200	21509	1790	13867	9298
长乐市鹤上镇	4700	58412	6593	23230	20510

福建省

2-1-13 续表 2　　　　单位：公顷、人

建制镇名称	行政区域面积	总人口	镇区人口	从业人员	#二三产业
长乐市湖南镇	3200	28828	3285	13182	9894
长乐市金峰镇	3000	68456	16105	21079	17592
长乐市文岭镇	3700	33918	3823	17310	10940
长乐市梅花镇	1600	15991	2563	6548	3727
长乐市潭头镇	4200	54828	5126	31045	23277
厦门市海沧区东孚镇	5500	45339	805	30997	25064
厦门市集美区灌口镇	7020	85419	32066	57891	48977
厦门市集美区后溪镇	4400	83254	566	33540	29644
厦门市同安区莲花镇	19640	39808	8069	21458	11539
厦门市同安区新民镇	5300	84812	3356	51820	28130
厦门市同安区洪塘镇	3706	44106	1450	21687	13400
厦门市同安区西柯镇	3969	63003	8969	43679	29827
厦门市同安区汀溪镇	12000	20643	2532	12796	4808
厦门市同安区五显镇	7500	43762	2180	27624	9794
厦门市翔安区马巷镇	6687	163090	29236	99932	92184
厦门市翔安区新圩镇	7987	43478	2545	24214	11150
厦门市翔安区新店镇	11829	126719	3690	72736	33428
厦门市翔安区内厝镇	7030	47470	3845	32808	19291
莆田市城厢区常太镇	19500	42749	1123	21624	10785
莆田市城厢区华亭镇	13500	109677	7556	48246	31138
莆田市城厢区灵川镇	5600	62850	6177	37856	21695
莆田市城厢区东海镇	4700	52375	5864	21819	13306
莆田市涵江区三江口镇	1750	64585	4540	24104	20345
莆田市涵江区白塘镇	1822	55875	2914	21348	14151
莆田市涵江区国欢镇	1590	49952	7110	24416	20205
莆田市涵江区梧塘镇	3100	53328	7973	27767	24333
莆田市涵江区江口镇	7900	100890	32126	62256	55252
莆田市涵江区秋芦镇	8600	28896	4240	17700	11024
莆田市涵江区白沙镇	7300	22747	2450	10150	5370
莆田市涵江区庄边镇	17000	29442	3998	14421	6922
莆田市涵江区新县镇	13300	22408	7350	10985	4788
莆田市荔城区西天尾镇	5800	71860	48800	52310	44730
莆田市荔城区黄石镇	6500	162202	35603	71079	35210
莆田市荔城区新度镇	6000	95231	6119	42703	9613
莆田市荔城区北高镇	5600	101020	9617	43380	17091
莆田市秀屿区笏石镇	6800	121380	61012	68232	43071
莆田市秀屿区东庄镇	6200	82043	8645	38647	30653
莆田市秀屿区忠门镇	3150	37856	7021	12205	5318
莆田市秀屿区东铺镇	2600	48940	2542	21965	15275
莆田市秀屿区东峤镇	8700	116848	9525	52390	43390
莆田市秀屿区埭头镇	12600	131446	10972	58233	30141
莆田市秀屿区平海镇	6700	97366	8210	34792	7899
莆田市秀屿区南日镇	5800	60158	7771	32368	10461
莆田市湄洲岛湄洲镇	1630	42120	4220	27353	17075
莆田市秀屿区山亭镇	4200	59016	6780	27974	16887
仙游县枫亭镇	9100	109530	5463	61327	40604
仙游县榜头镇	13800	139630	18020	68100	40170

福建省

2-1-13 续表 3　　单位：公顷、人

建制镇名称	行政区域面积	总人口	镇区人口	从业人员	#二三产业
仙游县郊尾镇	5815	81241	6809	43083	16073
仙游县度尾镇	11300	87928	14520	43698	18448
仙游县鲤南镇	4260	68932	6121	40462	25122
仙游县赖店镇	8550	64226	10068	28350	16913
仙游县盖尾镇	7000	93512	13226	44850	28442
仙游县园庄镇	8200	56433	4819	23844	18163
仙游县大济镇	8900	97379	44785	59650	43000
仙游县龙华镇	6600	63213	1978	32114	15567
仙游县钟山镇	12880	31062	5012	19348	7075
仙游县游洋镇	17710	36232	2870	16650	11639
三明市梅列区陈大镇	19600	11309	4667	7644	4139
三明市梅列区洋溪镇	7200	8860	3500	4280	2613
三明市三元区莘口镇	23000	16169	3187	9644	3736
三明市三元区岩前镇	26500	20790	4790	10810	3010
明溪县雪峰镇	1600	28939	22775	10801	8516
明溪县盖洋镇	35500	20954	3500	11700	6852
明溪县胡坊镇	23120	10302	2503	5669	2129
明溪县瀚仙镇	14200	10949	1508	7822	4548
清流县龙津镇	19000	34312	32312	17218	14797
清流县嵩溪镇	17300	17301	4208	7806	4771
清流县嵩口镇	22600	17054	6239	9340	4240
清流县灵地镇	12900	11844	3331	6240	1765
清流县长校镇	14100	12829	3460	4637	1056
宁化县翠江镇	2700	71110	71110	35218	31218
宁化县泉上镇	22500	21712	6812	9867	3144
宁化县湖村镇	16400	16218	7276	8395	4707
宁化县石壁镇	13600	38570	5396	12331	5684
大田县均溪镇	14038	74434	45261	28773	7986
大田县石牌镇	9286	17963	2068	5387	4070
大田县上京镇	12952	25565	7369	10372	6413
大田县广平镇	10634	35218	8245	18366	5402
大田县桃源镇	8355	20321	4672	7165	1276
大田县太华镇	6643	33165	3627	12780	3985
大田县建设镇	8030	23589	4221	8725	5075
大田县奇韬镇	11612	14036	4921	5864	2423
尤溪县城关镇	11700	52152	51953	15995	13116
尤溪县梅仙镇	24600	33019	9068	13777	5369
尤溪县西滨镇	25600	25211	8237	14036	8500
尤溪县洋中镇	36400	28097	13575	14717	7541
尤溪县新阳镇	26600	47294	10462	22276	14429
尤溪县管前镇	18000	25101	4277	12156	3019
尤溪县西城镇	34200	40960	26304	26012	13085
尤溪县尤溪口镇	600	882	882	496	372
尤溪县坂面镇	42900	36236	9943	17598	6644
沙县青州镇	14100	15126	2477	6973	6017
沙县夏茂镇	25129	41141	11325	21573	14767

福建省

2-1-13 续表 4 单位：公顷、人

建制镇名称	行政区域面积	总人口	镇区人口	从业人员	#二三产业
沙县高砂镇	16088	19174	1827	7936	3956
沙县高桥镇	21569	16453	3697	6638	4153
沙县富口镇	23310	15862	3151	8026	3749
沙县大洛镇	11700	9756	1347	5851	2618
将乐县古镛镇	16000	34842	23688	23356	19683
将乐县万安镇	14750	11693	4630	7415	2147
将乐县高唐镇	25220	11904	4695	6483	3712
将乐县白莲镇	24300	17017	3026	11736	5621
将乐县黄潭镇	29200	14370	2978	6756	2818
将乐县水南镇	2540	17739	17739	8560	5449
泰宁县杉城镇	22053	40982	21528	12367	7148
泰宁县朱口镇	23550	28460	6886	15011	8064
建宁县濉溪镇	23100	33198	29788	14396	13784
建宁县里心镇	25300	23130	4360	9842	3857
建宁县溪口镇	22200	21297	3060	8263	3224
建宁县均口镇	30600	17566	3698	7898	2582
永安市西洋镇	33800	19657	6712	10176	4157
永安市贡川镇	13500	9667	4212	5729	2852
永安市安砂镇	30100	19534	2623	9990	4311
永安市小陶镇	41480	29187	7658	17206	7574
永安市大湖镇	17200	19397	3777	11367	7197
永安市曹远镇	19300	24444	6818	8491	4167
永安市洪田镇	32400	17685	3084	12371	4725
泉州市洛江区罗溪镇	11588	45504	9610	21700	18850
泉州市洛江区马甲镇	11851	58157	11439	35530	22780
泉州市洛江区河市镇	8440	43559	7266	21653	15838
泉州市泉港区南埔镇	4000	102798	29126	50175	39254
泉州市泉港区界山镇	4200	54012	5535	24772	12925
泉州市泉港区后龙镇	2150	46789	4846	19643	14917
泉州市泉港区峰尾镇	1200	56392	12243	25113	18214
泉州市泉港区前黄镇	3330	43552	12687	21078	13132
泉州市泉港区涂岭镇	15700	49824	8910	26464	13764
惠安县螺城镇	2750	96824	80754	77603	74603
惠安县螺阳镇	5000	108835	19707	53150	43375
惠安县黄塘镇	6980	40472	3635	24227	15488
惠安县紫山镇	8420	35036	2346	18523	12309
惠安县洛阳镇	5170	105282	19097	54961	41008
惠安县东园镇	4100	102133	22768	57312	53043
惠安县张坂镇	7800	75415	12486	36956	30477
惠安县崇武镇	1960	103233	103233	64143	61356
惠安县山霞镇	3000	53464	6268	32729	26987
惠安县涂寨镇	5000	88051	10880	44846	33540
惠安县东岭镇	2800	61704	4320	41258	33314
惠安县东桥镇	3400	67360	5250	35945	31936
惠安县净峰镇	3100	68162	828	35122	20869
惠安县小岞镇	740	33158	3628	18356	8159

福建省

2-1-13 续表 5　　单位：公顷、人

建制镇名称	行政区域面积	总人口	镇区人口	从业人员	#二三产业
惠安县辋川镇	5600	74067	16229	39256	19669
安溪县凤城镇	1326	138399	138399	58890	58328
安溪县蓬莱镇	12286	80994	30611	36294	20012
安溪县湖头镇	10003	108563	64362	48682	34997
安溪县官桥镇	10543	88823	67826	43739	24544
安溪县剑斗镇	12141	47434	11776	16383	9092
安溪县城厢镇	10720	113660	55217	69737	62236
安溪县金谷镇	10160	56558	11792	30545	12295
安溪县龙门镇	15633	76645	5176	42527	27607
安溪县虎邱镇	16177	55915	28995	32936	18506
安溪县芦田镇	9100	18202	3275	9990	4373
安溪县感德镇	22178	60146	8797	21374	6500
安溪县魁斗镇	5580	28417	8159	16008	10039
安溪县西坪镇	14550	60782	7654	27588	12350
永春县桃城镇	7200	109008	50283	48685	39921
永春县五里街镇	4300	32300	22955	15750	12475
永春县一都镇	19100	17015	3905	9050	2933
永春县下洋镇	11000	16228	5608	11791	9359
永春县蓬壶镇	8100	64330	48595	30145	13687
永春县达埔镇	12100	75094	26407	33041	22561
永春县吾峰镇	3200	20181	2895	12368	5667
永春县石鼓镇	4800	36722	12695	19699	10018
永春县岵山镇	5400	24329	19703	10444	1890
永春县东平镇	4300	19509	3015	10501	3939
永春县湖洋镇	14300	14342	6589	9870	3200
永春县坑仔口镇	7500	17149	5512	8657	8220
永春县玉斗镇	5700	16312	3718	8086	3639
永春县锦斗镇	4000	16786	2243	6660	3825
永春县东关镇	6000	14460	10540	6311	3812
永春县桂洋镇	7800	14430	4860	6520	4141
永春县苏坑镇	3000	16298	3012	11756	6435
永春县仙夹镇	3400	14893	6108	5553	3318
德化县浔中镇	6770	43980	13741	19278	12745
德化县龙浔镇	4040	122435	45828	82411	77856
德化县三班镇	5600	20095	9952	12057	8200
德化县龙门滩镇	21560	15523	1034	8321	5932
德化县雷锋镇	16640	18171	2591	11845	9160
德化县南埕镇	24110	12700	1470	6635	3660
德化县水口镇	26031	17900	2985	8736	4317
德化县赤水镇	9100	17112	670	11905	5235
德化县上涌镇	14009	22410	4735	13206	8941
德化县葛坑镇	12722	16247	3370	9606	4712
石狮市灵秀镇	1630	125368	125368	85623	82626
石狮市宝盖镇	2600	111605	19000	62110	47953
石狮市蚶江镇	3800	100102	19854	29586	25985
石狮市祥芝镇	1600	100350	23233	36774	33774

福建省

2-1-13 续表 6　　单位：公顷、人

建制镇名称	行政区域面积	总人口	镇区人口	从业人员	#二三产业
石狮市鸿山镇	1500	49742	9159	33117	30666
石狮市锦尚镇	1500	23450	5807	8252	7608
石狮市永宁镇	2900	60247	21692	31526	24526
晋江市安海镇	5500	199448	54821	119860	117150
晋江市磁灶镇	5600	131738	70428	79043	54162
晋江市陈埭镇	3840	375192	33719	316925	316925
晋江市东石镇	6500	155921	16319	104373	91163
晋江市深沪镇	3346	103982	49963	70967	49308
晋江市金井镇	5670	108653	22000	62698	54969
晋江市池店镇	2500	164648	6166	83722	67722
晋江市内坑镇	4700	85943	19785	51565	34021
晋江市龙湖镇	6400	134387	25000	85291	81291
晋江市永和镇	5000	105610	6598	72927	43704
晋江市英林镇	2980	106782	58870	74061	40991
晋江市紫帽镇	2030	14935	9994	7406	5073
晋江市西滨镇	210	11433	1711	7813	6210
南安市省新镇	6100	80029	35130	57230	50499
南安市仑苍镇	4400	102663	46231	72880	63031
南安市东田镇	14000	44917	7896	30987	23442
南安市英都镇	8180	52523	29753	37296	30042
南安市翔云镇	6900	25983	8646	17889	13662
南安市金淘镇	11000	73591	26135	52545	42580
南安市诗山镇	9620	75963	24378	53715	43621
南安市蓬华镇	4400	23393	9984	15850	12262
南安市码头镇	10800	62736	26913	44210	34538
南安市九都镇	10200	16240	3116	11719	9219
南安市乐峰镇	6500	32843	18590	22645	18289
南安市罗东镇	6060	59478	26879	42186	37020
南安市梅山镇	5900	102085	51978	73379	65163
南安市洪濑镇	8700	105876	72523	74968	66373
南安市洪梅镇	4900	42621	5418	29878	23874
南安市康美镇	6640	55750	19670	39870	31570
南安市丰州镇	5400	37452	28973	26256	21430
南安市霞美镇	5600	101722	50011	72307	64556
南安市官桥镇	12000	123750	83575	90207	79814
南安市水头镇	12700	164159	83510	119789	108625
南安市石井镇	8300	105398	51179	74138	66137
漳州市芗城区浦南镇	6400	33654	2347	20336	10135
漳州市芗城区天宝镇	4500	45923	9647	20459	9668
漳州市芗城区芝山镇	1290	36804	1287	28421	27716
漳州市芗城区石亭镇	4600	57735	1626	38787	17603
漳州市龙文区蓝田镇	3200	39677	9069	19673	18673
漳州市龙文区步文镇	1440	37838	5947	23375	22919
漳州市龙文区朝阳镇	4220	38735	8835	17990	14734
漳州市龙文区郭坑镇	3700	17630	5974	10143	7029
云霄县云陵镇	1400	68112	6972	34976	20697

福建省

2-1-13 续表 7 单位：公顷、人

建制镇名称	行政区域面积	总人口	镇区人口	从业人员	#二三产业
云霄县陈岱镇	5500	39634	10452	18560	8601
云霄县东厦镇	19700	56687	3615	24059	8344
云霄县莆美镇	6200	52696	18216	22266	9242
云霄县列屿镇	10000	23462	12569	12205	7171
云霄县火田镇	19600	55247	1564	25105	8104
漳浦县绥安镇	12400	114679	70488	44250	31480
漳浦县旧镇镇	10400	74446	16625	36742	20427
漳浦县佛昙镇	6960	60926	10720	29960	10125
漳浦县赤湖镇	8930	58123	23364	30652	16149
漳浦县杜浔镇	13960	64210	21367	41236	24200
漳浦县霞美镇	8350	59389	10319	41978	6796
漳浦县官浔镇	6430	23969	9723	15522	6084
漳浦县石榴镇	20600	46145	7000	24200	10365
漳浦县盘陀镇	11600	28932	3851	15249	4990
漳浦县长桥镇	12800	15496	3631	10780	4648
漳浦县前亭镇	8750	32860	7178	22017	7575
漳浦县马坪镇	5225	18410	8162	11754	5820
漳浦县深土镇	7010	52473	12004	26886	9490
漳浦县六鳌镇	2660	25882	11639	12299	3136
漳浦县沙西镇	7650	46026	14262	27455	4442
漳浦县古雷镇	3800	36760	3736	25716	6255
漳浦县大南坂镇	6000	12518	4571	6247	4872
诏安县南诏镇	1000	70106	70106	34561	27451
诏安县四都镇	7974	55417	11210	32176	14254
诏安县梅岭镇	3000	34000	12068	18500	6900
诏安县桥东镇	10000	61625	13065	38206	11070
诏安县深桥镇	6436	56911	875	34432	13558
诏安县太平镇	14950	52100	7814	25743	4697
诏安县霞葛镇	6760	34462	4564	23362	10362
诏安县官陂镇	15040	53654	13646	30259	6783
诏安县秀篆镇	13300	45688	16874	28315	10632
长泰县武安镇	4300	46815	24720	28586	19700
长泰县岩溪镇	20400	40735	7074	22457	15958
长泰县陈巷镇	12700	32828	4260	18071	11745
长泰县枋洋镇	11000	18437	1602	10887	7610
东山县西埔镇	3903	47972	23050	18896	13056
东山县樟塘镇	2113	16074	3671	8021	6065
东山县康美镇	2120	19508	939	12582	5410
东山县杏陈镇	3278	27080	7480	14620	7954
东山县陈城镇	5020	33927	5078	22678	6574
东山县前楼镇	2037	12843	1954	8023	4139
东山县铜陵镇	629	52583	52583	24282	9218
南靖县山城镇	22500	102443	61625	55508	40470
南靖县丰田镇	5900	11798	2958	6365	4587
南靖县靖城镇	14000	65380	15400	34157	17392
南靖县龙山镇	30500	41114	16000	18089	7942

福建省

2-1-13 续表 8

单位：公顷、人

建制镇名称	行政区域面积	总人口	镇区人口	从业人员	#二三产业
南靖县金山镇	23400	38011	3698	14263	5793
南靖县和溪镇	17600	21973	1422	14115	5501
南靖县奎洋镇	16100	13475	1179	7069	3437
南靖县梅林镇	10900	12792	968	8016	3226
南靖县书洋镇	18100	24296	1045	15262	3848
南靖县船场镇	20400	26622	1347	11655	1582
南靖县南坑镇	16800	14197	1167	8218	2484
平和县小溪镇	13000	92552	42568	52753	14766
平和县山格镇	17700	49061	10873	27535	12152
平和县文峰镇	17850	17672	3936	9633	2212
平和县南胜镇	14300	28728	9385	17125	7658
平和县坂仔镇	13500	43517	12587	20365	6240
平和县安厚镇	9700	62957	6720	32300	17400
平和县大溪镇	13900	55212	18627	22744	9843
平和县霞寨镇	20700	50605	14930	29139	11224
平和县九峰镇	20500	49000	10500	32600	12550
平和县芦溪镇	31100	46264	6411	26340	13788
华安县华丰镇	16742	40222	19090	21017	14493
华安县丰山镇	6403	22435	5890	15300	8000
华安县沙建镇	23120	28558	6998	12785	6058
华安县新圩镇	21443	12993	1137	7188	3445
华安县高安镇	10302	11949	3650	4400	1130
华安县仙都镇	13763	29286	1144	17550	5030
龙海市海澄镇	6140	78722	14280	39389	23752
龙海市角美镇	15950	190893	75618	121354	101339
龙海市白水镇	8040	46893	3582	19427	9941
龙海市浮宫镇	8100	55852	10444	28435	15829
龙海市程溪镇	24730	37564	4886	17509	7337
龙海市港尾镇	6960	47537	10231	26713	16437
龙海市九湖镇	8700	60383	4356	29933	25418
龙海市颜厝镇	5200	54258	7535	32080	21301
龙海市榜山镇	5638	87959	21898	58404	43372
龙海市紫泥镇	6800	60962	10372	33755	19346
龙海市东园镇	3450	41192	1458	20259	14136
南平市延平区来舟镇	6800	7697	4960	3960	3650
南平市延平区樟湖镇	19800	22280	10006	9366	5802
南平市延平区夏道镇	15000	29140	10606	15524	8316
南平市延平区西芹镇	25100	35722	9246	18955	10280
南平市延平区峡阳镇	17600	25011	11004	12369	7071
南平市延平区南山镇	19700	28155	11448	16784	6620
南平市延平区大横镇	19300	19856	4169	9524	4473
南平市延平区王台镇	22100	20971	4299	12130	5820
南平市延平区太平镇	22500	17104	3015	8722	5229
南平市延平区塔前镇	15400	25267	4365	12677	4666
南平市延平区芒荡镇	20500	15019	1283	8315	3921
南平市延平区洋后镇	11000	12869	537	7043	1182

福建省

2-1-13 续表 9 单位：公顷、人

建制镇名称	行政区域面积	总人口	镇区人口	从业人员	#二三产业
南平市延平区炉下镇	9200	13797	2572	6925	2437
顺昌县建西镇	13000	18396	6411	12923	5366
顺昌县洋口镇	14100	18542	9560	11580	4536
顺昌县元坑镇	17000	16688	6309	7006	2829
顺昌县埔上镇	20000	22407	5367	13825	4633
顺昌县大历镇	8800	9431	3874	5182	1848
顺昌县大干镇	21120	16064	5604	7859	2890
顺昌县仁寿镇	17600	16275	5561	7309	1658
浦城县富岭镇	39591	40266	5523	27485	15328
浦城县石陂镇	28057	37061	9780	18700	8300
浦城县临江镇	11429	20163	4563	10853	2563
浦城县仙阳镇	23924	36458	6373	14836	9900
浦城县水北街镇	34985	23610	2435	13258	5855
浦城县永兴镇	20788	23753	2317	10936	515
浦城县忠信镇	41371	29522	4586	11995	6942
浦城县莲塘镇	15441	28325	7056	20127	12021
浦城县九牧镇	15520	13304	1823	8386	4195
光泽县杭川镇	729	34804	34649	20909	12615
光泽县寨里镇	68713	22715	2131	9588	1457
光泽县止马镇	16001	17175	3651	8728	3966
松溪县郑墩镇	17350	21556	3976	10268	3349
松溪县渭田镇	17950	26874	4206	14054	3751
政和县东平镇	21800	27754	11400	12350	4955
政和县石屯镇	15100	21351	6021	11299	4934
政和县铁山镇	13300	21958	7196	11088	3452
政和县镇前镇	23400	29057	3612	16038	1651
邵武市城郊镇	21100	15588	1514	8502	6053
邵武市水北镇	51300	19863	63	11620	6702
邵武市下沙镇	9300	7128	1139	4361	2327
邵武市卫闽镇	10600	7405	2614	3004	994
邵武市沿山镇	25700	17680	3812	8217	1786
邵武市拿口镇	34800	23914	8312	12658	8041
邵武市洪墩镇	14000	16207	1921	6632	1687
邵武市大埠岗镇	19200	15281	3741	7386	3445
邵武市和平镇	13400	19386	2542	7963	4527
邵武市肖家坊镇	10800	13398	2498	7635	4032
邵武市大竹镇	12500	8967	1651	6014	2902
邵武市吴家塘镇	11900	8763	1300	5427	3377
武夷市星村镇	68670	25450	5836	10456	4596
武夷市兴田镇	33039	28335	4540	18680	3634
武夷市五夫镇	17721	15589	5346	9591	2858
建瓯市徐墩镇	35200	37248	6460	14300	4888
建瓯市吉阳镇	19900	31823	8153	17760	5067
建瓯市房道镇	24473	36902	7009	20010	9398
建瓯市南雅镇	39800	45611	7395	24409	7982
建瓯市迪口镇	37200	34146	3254	18765	9295

福建省

2-1-13 续表 10　　　　单位：公顷、人

建制镇名称	行政区域面积	总人口	镇区人口	从业人员	#二三产业
建瓯市小桥镇	29800	40891	7160	20012	9194
建瓯市玉山镇	32500	23905	5373	14058	4457
建瓯市东游镇	42000	38804	12180	27509	13137
建瓯市东峰镇	30260	41256	10200	18300	6253
建瓯市小松镇	23922	30005	3058	13742	6102
建阳市将口镇	19464	20351	4114	13692	6926
建阳市徐市镇	27680	25191	5012	15315	6294
建阳市莒口镇	35996	27362	5861	13868	4166
建阳市麻沙镇	46910	37682	9730	18019	5896
建阳市黄坑镇	37147	13169	2876	5935	2679
建阳市水吉镇	27800	35499	11647	21701	9733
建阳市漳墩镇	30397	28203	3161	13316	3356
建阳市小湖镇	23723	17859	3692	9040	2272
龙岩市新罗区红坊镇	9240	24890	7142	11037	7674
龙岩市新罗区适中镇	30180	37953	25603	15660	11062
龙岩市新罗区雁石镇	30672	42668	20982	17852	8439
龙岩市新罗区白沙镇	42385	26266	10100	12465	8173
龙岩市新罗区万安镇	36400	14153	1431	7024	2049
龙岩市新罗区大池镇	10728	11444	1865	5847	3068
龙岩市新罗区小池镇	10150	13140	8725	6131	3993
龙岩市新罗区江山镇	24190	10874	4727	4451	1734
长汀县汀州镇	3980	73880	73880	35022	31851
长汀县大同镇	18340	47300	21080	26839	21489
长汀县古城镇	23600	17140	7249	9822	7785
长汀县新桥镇	13340	34492	7316	16631	13058
长汀县馆前镇	16600	15644	3530	7313	3759
长汀县童坊镇	24500	28930	5455	19039	15060
长汀县河田镇	31580	68131	18250	38809	30540
长汀县南山镇	22600	36610	3591	18990	9100
长汀县濯田镇	34860	52967	11193	25960	15323
长汀县四都镇	34030	15706	3477	8208	7544
长汀县涂坊镇	16700	29174	8525	14790	14025
长汀县策武镇	15670	27434	6233	12930	9860
长汀县三州镇	3900	14665	4298	9210	5000
永定县凤城镇	3160	45836	45836	25360	22372
永定县坎市镇	6410	25255	19675	13865	11297
永定县下洋镇	17890	39301	10713	17621	8615
永定县湖雷镇	16090	42125	5385	21610	12766
永定县高陂镇	9960	44115	9500	29247	23197
永定县抚市镇	12950	29700	7910	14895	6850
永定县湖坑镇	9610	24324	6007	13461	9248
永定县培丰镇	10530	39497	5220	20382	11060
永定县龙潭镇	8170	13384	4780	7754	3340
永定县峰市镇	7570	8090	2063	4780	3059
上杭县临江镇	1120	44847	6422	21700	20004
上杭县临城镇	19823	43149	1205	26996	15665

福建省

2-1-13 续表 11 单位：公顷、人

建制镇名称	行政区域面积	总人口	镇区人口	从业人员	#二三产业
上杭县中都镇	15000	18357	1286	9653	4768
上杭县蓝溪镇	7800	19424	8681	11544	5317
上杭县稔田镇	14761	23991	10903	13295	7839
上杭县白砂镇	19600	25498	9587	16410	5209
上杭县古田镇	22700	18748	3209	12953	8526
上杭县才溪镇	11600	25010	12653	12377	6791
上杭县南阳镇	22667	43293	6298	27945	22482
武平县平川镇	3300	48860	48860	27650	25340
武平县中山镇	19100	18928	7811	11726	4099
武平县岩前镇	18500	38478	6192	17428	7845
武平县十方镇	15600	41183	17186	17964	9420
武平县中堡镇	17600	28163	7726	15792	9978
武平县桃溪镇	17800	24835	6183	12706	8358
连城县莲峰镇	3626	57813	57813	21732	14558
连城县北团镇	11649	22842	9120	10124	6220
连城县姑田镇	30662	20886	11840	10950	5053
连城县朋口镇	21125	28568	12364	13478	9001
连城县莒溪镇	36627	19403	3931	13492	8601
连城县新泉镇	18758	29876	11746	18723	7130
连城县庙前镇	17059	31169	9638	18823	18823
连城县文亨镇	23642	29663	4192	18025	10617
漳平市新桥镇	49200	34101	3391	20321	7145
漳平市双洋镇	27225	11096	5022	6268	1719
漳平市永福镇	53550	47654	11298	21386	2473
漳平市溪南镇	26000	19106	2060	10046	1975
漳平市和平镇	8300	11362	3407	7933	4273
漳平市拱桥镇	9970	9280	812	5801	2505
漳平市象湖镇	17000	12761	1968	8336	2454
漳平市赤水镇	18400	8327	3062	4913	1609
宁德市蕉城区城南镇	3400	26421	16533	12740	10500
宁德市蕉城区漳湾镇	5500	52033	7794	24105	8910
宁德市蕉城区七都镇	7800	28754	12174	11052	5496
宁德市蕉城区八都镇	10500	24500	3960	9058	3356
宁德市蕉城区九都镇	9000	12025	1578	5252	3433
宁德市蕉城区霍童镇	16600	32900	10434	17792	7830
宁德市蕉城区赤溪镇	16800	25063	5188	11675	4786
宁德市蕉城区洋中镇	16300	31320	3442	14334	3268
宁德市蕉城区飞鸾镇	10300	21983	4024	10994	6169
宁德市蕉城区三都镇	16200	27962	3195	13620	3444
霞浦县长春镇	20195	58328	7345	25761	11793
霞浦县牙城镇	11481	34219	15711	18794	12947
霞浦县溪南镇	14939	45867	10684	24950	13700
霞浦县沙江镇	13709	46644	3465	21397	5528
霞浦县下浒镇	10083	39238	20116	19724	9043
霞浦县三沙镇	6552	45789	31126	19973	10613
古田县平湖镇	18000	43439	11530	26363	3738

福建省

2-1-13 续表 12 单位：公顷、人

建制镇名称	行政区域面积	总人口	镇区人口	从业人员	#二三产业
古田县大桥镇	20200	40335	6967	21356	7871
古田县黄田镇	21000	28279	4300	13459	6745
古田县鹤塘镇	22000	39660	11000	20239	10876
古田县杉洋镇	20500	31922	8362	17520	2688
古田县凤都镇	18500	26307	4509	12374	3871
古田县水口镇	15600	10623	3171	5788	1296
屏南县古峰镇	2000	43100	29178	25856	3765
屏南县双溪镇	18300	22581	4356	6981	2189
屏南县黛溪镇	15000	25270	2231	11249	1649
屏南县长桥镇	14200	20661	3846	10880	4600
寿宁县鳌阳镇	4800	37601	32802	12410	1772
寿宁县斜滩镇	15700	24415	10595	11738	4743
寿宁县南阳镇	12200	27583	8925	13692	8254
寿宁县武曲镇	6000	15391	3537	7092	2791
周宁县狮城镇	5700	46648	31215	14971	9438
周宁县咸村镇	16400	29233	11370	9004	5383
周宁县浦源镇	10600	26000	5065	12815	5136
周宁县七步镇	11500	20419	2570	8586	942
周宁县李墩镇	8900	18012	4410	8418	3140
周宁县纯池镇	20800	25826	4067	12046	3706
柘荣县双城镇	1060	26023	19573	8301	7734
柘荣县富溪镇	4840	10200	1668	4684	1460
福安市赛岐镇	7860	64716	43445	23951	19494
福安市穆阳镇	1000	16696	11251	5618	2615
福安市上白石镇	7300	27370	4277	9776	2787
福安市潭头镇	15000	39102	2285	15350	9154
福安市社口镇	9600	26170	2297	8332	4159
福安市晓阳镇	9370	14381	6420	5452	2847
福安市溪潭镇	11400	39526	3423	17850	2906
福安市甘棠镇	10300	46966	13217	22931	16500
福安市下白石镇	10630	51823	11407	18680	10600
福安市溪尾镇	6200	15898	3803	6223	2202
福安市溪柄镇	12700	29860	8608	11201	6125
福安市湾坞镇	10000	35097	5905	12484	9100
福安市城阳镇	15100	49861	13460	19956	11025
福鼎市贯岭镇	7900	25826	3375	13623	11383
福鼎市前岐镇	9900	45247	23065	24952	19244
福鼎市沙埕镇	3800	34821	9317	18694	5382
福鼎市店下镇	13000	45415	15036	25210	9870
福鼎市太姥山镇	11400	56687	28532	36320	15330
福鼎市磻溪镇	22400	29189	1207	20607	9335
福鼎市白琳镇	13000	39473	9362	20159	11701
福鼎市点头镇	12000	41925	18591	28635	16718
福鼎市管阳镇	19800	49431	7937	23956	11359
福鼎市嵛山镇	2600	4846	442	2790	338

2-1-14 江西省建制镇名录及基本情况

单位：公顷、人

建制镇名称	行政区域面积	总人口	镇区人口	从业人员	#二三产业
南昌市西湖区桃花镇	1800	34627	34627	18661	18661
南昌市青云谱区青云谱镇	1953	43043	5288	21358	19426
南昌市湾里区招贤镇	9250	23228	1756	9284	4027
南昌市湾里区梅岭镇	3870	10845	1890	4964	2867
南昌市湾里区罗亭镇	3574	8748	862	4106	2450
南昌市湾里区太平镇	4739	10732	1520	5592	2632
南昌市青山湖区京东镇	780	56325	2274	30132	25590
南昌市青山湖区罗家镇	4630	67890	5668	33083	27424
南昌市青山湖区湖坊镇	750	184823	4723	75467	73367
南昌市青山湖区塘山镇	1920	92467	1687	46792	38295
南昌市青山湖区扬子洲镇	1820	23764	2008	12261	4746
南昌市经济技术开发区蛟桥镇	6800	33510	16712	16271	10398
南昌县莲塘镇	4144	108921	50382	57823	38750
南昌县向塘镇	14630	120321	76469	68952	54923
南昌县三江镇	2930	30754	9102	14998	7099
南昌县塘南镇	13488	73117	7286	35740	14542
南昌县幽兰镇	10580	76272	6855	32058	15313
南昌县蒋巷镇	24100	93444	11854	61125	44234
南昌县武阳镇	6100	53501	5400	21556	7897
南昌县岗上镇	9400	46713	1734	22810	9000
南昌县广福镇	6100	40782	4380	17049	10340
南昌市高新技术开发区昌东镇	13200	108317	12268	53982	26925
南昌市高新技术开发区麻丘镇	6523	50192	7524	24903	11662
新建县长堎镇	2412	138490	14059	94126	76430
新建县望城镇	5600	15517	2872	8191	4328
新建县生米镇	10000	37127	4235	17078	4073
新建县西山镇	12870	38486	10000	18649	6250
新建县石岗镇	13635	53487	8920	25872	8300
新建县松湖镇	8890	35791	2165	17435	1975
新建县樵舍镇	10074	39690	5005	20294	4600
新建县乐化镇	5007	18898	4580	9476	4600
新建县溪霞镇	7840	31698	4969	14152	5630
新建县象山镇	8175	27321	5211	12347	3160
新建县石埠镇	9353	43084	5474	20723	2509
新建县联圩镇	10200	36787	2100	18884	2319
安义县龙津镇	3840	67175	55764	35118	30171
安义县万埠镇	5480	29488	3683	11902	6812
安义县石鼻镇	10800	38080	10121	15470	10145
安义县鼎湖镇	3900	27191	3716	14622	8783
安义县长埠镇	6250	21359	1173	7846	5131
安义县东阳镇	9279	22068	1656	7526	5456
安义县黄洲镇	6260	18457	1433	12534	9782
进贤县民和镇	15246	182836	126118	78226	73510
进贤县李渡镇	4523	46765	18820	30397	17824
进贤县温圳镇	5674	47780	14555	24607	16732
进贤县文港镇	5575	50889	21220	26572	19946
进贤县梅庄镇	8732	38467	7712	18907	11101
进贤县张公镇	5015	30113	2395	15056	6222
进贤县罗溪镇	5454	34135	3590	17525	11391
进贤县架桥镇	5205	30567	4396	15258	6179

江西省

2-1-14　续表 1　　　　单位：公顷、人

建制镇名称	行政区域面积	总人口	镇区人口	从业人员	#二三产业
进贤县前坊镇	8661	33339	6352	18021	10600
景德镇市昌江区竟成镇	5127	35800	6655	23980	23080
景德镇市昌江区鲇鱼山镇	14000	34993	6817	19496	8680
浮梁县浮梁镇	13400	32818	27570	15276	12412
浮梁县鹅湖镇	20900	26926	7083	15349	7377
浮梁县经公桥镇	23100	15608	6210	8196	4895
浮梁县蛟潭镇	37200	23765	4753	12650	3156
浮梁县湘湖镇	23780	23242	5848	17630	15342
浮梁县瑶里镇	19217	13508	3620	6015	2426
浮梁县洪源镇	8400	16476	6908	8972	6894
浮梁县寿安镇	12600	17462	3157	8350	5908
浮梁县三龙镇	10250	11437	4905	7400	4500
乐平市镇桥镇	10200	53313	9273	25919	18598
乐平市乐港镇	10970	76778	11382	52729	30933
乐平市涌山镇	17991	46029	18588	23014	15714
乐平市众埠镇	35546	93416	11896	60318	25082
乐平市接渡镇	8500	76110	18560	28904	20864
乐平市洪岩镇	11740	17039	1296	9028	474
乐平市礼林镇	15604	48584	7348	23871	19343
乐平市后港镇	8049	42508	8501	26623	20465
乐平市塔前镇	12250	39807	4096	22167	16021
乐平市双田镇	11400	43429	8910	17610	15832
乐平市临港镇	11170	29760	10319	14901	8324
乐平市高家镇	11300	22494	2864	11010	4540
乐平市名口镇	11400	23978	6554	13050	9887
乐平市浯口镇	4267	30939	4860	13722	758
萍乡市安源区安源镇	2524	37202	25707	15920	11386
萍乡市安源区高坑镇	6409	54646	30000	25082	17600
萍乡市安源区五陂镇	1425	15468	2021	6218	5598
萍乡市安源区青山镇	3100	37295	22244	18751	13370
萍乡市湘东区湘东镇	5594	74475	9861	43169	29334
萍乡市湘东区荷尧镇	5408	35179	6910	20855	12164
萍乡市湘东区老关镇	5157	35610	4970	23003	13063
萍乡市湘东区腊市镇	4002	32245	4939	17975	10343
萍乡市湘东区下埠镇	5661	42498	4675	22704	15822
萍乡市湘东区排上镇	8224	39992	4370	25981	14026
萍乡市湘东区东桥镇	14268	36130	3860	15800	7771
萍乡市湘东区麻山镇	9328	38481	3900	16594	10374
莲花县琴亭镇	7786	63640	32050	30061	19542
莲花县路口镇	5207	15809	1344	7400	2148
莲花县良坊镇	11761	34790	1560	16388	6691
莲花县升坊镇	5090	15390	1243	7212	3662
莲花县坊楼镇	10742	23769	2360	11545	4923
上栗县上栗镇	10397	86413	24813	37526	31004
上栗县桐木镇	10950	78110	6059	45127	31889
上栗县金山镇	9714	74056	1960	38372	24531
上栗县福田镇	5290	32982	2620	23007	14845
上栗县彭高镇	3535	22502	922	14081	6036
上栗县赤山镇	8450	53069	7218	31302	20134
芦溪县芦溪镇	10574	68948	4170	40637	28824

江西省

2-1-14 续表 2

单位：公顷、人

建制镇名称	行政区域面积	总人口	镇区人口	从业人员	#二三产业
芦溪县宣风镇	10060	36067	750	23867	13630
芦溪县上埠镇	7708	38241	6795	20165	14165
芦溪县南坑镇	12419	40037	1864	24120	14308
芦溪县银河镇	8103	41913	3786	24431	14095
九江市庐山区姑塘镇	4950	21441	3979	10835	8627
九江市庐山区威家镇	3570	8290	2609	4815	2951
九江市庐山区新港镇	9600	31082	3907	13422	8393
九江市庐山区莲花镇	2800	15516	4165	8947	8630
九江市庐山区海会镇	10080	28500	474	14522	8776
九江市庐山区赛阳镇	2890	7304	838	3251	877
九江市庐管局牯岭镇	4600	14953	14953	5763	5304
九江县沙河街镇	2078	71610	44460	25995	17313
九江县马回岭镇	9064	30650	3588	16520	6164
九江县江洲镇	8375	35611	5286	21089	8766
九江县城子镇	2784	13445	4681	7205	2374
九江县港口街镇	5768	31917	5243	19678	12378
九江县新合镇	4431	17523	1827	9038	7077
九江县狮子镇	5167	22920	2458	10633	5894
武宁县新宁镇	28529	25665	4665	12142	5763
武宁县泉口镇	14273	21610	948	9058	4264
武宁县鲁溪镇	16842	34483	8000	15655	3955
武宁县船滩镇	24198	31965	4264	14442	7415
武宁县澧溪镇	24398	25925	4033	14520	8206
武宁县罗坪镇	24080	16751	2231	8803	2578
武宁县石门楼镇	16702	22116	1116	10745	2624
武宁县宋溪镇	29875	11983	710	5363	1583
修水县义宁镇	8060	107910	103434	52473	49590
修水县白岭镇	7970	36649	2937	15727	3727
修水县全丰镇	10120	29167	3735	12519	6035
修水县古市镇	12450	37533	6507	17088	8578
修水县大桥镇	12520	36898	6450	23338	11375
修水县渣津镇	14410	52025	16108	25000	8062
修水县马坳镇	15400	38026	2786	18191	4379
修水县杭口镇	5240	18860	1127	9097	3001
修水县港口镇	14400	22795	3100	10004	4189
修水县溪口镇	18850	35661	4544	15341	8286
修水县西港镇	5080	23367	4672	12769	3844
修水县山口镇	17750	21750	2371	13610	3190
修水县黄沙镇	20420	21165	2470	9120	4666
修水县黄港镇	19400	19176	4160	8758	5122
修水县何市镇	16230	23335	3128	11200	4863
修水县上奉镇	12170	17210	3398	9580	1764
修水县四都镇	13080	26828	2817	14776	8841
修水县太阳升镇	10360	30435	3687	14087	7054
修水县宁州镇	15190	19176	3820	12490	632
永修县涂埠镇	2644	66344	66340	33895	25670
永修县吴城镇	35605	13131	3338	7726	2159
永修县三溪桥镇	12600	13060	4100	5850	3000
永修县虬津镇	5939	16703	3630	8387	2900
永修县艾城镇	6710	20965	4640	9526	2951

江西省

2-1-14 续表 3

单位：公顷、人

建制镇名称	行政区域面积	总人口	镇区人口	从业人员	#二三产业
永修县滩溪镇	10820	17852	1564	9876	5078
永修县白槎镇	5116	14684	2024	6412	2865
永修县梅棠镇	7846	15956	1570	6987	2105
永修县燕坊镇	4700	9150	1036	5531	554
永修县马口镇	9059	28287	1460	11566	5526
永修县柘林镇	1500	7703	1485	3697	875
德安县蒲亭镇	2700	49169	49119	27094	23718
德安县聂桥镇	5413	9104	1336	4312	2437
德安县车桥镇	12500	10833	670	5176	3026
德安县丰林镇	2540	14723	2810	7212	3749
星子县南康镇	1890	45350	1580	22500	17700
星子县白鹿镇	8720	25037	1225	12315	6703
星子县温泉镇	10400	26844	2006	13697	8379
星子县蓼花镇	4233	20575	1533	9872	5345
星子县华林镇	4490	26080	610	12113	5421
星子县蛟塘镇	6200	23368	1607	10450	6599
星子县横塘镇	3010	16710	1810	8823	6572
都昌县都昌镇	6910	108347	103619	46600	38423
都昌县周溪镇	5107	49253	2182	21965	5514
都昌县三汊港镇	3985	29938	2998	14180	6769
都昌县中馆镇	5132	23044	3000	10810	3424
都昌县大沙镇	4634	32526	4030	16861	8139
都昌县万户镇	3708	32233	1350	15591	7742
都昌县南峰镇	3500	23975	4806	10752	4527
都昌县土塘镇	13400	55909	2210	27700	11996
都昌县大港镇	14300	25704	976	12388	7251
都昌县蔡岭镇	11700	37140	5016	18606	5232
都昌县徐埠镇	9600	33332	3852	15456	8664
都昌县左里镇	6504	27057	2916	11826	1760
湖口县双钟镇	2622	70856	65310	29630	26130
湖口县流泗镇	4980	30147	3661	17101	7101
湖口县马影镇	3690	23409	3422	11029	3873
湖口县武山镇	5035	14274	2630	6033	2528
湖口县城山镇	8795	23282	2486	11515	7134
彭泽县龙城镇	6360	68740	49250	42620	38050
彭泽县棉船镇	10500	39876	4700	22620	11842
彭泽县马档镇	5196	31644	7142	14573	9289
彭泽县芙蓉墩镇	14800	32030	3615	19039	9930
彭泽县定山镇	3870	15376	3200	7482	3205
彭泽县天红镇	11649	16242	3785	7592	1496
彭泽县杨梓镇	24270	33260	2358	19478	5592
彭泽县东升镇	10960	13680	3375	7450	5058
彭泽县浪溪镇	9020	13490	3212	7910	3754
彭泽县黄花镇	6020	18586	1996	9364	3601
瑞昌市码头镇	10100	49492	26488	21143	13526
瑞昌市白杨镇	6100	10846	754	5017	2364
瑞昌市南义镇	13700	21965	3712	10171	6103
瑞昌市横港镇	11000	25409	2476	12421	3826
瑞昌市范镇	10000	33543	3246	15226	10470
瑞昌市肇陈镇	5400	14361	1593	6462	1682

江西省

2-1-14 续表 4 单位：公顷、人

建制镇名称	行政区域面积	总人口	镇区人口	从业人员	#二三产业
瑞昌市高丰镇	7000	20431	2068	10303	4295
瑞昌市夏畈镇	5300	15466	5972	7704	3341
共青城市甘露镇	4900	15649	2173	8669	4564
共青城市江益镇	9200	14435	2785	7481	1914
共青城市金湖镇	2800	9236	1362	3544	1670
新余市渝水区水北镇	12923	50279	5640	35000	10920
新余市渝水区下村镇	14480	52319	2123	24797	12988
新余市渝水区良山镇	17600	17756	3420	11710	8717
新余市渝水区罗坊镇	20500	81192	3782	25000	1913
新余市渝水区姚圩镇	7100	31700	3100	14858	910
新余市渝水区珠珊镇	6810	29333	2650	16108	12232
新余市渝水区河下镇	10830	17380	9933	10423	4901
新余市渝水区观巢镇	6890	20175	3786	12140	2030
新余市渝水区欧里镇	6720	19725	1376	12119	4079
新余市渝水区水西镇	24300	112502	32875	74568	37066
分宜县分宜镇	18600	97159	92355	43721	16025
分宜县杨桥镇	14478	43884	9569	23423	12690
分宜县湖泽镇	7714	21177	5346	12423	5997
分宜县双林镇	10070	27787	6120	13741	8520
分宜县钤山镇	42060	27725	6714	18017	8747
分宜县洋江镇	8811	18870	3409	9975	6524
鹰潭市月湖区童家镇	5319	24746	1711	14296	6149
余江县邓埠镇	4800	78560	61000	35660	32492
余江县锦江镇	12100	53623	21000	37369	8340
余江县潢溪镇	4600	38020	3326	18412	9690
余江县中童镇	6700	34415	4008	18514	13503
余江县马荃镇	10707	28987	3156	14653	10030
余江县画桥镇	10500	17344	2523	7845	4490
贵溪市泗沥镇	14800	34111	1585	18300	4698
贵溪市河潭镇	12000	25310	1335	13969	7678
贵溪市周坊镇	20600	36375	3730	22173	9742
贵溪市鸿塘镇	12000	32799	4214	16313	8124
贵溪市志光镇	6427	26587	3981	16979	8916
贵溪市流口镇	6900	19624	1684	7650	4074
贵溪市罗河镇	13100	53604	10620	30118	21083
贵溪市金屯镇	10295	20835	1274	13196	6620
贵溪市塘湾镇	18000	33164	3995	14270	6975
贵溪市文坊镇	22460	27606	4650	12048	8433
贵溪市冷水镇	6421	3887	1275	2025	1023
贵溪市龙虎山镇	9600	11982	3300	6031	2328
贵溪市上清镇	8636	19497	9515	9594	4796
赣州市章贡区沙石镇	13820	30323	1789	15851	6551
赣州市章贡区水东镇	2470	13891	2004	7337	4877
赣州市章贡区水南镇	2050	22372	4243	12024	11230
赣州市章贡区湖边镇	4400	27103	1466	11671	7464
赣州市章贡区沙河镇	6450	14104	2360	7393	3811
赣州市章贡区水西镇	11020	31709	2164	17125	10276
赣州市章贡区蟠龙镇	4353	36337	5692	19052	11802
赣县梅林镇	3370	80827	61354	46967	44399
赣县王母渡镇	19190	46945	4106	23069	10616

江西省

2-1-14　续表 5　　　　单位：公顷、人

建制镇名称	行政区域面积	总人口	镇区人口	从业人员	#二三产业
赣县沙地镇	27740	39722	5326	19215	7079
赣县江口镇	11720	41614	10042	19518	12883
赣县田村镇	20730	53463	10030	33313	19415
赣县南塘镇	14910	49756	4982	25603	15093
赣县茅店镇	12150	26963	2174	14784	7655
赣县吉埠镇	12700	33583	3575	15856	11411
赣县五云镇	13240	21947	2880	10616	3455
赣县湖江镇	27230	45437	2070	23325	10272
信丰县嘉定镇	27100	168490	86969	86850	34485
信丰县大塘埠镇	20800	64595	20010	30098	4930
信丰县古陂镇	31100	36489	4500	14480	3310
信丰县大桥镇	9100	21073	16972	9440	6720
信丰县新田镇	24200	27082	2913	11965	2455
信丰县安西镇	22200	44610	6420	22108	9735
信丰县小江镇	23200	37661	4965	18920	6545
信丰县铁石口镇	8600	42212	5815	19100	9800
信丰县大阿镇	9500	48360	2115	24021	3325
信丰县油山镇	15900	19698	1737	9465	4132
信丰县小河镇	10500	42192	2382	21090	2988
信丰县西牛镇	24500	58793	5465	24135	10620
信丰县正平镇	16200	58470	3152	27300	3602
大余县南安镇	14400	22152	4292	11090	7737
大余县新城镇	15900	64716	4833	30259	13486
大余县樟斗镇	8900	14936	1731	5154	2215
大余县池江镇	12100	46154	1301	21054	9330
大余县青龙镇	10800	29936	1986	13069	3291
大余县左拔镇	10000	11023	1991	3329	1400
大余县黄龙镇	9200	18578	1931	9363	4155
大余县吉村镇	21800	17939	1279	8134	2665
上犹县东山镇	17097	75733	40879	40796	30757
上犹县陡水镇	4700	5270	2699	2706	1876
上犹县社溪镇	12760	35803	3821	19233	9952
上犹县营前镇	6490	32648	8073	17615	10274
上犹县黄埠镇	7370	18276	4402	9981	5865
崇义县横水镇	23778	52675	29352	24300	13929
崇义县扬眉镇	7567	16044	2200	8148	2710
崇义县过埠镇	9619	14124	1740	6655	3234
崇义县铅厂镇	15570	11218	630	5269	2740
崇义县长龙镇	13305	11675	739	5335	2697
崇义县关田镇	16330	9409	730	4558	2440
安远县欣山镇	18340	83494	31980	36954	11020
安远县孔田镇	10800	30634	3470	13012	4256
安远县版石镇	15500	26441	4747	12723	4524
安远县天心镇	24800	37070	3486	18380	6214
安远县龙布镇	14100	24269	2026	12120	3437
安远县鹤子镇	13500	15835	3163	7390	2800
安远县三百山镇	12600	16235	2802	7435	2317
安远县车头镇	14700	20126	4020	10327	2879
龙南县龙南镇	12147	105118	27007	54122	47777
龙南县武当镇	7880	14301	1513	7705	5381

江西省

2-1-14　续表 6　　　　单位：公顷、人

建制镇名称	行政区域面积	总人口	镇区人口	从业人员	#二三产业
龙南县杨村镇	16241	47917	4754	26252	21216
龙南县汶龙镇	8417	18224	4595	9799	6261
龙南县程龙镇	11167	8925	2183	4874	2104
龙南县关西镇	8040	7079	2166	3875	2903
龙南县里仁镇	14010	21073	3440	11467	7045
龙南县渡江镇	7778	21742	4351	11825	7572
定南县历市镇	24121	71892	13382	20793	8217
定南县岿美山镇	13628	12473	2681	6494	2856
定南县老城镇	8509	17948	2744	9336	3960
定南县天九镇	17108	25272	4654	13147	5016
定南县龙塘镇	15039	16964	2836	8851	3368
定南县岭北镇	33233	24977	3706	12985	4404
定南县鹅公镇	20111	32603	2683	16963	5473
全南县城厢镇	7983	48630	35986	27424	22953
全南县大吉山镇	12466	15897	424	7455	3897
全南县陂头镇	2990	23594	4698	10318	5749
全南县金龙镇	21759	29312	5568	14565	10722
全南县南迳镇	21093	19432	1880	9327	5045
全南县龙源坝镇	26280	13684	1298	6636	3316
宁都县梅江镇	21027	157968	109064	79712	61060
宁都县青塘镇	18012	38324	4045	18687	5607
宁都县长胜镇	18726	57766	4988	29752	10154
宁都县黄陂镇	20852	37036	3932	19890	5250
宁都县固村镇	28211	39860	4134	20771	8305
宁都县赖村镇	17930	54532	3452	28243	7783
宁都县石上镇	18381	29336	2884	15395	5506
宁都县东山坝镇	17525	25657	3532	13132	5058
宁都县洛口镇	31607	31844	3670	16870	5275
宁都县小布镇	15347	15524	2452	8493	2892
宁都县黄石镇	8076	39460	3817	21112	8538
宁都县田头镇	7349	38483	3922	20280	6303
于都县贡江镇	15465	196970	47924	107605	63567
于都县铁山垅镇	7070	19702	5353	10612	5716
于都县盘古山镇	15657	23788	5860	12982	7032
于都县禾丰镇	13072	62270	5260	33802	18350
于都县祁禄山镇	17120	12602	5168	6822	3698
于都县梓山镇	17360	67792	4240	37026	20012
于都县银坑镇	17088	71249	4966	38468	20852
于都县岭背镇	14120	63480	5162	34516	18642
于都县罗坳镇	16266	52858	5630	28840	15580
兴国县潋江镇	5200	120317	87262	63490	58671
兴国县江背镇	11310	29441	2929	15553	9103
兴国县古龙岗镇	20600	41185	4470	22535	12209
兴国县梅窖镇	7600	25474	2540	13809	7689
兴国县高兴镇	21683	57167	6329	31300	14357
兴国县良村镇	17007	25395	1544	13489	5180
兴国县龙口镇	6600	23575	1588	13024	8014
会昌县文武坝镇	18800	96584	17156	48515	37341
会昌县筠门岭镇	29784	46733	4893	25084	11259
会昌县西江镇	18900	61134	8736	32806	14751

江西省

2-1-14 续表 7　　　　单位：公顷、人

建制镇名称	行政区域面积	总人口	镇区人口	从业人员	#二三产业
会昌县周田镇	22200	62457	7197	33515	12590
会昌县麻州镇	11800	27073	5026	14542	6515
会昌县庄口镇	15300	31138	2086	16722	5435
寻乌县长宁镇	1270	49225	49225	25075	24994
寻乌县晨光镇	18036	26457	3954	13865	4471
寻乌县留车镇	23129	32829	2780	16211	3442
寻乌县南桥镇	13815	31765	3798	18456	4464
寻乌县吉潭镇	23849	25870	2338	13162	2341
寻乌县澄江镇	18974	31225	3048	14487	3545
寻乌县桂竹帽镇	23586	12971	2023	6420	1201
石城县琴江镇	27900	59992	18120	28568	9551
石城县小松镇	16700	33476	8100	16608	4698
石城县屏山镇	11300	33646	6950	15150	7822
石城县横江镇	30700	42025	7280	18977	6907
石城县高田镇	23800	23745	4700	13013	4319
瑞金市象湖镇	3100	148917	10859	73569	55716
瑞金市瑞林镇	20200	35486	4269	16725	6651
瑞金市壬田镇	16800	51431	6815	26354	10899
瑞金市九堡镇	20600	59231	6575	28645	11497
瑞金市沙洲坝镇	8500	23868	4436	12012	5673
瑞金市谢坊镇	13100	38752	5775	19125	10995
瑞金市武阳镇	13100	34782	3596	17958	8841
南康市唐江镇	9020	101628	19855	44360	23605
南康市凤岗镇	6300	40589	5426	22285	13328
南康市潭口镇	5800	42630	8832	23880	12724
南康市龙岭镇	5600	36235	3578	19112	14013
南康市龙回镇	13700	40546	2650	20566	10798
南康市镜坝镇	3000	35585	3438	19530	9899
南康市横市镇	11800	22579	4420	12192	6241
南康市潭东镇	5700	38721	1802	21076	11693
吉安市吉州区兴桥镇	13600	26283	3994	13384	7012
吉安市吉州区樟山镇	6354	24320	2200	13000	5594
吉安市吉州区长塘镇	12830	38375	9800	19520	11477
吉安市吉州区曲濑镇	4600	18264	995	10906	9710
吉安市青原区天玉镇	4922	15525	2318	7128	3152
吉安市青原区值夏镇	4900	30291	4450	15295	9139
吉安市青原区新圩镇	4900	18850	3240	9660	3898
吉安市青原区富滩镇	18980	23851	2246	13219	7715
吉安市青原区富田镇	21600	30091	3613	15834	5986
吉安市青原区文陂镇	5100	15490	3050	7784	4393
吉安县敦厚镇	8700	99310	63529	53230	37000
吉安县永阳镇	7300	32162	3296	14821	5184
吉安县天河镇	15000	15820	1200	8800	2590
吉安县横江镇	6900	20515	1466	10668	4117
吉安县固江镇	11100	20750	2865	11275	6225
吉安县万福镇	10600	38693	2087	20860	10241
吉安县永和镇	6900	24796	2010	15976	9720
吉安县桐坪镇	13200	33270	760	15495	4970
吉安县凤凰镇	5800	17457	1320	9970	3930

江西省

2-1-14　续表 8　　　　单位：公顷、人

建制镇名称	行政区域面积	总人口	镇区人口	从业人员	#二三产业
吉安县油田镇	22700	24150	1400	11410	4500
吉安县敖城镇	22200	17782	1112	8108	4757
吉水县文峰镇	21737	132907	118102	72214	67540
吉水县阜田镇	13830	37659	5186	20712	15444
吉水县盘谷镇	9320	29780	2827	16379	10090
吉水县枫江镇	9350	33087	2995	18156	12798
吉水县黄桥镇	8870	25324	1727	13842	9514
吉水县金滩镇	15861	32566	4467	17905	10540
吉水县八都镇	18630	34917	9373	17863	10727
吉水县双村镇	9470	11172	1395	5841	2043
吉水县醪桥镇	12930	20318	3156	11056	6771
吉水县螺田镇	19900	19047	1323	8951	5265
吉水县白沙镇	17730	22001	4396	10526	5500
吉水县白水镇	10280	11245	2205	5061	3059
吉水县丁江镇	12980	13079	1315	6605	3589
吉水县乌江镇	15620	21485	2200	10056	3111
吉水县水南镇	34120	27890	4436	13560	6501
峡江县水边镇	20300	47382	23100	20390	11492
峡江县马埠镇	16200	14769	1710	7001	3110
峡江县巴邱镇	11280	37120	27021	21725	14750
峡江县仁和镇	13200	14505	2485	6135	3720
峡江县砚溪镇	12200	12984	1210	6390	3200
峡江县罗田镇	15510	18010	906	7520	1930
新干县金川镇	13811	76286	62248	45160	33672
新干县三湖镇	4782	41068	3721	23132	14137
新干县大洋洲镇	7854	25255	3855	15638	6709
新干县七琴镇	11863	31820	6075	14525	5379
新干县麦斜镇	13473	21473	2962	9776	4465
新干县界埠镇	11344	24433	2650	11815	3733
永丰县恩江镇	6764	87475	64894	38638	33298
永丰县坑田镇	14018	20767	2520	10143	6315
永丰县沿陂镇	14145	25592	1016	11147	4413
永丰县古县镇	21540	22214	1278	9596	1830
永丰县瑶田镇	9169	21803	2249	11505	7754
永丰县藤田镇	9583	40691	8241	16729	8788
永丰县石马镇	21402	35616	3278	16905	9173
永丰县沙溪镇	21664	21826	2390	12602	8094
泰和县澄江镇	15810	138080	89371	63332	61944
泰和县碧溪镇	15900	17420	3320	8211	3403
泰和县桥头镇	25300	15279	1064	8800	3027
泰和县禾市镇	13600	24560	1500	11711	9113
泰和县螺溪镇	8500	34843	2973	17360	11390
泰和县苏溪镇	9800	18033	2000	9260	3000
泰和县马市镇	13700	36893	3750	18940	8739
泰和县塘洲镇	12400	38050	2030	18750	7950
泰和县冠朝镇	14540	20752	2121	9312	1911
泰和县沙村镇	7900	15440	2735	7430	6512
泰和县老营盘镇	8500	5623	520	2050	1142
泰和县小龙镇	9400	7214	748	2247	1043

江西省

2-1-14 续表 9 单位：公顷、人

建制镇名称	行政区域面积	总人口	镇区人口	从业人员	#二三产业
泰和县灌溪镇	16300	26030	3118	11321	5257
泰和县苑前镇	10800	32927	3426	13447	10037
泰和县万合镇	17050	53268	7730	23000	11684
泰和县沿溪镇	10200	22123	2900	11000	5790
遂川县泉江镇	18862	113243	50652	62995	48167
遂川县雩田镇	19122	59072	6754	30883	21911
遂川县碧洲镇	11522	13172	1290	6520	2535
遂川县草林镇	8768	32922	2765	16830	5231
遂川县堆子前镇	10520	21684	462	10412	4399
遂川县左安镇	15650	32599	695	18898	7510
遂川县高坪镇	10283	15128	2580	6513	3606
遂川县大汾镇	30052	39067	3420	20085	5623
遂川县衙前镇	13453	12272	906	5710	2093
遂川县禾源镇	10680	22057	3062	10874	4581
遂川县汤湖镇	9838	17498	1887	8253	1419
万安县芙蓉镇	11892	55551	43869	29465	27067
万安县五丰镇	18937	20511	3315	11806	6100
万安县枧头镇	23422	23931	1826	11738	5638
万安县窑头镇	12344	30632	4768	14658	6800
万安县百加镇	10070	19760	2869	9639	3670
万安县高陂镇	10534	12609	2348	5888	3040
万安县潞田镇	15357	18581	1978	10089	5204
万安县沙坪镇	13183	13349	1448	6278	3460
万安县夏造镇	10671	16176	1978	7602	4005
安福县平都镇	7827	110568	64726	48976	41861
安福县浒坑镇	8280	12707	11646	8884	6040
安福县洲湖镇	18525	37231	13115	21568	13030
安福县横龙镇	14093	22965	9766	10615	6534
安福县洋溪镇	13052	17740	3030	8593	3404
安福县严田镇	26231	26414	1886	13137	8155
安福县枫田镇	12910	21787	4487	11048	5858
永新县禾川镇	3962	98873	84785	48730	31311
永新县石桥镇	10500	25631	2129	13072	7190
永新县龙源口镇	16500	25715	3308	12498	8376
永新县澧田镇	10873	41586	12471	21454	15026
永新县龙门镇	8700	19355	893	9728	6853
永新县沙市镇	8100	18969	3597	9674	5933
永新县文竹镇	1465	18093	3610	8864	3545
永新县埠前镇	3450	21459	1537	10977	5778
永新县怀忠镇	7639	21226	3680	10958	3361
永新县高桥楼镇	9610	14211	3921	7119	3680
井冈山市厦坪镇	2900	11143	3450	5648	3576
井冈山市龙市镇	3100	33344	24298	15436	4671
井冈山市古城镇	6200	13887	2846	8084	4188
井冈山市新城镇	6134	7869	1648	3642	2123
井冈山市大陇镇	5300	4489	385	2950	2615
宜春市袁州区彬江镇	13693	41640	16000	21524	19647
宜春市袁州区西村镇	14990	51533	8750	26484	18125
宜春市袁州区金端镇	10500	33588	6830	18131	8130

江西省

2-1-14 续表 10 单位：公顷、人

建制镇名称	行政区域面积	总人口	镇区人口	从业人员	#二三产业
宜春市袁州区温汤镇	17160	21202	12536	9453	7027
宜春市袁州区三阳镇	6520	36825	6995	15630	7983
宜春市袁州区慈化镇	20200	67204	4159	37283	24913
宜春市袁州区天台镇	17800	54518	2806	29351	3213
宜春市袁州区洪塘镇	16400	50441	6608	25609	10048
宜春市袁州区渥江镇	5900	11162	2294	6381	2580
宜春市袁州区新坊镇	16200	21925	2630	10280	4797
宜春市袁州区寨下镇	11800	38162	2050	19262	7463
宜春市袁州区芦村镇	5400	21837	4360	10356	6316
宜春市袁州区湖田镇	9117	27081	4195	16504	8520
宜春市袁州区新田镇	9700	34069	3640	16420	15112
奉新县冯川镇	3040	80091	70281	31890	31266
奉新县赤岸镇	18730	34410	4410	15594	6500
奉新县赤田镇	12000	27629	3210	13400	7457
奉新县宋埠镇	8680	30492	1903	16887	10913
奉新县干洲镇	13730	34058	4969	19119	9665
奉新县澡下镇	15560	11106	1877	5249	4220
奉新县会埠镇	20950	20083	5170	11802	5392
奉新县罗市镇	12200	14178	3398	8209	6644
奉新县上富镇	14633	12134	6452	6934	6017
奉新县甘坊镇	6820	6004	2654	2392	1336
万载县株潭镇	9081	69680	17650	38320	18920
万载县黄茅镇	13736	58100	11000	30782	17700
万载县潭埠镇	9689	41577	2822	19816	9703
万载县双桥镇	13236	35800	7041	15128	9255
万载县高村镇	20429	16248	2036	9760	2916
万载县罗城镇	15541	24505	2970	11080	5828
万载县三兴镇	11281	28000	1793	15400	4712
万载县高城镇	11677	32927	1050	16260	7655
万载县白良镇	7375	22957	936	12320	7280
上高县田心镇	17300	40024	4500	20588	14434
上高县徐家渡镇	13305	28390	5016	14195	13665
上高县锦江镇	8256	29140	5495	14570	8177
上高县泗溪镇	16589	39860	7932	19895	9701
上高县翰堂镇	9125	20723	4124	10927	5562
上高县南港镇	11727	17341	1475	8366	4926
上高县敖山镇	4008	9860	1962	4757	2893
宜丰县新昌镇	13393	73337	55700	27868	22093
宜丰县澄塘镇	17800	20297	3562	9044	7166
宜丰县棠浦镇	11500	20188	2650	13510	4841
宜丰县新庄镇	8700	15411	2712	7200	3066
宜丰县潭山镇	20500	14741	8972	6182	3300
宜丰县芳溪镇	20000	25288	7100	13340	9509
宜丰县石市镇	15315	31070	2527	16569	9171
靖安县双溪镇	3600	41192	40380	30790	28170
靖安县仁首镇	13300	23719	3284	11108	6716
靖安县宝峰镇	19500	8093	2040	3576	2062
靖安县高湖镇	15642	12405	978	5498	3193
靖安县躁都镇	11800	5944	1200	2312	2052

江西省

2-1-14 续表 11　　　　单位：公顷、人

建制镇名称	行政区域面积	总人口	镇区人口	从业人员	#二三产业
铜鼓县永宁镇	8500	37398	28591	17203	3018
铜鼓县温泉镇	16371	18427	885	8371	2535
铜鼓县棋坪镇	23890	13619	2760	6652	2773
铜鼓县排埠镇	13150	11165	1136	5373	2320
铜鼓县三都镇	23085	12770	876	6263	2844
铜鼓县大段镇	21130	18318	4213	7810	2356
丰城市白土镇	10200	33840	4545	19080	14120
丰城市袁渡镇	8700	52040	6200	26030	23418
丰城市张巷镇	9600	47396	5130	21896	14390
丰城市杜市镇	9600	31470	2388	14138	8673
丰城市淘沙镇	17550	40197	2875	18088	13065
丰城市秀市镇	25200	60043	14958	27619	19572
丰城市洛市镇	10650	31472	9052	14162	8415
丰城市铁路镇	12830	37426	3220	16400	11700
丰城市丽村镇	10200	20440	1475	8536	4318
丰城市董家镇	12080	21573	1906	10139	6033
丰城市隍城镇	8462	36697	2540	16514	7265
丰城市小港镇	8400	61418	6859	27638	16315
丰城市石滩镇	6200	33272	4772	16895	8141
丰城市桥东镇	11600	43962	4950	23230	6076
丰城市荣塘镇	11900	67579	3015	25642	15523
丰城市拖船镇	6697	54600	7668	32940	14631
丰城市泉港镇	10300	41321	3120	17054	10232
丰城市梅林镇	8800	31920	3017	17875	11760
丰城市曲江镇	10500	55497	15922	26878	13057
丰城市上塘镇	5214	17446	4002	7850	5600
樟树市临江镇	8650	42383	19980	20400	15336
樟树市永泰镇	2742	16128	3015	7625	4530
樟树市黄土岗镇	5366	28865	3100	14850	9040
樟树市经楼镇	8178	24620	1736	10987	6610
樟树市昌付镇	6895	33959	4720	14434	8986
樟树市店下镇	14082	19137	2262	12962	7124
樟树市阁山镇	6782	17304	2996	11336	4019
樟树市刘公庙镇	8329	18904	1189	9770	5790
樟树市观上镇	5962	22537	1388	11377	7577
樟树市义成镇	8618	23919	4040	13820	5070
高安市蓝坊镇	7295	41226	2282	20435	12174
高安市荷岭镇	7818	24250	1857	11200	3959
高安市黄沙岗镇	7546	30332	3095	14974	9627
高安市新街镇	13518	42600	5647	21211	12143
高安市八景镇	9774	43309	8199	26108	22300
高安市独城镇	10530	33692	3908	14527	14306
高安市太阳镇	8350	23106	3048	12420	6121
高安市建山镇	11245	30110	2630	16576	12925
高安市田南镇	9889	17790	2420	8570	4505
高安市相城镇	13392	23633	3060	11691	4914
高安市灰埠镇	11896	43182	7328	22793	11462
高安市石脑镇	11680	40432	7792	20207	10773
高安市龙潭镇	9191	35128	3280	19435	8040

江西省

2-1-14 续表 12 单位：公顷、人

建制镇名称	行政区域面积	总人口	镇区人口	从业人员	#二三产业
高安市杨圩镇	14582	43252	4022	19558	4570
高安市村前镇	16634	25125	3100	13820	7424
高安市伍桥镇	12741	16296	1357	8616	3615
高安市祥符镇	12403	26090	1580	14622	4659
高安市大城镇	15352	23052	1314	11041	3290
抚州市临川区上顿渡镇	5260	124838	70900	62410	48910
抚州市临川区温泉镇	5560	29196	3220	13226	4067
抚州市临川区高坪镇	12320	35261	9150	16157	8343
抚州市临川区秋溪镇	5890	27623	1280	14300	6549
抚州市临川区荣山镇	12020	24042	3461	16221	5252
抚州市临川区龙溪镇	10600	20881	4820	8017	4007
抚州市临川区大岗镇	12000	29838	4518	12676	4554
抚州市临川区云山镇	9800	39600	4557	25300	19700
抚州市临川区唱凯镇	4690	50255	20060	21744	10231
抚州市临川区罗针镇	4560	50385	6460	24080	16565
抚州市临川区罗湖镇	8850	54368	7910	29332	19795
抚州市临川区太阳镇	4440	23134	3628	11649	7865
抚州市临川区东馆镇	8090	20118	3600	7990	3816
抚州市临川区腾桥镇	12850	28156	4878	11920	7420
抚州市临川区青泥镇	5700	26901	5770	13966	10992
抚州市临川区孝桥镇	2860	25100	984	11738	3785
抚州市临川区抚北镇	1300	12493	3867	4875	3315
抚州市金巢区崇岗镇	8364	26787	1830	14928	3963
南城县建昌镇	12434	96362	77835	47213	28327
南城县株良镇	18471	38942	5613	19490	7805
南城县上唐镇	18700	29570	6010	11923	5469
南城县里塔镇	15339	17069	3486	8295	3929
南城县洪门镇	15513	13956	1639	6678	3581
南城县沙洲镇	9500	15020	4612	6556	2351
南城县龙湖镇	27050	20474	3122	9275	3328
南城县新丰街镇	5370	11224	2869	5051	2622
南城县万坊镇	16800	28567	2518	13140	4930
黎川县日峰镇	19700	73186	59407	36724	8614
黎川县宏村镇	8500	15155	3567	8222	486
黎川县洵口镇	11800	15977	2187	5564	729
黎川县熊村镇	12509	18406	4652	8176	3615
黎川县龙安镇	15300	16670	2418	7136	1978
黎川县德胜镇	7015	19303	2043	8984	4234
南丰县琴城镇	7200	86301	5420	56420	45250
南丰县太和镇	19800	23938	840	12202	3201
南丰县白舍镇	33350	37467	7010	21878	4282
南丰县市山镇	22400	36344	6580	18789	11784
南丰县洽湾镇	10170	15743	665	9290	1886
南丰县桑田镇	10238	15742	2000	8867	1060
南丰县紫霄镇	30140	16499	3228	8090	2850
崇仁县巴山镇	14300	99791	77051	46891	36323
崇仁县相山镇	26100	20113	3620	8079	3344
崇仁县航埠镇	5400	25861	3120	11918	3850
崇仁县孙坊镇	6000	21090	1655	9256	2270

江西省

2-1-14 续表 13　　　　　　单位：公顷、人

建制镇名称	行政区域面积	总人口	镇区人口	从业人员	#二三产业
崇仁县河上镇	13300	26842	2400	12763	2715
崇仁县礼陂镇	9350	13879	703	6633	4230
崇仁县马鞍镇	12900	19780	1270	9325	3040
乐安县鳌溪镇	17300	77919	54260	26700	7470
乐安县公溪镇	14540	18435	1900	10130	6969
乐安县山砀镇	13173	22516	2416	13115	10048
乐安县龚坊镇	15707	22351	2820	10088	6621
乐安县戴坊镇	25493	32073	4118	15395	2045
乐安县牛田镇	13480	21268	3660	10933	2730
乐安县万崇镇	9720	13990	892	6299	780
乐安县增田镇	13507	18856	1580	9062	900
乐安县招携镇	24500	20642	3973	10530	3805
宜黄县凤冈镇	23340	61405	32367	22327	14222
宜黄县棠阴镇	17950	19993	6485	8920	3390
宜黄县黄陂镇	27570	25110	5178	12554	4030
宜黄县东陂镇	15600	11054	2950	5201	2974
宜黄县梨溪镇	14660	19395	6013	9151	1466
宜黄县二都镇	17280	16575	3596	8253	4552
宜黄县中港镇	20140	21607	4623	10812	3871
金溪县秀谷镇	17900	75956	57220	47893	41893
金溪县浒湾镇	7100	27858	7642	10906	10206
金溪县双塘镇	6997	11698	3740	6579	3788
金溪县何源镇	12200	15930	2649	7050	4551
金溪县合市镇	12065	23903	1869	15244	5652
金溪县琅琚镇	13650	30851	1726	18808	6584
金溪县左坊镇	13210	22778	2676	12585	7339
资溪县鹤城镇	15311	38323	29360	18970	16561
资溪县马头山镇	23380	11607	2258	5782	4084
资溪县高埠镇	15031	15748	3003	7874	5660
资溪县嵩市镇	12382	10448	1976	5172	3617
资溪县乌石镇	12700	15277	2250	7638	5519
东乡县孝岗镇	12800	122205	98487	65384	56494
东乡县小璜镇	14300	47486	5050	26117	21731
东乡县圩上桥镇	7200	21600	8316	9820	2951
东乡县马圩镇	7500	40002	4100	19902	15062
东乡县詹圩镇	9200	28755	2847	15815	10910
东乡县岗上积镇	6100	23640	6100	10673	6972
东乡县杨桥殿镇	14300	35718	3625	17935	8995
东乡县黎圩镇	8200	16045	3514	8265	5951
东乡县王桥镇	7300	15032	615	7802	4610
广昌县盱江镇	37600	82852	16570	24865	22981
广昌县头陂镇	18893	23884	4776	7913	316
广昌县赤水镇	13600	23748	4450	13863	6251
广昌县驿前镇	19800	23139	4626	10371	5565
广昌县甘竹镇	11400	25526	4998	13351	2068
上饶市信州区沙溪镇	7600	53366	10546	24920	15372
上饶市信州区灵溪镇	5226	31943	6293	14000	9620
上饶市信州区朝阳镇	6700	41570	4128	18650	9953
上饶县田墩镇	8933	61509	8150	26628	18283

江西省

2-1-14 续表 14　　单位：公顷、人

建制镇名称	行政区域面积	总人口	镇区人口	从业人员	#二三产业
上饶县上泸镇	6477	29745	12300	13385	10375
上饶县华坛山镇	20976	23120	4886	15490	9300
上饶县茶亭镇	9200	40429	2780	18907	9927
上饶县皂头镇	4366	35978	15165	16122	7974
上饶县四十八镇	6015	23278	9889	13930	7778
上饶县枫岭头镇	7474	39649	7130	14860	10410
上饶县煌固镇	11585	56075	6700	30274	18166
上饶县花厅镇	8043	33367	8872	14305	11609
上饶县五府山镇	41660	22457	2564	9477	5250
上饶县郑坊镇	6720	31064	11470	13418	9436
广丰县五都镇	7436	82470	16479	50450	43910
广丰县洋口镇	6837	72948	14460	33120	23310
广丰县横山镇	6600	45753	4425	19293	17952
广丰县桐畈镇	7640	48169	9630	28157	20835
广丰县湖丰镇	3330	31048	6171	16895	15026
广丰县大南镇	4630	21000	1958	12500	9196
广丰县排山镇	5850	38794	6131	17828	13468
广丰县毛村镇	3940	25960	3976	12864	8199
广丰县枧底镇	2521	22514	3899	8587	6019
广丰县泉波镇	5751	32790	2839	14810	5924
广丰县壶峤镇	4420	31050	4296	9396	4436
广丰县霞峰镇	2852	40025	7162	19996	10211
广丰县下溪镇	3800	31938	2258	17872	10892
广丰县吴村镇	7040	38785	7719	19475	10643
广丰县沙田镇	4570	35060	6966	15270	8319
广丰县铜钹山镇	31240	20553	4098	12075	10237
玉山县冰溪镇	3960	110772	95460	67115	59340
玉山县临湖镇	9350	34633	11385	17105	9790
玉山县必姆镇	4415	33145	3200	11286	6237
玉山县横街镇	12400	34366	5205	17550	5160
玉山县文成镇	4880	32346	2596	12293	6960
玉山县下镇镇	8126	47896	3841	26182	12098
玉山县岩瑞镇	12910	52528	2618	30606	8980
玉山县双明镇	13700	27686	5100	11882	9960
玉山县紫湖镇	14840	22289	3028	7955	3279
玉山县仙岩镇	6360	30650	8900	12600	5350
玉山县樟村镇	10200	31676	10652	14317	7205
铅山县河口镇	5749	68696	45660	34200	22660
铅山县永平镇	14700	42830	23500	27096	10602
铅山县石塘镇	5400	17019	5538	7610	4713
铅山县鹅湖镇	13510	60967	4220	24388	17615
铅山县湖坊镇	11630	26696	9346	11616	5196
铅山县武夷山镇	45573	25002	3997	9950	1950
铅山县汪二镇	14966	34679	5312	17918	6540
横峰县岑阳镇	7400	14924	2825	6878	6750
横峰县葛源镇	11459	29939	5987	15600	6982
弋阳县曹溪镇	16232	26942	4890	14452	8240
弋阳县漆工镇	17720	37486	7003	18612	11511
弋阳县樟树墩镇	5844	12716	1411	6314	3556

江西省

2-1-14　续表 15　　　　　　　　　　　　　　　　　　单位：公顷、人

建制镇名称	行政区域面积	总人口	镇区人口	从业人员	#二三产业
弋阳县南岩镇	12118	41498	15405	16756	13559
弋阳县朱坑镇	8200	24795	2356	13807	7571
弋阳县圭峰镇	17313	32435	1016	16104	8820
弋阳县叠山镇	10240	12286	2389	5998	3326
弋阳县港口镇	10800	19057	3295	9778	5135
弋阳县弋江镇	1266	57749	51287	31468	29799
余干县玉亭镇	5600	109223	24845	58912	11301
余干县瑞洪镇	12773	76699	4542	32451	11503
余干县黄金埠镇	14773	81726	14242	45712	15391
余干县古埠镇	11973	56505	4916	32415	11780
余干县乌泥镇	1500	10197	2029	4825	1833
余干县石口镇	8448	39051	7809	17895	3507
余干县杨埠镇	7833	32512	6469	14898	6889
余干县九龙镇	10993	28987	4573	16218	8154
鄱阳县鄱阳镇	10450	211390	142607	122370	73423
鄱阳县谢家滩镇	23000	74975	6601	32100	26810
鄱阳县石门街镇	9670	24931	9736	12716	6636
鄱阳县四十里街镇	6580	40384	2829	19384	7584
鄱阳县油墩街镇	16500	101210	13491	49384	25886
鄱阳县田畈街镇	23650	73774	22957	35439	24090
鄱阳县金盘岭镇	20190	35602	3635	20190	2216
鄱阳县高家岭镇	9660	39572	4261	20332	8001
鄱阳县凰岗镇	25400	81360	26320	44950	19980
鄱阳县双港镇	27802	80804	3379	37871	18702
鄱阳县古县渡镇	19970	99628	15642	42319	13130
鄱阳县饶丰镇	12500	43990	5789	26647	2633
鄱阳县乐丰镇	7960	30636	6761	9766	4282
鄱阳县饶埠镇	5890	52803	9889	27414	16752
万年县陈营镇	8385	107140	21428	56255	36423
万年县石镇镇	11244	52225	8719	22812	10229
万年县青云镇	7672	25272	9150	12937	8088
万年县梓埠镇	8807	47121	11446	19945	10119
万年县大源镇	9480	20275	4125	9266	6777
万年县裴梅镇	15367	25255	729	12122	3933
婺源县紫阳镇	31543	46227	6400	23615	12063
婺源县清华镇	13108	12186	8163	6236	3623
婺源县秋口镇	22056	22848	2649	12168	2798
婺源县江湾镇	29401	29580	4310	16200	5910
婺源县思口镇	12070	13605	2960	6927	1117
婺源县赋春镇	31155	30236	7668	15576	7516
婺源县镇头镇	9001	11672	1600	5781	2620
婺源县太白镇	18464	15130	2970	8225	2860
婺源县中云镇	23352	24062	4125	11142	4352
婺源县许村镇	21703	17700	1689	8443	2201
德兴市绕二镇	27300	31076	6130	15804	7904
德兴市海口镇	15200	13117	5460	5146	2052
德兴市新岗山镇	24800	25411	2350	12997	6300
德兴市泗洲镇	15472	15920	2975	8921	6020
德兴市花桥镇	15770	14316	10769	6579	3475

2-1-15 山东省建制镇名录及基本情况

单位：公顷、人

建制镇名称	行政区域面积	总人口	镇区人口	从业人员	#二三产业
济南市槐荫区吴家堡镇	3821	24591	11758	15738	15738
济南市槐荫区段店镇	6300	49525	24565	26681	7766
济南市天桥区桑梓店镇	7261	36237	7000	18006	9250
济南市天桥区大桥镇	11487	52741	4738	36834	27465
济南市历城区仲宫镇	25601	111945	24400	65800	30503
济南市历城区柳埠镇	17261	58481	4160	37459	22530
济南市历城区董家镇	5242	40085	7895	27182	15967
济南市历城区唐王镇	7274	61504	14190	40150	28461
济南市历城区西营镇	12672	32061	3520	21520	13546
济南市历城区彩石镇	9212	55680	18900	19000	7700
济南市长清区归德镇	14880	80768	28720	47073	24813
济南市长清区孝里镇	12460	48139	22796	24742	11615
济南市长清区万德镇	21700	73030	21220	45280	22062
济南市长清区张夏镇	13740	47351	7029	22012	14914
济南市长清区马山镇	8740	32751	4012	18155	5986
济南市长清区双泉镇	9350	29624	10758	16247	12393
平阴县东阿镇	9500	38546	6955	22412	13314
平阴县孝直镇	14300	62552	17910	38820	17511
平阴县孔村镇	12600	40565	6670	27460	19925
平阴县洪范镇	11500	26818	6080	17023	10288
平阴县玫瑰镇	13600	46727	4131	26007	16195
平阴县安城镇	12200	40349	2100	21016	11226
济阳县垛石镇	17500	74325	4357	39531	30255
济阳县孙耿镇	10300	51372	10930	31127	24957
济阳县曲堤镇	15100	76580	14923	35104	25280
济阳县仁风镇	12400	63043	3672	35426	21800
济阳县崔寨镇	8700	47008	2689	28956	18064
济阳县太平镇	11200	58913	2029	33943	20670
济阳县回河镇	12000	43126	4600	33869	25092
济阳县新市镇	9900	39209	4092	22122	11082
商河县殷巷镇	12300	64969	5237	30506	15472
商河县怀仁镇	5906	44882	8412	15064	5296
商河县龙桑寺镇	9300	62532	8316	21749	4759
商河县郑路镇	12830	60467	6980	33154	21497
商河县贾庄镇	10920	63533	5818	22310	10442
商河县玉皇庙镇	15392	64119	5927	31161	11437
商河县白桥镇	8340	48850	2312	21700	12384
章丘市普集镇	11225	56480	18040	26696	21315
章丘市绣惠镇	5591	56975	14362	34318	24559
章丘市相公庄镇	8565	61798	15194	36274	36184
章丘市垛庄镇	12971	31330	4002	16242	9505
章丘市水寨镇	6149	37194	20815	17022	11364
章丘市文祖镇	12008	43119	5628	22309	14167
章丘市刁镇	7749	65747	29088	35016	18479
章丘市曹范镇	12011	36017	5910	20670	7899
章丘市白云湖镇	5604	34428	11254	22019	20253
章丘市高官寨镇	13656	55248	2900	33148	12009
章丘市宁家埠镇	3671	33777	5882	20968	12089
章丘市官庄镇	18629	49491	7200	18994	15066

山东省

2-1-15 续表 1 单位：公顷、人

建制镇名称	行政区域面积	总人口	镇区人口	从业人员	#二三产业
章丘市辛寨镇	5387	35691	945	20945	14943
章丘市黄河镇	12189	54840	3439	35500	25810
青岛市城阳区城阳街道	5250	203287	203287	139392	137178
胶州市南关街道	3300	41890	4125	18020	17783
胶州市胶莱镇	8000	41931	9006	24398	12202
胶州市马店镇	8691	39198	8946	21126	14006
胶州市李哥庄镇	7500	81893	30176	56927	50201
胶州市铺集镇	12200	63021	29311	35680	16380
胶州市张应镇	7800	31200	3120	17323	10482
胶州市里岔镇	7338	32164	7684	17946	16681
胶州市胶西镇	11200	61150	10581	43704	28373
胶州市洋河镇	12870	58053	4210	29662	8039
胶州市九龙镇	7200	31868	3010	18430	8513
胶州市杜村镇	6470	25470	6540	12499	9670
胶州市胶北镇	7500	32612	9510	21817	15457
即墨市鳌山卫镇	9696	52388	9177	31273	18247
即墨市温泉镇	9880	50833	12286	38262	12098
即墨市龙泉镇	9200	51773	6593	33012	20992
即墨市刘家庄镇	7163	29647	8972	18662	12426
即墨市蓝村镇	4396	37636	33952	24136	21572
即墨市店集镇	10980	48057	10201	24624	14317
即墨市灵山镇	8500	30391	6055	22195	14014
即墨市七级镇	7500	35127	4500	19595	9330
即墨市王村镇	7688	39642	10679	20201	17174
即墨市丰城镇	8600	50200	4570	37100	21087
即墨市段泊岚镇	8600	32808	7619	17020	15600
即墨市移风店镇	12100	57534	14400	30714	7199
即墨市普东镇	9000	39293	9326	23070	18143
即墨市大信镇	4200	27277	3496	16120	11712
即墨市田横镇	8470	47199	8927	28328	16937
即墨市金口镇	7800	32910	3833	18280	14952
即墨市华山镇	10500	44602	7805	26353	14779
即墨市南泉镇	5800	36309	18570	23788	19649
平度市麻兰镇	8700	41530	9075	25690	10479
平度市古岘镇	8083	46307	12011	26862	8723
平度市仁兆镇	11900	68871	7569	41256	20084
平度市张戈庄镇	10400	46050	4201	28139	10401
平度市郭庄镇	7350	33217	4130	17076	5647
平度市南村镇	10900	61971	10361	35681	14920
平度市兰底镇	12800	36952	4572	24112	7928
平度市万家镇	13909	41658	4283	28610	8692
平度市蓼兰镇	10200	45433	7506	27804	17542
平度市崔家集镇	13063	51732	5200	32213	7240
平度市明村镇	17300	57632	5085	32277	12327
平度市白埠镇	15400	55027	6070	30484	12195
平度市门村镇	8821	40424	3582	22396	11940
平度市田庄镇	8720	31588	5435	16914	10759
平度市马戈庄镇	7400	29852	4735	15939	8121
平度市张舍镇	13000	41146	6028	23735	11230

山东省

2-1-15 续表 2

单位：公顷、人

建制镇名称	行政区域面积	总人口	镇区人口	从业人员	#二三产业
平度市新河镇	7190	21332	6061	12167	5270
平度市灰埠镇	11787	50130	6291	31230	18040
平度市长乐镇	6700	30531	7001	17175	6738
平度市店子镇	13800	53295	14095	29515	14173
平度市大泽山镇	9300	31619	2851	20258	6184
平度市大田镇	14900	33076	3720	21394	6406
平度市旧店镇	14950	34185	3630	19163	5146
平度市祝沟镇	9600	34631	3682	18079	8130
平度市云山镇	15400	53237	5162	31279	14612
平度市崔召镇	10900	31138	3082	19164	8187
胶南市琅琊镇	9800	43088	10007	21249	10373
胶南市泊里镇	15600	72602	36500	39953	28128
胶南市大场镇	11700	51457	14859	25929	14972
胶南市大村镇	14900	41797	4907	20760	13615
胶南市六汪镇	18200	53459	9868	27764	13028
胶南市王台镇	14600	69219	33836	42896	32911
胶南市张家楼镇	13300	42652	4763	21014	11734
胶南市海青镇	10200	42379	6661	22654	10201
胶南市宝山镇	12000	30018	4330	21370	12727
胶南市藏南镇	8800	30326	5395	15719	9503
胶南市理务关镇	6400	19641	1936	9467	3615
莱西市孙受镇	6810	34759	10185	13986	9100
莱西市姜山镇	12623	46555	23392	27651	19585
莱西市夏格庄镇	10836	33709	6711	16359	9853
莱西市院上镇	8152	41420	5079	19799	9270
莱西市日庄镇	9922	48443	11403	19867	14694
莱西市南墅镇	15959	46448	28124	19068	5897
莱西市河头店镇	11628	42866	4676	20185	17493
莱西市店埠镇	10590	57234	10731	26289	13007
莱西市李权庄镇	9108	36321	26413	23106	22863
莱西市武备镇	8924	41031	9881	19750	13589
莱西市马连庄镇	14300	47789	5096	22893	10540
淄博市淄川区昆仑镇	10075	93564	42185	62157	58659
淄博市淄川区岭子镇	7629	35370	28224	25740	24255
淄博市淄川区西河镇	12940	52756	12393	27028	17707
淄博市淄川区龙泉镇	4093	42013	33580	31216	27081
淄博市淄川区寨里镇	11747	59680	11513	26827	20130
淄博市淄川区罗村镇	6397	56393	47939	32844	31901
淄博市淄川区洪山镇	3119	50500	49529	29789	28789
淄博市淄川区双杨镇	5292	87592	30136	60128	57713
淄博市淄川区太河镇	27032	58665	3572	31216	11755
淄博市张店区马尚镇	2514	131885	131885	19894	19641
淄博市张店区南定镇	2635	107624	103613	75261	74491
淄博市张店区沣水镇	4245	32494	24997	19455	17666
淄博市张店区傅家镇	3297	43085	33161	20810	20170
淄博市张店区中埠镇	2047	30210	22761	21783	20187
淄博市张店区房镇镇	3846	30482	19973	16675	15529
淄博市博山区域城镇	11744	65986	43245	44685	43278
淄博市博山区白塔镇	3161	42865	14698	28693	28288

山东省

2-1-15 续表 3　　单位：公顷、人

建制镇名称	行政区域面积	总人口	镇区人口	从业人员	#二三产业
淄博市博山区八陡镇	3977	36414	28305	24491	23491
淄博市博山区石马镇	4446	23242	8878	12826	11173
淄博市博山区源泉镇	8089	36590	12328	24642	17120
淄博市博山区池上镇	15604	21804	5109	14139	8451
淄博市博山区博山镇	15211	49149	6150	24621	13777
淄博市临淄区齐都镇	5073	43477	9888	28265	9516
淄博市临淄区皇城镇	8790	54566	5042	33275	7848
淄博市临淄区敬仲镇	5992	33353	3130	20028	14298
淄博市临淄区朱台镇	7718	56407	26702	34031	32054
淄博市临淄区金岭镇	1870	13170	10379	9486	8600
淄博市临淄区凤凰镇	10320	86549	56257	56231	52742
淄博市临淄区金山镇	11785	87735	65680	39860	39334
淄博市周村区北郊镇	5843	65000	50365	34050	32839
淄博市周村区南郊镇	5920	40025	28670	26915	24258
淄博市周村区王村镇	5749	50278	35349	31968	30488
淄博市周村区萌水镇	4840	39379	26127	27565	26186
淄博市周村区商家镇	4192	23098	3009	12261	10518
桓台县起凤镇	5539	59146	36494	36901	31901
桓台县田庄镇	5099	49017	15105	29680	12400
桓台县荆家镇	5589	46399	8206	39510	16161
桓台县马桥镇	7912	52808	42535	34387	32447
桓台县新城镇	4453	35701	9964	20410	13729
桓台县唐山镇	7112	59828	38772	31316	29512
桓台县果里镇	8645	68270	25768	50822	40980
高青县青城镇	7800	34084	9611	24527	14716
高青县高城镇	10500	42240	10586	24527	17039
高青县黑里寨镇	9400	42226	3520	30950	12111
高青县唐坊镇	9500	32471	3710	21960	14512
高青县常家镇	13600	49640	4775	31869	17641
高青县花沟镇	15300	55360	3047	40911	17863
高青县木李镇	7400	32568	5241	22625	9958
沂源县南麻镇	15255	142020	97550	76091	63516
沂源县鲁村镇	20198	71119	14025	46151	25204
沂源县东里镇	13232	53618	30527	35496	16502
沂源县悦庄镇	18676	55025	20555	36595	26304
沂源县西里镇	12611	48502	5496	29283	7575
沂源县大张庄镇	19330	40650	4720	27981	4551
沂源县中庄镇	10655	30670	5024	20638	4431
沂源县张家坡镇	9340	27533	11000	18851	7127
沂源县燕崖镇	12651	29496	2689	18839	7087
沂源县石桥镇	11258	30653	2756	19410	11054
沂源县南鲁山镇	20360	35909	11207	19311	10031
枣庄市市中区税郭镇	6927	44296	9086	18616	14956
枣庄市市中区孟庄镇	5892	30995	3868	13245	6976
枣庄市市中区齐村镇	8986	72264	6261	21923	15566
枣庄市薛城区沙沟镇	8483	53796	8018	35900	24314
枣庄市薛城区周营镇	8525	53304	6711	34563	16216
枣庄市薛城区邹坞镇	5850	43199	11901	16865	7853
枣庄市薛城区陶庄镇	6442	48986	11686	26276	20319

山东省

2-1-15　续表 4　　　　　　　　　　　　　　单位：公顷、人

建制镇名称	行政区域面积	总人口	镇区人口	从业人员	#二三产业
枣庄市薛城区常庄镇	5624	65309	9970	26943	22215
枣庄市薛城区张范镇	5748	49943	4412	16686	9296
枣庄市峄城区古邵镇	13900	65822	3860	41580	30160
枣庄市峄城区阴平镇	9060	51315	6512	30692	15038
枣庄市峄城区底阁镇	7400	42050	4738	21578	14880
枣庄市峄城区榴园镇	12300	55865	7569	32078	17409
枣庄市峄城区峨山镇	12100	59131	3600	38215	20791
枣庄市台儿庄区邳庄镇	5448	28955	2088	15920	10320
枣庄市台儿庄区张山子镇	9998	45640	3608	28272	12968
枣庄市台儿庄区泥沟镇	11212	62499	3725	38089	20470
枣庄市台儿庄区涧头集镇	12179	63245	13178	38248	20923
枣庄市台儿庄区马兰屯镇	10140	56507	6428	37064	21622
枣庄市山亭区店子镇	6533	33693	4841	24181	11570
枣庄市山亭区西集镇	6601	33937	16691	2300	2055
枣庄市山亭区桑村镇	7798	59589	11126	42197	26886
枣庄市山亭区北庄镇	13700	37461	6314	19710	10387
枣庄市山亭区城头镇	4800	44050	12561	23870	19100
枣庄市山亭区徐庄镇	17900	53359	1560	24199	11461
枣庄市山亭区水泉镇	10540	43413	2100	23700	6350
枣庄市山亭区冯卯镇	9400	56149	4170	30003	12063
滕州市东沙河镇	5313	56092	7139	32388	20344
滕州市洪绪镇	3792	38287	8897	22831	18220
滕州市南沙河镇	4622	49793	6128	25028	15259
滕州市大坞镇	10192	89682	24693	50102	20739
滕州市滨湖镇	14416	114450	18036	66986	53325
滕州市级索镇	7886	86455	31669	57369	38238
滕州市西岗镇	7982	129215	45965	62104	53353
滕州市姜屯镇	8471	88283	16607	50191	22860
滕州市鲍沟镇	7444	83689	11906	51626	19235
滕州市张汪镇	8547	88306	7094	55940	40089
滕州市官桥镇	6343	77764	13695	34281	13401
滕州市柴胡店镇	5763	45472	8262	28535	14000
滕州市羊庄镇	11924	80035	9517	43079	18609
滕州市木石镇	6629	57133	22712	52420	43509
滕州市界河镇	8222	76287	28642	42499	13515
滕州市龙阳镇	7877	74723	7319	43288	30407
滕州市东郭镇	14664	118964	27200	64638	17951
东营市东营区牛庄镇	11680	33509	6752	20775	17101
东营市东营区六户镇	32706	18912	4205	14185	7289
东营市东营区史口镇	8092	36559	8632	19223	8606
东营市东营区龙居镇	10660	34647	2659	22421	13929
东营市河口区义和镇	12900	24828	4792	18200	3816
东营市河口区仙河镇	67221	38023	36582	34256	33840
东营市河口区孤岛镇	15946	37652	28072	30201	30153
东营市河口区新户镇	73082	26567	3898	16902	5313
垦利县胜坨镇	18100	56459	31212	38807	37379
垦利县郝家镇	6167	17210	2915	12437	8247
垦利县永安镇	42472	20739	6089	11406	9035
垦利县黄河口镇	126500	23258	2530	10595	5039

山东省

2-1-15 续表 5

单位：公顷、人

建制镇名称	行政区域面积	总人口	镇区人口	从业人员	#二三产业
垦利县董集镇	6670	17858	4038	8283	7294
利津县北宋镇	10256	35910	4506	20222	13339
利津县盐窝镇	24361	75959	9972	37271	18228
利津县陈庄镇	22498	52068	23093	32995	28046
利津县汀罗镇	27600	34639	5578	19748	12263
广饶县大王镇	11829	91269	60210	81305	75288
广饶县稻庄镇	11406	78421	26610	43829	40429
广饶县丁庄镇	26686	49382	4160	27998	16281
广饶县李鹊镇	6650	37292	5572	21848	11441
广饶县大码头镇	13029	48982	9908	28844	13477
广饶县花官镇	11675	39466	2267	22905	15067
烟台市福山区东厅街道	9011	14512	1219	10000	4500
烟台市福山区高疃镇	10046	25065	1433	13065	5200
烟台市福山区张格庄镇	7140	18986	2876	11330	6200
烟台市福山区回里镇	7236	32930	3424	18156	6910
烟台市牟平区观水镇	21815	56660	4250	26017	3057
烟台市牟平区龙泉镇	15473	23609	1816	13643	6821
烟台市牟平区玉林店镇	21703	28520	1323	15777	5844
烟台市牟平区水道镇	15498	34876	3796	15935	6810
烟台市牟平区高陵镇	15763	34974	15795	18247	8773
烟台市牟平区王格庄镇	12723	20318	790	11987	5760
烟台市牟平区昆嵛镇	13107	12211	1900	6294	2561
长岛县砣矶镇	710	7465	1640	2737	1573
龙口市黄山馆镇	2789	11044	4111	5196	1306
龙口市北马镇	8782	56086	20000	31897	16303
龙口市芦头镇	4235	31130	6145	14723	9413
龙口市下丁家镇	6022	15534	5080	10312	5771
龙口市七甲镇	8015	24313	1675	15741	4232
龙口市石良镇	12759	55362	3216	32957	8573
龙口市兰高镇	8155	42643	2725	24756	9093
龙口市诸由观镇	10115	51771	7370	31848	18165
莱阳市沐浴店镇	18890	60654	4610	36780	8480
莱阳市团旺镇	15941	66820	18310	39820	18120
莱阳市穴坊镇	13165	60000	8172	37057	12688
莱阳市羊郡镇	8305	30503	6741	15559	7537
莱阳市姜疃镇	11340	52761	3423	30662	15080
莱阳市万第镇	15815	57251	4250	27520	14740
莱阳市照旺庄镇	10066	53372	2398	31022	5822
莱阳市谭格庄镇	7880	53382	2613	24748	7447
莱阳市河洛镇	5932	23486	1653	13398	6933
莱阳市吕格庄镇	5977	26170	2500	15323	7710
莱阳市高格庄镇	6086	32625	2200	18550	3746
莱阳市大夼镇	7379	30681	3280	18257	7833
莱阳市山前店镇	8927	29648	2410	18431	4150
莱州市沙河镇	14000	100524	7983	47921	31008
莱州市朱桥镇	14940	64760	11469	34364	12586
莱州市郭家店镇	24030	53976	3495	31079	11752
莱州市金城镇	7760	34661	11052	12768	6478
莱州市平里店镇	7640	41910	4720	20811	10995

山东省

2-1-15 续表 6　　　　单位：公顷、人

建制镇名称	行政区域面积	总人口	镇区人口	从业人员	#二三产业
莱州市驿道镇	18020	48330	3661	26422	10922
莱州市程郭镇	13390	41986	2884	19589	8503
莱州市虎头崖镇	11410	48455	6204	29400	18017
莱州市柞村镇	14770	41154	12007	25720	20131
莱州市夏邱镇	6360	37812	18955	22884	14121
莱州市土山镇	18670	53250	10170	26563	18910
蓬莱市刘家沟镇	10167	30124	8398	17832	9809
蓬莱市潮水镇	7905	31874	7428	20374	15105
蓬莱市大柳行镇	9604	32198	2367	18721	6674
蓬莱市小门家镇	13150	37108	1870	17454	16062
蓬莱市大辛店镇	23212	75462	6152	38425	8778
蓬莱市村里集镇	17490	42052	3632	24869	5409
蓬莱市北沟镇	15490	55901	10801	27981	26451
招远市辛庄镇	11334	39061	12688	19311	6929
招远市蚕庄镇	12040	31469	5952	13021	6921
招远市金岭镇	11528	40164	5311	15345	9058
招远市毕郭镇	10705	36666	5488	17773	4994
招远市玲珑镇	7743	30096	16953	11307	6437
招远市张星镇	16070	63103	9126	27324	15517
招远市夏甸镇	19060	44663	3401	24310	8856
招远市阜山镇	19582	50624	4613	24629	10767
招远市齐山镇	14948	43810	4705	25472	5012
栖霞市观里镇	9717	34157	2750	16731	2787
栖霞市蛇窝泊镇	20183	62610	9784	29122	7852
栖霞市唐家泊镇	13974	27912	2348	12513	3673
栖霞市桃村镇	27622	87771	31306	61211	26723
栖霞市亭口镇	15132	33814	2209	20731	2742
栖霞市臧家庄镇	22296	79734	11045	44459	8994
栖霞市寺口镇	9196	21728	1984	11959	398
栖霞市苏家店镇	13574	35644	5001	18790	2658
栖霞市杨础镇	9103	25989	2955	11593	1272
栖霞市西城镇	10008	20639	1312	17270	2576
栖霞市官道镇	11350	30344	1492	13509	2964
栖霞市庙后镇	8536	20327	2039	12000	3270
海阳市留格庄镇	16234	60128	3821	36486	16025
海阳市盘石店镇	13572	30920	3689	17935	8531
海阳市郭城镇	16595	44223	4876	34576	15739
海阳市徐家店镇	15541	54837	21948	31097	19059
海阳市发城镇	14323	44230	2569	29512	9360
海阳市小纪镇	16974	53125	3890	30402	12766
海阳市行村镇	15718	54450	5674	26990	11515
海阳市辛安镇	14303	53654	5720	32067	16967
海阳市二十里店镇	10262	32921	3474	24675	10105
海阳市朱吴镇	17889	41702	1732	33016	11340
潍坊市坊子区太保庄镇	32990	143886	16151	50419	19741
潍坊市坊子区赵戈镇	7358	74728	7550	39382	10443
临朐县五井镇	19221	72564	29681	42731	26620
临朐县冶源镇	15614	104670	31598	69075	40252
临朐县寺头镇	25574	74977	8513	41853	16477

山东省

2-1-15 续表 7　　　　单位：公顷、人

建制镇名称	行政区域面积	总人口	镇区人口	从业人员	#二三产业
临朐县九山镇	25398	51732	5796	31865	15373
临朐县辛寨镇	22174	120708	55654	61067	23109
临朐县龙岗镇	16725	69197	21340	38159	11957
临朐县柳山镇	9717	41216	4730	23995	5870
临朐县沂山镇	26102	88934	22813	44467	23606
昌乐县乔官镇	19500	87769	21236	50067	34907
昌乐县唐吾镇	22034	102502	15754	52488	22156
昌乐县红河镇	19500	90291	17243	50600	37200
昌乐县营丘镇	21700	97211	15043	50697	23407
青州市弥河镇	8600	50653	6554	26493	11675
青州市王坟镇	22960	50303	8012	26543	17134
青州市庙子镇	19300	40416	24500	19359	9407
青州市邵庄镇	16500	68867	7240	37560	24710
青州市高柳镇	11900	77200	9066	41265	10663
青州市何官镇	13500	72301	9311	33052	14086
青州市东夏镇	14700	87351	19889	45999	35447
青州市谭坊镇	16200	97707	6120	51660	22290
诸城市枳沟镇	8717	48165	13802	25015	13888
诸城市贾悦镇	28409	108575	11500	56120	24665
诸城市石桥子镇	16941	64444	5598	35303	19155
诸城市相州镇	12013	68665	11152	32182	17859
诸城市昌城镇	11835	65726	30340	39830	29040
诸城市百尺河镇	12525	49196	8432	26596	14578
诸城市辛兴镇	8080	42124	9882	23810	17798
诸城市林家村镇	32372	97262	5598	50285	21468
诸城市皇华镇	22131	72942	9218	33206	22101
诸城市桃林镇	13459	35563	3900	16085	3757
寿光市化龙镇	8762	53174	2258	26859	10565
寿光市营里镇	19149	56582	6100	31312	11880
寿光市台头镇	14383	61710	8210	33323	21742
寿光市田柳镇	10691	66911	6000	41050	12100
寿光市上口镇	8079	67850	16000	33245	18874
寿光市侯镇	21312	97271	31940	59398	44272
寿光市纪台镇	8436	54467	2360	34366	6800
寿光市稻田镇	13874	94938	13624	53817	14231
寿光市羊口镇	50139	57695	18424	29359	7350
安丘市景芝镇	20200	135374	62992	73520	23215
安丘市凌河镇	18240	102540	28790	54810	21598
安丘市官庄镇	12400	56525	6400	30645	6803
安丘市大盛镇	7600	35986	9809	17288	6430
安丘市石埠子镇	15600	66368	2013	32097	12310
安丘市石堆镇	6600	38776	5322	22019	11144
安丘市柘山镇	15000	33124	2816	16612	5900
安丘市辉渠镇	19900	67167	2368	37348	14101
安丘市吾山镇	11300	37906	13020	17477	9624
安丘市金冢子镇	8200	41023	3712	19873	16653
高密市柏城镇	15225	71334	15476	41172	24641
高密市夏庄镇	17311	87731	7753	53590	43060
高密市姜庄镇	17041	72563	17889	60243	41252

山东省

2-1-15 续表 8　　　　单位：公顷、人

建制镇名称	行政区域面积	总人口	镇区人口	从业人员	#二三产业
高密市大牟家镇	17214	51885	4814	33100	6850
高密市阚家镇	13671	78482	8793	48251	33877
高密市井沟镇	13859	68090	6547	34311	15401
高密市柴沟镇	21109	85696	13000	43996	26500
昌邑市柳疃镇	32466	47221	25560	46883	36076
昌邑市龙池镇	18243	24927	8109	14670	10450
昌邑市卜庄镇	14311	54468	6268	35920	11170
昌邑市饮马镇	16610	84734	42136	45640	16550
昌邑市北孟镇	17521	71822	6875	34837	20648
昌邑市下营镇	21759	23923	264	13153	6371
济宁市市中区喻屯镇	14400	83826	4206	47365	10680
济宁市任城区长沟镇	6851	60176	24042	40449	29998
济宁市任城区石桥镇	6240	51185	3500	29652	19258
微山县韩庄镇	17093	63516	26354	41285	30718
微山县欢城镇	10300	96402	47390	58748	22745
微山县南阳镇	16784	32397	21923	20734	12949
微山县鲁桥镇	20303	51507	18076	31329	12159
微山县付村镇	5670	47582	17473	31872	27640
微山县留庄镇	13854	53096	18042	39822	25884
微山县两城镇	13910	77556	17600	46353	26400
微山县马坡镇	7286	61070	7879	40545	16482
鱼台县清河镇	5380	42111	6935	22989	9221
鱼台县鱼城镇	5470	42635	7855	23251	15919
鱼台县王鲁镇	9600	59966	1479	36752	23918
鱼台县张黄镇	9570	60007	3436	33865	15886
鱼台县王庙镇	7370	41027	2149	23077	3272
鱼台县李阁镇	4050	30992	2125	22089	9540
鱼台县唐马镇	5190	29318	6213	15098	4066
鱼台县老砦镇	5440	31362	31362	17135	6124
金乡县羊山镇	7336	51955	22014	30669	15834
金乡县胡集镇	7823	60250	19938	41964	23054
金乡县肖云镇	7177	50147	6150	28994	22664
金乡县鸡黍镇	8766	67236	16891	42123	23671
金乡县王丕镇	3500	22979	4782	14292	7722
金乡县司马镇	5274	32637	6550	22168	10067
金乡县鱼山镇	6600	44729	18930	26353	13410
金乡县马庙镇	9693	55087	24380	35568	20698
金乡县化雨镇	7460	47898	18873	33501	24076
金乡县高河镇	5600	34143	13882	19880	10194
嘉祥县纸坊镇	9700	77424	7500	40469	30493
嘉祥县梁宝寺镇	9657	62923	19821	31983	22396
嘉祥县卧龙山镇	7644	67424	13733	40469	30493
嘉祥县疃里镇	8632	85790	8080	57344	43661
嘉祥县马村镇	4100	43354	4769	25195	17298
嘉祥县金屯镇	9230	65060	4380	40945	14461
嘉祥县大张楼镇	7299	36247	6038	18551	12019
嘉祥县马集镇	4317	35503	4620	22832	14043
汶上县南站镇	9283	87285	13022	51932	37887
汶上县南旺镇	5928	61425	11570	36792	26306

山东省

2-1-15 续表 9　　　　单位：公顷、人

建制镇名称	行政区域面积	总人口	镇区人口	从业人员	#二三产业
汶上县次丘镇	8634	80972	6036	44312	32827
汶上县寅寺镇	5277	45524	5236	28496	19659
汶上县郭楼镇	5287	46656	4874	22686	15886
汶上县康驿镇	8630	77880	10860	47044	30400
汶上县苑庄镇	6856	56546	6796	34264	20744
汶上县义桥镇	6709	50323	9058	29305	24874
汶上县郭仓镇	4870	40028	3529	21117	14570
汶上县白石镇	7792	39521	4920	24210	16520
汶上县杨店镇	5328	35668	1720	20682	12433
泗水县泉林镇	11183	71623	16698	34621	29557
泗水县星村镇	9633	51302	7040	26369	14116
泗水县柘沟镇	6577	36550	17216	28343	15388
泗水县金庄镇	9970	53492	13379	33497	24590
泗水县苗馆镇	11193	52690	5700	34400	23300
泗水县中册镇	6784	36231	3165	25887	22293
泗水县杨柳镇	5716	37926	2377	25011	15351
泗水县泗张镇	13947	48825	6341	25915	11333
泗水县圣水峪镇	13307	46752	4058	26572	4628
泗水县高峪镇	8289	41872	2909	22759	9606
梁山县小路口镇	6916	54174	4689	25230	13534
梁山县韩岗镇	8224	65056	6588	34838	12986
梁山县拳铺镇	14506	117247	16325	67331	31665
梁山县杨营镇	7329	58948	5698	31777	18460
梁山县韩垓镇	7771	60257	3352	36005	15934
梁山县馆驿镇	9572	55311	4797	32672	11274
梁山县小安山镇	10922	55821	4989	26113	9435
梁山县寿张集镇	4211	37202	7389	22193	15001
梁山县黑虎庙镇	4219	32454	3978	15735	9801
曲阜市吴村镇	7800	39010	9781	20369	12848
曲阜市姚村镇	7148	44960	7860	38726	24436
曲阜市陵城镇	7380	48630	2445	31280	24350
曲阜市尼山镇	10107	53214	7072	30873	14975
曲阜市王庄镇	7622	50454	1600	27079	14251
曲阜市息陬镇	5543	50257	5699	26858	15862
曲阜市石门山镇	8420	47148	4205	29292	11190
曲阜市防山镇	8300	40751	3452	25551	10070
兖州市大安镇	12000	89970	6287	42275	29712
兖州市新驿镇	6680	53619	7314	28941	12152
兖州市颜店镇	10170	68015	10082	41174	24116
兖州市新兖镇	6000	48078	30665	46960	41303
兖州市漕河镇	4740	31517	4539	18143	11525
兖州市兴隆庄镇	5380	39475	17410	22420	15418
兖州市小孟镇	5510	40517	6203	27560	7110
邹城市香城镇	17720	84818	6321	43232	17016
邹城市城前镇	18200	84502	22730	46628	24782
邹城市大束镇	13667	73879	15289	39177	20809
邹城市北宿镇	8522	107432	36289	59069	27170
邹城市中心店镇	8925	78641	7848	33846	18841
邹城市唐村镇	3700	24353	12682	14988	12841

山东省

2-1-15　续表 10　　　　单位：公顷、人

建制镇名称	行政区域面积	总人口	镇区人口	从业人员	#二三产业
邹城市太平镇	12490	120553	12404	68840	48209
邹城市石墙镇	14700	69383	22219	51206	31118
邹城市峄山镇	10600	50435	4620	27137	14021
邹城市看庄镇	7100	36555	11981	19075	8466
邹城市张庄镇	18000	71052	10180	38995	17132
邹城市田黄镇	10800	43212	8314	21102	5981
邹城市郭里镇	8596	45868	7857	23747	13013
泰安市泰山区省庄镇	6894	62140	25506	19830	17803
泰安市泰山区邱家店镇	7430	68715	24500	18365	17545
泰安市岱岳区山口镇	5779	53010	18820	34497	19467
泰安市岱岳区祝阳镇	8712	57631	8045	22487	9084
泰安市岱岳区范镇	6868	60960	9065	31703	8755
泰安市岱岳区崅峪镇	6370	34762	4710	18447	6659
泰安市岱岳区徂徕镇	13315	57411	10202	26777	16726
泰安市岱岳区满庄镇	10422	71562	42500	42677	33000
泰安市岱岳区夏张镇	11674	63518	9721	30604	13243
泰安市岱岳区道朗镇	10536	34748	12780	17397	9546
泰安市岱岳区黄前镇	10440	34047	4678	18111	9277
泰安市岱岳区大汶口镇	9782	74437	35732	35535	29853
泰安市岱岳区马庄镇	5724	50780	12015	27828	12017
泰安市岱岳区房村镇	9473	58355	11989	33516	20307
泰安市岱岳区良庄镇	13681	73889	16344	47154	15022
宁阳县泗店镇	5630	40263	6912	24946	16837
宁阳县东疏镇	8440	60123	8098	31684	22326
宁阳县伏山镇	8400	67757	12747	32316	22429
宁阳县堽城镇	11840	77085	8200	39144	26562
宁阳县蒋集镇	8500	50585	8675	28302	12146
宁阳县磁窑镇	12850	92360	26343	43286	20090
宁阳县华丰镇	11900	95126	49600	57201	35093
宁阳县葛石镇	13120	65430	12451	42152	24876
宁阳县东庄镇	9890	61260	9546	31714	21765
东平县沙河站镇	7400	58503	8007	39124	13208
东平县彭集镇	7500	65564	7355	30620	10262
东平县老湖镇	11300	68762	7821	38521	25411
东平县银山镇	10400	58445	5390	32560	19010
东平县斑鸠店镇	7597	47763	12020	27586	21794
东平县接山镇	14952	63700	2681	33610	20375
东平县大羊镇	8615	34898	10907	19852	13040
东平县梯门镇	7920	37585	3260	18621	10615
新泰市东都镇	6210	73830	24330	41290	28795
新泰市小协镇	3900	52036	24681	35906	27172
新泰市翟镇	6950	71233	28500	34454	23100
新泰市泉沟镇	8760	48232	21115	23413	22734
新泰市羊流镇	18000	99047	17476	62347	33584
新泰市果都镇	5100	38316	5389	22407	12316
新泰市西张庄镇	4700	41893	7320	24319	14032
新泰市天宝镇	15185	80393	9099	53193	29778
新泰市楼德镇	9600	75044	12761	48857	39885
新泰市禹村镇	9600	56855	8120	39868	23602

山东省

2-1-15 续表 11 单位：公顷、人

建制镇名称	行政区域面积	总人口	镇区人口	从业人员	#二三产业
新泰市宫里镇	7900	62298	7586	33345	25148
新泰市谷里镇	9880	56033	14333	38462	27719
新泰市石莱镇	9964	65989	6314	42600	31256
新泰市放城镇	7000	33799	9223	18433	11520
新泰市刘杜镇	5120	30872	1510	22964	1950
新泰市汶南镇	18900	102680	28326	54812	31402
新泰市龙廷镇	15917	63036	3668	31902	21137
肥城市潮泉镇	5291	22192	1299	9364	3774
肥城市桃园镇	10080	56367	14064	26022	17478
肥城市王庄镇	9369	54991	13100	29207	15712
肥城市湖屯镇	8530	83712	13569	24248	17565
肥城市石横镇	9443	86965	72080	24458	17540
肥城市安临站镇	13093	58677	10154	32042	21902
肥城市孙伯镇	7090	29946	7722	11851	8863
肥城市安驾庄镇	13445	86383	17440	48195	31982
肥城市汶阳镇	7950	78541	54520	45359	35901
肥城市边院镇	11120	82722	12759	41367	22652
肥城市仪阳镇	9740	44344	8640	19952	15076
威海市环翠区张村镇	5893	30797	11827	21200	19570
威海市环翠区羊亭镇	8512	26129	8740	16875	10572
威海市环翠区温泉镇	6659	23545	23528	13050	10654
威海市环翠区经区崮山镇	4750	17893	2293	13226	11895
威海市环翠区孙家疃镇	1791	13825	12091	11862	7432
威海市环翠区经区泊于镇	7500	24402	3020	20379	5686
威海市环翠区桥头镇	11124	30054	3576	12155	5212
威海市环翠区草庙子镇	8290	21000	11156	10972	7803
威海市环翠区初村镇	7270	22853	17853	15729	9500
文登市文登营镇	10728	25894	8035	13424	9179
文登市大水泊镇	12300	37221	4056	27697	21052
文登市张家产镇	11037	34232	5538	22435	12988
文登市高村镇	9636	30453	8212	16774	11973
文登市泽库镇	6380	24849	9647	14205	9583
文登市侯家镇	6000	24550	4922	16010	8020
文登市宋村镇	13800	37057	22690	23077	14168
文登市泽头镇	11463	34864	5782	19795	10592
文登市小观镇	12600	39814	3984	23164	21306
文登市葛家镇	16360	53487	12501	34421	22041
文登市米山镇	8800	24082	4052	14606	10642
文登市界石镇	18800	31352	6763	15926	4163
文登市汪疃镇	10700	28356	5331	14179	5591
文登市茼山镇	10500	46636	25480	32990	23190
荣成市俚岛镇	9710	45980	15700	27650	19460
荣成市成山镇	10950	46315	17130	31682	21640
荣成市埠柳镇	9010	22239	1265	14523	6131
荣成市港西镇	5470	13603	7966	8522	5300
荣成市夏庄镇	5770	11474	1675	6099	2364
荣成市崖西镇	7780	19753	6562	10906	7254
荣成市荫子镇	7470	11801	4200	8765	3381
荣成市滕家镇	8050	27605	5260	13809	9768

山东省

2-1-15 续表 12 单位：公顷、人

建制镇名称	行政区域面积	总人口	镇区人口	从业人员	#二三产业
荣成市大疃镇	7039	16859	4595	9024	3031
荣成市上庄镇	7740	24975	2300	13000	5470
荣成市虎山镇	9990	40197	17845	25538	17167
荣成市人和镇	10980	61537	16113	35900	21500
乳山市夏村镇	19800	39763	208	23082	12800
乳山市乳山口镇	8700	30107	3016	20439	9391
乳山市海阳所镇	7000	30850	10168	16352	6363
乳山市白沙滩镇	9000	40934	17259	19441	11120
乳山市大孤山镇	9600	26688	2900	15722	8818
乳山市南黄镇	8600	25158	13000	13816	7708
乳山市冯家镇	12000	31829	5294	17980	10247
乳山市下初镇	13400	29794	2347	16350	5627
乳山市午极镇	10800	26532	2954	16271	4578
乳山市育黎镇	11000	34673	4855	23758	13570
乳山市崖子镇	14900	40751	3684	24226	7288
乳山市诸往镇	15200	40681	2926	22741	8930
乳山市乳山寨镇	13700	34800	4500	20570	9072
乳山市徐家镇	6900	18903	5080	8985	5807
日照市东港区河山镇	8300	31061	2631	17365	5303
日照市东港区两城镇	8300	41084	8357	23833	5322
日照市东港区涛雒镇	11200	65602	10373	34525	13733
日照市东港区西湖镇	8175	34178	1163	22179	10019
日照市东港区陈疃镇	7800	29022	4173	16315	7410
日照市东港区南湖镇	17260	65605	12365	36126	11021
日照市东港区三庄镇	19360	69031	9410	38253	14129
日照市岚山区碑廓镇	9600	49990	12282	29856	15080
日照市岚山区虎山镇	10500	59506	6368	39586	13689
日照市岚山区巨峰镇	16497	76001	21929	45140	23512
日照市岚山区高兴镇	6260	34501	11050	18363	9500
日照市岚山区后村镇	12500	58536	11341	30652	13839
日照市岚山区黄墩镇	15300	56860	7758	29300	10540
五莲县街头镇	23060	55102	22194	35895	23291
五莲县潮河镇	9700	33682	3150	23500	12855
五莲县许孟镇	14816	59988	3260	49989	6472
五莲县于里镇	13805	42164	7256	31287	24680
五莲县汪湖镇	7796	25482	3243	16098	2693
五莲县叩官镇	11686	30865	3829	16231	4741
五莲县中至镇	9860	27548	2464	17769	4692
五莲县高泽镇	12495	34427	8785	25487	14646
五莲县松柏镇	8165	17257	2074	11537	5845
莒县招贤镇	10800	71865	15741	46237	23572
莒县阎庄镇	6400	39220	4401	21803	14790
莒县夏庄镇	11662	69336	6420	44185	7373
莒县刘官庄镇	8103	67878	10319	44121	23470
莒县峤山镇	9200	56881	7990	33651	11463
莒县小店镇	12000	55206	5510	35106	13270
莒县中楼镇	13133	60319	3616	35067	13039
莒县龙山镇	10800	46632	11480	30940	11773
莒县东莞镇	10509	36742	11286	22341	9412

山东省

2-1-15 续表 13 单位：公顷、人

建制镇名称	行政区域面积	总人口	镇区人口	从业人员	#二三产业
莒县浮来山镇	6989	52524	17000	29512	4771
莒县陵阳镇	5403	40128	6680	28090	4403
莒县店子集镇	5682	39514	4925	28323	8013
莒县长岭镇	5733	39191	2593	21889	7001
莒县安庄镇	8160	32817	3896	19108	10010
莒县棋山镇	19874	79145	10372	41371	7668
莒县洛河镇	7200	41356	3200	23443	12200
莒县寨里河镇	7188	38108	6225	19646	10701
莒县桑园镇	12670	52664	2896	31454	12261
莱芜市莱城区口镇	12739	78778	27560	49781	29337
莱芜市莱城区羊里镇	6820	60290	14000	34906	13728
莱芜市莱城区方下镇	6762	59698	4441	34048	15625
莱芜市莱城区牛泉镇	14310	74534	24394	39984	29962
莱芜市莱城区苗山镇	21395	56427	4918	39990	30360
莱芜市莱城区雪野镇	22600	48187	2905	28584	14292
莱芜市莱城区大王庄镇	16114	44930	8200	28000	8540
莱芜市莱城区寨里镇	7036	57750	7809	32342	10948
莱芜市莱城区杨庄镇	5886	48210	1946	25848	6223
莱芜市莱城区茶业口镇	17286	36368	2281	16660	5310
莱芜市莱城区和庄镇	8600	25060	1756	13100	7651
莱芜市钢城区颜庄镇	7160	58913	19980	20337	13960
莱芜市钢城区黄庄镇	9639	49860	6715	16795	8141
莱芜市钢城区里辛镇	8895	78455	17521	22413	14021
莱芜市钢城区辛庄镇	16800	47760	5490	32972	13823
临沂市兰山区白沙埠镇	7163	65306	11178	33389	18248
临沂市兰山区枣沟头镇	6341	69164	13127	41449	23818
临沂市兰山区半程镇	9563	68487	16598	36445	10658
临沂市兰山区义堂镇	10143	104625	38120	72980	63991
临沂市兰山区马厂湖镇	7342	50544	16367	28677	17075
临沂市兰山区李官镇	8330	47163	4612	25157	14623
临沂市兰山区方城镇	11922	95313	24118	52504	36427
临沂市兰山区汪沟镇	10860	57234	6208	36907	23086
临沂市罗庄区沂堂镇	7500	47456	5506	25271	14807
临沂市罗庄区褚墩镇	7200	58345	20681	30910	21114
临沂市罗庄区黄山镇	5300	49509	12938	27067	18573
临沂市河东区汤河镇	5240	55450	11980	28631	10010
临沂市河东区八湖镇	8670	69151	7256	46991	17351
临沂市河东区郑旺镇	8346	61181	8494	30136	11276
沂南县岸堤镇	14350	55449	13927	30197	16447
沂南县孙祖镇	15202	42741	9580	26672	12675
沂南县双堠镇	15200	44520	8684	26215	10896
沂南县青驼镇	14800	64439	16690	38317	23060
沂南县张庄镇	11200	49474	4820	24773	9225
沂南县砖埠镇	6994	41813	8312	22292	5827
沂南县大庄镇	15900	86956	25650	62367	33805
沂南县辛集镇	9036	58826	16290	31415	11459
沂南县蒲汪镇	9800	57056	13722	33956	17177
沂南县湖头镇	9000	50764	1240	28740	15760
沂南县苏村镇	6800	56288	14266	33886	8670

山东省

2-1-15 续表 14 单位：公顷、人

建制镇名称	行政区域面积	总人口	镇区人口	从业人员	#二三产业
沂南县铜井镇	12325	63079	12286	38279	19915
沂南县依汶镇	12300	52970	11175	27879	12602
郯城县马头镇	8500	84743	30416	51673	24671
郯城县重坊镇	8200	90573	43620	54237	30831
郯城县李庄镇	14272	96354	51225	55073	29742
郯城县杨集镇	8100	51053	16884	31828	6742
郯城县港上镇	4008	44045	20374	25311	11770
郯城县高峰头镇	7000	50318	16126	30653	11667
郯城县庙山镇	7200	47694	14176	28698	7103
郯城县胜利镇	5600	47470	16512	39250	6349
郯城县红花镇	12200	65260	22876	28004	17240
沂水县马站镇	13427	67785	25040	34510	8271
沂水县高桥镇	11630	63170	10052	42742	6010
沂水县许家湖镇	20548	127970	14800	69363	31382
沂水县黄山铺镇	9446	51640	8204	27963	19021
沂水县诸葛镇	21281	78280	13341	40600	9676
沂水县崔家峪镇	9409	33312	4439	17790	6679
沂水县四十里堡镇	12045	67666	10201	44866	7797
沂水县杨庄镇	15897	64692	10272	34041	18149
沂水县夏蔚镇	15027	52495	9246	24634	10859
沂水县沙沟镇	21032	65627	10160	33965	20870
沂水县高庄镇	13164	50405	5112	22535	8604
沂水县院东头镇	10649	29346	4004	16535	9849
沂水县龙家圈镇	9420	63987	21910	34096	12955
沂水县富官庄镇	13335	46735	3948	25880	12032
沂水县道托镇	8965	40223	3821	23762	8407
沂水县泉庄镇	9754	33545	6608	17996	4705
苍山县大仲村镇	11006	35826	7000	21864	9034
苍山县兰陵镇	14160	116218	41211	55417	41164
苍山县长城镇	12565	96875	19318	61778	23066
苍山县磨山镇	7954	66962	23955	37306	23043
苍山县神山镇	6706	50153	26809	29166	12496
苍山县车辋镇	12742	58600	15121	30901	24229
苍山县尚岩镇	8317	52331	15498	29080	14062
苍山县向城镇	10889	107239	31187	57464	30272
苍山县新兴镇	6867	48892	9801	25892	9000
苍山县南桥镇	8520	71900	16000	33068	21800
苍山县庄坞镇	8872	80336	38120	44362	25123
苍山县鲁城镇	8791	41127	16002	22223	11290
苍山县矿坑镇	8493	33267	14051	20341	12658
苍山县金岭镇	12465	90495	9792	51591	28117
苍山县芦柞镇	9567	84108	28494	50227	16293
费县上冶镇	7610	57916	22303	33533	16445
费县薛庄镇	15670	73940	12735	49998	9270
费县探沂镇	16800	87208	21482	69635	59520
费县朱田镇	15620	60037	7874	39207	14658
费县梁邱镇	19700	90874	19815	50112	20730
费县新庄镇	12300	52205	12334	31394	13572
费县马庄镇	14350	56573	11356	30972	22311

山东省

2-1-15　续表 15　　　　　　　　　　　　　　单位：公顷、人

建制镇名称	行政区域面积	总人口	镇区人口	从业人员	#二三产业
费县胡阳镇	7020	44006	9265	27099	13756
费县石井镇	10220	37090	2135	18704	1940
平邑县仲村镇	11860	82416	11831	48947	17518
平邑县武台镇	8000	38420	7569	23905	8362
平邑县保太镇	11768	79433	4123	45366	19705
平邑县柏林镇	14500	55361	12550	39220	17790
平邑县卞桥镇	17924	80101	9670	49260	27350
平邑县地方镇	13200	67025	8560	41568	12895
平邑县铜石镇	15844	77252	11790	46995	15916
平邑县温水镇	5180	38766	13505	22511	14879
平邑县流峪镇	10860	54090	7723	30969	14754
平邑县郑城镇	16695	70287	6201	43681	12218
平邑县白彦镇	19620	80096	10678	46887	20692
平邑县临涧镇	12812	51635	4918	32110	21270
平邑县丰阳镇	9598	40849	9360	28323	7817
莒南县团林镇	8150	41977	6133	27236	11073
莒南县大店镇	13157	73659	22737	47441	21244
莒南县坊前镇	18292	86183	25637	50960	22531
莒南县坪上镇	11800	65129	36492	42385	22345
莒南县板泉镇	10119	76581	14632	45900	20400
莒南县洙边镇	12102	53496	17738	31229	9058
莒南县文疃镇	11435	46747	15692	25967	6500
莒南县壮岗镇	11400	47737	18950	24056	7031
莒南县石莲子镇	11954	72774	24066	42799	13421
莒南县岭泉镇	6161	44330	7433	27780	11866
莒南县筵宾镇	7589	48247	17340	39925	7654
莒南县涝坡镇	15113	58351	14461	35793	9061
莒南县朱芦镇	7520	37719	10226	20417	5188
蒙阴县常路镇	7737	34597	7707	26370	11870
蒙阴县岱崮镇	18390	52894	5437	31676	14293
蒙阴县坦埠镇	8100	32890	6310	16890	1380
蒙阴县垛庄镇	25890	73253	40512	40820	17864
蒙阴县高都镇	9020	32429	5370	17752	5245
蒙阴县野店镇	19600	35843	3280	18323	5373
蒙阴县桃墟镇	17100	45667	8650	23173	7770
蒙阴县联城镇	16090	46264	4468	29024	15841
临沭县蛟龙镇	6958	42438	21644	25682	13217
临沭县大兴镇	11802	67860	21576	39312	17455
临沭县石门镇	12966	55267	12390	33962	11409
临沭县曹庄镇	7816	43342	15800	29999	10860
临沭县白旄镇	6180	44003	17108	24652	15638
临沭县青云镇	10231	52421	13336	30749	17874
临沭县玉山镇	15661	81208	14202	47725	25352
临沭县店头镇	8406	50350	10453	33796	9245
德州市德城区二屯镇	4023	15918	2220	9377	5762
德州市德城区黄河涯镇	10556	56351	5812	26661	8619
德州市德城区赵虎镇	10203	41990	1030	21300	10950
德州市德城区抬头寺镇	5985	25967	774	12000	7422
德州市德城区袁桥镇	5102	23291	509	19460	6654

山东省

2-1-15　续表 16　　　　　　　　　　　　　　　　　　　　　　　　单位：公顷、人

建制镇名称	行政区域面积	总人口	镇区人口	从业人员	#二三产业
陵县郑家寨镇	11700	45970	1623	17972	3591
陵县糜镇	10100	52509	4092	25344	3768
陵县宋家镇	11100	42487	2713	17879	5635
陵县徽王镇	10500	43082	1800	16847	6070
陵县神头镇	11500	58396	4691	28210	3690
陵县滋镇	7300	38200	2660	25295	8388
陵县前孙镇	8200	31155	4360	14464	5054
陵县边临镇	7300	30344	2350	10276	4175
陵县义渡口镇	6600	36689	3855	18962	6299
陵县丁庄镇	7000	20194	623	8663	2308
宁津县柴胡店镇	11300	61908	2060	41360	22720
宁津县长官镇	6500	41988	6328	26901	11286
宁津县杜集镇	10167	56342	3755	34085	25600
宁津县保店镇	9000	37736	1810	19945	18945
宁津县大柳镇	5500	29258	1768	16588	14674
宁津县大曹镇	8300	35545	4690	14828	12751
宁津县相衙镇	5100	25107	879	15611	11990
宁津县时集镇	5300	29796	857	23623	1557
宁津县张大庄镇	5200	34201	4950	23656	17175
庆云县庆云镇	5000	47800	12250	18890	3400
庆云县常家镇	5600	47250	1800	21202	7780
庆云县尚堂镇	6000	57900	12100	8020	200
庆云县崔口镇	4010	14556	3500	6990	4044
临邑县临邑镇	8945	50910	608	26461	10685
临邑县临南镇	11244	45464	1080	19595	11079
临邑县德平镇	12415	63060	2800	29186	7423
临邑县林子镇	6408	27089	3115	15143	6192
临邑县兴隆镇	10272	42927	1147	24832	6151
临邑县孟寺镇	12349	44887	2739	17247	3769
临邑县翟家镇	5207	29172	4348	18222	8336
临邑县理合镇	5666	29935	3914	15669	5476
齐河县表白寺镇	7700	28617	8925	18932	11560
齐河县焦庙镇	13334	47359	17931	13542	6885
齐河县赵官镇	6102	30184	10425	20910	10706
齐河县祝阿镇	13400	49774	20739	29900	13140
齐河县仁里集镇	12600	52909	15700	28783	14399
齐河县潘店镇	13813	51233	16680	27413	11249
齐河县胡官屯镇	9667	38387	11624	16120	6214
齐河县宣章屯镇	6402	23982	8603	13652	3650
齐河县马集镇	6066	30536	9753	18603	5170
平原县王凤楼镇	12786	52799	9937	24557	12610
平原县前曹镇	15100	53879	6396	29948	9660
平原县恩城镇	10500	57395	2020	22809	12568
平原县王庙镇	11700	38216	5100	15400	5000
平原县王杲铺镇	7264	35738	6325	19212	4471
平原县张华镇	6000	22953	3280	4700	3500
平原县腰站镇	6133	27144	3200	10463	3342
平原县王打卦镇	3800	25605	3120	13280	3875
夏津县南城镇	5319	41352	295	28810	3380

山东省

2-1-15 续表 17 单位：公顷、人

建制镇名称	行政区域面积	总人口	镇区人口	从业人员	#二三产业
夏津县苏留庄镇	11990	52067	3955	27645	8333
夏津县新盛店镇	12031	56163	3892	32013	10108
夏津县雷集镇	9043	40022	1958	38296	9367
夏津县郑保屯镇	4733	23495	5338	11303	4388
夏津县白马湖镇	6633	33358	2276	15781	3980
夏津县东李官屯镇	5250	30375	2886	14165	6981
夏津县宋楼镇	4475	32435	847	15671	6743
夏津县香赵庄镇	3678	26583	1359	21533	5846
夏津县双庙镇	4049	27641	3169	17861	8491
武城县武城镇	13239	54560	3865	25885	13146
武城县老城镇	10700	65900	19795	42073	35791
武城县鲁权屯镇	16285	71000	30100	45920	27100
武城县郝王庄镇	4768	32221	1657	16428	4997
武城县甲马营镇	7808	35700	4332	18781	10591
武城县四女寺镇	5800	32481	1500	19197	5259
武城县李家户镇	5480	90585	4202	13005	3005
乐陵市杨安镇	9824	60141	3130	21850	10200
乐陵市朱集镇	13320	78014	1250	15839	10438
乐陵市黄夹镇	9613	39132	4126	33206	10197
乐陵市丁坞镇	8889	47435	1720	18400	6799
乐陵市花园镇	14311	66468	3420	21376	8941
乐陵市郑店镇	10096	40697	3960	34819	10303
乐陵市化楼镇	11126	48655	2102	18550	7206
乐陵市孔镇	7700	28109	2162	23819	8387
乐陵市铁营镇	5450	28521	582	13509	7982
禹城市伦镇	14401	72477	2707	20145	14884
禹城市房寺镇	6500	24608	15023	19013	17000
禹城市张庄镇	9000	36649	2899	11500	7306
禹城市辛店镇	6600	31003	2630	17600	8600
禹城市安仁镇	10500	44741	1841	14736	2408
禹城市辛寨镇	9600	42614	5342	25404	11578
禹城市梁家镇	5800	31513	400	20615	8335
禹城市十里望镇	3500	25317	1912	22513	14758
聊城市东昌府区侯营镇	7644	46377	4306	24600	7450
聊城市东昌府区沙镇镇	14952	94705	7570	70208	14570
聊城市东昌府区堂邑镇	6100	36597	14420	21398	8191
聊城市东昌府区梁水镇	15596	71910	3072	40736	37220
聊城市东昌府区斗虎屯镇	8612	43615	2456	24386	8545
聊城市东昌府区郑家镇	7632	46690	4982	25302	13648
聊城市东昌府区张炉集镇	5079	34887	2470	19480	4433
聊城市东昌府区于集镇	7040	42500	2458	26209	9011
聊城市东昌府区许营镇	5925	37761	1900	22312	12500
聊城市东昌府区朱老庄镇	6220	38982	638	26563	20619
聊城市东昌府区顾官屯镇	7241	40523	4200	23200	5089
阳谷县阎楼镇	6610	53281	3114	25640	11310
阳谷县阿城镇	11555	69874	11130	29680	27810
阳谷县七级镇	7339	40699	5200	20439	9128
阳谷县安乐镇	6674	39468	8652	27931	21270
阳谷县定水镇	5838	29988	2357	18985	12748

山东省

2-1-15 续表 18 单位：公顷、人

建制镇名称	行政区域面积	总人口	镇区人口	从业人员	#二三产业
阳谷县石佛镇	5777	38144	3726	21920	14145
阳谷县李台镇	4347	37954	5903	17756	13524
阳谷县寿张镇	6863	72931	17156	31966	12760
阳谷县十五里园镇	5599	47846	3376	30223	26845
阳谷县张秋镇	6620	50798	10380	35189	17824
阳谷县郭店屯镇	5492	31279	2441	18226	8467
阳谷县西湖镇	7113	38747	5748	21243	10942
莘县张鲁镇	8276	56559	9976	33569	6681
莘县朝城镇	7118	56691	22468	25464	6568
莘县观城镇	6537	41068	7362	20416	9435
莘县古城镇	7495	53755	10120	34031	8595
莘县大张家镇	6047	45329	10631	22925	9899
莘县古云镇	6015	47801	14962	27213	15080
莘县十八里铺镇	8029	43644	5105	26759	7358
莘县燕店镇	4652	40362	8400	19791	8006
莘县董杜庄镇	5104	31456	2961	16226	3145
莘县王奉镇	8603	52109	6696	35514	2686
莘县樱桃园镇	7820	61136	24016	28747	5009
莘县河店镇	4555	36615	7345	22216	5272
莘县妹冢镇	6768	52877	7654	27312	7357
莘县魏庄镇	6568	42302	3515	29274	5097
莘县张寨镇	5919	50305	10134	29547	7900
莘县大王寨镇	7145	37642	8115	20756	6028
茌平县乐平铺镇	12591	53257	11281	39984	17675
茌平县冯官屯镇	10363	45965	17008	31560	22304
茌平县菜屯镇	5888	28256	3372	24550	17345
茌平县博平镇	8724	53157	13126	37334	22100
茌平县杜郎口镇	7357	31918	4952	19459	10878
茌平县韩屯镇	7112	33363	2416	22850	5132
茌平县胡屯镇	4954	26373	2000	21320	10462
茌平县肖庄镇	5625	26058	4087	13690	7686
东阿县刘集镇	11956	71769	3612	35789	9896
东阿县牛角店镇	10850	52696	10953	25894	8024
东阿县大桥镇	5074	22496	2156	12955	3069
东阿县高集镇	7150	28323	5743	21978	9150
东阿县姜楼镇	5500	29610	4078	21680	10862
东阿县姚寨镇	8345	35477	3412	21236	7341
东阿县鱼山镇	6451	30217	4564	18382	8375
冠县贾镇	6366	40127	4180	23516	7650
冠县桑阿镇	11232	66741	5512	32805	10000
冠县柳林镇	7002	51548	10563	32468	20954
冠县清水镇	5366	36858	5855	24138	12522
冠县东古城镇	11300	74876	10800	46192	23720
冠县北馆陶镇	5098	35497	7032	22052	12400
冠县店子镇	4271	32347	3342	17174	7237
高唐县梁村镇	12431	39562	3642	19400	5220
高唐县尹集镇	8884	34743	3015	17131	3511
高唐县清平镇	8399	43341	4320	17748	6002
高唐县固河镇	9144	38544	1525	17776	3486

山东省

2-1-15 续表 19 单位：公顷、人

建制镇名称	行政区域面积	总人口	镇区人口	从业人员	#二三产业
高唐县三十里铺镇	7322	26074	6492	19880	12821
高唐县琉璃寺镇	8920	38626	6000	22386	4541
高唐县赵寨子镇	7081	33828	2502	19769	10995
高唐县姜店镇	9342	42778	3280	23437	9163
高唐县杨屯镇	11040	46907	5371	25391	19800
临清市松林镇	5096	36751	4370	15981	2620
临清市老赵庄镇	5592	43622	3300	19430	10200
临清市康庄镇	9738	62427	8850	31040	16715
临清市魏湾镇	5557	27533	2351	16115	5531
临清市刘垓子镇	5712	32267	3340	16186	2953
临清市八岔路镇	4856	33616	6708	28230	7667
临清市潘庄镇	4483	32494	4595	19047	13829
临清市烟店镇	5205	38660	9728	22945	10031
临清市唐园镇	5372	38832	3700	19469	2901
临清市金郝庄镇	8556	55753	6203	36553	18301
临清市戴湾镇	6770	32103	3040	21000	7500
临清市尚店镇	4860	32813	2240	21025	8387
滨州市滨城区三河湖镇	9974	44315	1657	26347	11241
滨州市滨城区杨柳雪镇	10190	45210	3265	26024	17450
惠民县石庙镇	12941	58894	6480	33800	16300
惠民县桑落墅镇	6692	30229	4743	19577	13700
惠民县淄角镇	7012	30148	3200	17000	3000
惠民县胡集镇	13700	60520	11930	36720	24090
惠民县李庄镇	10100	55217	2230	29345	17199
惠民县麻店镇	7333	30236	1905	18729	10020
惠民县魏集镇	5406	31596	6428	17428	10880
惠民县清河镇	6737	34098	7500	19114	5800
惠民县姜楼镇	13356	58301	6220	29848	24670
惠民县辛店镇	14603	47635	5716	28942	15051
惠民县大年陈镇	8300	34688	2690	23354	7449
惠民县皂户李镇	8600	26877	1704	15580	15580
阳信县商店镇	9270	47340	6423	27213	13081
阳信县温店镇	7860	40257	4862	16020	10427
阳信县河流镇	6235	41220	3475	15437	9919
阳信县翟王镇	6690	40027	1418	17611	13026
阳信县流坡坞镇	7160	43069	7829	19705	8867
阳信县水落坡镇	13082	58623	1236	27983	11794
阳信县劳店镇	9523	42864	3100	18831	5886
无棣县水湾镇	14335	49348	4998	32110	24023
无棣县碣石山镇	7126	23691	5086	16720	8110
无棣县小泊头镇	10714	39361	2535	26078	18057
无棣县埕口镇	12879	24832	3521	17930	13538
无棣县马山子镇	64111	31225	8016	19486	8671
无棣县车王镇	14580	46499	5353	29379	13523
无棣县柳堡镇	25547	31616	2189	19906	14273
无棣县佘家镇	12299	33380	2090	26308	10146
沾化县下洼镇	15116	58835	2803	42231	3722
沾化县古城镇	7359	26603	4750	14380	5223

山东省

2-1-15　续表 20　　　　单位：公顷、人

建制镇名称	行政区域面积	总人口	镇区人口	从业人员	#二三产业
沾化县冯家镇	25768	55475	1421	32975	8662
沾化县泊头镇	10740	32446	2862	19691	4301
沾化县大高镇	10380	43747	2577	30692	14080
沾化县黄升镇	6153	27984	2483	16840	11200
沾化县滨海镇	58974	7967	703	7420	2254
博兴县曹王镇	5350	38245	10555	18436	13736
博兴县兴福镇	5100	47000	7590	26600	18000
博兴县陈户镇	7600	36137	11420	15603	3615
博兴县湖滨镇	7000	43816	2216	23988	23988
博兴县店子镇	8600	44897	7160	22688	14192
博兴县吕艺镇	11360	44052	2576	27709	9452
博兴县纯化镇	8400	26127	1700	13180	3061
博兴县庞家镇	7061	25355	941	13594	4125
博兴县乔庄镇	13004	32448	4539	17355	4700
邹平县长山镇	10639	67865	17518	37314	29810
邹平县魏桥镇	14651	91313	64351	70240	66340
邹平县临池镇	5159	28865	8804	18807	17193
邹平县焦桥镇	8212	36583	9855	23767	16720
邹平县韩店镇	8328	41156	23839	29783	22156
邹平县孙镇镇	9878	36380	8285	25531	8805
邹平县九户镇	9101	39007	3903	19200	9480
邹平县青阳镇	4946	35358	24424	23077	19704
邹平县明集镇	6879	35839	9482	21498	18600
邹平县台子镇	8759	37082	5968	20781	12261
邹平县码头镇	11412	46800	7545	31382	22332
菏泽市牡丹区沙土镇	12205	93213	4625	38751	24211
菏泽市牡丹区吴店镇	6034	54686	2806	21362	2010
菏泽市牡丹区王浩屯镇	7963	57756	6035	23653	2103
菏泽市牡丹区黄罡镇	8426	80727	1850	40635	36267
菏泽市牡丹区都司镇	4577	39806	1485	11830	1980
菏泽市牡丹区高庄镇	8842	69252	3734	21110	13194
菏泽市牡丹区小留镇	8218	57145	3286	25721	7459
菏泽市牡丹区李村镇	10487	66278	2506	27961	9338
菏泽市牡丹区马岭岗镇	8842	96845	2406	38771	2850
菏泽市牡丹区安兴镇	6450	48333	5050	21307	4112
菏泽市牡丹区大黄集镇	5330	45761	2559	20800	20000
菏泽市牡丹区吕陵镇	7628	61745	2615	20600	3990
菏泽市牡丹区胡集镇	4785	37922	2229	11830	9423
曹县庄寨镇	6434	65659	32000	28348	25631
曹县普连集镇	5449	45143	9235	13406	9131
曹县青固集镇	14096	100917	13692	53343	28179
曹县桃源集镇	8044	73782	6684	37921	26086
曹县韩集镇	7644	61367	3974	30268	8074
曹县砖庙镇	5967	38280	3962	19058	2655
曹县古营集镇	11756	85183	9500	33107	9950
曹县魏湾镇	11416	74177	3216	36074	12754
曹县侯集回族镇	5752	45112	8350	27447	11616
曹县苏集镇	11734	87631	6220	47677	44497

山东省

2-1-15 续表 21 单位：公顷、人

建制镇名称	行政区域面积	总人口	镇区人口	从业人员	#二三产业
曹县孙老家镇	5978	54763	7635	22798	5175
曹县阎店楼镇	7553	60064	1595	33113	18725
曹县梁堤头镇	6833	47932	3234	25143	17391
曹县安才楼镇	9442	67797	2138	33139	11715
曹县邵庄镇	8221	60135	5684	20364	4505
曹县王集镇	4796	37100	7146	16396	10306
曹县青岗集镇	9341	59150	4256	26288	14430
曹县郑庄镇	8709	63368	1564	24711	7456
曹县倪集镇	4924	44757	5246	27479	12681
单县郭村镇	9743	74087	12925	33396	28237
单县黄岗镇	12364	85864	10125	48357	24052
单县终兴镇	12108	82791	7588	37696	17496
单县高韦庄镇	6306	45169	4968	20370	12300
单县徐寨镇	9869	67479	1365	29197	10663
单县蔡堂镇	8731	57201	5361	25686	9407
单县朱集镇	5303	38871	4020	19521	3227
单县李新庄镇	6852	41888	3796	14505	5320
单县浮岗镇	11051	69187	5430	32047	21800
单县莱河镇	6747	56712	5445	21855	10413
单县时楼镇	6452	46923	2397	20345	11885
单县杨楼镇	8708	54960	3902	26566	8707
单县张集镇	7952	54978	3296	29140	10612
单县龙王庙镇	8581	56646	5258	24795	8731
单县谢集镇	8810	65419	4782	29417	18328
单县李田楼镇	8561	51844	8060	20440	16782
成武县大田集镇	10710	78440	10255	36527	10985
成武县天宫庙镇	7943	45920	12026	22067	7104
成武县汶上集镇	10412	73620	8181	35720	7047
成武县南鲁集镇	6522	48394	9040	22897	9500
成武县伯乐集镇	7793	55289	2428	24470	9909
成武县苟村集镇	6452	37009	5550	16162	7639
成武县白浮图镇	8539	47178	2246	20345	2682
成武县孙寺镇	8903	56886	15265	24789	8080
成武县九女镇	10501	67815	3994	26241	11654
成武县党集镇	6294	37413	4050	16622	5160
成武县张楼镇	5802	36008	5469	14793	6943
巨野县龙固镇	8153	65322	14920	34326	20077
巨野县大义镇	10854	78324	9370	39420	22261
巨野县柳林镇	10305	65555	6990	18217	3590
巨野县章缝镇	6108	45470	8728	21377	6666
巨野县大谢集镇	7636	60825	9981	33297	13988
巨野县独山镇	9448	68501	11882	20618	12410
巨野县麒麟镇	10240	65158	6285	34862	19000
巨野县核桃园镇	3803	29397	4218	17143	6201
巨野县田庄镇	8544	52190	2220	33309	11882
巨野县太平镇	7316	49500	3880	29321	4310
巨野县万丰镇	8894	72409	6267	32197	12090
巨野县陶庙镇	5744	39743	3267	23830	4534

山东省

2-1-15　续表 22　　　　单位：公顷、人

建制镇名称	行政区域面积	总人口	镇区人口	从业人员	#二三产业
巨野县董官屯镇	10804	63210	1553	35566	18933
巨野县田桥镇	6142	42721	6044	23157	14188
巨野县营里镇	6094	41061	3630	20012	9714
郓城县郓城镇	11906	167847	111270	61990	29799
郓城县黄安镇	7802	66622	8145	26220	13533
郓城县杨庄集镇	9289	64083	10356	27110	19130
郓城县侯咽集镇	10516	72351	6282	31737	14344
郓城县武安镇	9028	67240	8975	31519	18911
郓城县郭屯镇	5648	39163	6242	26950	8577
郓城县丁里长镇	5371	45183	8645	25491	14655
郓城县玉皇庙镇	8707	58997	5030	36739	14653
郓城县程屯镇	8956	59232	5285	24920	6930
郓城县随官屯镇	9100	56027	3645	25782	8945
郓城县张营镇	7843	61365	5802	27949	12874
郓城县潘渡镇	7932	60224	8734	29888	10896
郓城县双桥镇	9567	62551	5975	27990	10750
郓城县南赵楼镇	5829	40178	10194	17966	9543
郓城县黄堆集镇	5705	42032	11315	29555	21572
郓城县唐庙镇	7555	55206	6798	21370	7655
鄄城县鄄城镇	6719	106508	7159	61484	12455
鄄城县什集镇	8157	68731	6372	25046	12972
鄄城县红船镇	5418	36759	10311	19158	7795
鄄城县旧城镇	9839	74226	3901	38052	29239
鄄城县闫什镇	6833	57489	4659	23984	10594
鄄城县箕山镇	7319	57081	9087	16450	14529
鄄城县李进士堂镇	4373	30712	10900	13260	6100
鄄城县董口镇	9492	67679	13856	28813	12049
鄄城县临濮镇	5552	41463	5460	14372	6785
鄄城县彭楼镇	7189	66137	5534	31338	21979
鄄城县凤凰镇	4982	44068	2300	26250	25859
鄄城县郑营镇	6843	58898	13121	34930	23551
定陶县定陶镇	9740	130553	14858	35995	21361
定陶县陈集镇	8292	64568	12310	33160	16050
定陶县冉固镇	12700	88989	23164	40820	18726
定陶县张湾镇	6300	54058	12560	29910	12906
定陶县黄店镇	10300	75563	3241	45457	4810
定陶县孟海镇	6300	42570	6946	19552	6138
定陶县马集镇	7000	56886	3528	31699	6127
定陶县仿山镇	7600	56133	3421	32800	15126
定陶县半堤镇	6300	40329	3125	19446	6736
东明县城关镇	12330	144522	9642	41975	30657
东明县东明集镇	11400	60388	4986	25651	10382
东明县刘楼镇	8810	50770	4122	30350	17370
东明县陆圈镇	11680	79433	4167	32916	9645
东明县马头镇	9235	41700	1986	16660	10473
东明县三春集镇	7096	42931	2148	18898	1974
东明县大屯镇	8300	46985	2426	16660	7036
东明县武胜桥镇	7200	50273	2118	21080	10464

2-1-16 河南省建制镇名录及基本情况

单位：公顷、人

建制镇名称	行政区域面积	总人口	镇区人口	从业人员	#二三产业
郑州市中原区石佛镇	1192	43400	1623	20900	9788
郑州市二七区马寨镇	3040	57913	3963	18530	15291
郑州市管城回族区十八里河镇	2856	52070	7483	15876	9587
郑州市上街区峡窝镇	4685	42114	36288	30189	26584
郑州市惠济区花园口镇	5385	22115	5049	11700	7776
郑州市惠济区古荥镇	7800	26020	13145	20120	18270
中牟县韩寺镇	6100	38193	4220	20676	2610
中牟县官渡镇	12927	61751	3506	34874	9620
中牟县狼城岗镇	13200	36557	3650	22665	7645
中牟县万滩镇	10492	27290	4750	15963	2600
中牟县白沙镇	6627	42554	19268	29940	24910
中牟县郑庵镇	8833	37240	6079	21576	5565
中牟县张庄镇	3653	18950	8385	9700	5400
中牟县黄店镇	8047	42239	3032	23956	7615
中牟县大孟镇	11127	51950	8991	32700	3502
中牟县九龙镇	6740	28286	12415	19800	15629
中牟县刘集镇	9167	53869	5756	28130	5717
中牟县八岗镇	4747	32533	2025	21702	10501
中牟县雁鸣湖镇	9133	24934	8310	15958	1987
中牟县姚家镇	8370	32560	2680	19630	4443
中牟县三官庙镇	10000	57231	6932	40060	4961
巩义市米河镇	5200	44378	30122	30023	24018
巩义市新中镇	5330	16250	10116	9363	6100
巩义市小关镇	6000	30186	15900	16920	5011
巩义市竹林镇	1900	14580	11464	7900	7680
巩义市大峪沟镇	9326	34352	10851	15067	12102
巩义市河洛镇	12216	30493	5690	17501	7096
巩义市站街镇	2698	22057	3738	11208	7083
巩义市康店镇	9320	42147	27889	20507	13507
巩义市北山口镇	5600	34275	12090	18945	17883
巩义市西村镇	7361	57870	12246	26299	9869
巩义市芝田镇	4600	44978	29738	23764	16635
巩义市回郭镇	5000	111036	78000	74000	31100
巩义市鲁庄镇	9115	63001	7184	32402	25156
巩义市夹津口镇	5130	23860	8260	17016	14828
巩义市涉村镇	10300	34987	14000	15054	13201
荥阳市乔楼镇	7162	35196	13995	22732	22491
荥阳市豫龙镇	6172	36780	35750	33780	30955
荥阳市广武镇	15465	78311	40532	52191	49389
荥阳市王村镇	9103	55703	7924	32812	27620
荥阳市汜水镇	5820	26500	14135	19050	15575
荥阳市高山镇	6150	23726	6325	19488	19043
荥阳市刘河镇	5615	27217	8103	14182	11811
荥阳市崔庙镇	8515	39735	28200	34188	26751
荥阳市贾峪镇	8370	38012	24051	33885	25861
新密市城关镇	2430	31417	11985	15526	12595
新密市米村镇	5800	33916	12758	19850	14162
新密市牛店镇	7600	44069	19270	27345	24793
新密市平陌镇	6050	37441	5112	21551	16406

河南省

2-1-16 续表 1 单位：公顷、人

建制镇名称	行政区域面积	总人口	镇区人口	从业人员	#二三产业
新密市超化镇	7860	61083	32860	35025	31455
新密市苟堂镇	8930	47521	12600	25240	19979
新密市大隗镇	5880	54374	31980	31781	24889
新密市刘寨镇	6100	42578	13315	28950	22971
新密市白寨镇	9200	57493	8450	29438	18233
新密市岳村镇	6200	34802	19042	20371	17951
新密市来集镇	6300	43935	18102	30859	27875
新密市曲梁镇	10200	50644	14075	36152	31230
新郑市新村镇	7112	28439	21094	21265	20590
新郑市辛店镇	8600	56218	27180	39466	29466
新郑市观音寺镇	6300	43254	11463	25849	16616
新郑市梨河镇	4287	29887	4708	20918	19743
新郑市和庄镇	5275	28366	17761	20070	15929
新郑市薛店镇	5600	33426	17916	24000	13600
新郑市孟庄镇	8300	33000	5276	24563	17316
新郑市郭店镇	7700	50835	5283	35241	21820
新郑市龙湖镇	9600	52378	29875	34628	28463
登封市大金店镇	9600	62689	15276	41120	22201
登封市颍阳镇	10837	41322	7000	26800	15000
登封市卢店镇	3800	14525	8744	10256	9748
登封市告城镇	7100	44894	10340	29860	27287
登封市大冶镇	14517	75100	17005	42100	35340
登封市宣化镇	5867	24897	6366	13128	11764
登封市徐庄镇	7200	18360	10520	13500	12700
登封市东华镇	9000	59670	8474	32250	21130
开封市金明区杏花营镇	6441	23030	5457	13068	3780
杞县城关镇	1840	75658	57106	42061	35686
杞县五里河镇	5600	65487	3090	28500	24181
杞县付集镇	6672	63080	11475	39872	33828
杞县于镇镇	7434	69282	13448	28555	24226
杞县高阳镇	7092	76593	8862	46815	39720
杞县葛岗镇	7912	78199	5572	34033	28874
杞县阳固镇	6299	54593	11451	30910	26225
杞县邢口镇	5543	55269	3549	29975	25431
通许县城关镇	4600	37705	9740	15716	9035
通许县竖岗镇	6500	45489	7630	28249	4739
通许县玉皇庙镇	7500	56890	13038	30888	4866
通许县四所楼镇	7400	58560	11877	35102	3729
通许县朱砂镇	9200	64004	12348	45859	5252
通许县长智镇	6700	44267	7468	31682	6114
尉氏县城关镇	1646	69954	69954	39514	21121
尉氏县洧川镇	6570	64553	15628	33560	25908
尉氏县朱曲镇	5916	58192	17850	29800	23372
尉氏县蔡庄镇	6549	64548	22790	11184	10351
尉氏县永兴镇	10603	80109	18294	25400	24360
尉氏县张市镇	7393	56685	15976	29998	19328
尉氏县十八里镇	8021	65839	32485	10873	10051
尉氏县水坡镇	8401	64227	9152	36421	10619
开封县城关镇	1141	43986	43986	28871	26760

河南省

2-1-16 续表 2 单位：公顷、人

建制镇名称	行政区域面积	总人口	镇区人口	从业人员	#二三产业
开封县陈留镇	6834	63765	27532	40310	16321
开封县仇楼镇	7370	61706	6345	37094	23048
开封县八里湾镇	8340	59619	5856	36542	30279
开封县曲兴镇	6511	39301	6839	21647	18657
开封县朱仙镇	6998	36610	13560	23897	9614
兰考县城关镇	1285	83844	82252	61236	55212
兰考县固阳镇	6658	66969	23200	45325	34900
兰考县南彰镇	7465	62112	13956	41684	24728
兰考县张君墓镇	12543	81996	23398	55998	27877
兰考县红庙镇	6373	53300	15386	35749	22395
洛阳市老城区邙山镇	4460	35792	2107	20182	14127
洛阳市洛龙区辛店镇	5893	43704	7800	26182	21486
洛阳市洛龙区关林镇	2060	67437	34319	43309	41405
洛阳市洛龙区龙门镇	2158	31143	7058	18328	12058
洛阳市洛龙区安乐镇	2180	49012	20506	28912	20895
洛阳市洛龙区白马寺镇	2549	24938	5710	15180	7810
洛阳市洛龙区诸葛镇	6042	57845	21366	39566	33837
洛阳市洛龙区李村镇	8345	75150	17290	49924	34934
偃师市庞村镇	3290	38705	21690	21877	18136
孟津县城关镇	7850	84985	46850	51279	37808
孟津县会盟镇	12860	55682	18143	22543	16998
孟津县平乐镇	6380	51203	13416	34780	15667
孟津县送庄镇	4330	31301	13050	20109	16670
孟津县白鹤镇	11740	54871	11798	30289	20920
孟津县朝阳镇	6710	42695	15750	24611	17289
孟津县小浪底镇	11107	40423	9250	23516	8114
孟津县麻屯镇	5200	38452	24768	24737	18764
孟津县横水镇	5550	40128	9665	18530	2515
孟津县常袋镇	4170	28215	8974	17569	11500
新安县城关镇	7640	59636	49264	34835	16853
新安县石寺镇	6270	43613	5405	21412	13191
新安县五头镇	8950	58896	8367	36289	9907
新安县磁涧镇	10791	44588	7325	30982	22635
新安县铁门镇	11644	55612	12370	35263	17351
新安县李村镇	10744	36327	2029	21155	6566
新安县北冶镇	14161	44933	2442	24968	12843
新安县仓头镇	11657	28200	4965	18543	8739
新安县正村镇	5746	37682	2098	20355	6607
新安县石井镇	19470	30052	5128	20142	5081
栾川县城关镇	700	38105	38105	23021	22747
栾川县赤土店镇	15200	13346	6189	9111	4576
栾川县合峪镇	22300	21434	7905	13767	8474
栾川县潭头镇	20100	33717	14950	19939	11045
栾川县三川镇	9100	25366	7350	14586	7623
栾川县冷水镇	4400	16464	7615	10803	7984
栾川县陶湾镇	23100	32154	12500	20178	10678
栾川县石庙镇	9600	18401	7822	12189	9384
栾川县庙子镇	37600	31581	7530	20662	10382
栾川县狮子庙镇	16800	19914	4262	12269	5321

河南省

2-1-16 续表 3　　　　单位：公顷、人

建制镇名称	行政区域面积	总人口	镇区人口	从业人员	#二三产业
栾川县白土镇	12300	14862	5725	9670	4608
栾川县叫河镇	15300	20017	5922	11180	2634
嵩县城关镇	10080	71508	13542	23594	11910
嵩县田湖镇	12300	69902	12057	37543	15041
嵩县旧县镇	14920	26060	5760	15300	4195
嵩县车村镇	55340	53098	19940	30981	7230
嵩县闫庄镇	13070	38120	5010	26100	7211
嵩县德亭镇	32100	41663	4258	24189	8995
嵩县大章镇	26180	32213	5920	21461	11026
嵩县白河镇	30960	13155	8205	9005	2575
嵩县纸房镇	18420	31542	1792	20255	2810
汝阳县城关镇	8900	40524	23190	16934	11500
汝阳县上店镇	5100	42180	13500	26238	13655
汝阳县付店镇	21611	15800	3250	9940	5400
汝阳县小店镇	6600	44626	13069	29055	16727
汝阳县三屯镇	13600	38629	4828	24220	13078
汝阳县刘店镇	7920	32048	4500	20771	13582
汝阳县内埠镇	7000	48436	11577	31851	15481
宜阳县城关镇	1246	68013	13973	40157	11663
宜阳县丰李镇	3354	40699	7366	21000	14427
宜阳县柳泉镇	12107	61413	8065	40289	21660
宜阳县韩城镇	8274	48602	16251	29182	6860
宜阳县白杨镇	7922	46368	13500	31030	13310
宜阳县香鹿山镇	12248	59834	5824	41823	24093
宜阳县锦屏镇	9001	49402	14930	20800	9600
宜阳县三乡镇	6775	39816	8659	21999	19113
宜阳县张坞镇	11512	36051	2257	23459	10694
宜阳县莲庄镇	7639	35069	3850	16739	6828
洛宁县城关镇	850	41790	33385	27163	17860
洛宁县回族镇	1500	28656	26166	18116	5532
洛宁县上戈镇	21090	17371	2268	10320	5597
洛阳市下峪镇	20600	16827	2163	10477	4810
洛宁县河底镇	13370	44551	4571	27631	5924
洛宁县兴华镇	16870	19137	3857	11489	3401
洛宁县东宋镇	15060	39127	1902	26259	11943
伊川县城关镇	8529	60158	34046	37056	17921
伊川县鸣皋镇	9400	61857	17065	37884	22731
伊川县水寨镇	4200	26965	7860	13964	6325
伊川县彭婆镇	10153	62809	11527	36782	17898
伊川县白沙镇	13300	73599	8328	44832	18029
伊川县江左镇	9300	50844	7225	30201	4536
伊川县高山镇	7300	45277	10046	31244	13383
伊川县吕店镇	12400	61426	2668	38714	26622
伊川县半坡镇	4900	16967	1704	9936	7091
偃师市城关镇	4720	57109	9765	38355	31033
偃师市首阳山镇	5400	42730	27874	29500	24646
偃师市佃庄镇	3870	41392	5987	27851	20810
偃师市翟镇镇	3810	40539	25428	23003	21341
偃师市岳滩镇	2968	42924	24120	29120	25489

河南省

2-1-16 续表 4 单位：公顷、人

建制镇名称	行政区域面积	总人口	镇区人口	从业人员	#二三产业
偃师市顾县镇	4320	60162	27510	34244	24634
偃师市缑氏镇	8040	67057	12064	36996	30343
偃师市府店镇	12756	57700	11462	34620	18538
偃师市高龙镇	4210	38290	14765	21725	16302
偃师市寇店镇	6410	38693	9914	24504	15851
平顶山市新华区焦店镇	6100	27698	1130	18005	8686
平顶山市新华区滍阳镇	6500	46990	2265	26250	8400
平顶山市湛河区北渡镇	5600	38437	6800	21787	10927
宝丰县城关镇	1150	47162	6113	33884	33864
宝丰县周庄镇	5677	33995	2617	25366	11148
宝丰县闹店镇	6150	38591	6111	26741	10930
宝丰县石桥镇	7100	44603	9709	31150	15003
宝丰县商酒务镇	6295	40995	5502	30028	13070
宝丰县大营镇	13301	63585	4905	37213	12540
宝丰县张八桥镇	7560	39880	3702	28040	16340
宝丰县杨庄镇	6200	39735	3940	22000	11337
叶县昆阳镇	630	20568	7511	15030	12372
叶县任店镇	8500	61122	7923	41735	16494
叶县保安镇	11700	35551	6673	26588	14004
叶县仙台镇	6581	60045	7350	40325	31360
叶县遵化店镇	5200	32124	7288	18240	9747
叶县叶邑镇	9500	62900	9682	37148	380
叶县廉村镇	8696	60623	8871	42118	28796
叶县常村镇	17800	48712	4500	25002	10336
叶县辛店镇	14000	48735	5600	26305	23088
鲁山县下汤镇	12186	32810	9598	21800	18300
鲁山县梁洼镇	6349	37402	12400	25400	20460
鲁山县张官营镇	8224	57329	14620	42900	35450
鲁山县张良镇	8988	52230	32600	38578	22160
鲁山县尧山镇	30500	18778	4713	14080	11726
郏县冢头镇	5300	57875	13282	42571	13822
郏县安良镇	10000	56803	23710	35360	19300
郏县堂街镇	6200	47747	12921	32195	20063
郏县薛店镇	7400	64665	10959	44490	16582
郏县长桥镇	5000	51947	13602	34402	15716
郏县茨芭镇	10300	52471	13948	38139	12082
郏县黄道镇	4500	23587	8240	17008	13597
郏县李口镇	5000	27490	7691	19035	9000
舞钢市尚店镇	10700	46427	6011	28271	12821
舞钢市八台镇	5590	30575	13886	16450	8016
舞钢市尹集镇	10150	26419	2560	16908	8854
舞钢市枣林镇	8210	53150	6011	38760	9772
汝州市寄料镇	17830	67076	17887	41618	26035
汝州市温泉镇	7600	52149	4510	34680	7505
汝州市临汝镇	9200	62647	26726	42700	22047
汝州市小屯镇	12260	86736	30555	48633	32129
汝州市杨楼镇	6998	60350	16850	37450	26030
汝州市蟒川镇	14600	53822	14210	31854	26107
安阳市文峰区宝莲寺镇	4738	50069	6985	26850	13215

河南省

2-1-16 续表 5

单位：公顷、人

建制镇名称	行政区域面积	总人口	镇区人口	从业人员	#二三产业
安阳市龙安区龙泉镇	5700	31682	1732	16200	4530
安阳县水冶镇	3100	66056	61724	43072	39079
安阳县铜冶镇	6000	35805	10030	24850	22630
安阳县善应镇	6600	29365	9800	16380	13300
安阳县柏庄镇	5000	34510	15310	23110	20060
安阳县白璧镇	6560	68602	24869	49080	28148
安阳县曲沟镇	3500	57769	18426	36520	30970
安阳县吕村镇	6213	65972	14275	34172	15787
安阳县伦掌镇	7027	36854	8740	23020	16165
安阳县蒋村镇	5850	39558	6042	25040	20576
安阳县崔家桥镇	5560	49598	2895	32270	21490
安阳县辛村镇	7610	65335	9044	39691	18058
汤阴县城关镇	1951	69227	65147	48091	47370
汤阴县菜园镇	7658	51109	17443	32390	17068
汤阴县任固镇	8025	48386	13299	29999	18632
汤阴县五陵镇	6351	46716	11300	28435	14300
汤阴县宜沟镇	12763	60829	45512	39950	39348
汤阴县白营镇	3891	34996	3520	23258	21816
汤阴县伏道镇	7609	44932	4904	29932	14564
滑县道口镇	1767	74288	51270	49987	43143
滑县城关镇	10400	87108	26031	57965	38890
滑县白道口镇	11912	69817	12111	48756	26796
滑县留固镇	11798	79134	10787	49789	24157
滑县上官镇	10136	76280	7903	50915	30005
滑县牛屯镇	11494	75741	9417	55150	19715
滑县万古镇	8604	59592	15962	41190	22448
滑县高平镇	7700	67535	6004	40165	29151
滑县王庄镇	7837	58910	6418	36422	23730
滑县老店镇	9761	78515	4729	47230	24210
内黄县城关镇	11400	55273	51289	40624	35707
内黄县东庄镇	9160	59815	4048	39422	23433
内黄县井店镇	4780	42834	5130	31245	23620
内黄县梁庄镇	10110	37727	6129	24923	10583
内黄县后河镇	12000	37600	5095	29886	18500
内黄县楚旺镇	3950	36428	12700	20100	11883
内黄县田氏镇	5380	49892	13140	32562	16823
林州市合涧镇	13426	64471	11673	31897	23922
林州市临淇镇	18500	89752	23100	50315	23761
林州市东姚镇	17200	53587	13035	33215	23343
林州市横水镇	14400	72925	11878	53977	36568
林州市河顺镇	10400	61882	5889	46589	25607
林州市任村镇	18500	42937	8968	30286	622
林州市姚村镇	10200	88780	22592	61482	37973
林州市陵阳镇	2600	21840	3900	16420	15649
林州市原康镇	13700	38976	13102	21657	13570
林州市五龙镇	19000	59094	4622	30872	24493
林州市采桑镇	8500	48714	5418	28395	15904
林州市东岗镇	13924	44987	4165	27749	16000
林州市桂林镇	9400	40898	8011	21692	9731

河南省

2-1-16 续表 6　　　　单位：公顷、人

建制镇名称	行政区域面积	总人口	镇区人口	从业人员	#二三产业
鹤壁市鹤山区鹤壁集镇	7340	50461	16801	30702	20917
鹤壁市山城区石林镇	8500	43860	27500	23000	8000
鹤壁市淇滨区大赉店镇	6193	23276	85	11665	4580
鹤壁市淇滨区钜桥镇	6820	38932	13913	22566	12241
浚县城关镇	1316	55900	34960	8926	4392
浚县善堂镇	14900	91232	21260	30417	27850
浚县屯子镇	13500	77936	13994	56465	18664
浚县新镇镇	13205	84413	9432	39019	18100
浚县小河镇	11600	72980	18000	48118	20049
浚县黎阳镇	13300	98900	33960	51500	24275
浚县卫贤镇	9280	63953	14219	45108	17229
浚县王庄镇	11000	73841	17986	43393	18044
淇县高村镇	8100	52210	14792	31847	13227
淇县北阳镇	11720	43700	16807	25334	11954
淇县西岗镇	6800	51343	20085	29530	13070
淇县庙口镇	9180	35668	4820	22683	10365
新乡市红旗区洪门镇	3420	26470	5110	13782	9096
新乡市红旗区小店镇	3360	26535	9681	14660	12646
新乡市凤泉区大块镇	5095	46029	8539	20649	18116
新乡市牧野区王村镇	2404	31116	19563	22158	20324
新乡县翟坡镇	4640	37156	3798	23062	20010
新乡县小冀镇	2800	41896	34982	24983	23733
新乡县七里营镇	9500	80974	38672	60737	56788
新乡县朗公庙镇	7676	56120	6133	31400	20235
新乡县古固寨镇	4700	39653	8980	19200	16900
新乡县大召营镇	2983	18100	3430	12998	10657
获嘉县城关镇	2315	14418	1407	8477	7088
获嘉县照镜镇	4275	31536	2942	18685	14904
获嘉县黄堤镇	3950	19844	3241	13281	9772
获嘉县中和镇	2477	26907	15315	15818	11644
获嘉县徐营镇	4198	30380	7690	19712	12751
获嘉县冯庄镇	5500	41799	5327	21240	10144
获嘉县亢村镇	5640	41540	13200	27433	15700
获嘉县史庄镇	4853	37390	6050	18469	9215
原阳县城关镇	3700	42513	20754	30306	22972
平原新区原武镇	5724	19596	4298	11530	7339
原阳县师寨镇	7200	38244	6038	23382	19382
原阳县齐街镇	6977	45379	3654	29556	17982
原阳县太平镇	8130	30049	3450	20080	13880
原阳县福宁集镇	9946	38032	1535	27850	25600
延津县城关镇	1650	68912	68912	37247	28610
延津县东屯镇	4992	33320	9750	17100	7260
延津县丰庄镇	4980	35560	3620	24695	6440
封丘县城关镇	1287	57485	51485	34491	26400
封丘县黄陵镇	5287	36750	12190	19870	4120
封丘县黄德镇	5710	34530	4002	20136	7592
封丘县应举镇	9641	47016	8480	19920	8933
封丘县陈桥镇	10923	45908	4683	32134	17981
封丘县赵岗镇	7827	47920	5150	32420	22620

河南省

2-1-16 续表 7

单位：公顷、人

建制镇名称	行政区域面积	总人口	镇区人口	从业人员	#二三产业
封丘县留光镇	5854	48793	4300	26098	10071
封丘县潘店镇	7311	48100	4053	33940	25290
长垣县丁栾镇	4898	44340	15011	30500	21475
长垣县樊相镇	5506	38300	9300	25800	13710
长垣县魏庄镇	6500	41228	25280	32986	30818
长垣县恼里镇	9080	42108	19722	26662	22522
长垣县常村镇	6577	41140	4855	28350	24597
长垣县赵堤镇	4588	34252	6352	18263	15500
长垣县满村镇	4210	37717	3245	27280	15263
长垣县孟岗镇	3396	34612	4536	27100	21500
长垣县苗寨镇	5400	46906	2100	37985	33917
长垣县张三寨镇	4000	35100	1705	22320	14880
卫辉市汲水镇	2000	46200	30994	29100	26250
卫辉市太公泉镇	7800	27968	2988	18768	9803
卫辉市孙杏村镇	4700	24414	2152	13989	8902
卫辉市后河镇	4500	25550	3612	19446	16913
卫辉市李源屯镇	6400	54103	10674	33826	9674
卫辉市唐庄镇	8100	42960	12000	30179	10163
卫辉市上乐村镇	6500	36858	5360	24520	12183
辉县市薄壁镇	19700	40338	8700	22000	19500
辉县市峪河镇	6900	48060	15700	24180	20100
辉县市百泉镇	8000	76480	12469	36560	28018
辉县市孟庄镇	3600	46590	25140	29170	28250
辉县市常村镇	9100	46694	8100	21000	18680
辉县市吴村镇	9500	58680	4960	35530	12100
辉县市南村镇	11800	26877	2925	12500	8430
辉县市南寨镇	14600	19800	6600	11000	9500
辉县市上八里镇	20450	18423	3087	9207	2476
辉县市北云门镇	5000	47426	6050	22400	17200
辉县市占城镇	5900	37270	2916	19210	16560
辉县市冀屯镇	8100	47462	8200	30781	26942
修武县城关镇	2512	66846	54938	22128	16795
修武县方庄镇	9043	40692	27910	24980	18210
修武县郇封镇	9009	64325	7738	33265	8305
博爱县清化镇	3420	97856	9640	46925	36213
博爱县柏山镇	2980	40236	10138	16420	10760
博爱县月山镇	2990	42149	6496	23695	19457
博爱县许良镇	2993	50628	10730	26500	13000
博爱县阳庙镇	3375	35505	15230	16226	5905
博爱县磨头镇	4650	29460	7306	17665	6674
博爱县孝敬镇	6000	49668	6342	24454	6076
武陟县木城镇	650	107886	107886	65692	60453
武陟县詹店镇	8900	48600	17010	31122	22096
武陟县西陶镇	3800	47463	26810	29664	23508
武陟县谢旗营镇	6450	67384	11114	34364	9342
武陟县大封镇	8500	77950	4928	35090	31250
武陟县宁郭镇	3600	31994	11340	19850	10083
武陟县龙源镇	3430	53128	37136	36126	29984
温县温泉镇	6100	98745	64100	44530	36850

河南省

2-1-16 续表 8　　　　单位：公顷、人

建制镇名称	行政区域面积	总人口	镇区人口	从业人员	#二三产业
温县祥云镇	6200	57962	6714	31408	11852
温县番田镇	7400	52372	5445	30860	12805
温县黄庄镇	6600	61105	2940	37575	18440
温县武德镇	4300	49927	2922	27552	14600
温县赵堡镇	4900	46799	7968	26800	17410
温县南张羌镇	3100	29716	8789	16310	8675
沁阳市崇义镇	4766	33382	6450	19997	8695
沁阳市西向镇	9930	65847	31335	56750	48360
沁阳市西万镇	3670	37620	12571	25739	17764
沁阳市柏香镇	8730	61175	10902	37809	17116
沁阳市山王庄镇	1770	29694	8175	16552	10402
沁阳市紫陵镇	6850	27168	6220	16880	10813
孟州市化工镇	6644	38003	11610	21970	12585
孟州市南庄镇	4656	42489	21265	26510	21125
孟州市城伯镇	3890	33420	3334	19876	14020
孟州市谷旦镇	4042	29180	2984	17027	7373
孟州市赵和镇	7911	37928	3893	22529	2750
孟州市西虢镇	7641	35910	4582	22250	16250
濮阳市华龙区王助镇	6225	48616	22800	25577	14941
清丰县城关镇	2610	62570	51121	15620	7450
清丰县马庄桥镇	1648	27784	9749	11546	3310
清丰县瓦屋头镇	5785	39596	6735	24680	12494
清丰县仙庄镇	6825	46136	18424	30462	17300
清丰县柳格镇	4145	40928	4410	32619	18737
南乐县城关镇	3100	52240	37781	20400	8475
南乐县韩张镇	4300	36335	17312	24728	19640
南乐县元村镇	6000	48674	25780	27643	18468
范县城关镇	1500	39654	28820	10600	1600
范县濮城镇	4400	69092	33369	46196	40603
台前县城关镇	2582	50529	28116	32026	25951
台前县侯庙镇	5356	52001	18989	32167	7082
濮阳县城关镇	5100	77322	43600	53218	38370
濮阳县柳屯镇	7500	67058	38600	60122	56650
濮阳县文留镇	8000	74860	29260	50788	36140
濮阳县庆祖镇	8000	62498	10150	42350	16180
濮阳县八公桥镇	7800	61023	5015	36124	11953
濮阳县徐镇镇	6400	42218	4980	29780	21402
许昌县将官池镇	7000	83596	12619	36027	24791
许昌县五女店镇	7330	55368	11030	35232	22555
许昌县尚集镇	5910	41850	10695	35100	29600
许昌县苏桥镇	6600	62410	14019	25280	18520
许昌县蒋李集镇	8508	54845	5185	34459	24733
许昌县张潘镇	5432	50066	13096	30688	16344
许昌县灵井镇	6700	59100	7000	32450	15000
鄢陵县安陵镇	1990	66308	36432	41512	20703
鄢陵县马栏镇	7230	62964	38430	35501	20769
鄢陵县柏梁镇	6930	56862	40146	29971	14238
鄢陵县陈化店镇	4946	33289	12760	15371	3868
鄢陵县望田镇	7950	43749	13690	28269	4602

河南省

2-1-16　续表 9　　　　单位：公顷、人

建制镇名称	行政区域面积	总人口	镇区人口	从业人员	#二三产业
襄城县城关镇	735	48015	48015	33100	29660
襄城县颍桥回族镇	950	9823	9823	6713	4211
襄城县麦岭镇	5000	53275	5460	29680	20208
襄城县颍阳镇	5847	54081	3151	38665	11126
襄城县王洛镇	6670	62210	8230	47127	14292
襄城县紫云镇	8485	44628	2625	31328	16292
襄城县库庄镇	6400	58519	32691	42570	10538
禹州市火龙镇	4200	44430	15500	33481	26101
禹州市顺店镇	7030	67906	14459	44261	12510
禹州市方山镇	7400	38573	5560	25485	19021
禹州市神垕镇	4910	41118	12000	18108	11485
禹州市鸿畅镇	6800	50044	19000	35500	23550
禹州市梁北镇	4650	39792	15680	22991	11908
禹州市古城镇	5382	41328	11000	27847	9757
禹州市无梁镇	8648	32681	7647	24208	5220
禹州市文殊镇	6200	40680	4200	26295	11900
禹州市鸠山镇	9600	31609	11980	18199	8922
禹州市诸河镇	7331	63716	8700	46840	26084
长葛市和尚桥镇	4070	28831	28831	20203	18420
长葛市坡胡镇	4662	52788	8967	35996	31499
长葛市后河镇	4438	49734	10154	25190	16594
长葛市石固镇	3880	40034	11364	26045	17426
长葛市老城镇	4914	56089	15383	39837	30273
长葛市南席镇	6318	46873	4783	29730	11920
长葛市大周镇	6416	82046	39022	64073	57073
长葛市董村镇	5250	49736	10140	30380	21898
漯河市源汇区大刘镇	4200	39000	13114	27800	5360
漯河市源汇区阴阳赵镇	4600	47520	10630	19300	5208
漯河市源汇区空冢郭镇	4400	46678	10271	16955	7850
漯河市郾城区城关镇	1100	78662	78662	27532	25532
漯河市郾城区孟庙镇	5930	61567	10175	34962	12944
漯河市郾城区商桥镇	4970	48865	8290	25980	10255
漯河市郾城区裴城镇	7130	55910	5730	29757	8492
漯河市郾城区新店镇	6260	51390	8736	30870	13555
漯河市郾城区龙城镇	6280	63906	19742	36725	20572
漯河市郾城区李集镇	4880	49417	9875	31200	12575
漯河市召陵区召陵镇	6934	74837	21311	46936	36672
漯河市召陵区邓襄镇	4067	44550	3458	25180	10080
漯河市召陵区万金镇	7693	74181	7956	48726	20299
漯河市召陵区老窝镇	7968	73523	6438	51420	16024
漯河市召陵区姬石镇	3441	39496	11562	18910	12638
舞阳县舞泉镇	2152	67348	49143	43306	38920
舞阳县吴城镇	6617	46615	16476	27628	12985
舞阳县北舞渡镇	4138	31259	20330	17010	5997
舞阳县莲花镇	6310	46677	12700	25191	5416
舞阳县辛安镇	5070	39142	7640	21213	7651
舞阳县孟寨镇	6232	44845	18700	25330	9119
舞阳县太尉镇	3677	28967	8893	16409	5645
临颍县城关镇	3650	75875	45463	47143	45667

河南省

2-1-16 续表 10

单位：公顷、人

建制镇名称	行政区域面积	总人口	镇区人口	从业人员	#二三产业
临颍县繁城镇	6900	63998	10620	46149	23589
临颍县杜曲镇	5850	71867	15838	49109	24510
临颍县王岗镇	9400	64898	5871	57837	20598
临颍县台陈镇	6400	66327	3141	36079	21328
临颍县巨陵镇	5250	45140	9969	24000	9848
临颍县瓦店镇	5300	45996	4420	29220	12129
临颍县三家店镇	4700	37446	2592	24652	7606
临颍县窝城镇	4900	34719	4228	18125	8186
渑池县城关镇	3400	74359	19318	44248	30547
渑池县英豪镇	8900	38149	7341	23735	7540
渑池县张村镇	5000	23680	7666	14685	10305
渑池县洪阳镇	6700	22612	6245	13960	8525
渑池县天池镇	13700	44450	4638	27260	14520
渑池县仰韶镇	9600	36877	3650	20899	13528
陕县大营镇	9211	47536	9976	24780	7665
陕县原店镇	2319	31588	20017	18310	15346
陕县西张村镇	30035	55335	2514	29322	7020
陕县观音堂镇	12497	37593	3528	17921	3905
卢氏县城关镇	6400	37877	33169	4415	3455
卢氏县杜关镇	20100	18500	2965	9158	5693
卢氏县五里川镇	16930	20411	7576	9661	1930
卢氏县官道口镇	21100	21492	3827	10726	1574
卢氏县朱阳关镇	13750	16311	2591	7826	1369
卢氏县官坡镇	29300	27751	2121	14224	1831
卢氏县范里镇	33830	37583	6219	19055	770
卢氏县东明镇	20760	29985	2082	13959	3174
卢氏县双龙湾镇	13850	13367	2836	7120	1975
灵宝市城关镇	1934	104044	8127	62213	11690
灵宝市尹庄镇	8247	64625	13000	28115	10078
灵宝市朱阳镇	81467	46081	10083	27547	6212
灵宝市阳平镇	27982	75081	16732	39776	7286
灵宝市故县镇	19505	42029	6346	18121	4612
灵宝市豫灵镇	18215	61245	11600	37352	8062
灵宝市大王镇	12153	68490	8765	45116	5138
灵宝市阳店镇	19504	60445	2475	36653	11954
灵宝市函谷关镇	6053	25913	2432	12896	1846
灵宝市焦村镇	12653	54141	9613	31361	9900
南阳市宛城区官庄镇	8860	65286	7812	30266	22224
南阳市宛城区瓦店镇	8600	59265	15200	29320	4895
南阳市宛城区红泥湾镇	13449	82000	15200	60000	34200
南阳市宛城区黄台岗镇	9070	53385	8186	32096	14726
南阳市卧龙区石桥镇	3970	39164	16105	21413	10013
南阳市卧龙区潦河镇	7625	59946	6706	34243	6957
南阳市卧龙区安皋镇	9159	37082	5217	23097	5485
南阳市卧龙区蒲山镇	13970	86852	45952	50662	23051
南阳市卧龙区陆营镇	7500	72886	7121	43261	14881
南阳市卧龙区青花镇	9159	68984	6704	36260	7337
南阳市卧龙区英庄镇	8940	69814	4169	38397	6924
南召县城关镇	1075	50990	50990	23540	22920

河南省

2-1-16 续表 11 单位：公顷、人

建制镇名称	行政区域面积	总人口	镇区人口	从业人员	#二三产业
南召县留山镇	17600	34200	3210	22080	8590
南召县云阳镇	12486	78150	49610	33547	12900
南召县皇路店镇	8110	56231	19000	35100	13900
南召县南河店镇	12890	50989	7600	30150	23023
南召县板山坪镇	34345	25399	2872	15530	6604
南召县乔端镇	33826	15562	3070	10870	8030
南召县白土岗镇	19600	43106	7501	27039	9010
方城县城关镇	2600	111652	101210	56675	50032
方城县独树镇	24400	81929	26835	53173	33879
方城县博望镇	15300	105738	34296	66093	24548
方城县拐河镇	17920	44562	7710	26953	6303
方城县小史店镇	27700	81567	8873	54135	24815
方城县赵河镇	15260	94310	18751	62585	27536
方城县广阳镇	16800	68388	30299	50781	13875
西峡县丹水镇	13313	45092	17845	15033	6508
西峡县西坪镇	25670	36838	7360	29500	5410
西峡县双龙镇	29367	23657	2003	12721	6180
西峡县回车镇	18743	37052	4934	24795	7766
西峡县丁河镇	20320	34691	6015	17134	7088
西峡县桑坪镇	27503	24814	6375	17186	6528
西峡县米坪镇	21933	22251	5965	16584	4768
西峡县五里桥镇	22278	49993	18173	27517	12079
西峡县重阳镇	23244	32722	18154	12450	3326
西峡县太平镇	30234	10460	3566	7300	5728
镇平县石佛寺镇	8834	65264	51088	49545	44146
镇平县晁陂镇	4200	46838	4215	30120	17872
镇平县贾宋镇	5590	62018	4320	30228	9514
镇平县侯集镇	6800	63890	7365	35295	20312
镇平县老庄镇	13940	32080	3300	18500	9050
镇平县卢医镇	5246	35632	6750	22037	13759
镇平县遮山镇	6889	33127	3275	14985	11200
镇平县高丘镇	17169	55859	3833	23989	3013
镇平县曲屯镇	4871	33655	4972	16432	9216
镇平县枣园镇	6202	42750	3480	21720	10068
镇平县杨营镇	5820	55750	3660	35710	20660
镇平县安子营镇	7100	55432	12367	30432	22198
镇平县张林镇	8800	65400	5800	31618	15713
内乡县城关镇	1300	69701	69701	47250	44751
内乡县夏馆镇	36000	26346	2998	13629	2512
内乡县师岗镇	13400	70439	22384	31781	20569
内乡县马山口镇	28300	63156	19667	22330	12702
内乡县湍东镇	12340	64917	16840	29830	20804
内乡县赤眉镇	15430	52731	16530	26475	16792
内乡县瓦亭镇	8900	35171	5826	15216	7504
内乡县王店镇	10600	55230	12123	29162	13243
内乡县灌涨镇	11600	57406	5392	28148	9656
内乡县桃溪镇	14000	29059	4112	18231	4362
淅川县荆关镇	16880	56829	8590	35290	6360
淅川县老城镇	9700	20810	6237	10803	5566

河南省

2-1-16 续表 12 单位：公顷、人

建制镇名称	行政区域面积	总人口	镇区人口	从业人员	#二三产业
淅川县香花镇	37400	31000	20630	13950	9300
淅川县厚坡镇	15400	95000	20720	52694	10150
淅川县丹阳镇	13600	56778	19000	30910	22530
淅川县盛湾镇	31700	38120	3530	31000	6080
淅川县金河镇	13200	35240	7530	20500	9000
淅川县寺湾镇	12500	37100	5452	23980	9210
淅川县仓房镇	15300	10520	2695	4300	3960
淅川县上集镇	18700	58920	9452	35400	12130
淅川县马蹬镇	20800	33034	3867	21000	11334
社旗县赊店镇	1599	62655	62655	19612	11569
社旗县桥头镇	8298	49763	12600	26912	10624
社旗县饶良镇	7900	62132	6800	34917	5319
社旗县兴隆镇	5133	31350	11300	18916	3891
社旗县晋庄镇	5543	32755	9600	16124	8703
社旗县李店镇	10224	56962	9200	32750	5019
社旗县苗店镇	6264	35821	8920	20722	4529
社旗县郝寨镇	9110	57961	9160	39240	8891
社旗县朱集镇	10786	60412	6500	35420	10818
唐河县源潭镇	15476	91578	11025	39780	9120
唐河县张店镇	16240	93696	5713	39685	13342
唐河县郭滩镇	12200	84200	23860	56200	40603
唐河县湖阳镇	14950	63469	15522	37653	14633
唐河县黑龙镇	11980	54264	6686	29538	20283
唐河县大河屯镇	13700	77448	6391	39485	15610
唐河县龙潭镇	9800	47568	6320	32625	25229
唐河县桐寨铺镇	16000	82410	22000	39218	5887
唐河县苍台镇	8550	50316	10944	29271	5886
唐河县上屯镇	11700	77087	13210	42138	10044
唐河县毕店镇	11330	65776	11473	31164	12611
唐河县少拜寺镇	9900	48326	2756	22917	4260
新野县王庄镇	6300	35403	2607	16011	15116
新野县沙堰镇	8000	53152	5510	31510	10697
新野县新甸铺镇	10600	61588	8799	31450	10702
新野县施庵镇	10600	72030	6468	38771	11455
新野县歪子镇	10170	74601	11490	48550	37699
新野县五星镇	8200	56215	4130	36143	9091
新野县溧河铺镇	9600	60792	14500	34716	20317
新野县王集镇	7400	58409	4946	35019	4170
桐柏县城关镇	2400	74170	74170	24110	20816
桐柏县月河镇	13000	39876	8874	27153	24516
桐柏县吴城镇	13900	31501	4419	19642	9581
桐柏县固县镇	12100	27324	4864	17634	6799
桐柏县毛集镇	17750	41235	14219	21862	5293
桐柏县大河镇	15100	16465	1540	7529	1916
桐柏县埠江镇	4300	26876	5461	13769	10701
桐柏县平氏镇	4800	25610	10442	16439	5271
桐柏县淮源镇	17000	23415	3639	15240	9780
桐柏县黄岗镇	12750	24248	3510	12840	3945
桐柏县安棚镇	9300	31955	1663	21785	9731

河南省

2-1-16 续表 13 单位：公顷、人

建制镇名称	行政区域面积	总人口	镇区人口	从业人员	#二三产业
邓州市罗庄镇	6266	56586	5551	38874	24318
邓州市汲滩镇	11640	64680	8581	24457	15576
邓州市穰东镇	9898	87414	29767	48263	22482
邓州市孟楼镇	5540	28892	6919	14252	9552
邓州市林扒镇	9802	49363	3220	34555	8470
邓州市构林镇	16274	82547	26800	56120	22588
邓州市十林镇	9192	66993	8533	20916	7670
邓州市张村镇	8345	69320	7820	40316	15550
邓州市都司镇	9995	45786	4312	26779	3111
邓州市赵集镇	12600	78853	19785	41094	22603
邓州市刘集镇	10300	69906	3624	39450	8936
邓州市桑庄镇	8030	58138	9987	33338	18039
邓州市彭桥镇	10260	52456	8047	23750	6943
商丘市梁园区谢集镇	6029	46433	25260	26246	15296
商丘市梁园区双八镇	5785	51634	15320	30500	11300
商丘市梁园区张阁镇	3986	33800	8967	20280	7823
商丘市睢阳区宋集镇	6910	40195	17409	27651	12523
商丘市睢阳区郭村镇	7030	57210	5636	30225	8179
商丘市睢阳区李口镇	6500	50884	4410	29985	14364
商丘市睢阳区高辛镇	6250	48512	14801	25296	10218
商丘市睢阳区坞墙镇	7733	45211	6950	26332	8975
商丘市睢阳区冯桥镇	5270	34019	4153	21502	11445
民权县城关镇	9000	104000	75520	74580	60960
民权县人和镇	7000	53496	17530	36927	17146
民权县龙塘镇	6500	57769	13083	38890	21084
民权县北关镇	9400	72826	22268	37732	15414
民权县程庄镇	12000	86866	14816	53974	24864
民权县王庄寨镇	4250	36625	6850	21765	8260
民权县孙六镇	4400	40715	8256	24036	12823
民权县白云寺镇	9300	60045	11520	29520	13000
睢县长岗镇	4089	37813	11280	21250	4630
睢县平岗镇	4290	42213	9190	26400	8030
睢县周堂镇	4014	33960	7150	17459	10330
睢县蓼堤镇	6052	47781	11034	32104	13130
睢县西陵寺镇	7038	53322	10230	34568	4980
睢县城关镇	1194	71419	71419	34956	33956
睢县潮庄镇	4013	35170	17696	20996	13695
睢县尚屯镇	5247	42973	9310	23498	7464
宁陵县城关镇	1130	50609	50609	6768	5568
宁陵县张弓镇	4030	48439	9886	25420	8912
宁陵县柳河镇	7530	57373	5876	32430	8160
宁陵县逻岗镇	10800	47711	12712	31161	9041
宁陵县石桥镇	6660	51604	4348	32536	8779
柘城县城关镇	799	56972	48464	37409	35998
柘城县陈青集镇	5301	46898	8925	27613	15544
柘城县起台镇	5214	44600	5820	28659	9336
柘城县胡襄镇	5539	42600	4850	28420	12396
柘城县慈圣镇	6001	52319	12668	26998	3829

河南省

2-1-16 续表 14 单位：公顷、人

建制镇名称	行政区域面积	总人口	镇区人口	从业人员	#二三产业
柘城县安平镇	8190	69286	13203	41578	22407
柘城县远襄镇	5277	36531	2046	25335	5549
虞城县城关镇	1200	72750	72750	52576	51944
虞城县界沟镇	6700	41950	12106	28605	19120
虞城县营廓镇	4300	28009	5277	17332	10240
虞城县杜集镇	6500	50958	23746	31777	25851
虞城县谷熟镇	5100	35921	15031	25610	18790
虞城县大杨集镇	6010	31820	8300	22650	9888
虞城县贾寨镇	7600	53615	12500	27070	10400
虞城县利民镇	6600	53268	20800	34310	23100
虞城县张集镇	5300	40811	2945	26837	15076
虞城县站集镇	6000	40903	6902	25600	15060
夏邑县城关镇	2497	66642	62520	36485	15941
夏邑县会亭镇	6440	53400	23000	24168	14819
夏邑县马头镇	5288	48067	5326	25831	15447
夏邑县济阳镇	5100	37933	9290	21450	11538
夏邑县李集镇	10330	74829	3840	41156	21320
夏邑县车站镇	7102	64587	20026	43650	20037
夏邑县杨集镇	6225	49550	12749	30000	14840
夏邑县韩道口镇	6930	51189	11128	30715	22492
夏邑县太平镇	8640	58828	14500	34860	12790
永城市演集镇	6107	108213	105025	65909	64838
永城市城关镇	1649	77705	77705	53966	50242
永城市芒山镇	7241	56910	16823	34520	12335
永城市高庄镇	7579	62491	5444	39104	29419
永城市酂城镇	7543	54909	10180	39196	16219
永城市裴桥镇	12028	65191	6915	42983	24070
永城市马桥镇	10443	56681	11386	37980	18020
永城市薛湖镇	12435	89827	14286	57231	28074
永城市蒋口镇	8074	59978	4026	32289	16281
永城市陈集镇	7301	66957	8210	41457	30235
永城市十八里镇	4871	31795	5690	17120	14831
永城市太邱镇	4872	35062	15200	23155	16174
永城市李寨镇	7073	34466	9318	26929	14549
永城市苗桥镇	5218	35969	3180	20912	10185
永城市顺和镇	6011	45553	6859	26826	9267
永城市茴村镇	4874	39602	10019	21614	10473
信阳市浉河区李家寨镇	10140	32027	9880	21036	9770
信阳市浉河区吴家店镇	24750	46860	3980	31255	816
信阳市浉河区东双河镇	11835	41100	6800	29800	860
信阳市浉河区董家河镇	28500	41864	2862	25388	1042
信阳市浉河区师河港镇	23110	30730	3180	18538	5635
信阳市平桥区明港镇	16700	115132	78021	76796	48444
信阳市平桥区五里镇	14800	64483	3847	27462	20311
信阳市平桥区邢集镇	16000	40563	3876	19980	12670
信阳市平桥区平昌关镇	13300	66030	7120	37304	10570
信阳市平桥区洋河镇	13100	40751	5053	29536	6871
罗山县城关镇	800	75010	75010	25030	9300

河南省

2-1-16 续表 15 单位：公顷、人

建制镇名称	行政区域面积	总人口	镇区人口	从业人员	#二三产业
罗山县周党镇	12300	49390	11062	27952	9959
罗山县竹竿镇	11100	53362	5180	29320	12580
罗山县灵山镇	10600	23742	4920	12150	8880
罗山县子路镇	14800	44516	4010	23908	7179
罗山县楠杆镇	12700	40080	4790	25780	11971
罗山县青山镇	9700	29150	4663	18026	8369
罗山县潘新镇	9500	35682	2930	17856	8642
罗山县彭新镇	19600	45693	3478	23002	13446
罗山县莽张镇	12600	43570	8763	20731	9494
罗山县东铺镇	8930	43718	1894	19360	8178
光山县十里镇	5400	30683	1280	18288	10853
光山县寨河镇	11700	45027	3982	26837	4600
光山县孙铁铺镇	7035	59960	12341	34542	16061
光山县马畈镇	9500	39472	6720	23526	18410
光山县泼陂河镇	14180	49710	23000	29628	7781
光山县白雀园镇	12770	53481	10020	31876	5900
光山县砖桥镇	6960	24241	2388	14448	7930
新县新集镇	24161	96903	59877	29365	12033
新县沙窝镇	13158	31626	9142	22138	8203
新县吴陈河镇	6751	28198	6580	14452	9374
新县苏河镇	9544	27801	2593	15724	10471
新县八里畈镇	8858	28132	2978	17062	9138
商城县城关镇	2600	73506	59932	33829	23219
商城县上石桥镇	15910	79647	8184	41442	26199
商城县鄢岗镇	11550	52831	4146	24812	2276
商城县双椿铺镇	16120	59423	5611	31877	21192
商城县汪桥镇	9130	51211	3062	25221	11821
商城县余集镇	8940	48448	12880	24889	12363
商城县达权店镇	15360	32698	6016	14223	6557
商城县丰集镇	9450	38772	6814	13597	4743
固始县陈淋子镇	10528	60249	15230	36596	21490
固始县黎集镇	15300	80476	16176	43568	23430
固始县蒋集镇	7600	74741	20180	40898	6018
固始县往流镇	9749	61505	14840	27370	5761
固始县郭陆滩镇	9821	58431	11150	29000	11000
固始县胡族铺镇	18400	80255	7220	45560	19400
固始县方集镇	10600	40385	11300	21000	9050
固始县三河尖镇	7920	40285	6928	19820	8551
固始县段集镇	10590	36150	4958	17422	10654
固始县汪棚镇	13113	55642	4819	27325	15760
固始县张广庙镇	9345	48648	4253	26864	17986
固始县陈集镇	10495	60031	11590	33550	15234
固始县武庙集镇	11620	31643	3588	17229	11980
固始县分水亭镇	8300	56148	3931	29838	19251
固始县石佛店镇	6400	43548	4082	17670	14475
潢川县双柳树镇	8100	58474	26146	29474	15529
潢川县伞陂镇	9600	42138	4994	23125	6299
潢川县卜集镇	4200	30010	5400	17490	3088

河南省

2-1-16 续表 16 单位：公顷、人

建制镇名称	行政区域面积	总人口	镇区人口	从业人员	#二三产业
潢川县仁和镇	9100	33500	3050	11166	9457
潢川县付店镇	8570	30980	2099	18316	7667
潢川县踅孜镇	5400	22760	4965	12930	6960
潢川县桃林铺镇	11600	34702	4510	24118	7140
潢川县黄寺岗镇	11100	33262	4980	9978	6690
潢川县江家集镇	9600	35400	12897	20961	14191
淮滨县城关镇	2000	136620	92055	39178	34778
淮滨县马集镇	7000	32885	7054	21577	8702
淮滨县栏杆镇	5500	30192	6112	19420	12335
淮滨县防胡镇	7810	51264	6744	25942	16472
淮滨县新里镇	7800	42533	6367	24956	13406
淮滨县期思镇	8500	35320	5705	23330	7760
淮滨县赵集镇	4800	32538	5926	19495	5576
息县城关镇	1500	97000	89213	31940	28877
息县包信镇	8700	58815	7737	25395	16377
息县夏庄镇	8753	44702	9540	22144	12477
息县东岳镇	10596	58022	6767	31173	20050
息县项店镇	12609	55355	5750	30438	12013
息县小茴店镇	13822	77977	4988	35935	21486
扶沟县崔桥镇	7333	51800	19000	27000	6200
扶沟县江村镇	9318	60262	11836	34102	7783
扶沟县白潭镇	8761	51469	10690	24952	1122
扶沟县韭园镇	8195	52868	12860	28013	19982
扶沟县练寺镇	8200	47481	13619	27650	21065
扶沟县大新镇	7750	40702	4283	21549	4341
扶沟县包屯镇	8212	50880	5230	25750	3700
扶沟县汴岗镇	8231	50200	8823	29740	6237
西华县西夏镇	6697	60685	7446	39169	15655
西华县逍遥镇	5295	53800	18600	32280	20370
西华县奉母镇	7286	62405	6648	42656	9404
西华县红花镇	9000	65996	5301	45020	5540
西华县聂堆镇	7029	52900	9900	28168	6200
西华县东夏镇	4926	37960	7523	24500	6010
西华县西华营镇	7400	60359	6106	37601	8519
西华县址坊镇	5130	39816	2419	23370	13173
商水县黄寨镇	6800	64573	16010	36680	17820
商水县练集镇	4800	52186	13107	29671	17830
商水县位集镇	5977	68968	14660	41286	21726
商水县固墙镇	8200	78950	18780	48610	30278
商水县白寺镇	5940	47460	8462	34150	29530
商水县巴村镇	6377	50160	6700	27300	11400
商水县谭庄镇	8248	60500	18200	35600	29000
商水县邓城镇	6977	65000	14000	32000	19000
商水县胡吉镇	5600	48060	5056	33279	15029
沈邱县槐店镇	2934	117842	117842	63835	57840
沈邱县刘庄店镇	5815	70316	4771	41091	28069
沈邱县留福镇	4722	55638	5731	41253	9137
沈邱县老城镇	5486	63824	12179	35472	20754

河南省

2-1-16 续表 17　　　　单位：公顷、人

建制镇名称	行政区域面积	总人口	镇区人口	从业人员	#二三产业
沈丘县赵德营镇	7029	73400	14400	45000	17360
沈丘县付井镇	6920	69697	28130	41259	25353
沈丘县纸店镇	3830	46748	14600	30360	15624
沈丘县新安集镇	5123	59650	4989	32000	26700
沈丘县白集镇	5600	66034	10145	37812	13240
沈丘县刘湾镇	3340	37100	4139	25839	11302
郸城县吴台镇	7050	70535	4716	40265	8151
郸城县南丰镇	7801	71223	18798	40455	15707
郸城县白马镇	11040	78339	5884	36386	14379
郸城县宁平镇	7955	64879	4863	34402	17156
郸城县宜路镇	7648	73238	10467	44052	13898
郸城县钱店镇	8800	86134	5780	57186	4726
郸城县汲冢镇	9463	76950	9021	45492	20251
郸城县石槽镇	7351	64705	3148	42346	17158
淮阳县城关镇	3709	134571	83815	53912	32000
淮阳县新站镇	6480	74241	3100	50098	37550
淮阳县鲁台镇	6330	74271	3192	35963	33518
淮阳县四通镇	6496	50978	21478	26861	12965
淮阳县临蔡镇	7520	64127	3596	29760	11404
淮阳县安岭镇	10110	81969	4286	49085	12185
淮阳县白楼镇	8840	56765	5664	30897	21938
太康县城关镇	1340	97822	4553	39776	33642
太康县常营镇	9800	65795	6120	36731	13533
太康县逊母口镇	9000	69204	10593	44525	6302
太康县老冢镇	7500	74500	11169	47044	16348
太康县朱口镇	10700	90083	7476	53812	10644
太康县马头镇	10800	76734	11428	50621	19861
太康县龙曲镇	5800	40128	5260	24632	10919
太康县板桥镇	8900	59864	3096	34724	22565
太康县符草楼镇	7100	53401	9635	33268	5112
太康县马厂镇	10020	89808	5640	53907	36216
太康县毛庄镇	6000	54517	2893	33801	103
太康县张集镇	6800	53380	9286	29360	6252
太康县清集镇	8000	56014	5070	32119	13983
鹿邑县涡北镇	5834	34298	6213	21154	5632
鹿邑县玄武镇	5645	62502	24397	36611	19555
鹿邑县枣集镇	5323	46500	13025	28752	9170
鹿邑县太清宫镇	4791	44200	9046	28120	18920
鹿邑县王皮溜镇	7894	60825	9197	37864	8961
鹿邑县试量镇	6670	59952	9395	37610	15540
鹿邑县辛集镇	5847	48816	7457	30376	16955
鹿邑县马铺镇	6207	53268	4709	33925	10663
鹿邑县贾滩镇	7610	66820	11032	41288	21671
鹿邑县杨湖口镇	7483	71314	15912	43215	21036
鹿邑县张店镇	5483	51144	3522	33714	13794
鹿邑县观堂镇	6092	61789	8900	37215	18543
项城市南顿镇	6810	69738	15497	35816	27723
项城市孙店镇	7080	80773	6926	44330	29000

河南省

2-1-16 续表 18 单位：公顷、人

建制镇名称	行政区域面积	总人口	镇区人口	从业人员	#二三产业
项城市李寨镇	6750	71811	11886	38869	28887
项城市贾岭镇	8760	76854	15758	42810	29850
项城市高寺镇	6470	68544	2512	44586	36774
项城市新桥镇	7450	70978	3751	40458	29895
项城市付集镇	4700	52712	4881	29458	18993
项城市官会镇	7250	74310	5012	42211	35552
项城市丁集镇	6310	60508	9336	33996	26091
项城市郑郭镇	5570	60636	4598	40578	34296
项城市秣陵镇	6240	68305	11959	43858	34214
项城市王明口镇	7510	65385	2421	37020	22567
项城市范集镇	5810	69146	11600	37362	22330
驻马店市驿城区水屯镇	10600	71361	8401	49465	37420
驻马店市驿城区沙河店镇	9600	39780	8913	25987	13508
驻马店市驿城区板桥镇	22537	41161	8174	28879	12207
西平县五沟营镇	5205	46538	8221	29798	23337
西平县权寨镇	5717	40384	6100	25177	22021
西平县师灵镇	6484	46296	19281	29383	22031
西平县出山镇	11296	49133	5378	29341	24438
西平县盆尧镇	6431	61995	5918	38800	29026
上蔡县黄埔镇	4700	42600	8460	27080	24060
上蔡县杨集镇	5600	65874	15416	39935	19152
上蔡县洙湖镇	7200	64120	18685	39116	14661
上蔡县党店镇	6500	59870	7728	41000	35196
上蔡县朱里镇	8395	72688	18000	41230	29300
上蔡县华陂镇	7600	61660	13780	24910	23904
上蔡县塔桥镇	8220	73132	18362	50340	50110
上蔡县东洪镇	9850	84699	11288	60312	58551
平舆县杨埠镇	7860	60039	11330	39380	17554
平舆县东和店镇	8600	62148	8712	42926	15339
平舆县庙湾镇	7476	62933	10361	32017	18347
平舆县射桥镇	6800	52832	6489	36513	25951
平舆县西洋店镇	13200	74336	8576	44688	17256
平舆县阳城镇	9441	68382	6975	44416	19922
平舆县郭楼镇	5100	40120	5369	20230	9900
平舆县李屯镇	5630	37642	3680	26608	9953
平舆县万金店镇	7833	46862	4193	33696	22558
平舆县高杨店镇	7896	60086	8211	31126	7576
平舆县万冢镇	7900	52677	6824	33369	14881
正阳县真阳镇	10700	92756	62617	52846	40400
正阳县寒冻镇	10141	47537	4976	30724	13393
正阳县汝南埠镇	10562	58066	5439	37921	13442
正阳县铜钟镇	10794	35872	5778	25031	10449
正阳县陡沟镇	10426	41303	6240	26372	14327
正阳县熊寨镇	8148	30391	4840	19137	10381
正阳县大林镇	12954	43320	3410	30160	14060
正阳县永兴镇	8999	30872	2386	19975	9490
确山县盘龙镇	1100	52628	52628	28305	27060
确山县竹沟镇	18500	32110	6579	17663	8947

河南省

2-1-16 续表 19　　单位：公顷、人

建制镇名称	行政区域面积	总人口	镇区人口	从业人员	#二三产业
确山县任店镇	24800	52693	5971	30752	13643
确山县新安店镇	16500	55515	5000	33000	19700
确山县留庄镇	12400	55055	5930	33270	15999
确山县刘店镇	11900	52974	5510	36860	16750
确山县瓦岗镇	17500	29118	2255	18000	6950
确山县双河镇	13000	53578	3137	37300	14056
确山县石滚河镇	13700	24380	3799	13868	7230
确山县李新店镇	8500	27533	2120	16668	9528
泌阳县泌水镇	750	35864	35188	22452	21062
泌阳县羊册镇	12700	68270	11070	45750	16376
泌阳县马谷田镇	21500	41334	4688	28320	18750
泌阳县春水镇	11755	42085	6420	29620	21970
泌阳县官庄镇	12650	55706	12136	23602	9960
泌阳县赊湾镇	8860	45120	9761	32360	22805
汝南县王岗镇	7300	48465	3029	33015	18665
汝南县梁祝镇	8000	48993	9360	34172	24626
汝南县和孝镇	7600	32800	3965	20700	16580
汝南县老君庙镇	8842	44300	10760	29856	7655
汝南县留盆镇	8238	60903	6922	41623	19897
汝南县金铺镇	7114	49640	5610	34980	14322
汝南县东官庄镇	8442	45800	2910	30630	28380
汝南县常兴镇	14400	55734	3562	37942	28492
汝南县罗店镇	5700	49956	3340	24350	7257
遂平县玉山镇	6900	31200	5032	17600	8200
遂平县嵖岈山镇	9600	27632	6310	18356	9585
遂平县石寨铺镇	6800	35148	8017	23345	5593
遂平县和兴镇	14100	70188	6047	47304	30673
新蔡县砖店镇	5557	30910	7300	21630	6490
新蔡县陈店镇	6457	36870	4374	25809	9825
新蔡县佛阁寺镇	8043	44112	5127	30878	12288
新蔡县练村镇	8375	66680	2358	42780	11295
新蔡县棠村镇	4667	51158	4417	35989	34855
新蔡县韩集镇	4848	54376	3981	40782	14078
新蔡县龙口镇	6915	55586	5589	33650	9370
新蔡县李桥镇	4521	28417	4436	19899	13823
新蔡县黄楼镇	6745	44952	4320	31460	17204
新蔡县孙召镇	6690	47837	4279	33486	14320
济源市克井镇	20500	58599	34640	47435	45625
济源市五龙口镇	12713	53022	4350	28413	2273
济源市轵城镇	13850	73804	30041	49201	47927
济源市承留镇	19283	51960	7218	45110	40980
济源市邵原镇	33700	43498	12731	26850	9241
济源市坡头镇	13700	27268	5748	15160	7632
济源市梨林镇	5665	43248	5043	25701	10286
济源市大峪镇	22570	28728	2501	15671	5375
济源市思礼镇	6970	31228	6325	17975	16920
济源市王屋镇	23845	34220	6276	18506	9485
济源市下冶镇	16800	32853	5550	17200	11200

2-1-17 湖北省建制镇名录及基本情况

单位：公顷、人

建制镇名称	行政区域面积	总人口	镇区人口	从业人员	#二三产业
武汉市蔡甸区索河镇	5755	29569	3600	18452	13133
武汉市蔡甸区玉贤镇	4990	19122	1805	7637	3571
武汉市江夏区法泗镇	8860	31070	3612	14318	10296
武汉市江夏区湖泗镇	8470	29709	2115	8330	4472
武汉市黄陂区三里镇	4680	22604	1879	14576	9183
武汉市新洲区辛冲镇	7900	63122	3660	28047	18931
武汉市新洲区徐古镇	8500	42496	4361	18429	5817
武汉市新洲区凤凰镇	5715	29375	2270	15916	12909
黄石市西塞山区河口镇	4800	24000	3170	8492	2993
阳新县兴国镇	11700	162225	157658	68122	63560
阳新县富池镇	12133	58945	25962	24655	17566
阳新县黄颡口镇	8921	39423	8765	22985	16907
阳新县韦源口镇	8921	32762	8800	17349	12047
阳新县太子镇	14275	53302	7112	21688	11548
阳新县大王镇	6604	52046	4685	24231	17741
阳新县陶港镇	21000	33402	5285	13785	7395
阳新县白沙镇	18940	97067	18910	37320	24417
阳新县浮屠镇	18898	86866	15652	41252	26651
阳新县三溪镇	15654	44279	4812	22168	17246
阳新县龙港镇	26631	105466	13895	36912	24424
阳新县洋港镇	15217	38286	6012	15222	7225
阳新县排市镇	15909	46781	3352	20985	12641
阳新县木港镇	25081	54100	13521	33325	16847
阳新县枫林镇	26278	48488	6355	25455	17622
阳新县王英镇	25010	52434	5535	26122	18934
大冶市金牛镇	15440	81865	25165	43876	28092
大冶市保安镇	13800	67673	34666	32524	26902
大冶市灵乡镇	13500	52970	34060	27919	22810
大冶市金山店镇	5937	51079	14745	23279	18830
大冶市还地桥镇	17270	91896	42350	50136	33366
大冶市殷祖镇	11970	40315	8016	19047	12774
大冶市刘仁八镇	11482	38649	4152	23534	9037
大冶市陈贵镇	10800	65992	32409	39240	35154
大冶市大箕铺镇	10200	63622	1120	30156	29108
大冶市汪仁镇	10443	44381	4460	24431	16237
十堰市茅箭区大川镇	6813	3268	1050	1589	271
十堰市张湾区黄龙镇	12600	18178	7178	6867	3106
十堰市张湾区柏林镇	10700	12166	6100	4913	1783
郧县城关镇	15871	122993	82348	27367	10163
郧县安阳镇	20780	26984	725	14332	6808
郧县杨溪铺镇	15280	19201	1030	12856	1983
郧县青曲镇	18180	26570	2390	15707	1760
郧县白桑关镇	21956	33797	1322	19872	6300
郧县南化塘镇	41703	60999	7289	34032	3775
郧县白浪镇	6815	12774	1951	7628	1699
郧县刘洞镇	8553	19122	2155	9918	6154
郧县谭山镇	12030	35952	886	19435	8105

湖北省

2-1-17 续表 1 单位：公顷、人

建制镇名称	行政区域面积	总人口	镇区人口	从业人员	#二三产业
郧县梅铺镇	10909	32143	681	16805	7858
郧县青山镇	13533	16959	889	10500	3909
郧县茶店镇	9947	27384	6996	15930	12090
郧县柳陂镇	17633	52040	5429	26830	8084
郧县鲍峡镇	38456	33906	4797	18479	6810
郧县胡家营镇	21738	26174	1855	14438	6401
郧县谭家湾镇	13433	20947	4116	12110	5711
郧西县城关镇	12770	81690	38000	33774	30066
郧西县土门镇	21763	31318	1980	15595	9039
郧西县上津镇	22650	32464	5986	13013	7732
郧西县店子镇	25000	26404	7092	13025	7948
郧西县夹河镇	19749	39394	5797	20390	14343
郧西县羊尾镇	11694	27417	3153	15444	12612
郧西县观音镇	18172	40079	14000	21156	4195
郧西县马鞍镇	17400	22490	5000	9664	5532
郧西县河夹镇	24580	32365	2336	15532	9130
竹山县城关镇	6900	59857	42705	30570	24793
竹山县溢水镇	19109	32328	12840	16017	2900
竹山县麻家渡镇	21300	29496	29244	16677	1858
竹山县宝丰镇	18880	62353	28300	28415	16743
竹山县擂鼓镇	10063	32648	1826	16324	11426
竹山县秦古镇	9833	26083	6310	13841	9243
竹山县得胜镇	14208	26021	6420	11583	9360
竹山县田家镇	19110	16254	3081	8357	700
竹山县官渡镇	33000	19316	4325	10302	2832
竹溪县城关镇	14974	22291	9551	10197	8444
竹溪县蒋家堰镇	11852	34098	2500	15423	6683
竹溪县中峰镇	5846	33035	1600	16482	6844
竹溪县水坪镇	19200	50694	3206	25098	14449
竹溪县县河镇	12600	21514	3000	10744	3094
竹溪县泉溪镇	21134	10381	1625	6542	6117
竹溪县丰溪镇	27083	10012	1796	5841	1242
竹溪县龙坝镇	13168	20985	2510	12408	1854
房县城关镇	6798	46083	42586	19091	9112
房县军店镇	16080	36379	9555	17254	11458
房县化龙堰镇	19090	26714	6500	14722	11028
房县土城镇	31300	20023	5062	12525	11472
房县大木厂镇	41800	30589	7596	17596	14156
房县青峰镇	41400	33592	12001	19590	16935
房县门古寺镇	40000	32526	3330	17591	15131
房县白鹤镇	22000	32976	1405	21239	9937
房县野人谷镇	35800	11941	856	7692	5281
房县红塔镇	22200	40949	5347	23130	11727
房县窑淮镇	24724	17752	1790	11662	6226
丹江口市土关垭镇	11030	12327	3250	5137	1209
丹江口市浪河镇	14667	21400	10760	11875	7150
丹江口市丁家营镇	8420	12509	6264	8146	6073

湖北省

2-1-17　续表 2　　　　　　　　　　　　　　　　　　　　单位：公顷、人

建制镇名称	行政区域面积	总人口	镇区人口	从业人员	#二三产业
丹江口市六里坪镇	18691	46188	33000	24532	16050
丹江口市盐池河镇	19600	11037	2870	6979	3694
丹江口市均县镇	27286	23214	3050	15036	7075
丹江口市习家店镇	30333	35924	21765	17449	8412
丹江口市蒿坪镇	12100	12669	2335	6762	1487
丹江口市石鼓镇	17500	11892	1358	7043	2110
丹江口市凉水河镇	24200	26085	7768	12464	5807
丹江口市官山镇	30160	14166	1873	8122	1304
宜昌市点军区艾家镇	6640	8195	520	4668	2790
宜昌市点军区桥边镇	13274	27670	1974	15145	9100
宜昌市夷陵区樟村坪镇	45686	22226	2786	12188	7176
宜昌市夷陵区雾渡河镇	38900	31745	1840	17051	9724
宜昌市夷陵区分乡镇	32000	38543	11200	22329	8800
宜昌市夷陵区太平溪镇	15230	28698	7212	15246	7680
宜昌市夷陵区三斗坪镇	17800	34283	5518	19618	11804
宜昌市夷陵区乐天溪镇	25400	29741	5517	18747	9280
宜昌市夷陵区龙泉镇	25830	49316	13866	24846	20931
远安县鸣凤镇	7600	46984	41245	8791	6785
远安县花林寺镇	21100	16552	1714	9960	5087
远安县旧县镇	16600	24655	1969	16360	11763
远安县洋坪镇	23800	40291	5426	23811	15402
远安县茅坪场镇	45800	26229	3352	15665	8294
远安县荷花镇	39600	27974	2260	16190	9985
兴山县古夫镇	44630	40862	32069	16106	14887
兴山县昭君镇	14450	24462	10501	9151	3087
兴山县峡口镇	21730	25911	2120	13278	3534
兴山县南阳镇	27220	11879	2788	6231	3042
兴山县黄粮镇	24740	22590	1599	11734	4394
兴山县水月寺镇	46500	23570	2156	13322	4101
秭归县茅坪镇	19324	85362	44373	29654	16278
秭归县归州镇	12800	25054	7700	13769	5230
秭归县屈原镇	21500	19608	1077	12246	7564
秭归县沙镇溪镇	17681	35341	6505	19666	7877
秭归县两河口镇	26900	29649	3500	16501	6304
秭归县郭家坝镇	31300	51092	4161	29813	10717
秭归县杨林桥镇	23456	26224	3732	11917	3701
秭归县九畹溪镇	27500	24054	3393	15448	9178
长阳县龙舟坪镇	34070	89915	46708	40258	33919
长阳县高家堰镇	21410	21327	2450	12709	7631
长阳县磨市镇	22650	31815	3769	17949	3186
长阳县都镇湾镇	52500	52918	2500	30107	7769
长阳县资丘镇	37190	39573	5915	26714	11760
长阳县渔峡口镇	29420	37069	1950	23299	10943
长阳县榔坪镇	53130	41205	1876	20447	7005
长阳县贺家坪镇	34720	28539	2934	16956	6132
五峰县五峰镇	43940	41080	15710	28130	9308
五峰县长乐坪镇	37381	23498	1403	12110	4379

湖北省

2-1-17 续表 3　　单位：公顷、人

建制镇名称	行政区域面积	总人口	镇区人口	从业人员	#二三产业
五峰县渔洋关镇	35641	45805	19302	29837	17744
五峰县仁和坪镇	24093	24386	1281	14425	4460
五峰县湾潭镇	32600	17087	2607	9473	3351
宜都市红花套镇	14900	28435	8592	14586	11041
宜都市高坝洲镇	9400	27559	3500	15282	8559
宜都市聂家河镇	11500	17454	1086	9944	8671
宜都市松木坪镇	12700	29365	1402	16781	16372
宜都市枝城镇	24200	87906	22096	48658	38391
宜都市姚家店镇	6700	25040	825	15836	13068
宜都市五眼泉镇	10500	22506	563	13061	10682
当阳市两河镇	9700	35529	3642	23274	12046
当阳市河溶镇	25200	57819	11433	28580	10400
当阳市育溪镇	37000	54894	10066	29225	12658
当阳市庙前镇	35435	39474	2046	24986	14048
当阳市王店镇	26278	36405	7685	21914	10017
当阳市半月镇	21700	31453	6245	22900	6899
当阳市草埠湖镇	9787	24511	6585	15021	2768
枝江市百里洲镇	21400	84972	13200	46909	28145
枝江市安福寺镇	22300	50546	13135	26400	17100
枝江市白洋镇	13500	36294	3950	22800	13700
枝江市顾家店镇	8300	27639	1492	16928	10462
枝江市董市镇	13700	53546	19642	31692	20003
枝江市仙女镇	17100	33798	3754	17420	9486
枝江市问安镇	16000	45401	3514	24784	15440
枝江市七星台镇	12900	47094	4525	26698	17014
襄樊市襄城区欧庙镇	18300	102055	27450	46531	30977
襄樊市襄城区卧龙镇	28298	83197	35200	41013	23943
襄樊市樊城区牛首镇	16419	72499	14876	34196	20165
襄樊市樊城区太平店镇	23270	76775	23968	35715	20610
襄樊市樊城区团山镇	6022	51728	1615	32054	12939
襄樊市樊城区米庄镇	5600	43155	2250	22600	14132
襄樊市襄州区龙王镇	24300	70881	12612	38429	20211
襄樊市襄州区石桥镇	20300	86180	5594	31033	18011
襄樊市襄州区黄集镇	19600	74411	12536	37150	14361
襄樊市襄州区伙牌镇	15700	47990	12108	19008	18001
襄樊市襄州区古驿镇	23700	81361	2621	29882	17815
襄樊市襄州区朱集镇	11200	82039	5294	44038	29450
襄樊市襄州区程河镇	12100	75133	4594	50683	40879
襄樊市襄州区双沟镇	14000	99869	29744	36897	18983
襄樊市襄州区张家集镇	13500	59515	6798	28546	18546
襄樊市襄州区黄龙镇	15200	47351	7806	14612	9612
襄樊市襄州区峪山镇	25800	62423	8121	25469	8502
襄樊市襄州区东津镇	28900	117515	23820	68662	43800
南漳县城关镇	31200	149876	15490	45180	11231
南漳县武安镇	39800	114532	34927	59175	25659
南漳县九集镇	47200	101563	4715	52580	27042
南漳县李庙镇	55700	27988	3396	19656	7502

湖北省

2-1-17 续表 4　　单位：公顷、人

建制镇名称	行政区域面积	总人口	镇区人口	从业人员	#二三产业
南漳县长坪镇	25200	19131	4575	9093	2314
南漳县薛坪镇	37600	36010	6405	16475	14768
南漳县板桥镇	27100	21055	4529	8846	4770
南漳县巡检镇	35700	32924	4908	17950	11849
南漳县东巩镇	42800	36253	6245	19656	9035
南漳县肖堰镇	39900	33724	3850	20175	9873
谷城县城关镇	14410	85020	35251	36956	28455
谷城县石花镇	27500	116519	56193	44638	38947
谷城县盛康镇	30300	68282	11800	26686	5540
谷城县庙滩镇	22138	57054	22351	17087	10521
谷城县五山镇	25000	34872	9132	23096	4254
谷城县茨河镇	18440	20113	4233	8476	4306
谷城县南河镇	24436	18155	2691	11576	6570
谷城县紫金镇	37847	21064	5513	14031	10272
谷城县冷集镇	26680	47157	9827	26215	16860
保康县城关镇	24590	58297	40589	24219	19180
保康县黄堡镇	29320	23204	5455	14233	6920
保康县后坪镇	20197	10111	1060	5436	2588
保康县龙坪镇	20200	8516	680	4992	2489
保康县店垭镇	13860	16652	2971	10288	1677
保康县马良镇	34196	33278	9500	19782	5107
保康县歇马镇	65500	46498	3814	24291	3995
保康县马桥镇	47304	31610	10833	18395	12117
保康县寺坪镇	35200	27933	2338	17411	5647
保康县过渡湾镇	15220	11306	1700	6996	554
老河口市孟楼镇	6300	37771	15783	17639	10275
老河口市竹林桥镇	8600	37950	4432	23930	16787
老河口市薛集镇	9020	47779	3850	20583	12967
老河口市张集镇	16730	46663	5195	21663	8412
老河口市仙人渡镇	11400	43689	14680	30582	23111
老河口市李楼镇	8700	42921	7323	21765	13187
老河口市洪山嘴镇	20530	36541	5892	21678	10505
枣阳市琚湾镇	21965	86785	35491	36584	26472
枣阳市七方镇	30203	105572	19881	45249	30190
枣阳市杨当镇	18790	76047	17668	28486	20989
枣阳市太平镇	25625	101451	18912	48638	33123
枣阳市新市镇	23312	57915	3920	29770	18044
枣阳市鹿头镇	21003	70004	11630	31444	22127
枣阳市刘升镇	20008	36083	3111	17155	11060
枣阳市兴隆镇	18771	56801	28500	26319	17823
枣阳市王城镇	19073	49973	13539	23021	14592
枣阳市吴店镇	35913	93206	55400	60649	51659
枣阳市熊集镇	26292	49965	15672	30560	15332
枣阳市平林镇	20564	30983	5000	18000	9800
宜城市郑集镇	22400	86551	12650	39531	9714
宜城市小河镇	17900	54997	4695	30184	5276
宜城市刘猴镇	19300	42756	6624	21255	13859

湖北省

2-1-17 续表 5　　　　单位：公顷、人

建制镇名称	行政区域面积	总人口	镇区人口	从业人员	#二三产业
宜城市孔湾镇	10100	23120	3452	12639	7280
宜城市流水镇	52300	45056	2600	24769	4914
宜城市板桥店镇	38100	43231	4456	23877	3452
宜城市王集镇	14700	42765	2765	20786	10561
宜城市雷河镇	11100	42095	2260	17592	10357
鄂州市梁子湖区太和镇	7900	52482	17546	23909	9349
鄂州市梁子湖区东沟镇	9800	30303	6000	14900	5826
鄂州市梁子湖区梁子生态管理区(镇)	10900	11579	10251	5341	2088
鄂州市梁子湖区涂家垴镇	14900	37073	3560	19186	7502
鄂州市梁子湖区沼山镇	6700	46562	6804	23080	9024
鄂州市华容区华容镇	8866	63898	24600	30908	15602
鄂州市华容区葛店镇	7500	70944	15100	50363	28436
鄂州市华容区庙岭镇	8620	33385	4685	17271	5870
鄂州市华容区段店镇	7123	38975	4685	18318	6581
鄂州市鄂城区泽林镇	8389	61242	19164	20689	13998
鄂州市鄂城区杜山镇	4959	22298	8090	10714	3229
鄂州市鄂城区新庙镇	2958	21931	1561	10612	6980
鄂州市鄂城区碧石镇	3010	29368	8266	12300	7440
鄂州市鄂城区汀祖镇	7648	55641	15000	29878	19876
鄂州市鄂城区燕矶镇	6203	47854	17600	26537	9234
鄂州市鄂城区杨叶镇	3935	25219	6046	13829	6853
鄂州市鄂城区花湖镇	5510	30394	17190	8868	11435
鄂州市鄂城区长港镇	4254	17082	8011	7476	1486
荆门市东宝区栗溪镇	37400	20248	3384	10047	6099
荆门市东宝区子陵镇	27700	41249	13261	28918	20084
荆门市东宝区漳河镇	38600	43560	9952	24580	11580
荆门市东宝区马河镇	16100	9128	874	5159	3472
荆门市东宝区石桥驿镇	18500	33455	6719	18046	11470
荆门市东宝区牌楼镇	11800	27749	3907	9464	4454
荆门市掇刀区团林铺镇	28264	50898	9881	25959	6597
荆门市掇刀区麻城镇	17630	26807	7272	13285	6889
京山县新市镇	32000	153537	127934	87216	66917
京山县永兴镇	13200	21246	4693	18950	8535
京山县曹武镇	18650	29921	3691	15826	5543
京山县罗店镇	29849	60042	12675	51879	15423
京山县宋河镇	31500	47649	25302	30301	17073
京山县坪坝镇	8880	15529	3465	12355	10295
京山县三阳镇	23847	25436	5978	19341	10300
京山县绿林镇	25267	9667	3650	5620	3893
京山县杨集镇	28330	12661	2405	9623	2685
京山县孙桥镇	7825	32607	9512	17965	7041
京山县石龙镇	30100	22493	3952	11230	5649
京山县永隆镇	8195	56725	10063	32743	10899
京山县雁门口镇	25800	37999	14429	25856	14591
京山县钱场镇	20350	35354	15256	18346	10265
沙洋县沙洋镇	3874	54000	49566	29900	27289

湖北省

2-1-17　续表 6　　单位：公顷、人

建制镇名称	行政区域面积	总人口	镇区人口	从业人员	#二三产业
沙洋县五里镇	20186	48367	7200	22250	6517
沙洋县十里镇	16444	38331	12026	17271	8845
沙洋县纪山镇	10053	27310	3813	14911	8686
沙洋县拾桥镇	14286	45780	7008	26732	15643
沙洋县后港镇	27379	78148	32800	48407	26074
沙洋县毛李镇	16043	42219	4029	23898	14822
沙洋县官当镇	14862	38886	8800	19776	14036
沙洋县李市镇	9282	41751	6438	23414	15692
沙洋县马良镇	11134	40687	5980	21118	9979
沙洋县高阳镇	19854	45998	5760	28079	7835
沙洋县沈集镇	19464	38566	6398	22582	12741
沙洋县曾集镇	21539	48194	5680	28916	16004
钟祥市洋梓镇	40300	52466	4890	20068	11000
钟祥市长寿镇	27500	28033	6210	9598	1063
钟祥市丰乐镇	16200	64531	8671	27521	12837
钟祥市胡集镇	39300	127586	68000	47394	30853
钟祥市双河镇	23500	38159	16617	17531	11022
钟祥市磷矿镇	21900	41410	11450	16811	11190
钟祥市文集镇	12800	40286	3206	19600	14773
钟祥市冷水镇	31400	45373	5100	26000	19000
钟祥市石牌镇	29500	84301	10875	36852	13715
钟祥市旧口镇	23400	96356	23200	44178	20973
钟祥市柴湖镇	15400	95169	5375	68006	23741
钟祥市长滩镇	15300	18311	2567	7418	3053
钟祥市东桥镇	24670	24293	2954	10442	3782
钟祥市客店镇	29300	13263	1050	9689	5600
钟祥市张集镇	28900	23109	4600	10150	3800
孝感市孝南区新铺镇	4500	31697	4885	18246	10664
孝感市孝南区西河镇	5705	28140	5600	13576	8165
孝感市孝南区杨店镇	12340	75109	17409	35441	29124
孝感市孝南区陡岗镇	7200	53862	7250	24238	19438
孝感市孝南区肖港镇	10800	93426	35675	45253	32912
孝感市孝南区毛陈镇	10000	53264	14620	28586	16800
孝感市孝南区三汊镇	7140	41907	6500	21162	12184
孝感市孝南区祝站镇	5986	42815	5400	18849	12453
孝昌县花园镇	11794	128066	49195	78878	58450
孝昌县丰山镇	12130	30230	2900	13368	7363
孝昌县周巷镇	13830	63011	9538	36021	30217
孝昌县小河镇	7537	44522	5980	19210	2273
孝昌县王店镇	7740	46265	7619	20265	15327
孝昌县卫店镇	7800	34557	3964	19832	19832
孝昌县白沙镇	7440	50586	4335	21058	14040
孝昌县邹岗镇	13350	66417	9942	35020	19576
大悟县城关镇	9437	109427	36427	25196	22196
大悟县阳平镇	11618	21207	2976	14360	6409
大悟县芳畈镇	26300	35721	8942	17581	10712

湖北省

2-1-17　续表 7　　单位：公顷、人

建制镇名称	行政区域面积	总人口	镇区人口	从业人员	#二三产业
大悟县新城镇	12393	44812	13994	28226	9692
大悟县夏店镇	9600	33130	5226	14804	5784
大悟县刘集镇	8556	29965	1517	19214	2521
大悟县河口镇	4500	24655	9965	11890	6942
大悟县四姑镇	6046	27836	3465	19472	3151
大悟县禹王镇	7500	28519	8850	14660	9596
大悟县黄站镇	5200	16647	6120	6695	4245
大悟县宣化镇	26500	63831	18753	30306	6483
大悟县丰店镇	15592	34267	3362	16749	9611
大悟县大新镇	9600	34272	7292	14176	9673
大悟县三里镇	11940	27495	8315	18851	8843
云梦县城关镇	3200	50036	50036	32736	27287
云梦县义堂镇	6300	54259	8130	34467	26327
云梦县曾店镇	6200	40474	5000	25903	15501
云梦县吴铺镇	6900	41603	4590	29044	17457
云梦县伍洛镇	4400	42037	10125	28818	20421
云梦县下辛店镇	8100	64202	9679	43289	28819
云梦县道桥镇	3200	30106	5078	19590	13900
云梦县隔蒲镇	6200	62294	13042	43969	31626
云梦县胡金店镇	3000	34327	4925	24067	16747
应城市田店镇	6364	20626	1667	17700	11574
应城市杨河镇	11373	48607	9843	23613	14583
应城市三合镇	8111	41716	3135	16286	11697
应城市郎君镇	8065	61372	6576	45652	27998
应城市黄滩镇	7066	56868	2700	26321	17553
应城市天鹅镇	7065	34683	3069	16011	8642
应城市义和镇	9068	25914	1980	16150	11085
应城市陈河镇	13201	61257	12031	33791	23518
应城市杨岭镇	12412	42390	5860	24420	11670
应城市汤池镇	5003	16282	2248	9202	5744
安陆市赵棚镇	11600	38266	4569	19458	10559
安陆市李店镇	6620	28481	4888	16105	8740
安陆市巡店镇	9600	44288	8187	25069	13605
安陆市棠棣镇	8400	27131	3500	17660	9584
安陆市雷公镇	12020	38315	4580	22273	12087
安陆市王义贞镇	13720	30078	3150	16122	8749
安陆市烟店镇	11300	40626	6080	23862	12950
安陆市孛畈镇	11000	34625	3708	17908	9718
安陆市伏水镇	8300	33310	13700	20430	11088
汉川市马口镇	6268	76280	38073	53427	51794
汉川市脉旺镇	4034	39855	16500	23495	16095
汉川市城隍镇	6223	47707	3880	27714	21015
汉川市分水镇	7551	61863	13550	33807	24987
汉川市沉湖镇	7182	69357	22676	39533	23678
汉川市田二河镇	7577	43462	12354	24560	10251
汉川市回龙镇	5563	30275	2236	18969	18671

湖北省

2-1-17 续表 8 单位：公顷、人

建制镇名称	行政区域面积	总人口	镇区人口	从业人员	#二三产业
汉川市新堰镇	8107	40643	4886	20455	10254
汉川市垌冢镇	3485	21468	2187	11007	7935
汉川市麻河镇	7742	36075	3147	24241	11827
汉川市刘家隔镇	12176	48008	9618	25856	17056
汉川市新河镇	11952	72757	9243	42146	27670
汉川市庙头镇	4643	37337	1629	22391	12181
汉川市杨林沟镇	6721	45983	2201	23018	13457
荆州市沙市区锣场镇	2560	7746	1015	5307	
荆州市沙市区岑河镇	16200	57669	22526	21931	10968
荆州市沙市区观音当镇	18200	46793	11434	18964	18964
荆州市沙市区关沮镇	2600	13252	925	6175	4133
荆州市荆州区纪南镇	16000	61014	5685	21160	12061
荆州市荆州区川店镇	16400	36506	8890	18714	7036
荆州市荆州区马山镇	13600	32970	5371	19231	11058
荆州市荆州区八岭山镇	12094	37052	6483	14611	9508
荆州市荆州区李埠镇	9600	31428	7803	9528	6682
荆州市荆州区弥市镇	16600	85081	22003	43378	16489
荆州市荆州区郢城镇	4200	41920	4115	12949	8670
公安县埠河镇	23300	101033	28822	49079	24540
公安县斗湖堤镇	10000	138819	117896	47708	47708
公安县夹竹园镇	11800	57412	11183	21568	11064
公安县闸口镇	12740	52661	14337	24675	6282
公安县杨家厂镇	13380	54338	14961	26670	20491
公安县麻豪口镇	19280	64327	8854	31845	13969
公安县藕池镇	10920	50284	16453	16237	13297
公安县黄山头镇	11740	40577	6689	17590	9902
公安县孟家溪镇	11200	45272	12067	19278	11552
公安县南平镇	8940	62854	29962	18857	18857
公安县章庄铺镇	18730	64209	13441	28182	14543
公安县狮子口镇	17160	66725	14755	30379	21723
公安县斑竹垱镇	16900	71798	11819	29720	9126
公安县毛家港镇	17000	66291	3520	30904	16345
监利县容城镇	10300	136185	120779	88520	18559
监利县朱河镇	15000	97264	53489	48800	22700
监利县新沟镇	19300	103832	62090	56973	31635
监利县龚场镇	11500	51789	7434	23755	23755
监利县周老嘴镇	12000	68654	12717	32463	29263
监利县黄歇口镇	17500	62885	10231	31366	16997
监利县汪桥镇	14800	73327	15666	32394	28789
监利县程集镇	14600	59568	7400	33880	19634
监利县分盐镇	17200	61054	8750	28035	24620
监利县毛市镇	13500	61352	13548	43698	41846
监利县福田寺镇	10400	50404	3105	23482	15736
监利县上车湾镇	12500	46676	9870	21975	14245
监利县汴河镇	18000	67777	7487	26310	17760
监利县尺八镇	16500	75854	15325	31778	19270

湖北省

2-1-17 续表 9

单位：公顷、人

建制镇名称	行政区域面积	总人口	镇区人口	从业人员	#二三产业
监利县白螺镇	15600	50091	13964	18112	18112
监利县网市镇	11400	60138	5736	30517	23037
监利县三洲镇	20700	37782	8685	15071	7696
监利县桥市镇	16500	57033	5333	32949	12700
江陵县资市镇	8811	29766	5862	18649	2051
江陵县滩桥镇	6369	30698	11260	14425	3815
江陵县熊河镇	13922	47393	9986	20927	9516
江陵县白马寺镇	14942	52927	8483	30886	21705
江陵县沙岗镇	14651	55764	14984	25953	13340
江陵县普济镇	7628	39996	12527	19091	7273
江陵县郝穴镇	3654	41986	30675	8945	1690
石首市新厂镇	9500	46039	9339	24687	15505
石首市横沟市镇	7200	39085	7602	20572	13642
石首市大垸镇	14000	53842	12880	29901	15877
石首市小河口镇	14900	38965	9625	20904	10380
石首市桃花山镇	10000	22593	2251	11676	6789
石首市调关镇	12800	46840	14730	23354	19487
石首市东升镇	17400	64524	19850	26529	11115
石首市高基庙镇	8800	37750	3750	17901	9020
石首市南口镇	9700	30649	6976	12620	2319
石首市高陵镇	8300	34204	4010	18005	8548
石首市团山寺镇	6700	31806	5037	13787	4071
洪湖市螺山镇	14048	37218	5355	16678	8969
洪湖市乌林镇	11855	53521	6763	27901	13043
洪湖市龙口镇	14354	55888	7421	27520	8097
洪湖市燕窝镇	15217	42013	6051	30117	7175
洪湖市新滩镇	16344	42401	7478	19208	7353
洪湖市峰口镇	13421	91383	27199	44657	7085
洪湖市曹市镇	10069	61306	9276	38383	23672
洪湖市府场镇	2742	20391	10392	17484	9116
洪湖市戴家场镇	10551	57015	11450	39340	22935
洪湖市瞿家湾镇	3918	17334	2334	6750	3697
洪湖市沙口镇	12152	47575	10102	21364	3419
洪湖市万全镇	16460	72440	20026	41562	17581
洪湖市汊河镇	14565	53328	8034	26979	16088
洪湖市黄家口镇	13661	38531	6250	18452	2605
松滋市新江口镇	9371	116065	90472	74971	64685
松滋市南海镇	17569	70985	10652	29240	16898
松滋市八宝镇	15914	76185	11063	41835	25509
松滋市宛市镇	19357	57500	6475	27695	13452
松滋市老城镇	11416	52456	5010	28378	15848
松滋市陈店镇	15268	32035	3995	18030	9326
松滋市王家桥镇	15000	51603	5860	25683	16536
松滋市斯家场镇	9516	29300	4400	14897	10018
松滋市杨林市镇	12200	48501	4713	21808	11021
松滋市纸厂河镇	10590	38909	6275	17165	8584

湖北省

2-1-17　续表 10　　　　单位：公顷、人

建制镇名称	行政区域面积	总人口	镇区人口	从业人员	#二三产业
松滋市街河市镇	8107	40752	9045	18697	15332
松滋市危水镇	27479	84480	16844	34838	22221
松滋市刘家场镇	29200	54045	35124	23866	15843
松滋市沙道观镇	6937	40480	21042	29800	11970
黄冈市黄州区路口镇	6398	26921	10980	13927	9182
黄冈市黄州区堵城镇	6788	30115	14826	15556	7539
黄冈市黄州区陈策楼镇	6125	34644	7465	20508	13615
团风县团风镇	10323	84290	41207	31794	12497
团风县淋山河镇	11655	62350	6175	29361	7978
团风县方高坪镇	4697	27510	3100	15613	5985
团风县回龙山镇	6512	34440	3912	14240	3829
团风县马曹庙镇	5201	22312	2672	11930	5004
团风县上巴河镇	6144	33931	7505	16867	7199
团风县总路咀镇	5219	25123	6016	12685	4865
团风县但店镇	12892	47522	6462	23088	7971
红安县城关镇	11800	138162	52147	82710	69950
红安县七里坪镇	35313	92928	24547	52163	25028
红安县华河镇	16723	55385	5460	21398	12619
红安县二程镇	12925	44712	20000	21990	13460
红安县上新集镇	8572	42200	5574	9026	3434
红安县高桥镇	15003	56850	12750	38283	19355
红安县觅儿镇	16641	36927	2359	21123	6280
红安县八里镇	10060	35575	17583	16421	9387
红安县太平桥镇	7545	29692	3100	14138	5630
红安县永河镇	22581	67994	3296	31423	16365
罗田县凤山镇	25654	126894	79396	68194	57482
罗田县骆驼坳镇	8904	35132	6985	21983	15698
罗田县大河岸镇	15600	33928	6500	19074	13116
罗田县九资河镇	28511	39202	7281	20581	13405
罗田县胜利镇	25435	64830	12205	37012	27682
罗田县河铺镇	20503	55096	7562	35680	22073
罗田县三里畈镇	17384	71311	24263	42751	33820
英山县温泉镇	16202	109931	63100	36830	32350
英山县南河镇	7671	21141	4500	14789	10713
英山县红山镇	6981	22105	1562	18120	15040
英山县金家铺镇	9931	28790	9879	18304	13360
英山县石头咀镇	26438	39602	12000	15675	9062
英山县草盘地镇	16705	25179	1371	15260	4392
英山县雷家店镇	16270	35676	3324	24280	7820
英山县杨柳湾镇	20687	53629	3578	32182	11369
浠水县清泉镇	25950	228676	134311	129040	103755
浠水县巴河镇	22330	129066	45000	83349	68748
浠水县竹瓦镇	14960	76124	20560	42315	23526
浠水县汪岗镇	9010	60310	7500	31520	19193
浠水县团陂镇	20580	97277	19726	50492	27283
浠水县关口镇	22210	96498	8550	49023	28000

湖北省

2-1-17 续表 11　　单位：公顷、人

建制镇名称	行政区域面积	总人口	镇区人口	从业人员	#二三产业
浠水县白莲镇	5190	21695	5120	10980	6390
浠水县蔡河镇	9660	42515	6780	20480	8070
浠水县洗马镇	13570	60182	12416	31658	21401
浠水县丁司当镇	11600	46493	7480	25425	13476
浠水县散花镇	14770	86840	10000	37582	18773
浠水县兰溪镇	11400	56179	12600	30952	19002
蕲春县漕河镇	16144	163133	143620	119045	118380
蕲春县赤东镇	14897	60847	4805	34937	28132
蕲春县蕲州镇	14356	107787	44534	33355	29881
蕲春县管窑镇	7252	31980	5850	15239	8449
蕲春县彭思镇	10995	50561	2100	23385	15250
蕲春县横车镇	19270	98001	13141	46739	39262
蕲春县株林镇	16520	54562	5697	22888	14858
蕲春县刘河镇	21460	94732	16003	42099	30512
蕲春县狮子镇	24100	71882	5203	33601	18471
蕲春县青石镇	19202	75562	8803	31834	20208
蕲春县张榜镇	20750	66237	9852	31368	18689
蕲春县大同镇	13968	32515	2429	15319	9083
蕲春县檀林镇	16692	50402	4113	22131	12937
黄梅县黄梅镇	7900	138303	105800	66400	39910
黄梅县孔垄镇	12650	110471	24500	53026	31860
黄梅县小池镇	15400	113593	29660	54525	32734
黄梅县下新镇	6080	29163	2430	13998	8300
黄梅县大河镇	14600	75250	7500	36120	21600
黄梅县停前镇	7900	39969	2380	19185	11515
黄梅县五祖镇	8500	26568	2990	12753	7652
黄梅县濯港镇	14279	85328	3513	40957	24574
黄梅县蔡山镇	11020	97102	22016	46609	27965
黄梅县新开镇	7633	62188	3988	29850	17911
黄梅县独山镇	8096	34810	3113	16709	10025
黄梅县分路镇	6120	53398	2786	25631	15379
麻城市中馆驿镇	17057	71362	12056	36200	13931
麻城市宋埠镇	15303	83451	38451	17681	10416
麻城市歧亭镇	8300	28186	7486	17166	6020
麻城市白果镇	11108	101000	51726	57175	36500
麻城市夫子河镇	12880	37993	4750	22472	10800
麻城市阎河镇	12120	43981	4100	23653	14035
麻城市龟山镇	32112	50592	6252	30275	12277
麻城市盐田河镇	13738	44480	8100	23196	19850
麻城市张家畈镇	21300	59166	7100	34645	16500
麻城市木子店镇	25600	61750	6500	35100	20165
麻城市三河口镇	38040	51701	12410	29403	1508
麻城市黄土岗镇	26930	50424	7413	30045	1460
麻城市福田河镇	25700	53028	10560	27623	22400
麻城市乘马岗镇	29700	58501	1805	34398	19509
麻城市顺河镇	33700	60645	1750	15183	13544

湖北省

2-1-17 续表 12 单位：公顷、人

建制镇名称	行政区域面积	总人口	镇区人口	从业人员	#二三产业
武穴市梅川镇	26800	137588	26841	81159	36109
武穴市余川镇	19900	65284	5189	44502	14743
武穴市花桥镇	15300	73055	34000	27965	27000
武穴市大金镇	7400	45660	3436	27626	19856
武穴市石佛寺镇	10500	59674	6117	21083	13864
武穴市四望镇	10200	45070	1850	28898	15000
武穴市大法寺镇	11700	57014	2205	22424	12942
武穴市龙坪镇	6400	46670	8100	22179	12820
咸宁市咸安区汀泗桥镇	17920	37181	5369	20183	7128
咸宁市咸安区向阳湖镇	9590	26958	5463	12441	5953
咸宁市咸安区官埠桥镇	14340	40935	1350	15561	4200
咸宁市咸安区横沟桥镇	11540	37684	14360	14265	11710
咸宁市咸安区贺胜桥镇	8120	21767	6593	7829	3628
咸宁市咸安区双溪桥镇	17760	60086	12861	22026	11232
咸宁市咸安区马桥镇	11950	37921	7039	14571	12220
咸宁市咸安区桂花镇	18560	41277	2680	15170	6609
咸宁市咸安区高桥镇	9240	28768	5736	16219	11574
嘉鱼县陆溪镇	10148	25506	6450	13098	3700
嘉鱼县高铁岭镇	11561	32213	1528	12100	7450
嘉鱼县官桥镇	17332	36540	1800	21924	13000
嘉鱼县鱼岳镇	8604	102714	80527	13182	6676
嘉鱼县新街镇	10901	28792	1098	10358	5787
嘉鱼县渡普镇	10579	31032	6495	10989	6128
嘉鱼县潘家湾镇	16711	58523	23100	31818	20261
嘉鱼县牌洲湾镇	15895	56411	14963	25582	16940
通城县隽水镇	10265	128600	58860	20172	10000
通城县麦市镇	10490	37102	7895	17729	11358
通城县塘湖镇	10700	41377	6600	17580	12340
通城县关刀镇	11574	41150	4100	18836	11506
通城县沙堆镇	4614	24886	3175	12307	8107
通城县五里镇	10480	31428	2918	13337	7417
通城县石南镇	5485	33438	5890	15849	9202
通城县北港镇	5285	33036	8500	13977	8906
通城县马港镇	16140	45868	5500	17844	10771
崇阳县天城镇	20700	113021	61336	24381	14214
崇阳县沙坪镇	12700	33793	3783	12026	7649
崇阳县石城镇	18700	45336	3066	18142	12836
崇阳县桂花泉镇	14100	13084	1886	5512	2379
崇阳县白霓镇	14900	56245	14200	27898	16966
崇阳县路口镇	22600	38434	1789	18860	12426
崇阳县金塘镇	24400	23314	2230	9903	4956
崇阳县青山镇	21200	55412	10121	25030	16323
通山县通羊镇	13921	120860	113685	23825	5601
通山县南林桥镇	21521	40074	5250	14968	3285
通山县黄沙铺镇	28587	40052	3448	19964	2040
通山县厦铺镇	35301	20616	2018	10926	774

湖北省

2-1-17 续表 13　　　　单位：公顷、人

建制镇名称	行政区域面积	总人口	镇区人口	从业人员	#二三产业
通山县九宫山镇	22250	38721	6643	15856	3569
通山县闯王镇	25250	19524	1686	8054	1381
通山县洪港镇	28643	34856	6871	10726	2335
通山县大畈镇	27925	26620	3562	12814	3498
赤壁市新店镇	9910	30139	2708	10796	6475
赤壁市赵李桥镇	10695	31580	21680	16991	13586
赤壁市茶庵岭镇	8100	18632	1487	9956	6234
赤壁市车埠镇	14460	43332	16581	23173	17163
赤壁市赤壁镇	8210	24866	2322	12890	7680
赤壁市柳山湖镇	3200	11415	770	4884	1732
赤壁市神山镇	20800	34692	5465	12781	6543
赤壁市中伙铺镇	14910	33620	7020	16823	6698
赤壁市官塘驿镇	30187	68950	21900	20320	18500
赤壁市黄盖湖镇	2840	8759	3804	5420	2694
随州市曾都区万店镇	23500	46087	3459	21818	11312
随州市曾都区何店镇	21900	48181	6941	22044	12358
随州市曾都区洛阳镇	22900	35819	4604	15229	9498
随州市曾都区府河镇	19400	54408	7761	25299	11372
随州市曾都区淅河镇	27980	124892	20929	41604	22935
随县厉山镇	33100	75955	19550	27761	15753
随县高城镇	18500	28994	6776	15113	8510
随县殷店镇	71200	68729	21288	27257	14053
随县草店镇	30000	32269	4509	14812	2820
随县小林镇	12500	35358	24000	15120	9155
随县淮河镇	25200	29076	7065	15013	10538
随县万和镇	70900	66612	12974	32629	21218
随县尚市镇	20700	41132	6341	20147	8390
随县唐县镇	29200	98036	20977	34674	23937
随县吴山镇	35100	35209	5412	17014	10746
随县新街镇	14400	42761	7125	18786	12860
随县安居镇	11500	52381	13756	25828	15361
随县环潭镇	43900	65883	19890	26191	9435
随县洪山镇	47200	76912	18102	32128	19731
随县长岗镇	23000	20013	4000	9903	6296
随县三里岗镇	31900	43343	6425	25988	13656
随县柳林镇	19800	22311	7705	11337	5200
随县均川镇	22600	63728	25173	32512	22577
随县万福店镇	6600	26460	9273	11726	6084
广水市武胜关镇	21600	45176	13862	25234	11622
广水市杨寨镇	10400	54407	8456	32807	14822
广水市陈巷镇	13100	53876	4552	29160	16672
广水市长岭镇	21600	84361	19579	44696	27436
广水市马坪镇	9730	42263	12362	18876	13198
广水市关庙镇	17200	61046	4211	32755	11727
广水市余店镇	24800	69081	10838	19598	8410
广水市吴店镇	22800	32636	7936	14304	11173

湖北省

2-1-17 续表 14　　　　单位：公顷、人

建制镇名称	行政区域面积	总人口	镇区人口	从业人员	#二三产业
广水市郝店镇	21900	35148	8567	22760	10330
广水市蔡河镇	21200	50569	9841	24089	15428
恩施市龙凤镇	28647	64767	23690	29360	11500
恩施市崔坝镇	23165	41837	8320	22571	9533
恩施市板桥镇	30400	19576	3647	10667	5393
利川市谋道镇	31844	70507	10389	35832	28257
利川市柏杨坝镇	57992	87880	11776	44027	15825
利川市汪营镇	43100	99304	24918	43427	27685
利川市建南镇	37200	74949	7680	36406	1945
利川市忠路镇	51177	87800	15937	44569	26012
利川市团堡镇	44800	65859	5200	35755	30700
建始县业州镇	38133	116929	46125	68138	6219
建始县高坪镇	26000	50606	6530	24527	14777
建始县红岩寺镇	8600	22146	8180	13945	3436
建始县景阳镇	16000	36909	8000	19663	11191
建始县官店镇	37181	51840	4670	25542	10969
巴东县信陵镇	8720	56698	43165	21598	21498
巴东县东瀼口镇	10830	26528	4800	15248	5420
巴东县沿渡河镇	48580	51659	12800	25600	4800
巴东县官渡口镇	32780	59029	10240	34300	18239
巴东县茶店子镇	26750	35628	5219	22200	8989
巴东县绿葱坡镇	28060	24570	2625	14300	2666
巴东县大支坪镇	21180	21816	3210	12300	2150
巴东县野三关镇	52820	69000	31642	35400	11462
巴东县水布垭镇	33010	46042	4010	23900	7830
巴东县清太坪镇	27880	40341	3050	22300	12612
宣恩县珠山镇	16377	45237	37791	21724	15451
宣恩县椒园镇	17597	25540	8478	16069	8714
宣恩县沙道沟镇	64995	66876	22797	39718	21011
咸丰县高乐山镇	32200	76727	71215	26310	10776
咸丰县忠堡镇	14600	16692	4614	8959	5862
咸丰县甲马池镇	34700	57328	7009	32120	18508
咸丰县朝阳寺镇	20900	24182	6607	12809	6879
咸丰县清坪镇	30500	48457	5717	24620	15695
来凤县翔凤镇	13778	99111	49628	59261	47393
来凤县百福司镇	19014	30704	1862	18041	12480
来凤县大河镇	32484	49843	3210	34027	23020
来凤县绿水镇	11548	22769	1773	11240	7787
鹤峰县走马镇	49600	47878	9540	39300	12000
鹤峰县容美镇	31200	56800	43926	45000	35000
仙桃市郑场镇	11090	74983	11092	35689	34732
仙桃市毛嘴镇	11550	73603	12487	38741	31025
仙桃市剅河镇	17530	81714	15405	46383	31984
仙桃市三伏潭镇	11900	80154	24366	38679	27966
仙桃市胡场镇	17120	91342	24092	38099	23094
仙桃市长埫口镇	19010	116338	32690	58131	41680

湖北省

2-1-17 续表 15 单位：公顷、人

建制镇名称	行政区域面积	总人口	镇区人口	从业人员	#二三产业
仙桃市西流河镇	19570	105450	32898	45380	30337
仙桃市沙湖镇	27740	55067	21487	29758	18049
仙桃市杨林尾镇	25290	92838	34150	51506	31313
仙桃市彭场镇	15800	98571	43928	56128	40701
仙桃市张沟镇	14380	81886	30055	44582	30342
仙桃市郭河镇	12860	72744	20422	41314	26464
仙桃市沔城镇	3610	25061	6585	13834	9509
仙桃市通海口镇	12610	62777	11018	30387	22834
仙桃市陈场镇	15510	77427	8563	42213	31242
潜江市竹根滩镇	9300	67771	5303	23884	19806
潜江市渔洋镇	13600	58489	12629	24735	14595
潜江市王场镇	9873	43145	7970	21774	15410
潜江市高石碑镇	11227	45224	6960	25723	16669
潜江市熊口镇	10200	50382	12170	21947	15087
潜江市老新镇	13000	53162	4682	23713	9685
潜江市浩口镇	17090	66055	14845	24531	20336
潜江市积玉口镇	11000	36510	3071	17428	9906
潜江市张金镇	15600	65423	16392	21123	17514
潜江市龙湾镇	12980	48600	7980	14900	10170
天门市竟陵办镇	6850	170879	126516	18105	11276
天门市多宝镇	23208	86007	11361	36116	25682
天门市拖市镇	12680	73965	5312	33637	22068
天门市张港镇	15300	83034	10400	33097	17146
天门市蒋场镇	8091	48606	3258	24588	16311
天门市汪场镇	7300	46841	3000	16436	8119
天门市渔薪镇	9200	69974	15032	31387	20189
天门市黄潭镇	5900	55641	5260	28866	16955
天门市岳口镇	12500	128816	53292	36618	28192
天门市横林镇	9880	74798	5198	27677	17533
天门市彭市镇	7760	59204	6324	18732	10418
天门市麻洋镇	7300	57647	14500	19571	16516
天门市多祥镇	10000	68405	13860	25946	21491
天门市干一镇	8200	60026	11959	18851	14110
天门市马湾镇	7900	41609	6490	22742	18152
天门市卢市镇	10800	67038	5722	22841	15175
天门市小板镇	6363	36470	4172	17800	10967
天门市九真镇	16200	73415	14130	32516	19785
天门市皂市镇	14439	72570	27400	23491	15095
天门市胡市镇	4500	35447	4050	16500	10492
天门市石河镇	13600	58775	7296	23940	13576
天门市佛子山镇	13000	38124	5250	12821	6411
神农架林区松柏镇	33632	26780	23870	3176	2167
神农架林区阳日镇	25987	10976	3387	6887	4672
神农架林区木鱼镇	46366	11062	5307	7331	3634
神农架林区红坪镇	85226	6423	918	2752	756
神农架林区新华镇	22885	3569	368	2382	1546

2-1-18 湖南省建制镇名录及基本情况

单位：公顷、人

建制镇名称	行政区域面积	总人口	镇区人口	从业人员	#二三产业
长沙市天心区大托镇	4225	55486	39850	24832	24682
长沙市岳麓区东方红镇	1635	10448	3050	5900	1250
长沙市岳麓区莲花镇	11300	51832	9253	29107	12905
长沙市岳麓区坪塘镇	11200	63905	35910	35858	12515
长沙市岳麓区含浦镇	8958	48711	10855	25985	13043
长沙市岳麓区雨敞坪镇	7712	34923	4708	22830	11860
长沙市开福区捞刀河镇	10800	48210	23380	24870	5534
长沙市开福区新港镇	2800	9152	7550	7300	6600
长沙市开福区青竹湖镇	2194	13905	13640	4900	1965
长沙市望城区高塘岭镇	4558	57501	56980	42000	38000
长沙市望城区桥驿镇	9639	37791	8120	23485	13961
长沙市望城区丁字镇	9025	43680	10296	30900	17220
长沙市望城区茶亭镇	8363	33306	7415	21912	6680
长沙市望城区东城镇	4476	19496	2342	8534	3272
长沙市望城区铜官镇	2953	23390	15148	13062	9684
长沙市望城区靖港镇	4585	34607	5415	19880	9302
长沙市望城区乔口镇	4568	33825	2132	18700	10420
长沙市望城区乌山镇	7287	41304	11419	20690	9460
长沙市望城区星城镇	7384	47153	34020	24800	16700
长沙市望城区雷锋镇	5810	50348	31950	19729	7950
长沙市望城区白箬铺镇	10000	45022	8614	24728	16190
长沙市望城区黄金镇	7150	37460	17776	21098	11538
长沙市望城区格塘镇	4668	31224	4687	17470	9958
长沙县暮云镇	6400	35807	11180	30189	23946
长沙县黄兴镇	8415	51166	10640	27482	9630
长沙县榔梨镇	3482	30677	29408	19238	14330
长沙县江背镇	17500	59029	5620	31150	29115
长沙县黄花镇	17000	82973	28223	52820	20699
长沙县春华镇	13000	44478	3328	22500	10580
长沙县果园镇	6900	24393	4058	16275	7560
长沙县路口镇	8900	28276	3418	12680	5000
长沙县高桥镇	11200	29635	3352	17592	6936
长沙县金井镇	14400	42685	3600	25583	17783
长沙县福临镇	8200	29010	3070	19243	11394
长沙县青山铺镇	4600	18906	4826	11980	5732
长沙县安沙镇	15900	52726	1695	32060	9755
长沙县北山镇	14500	52782	6695	34055	15570
长沙县双江镇	6640	21346	5643	15694	11560
长沙县开慧镇	4600	21885	1310	16490	2540
长沙县跳马镇	17713	60913	5900	37712	8762
宁乡县玉潭镇	4558	69218	69218	65465	61754
宁乡县道林镇	13400	58410	7350	44995	22951
宁乡县花明楼镇	11200	48960	7300	27640	13061
宁乡县东湖塘镇	13173	48698	4350	28650	11490
宁乡县夏铎铺镇	10313	39486	3961	23486	13663
宁乡县双江口镇	7223	47896	2900	29320	17131
宁乡县煤炭坝镇	7379	34328	22050	21451	18864
宁乡县坝塘镇	9936	42165	840	28968	15700
宁乡县偕乐桥镇	7500	34024	4894	19884	9400

湖南省

2-1-18 续表 1

单位：公顷、人

建制镇名称	行政区域面积	总人口	镇区人口	从业人员	#二三产业
宁乡县灰汤镇	4300	22313	4376	15446	10704
宁乡县双凫铺镇	8915	39758	9320	35201	29949
宁乡县老粮仓镇	12198	63900	14800	18800	11100
宁乡县流沙河镇	14057	70110	12450	45450	33040
宁乡县巷子口镇	10490	46927	2958	25897	6706
宁乡县龙田镇	7260	23020	2560	13620	6650
宁乡县横市镇	12340	53552	11450	35952	26075
宁乡县回龙铺镇	7180	38335	2863	27584	15680
宁乡县黄材镇	22000	65803	8600	31120	20740
宁乡县大成桥镇	5800	33486	6300	21930	13688
宁乡县青山桥镇	13800	50131	7780	34227	10006
宁乡县金洲镇	6240	35675	8538	21843	15892
浏阳市社港镇	17670	46231	8450	25640	24710
浏阳市官渡镇	10200	30435	11205	16500	13855
浏阳市张坊镇	31900	31136	8649	20225	14348
浏阳市达浒镇	20200	26605	9500	16550	9186
浏阳市沿溪镇	12300	31537	2200	22350	16770
浏阳市古港镇	15392	38626	12854	18659	16761
浏阳市永和镇	6400	23639	12600	12215	9580
浏阳市大瑶镇	7600	63045	30125	34568	28234
浏阳市金刚镇	7988	80984	16650	33456	23519
浏阳市文家市镇	14790	51980	4205	22650	21190
浏阳市太平桥镇	10000	21120	705	13500	11896
浏阳市枨冲镇	19790	44844	5500	23456	22084
浏阳市镇头镇	15800	56667	19884	32456	17810
浏阳市普迹镇	17800	42148	5245	25640	18113
浏阳市永安镇	11100	63242	24124	35841	21106
浏阳市北盛镇	7790	56101	9205	31562	23895
浏阳市龙伏镇	11720	46569	1312	21098	8087
浏阳市澄潭江镇	15806	63928	8897	22689	22473
浏阳市中和镇	15800	23330	20015	9865	8231
浏阳市柏加镇	8812	23021	4205	12450	4678
浏阳市洞阳镇	10495	39600	1355	15620	10986
浏阳市大围山镇	40200	27351	2025	9855	8025
浏阳市沙市镇	20900	64709	7351	28964	28888
浏阳市淳口镇	7500	64709	10389	24560	23312
浏阳市高坪镇	25600	37807	2716	8955	8036
浏阳市三口镇	8800	22818	4315	12500	6806
浏阳市官桥镇	8899	26894	2142	18924	4308
株洲市荷塘区仙庾镇	5050	20903	2381	10475	7506
株洲市芦淞区白关镇	5054	19108	17431	10168	6990
株洲市石峰区龙头铺镇	2800	12946	887	6780	4439
株洲市石峰区云田镇	5150	22651	22651	12540	4291
株洲市天元区马家河镇	4887	23020	1139	11352	6703
株洲市天元区群丰镇	6300	23846	4052	11243	6168
株洲市天元区雷打石镇	8600	37505	7362	18477	7288
株洲市天元区三门镇	9200	36907	3332	25657	15421
株洲县渌口镇	6500	62937	40526	39673	32190
株洲县朱亭镇	8800	25198	1680	13108	5981

湖南省

2-1-18 续表 2 单位：公顷、人

建制镇名称	行政区域面积	总人口	镇区人口	从业人员	#二三产业
株洲县古岳峰镇	7100	23690	3070	17286	8829
株洲县淦田镇	10600	22646	4100	7181	3446
攸县酒埠江镇	13800	30657	10735	18667	11416
攸县桃水镇	9800	37908	5184	19987	8072
攸县网岭镇	10300	39828	5153	29853	12719
攸县渌田镇	10100	44865	3274	26402	9230
攸县柏市镇	17200	12137	2525	5246	5094
攸县大同桥镇	5300	29475	1218	15882	7434
攸县石羊塘镇	8300	37960	3563	21007	8739
攸县黄丰桥镇	16300	24058	3176	11485	6433
攸县峦山镇	25100	28271	2541	16383	7979
攸县丫江桥镇	16200	42502	5192	27729	8900
攸县上云桥镇	8400	38131	5599	20096	12393
攸县皇图岭镇	22800	69632	69237	49066	24874
攸县新市镇	13400	46370	7472	24808	10812
攸县菜花坪镇	16000	61332	5684	36899	14714
攸县莲塘坳镇	31000	60851	4685	34169	6630
茶陵县城关镇	1400	57173	51125	31572	27701
茶陵县界首镇	8300	29008	4610	17841	6840
茶陵县湖口镇	18000	28861	2586	21900	8422
茶陵县浣溪镇	12800	18861	1598	9874	4568
茶陵县马江镇	8000	29322	2559	9832	8838
茶陵县高陇镇	12556	20916	3128	19823	3807
茶陵县潞水镇	12700	23135	2068	10508	5421
茶陵县虎踞镇	8300	29045	3126	20220	9278
茶陵县平水镇	13700	29036	2506	12512	10563
茶陵县枣市镇	11269	27661	2178	17580	5988
茶陵县火田镇	11900	23798	1856	19180	6432
茶陵县严塘镇	23622	43468	3260	15651	10067
茶陵县腰陂镇	22456	56159	7180	14620	11091
茶陵县秩堂镇	15200	27214	1421	14463	7083
炎陵县霞阳镇	13200	45207	32080	29588	20895
炎陵县沔渡镇	12475	15432	4129	8354	1523
炎陵县十都镇	21300	12440	2456	7328	2483
炎陵县水口镇	20008	16291	4220	8595	3548
炎陵县三河镇	9724	14326	6075	8128	3948
炎陵县鹿原镇	14338	26098	5800	15418	3946
醴陵市南桥镇	9890	40806	3120	23750	16994
醴陵市富里镇	4625	33489	2916	19615	9643
醴陵市白兔潭镇	4800	35433	17108	18221	11498
醴陵市浦口镇	5800	41280	4005	20612	14248
醴陵市王坊镇	4810	29718	4045	13378	10023
醴陵市王仙镇	7400	38563	14877	20132	15587
醴陵市泗汾镇	6250	37217	10427	18740	13985
醴陵市沈潭镇	5380	26803	2994	16221	8396
醴陵市船湾镇	6830	26675	8280	17388	8626
醴陵市大障镇	10800	50185	7320	29328	12240
醴陵市贺家桥镇	6220	22002	4207	11857	6145
醴陵市仙霞镇	5870	21242	3146	11833	4715

湖南省

2-1-18 续表 3　　单位：公顷、人

建制镇名称	行政区域面积	总人口	镇区人口	从业人员	#二三产业
醴陵市黄獭嘴镇	5000	24214	3325	15547	4816
醴陵市均楚镇	16700	40304	5320	26600	17220
醴陵市东富镇	10100	46376	4013	24801	17656
醴陵市石亭镇	10670	38517	1747	24352	5961
醴陵市栗山坝镇	10100	35946	2316	21728	7867
醴陵市神福港镇	6500	29207	2121	17296	12618
湘潭市雨湖区鹤岭镇	680	22067	22067	10351	10320
湘潭市雨湖区楠竹山镇	890	34331	34331	16948	16122
湘潭市雨湖区姜畲镇	9023	53302	17160	29750	16745
湘潭市岳塘区易家湾镇	1877	21175	21175	9545	5338
湘潭市岳塘区双马镇	3100	83257	83257	26116	13276
湘潭县易俗河镇	7324	70775	42150	50830	40031
湘潭县梅林桥镇	13800	56657	6304	48551	23434
湘潭县谭家山镇	10041	51522	1331	27405	14532
湘潭县中路铺镇	18360	65423	23082	39541	18150
湘潭县茶恩寺镇	2367	49899	11356	34701	14143
湘潭县河口镇	9320	46045	4489	31356	12063
湘潭县射埠镇	7133	71206	1531	44270	16642
湘潭县花石镇	8893	58938	6478	35715	19144
湘潭县青山桥镇	10937	47416	5882	33212	17635
湘潭县石鼓镇	9800	51621	961	35341	11806
湘潭县云湖桥镇	13600	70747	9116	40456	18113
湘潭县石潭镇	12387	80746	7968	38962	18811
湘潭县杨嘉桥镇	11200	71146	8346	43682	15341
湘潭县乌石镇	9607	44980	636	24541	14176
湘潭县白石镇	9801	41667	918	29682	9533
湘乡市山枣镇	10520	48908	2155	26998	6069
湘乡市栗山镇	9980	25699	793	14917	7674
湘乡市中沙镇	6500	26990	1780	13120	4388
湘乡市虞塘镇	9630	37021	10200	21992	6502
湘乡市潭市镇	12750	49750	10350	36777	7941
湘乡市棋梓桥镇	13840	54889	19050	38528	29910
湘乡市壶天镇	14500	49500	1128	26890	10348
湘乡市翻江镇	8860	43231	1342	27128	5506
湘乡市金石镇	8890	29998	4435	21333	7932
湘乡市白田镇	10500	48010	4380	30286	11004
湘乡市月山镇	14650	69936	5801	45445	10413
湘乡市泉塘镇	9680	51284	1428	35541	5941
湘乡市梅桥镇	13500	49465	608	31202	8716
湘乡市毛田镇	9570	37975	2241	25300	6792
湘乡市龙洞镇	10390	36880	1401	21535	9956
韶山市清溪镇	400	26078	26078	11210	8630
韶山市银田镇	3000	17337	3191	13398	4029
韶山市如意镇	3383	15256	14505	11322	5195
衡阳市珠晖区茶山坳镇	5677	27789	8315	12000	4778
衡阳市珠晖区东阳渡镇	8800	33981	5548	22514	11226
衡阳市雁峰区岳屏镇	3800	17800	3575	7945	7800
衡阳市蒸湘区呆鹰岭镇	3500	41689	6534	16676	11562
衡阳市南岳区南岳镇	8400	26317	8562	16032	8888

湖南省

2-1-18 续表 4　　单位：公顷、人

建制镇名称	行政区域面积	总人口	镇区人口	从业人员	#二三产业
衡阳县西渡镇	15273	192500	99995	103950	77987
衡阳县集兵镇	6862	29100	3120	13095	4426
衡阳县杉桥镇	7100	22520	2130	9458	2922
衡阳县井头镇	15518	63635	5910	29272	14271
衡阳县演陂镇	8746	42680	4940	21767	7896
衡阳县金兰镇	16483	70420	8159	31689	5120
衡阳县洪市镇	11299	52410	5350	20964	5102
衡阳县曲兰镇	11789	44796	5102	23294	6209
衡阳县金溪镇	11243	35980	4335	17630	4878
衡阳县界牌镇	9894	35920	12160	15446	9535
衡阳县渣江镇	14044	69319	6205	34660	12043
衡阳县三湖镇	11256	53423	4860	25109	10406
衡阳县台源镇	11895	53280	5110	27173	9104
衡阳县关市镇	9074	46092	11408	22124	15776
衡阳县库宗桥镇	9973	43598	5787	21581	15179
衡南县云集镇	10108	65982	13690	41568	27844
衡南县向阳镇	12800	57619	22916	37696	18223
衡南县廖田镇	10080	31800	1827	12300	6392
衡南县茶市镇	7280	37800	12000	18000	4500
衡南县冠市镇	7900	49548	5881	25327	9251
衡南县江口镇	9973	58790	7125	29952	16119
衡南县宝盖镇	17605	50128	3365	28880	14800
衡南县花桥镇	14800	43377	8689	23941	11467
衡南县铁丝塘镇	7340	24624	3256	14100	4333
衡南县泉溪镇	5780	31271	9256	16900	11868
衡南县洪山镇	10575	46150	3678	29820	8610
衡南县三塘镇	6780	73500	43190	53655	15150
衡南县谭子山镇	11010	48790	7580	30100	20040
衡南县鸡笼镇	9600	47896	5780	16774	7100
衡南县泉湖镇	9045	41623	5387	23703	12000
衡南县柞市镇	7960	32000	960	15205	5957
衡南县茅市镇	15760	61778	7840	30476	23472
衡南县硫市镇	12335	46159	5833	25144	7561
衡南县栗江镇	13212	69250	4671	27600	12932
衡南县近尾洲镇	8412	30977	2360	14869	11005
衡南县车江镇	10332	47798	22140	22751	12863
衡南县咸塘镇	5200	21017	5963	13780	8390
衡南县松江镇	12290	49445	3489	20158	9197
衡山县开云镇	10000	85398	85398	40520	28581
衡山县白果镇	5700	34583	3080	21988	11403
衡山县东湖镇	5890	21092	1127	14612	7070
衡山县萱洲镇	5760	21843	865	13465	6678
衡山县长江镇	7440	32000	3200	18950	3070
衡山县新桥镇	7730	26960	1380	16428	5424
衡山县马迹镇	3460	13587	3500	6919	4862
衡山县店门镇	9600	30096	765	24818	12614
衡东县城关镇	3100	68872	53067	27143	24426
衡东县石湾镇	7700	39820	10500	23895	13784
衡东县新塘镇	9700	50116	16088	24573	19409

湖南省

2-1-18 续表 5　　　　单位：公顷、人

建制镇名称	行政区域面积	总人口	镇区人口	从业人员	#二三产业
衡东县大浦镇	11500	53930	30885	32528	16395
衡东县吴集镇	10800	45476	2583	21423	7811
衡东县甘溪镇	11000	33231	1248	17851	6720
衡东县杨林镇	13100	34561	5691	16205	3111
衡东县草市镇	6900	31122	2112	17149	3965
衡东县杨桥镇	11200	34544	2641	20638	7477
衡东县霞流镇	9900	44210	2473	25419	5075
衡东县荣桓镇	8700	25203	1385	15605	10100
衡东县高湖镇	9700	31416	3669	15623	8365
衡东县白莲镇	8500	28063	1004	15893	4158
衡东县大桥镇	6600	21009	657	12271	6449
衡东县蓬源镇	8500	26420	610	17821	7147
祁东县洪桥镇	14680	165942	102955	75138	47605
祁东县白鹤铺镇	8600	45895	5092	27753	11097
祁东县金桥镇	7900	46094	4869	26686	22492
祁东县鸟江镇	6500	27809	3782	22090	6481
祁东县粮市镇	5500	19738	2397	12601	8179
祁东县河洲镇	6550	34209	6694	19628	14401
祁东县归阳镇	7900	41696	12707	21657	11518
祁东县过水坪镇	9800	48239	2939	26584	15436
祁东县双桥镇	9200	46127	9386	29582	5514
祁东县灵官镇	7400	40402	2613	24348	5282
祁东县风石堰镇	11000	57630	12757	30460	19617
祁东县白地市镇	10800	72970	17823	39355	22338
祁东县黄土铺镇	9600	47494	11816	21535	14719
祁东县石亭子镇	5600	34250	3578	19496	13289
祁东县官家嘴镇	6500	35697	7377	17401	10469
祁东县步云桥镇	14900	76610	9557	35595	6363
祁东县砖塘镇	6845	39164	1427	19577	13404
祁东县蒋家桥镇	12000	40637	4569	32461	15994
祁东县太和堂镇	12800	60159	7337	28535	17162
耒阳市黄市镇	9300	36641	1176	22358	16270
耒阳市小水镇	12100	62204	5286	31806	10088
耒阳市公平镇	9700	47385	3092	32650	10878
耒阳市泗门洲镇	6800	32289	1261	22180	12264
耒阳市三都镇	6000	40502	1415	23360	11764
耒阳市南阳镇	10000	42247	1962	15450	8201
耒阳市竹市镇	6500	33159	1405	15952	5663
耒阳市夏塘镇	7700	40568	2156	21490	10548
耒阳市龙塘镇	6900	35097	4062	20510	6073
耒阳市哲桥镇	15800	54750	2668	30425	8039
耒阳市永济镇	4900	32897	2533	16490	7462
耒阳市遥田镇	5200	34580	1112	21890	14865
耒阳市新市镇	8000	42634	4573	31352	7338
常宁市柏坊镇	13000	60523	10226	31459	12160
常宁市松柏镇	4220	29130	11732	11803	8973
常宁市烟洲镇	8500	38467	10978	16058	5221
常宁市荫田镇	11500	43189	4013	24613	9532
常宁市白沙镇	8500	36062	4526	18052	3957

湖南省

2-1-18 续表 6 单位：公顷、人

建制镇名称	行政区域面积	总人口	镇区人口	从业人员	#二三产业
常宁市西岭镇	8000	37091	2967	17316	4324
常宁市盐湖镇	5900	24317	8832	9879	3408
常宁市三角塘镇	6200	32840	3264	18371	5450
常宁市洋泉镇	22000	61866	18154	32205	9109
常宁市庙前镇	7900	18782	2118	11051	2364
常宁市罗桥镇	10600	38383	2439	27197	16841
常宁市板桥镇	8100	46320	2298	22687	7887
常宁市胜桥镇	7700	48676	1968	25109	8070
常宁市官岭镇	9000	44151	4440	17927	6313
常宁市新河镇	9400	29835	5873	12923	5050
邵阳市双清区高崇山镇	3000	27622	2102	14998	3995
邵阳市双清区渡头桥镇	2400	19682	2885	9125	2855
邵阳市大祥区雨溪镇	3420	21470	2810	12690	9600
邵阳市大祥区罗市镇	4400	24120	24120	8040	1060
邵东县牛马司镇	5423	56423	18438	16720	8760
邵东县范家山镇	3272	27190	750	15200	4336
邵东县九龙岭镇	8380	46882	3582	41849	10495
邵东县仙槎桥镇	8136	53151	5026	24388	13846
邵东县火厂坪镇	9715	53630	24106	29434	12340
邵东县佘田桥镇	5253	32894	4268	15107	14797
邵东县灵官殿镇	9329	60532	6183	20079	8900
邵东县团山镇	9670	67000	5306	35986	7915
邵东县砂石镇	4143	33417	1965	14041	7131
邵东县廉桥镇	9800	79731	23913	32405	20454
邵东县流光岭镇	3985	22508	948	13866	4148
邵东县流泽镇	5320	43272	7210	18962	7390
邵东县魏家桥镇	7139	45480	2850	21380	12663
邵东县野鸡坪镇	7735	45690	3060	23000	8600
邵东县杨桥镇	5128	30121	6512	8914	6677
邵东县水东江镇	9874	52109	6245	28800	20640
新邵县酿溪镇	6350	93058	90031	65873	51237
新邵县严塘镇	12130	55470	6142	32397	18056
新邵县雀塘镇	9010	55657	1420	35658	15641
新邵县陈家坊镇	10300	70415	9662	41560	17538
新邵县潭溪镇	10930	37822	4312	22152	13445
新邵县寸石镇	9720	48441	2182	27849	15336
新邵县坪上镇	22810	83810	9436	53700	22588
新邵县龙溪铺镇	15340	57667	4984	34010	13720
新邵县巨口铺镇	16080	57608	6436	40850	15170
新邵县新田铺镇	11550	62007	3722	40289	18394
新邵县小塘镇	10510	51851	4865	30516	16675
邵阳县塘渡口镇	11910	116306	81080	68115	34946
邵阳县白仓镇	14027	77425	14500	47648	13333
邵阳县金称市镇	13788	43821	9100	22972	8882
邵阳县塘田市镇	9989	47342	8430	24122	6394
邵阳县黄亭市镇	13842	62717	8825	31765	11271
邵阳县长阳铺镇	9684	45102	5345	29952	10558
邵阳县岩口铺镇	8188	33522	4450	24528	7136
邵阳县九公桥镇	11156	58552	10160	32470	12432

湖南省

2-1-18　续表 7　　　　单位：公顷、人

建制镇名称	行政区域面积	总人口	镇区人口	从业人员	#二三产业
邵阳县下花桥镇	8160	53725	8780	28476	6320
邵阳县谷洲镇	8469	57746	8943	26687	7482
邵阳县郦家坪镇	10967	59397	1779	40500	10690
邵阳县五峰铺镇	13705	108364	22139	63457	17797
隆回县桃洪镇	9370	110073	65149	55520	39313
隆回县小沙江镇	13870	24745	2015	12930	3605
隆回县金石桥镇	16843	67313	12385	40100	12648
隆回县司门前镇	16890	54129	9212	30357	8089
隆回县高平镇	15855	80670	4316	42270	11146
隆回县六都寨镇	14055	60756	11817	37951	4611
隆回县荷香桥镇	12350	58985	6358	27407	11721
隆回县横板桥镇	9033	49858	3690	28452	7610
隆回县周旺镇	7505	36990	3510	19920	5877
隆回县滩头镇	17830	77307	13760	44943	5593
隆回县鸭田镇	7800	30416	4601	16282	5737
隆回县西洋江镇	9940	41028	2998	20450	2671
隆回县雨山铺镇	8700	41886	4100	23585	6390
隆回县岩口镇	19270	67352	5996	32195	8190
隆回县北山镇	10050	38396	3602	22023	2251
隆回县三阁司镇	11730	69228	6122	38834	10219
洞口县洞口镇	9794	92155	61390	38216	29300
洞口县江口镇	8796	13756	4160	6875	2381
洞口县毓兰镇	12564	51107	10377	32525	7472
洞口县高沙镇	14195	115572	43240	50419	12050
洞口县竹市镇	13788	85464	10394	56500	19801
洞口县石江镇	14011	90159	27291	49890	26954
洞口县黄桥镇	13203	95639	8021	63247	20607
洞口县山门镇	10068	57746	10852	32510	12477
洞口县醪田镇	5459	28231	3078	18210	9856
洞口县花园镇	8210	33993	5608	21985	14917
绥宁县长铺镇	1891	33852	32154	18528	18300
绥宁县武阳镇	17681	28609	2850	22200	8740
绥宁县李熙桥镇	6266	19998	3312	11552	4935
绥宁县红岩镇	12560	30152	1372	18675	7164
绥宁县唐家坊镇	9995	21936	2122	15850	3201
绥宁县金屋塘镇	13368	14921	2192	8412	4194
新宁县金石镇	20013	101539	84584	63086	40982
新宁县水庙镇	11808	23060	3450	14572	4262
新宁县崀山镇	23966	30388	4502	17864	8437
新宁县白沙镇	7856	30487	9177	21496	5359
新宁县黄龙镇	15282	26128	6045	16433	5368
新宁县高桥镇	15704	37613	4979	24697	9591
新宁县回龙寺镇	20266	81531	11033	42510	15236
新宁县一渡水镇	24101	39874	4989	23698	6152
新宁县马头桥镇	18254	55976	4726	34269	11819
城步县儒林镇	31100	75858	41590	26753	5883
城步县茅坪镇	26300	31735	5017	15734	3908
城步县西岩镇	26400	65812	2900	23758	5576
城步县丹口镇	47600	25842	1123	12164	2959

湖南省

2-1-18 续表 8 单位：公顷、人

建制镇名称	行政区域面积	总人口	镇区人口	从业人员	#二三产业
城步县五团镇	15000	12279	1566	5539	1398
城步县南山镇	15300	2562	1725	1669	591
武冈市邓元泰镇	14100	71072	4210	30984	10225
武冈市湾头桥镇	13900	76918	7230	43976	14447
武冈市文坪镇	8452	40129	2681	25421	6830
武冈市荆竹铺镇	8542	44689	3192	28902	7020
武冈市稠树塘镇	10916	39788	2014	21748	4053
武冈市邓家铺镇	11090	58820	3662	34628	15174
武冈市龙溪镇	4900	38176	3400	18350	4507
武冈市司马冲镇	7500	25338	2965	15236	2019
岳阳市岳阳楼区西塘镇	4980	19124	1520	7848	6094
岳阳市云溪区云溪镇	1519	16010	12328	7385	561
岳阳市云溪区陆城镇	6700	18535	1251	9956	2945
岳阳市云溪区路口镇	4460	9991	2838	5120	825
岳阳市云溪区道仁矶镇	5200	17955	4738	7543	3662
岳阳市云溪区文桥镇	5980	9790	781	5431	1924
岳阳市君山区柳林洲镇	17593	51138	20170	23992	11170
岳阳市君山区广兴洲镇	8612	39700	13980	17500	4880
岳阳市君山区许市镇	8286	38408	8080	24226	2990
岳阳市君山区钱粮湖镇	9335	48147	26000	24000	6300
岳阳市君山区良心堡镇	7008	34579	4100	16800	1880
岳阳市君山区采桑湖镇	6755	20068	4126	13800	1804
岳阳县荣家湾镇	4860	113100	92483	62685	52685
岳阳县麻塘镇	7347	24000	2000	14800	7300
岳阳县鹿角镇	9520	37093	3120	29480	8354
岳阳县黄沙街镇	13147	51584	3667	29643	8642
岳阳县新墙镇	7687	32600	4500	15000	9958
岳阳县柏祥镇	10150	31172	6200	17500	6500
岳阳县筻口镇	13800	54843	3816	30240	8750
岳阳县公田镇	8987	30158	5880	13780	3248
岳阳县毛田镇	8000	21208	2781	9916	6542
岳阳县月田镇	16900	47819	15100	35084	9752
岳阳县张谷英镇	14600	30429	1956	14333	7466
岳阳县新开镇	13293	38944	2625	22800	7112
华容县城关镇	2600	134696	117720	5600	4000
华容县三封寺镇	7580	29043	2376	15461	6299
华容县治河渡镇	4572	25770	4700	10490	892
华容县北景港镇	7570	40765	3437	19821	4173
华容县鲇鱼须镇	6760	32598	2620	13879	3405
华容县宋家嘴镇	4040	21518	2620	12440	2778
华容县万庾镇	9850	43990	2342	26521	12230
华容县插旗镇	5230	30713	3250	16031	5668
华容县注滋口镇	6112	38338	5226	21346	3460
华容县操军镇	10300	45649	482	26623	7668
华容县东山镇	27360	81798	35100	45736	27557
华容县梅田湖镇	4200	19846	4000	9739	4800
湘阴县文星镇	3086	143229	96520	73120	46417
湘阴县东塘镇	4310	31000	2000	15800	15550
湘阴县袁家铺镇	3828	21036	1239	11856	7598

湖南省

2-1-18 续表 9　　单位：公顷、人

建制镇名称	行政区域面积	总人口	镇区人口	从业人员	#二三产业
湘阴县樟树镇	5519	24041	3500	4132	1585
湘阴县三塘镇	4053	24300	860	11200	255
湘阴县长康镇	5128	24513	538	2781	871
湘阴县玲北镇	11477	79545	1360	37900	21450
湘阴县新泉镇	15800	86516	3345	58698	36340
湘阴县湘滨镇	18324	62398	1050	36948	28498
湘阴县南湖洲镇	10319	58875	4830	2983	2938
湘阴县界头铺镇	4449	16497	2306	10395	5801
湘阴县城西镇	14050	72427	5000	48014	24210
平江县城关镇	8300	95841	4984	56085	34676
平江县安定镇	11867	70037	16600	36282	6444
平江县三市镇	35567	55302	15000	25783	23820
平江县加义镇	29190	51273	8700	33608	9720
平江县长寿镇	22000	81568	31200	36705	24214
平江县龙门镇	20500	39731	3521	18804	130
平江县虹桥镇	18236	38063	4220	19322	7000
平江县南江镇	19600	80865	32087	31649	24937
平江县梅仙镇	20530	68115	3694	37932	13289
平江县浯口镇	22600	36497	3127	19296	4987
平江县瓮江镇	13000	55364	4015	32245	4194
平江县伍市镇	15000	81000	16550	28273	20140
平江县向家镇	42100	17328	5640	7732	6300
平江县童市镇	15990	30325	3000	14053	12121
平江县岑川镇	9800	20546	2899	12891	5815
平江县福寿山镇	13800	21421	1339	12507	4071
汨罗市城关镇	2650	59635	6155	37500	11100
汨罗市汨罗镇	3443	25286	2100	12560	7640
汨罗市新市镇	5600	32129	3894	16065	11963
汨罗市古培镇	5118	33363	8200	17000	9000
汨罗市白水镇	3450	32493	6710	23182	10032
汨罗市川山坪镇	5350	28118	937	15000	6610
汨罗市高家坊镇	5560	28343	1946	11160	5660
汨罗市弼时镇	6400	30317	2050	19582	14060
汨罗市李家段镇	5405	22207	7010	11000	6665
汨罗市黄柏镇	7300	31911	3325	13468	5750
汨罗市长乐镇	5800	31123	6149	16142	6700
汨罗市大荆镇	4860	13016	1382	8388	2593
汨罗市桃林寺镇	5800	26041	2000	17860	4805
汨罗市三江镇	4200	15271	1180	8510	5378
汨罗市范家园镇	4836	17484	6600	10777	8625
汨罗市沙溪镇	4860	18200	1580	11300	7000
汨罗市营田镇	7168	34693	23416	20815	8663
汨罗市河市镇	2152	9245	1215	6032	866
汨罗市屈子祠镇	3600	22614	9402	9867	7910
临湘市忠防镇	11700	28973	4270	12426	8310
临湘市白云镇	3850	15344	2100	5710	2343
临湘市聂市镇	17000	26687	3501	16300	8862
临湘市源潭镇	9392	16211	3783	6400	3540
临湘市江南镇	8341	28455	2262	12624	4116

湖南省

2-1-18 续表 10　　单位：公顷、人

建制镇名称	行政区域面积	总人口	镇区人口	从业人员	#二三产业
临湘市桃林镇	7715	36501	3500	17828	9180
临湘市长塘镇	5832	27639	2700	11300	4750
临湘市白羊田镇	8730	23993	2537	10147	2280
临湘市詹桥镇	13870	43256	3675	18989	8588
临湘市儒溪镇	3590	13078	2500	4436	1900
临湘市定湖镇	7740	16999	1757	7488	2936
临湘市黄盖湖镇	3400	10593	2819	3929	1553
临湘市羊楼司镇	27946	48893	26000	27217	20840
常德市武陵区河伏镇	2588	20242	5631	7928	3261
常德市武陵区德山镇	4800	32180	8658	20903	12940
常德市鼎城区武陵镇	3773	73885	62611	48515	43710
常德市鼎城区蒿子港镇	5416	31300	11500	16100	8300
常德市鼎城区中河口镇	6825	29425	4850	14513	1070
常德市鼎城区十美堂镇	4871	26533	3750	12944	3462
常德市鼎城区牛鼻滩镇	8651	37859	5215	14490	8651
常德市鼎城区韩公渡镇	10977	42718	4547	32024	3564
常德市鼎城区石公桥镇	9176	36029	5055	16872	15700
常德市鼎城区镇德桥镇	4347	19514	2835	7919	2472
常德市鼎城区周家店镇	13453	35886	4241	18670	8433
常德市鼎城区大龙站镇	4393	12395	2323	5238	4698
常德市鼎城区双桥坪镇	7110	21443	1941	11806	4841
常德市鼎城区灌溪镇	6400	35071	11518	27976	22086
常德市鼎城区蔡家岗镇	5498	15121	1507	12589	7912
常德市鼎城区斗姆湖镇	4124	23500	6218	8650	2279
常德市鼎城区草坪镇	7596	24437	4534	18986	2718
常德市鼎城区石门桥镇	10125	45287	5911	25628	10747
常德市鼎城区谢家铺镇	6115	25226	4269	13515	4100
常德市鼎城区黄土店镇	7303	20143	5496	9871	4752
常德市鼎城区尧天坪镇	5434	15052	2176	6600	1400
常德市鼎城区港二口镇	6626	15718	2344	11500	6924
常德市鼎城区雷公庙镇	5769	16093	1704	8075	912
常德市鼎城区石板滩镇	6561	20419	4438	11062	4037
安乡县深柳镇	7059	112430	89662	62132	35870
安乡县大鲸港镇	1800	24157	5831	15432	8579
安乡县黄山头镇	7532	35360	5475	21895	3700
安乡县三岔河镇	5000	27977	3839	10899	761
安乡县官档镇	3733	22500	4750	10796	2559
安乡县下渔口镇	8064	39864	5157	25770	2630
安乡县陈家嘴镇	4861	25039	3162	8718	1660
安乡县焦圻镇	4422	22056	3455	10746	3570
汉寿县蒋家嘴镇	6755	47900	19700	25500	21500
汉寿县岩汪湖镇	5902	27666	3762	15241	9161
汉寿县坡头镇	5347	26226	5956	14325	4247
汉寿县西港镇	9100	41056	5120	24019	8163
汉寿县洲口镇	7144	35461	3200	20473	7350
汉寿县罐头嘴镇	7000	33230	18208	17486	8204
汉寿县沧港镇	4364	21358	4180	12388	5240
汉寿县朱家铺镇	8000	23651	2547	17987	14020
汉寿县太子庙镇	5800	24985	10557	11044	4169

湖南省

2-1-18 续表 11 单位：公顷、人

建制镇名称	行政区域面积	总人口	镇区人口	从业人员	#二三产业
汉寿县毓德铺镇	5000	16300	2850	8000	800
汉寿县崔家桥镇	5300	19986	2852	14921	3919
汉寿县军山铺镇	6900	27385	2825	16146	7629
汉寿县百禄桥镇	4900	21512	1925	10814	4034
汉寿县西湖镇	714	11242	11242	6000	4500
汉寿县洋淘湖镇	3200	15587	4750	10910	3150
澧县澧阳镇	5882	83200	32849	35623	28925
澧县张公庙镇	5113	33278	39	18310	6380
澧县小渡口镇	8167	45570	4124	25465	10575
澧县梦溪镇	7960	30159	5642	16082	4400
澧县复兴厂镇	6193	19088	3590	8938	1698
澧县盐井镇	6670	17562	3035	6985	924
澧县雷公塔镇	4996	21440	4596	11236	5342
澧县大堰档镇	5760	42352	15520	15912	4124
澧县王家厂镇	6457	25225	6000	11000	3800
澧县金罗镇	1560	28347	5366	17652	6460
澧县码头铺镇	5938	12020	4205	8455	2277
澧县方石坪镇	4714	15491	15491	7730	2605
澧县甘溪滩镇	8056	21832	3850	12228	1813
澧县火连坡镇	6164	17874	1280	9160	5845
澧县澧南镇	4423	26539	9931	11203	3439
临澧县城关镇	3816	81256	73838	48489	41289
临澧县合口镇	4914	48935	18844	27100	16680
临澧县新安镇	5732	48581	18600	27700	18100
临澧县佘市镇	7614	21890	21890	11500	6100
临澧县太浮镇	7206	15762	1197	8700	4900
临澧县四新岗镇	9341	22782	1380	12405	8874
临澧县停玄渡镇	6737	21607	3137	13400	9099
临澧县修梅镇	7545	20400	1116	13000	6240
桃源县漳江镇	12978	132870	104498	80520	15100
桃源县陬市镇	10472	56650	28301	38215	8161
桃源县盘塘镇	8496	22410	1579	17345	1892
桃源县热市镇	12877	33761	2455	18307	4369
桃源县黄石镇	13382	20907	4102	9124	540
桃源县漆河镇	15432	61920	25856	39757	3983
桃源县理公港镇	9544	15296	2160	8525	1629
桃源县观音寺镇	23125	26691	1842	12416	3550
桃源县龙潭镇	24735	28930	1968	13687	4630
桃源县三阳港镇	9469	24621	6794	15583	8300
桃源县剪市镇	10168	21847	5568	8704	3915
桃源县茶庵铺镇	19202	26145	2959	12828	1188
桃源县西安镇	19994	15667	1612	4980	2879
桃源县沙坪镇	19496	19650	3541	12250	1999
桃源县桃花源镇	12180	36667	6005	19426	2639
桃源县架桥镇	9822	33541	2685	16456	2824
桃源县马鬃岭镇	6847	21218	1192	11563	1780
桃源县凌津滩镇	13725	18725	2005	14703	2814
石门县楚江镇	5860	84870	84870	59065	52945

湖南省

2-1-18 续表 12　　单位：公顷、人

建制镇名称	行政区域面积	总人口	镇区人口	从业人员	#二三产业
石门县蒙泉镇	23736	68381	15440	35642	14920
石门县夹山镇	18300	57122	12302	25777	9560
石门县易家渡镇	6260	35648	6400	18975	8704
石门县新关镇	7953	23905	9985	13497	6044
石门县皂市镇	13400	25913	8220	12875	4565
石门县维新镇	21247	23043	3100	12790	5022
石门县太平镇	36053	31311	10690	17244	9568
石门县磨市镇	21080	33941	4530	17067	5377
石门县壶瓶山镇	66293	30008	8599	15987	5405
石门县南北镇	14544	8287	1146	5684	1162
津市市新洲镇	4740	22318	8325	12600	1030
津市市渡口镇	5481	21000	2410	8130	7298
津市市保河堤镇	5610	22718	7238	13400	6424
津市市白衣镇	8365	18508	18508	10856	3941
津市市灵泉镇	5167	12937	7238	7560	4400
张家界市永定区新桥镇	6562	12532	2487	6900	5661
张家界市永定区温塘镇	10140	6023	1550	3228	1680
张家界市永定区教字垭镇	13600	28200	5100	13000	3360
张家界市永定区大坪镇	9540	7809	1092	4501	1799
张家界市永定区沅古坪镇	14000	16349	6123	9500	4200
张家界市永定区尹家溪镇	9140	27700	2200	12400	260
张家界市永定区后坪镇	8150	22097	1450	11832	4861
张家界市永定区阳湖坪镇	6597	23490	1910	13800	2313
张家界市永定区王家坪镇	16900	15580	1327	10192	6897
张家界市武陵源区天子山镇	5420	4841	2692	2563	1363
慈利县零阳镇	29555	130450	69320	72750	51630
慈利县岩泊渡镇	9370	25013	6530	14430	4670
慈利县溪口镇	11000	17720	5280	8900	4900
慈利县东岳观镇	11070	27767	1870	14540	3020
慈利县通津铺镇	12700	25686	2850	14650	3575
慈利县杉木桥镇	9000	27006	2440	16373	5810
慈利县象市镇	13840	23644	2340	11920	3420
慈利县江垭镇	29580	48415	11880	26529	7350
慈利县苗市镇	10140	24470	5440	13860	4310
慈利县零溪镇	6580	28760	2210	16576	3800
慈利县高桥镇	14080	13107	2880	6670	2000
慈利县龙潭河镇	9130	12600	4282	6800	1430
慈利县广福桥镇	7870	14136	1560	6250	2380
桑植县澧源镇	7900	67652	42200	30550	26000
桑植县瑞塔铺镇	10800	27217	6359	15916	7525
桑植县官地坪镇	12600	16467	4050	6627	1492
桑植县凉水口镇	6200	10901	2650	5595	3160
桑植县龙潭坪镇	12300	8856	1071	5392	2140
桑植县五道水镇	15100	6292	1048	3228	1325
桑植县陈家河镇	5800	18460	6200	9380	4210
桑植县廖家村镇	5700	11300	330	6003	2045
桑植县利福塔镇	8400	19643	820	9526	5025
益阳市资阳区迎风桥镇	5700	33254	7862	20586	13689

湖南省

2-1-18 续表 13 单位：公顷、人

建制镇名称	行政区域面积	总人口	镇区人口	从业人员	#二三产业
益阳市资阳区沙头镇	4400	26405	4637	16730	6501
益阳市资阳区茈湖口镇	10300	39126	8673	21868	7378
益阳市资阳区长春镇	12600	89361	2998	57440	30445
益阳市资阳区新桥河镇	14000	87359	4512	53280	30920
益阳市赫山区八字哨镇	3738	24410	2316	13845	7530
益阳市赫山区泉交河镇	10100	49301	4853	27418	7394
益阳市赫山区欧江岔镇	8848	42490	4073	22424	6022
益阳市赫山区沧水铺镇	9900	61820	19579	32859	23334
益阳市赫山区岳家桥镇	9600	48443	1146	25615	6238
益阳市赫山区谢林港镇	7600	35251	3948	14165	11202
益阳市赫山区新市渡镇	6200	22634	2084	12669	6459
益阳市赫山区兰溪镇	10470	85261	16394	49580	28798
益阳市赫山区龙光桥镇	13000	63288	14386	40266	25117
益阳市赫山区衡龙桥镇	13300	71180	4230	44495	19106
益阳市赫山区泥江口镇	13793	60395	3700	39500	30500
南县明山头镇	6300	40394	5846	22081	8374
南县青树嘴镇	7700	45209	5237	24675	9407
南县厂窖镇	6900	38468	4891	21096	7944
南县武圣宫镇	5200	28317	4895	17020	5835
南县河坝镇	8892	42074	16361	28925	10792
南县金盆镇	4759	21448	5755	8739	3284
南县北洲子镇	4369	19904	6568	9275	2781
南县南洲镇	8800	65940	62051	32414	12261
南县华阁镇	10900	64892	4736	35768	13537
南县茅草街镇	9600	75726	20113	41403	15541
南县三仙湖镇	9200	45412	13313	25274	8905
南县麻河口镇	10900	55782	5035	29402	11127
南县千山红镇	7490	30803	10195	11691	3021
南县浪拔湖镇	9600	61192	1876	30980	11900
桃江县修山镇	9300	37884	3392	23922	8739
桃江县鸬鹚渡镇	10900	39325	4697	24425	8944
桃江县石牛江镇	6400	37114	4035	23847	12672
桃江县牛田镇	7100	36262	3579	20535	8327
桃江县松木塘镇	19500	36587	5730	22042	5758
桃江县桃花江镇	22200	148835	96620	65542	57596
桃江县灰山港镇	22900	122084	19270	61949	43405
桃江县武潭镇	22500	78611	10052	49445	7507
桃江县马迹塘镇	21800	66164	7372	38998	11768
桃江县三堂街镇	14600	63726	7299	36176	12494
桃江县大栗港镇	17100	67892	6752	42883	27284
桃江县沾溪镇	6500	29116	912	15752	7043
安化县清塘铺镇	23000	56967	7090	26710	12200
安化县仙溪镇	28100	54258	6250	25014	13430
安化县长塘镇	18100	51122	6086	23185	6375
安化县小淹镇	18200	38446	3465	15458	14500
安化县羊角塘镇	24400	66051	10087	32811	9732
安化县冷市镇	18300	35633	5518	22940	6346
安化县奎溪镇	24000	24512	4215	12120	3740

湖南省

2-1-18　续表 14　　　　单位：公顷、人

建制镇名称	行政区域面积	总人口	镇区人口	从业人员	#二三产业
安化县烟溪镇	19800	25816	5775	13250	9115
安化县渠江镇	8800	14294	1285	7200	4890
安化县平口镇	10300	21850	5678	10700	6430
安化县柘溪镇	14200	16608	2685	8545	3316
安化县乐安镇	19000	46815	2896	28093	9137
安化县滔溪镇	14500	25936	2685	13000	3410
安化县梅城镇	27800	88582	33653	36854	14798
安化县大福镇	31500	96369	6750	53485	24775
安化县马路镇	39500	44566	6851	19965	15740
安化县东坪镇	44600	136805	66530	68523	35387
安化县江南镇	30200	59025	4810	33025	27365
沅江市四季红镇	1700	16870	1329	9604	4909
沅江市泗湖山镇	11700	63017	9450	44652	8616
沅江市南嘴镇	7400	24350	4470	13350	6650
沅江市新湾镇	5650	23614	3100	14396	6480
沅江市茶盘洲镇	8762	30145	11525	16493	9247
沅江市南大膳镇	16000	91870	13740	52649	16900
沅江市黄茅洲镇	12720	79653	8144	49352	32023
沅江市草尾镇	15200	90426	25243	50215	20902
沅江市阳罗洲镇	10267	52986	6832	29026	17631
沅江市共华镇	12500	75448	7650	46003	10177
沅江市三眼塘镇	9900	57436	9077	35124	13877
郴州市北湖区石盖塘镇	5225	12516	8012	6382	5521
郴州市北湖区华塘镇	12088	24691	12260	12771	5838
郴州市北湖区区鲁塘镇	7200	25314	3467	13262	8518
郴州市北湖区郴江镇	3603	30723	30723	16617	12443
郴州市北湖区万华岩镇	6079	12329	12329	6624	2728
郴州市苏仙区桥口镇	11989	19144	9691	11221	9221
郴州市苏仙区白露塘镇	12129	27190	15454	14563	11913
郴州市苏仙区良田镇	8448	27557	11856	10148	9297
郴州市苏仙区栖凤渡镇	3970	30505	15213	20771	15082
郴州市苏仙区坳上镇	16228	18455	5238	12312	8179
郴州市苏仙区许家洞镇	6111	17215	10742	10271	6471
郴州市苏仙区白鹿洞镇	6229	18777	12490	12721	8285
郴州市苏仙区五里牌镇	6882	21675	8456	14517	10309
桂阳县城关镇	6912	164355	164355	104033	102899
桂阳县黄沙坪镇	1666	19603	19603	9413	7541
桂阳县仁义镇	12202	30828	15621	15415	4434
桂阳县太和镇	6459	26301	15390	12206	5951
桂阳县洋市镇	9600	30605	12865	17610	10666
桂阳县和平镇	11613	23899	11426	16589	7554
桂阳县流峰镇	6451	30527	22951	16228	7516
桂阳县塘市镇	7525	30799	13297	14942	7711
桂阳县莲塘镇	9393	31342	12867	16192	4420
桂阳县飞仙镇	5496	31245	11444	17253	7213
桂阳县荷叶镇	8037	29686	15404	17587	8414
桂阳县方元镇	13757	28829	12414	14750	3822
桂阳县樟市镇	14176	31922	11970	18003	3809

湖南省

2-1-18 续表 15 单位：公顷、人

建制镇名称	行政区域面积	总人口	镇区人口	从业人员	#二三产业
桂阳县敖泉镇	11598	28137	10961	18567	5538
宜章县城关镇	6000	60665	49843	48772	17827
宜章县白石渡镇	5600	12856	11207	8647	5707
宜章县杨梅山镇	3700	13218	9809	6937	3002
宜章县瑶岗仙镇	1481	9087	9087	5716	5610
宜章县梅田镇	8230	36583	4888	20711	18570
宜章县麻田镇	5400	20415	6180	10990	6544
宜章县黄沙镇	11000	32611	8405	19566	5891
宜章县迎春镇	8800	25386	1924	12258	6469
宜章县一六镇	6900	40517	18941	20398	12239
宜章县栗源镇	7100	34724	13702	20268	15976
宜章县岩泉镇	7333	38568	13132	29331	20381
永兴县城关镇	3200	65845	65845	44560	30840
永兴县马田镇	10000	80768	7496	44560	42580
永兴县湘阴渡镇	6400	32971	10657	19259	8117
永兴县塘门口镇	9600	20953	8738	8530	5263
永兴县金龟镇	5260	20162	9485	12342	1491
永兴县柏林镇	10740	37005	7392	18500	10196
永兴县鲤鱼塘镇	14280	26882	2368	11869	6734
永兴县油市镇	4200	30150	14850	22468	13209
嘉禾县城关镇	986	44512	44512	23983	22359
嘉禾县车头镇	2336	17512	1941	8113	5234
嘉禾县塘村镇	3071	25984	2564	13958	11307
嘉禾县袁家镇	2501	19510	2527	13546	9546
嘉禾县行廊镇	4189	26610	16452	9306	5931
嘉禾县肖家镇	3505	15213	6089	2250	1400
嘉禾县龙潭镇	7550	28607	5795	18772	9918
嘉禾县石桥镇	5794	34341	1169	19213	10593
临武县城关镇	2412	67840	67840	38750	35347
临武县金江镇	5003	19207	9207	11650	9992
临武县香花镇	600	35068	19548	19675	17708
临武县岚桥镇	8191	13027	1552	6682	3197
临武县武水镇	5395	44230	17420	24078	11393
汝城县城关镇	362	30422	30422	14028	13869
汝城县小垣瑶族镇	11797	11200	5004	6000	1820
汝城县热水镇	14528	10380	1500	6530	3516
汝城县土桥镇	7964	30193	13705	15590	7460
汝城县三星镇	9821	27965	10120	16353	7007
汝城县暖水镇	7625	11141	2588	6273	1414
汝城县大坪镇	17626	32715	8158	20808	7747
汝城县三江口镇	12006	9684	3972	4612	1831
桂东县城关镇	3600	41004	35200	18922	7152
桂东县沙田镇	8113	26892	20501	13519	9224
桂东县清泉镇	6420	11338	3896	7360	2878
桂东县大塘镇	6204	17823	1500	12015	7443
桂东县四都镇	14500	17422	2763	11386	7486
安仁县城关镇	2607	47894	47894	21900	7657
安仁县安平镇	5600	41932	41932	23266	14113

湖南省

2-1-18 续表 16 单位：公顷、人

建制镇名称	行政区域面积	总人口	镇区人口	从业人员	#二三产业
安仁县龙海镇	7220	18880	18880	11608	8243
安仁县清溪镇	9170	37820	37820	21671	14113
安仁县关王镇	13090	16181	16181	10350	6451
安仁县灵官镇	7860	22149	22149	12746	8359
资兴市滁口镇	16800	14023	954	11945	6741
资兴市鲤鱼江镇	765	36171	27162	32148	31914
资兴市三都镇	2700	26000	17580	21409	20600
资兴市蓼江镇	8760	27139	23226	11220	2208
资兴市七里镇	7610	14712	10249	8857	6430
资兴市兴宁镇	6800	22837	13021	11026	5493
资兴市州门司镇	6300	8800	5290	7665	5366
资兴市青腰镇	13110	12725	6175	7527	3214
资兴市黄草镇	18667	12661	6425	12100	3246
资兴市东江镇	14296	39826	39218	23956	20213
资兴市汤溪镇	14560	12432	6053	9500	5727
永州市零陵区水口山镇	11060	47521	4006	24089	11559
永州市零陵区珠山镇	19860	67112	19876	34810	9985
永州市零陵区黄田铺镇	12600	31578	2580	15934	4147
永州市零陵区富家桥镇	21400	55681	13465	28796	9057
永州市零陵区菱角塘镇	15680	33902	2152	19833	5313
永州市零陵区邮亭圩镇	32400	55816	6110	29345	8378
永州市零陵区接履桥镇	10200	27472	1716	12354	3599
永州市零陵区石岩头镇	9600	41035	4021	19568	6477
永州市冷水滩区花桥街镇	6748	18563	3345	10352	3648
永州市冷水滩区普里桥镇	13580	54721	4578	33758	4522
永州市冷水滩区牛角坝镇	3600	28165	1461	18085	3946
永州市冷水滩区高溪市镇	6680	18525	532	8755	6740
永州市冷水滩区黄阳司镇	12970	46740	8439	21689	9505
永州市冷水滩区上岭桥镇	10600	28786	2190	19260	11741
永州市冷水滩区竹山桥镇	19300	22522	1023	12253	3481
永州市冷水滩区伊塘镇	8140	22986	1010	11468	2993
永州市冷水滩区岚角山镇	9100	28109	2076	19412	8105
永州市冷水滩区蔡市镇	7280	18173	933	10056	3947
永州市冷水滩区仁湾镇	13230	23429	2197	12153	7171
祁阳县观音滩镇	9800	40259	8376	18750	16820
祁阳县茅竹镇	9600	23955	1632	16614	5169
祁阳县大忠桥镇	9600	50248	6160	29816	19616
祁阳县三口塘镇	8600	29200	1755	19010	5097
祁阳县肖家村镇	9400	39971	9236	19749	7009
祁阳县八宝镇	8100	38828	6296	29837	12002
祁阳县白水镇	12000	69280	29000	33525	13349
祁阳县黄泥塘镇	7500	36997	1384	25586	10317
祁阳县进宝塘镇	6600	32945	3012	16300	4662
祁阳县潘市镇	12600	48376	11778	26898	9765
祁阳县梅溪镇	6600	27731	4035	19701	5399
祁阳县羊角塘镇	12600	62746	2960	32632	10480
祁阳县下马渡镇	12500	58396	1498	29509	10415
祁阳县七里桥镇	7600	36833	2671	19815	6598

湖南省

2-1-18 续表 17 单位：公顷、人

建制镇名称	行政区域面积	总人口	镇区人口	从业人员	#二三产业
祁阳县大村甸镇	9200	36968	3876	21638	10677
祁阳县黎家坪镇	8600	53153	24193	30255	16673
祁阳县文富市镇	5600	33769	3396	16796	5909
祁阳县文明铺镇	11800	55478	8470	30236	12128
祁阳县龚家坪镇	8300	36903	3028	24933	6068
祁阳县金洞镇	6500	5993	2251	2691	1167
东安县白牙市镇	15600	96541	59865	52231	45170
东安县大庙口镇	20200	41959	6819	20423	8970
东安县紫溪市镇	17200	41247	5626	19162	9997
东安县横塘镇	14300	33902	3089	15306	3697
东安县石期市镇	12230	39989	10412	30625	8550
东安县井头圩镇	16540	55407	9815	35112	8395
东安县端桥铺镇	13600	45174	4320	26867	9951
东安县鹿马桥镇	7870	32980	3520	18120	11135
东安县芦洪市镇	13700	62295	5613	31779	8070
东安县新圩江镇	13250	33294	2412	14300	4971
东安县花桥镇	5300	17895	3250	16899	8930
东安县大盛镇	10400	32635	3027	25657	13090
东安县南桥镇	10400	34043	2714	23675	12732
双牌县泷泊镇	9900	47412	40100	17010	12235
双牌县江村镇	12400	19996	4679	8640	4941
双牌县五里牌镇	9600	16191	1264	10311	2943
道县梅花镇	9800	31919	2576	18967	8250
道县寿雁镇	16100	74831	7567	39401	16144
道县仙子脚镇	12700	38921	5231	18596	7696
道县清塘镇	12400	37268	5714	17861	6714
道县祥霖铺镇	14100	43751	5237	23311	7887
道县蚣坝镇	14400	45273	4671	25512	11707
道县四马桥镇	11700	33487	5121	15996	4593
道县白马渡镇	9700	34911	3751	20303	5830
道县柑子园镇	8100	32596	3096	15859	4705
江永县消浦镇	8690	42393	28682	19987	10399
江永县上江圩镇	7140	24554	2005	16850	1983
江永县允山镇	39250	35663	1737	20287	4567
江永县夏层铺镇	12070	26124	1998	22499	4350
江永县桃川镇	21750	48590	15347	30531	9806
江永县粗石江镇	16760	28307	2537	16831	4056
江永县迴龙圩镇	9260	10218	5015	5915	2724
宁远县舜陵镇	14700	124713	96008	73426	38251
宁远县天堂镇	10200	43326	8623	25437	11409
宁远县水市镇	23990	76873	14833	46487	23615
宁远县湾井镇	10960	41680	10298	24430	13210
宁远县冷水镇	19710	85356	14793	48910	23648
宁远县太平镇	13454	62762	8178	36031	16078
宁远县禾亭镇	8700	47412	7811	27378	12309
宁远县仁和镇	8350	35527	5928	21629	9972
宁远县中和镇	29320	73082	13883	42120	21570
宁远县柏家坪镇	15990	65766	7908	39003	21139

湖南省

2-1-18　续表 18　　　　单位：公顷、人

建制镇名称	行政区域面积	总人口	镇区人口	从业人员	#二三产业
宁远县清水桥镇	14806	40616	6270	24676	12621
宁远县鲤溪镇	14180	48679	6690	28547	14772
蓝山县塔峰镇	14200	78800	60234	62000	50260
蓝山县竹管寺镇	9800	34215	2413	20100	3711
蓝山县毛俊镇	16600	43866	2244	27000	8300
蓝山县楠市镇	8900	31403	2547	19000	7250
蓝山县所城镇	16800	27880	1855	17000	3300
蓝山县新圩镇	14200	47873	1853	35600	5900
新田县龙泉镇	13100	82950	43607	41865	33930
新田县金陵镇	6800	11222	3599	6491	2441
新田县骥村镇	8000	19231	5430	11325	4237
新田县枧头镇	5300	23326	3442	12628	5777
新田县新圩镇	3000	22818	2999	13910	5291
新田县石羊镇	6100	30321	4874	18220	6945
新田县新隆镇	3500	17578	3602	8656	2874
江华县沱江镇	17600	80995	42981	48213	28734
江华县桥头铺镇	12020	32100	3163	23060	7433
江华县东田镇	6653	18169	2216	13154	5784
江华县大路铺镇	15280	34747	2700	17036	2381
江华县白芒营镇	18370	53941	4563	27831	3955
江华县涛圩镇	9350	32462	1291	18336	4834
江华县河路口镇	12370	23411	1126	13444	4421
江华县小圩镇	11500	24781	2086	15385	6443
江华县大圩镇	13770	31622	4364	20245	6228
江华县水口镇	8500	9658	3368	3694	1976
江华县码市镇	41560	32200	4396	16707	8510
怀化市鹤城区黄金坳镇	7830	15832	4213	10921	9589
中方县中方镇	12732	30308	5593	17725	5980
中方县牌楼坳镇	10310	19428	4671	10912	6428
中方县泸阳镇	11139	21413	5143	17125	11712
中方县花桥镇	11196	21010	2463	8175	4132
中方县铜湾镇	7185	21010	5000	15510	10428
中方县桐木镇	10148	21628	2500	11764	4017
中方县铁坡镇	4845	11728	1390	8484	1396
沅陵县麻溪铺镇	9500	18536	3915	11912	4712
沅陵县五强溪镇	29500	31910	12145	19105	7628
沅陵县沅陵镇	26100	119307	109000	57144	33300
沅陵县明溪口镇	25200	21556	21496	10890	3633
沅陵县凉水井镇	55500	59022	4850	38320	9936
沅陵县七甲坪镇	43600	42164	2326	29879	8822
沅陵县筲箕湾镇	23900	31915	4820	19141	780
沅陵县官庄镇	46000	50523	15681	22962	12060
辰溪县辰阳镇	2600	90514	87620	36520	30168
辰溪县孝坪镇	4962	32720	16528	9100	4121
辰溪县田湾镇	9200	10421	2530	7318	1011
辰溪县火马冲镇	8752	23792	6200	12000	5830
辰溪县黄溪口镇	6230	19502	2210	15502	8133
辰溪县潭湾镇	5800	26328	2136	17450	4611

湖南省

2-1-18 续表 19 单位：公顷、人

建制镇名称	行政区域面积	总人口	镇区人口	从业人员	#二三产业
辰溪县安坪镇	4500	20831	1825	12005	5154
辰溪县寺前镇	5100	18056	4652	11021	4772
溆浦县卢峰镇	18400	118415	65000	40520	2400
溆浦县江口镇	8008	35467	12600	28000	11300
溆浦县低庄镇	11300	50639	9907	12000	10500
溆浦县桥江镇	8100	56640	6500	30000	3500
溆浦县龙潭镇	7400	37000	1968	19000	13600
溆浦县均坪镇	8807	23400	524	12200	4740
溆浦县观音阁镇	6300	35000	2382	14200	9512
溆浦县双井镇	7000	39714	4140	3700	2200
溆浦县水东镇	4300	22985	943	11280	5100
溆浦县两丫坪镇	8500	15420	1519	7200	3002
溆浦县黄茅园镇	11500	38190	1335	26520	6400
溆浦县祖市殿镇	6000	22750	4038	14500	2200
溆浦县葛竹坪镇	10100	25546	3326	17510	2400
溆浦县谭家湾镇	6300	17170	2580	1650	800
会同县林城镇	10600	52640	50423	46300	37925
会同县坪村镇	8700	25295	5162	12800	3264
会同县堡子镇	6400	17386	6876	10500	1832
会同县团河镇	13300	13521	2260	8200	1916
会同县若水镇	13200	13834	3285	7900	1150
会同县朗江镇	4300	12757	1415	7200	1425
会同县广坪镇	13936	21628	812	10900	1680
会同县马鞍镇	12100	13131	3388	8100	1512
麻阳县锦和镇	8600	20830	9410	10335	3122
麻阳县江口墟镇	10700	20830	1920	11391	2131
麻阳县岩门镇	7550	22761	1515	9912	1421
麻阳县兰里镇	8100	28103	5160	15156	4020
麻阳县吕家坪镇	5115	20631	2403	11125	2796
麻阳县高村镇	4860	67430	48356	25705	15267
新晃县新晃镇	500	31168	29633	22902	20288
新晃县波洲镇	6300	12659	870	6296	852
新晃县兴隆镇	10314	21201	2272	12300	3913
新晃县鱼市镇	5300	11441	9373	6647	2714
新晃县凉伞镇	9986	14449	1562	8180	1905
新晃县扶罗镇	9956	15565	2618	8853	3135
新晃县中寨镇	11390	14678	12853	8869	1586
芷江县芷江镇	7739	67930	57361	16030	7462
芷江县罗旧镇	8150	18625	3412	13091	3637
芷江县新店坪镇	9800	21063	5390	13220	4630
芷江县碧涌镇	8150	15438	502	8413	4341
芷江县公坪镇	8500	12190	1340	3636	3353
靖州县渠阳镇	36500	90483	37116	56724	42240
靖州县甘棠镇	13800	23208	2244	12916	5838
靖州县大堡子镇	17600	20677	1364	10218	6696
靖州县坳上镇	19100	20691	1158	12110	4897
靖州县新厂镇	18900	22505	1968	15021	3553
靖州县平茶镇	15500	11676	2082	7810	4950

湖南省

2-1-18 续表 20　　　　　　　　　　　　　　　　　　　　　　　　　　　　　单位：公顷、人

建制镇名称	行政区域面积	总人口	镇区人口	从业人员	#二三产业
通道县双江镇	10895	63120	49324	39290	9648
通道县县溪镇	16575	21790	4460	13615	3084
通道县播阳镇	16304	17675	3268	13052	1940
通道县临口镇	18258	13353	2234	9500	1240
通道县牙屯堡镇	17972	20467	1158	11422	1244
通道县菁芜洲镇	14955	17589	1530	10646	2895
通道县溪口镇	18787	12881	2569	7313	1457
通道县陇城镇	6965	11878	1091	6547	2614
洪江市黔城镇	13700	49640	22105	24175	8475
洪江市安江镇	10500	81980	73976	21826	15850
洪江市托口镇	11700	29813	9315	13450	6528
洪江市雪峰镇	11700	17064	1800	13120	4300
洪江市双溪镇	8800	26413	9315	13450	1350
洪江市江市镇	9600	21505	5008	13434	6834
洪江市沅河镇	5400	12572	651	6840	1110
洪江市塘湾镇	6600	12325	1774	6488	1357
娄底市娄星区杉山镇	4130	27806	5980	17340	9052
娄底市娄星区万宝镇	4818	23500	2680	17560	6990
娄底市娄星区石井镇	3519	22096	264	11910	5423
娄底市娄星区茶园镇	3811	20544	2637	13965	5508
双峰县永丰镇	5600	99216	49800	36890	29961
双峰县荷叶镇	14140	57976	4896	19485	5039
双峰县井字镇	7950	35974	3158	18118	1454
双峰县梓门桥镇	13260	65301	338	33805	27075
双峰县杏子铺镇	17530	76458	6040	47220	23872
双峰县走马街镇	10780	68374	2934	31944	14565
双峰县蛇形山镇	11200	72049	4587	19123	3500
双峰县洪山殿镇	6400	46605	8059	23165	13683
双峰县甘棠镇	13300	83256	8472	49954	17404
双峰县三塘铺镇	5500	50105	12620	28786	13165
双峰县青树坪镇	9700	69075	24902	36499	8900
双峰县花门镇	9400	62906	5502	35560	14332
双峰县锁石镇	5800	36165	3280	12344	855
新化县上梅镇	9275	170927	114826	81250	73028
新化县石冲口镇	9700	59196	3970	36050	9319
新化县洋溪镇	13300	75276	10525	42580	19795
新化县槎溪镇	10700	35138	1068	16300	1810
新化县水车镇	11550	40720	3628	14250	568
新化县文田镇	9150	21720	6350	11600	3580
新化县奉家镇	24600	21600	620	13968	1868
新化县炉观镇	12100	65649	6013	35110	4700
新化县游家镇	13875	72380	5196	41720	8933
新化县西河镇	15000	66480	12359	33181	10050
新化县孟公镇	11400	68750	5550	35300	8910
新化县琅塘镇	12770	53426	3510	29256	12640
新化县白溪镇	21400	70653	10980	43042	21630
新化县圳上镇	25240	62298	12238	37400	11846
新化县吉庆镇	18250	48596	1320	28560	678

湖南省

2-1-18 续表 21

单位：公顷、人

建制镇名称	行政区域面积	总人口	镇区人口	从业人员	#二三产业
新化县温塘镇	16310	55250	3660	21195	9170
新化县田坪镇	13340	36930	4210	27380	3590
新化县桑梓镇	15100	62105	998	32780	4293
新化县曹家镇	14000	62700	810	32650	5208
冷水江市禾青镇	2700	28313	3655	11280	7795
冷水江市岩口镇	2400	21687	3740	8062	2176
冷水江市渣渡镇	4300	13717	4461	8116	4327
冷水江市铎山镇	2700	25876	7715	14101	1855
冷水江市毛易镇	3200	21312	2171	7371	3056
冷水江市三尖镇	3600	19702	1101	8672	8573
冷水江市金竹山镇	2500	15312	1872	7062	3075
涟源市六亩塘镇	7000	74129	22800	55432	27100
涟源市石马山镇	11676	89687	18199	42968	18342
涟源市安平镇	9080	47089	6286	25676	8122
涟源市湄江镇	13800	55687	4008	27662	11830
涟源市伏口镇	18270	65523	6615	28600	23686
涟源市桥头河镇	14000	116922	26023	63403	24926
涟源市七星街镇	17400	84453	31810	50736	19942
涟源市杨市镇	13170	83698	17560	42485	21782
涟源市枫坪镇	4179	32103	4366	15732	5956
涟源市斗笠山镇	8000	63957	15912	30741	15543
涟源市水洞底镇	8180	46627	8668	31628	15399
涟源市白马镇	9600	46372	3043	23492	5110
涟源市茅塘镇	5876	34393	5895	22677	12698
涟源市荷塘镇	10620	53458	8620	29769	4762
涟源市金石镇	10800	60389	6014	32296	20820
涟源市龙塘镇	10450	77063	13420	44698	9768
涟源市渡头塘镇	6380	33835	5972	21358	3967
吉首市矮寨镇	9600	15831	2700	7650	2046
吉首市马颈坳镇	9116	18994	3560	11703	3115
吉首市河溪镇	9600	12538	3990	7518	1621
吉首市双塘镇	7420	13629	3200	7540	806
吉首市丹青镇	6000	7121	1370	4322	1795
泸溪县白沙镇	5980	32253	26158	18244	16250
泸溪县达岚镇	10480	18600	1518	10233	3190
泸溪县兴隆场镇	8690	22657	2191	12619	5263
泸溪县潭溪镇	14790	18635	2151	10151	5036
泸溪县洗溪镇	12800	12997	2221	6804	2205
泸溪县武溪镇	11930	23321	13768	13027	7587
泸溪县浦市镇	23700	58078	13634	29623	19441
泸溪县合水镇	13270	26731	1660	14978	5038
凤凰县廖家桥镇	6616	19979	2866	10615	3421
凤凰县茶田镇	9598	14565	2419	6278	718
凤凰县吉信镇	11713	23290	4067	8790	949
凤凰县腊尔山镇	8299	19431	3126	12550	3371
凤凰县禾库镇	8544	15372	2327	8126	860
凤凰县沱江镇	11640	67522	56522	14750	3962
凤凰县阿拉营镇	7614	30648	5992	15662	4021

湖南省

2-1-18 续表 22

单位：公顷、人

建制镇名称	行政区域面积	总人口	镇区人口	从业人员	#二三产业
凤凰县木江坪镇	11857	20933	1580	12232	824
凤凰县山江镇	10582	18930	1925	10620	233
花垣县龙潭镇	5970	15643	2369	8593	4102
花垣县民乐镇	4900	14997	3520	8497	6628
花垣县团结镇	4800	20118	4220	13000	9000
花垣县吉卫镇	8800	18521	2215	10586	554
花垣县麻栗场镇	5365	17233	3033	9618	863
花垣县雅酉镇	5145	7878	1037	4986	707
花垣县边城镇	7520	24257	3798	13255	5480
花垣县花垣镇	11126	72625	44405	33762	16086
保靖县普戎镇	11551	13467	2533	7563	2474
保靖县野竹坪镇	6309	10889	2990	5583	1163
保靖县复兴镇	7823	15500	3935	8249	2485
保靖县迁陵镇	16759	63506	62890	24205	14155
保靖县清水坪镇	11704	23045	4625	12214	1530
保靖县比耳镇	8981	16133	4273	8917	1497
保靖县毛沟镇	15094	29225	3915	15605	4355
保靖县水田河镇	14481	23182	2249	12394	397
保靖县葫芦镇	14095	17845	1992	9261	973
保靖县碗米坡镇	23438	21850	2849	12243	56
古丈县古阳镇	7237	28777	7844	11584	7845
古丈县罗依溪镇	10974	12376	3562	7054	2555
古丈县岩头寨镇	10876	14616	2752	8260	3129
古丈县默戎镇	11607	14730	3098	6996	1984
古丈县红石林镇	11089	13925	2302	7806	731
永顺县首车镇	11500	13001	2459	6257	2098
永顺县芙蓉镇	16800	23776	6029	12490	4627
永顺县永茂镇	8300	8234	2493	5085	1247
永顺县长官镇	11700	6558	2057	4423	1012
永顺县青坪镇	15300	12074	1793	4951	1570
永顺县泽家镇	14900	18911	3073	9942	2579
永顺县石堤镇	30100	44271	9520	26429	9799
永顺县万坪镇	14700	27602	4260	14470	2625
永顺县塔卧镇	14200	37226	7899	18358	4242
永顺县砂坝镇	13100	27249	2503	15759	3876
永顺县灵溪镇	21900	72653	44377	45738	29755
永顺县松柏镇	15600	22486	4320	11879	1240
龙山县石羔镇	4365	26284	2252	13965	6511
龙山县洗车河镇	17500	13495	2654	7942	2780
龙山县隆头镇	6810	8017	1815	4460	2514
龙山县石牌镇	6800	15987	1507	7700	2184
龙山县茨岩塘镇	14100	20756	4077	8899	2923
龙山县红岩溪镇	17900	25989	3036	11600	6000
龙山县靛房镇	12900	14700	1820	9551	4900
龙山县苗儿滩镇	15792	22007	1990	10100	2595
龙山县里耶镇	16500	27586	7598	16201	7084
龙山县桂塘镇	15200	20645	2953	10867	3882
龙山县召市镇	15100	34539	3722	18492	4918

2-1-19 广东省建制镇名录及基本情况

单位：公顷、人

建制镇名称	行政区域面积	总人口	镇区人口	从业人员	#二三产业
广州市白云区人和镇	7100	155678	6407	95248	82345
广州市白云区太和镇	15537	209399	2299	116581	104431
广州市白云区钟落潭镇	16900	195383	7113	120149	91578
广州市白云区江高镇	9600	165169	23550	104372	76515
广州市番禺区南村镇	4700	191750	8425	121293	118497
广州市番禺区新造镇	1400	24475	6642	15635	13107
广州市番禺区化龙镇	5373	72291	2999	47470	41191
广州市番禺区石楼镇	12600	121515	47230	69972	52931
广州市番禺区东涌镇	9166	193326	16507	138511	114446
广州市番禺区大岗镇	9007	144869	99480	94646	82407
广州市番禺区榄核镇	7448	99172	24989	69631	51960
广州市番禺区沙湾镇	3745	118413	15051	76767	73998
广州市番禺区石基镇	4703	114070	19532	76311	66016
广州市花都区梯面镇	9600	8530	1581	6852	4634
广州市花都区花山镇	11600	110526	11323	64413	39359
广州市花都区花东镇	20842	122820	6945	69197	45790
广州市花都区炭步镇	11350	66904	39345	42051	26289
广州市花都区赤坭镇	16040	54048	17827	28836	8649
广州市花都区狮岭镇	16084	276442	86370	195998	188322
广州市花都区雅瑶镇	900	15770	3911	8027	4419
广州市南沙区万顷沙镇	14285	49413	2023	30853	18129
广州市南沙区横沥镇	5400	29933	1286	16495	6635
广州市南沙区黄阁镇	7600	47766	2923	23343	19241
广州市萝岗区九龙镇	17510	108681	10923	68134	44023
增城市新塘镇	25151	327930	84730	211860	185994
增城市石滩镇	18390	146105	15098	73612	38878
增城市中新镇	23590	87407	8511	53176	33403
增城市正果镇	23941	55413	5640	30514	12152
增城市派潭镇	28900	79386	7734	43371	26556
增城市小楼镇	13600	49754	3567	27209	8129
从化市温泉镇	21224	53545	3395	31037	19539
从化市良口镇	43915	39355	1696	24683	11103
从化市吕田镇	39040	29658	2724	15675	7051
从化市太平镇	21033	102425	7649	54689	36612
从化市鳌头镇	35179	145579	2195	80658	38591
韶关市武江区西联镇	6900	13659	2660	7313	4313
韶关市武江区西河镇	6300	15250	1583	9314	3491
韶关市武江区龙归镇	23700	35766	3346	20634	8462
韶关市武江区江湾镇	23500	7818	1102	4550	987
韶关市武江区重阳镇	8200	17724	1355	8776	4173
韶关市浈江区新韶镇	10600	19767	5593	9468	6776
韶关市浈江区乐园镇	1000	7985	2831	3864	2368
韶关市浈江区十里亭镇	5400	17880	3210	10799	9353
韶关市浈江区犁市镇	30500	46200	14717	16340	5020
韶关市浈江区花坪镇	7650	7725	788	3635	2561
韶关市曲江区马坝镇	16130	38101	12065	19478	10115
韶关市曲江区大塘镇	17500	34094	3308	13360	6138
韶关市曲江区枫湾镇	22000	17702	571	8042	2528
韶关市曲江区小坑镇	15100	5941	1162	3347	1975
韶关市曲江区沙溪镇	21000	13171	1030	5256	2512

广东省

2-1-19 续表 1　　单位：公顷、人

建制镇名称	行政区域面积	总人口	镇区人口	从业人员	#二三产业
韶关市曲江区乌石镇	11724	19652	6234	11918	4134
韶关市曲江区樟市镇	22500	28108	1733	18384	1891
韶关市曲江区白土镇	14100	24835	2044	13536	4208
韶关市曲江区罗坑镇	22500	10120	524	4477	1892
始兴县太平镇	29300	64047	7369	36603	6785
始兴县马市镇	19800	38054	3059	12510	1886
始兴县澄江镇	21029	16428	778	9080	3985
始兴县顿岗镇	9500	24174	1107	9834	2115
始兴县罗坝镇	27087	19985	826	10084	2939
始兴县司前镇	19500	14304	2423	7338	3153
始兴县隘子镇	32300	19271	3128	10027	5906
始兴县城南镇	5286	20072	3686	8102	4679
始兴县沈所镇	12513	18355	575	8601	3215
仁化县闻韶镇	9800	5606	4880	3320	145
仁化县扶溪镇	18000	12575	2140	4490	1342
仁化县长江镇	31300	24677	7076	12245	1582
仁化县城口镇	32200	9756	3022	5108	1095
仁化县红山镇	16670	9927	1420	6209	2650
仁化县石塘镇	8000	13272	3896	6542	2001
仁化县董塘镇	19300	36187	12196	21067	10658
仁化县大桥镇	16900	10200	2288	6046	1400
仁化县周田镇	28900	27460	4015	13791	5311
仁化县黄坑镇	17500	12560	1120	6752	932
翁源县龙仙镇	43158	121064	60180	52885	32350
翁源县坝仔镇	38298	50882	2900	21636	14215
翁源县江尾镇	33355	46272	3501	20727	11985
翁源县官渡镇	23695	48409	3465	18829	10658
翁源县周陂镇	21378	47286	2524	15870	8728
翁源县翁城镇	13719	35066	2989	14595	5429
翁源县新江镇	34299	44719	2575	21121	6708
乳源县乳城镇	20935	65603	6182	17094	11832
乳源县一六镇	7758	17265	711	7099	2792
乳源县桂头镇	12451	36532	7180	19236	4626
乳源县洛阳镇	36026	9781	390	4391	1459
乳源县大布镇	22026	13030	793	6041	3109
乳源县大桥镇	31981	39906	1386	18626	10164
乳源县东坪镇	33297	12562	505	4832	1829
乳源县游溪镇	13360	11269	443	5673	1599
乳源县必背镇	14677	7499	327	4046	1713
新丰县黄礤镇	24700	18861	826	9240	2249
新丰县马头镇	52985	45784	2789	23542	10231
新丰县梅坑镇	31000	27383	1045	15956	7934
新丰县沙田镇	24250	23319	1380	12585	4821
新丰县遥田镇	21400	35064	1500	14093	4553
新丰县回龙镇	19300	20688	2376	9350	3650
乐昌市北乡镇	9360	15320	876	7100	1525
乐昌市九峰镇	15330	22105	1986	14562	5932
乐昌市廊田镇	14300	33518	2410	16492	2793
乐昌市长来镇	11650	23628	4720	9060	3070
乐昌市梅花镇	19770	54745	16135	23659	8078

广东省

2-1-19 续表 2　　　　单位：公顷、人

建制镇名称	行政区域面积	总人口	镇区人口	从业人员	#二三产业
乐昌市三溪镇	11330	12289	1501	8780	2353
乐昌市坪石镇	26762	35157	9590	18346	5660
乐昌市黄圃镇	7260	18230	2432	9850	4450
乐昌市五山镇	18600	19128	678	9500	2391
乐昌市两江镇	13333	13517	1430	7262	931
乐昌市沙坪镇	14600	20657	738	8830	340
乐昌市云岩镇	6600	16167	706	8445	3330
乐昌市秀水镇	5600	18980	613	9593	4231
乐昌市大源镇	27467	9858	9858	5590	1005
乐昌市庆云镇	9025	11961	1905	6526	2430
乐昌市白石镇	7930	15815	1200	5926	291
南雄市乌迳镇	15800	43638	8386	16351	7325
南雄市界址镇	6250	15036	3528	6207	2601
南雄市坪田镇	14000	24682	1463	10020	394
南雄市黄坑镇	6300	24811	3380	11239	1790
南雄市邓坊镇	12100	15897	1208	6493	839
南雄市油山镇	15020	30325	1276	11428	1468
南雄市南亩镇	11300	15863	2268	5263	221
南雄市水口镇	16500	23049	1090	10004	2621
南雄市江头镇	13100	12125	799	5105	1477
南雄市湖口镇	7380	33745	1752	14068	2358
南雄市珠玑镇	22250	44752	1980	14292	13020
南雄市主田镇	16500	13562	1616	5093	1041
南雄市古市镇	11300	20733	942	8259	1646
南雄市全安镇	19090	26441	950	9931	5390
南雄市百顺镇	18710	12677	1104	6587	699
南雄市澜河镇	13968	10158	855	3991	1662
南雄市帽子峰镇	12900	9256	961	3941	1387
珠海市香洲区唐家湾镇	13900	112426	4891	59901	59901
珠海市香洲区南屏镇	6070	118473	5376	20033	20022
珠海市香洲区横琴镇	10600	14217	14217	1108	
珠海市香洲区桂山镇	1423	2630	1700	1470	1145
珠海市香洲区万山镇	2988	2590	1810	1483	416
珠海市香洲区担杆镇	4200	2245	1840	1080	806
珠海市斗门区莲洲镇	8860	41354	2795	29277	10078
珠海市斗门区斗门镇	10500	73944	6806	42700	38700
珠海市斗门区乾务镇	19062	73259	3576	50170	35170
珠海市斗门区白蕉镇	17800	137867	21411	98127	80200
珠海市斗门区井岸镇	14200	212232	113724	113286	98493
珠海市金湾区三灶镇	9600	118293	74006	58338	45900
珠海市金湾区南水镇	15294	50380	33130	42180	37760
珠海市金湾区红旗镇	12300	87014	61300	32000	18500
珠海市金湾区平沙镇	15500	78817	38757	39178	33272
汕头市龙湖区外砂镇	2935	82999	34907	42516	24453
汕头市龙湖区新溪镇	2740	67381	6089	25842	4523
汕头市潮阳区海门镇	3850	120740	103211	16020	11122
汕头市潮阳区河溪镇	6350	86100	7344	29152	19485
汕头市潮阳区和平镇	5720	197458	91665	88573	49698
汕头市潮阳区西胪镇	10946	173504	11078	65852	31128
汕头市潮阳区关埠镇	5445	130993	24040	54286	27500

广东省

2-1-19 续表 3 单位：公顷、人

建制镇名称	行政区域面积	总人口	镇区人口	从业人员	#二三产业
汕头市潮阳区谷饶镇	7180	160375	72172	71985	37970
汕头市潮阳区贵屿镇	5200	151885	18235	73021	43673
汕头市潮阳区铜盂镇	4289	127665	20709	48465	25444
汕头市潮阳区金灶镇	7890	142908	15551	56749	27682
汕头市潮南区井都镇	4598	96969	33073	41381	14950
汕头市潮南区成田镇	5708	97514	39714	48333	23235
汕头市潮南区司马浦镇	3064	128399	27673	51339	32500
汕头市潮南区陈店镇	2677	132948	68864	59160	47342
汕头市潮南区两英镇	8521	198559	13332	60214	33893
汕头市潮南区仙城镇	5471	121427	30192	51387	22298
汕头市潮南区胪岗镇	5040	150038	56379	65130	32042
汕头市潮南区红场镇	6955	31821	3367	17500	7446
汕头市潮南区雷岭镇	6228	40047	1635	16048	4404
汕头市潮南区陇田镇	7142	141908	43100	54000	19250
汕头市澄海区上华镇	2174	35688	5128	19230	12406
汕头市澄海区隆都镇	3340	76532	20391	46773	23563
汕头市澄海区莲下镇	5609	112886	59857	59787	41587
汕头市澄海区莲上镇	2950	56950	50778	26610	16315
汕头市澄海区溪南镇	4066	67927	55260	37857	17589
汕头市澄海区东里镇	3492	77759	69337	26817	14417
汕头市澄海区盐鸿镇	4101	46806	42380	31366	12292
汕头市澄海区莲华镇	1991	27215	9824	15388	6435
南澳县后宅镇	4082	43719	39990	18786	12746
南澳县云澳镇	2046	18400	17467	7274	3005
南澳县深澳镇	4705	12109	5505	5247	1445
佛山市禅城区南庄镇	7603	160831	5514	42778	36445
佛山市南海区九江镇	9475	158547	20895	103297	94102
佛山市南海区西樵镇	17663	221670	150318	152591	119315
佛山市南海区丹灶镇	14350	160515	11892	98570	87043
佛山市南海区狮山镇	25609	423155	34827	253124	250383
佛山市南海区大沥镇	12577	530831	85785	288678	282000
佛山市南海区里水镇	14828	276673	26003	189300	176747
佛山市顺德区陈村镇	5070	153549	46794	98462	89568
佛山市顺德区北窖镇	9211	272586	84091	218300	212000
佛山市顺德区乐从镇	7800	247811	102511	154635	150480
佛山市顺德区龙江镇	7385	238294	90643	166361	162138
佛山市顺德区杏坛镇	12198	147500	20886	71872	61083
佛山市顺德区均安镇	7945	165784	31748	116426	111126
佛山市三水区大塘镇	9824	59365	13836	40649	29697
佛山市三水区乐平镇	19246	106609	24802	63804	43883
佛山市三水区白坭镇	6646	84734	55125	68017	63043
佛山市三水区芦苞镇	10503	45918	10476	28232	20447
佛山市三水区南山镇	12452	24234	4051	14670	5837
佛山市高明区杨和镇	22642	38596	1847	16642	11316
佛山市高明区明城镇	16254	58569	11780	32655	21973
佛山市高明区更合镇	34703	60927	12352	33841	23738
江门市蓬江区棠下镇	13100	64738	4457	57955	56881
江门市蓬江区荷塘镇	3200	92235	4684	76250	60000
江门市蓬江区杜阮镇	8052	106961	7600	80625	75782
江门市新会区大泽镇	8371	49523	2315	28792	14725

广东省

2-1-19 续表 4　　　　单位：公顷、人

建制镇名称	行政区域面积	总人口	镇区人口	从业人员	#二三产业
江门市新会区司前镇	8902	65849	4210	38398	21538
江门市新会区罗坑镇	12029	42772	1999	27433	12915
江门市新会区双水镇	20700	91986	7306	53542	25634
江门市新会区崖门镇	20600	40999	9264	20489	8863
江门市新会区沙堆镇	9788	34423	1715	21395	13581
江门市新会区古井镇	11160	50575	4752	26539	15283
江门市新会区三江镇	8237	48478	1803	30437	17170
江门市新会区睦州镇	7980	43444	4851	25021	9701
江门市新会区大鳌镇	5251	38141	1767	27138	10367
台山市大江镇	6903	51596	3705	31323	16029
台山市水步镇	11461	48568	4946	30501	16076
台山市四九镇	24659	44218	4107	24568	10926
台山市白沙镇	16984	68856	4971	49642	18944
台山市三合镇	21406	47991	6624	29937	13888
台山市冲蒌镇	11471	40377	3739	27962	13525
台山市斗山镇	13705	54534	6973	27194	11623
台山市都斛镇	15422	50462	4198	29424	9632
台山市赤溪镇	28082	33800	1189	19613	6362
台山市端芬镇	29931	52285	2742	31838	11994
台山市广海镇	13789	48039	23655	30000	17767
台山市海宴镇	22907	83059	21953	47134	18444
台山市汶村镇	16434	62438	2078	28428	10645
台山市深井镇	31979	64669	2839	35976	13398
台山市北陡镇	17943	35210	3581	23212	11946
台山市川岛镇	28045	37928	5698	22691	9268
开平市沙塘镇	8530	32333	798	17689	9049
开平市苍城镇	12810	35503	4584	14451	5453
开平市龙胜镇	16380	40030	229	22331	7254
开平市大沙镇	21560	33498	1468	15928	4538
开平市马冈镇	9230	56148	833	29069	8372
开平市塘口镇	7280	32775	1097	19659	5627
开平市赤坎镇	6210	47549	5870	23673	12401
开平市百合镇	6630	26194	1210	15660	6955
开平市蚬冈镇	6790	20387	1771	12539	3969
开平市金鸡镇	12050	22214	758	16392	2637
开平市月山镇	12120	47422	1508	25304	9079
开平市赤水镇	28390	41407	1402	18738	2323
开平市水口镇	8050	109850	1932	62940	59960
鹤山市龙口镇	15890	38723	1980	22935	10400
鹤山市雅瑶镇	8261	38600	4800	29800	28200
鹤山市古劳镇	6500	37461	2093	21564	16560
鹤山市桃源镇	5547	32097	11098	19578	16104
鹤山市鹤城镇	15913	40311	8940	25599	16241
鹤山市共和镇	8993	36700	2658	22809	15047
鹤山市址山镇	9820	34357	2680	19604	13434
鹤山市宅梧镇	19600	35349	2879	19300	3125
鹤山市双合镇	14940	21626	1649	11331	4975
恩平市横陂镇	20173	39542	2433	18850	10641
恩平市圣堂镇	5665	26894	3223	12334	5768
恩平市良西镇	12175	23780	1680	12383	6205

广东省

2-1-19 续表 5 单位：公顷、人

建制镇名称	行政区域面积	总人口	镇区人口	从业人员	#二三产业
恩平市沙湖镇	25000	73567	10624	38946	22390
恩平市牛江镇	9100	24125	2380	12800	4610
恩平市君堂镇	10200	50271	6911	28115	10893
恩平市大田镇	20236	32656	2186	20371	5806
恩平市那吉镇	26200	21401	1669	9512	5463
恩平市大槐镇	12200	25372	2634	11342	3936
恩平市东成镇	11297	30782	1224	18201	8943
湛江市坡头区南三镇	19120	93681	4775	41201	9015
湛江市坡头区坡头镇	9209	73404	7559	39786	20423
湛江市坡头区乾塘镇	5323	39310	1915	22481	7971
湛江市坡头区龙头镇	11591	65657	9423	30115	18827
湛江市坡头区官渡镇	9507	58589	5357	31425	13243
湛江市麻章区麻章镇	12566	82781	47746	46377	20261
湛江市麻章区太平镇	12500	103728	18300	45210	10812
湛江市麻章区湖光镇	13903	79716	17563	37740	6414
湛江市麻章区东山镇	11194	71231	8342	36965	7860
湛江市麻章区东简镇	14330	55463	8366	27960	9626
湛江市麻章区民安镇	7800	59219	4399	36628	17655
湛江市麻章区硇洲镇	5600	48524	16245	29588	6338
遂溪县遂城镇	26500	252767	141562	98562	63015
遂溪县黄略镇	14900	98132	892	55436	15393
遂溪县洋青镇	15955	79563	6270	40663	5600
遂溪县界炮镇	11650	80453	5523	43320	3737
遂溪县乐民镇	8345	44307	4952	19167	4600
遂溪县江洪镇	5310	34120	11101	13721	3412
遂溪县杨柑镇	16700	99338	8001	35745	9530
遂溪县城月镇	23700	105996	37553	43575	6059
遂溪县乌塘镇	4900	19410	1939	9583	1565
遂溪县建新镇	4800	26731	1463	14319	5050
遂溪县岭北镇	10600	28240	12544	14390	5586
遂溪县北坡镇	16400	54581	6280	25950	4463
遂溪县港门镇	8400	39088	6652	17822	7657
遂溪县草潭镇	9690	75163	14800	34200	8610
遂溪县河头镇	14400	36996	10785	20763	5889
徐闻县迈陈镇	12300	66955	15514	36579	7880
徐闻县海安镇	3680	24997	8495	11839	2304
徐闻县曲界镇	15591	47608	12490	19643	1478
徐闻县前山镇	11522	41817	16735	19136	4003
徐闻县西连镇	8100	42238	3445	22179	5046
徐闻县下桥镇	15025	36900	11110	21010	1423
徐闻县龙塘镇	18250	56598	5704	30265	2967
徐闻县下洋镇	7500	29543	2962	15270	1892
徐闻县锦和镇	11169	41608	7200	26229	2334
徐闻县和安镇	5888	32680	10500	17356	500
徐闻县新寮镇	4610	31970	1470	14432	4230
徐闻县南山镇	13537	68709	2628	35866	7369
廉江市石城镇	12700	75658	6000	33254	21388
廉江市新民镇	9600	52499	2343	24812	12447
廉江市吉水镇	11100	76384	2873	34733	19467
廉江市河唇镇	13000	82786	17035	41455	24169

广东省

2-1-19 续表 6

单位：公顷、人

建制镇名称	行政区域面积	总人口	镇区人口	从业人员	#二三产业
廉江市石角镇	11600	67536	3944	28730	14357
廉江市良垌镇	26900	124584	5892	57802	33576
廉江市横山镇	16000	117864	12157	55973	33337
廉江市安铺镇	8550	128440	48563	60958	33327
廉江市营仔镇	20400	85374	7463	44539	24547
廉江市青平镇	24400	99405	11385	41312	25084
廉江市车板镇	11100	46492	4046	25667	13832
廉江市高桥镇	8700	34458	1258	16833	9137
廉江市石岭镇	17900	117125	20625	55835	30167
廉江市雅塘镇	7600	52920	3278	26283	13191
廉江市石颈镇	8900	52330	2891	24492	14632
廉江市长山镇	13800	67980	4868	32842	18503
廉江市塘蓬镇	16000	89077	3627	44328	27207
廉江市和寮镇	10300	53709	3527	24726	14124
雷州市白沙镇	11240	85610	3710	41896	16834
雷州市沈塘镇	6097	55302	2586	20526	12825
雷州市客路镇	33433	127480	27351	64698	17387
雷州市杨家镇	14860	79813	13567	29271	4945
雷州市唐家镇	19200	50533	11986	20302	5930
雷州市企水镇	10600	51945	14109	23947	8028
雷州市纪家镇	34700	104456	8216	41140	6508
雷州市松竹镇	6793	70687	1670	28135	7455
雷州市南兴镇	13500	101360	22323	46264	15831
雷州市雷高镇	14000	50556	6695	16755	2540
雷州市东里镇	13600	67862	8222	35862	6956
雷州市调风镇	22700	64655	9540	33624	2500
雷州市龙门镇	36800	78763	30610	30347	8710
雷州市英利镇	26500	77295	28912	28877	15167
雷州市北和镇	19276	78328	8435	36425	2403
雷州市乌石镇	12690	84876	25320	49653	13585
雷州市覃斗镇	9300	53013	5672	24598	2803
雷州市附城镇	13000	124272	3386	62132	22608
吴川市浅水镇	7809	39044	2942	22030	8621
吴川市长岐镇	6050	86360	3007	39786	4510
吴川市覃巴镇	7706	87863	5899	44085	5947
吴川市王村港镇	2620	27293	3703	14218	1600
吴川市振文镇	5821	120351	4298	63808	24527
吴川市樟铺镇	5400	59909	1437	32630	4116
吴川市吴阳镇	7968	99899	9385	47087	18246
吴川市塘缀镇	10130	137148	12807	76802	27429
吴川市黄坡镇	14397	155572	14085	99298	35511
吴川市兰石镇	3214	38268	3250	20185	8535
茂名市茂南区金塘镇	11300	78950	4713	32706	18646
茂名市茂南区公馆镇	11400	71036	5029	34360	19584
茂名市茂南区新坡镇	4170	29371	7018	13992	7447
茂名市茂南区镇盛镇	6400	62976	2323	29561	13396
茂名市茂南区鳌头镇	5600	93528	2689	41356	25497
茂名市茂南区袂花镇	2630	51398	2395	18204	10812
茂名市茂南区高山镇	1500	15396	4028	8362	5185
茂名市茂南区山阁镇	4700	35566	2258	17680	10608

广东省

2-1-19 续表 7 单位：公顷、人

建制镇名称	行政区域面积	总人口	镇区人口	从业人员	#二三产业
茂名市茂港区羊角镇	9900	121594	9228	54811	22684
茂名市茂港区坡心镇	5280	66815	2358	31830	11591
茂名市茂港区七迳镇	8400	61988	3211	30356	11682
茂名市茂港区小良镇	6323	47269	2030	22620	10923
茂名市茂港区沙院镇	4300	40643	3682	19318	9666
电白县马踏镇	13800	61928	4223	30344	6982
电白县岭门镇	7300	68396	6842	30408	10167
电白县树仔镇	5000	61187	6981	29189	8963
电白县麻岗镇	9800	58426	4055	27920	8620
电白县旦场镇	8000	57957	4163	27240	8338
电白县霞洞镇	10500	81424	11697	38269	8984
电白县观珠镇	15400	71331	12236	33525	12518
电白县沙琅镇	8900	62976	16870	28098	12169
电白县黄岭镇	7600	29432	4175	14669	4484
电白县望夫镇	9300	23815	4370	12153	2406
电白县罗坑镇	11000	26455	2916	12434	7015
电白县那霍镇	12700	51822	4008	24875	7383
电白县水东镇	3700	171014	136182	85507	79110
电白县博贺镇	3744	64363	27155	29829	11037
电白县林头镇	13600	108786	8240	53395	15058
电白县电城镇	11200	144372	26895	67380	25692
电白县陈村镇	1700	45445	12532	23159	11649
高州市谢鸡镇	8000	64180	3648	30014	9046
高州市新垌镇	16800	74051	2492	36577	11390
高州市云潭镇	8400	47480	2565	22899	9651
高州市分界镇	6100	50463	6828	25929	6671
高州市根子镇	8700	74589	4410	35750	13190
高州市泗水镇	7600	61667	3180	23112	8561
高州市镇江镇	10100	52377	2620	22208	6651
高州市沙田镇	9800	45222	2383	20549	8235
高州市南塘镇	14400	54104	2699	35790	10312
高州市荷花镇	10800	52451	4853	32315	18044
高州市石板镇	9100	46983	3614	19343	5442
高州市大井镇	13400	48780	13350	26550	5555
高州市潭头镇	8200	43347	1449	23083	5847
高州市大坡镇	23600	76550	2150	34100	18600
高州市平山镇	14900	42473	1323	17176	4549
高州市深镇镇	10300	31681	994	14763	4539
高州市马贵镇	16700	37828	2300	17399	6030
高州市古丁镇	11300	39873	1813	22782	10595
高州市曹江镇	12500	71940	2247	36901	10213
高州市荷塘镇	11600	37845	1720	21365	9167
高州市石鼓镇	15500	118337	34239	62825	28923
高州市东岸镇	26000	90492	3237	35283	17030
高州市长坡镇	21400	89854	12681	42613	12657
化州市长岐镇	3700	42517	4195	21110	7873
化州市同庆镇	6020	46430	6839	23052	5577
化州市杨梅镇	9200	58475	2516	39620	16724
化州市良光镇	10800	51827	6204	31568	16300
化州市笪桥镇	8425	32733	5927	22953	9573

广东省

2-1-19 续表 8　　单位：公顷、人

建制镇名称	行政区域面积	总人口	镇区人口	从业人员	#二三产业
化州市丽岗镇	7800	36965	2372	27800	11953
化州市新安镇	15600	40692	4220	20159	7080
化州市官桥镇	11420	36548	4876	17789	7115
化州市林尘镇	12500	52397	3528	31600	11050
化州市合江镇	17625	64869	17502	36965	12133
化州市那务镇	17930	61052	9474	39292	12602
化州市播扬镇	12590	37970	3204	17521	6652
化州市宝圩镇	5280	18188	3380	12925	9035
化州市平定镇	21680	71291	7443	37908	14398
化州市文楼镇	15905	48552	6125	23560	7917
化州市江湖镇	5769	19394	2982	12890	5788
化州市中垌镇	23561	77847	6975	44576	17002
信宜市镇隆镇	8050	57728	15850	23110	10607
信宜市水口镇	12380	67980	2728	28682	13970
信宜市丁堡镇	8149	45573	5663	16926	7248
信宜市池洞镇	14616	68902	7168	31628	12822
信宜市贵子镇	15865	43380	4762	19805	5126
信宜市怀乡镇	16154	88507	13895	37050	22110
信宜市茶山镇	10120	25552	5296	14030	3959
信宜市洪冠镇	14891	41288	1986	22512	8005
信宜市白石镇	17913	74167	5215	30801	9768
信宜市大成镇	12828	44876	3328	24390	16500
信宜市钱排镇	20491	66720	3708	35173	7359
信宜市合水镇	14118	48923	6835	20932	8976
信宜市新宝镇	18449	51456	5900	19870	2632
信宜市平塘镇	19058	62420	4766	19960	5940
信宜市思贺镇	18105	44883	3885	22082	14479
信宜市金垌镇	19571	73659	4255	34500	14490
信宜市朱砂镇	28203	92475	7592	39751	12002
信宜市北界镇	18244	94351	6318	47154	26361
肇庆市鼎湖区永安镇	7800	30824	3374	19888	12378
肇庆市鼎湖区沙浦镇	10580	22168	1296	12295	4282
肇庆市鼎湖区凤凰镇	14350	11600	900	9880	500
肇庆市鼎湖区莲花镇	6650	29076	4621	14848	10473
广宁县排沙镇	15418	33941	4200	17540	7573
广宁县石涧镇	4222	14702	8299	7565	3233
广宁县潭布镇	13308	35702	6168	17682	9727
广宁县江屯镇	11261	38190	2644	18252	8677
广宁县联和镇	13312	25096	1257	12484	2185
广宁县螺岗镇	9751	14498	764	7680	4100
广宁县北市镇	23123	23807	5648	13125	9497
广宁县坑口镇	18100	32348	3261	15612	9633
广宁县赤坑镇	17941	23785	1895	12232	5943
广宁县南街镇	18843	115620	87686	29872	12425
广宁县宾亨镇	12911	37404	906	20010	9520
广宁县五和镇	11632	22720	958	12147	5962
广宁县横山镇	13680	46848	6367	21397	10634
广宁县木格镇	12456	21136	1335	8843	5163
广宁县石咀镇	8366	16328	2006	10032	3543
广宁县古水镇	26371	48435	7432	29500	14640

广东省

2-1-19 续表 9 单位：公顷、人

建制镇名称	行政区域面积	总人口	镇区人口	从业人员	#二三产业
广宁县洲仔镇	15120	21567	2012	10870	7212
怀集县怀城镇	33328	151422	85931	54048	13786
怀集县闸岗镇	8546	22070	1066	7877	2009
怀集县坳仔镇	22397	45075	2740	16089	4104
怀集县汶朗镇	8706	18665	971	6662	1699
怀集县甘洒镇	13247	30636	1557	10935	2789
怀集县凤岗镇	27737	45764	1971	16335	4167
怀集县洽水镇	53869	34762	1615	12408	3165
怀集县梁村镇	8662	85128	5860	30385	7750
怀集县大岗镇	11204	86073	4033	30722	7836
怀集县岗坪镇	5410	42794	1675	15275	3896
怀集县冷坑镇	19995	130785	8118	46681	11907
怀集县马宁镇	5770	52949	2073	18899	4821
怀集县蓝钟镇	20109	24241	1171	8652	2207
怀集县永固镇	19191	50321	2314	17961	4581
怀集县诗洞镇	32386	74221	4680	26492	6757
怀集县桥头镇	21335	61398	4084	21915	5590
怀集县中洲镇	25578	51708	4870	18456	4708
怀集县连麦镇	12055	42950	1634	15330	3910
封开县江口镇	17700	65413	11091	10321	2859
封开县江川镇	11900	12165	1911	8427	2573
封开县白垢镇	14247	15499	1092	9452	3514
封开县大洲镇	16000	18209	1195	7310	3553
封开县渔涝镇	11800	21602	3172	7266	3212
封开县河儿口镇	37782	24656	2137	14163	5887
封开县莲都镇	25240	31798	3465	15320	2356
封开县杏花镇	3000	32932	2632	13803	3506
封开县罗董镇	18000	25395	1906	11830	4439
封开县长岗镇	15300	23426	2633	13368	6271
封开县平风镇	8875	20760	3588	13590	5480
封开县南丰镇	30600	98832	20165	46162	21869
封开县大玉口镇	13025	17556	3918	9622	1626
封开县都平镇	13005	12828	2031	4635	863
封开县金装镇	12541	42158	3267	22066	4925
封开县长安镇	13904	42815	6988	21752	8531
德庆县新圩镇	11518	23023	3208	10522	4796
德庆县回龙镇	15812	21733	2834	11809	4160
德庆县官圩镇	23256	35111	4474	16940	7541
德庆县马圩镇	11065	21967	5642	9725	3190
德庆县高良镇	29470	32816	4982	15776	3965
德庆县莫村镇	26950	32866	3205	15832	2780
德庆县永丰镇	13241	22934	3957	11120	5334
德庆县武垄镇	8747	18377	4390	9022	2972
德庆县播植镇	8001	19569	1605	9339	1893
德庆县凤村镇	13676	31598	5615	10389	5061
德庆县悦城镇	20623	35626	8237	16676	4197
德庆县九市镇	15461	30970	3839	14298	5081
高要市河台镇	14805	40428	1782	24665	8446
高要市乐城镇	9456	30524	1489	18687	5914
高要市水南镇	11069	16315	1049	9955	2316

广东省

2-1-19 续表 10 单位：公顷、人

建制镇名称	行政区域面积	总人口	镇区人口	从业人员	#二三产业
高要市禄步镇	25138	75237	7691	46041	27699
高要市小湘镇	19975	34436	2240	21022	7703
高要市大湾镇	10163	39318	1320	23954	10145
高要市新桥镇	3484	39419	7002	24220	10229
高要市白诸镇	12748	41099	1523	25327	7235
高要市莲塘镇	11945	62714	2171	38327	12756
高要市活道镇	23106	49252	2102	30336	12848
高要市蛟塘镇	12990	32496	1076	19870	9415
高要市回龙镇	11387	26851	1056	16497	6987
高要市白土镇	10753	77640	8141	47528	13278
高要市金渡镇	13132	49389	2963	30164	9413
高要市金利镇	15238	70887	5327	43508	37700
高要市蚬岗镇	7203	32105	858	19655	11886
四会市龙甫镇	7986	17189	478	8345	4540
四会市地豆镇	9090	29186	1983	12003	6068
四会市威整镇	6402	16950	1186	9105	5074
四会市罗源镇	2622	9052	468	4950	2437
四会市迳口镇	9752	21135	1215	16104	9930
四会市大沙镇	8635	33808	1562	12356	4130
四会市石狗镇	14247	26307	1120	14105	6535
四会市黄田镇	8745	15807	387	9687	2440
四会市江谷镇	13276	41458	2382	20154	10815
四会市下茆镇	10695	32969	1274	9818	7396
四会市大旺镇	9658	71590	54946	58228	56376
惠州市惠城区汝湖镇	15300	49144	4108	26747	14429
惠州市惠城区三栋镇	6797	26294	6853	16825	10179
惠州市惠城区潼湖镇	11261	43216	3156	32472	20006
惠州市惠城区沥林镇	4900	46014	20501	32821	27752
惠州市惠城区马安镇	7600	46455	14362	26511	15558
惠州市惠城区横沥镇	34283	72931	4906	41223	16726
惠州市惠城区芦洲镇	20487	27176	1780	13780	8444
惠州市惠城区潼侨镇	3098	33982	6723	22836	21710
惠州市惠阳区沙田镇	7270	26323	12200	17335	13742
惠州市惠阳区新圩镇	15840	85562	20895	62443	44969
惠州市惠阳区镇隆镇	14793	56850	8031	35132	29884
惠州市惠阳区永湖镇	13000	29867	3507	15248	13088
惠州市惠阳区良井镇	7096	30093	3514	18801	6570
惠州市惠阳区平潭镇	9680	39784	4021	25186	7025
博罗县石坝镇	18091	47604	9065	24423	12425
博罗县麻陂镇	8896	23802	4609	11970	3826
博罗县观音阁镇	14693	21858	3340	12115	5197
博罗县公庄镇	30985	68600	19600	27560	17370
博罗县杨村镇	12494	45516	7686	15894	7939
博罗县柏塘镇	25587	54983	9610	29901	12275
博罗县泰美镇	16092	40522	11592	26588	14012
博罗县罗阳镇	32984	201847	149526	105497	82319
博罗县湖镇镇	24934	54145	8275	31877	23682
博罗县长宁镇	6140	44243	6458	26586	13380
博罗县福田镇	9195	36790	5809	20262	10940
博罗县龙华镇	6197	27746	2775	11052	5592

广东省

2-1-19 续表 11　　单位：公顷、人

建制镇名称	行政区域面积	总人口	镇区人口	从业人员	#二三产业
博罗县龙溪镇	11594	92350	24817	68124	57538
博罗县园洲镇	11294	143705	13832	108357	93075
博罗县石湾镇	8296	125000	25550	85000	73700
博罗县杨侨镇	6997	31819	5542	15060	5963
博罗县横河镇	22478	17742	1810	13270	3295
惠东县大岭镇	16023	117911	12943	61978	47959
惠东县白花镇	20389	85288	9852	42553	23695
惠东县梁化镇	26310	66218	9118	28390	14791
惠东县稔山镇	19155	79865	23259	39508	27108
惠东县铁涌镇	11666	43194	6480	19032	7003
惠东县平海镇	13895	37183	13906	22318	9560
惠东县吉隆镇	12802	129450	53220	102418	97343
惠东县黄埠镇	8424	108771	32117	80499	69506
惠东县多祝镇	57529	98837	14643	15683	12493
惠东县安墩镇	47910	60313	4330	25575	16079
惠东县高潭镇	19621	16875	2158	9842	3039
惠东县宝口镇	32925	24613	2212	11519	6093
惠东县白盆珠镇	39772	19888	2409	9950	1990
龙门县麻榨镇	24139	28159	5403	14040	3198
龙门县永汉镇	39203	50684	10196	23471	6994
龙门县平陵镇	13637	40152	7779	28500	9510
龙门县龙田镇	17426	25305	3337	16518	2545
龙门县龙潭镇	25754	27086	2157	10883	2253
龙门县地派镇	25638	18697	1570	10295	5242
龙门县龙华镇	37460	38716	1572	19148	3071
龙门县龙江镇	17150	28487	3447	13650	3600
梅州市梅江区三角镇	3900	35900	6184	15785	12320
梅州市梅江区长沙镇	9200	12439	2075	6938	5437
梅州市梅江区城北镇	11940	56438	2736	16774	13168
梅县城东镇	7928	19957	2306	10171	4361
梅县石扇镇	9140	21224	1706	9060	9060
梅县梅西镇	9250	28939	823	10536	1838
梅县大坪镇	9260	20779	1733	5469	2331
梅县石坑镇	8720	15834	1247	7375	2662
梅县水车镇	12300	21881	3320	9311	1352
梅县梅南镇	14560	15916	3945	8122	2261
梅县丙村镇	17040	44452	10335	16143	5479
梅县白渡镇	18729	27333	3842	14470	2905
梅县松源镇	15000	40314	7011	16228	275
梅县隆文镇	11340	23735	3143	12395	7486
梅县桃尧镇	11800	18256	2904	10230	1890
梅县畲江镇	17500	44758	7803	19997	13237
梅县西阳镇	27250	35022	3964	16803	5211
梅县雁洋镇	18300	19106	5032	11083	4995
梅县松口镇	32840	42605	12537	19177	9095
梅县南口镇	26220	75597	3859	19138	4785
梅县程江镇	5800	54357	39867	29179	25419
大埔县湖寮镇	19860	91710	69760	45855	28553
大埔县青溪镇	16606	13603	430	6902	4548

广东省

2-1-19 续表 12 单位：公顷、人

建制镇名称	行政区域面积	总人口	镇区人口	从业人员	#二三产业
大埔县三河镇	15023	20414	1330	4889	1389
大埔县银江镇	20982	12937	790	6669	980
大埔县洲瑞镇	8398	11237	2769	5619	2291
大埔县光德镇	13107	19123	4515	9562	6897
大埔县桃源镇	7698	9787	2439	5194	3598
大埔县百侯镇	10439	17661	5983	8830	1730
大埔县大东镇	9929	13953	1367	6976	3360
大埔县大麻镇	23264	26621	5302	13310	5628
大埔县枫朗镇	17523	30923	1818	15462	4569
大埔县茶阳镇	28881	33628	13865	16820	5348
大埔县高陂镇	30891	50629	13390	25315	14135
大埔县西河镇	20998	24531	3100	12266	2916
丰顺县北斗镇	9029	7366	1451	4817	2399
丰顺县汤西镇	19626	55948	3796	25617	5445
丰顺县汤南镇	4632	30542	2050	26430	12150
丰顺县埔寨镇	9538	22865	9930	13526	7150
丰顺县建桥镇	9410	15135	6696	6385	2720
丰顺县龙岗镇	11188	11312	1420	8160	4898
丰顺县潘田镇	14604	39831	2004	13941	4165
丰顺县黄金镇	15842	39254	5542	12127	6563
丰顺县小胜镇	7569	7819	4500	4902	1890
丰顺县砂田镇	14625	12644	1688	11648	8453
丰顺县八乡山镇	19362	12216	1933	9886	2571
丰顺县丰良镇	24961	39135	19166	23139	9676
丰顺县潭江镇	21771	28681	6956	11945	2346
丰顺县汤坑镇	23323	69195	19735	36395	12112
丰顺县留隍镇	42823	67897	21293	42456	24958
丰顺县大龙华镇	22039	11611	4030	11020	6822
五华县转水镇	15850	49756	3941	22918	11066
五华县潭下镇	26000	39338	3340	20123	9297
五华县郭田镇	13900	29414	1189	13420	5188
五华县双华镇	14200	25015	3405	15300	8150
五华县梅林镇	12840	33017	2417	21276	11550
五华县华阳镇	15350	38850	2120	24085	14660
五华县华城镇	21680	94094	35221	48400	26650
五华县周江镇	20267	35824	1755	23899	9865
五华县水寨镇	3949	134198	83205	34936	21520
五华县河东镇	22900	107771	8536	48857	33235
五华县岐岭镇	11983	58431	3970	30890	18551
五华县长布镇	17480	54367	3842	26732	13717
五华县横陂镇	23600	90069	4615	38000	37894
五华县安流镇	22300	116426	5336	53953	24985
五华县棉洋镇	25410	79967	3315	36105	16085
五华县龙村镇	29910	73506	2346	33955	14151
平远县石正镇	10100	32656	3246	17126	7546
平远县八尺镇	10850	14672	1024	5913	2120
平远县差干镇	9500	8006	672	3907	1226
平远县河头镇	9210	10669	713	5543	2287
平远县中行镇	7620	8634	126	4851	2343

广东省

2-1-19 续表 13 单位：公顷、人

建制镇名称	行政区域面积	总人口	镇区人口	从业人员	#二三产业
平远县上举镇	9860	7411	669	3911	2237
平远县泗水镇	13380	10479	2235	5062	1034
平远县长田镇	6870	9403	1935	4543	2500
平远县热柘镇	10480	12867	1512	6939	4639
平远县东石镇	16300	33727	2765	17002	4730
平远县仁居镇	18840	23077	2218	11607	3420
平远县大柘镇	15440	89321	13534	20897	9565
蕉岭县三圳镇	9680	16767	2653	8714	3380
蕉岭县文福镇	12270	19350	6872	9175	4865
蕉岭县广福镇	10713	14734	1498	8230	2725
蕉岭县新铺镇	18519	43016	825	18940	6463
蕉岭县蓝坊镇	12880	17750	2152	8655	2295
蕉岭县南礤镇	16190	19510	1935	7933	2364
蕉岭县蕉城镇	5760	73219	8730	35028	21990
蕉岭县长潭镇	9680	18287	2856	8499	3345
兴宁市永和镇	10955	46644	2766	24498	16681
兴宁市新圩镇	11800	43865	2434	22114	15230
兴宁市罗浮镇	29600	54246	10986	22388	10929
兴宁市罗岗镇	15000	72609	5326	27873	17701
兴宁市黄槐镇	9510	37163	1623	14894	9309
兴宁市龙田镇	4640	44172	3426	21904	11793
兴宁市石马镇	10778	38283	2389	19658	10209
兴宁市宁中镇	4145	36061	3710	18642	14009
兴宁市径南镇	14200	35066	1240	20278	10292
兴宁市坭陂镇	8732	83164	5477	39387	26372
兴宁市水口镇	22885	81302	4209	30117	21187
兴宁市黄陂镇	12752	72057	5846	28971	16643
兴宁市合水镇	10198	37774	2603	15045	8988
兴宁市大坪镇	18709	73093	3315	31337	15684
兴宁市叶塘镇	16614	82801	1332	38804	26768
兴宁市新陂镇	4308	38942	3754	20555	13556
兴宁市刁坊镇	5383	40020	1668	17469	8719
汕尾市城区红草镇	6973	42708	6915	21986	10110
汕尾市城区东冲镇	10358	59777	11858	24042	11314
汕尾市城区捷胜镇	4948	55236	16130	21438	11227
海丰县梅陇镇	15254	106796	32320	59120	24287
海丰县小漠镇	3445	11748	3718	6280	2308
海丰县后门镇	3298	18908	17843	8671	4641
海丰县联安镇	5208	36038	7126	21137	4900
海丰县陶河镇	6413	35369	9513	16396	6120
海丰县赤坑镇	11700	70189	13927	31978	10441
海丰县大湖镇	2793	12868	1537	6091	742
海丰县可塘镇	7455	59204	21530	25616	11681
海丰县黄羌镇	13800	37275	4209	16525	7728
海丰县平东镇	12558	27381	3916	14676	5366
海丰县海城镇	20600	162393	150869	79572	72638
海丰县鹅埠镇	10000	16276	4335	8056	3201
海丰县赤石镇	29300	23368	3308	10263	3795
海丰县公平镇	15414	69155	31875	35254	30086

广东省

2-1-19 续表 14

单位：公顷、人

建制镇名称	行政区域面积	总人口	镇区人口	从业人员	#二三产业
海丰县附城镇	4813	59954	12407	25548	12310
海丰县城东镇	7856	62580	16810	28412	16795
陆河县河田镇	8354	81325	43862	21035	12072
陆河县水唇镇	12162	45892	12450	25210	10250
陆河县河口镇	15999	58222	21115	21113	9912
陆河县新田镇	17453	38190	7020	16500	6600
陆河县上护镇	11113	37786	3960	14564	6479
陆河县螺溪镇	14453	35225	3028	17430	4880
陆河县东坑镇	7945	26382	1611	11660	4410
陆河县南万镇	11119	13964	2614	5030	2309
陆丰市甲子镇	1472	127374	11801	32986	19322
陆丰市碣石镇	10843	237247	128183	91228	56998
陆丰市湖东镇	5959	103671	36132	30986	11991
陆丰市大安镇	9350	61069	15286	33518	20536
陆丰市博美镇	5859	83351	19330	25599	10945
陆丰市内湖镇	4200	40403	8985	15401	2601
陆丰市南塘镇	14151	139696	27654	38316	11294
陆丰市陂洋镇	15900	54842	13758	20036	4363
陆丰市八万镇	11879	37156	2693	9292	3110
陆丰市金厢镇	5706	57638	14000	24700	8800
陆丰市潭西镇	7348	75272	13679	31876	5919
陆丰市甲东镇	7500	90182	5638	27544	5532
陆丰市河东镇	5938	40382	8667	16857	8100
陆丰市上英镇	5060	31896	4210	9688	2002
陆丰市桥冲镇	6600	61551	7944	28531	5884
陆丰市甲西镇	10700	133002	8562	38031	11820
陆丰市西南镇	8355	38443	4123	13379	6934
河源市源城区源南镇	8800	25498	3905	12893	8893
河源市源城区埔前镇	16200	89021	5561	61900	53210
紫金县紫城镇	31480	172782	84491	87345	71518
紫金县龙窝镇	32200	84521	8256	40432	9774
紫金县九和镇	21387	30368	4287	11256	4394
紫金县上义镇	17820	25214	2933	11218	857
紫金县蓝塘镇	29980	75418	23789	35000	33689
紫金县凤安镇	11382	27493	2080	11489	4992
紫金县义容镇	23509	57183	3784	23007	11607
紫金县古竹镇	27810	57818	21453	24931	13399
紫金县临江镇	13500	33006	3270	14828	7694
紫金县柏埔镇	13535	34783	2598	18142	3244
紫金县黄塘镇	22600	43474	1940	16002	2094
紫金县敬梓镇	12110	31765	741	19447	1402
紫金县水墩镇	11540	26011	781	8292	737
紫金县南岭镇	10020	19416	1055	7078	507
紫金县苏区镇	12508	23241	1088	8539	1591
紫金县瓦溪镇	23000	34979	2507	13139	1309
紫金县好义镇	11000	15743	1456	7296	1094
紫金县中坝镇	16991	44869	2281	23146	12330
龙川县老隆镇	11960	156408	20763	51492	46397
龙川县义都镇	10640	28023	1859	10784	1541

广东省

2-1-19 续表 15 单位：公顷、人

建制镇名称	行政区域面积	总人口	镇区人口	从业人员	#二三产业
龙川县佗城镇	21800	42997	4425	24164	5704
龙川县鹤市镇	5200	32281	2763	11501	7574
龙川县黄布镇	5655	32573	1984	12117	8746
龙川县紫市镇	11200	33707	2526	3945	103
龙川县通衢镇	10076	39486	3285	14941	4648
龙川县登云镇	6705	24151	1336	7982	1723
龙川县丰稔镇	13609	41188	1908	22353	3200
龙川县四都镇	8100	19381	886	9528	5277
龙川县铁场镇	19000	85017	7232	31279	7911
龙川县龙母镇	14820	54821	2496	21409	39
龙川县田心镇	8820	40195	4490	14600	6810
龙川县黎咀镇	12744	33851	1580	14314	6931
龙川县黄石镇	11800	18596	800	7537	330
龙川县赤光镇	13202	45280	6753	18428	8894
龙川县回龙镇	8451	31399	2235	14604	6627
龙川县新田镇	7130	17542	549	8481	4914
龙川县车田镇	31202	60235	3857	20830	4355
龙川县岩镇镇	12156	20303	985	9114	4336
龙川县麻布岗镇	18083	41433	2292	21978	15102
龙川县贝岭镇	10699	19254	895	8264	3874
龙川县细坳镇	14345	22920	1018	9580	5084
龙川县上坪镇	20603	31737	1528	14554	6682
连平县元善镇	25826	96349	44152	25263	17659
连平县上坪镇	29186	33542	18718	23467	10500
连平县内莞镇	22420	19767	1970	9790	922
连平县陂头镇	31580	32621	2430	19661	8440
连平县溪山镇	11000	17350	236	7837	3670
连平县隆街镇	27400	45381	5428	22454	9254
连平县田源镇	16390	13189	706	6076	2789
连平县油溪镇	30000	36618	7812	4378	3643
连平县忠信镇	10058	69137	32069	27687	22136
连平县高莞镇	6400	24698	850	11255	1664
连平县大湖镇	7800	22136	2987	7963	1668
连平县三角镇	3541	16282	360	4813	1930
连平县绣缎镇	5797	17456	2969	11622	4506
和平县阳明镇	18838	92884	47555	38436	22429
和平县大坝镇	17537	40685	1796	20857	7062
和平县长塘镇	16918	22660	1398	11796	3335
和平县下车镇	13499	22363	1240	11580	6083
和平县上陵镇	14465	29361	1321	13882	3348
和平县优胜镇	11731	17340	1240	7828	4321
和平县贝墩镇	13235	31986	3347	17340	5260
和平县古寨镇	6428	14108	983	7657	2393
和平县彭寨镇	20744	71200	4298	34709	16228
和平县合水镇	12430	28635	1525	13042	7410
和平县公白镇	6377	12899	541	5912	1391
和平县青州镇	10109	18356	826	7824	3168
和平县俐源镇	13211	20150	1300	8100	1554
和平县热水镇	14713	17718	1048	7311	4678

广东省

2-1-19 续表 16　　　　单位：公顷、人

建制镇名称	行政区域面积	总人口	镇区人口	从业人员	#二三产业
和平县东水镇	15621	39817	2127	26478	10415
和平县礼士镇	7015	20446	639	11825	4597
和平县林寨镇	9284	29985	1865	19116	12337
东源县仙塘镇	16232	57363	22704	39518	33570
东源县灯塔镇	20400	43218	7269	22382	16417
东源县骆湖镇	9600	20154	1090	15336	4217
东源县船塘镇	20300	67989	5672	26646	7499
东源县顺天镇	1665	23489	1418	9613	5640
东源县上莞镇	9738	35356	2322	19513	3256
东源县曾田镇	13800	18875	1255	7881	2951
东源县柳城镇	10600	22965	2522	11706	7222
东源县义合镇	2670	21238	2994	11472	7641
东源县蓝口镇	19600	44332	4000	21716	10899
东源县黄田镇	3690	22989	3621	15458	9266
东源县叶潭镇	13490	36903	3089	20854	11854
东源县黄村镇	22000	52158	6024	21508	16684
东源县康禾镇	22133	24197	2168	10432	6032
东源县锡场镇	42000	10892	1628	4366	3365
东源县新港镇	16375	20087	5611	7499	6225
东源县双江镇	14550	15510	1352	5171	1367
东源县涧头镇	17300	17686	1013	8712	3458
东源县新回龙镇	38600	9264	1700	4438	4350
东源县半江镇	24334	9155	410	497	297
阳江市江城区埠场镇	7500	40742	4406	23823	8913
阳江市江城区平冈镇	11980	96678	10512	47467	24228
阳江市海陵区闸坡镇	10800	98624	13636	67103	41225
阳江市江城区双捷镇	8241	32240	2509	18031	8408
阳西县织贡镇	31600	131464	68351	49035	18840
阳西县程村镇	17800	68103	5707	36766	10207
阳西县塘口镇	20100	42250	2725	22158	9734
阳西县上洋镇	17160	72223	5359	36600	14954
阳西县溪头镇	21100	89090	10833	50001	21944
阳西县沙扒镇	3220	31810	16325	16670	6870
阳西县儒洞镇	16000	50746	23388	22716	4707
阳西县新圩镇	18100	36070	3635	16173	3155
阳东县东城镇	5160	42276	21552	14735	13202
阳东县北惯镇	11250	43493	11753	23140	15041
阳东县那龙镇	22300	33643	4389	26951	17521
阳东县东平镇	13170	42283	28960	27710	18015
阳东县雅韶镇	7400	27046	2627	16132	10486
阳东县大沟镇	11600	47840	3584	19812	4402
阳东县新洲镇	25420	59129	7954	29175	17505
阳东县合山镇	9180	40632	27004	22725	14089
阳东县塘坪镇	19700	47151	2943	23014	13809
阳东县大八镇	29760	61701	16380	36399	24391
阳东县红丰镇	10300	45652	14983	23016	15418
阳春市河朗镇	20000	41942	1650	21763	4824
阳春市松柏镇	17400	53090	4890	22938	3605
阳春市石望镇	11000	39227	1504	22160	6596

广东省

2-1-19 续表 17 单位：公顷、人

建制镇名称	行政区域面积	总人口	镇区人口	从业人员	#二三产业
阳春市春湾镇	34200	94293	13646	45098	15589
阳春市合水镇	24000	63769	10882	39182	12213
阳春市陂面镇	12300	61799	4399	39182	6940
阳春市圭岗镇	39800	55224	5260	20006	3465
阳春市永宁镇	35700	58003	2438	23971	13148
阳春市马水镇	14000	47986	8956	23779	6069
阳春市岗美镇	19100	61578	9641	29035	11516
阳春市河口镇	21000	30853	3612	16842	5917
阳春市潭水镇	22800	81166	8994	34842	7213
阳春市三甲镇	30300	74473	10614	20035	5917
阳春市双窖镇	27900	73615	4378	41385	8969
阳春市八甲镇	28000	73389	7073	35089	8189
清远市清城区源潭镇	22836	93885	29520	42136	26100
清远市清城区龙塘镇	13943	99868	8652	70028	31933
清远市清城区石角镇	18030	96768	14119	38800	23316
清远市清城区飞来峡镇	40678	78107	5649	45689	20795
佛冈县石角镇	31700	134644	66329	42060	
佛冈县水头镇	15100	30995	1388	14184	
佛冈县汤塘镇	23000	71743	3246	35847	
佛冈县龙山镇	15990	48331	3178	25506	
佛冈县高岗镇	19800	31590	1000	15696	
佛冈县迳头镇	17900	30980	4298	21481	
阳山县青莲镇	21300	39545	7752	20341	11250
阳山县江英镇	30300	42997	2273	22047	10273
阳山县杜步镇	15800	31540	4688	14002	8259
阳山县七拱镇	31300	68115	11448	34514	5517
阳山县太平镇	26000	42361	2660	21659	4315
阳山县杨梅镇	17700	6399	822	3464	1960
阳山县大莨镇	9600	16252	1448	6681	1035
阳山县小江镇	22700	40508	5721	21703	9897
阳山县岭背镇	23000	41134	2902	25658	15462
阳山县黄坌镇	15700	15650	1551	7359	626
阳山县黎埠镇	26900	68686	14647	33263	2016
阳山县阳城镇	30000	116250	57851	36236	27448
连山县永和镇	16300	23027	2252	13315	4112
连山县吉田镇	15491	29368	15345	8484	1649
连山县太保镇	14000	13944	1812	5724	1128
连山县禾洞镇	9100	8410	635	3000	151
连山县福堂镇	18900	19788	485	7961	2149
连山县小三江镇	13282	18611	4078	8298	2512
连山县上帅镇	10200	5059	313	2657	374
连南县三江镇	21887	42332	18494	13597	5624
连南县大麦山镇	14348	18045	3527	9834	2428
连南县寨岗镇	33041	49388	15216	20294	11878
连南县三排镇	14957	24251	2800	13608	4688
连南县涡水镇	13198	7603	1580	4958	1361
连南县大坪镇	9894	12296	2717	7549	4204
连南县香坪镇	16766	11005	2380	6340	845
清新县太和镇	8600	83411	49115	48992	31285

广东省

2-1-19 续表 18 单位：公顷、人

建制镇名称	行政区域面积	总人口	镇区人口	从业人员	#二三产业
清新县太平镇	19907	67169	9662	42904	30181
清新县山塘镇	8456	57789	4268	26741	8680
清新县三坑镇	10800	49601	2876	31276	10419
清新县龙颈镇	58300	114059	2800	58523	19858
清新县禾云镇	43362	114842	2766	28440	7993
清新县浸潭镇	46400	102919	8400	53057	25800
清新县石潭镇	29930	82841	10306	41888	13129
英德市沙口镇	32227	47055	10730	20680	8811
英德市望埠镇	20730	53139	11948	28436	15257
英德市横石水镇	11847	30553	1588	14570	1835
英德市桥头镇	14555	34480	2518	14185	3918
英德市青塘镇	12151	33575	4024	16281	2826
英德市白沙镇	16280	35214	2071	12292	2131
英德市大站镇	24597	42038	9383	22839	11101
英德市西牛镇	24522	50342	9644	25699	1409
英德市九龙镇	23561	56185	6769	29722	5199
英德市含光镇	23594	72438	22206	36640	21330
英德市大湾镇	38195	84660	16772	45390	15387
英德市石灰铺镇	22695	40554	5162	19786	8434
英德市石牯塘镇	33255	38194	2046	16750	1842
英德市下太镇	17409	11444	2937	5425	919
英德市波罗镇	17295	15218	590	6669	327
英德市横石塘镇	20183	28201	2730	13952	2424
英德市大洞镇	18479	17820	935	9133	1007
英德市连江口镇	38040	35374	13499	18871	15603
英德市黎溪镇	28499	34746	14495	12896	2745
英德市水边镇	10514	18883	4029	11012	490
英德市英红镇	21875	33906	3442	15970	3673
英德市东华镇	55869	103400	2611	46169	9648
英德市黄花镇	20547	48587	3674	18860	8597
连州市连州镇	17570	147346	80723	34536	19472
连州市星子镇	47890	64567	14215	30553	7400
连州市大路边镇	23070	57042	4296	19202	3000
连州市龙坪镇	36170	37023	2672	12817	3869
连州市西岸镇	21830	51973	6324	30857	11460
连州市保安镇	18840	38433	6363	14746	3568
连州市丰阳镇	17770	30940	901	9802	1669
连州市东陂镇	11590	31473	4318	13177	5062
连州市九陂镇	17000	31242	2026	11406	3193
连州市西江镇	19260	17800	3036	9591	4431
东莞市石碣镇	3621	145251	43951	123871	121215
东莞市石龙镇	1383	123229	123229	68471	68226
东莞市茶山镇	4539	122871	20226	95716	94386
东莞市石排镇	5604	135349	135349	106864	97590
东莞市企石镇	5891	79065	5386	66066	53730
东莞市横沥镇	4467	138016	46231	106743	103740
东莞市桥头镇	5600	98135	60088	78500	77950
东莞市谢岗镇	9100	64861	11037	51526	50595
东莞市东坑镇	2370	109808	57654	86625	86625

广东省

2-1-19 续表 19 单位：公顷、人

建制镇名称	行政区域面积	总人口	镇区人口	从业人员	#二三产业
东莞市常平镇	10800	282697	26749	245641	200124
东莞市寮步镇	7252	248000	8535	188000	188000
东莞市樟木头镇	11878	142433	142433	108178	107096
东莞市大朗镇	11800	183244	183244	91622	90617
东莞市黄江镇	9800	232300	14555	209070	190214
东莞市清溪镇	14000	172923	68405	149117	148044
东莞市塘厦镇	12800	484000	484000	411400	392632
东莞市凤岗镇	8250	173395	173395	156269	154200
东莞市大岭山镇	9500	285456	107009	202936	202211
东莞市长安镇	8340	433151	433151	381172	380409
东莞市虎门镇	17850	544805	544805	475813	471598
东莞市厚街镇	12605	360570	134683	298335	296511
东莞市沙田镇	7880	109898	27624	81479	71259
东莞市道滘镇	6300	141100	26805	109975	96973
东莞市洪梅镇	3350	58400	3676	30875	27436
东莞市麻涌镇	9100	107732	43498	76718	62011
东莞市望牛墩镇	3159	83518	20361	58390	53861
东莞市中堂镇	6000	122868	49418	87548	83310
东莞市高埗镇	3402	217500	56792	199800	139100
中山市小榄镇	7540	314190	314190	270000	264167
中山市黄圃镇	8800	124881	112569	85161	78382
中山市民众镇	12075	106831	40109	80580	62197
中山市东凤镇	5644	120969	47366	79629	62106
中山市东升镇	7582	116168	94456	83190	76004
中山市古镇镇	4780	143538	72816	96758	91979
中山市沙溪镇	5500	116581	13085	88053	86033
中山市坦洲镇	13000	212091	68781	113480	102482
中山市港口镇	7100	111685	72965	70397	58221
中山市三角镇	7032	118030	6675	85400	79264
中山市横栏镇	7628	101235	3506	83573	77272
中山市南头镇	2614	95042	95042	72852	72521
中山市阜沙镇	3710	51824	11495	36994	31257
中山市南朗镇	21886	95426	47302	74432	71140
中山市三乡镇	9600	191680	191680	144919	136347
中山市板芙镇	7970	80007	35128	79398	79365
中山市大涌镇	4061	71556	29250	51741	49244
中山市神湾镇	6093	30508	7202	20060	17195
潮州市湘桥区意溪镇	7200	47778	10172	20855	14196
潮安县古巷镇	6200	65613	13997	27904	23960
潮安县登塘镇	14490	40119	8262	20438	15569
潮安县凤塘镇	6300	84409	45500	56562	39960
潮安县浮洋镇	3898	103838	12147	45353	18165
潮安县龙湖镇	2000	59527	13550	27862	20241
潮安县金石镇	2000	69492	3399	27902	8470
潮安县沙溪镇	3720	58271	14600	25050	19790
潮安县彩塘镇	4400	110215	30417	83200	39080
潮安县东凤镇	3350	91061	19800	42758	32650
潮安县庵埠镇	3200	145948	145948	60000	55000
潮安县磷溪镇	7600	80718	20796	38740	22420

广东省

2-1-19 续表 20　　单位：公顷、人

建制镇名称	行政区域面积	总人口	镇区人口	从业人员	#二三产业
潮安县铁铺镇	6680	38610	16497	30740	14124
潮安县官塘镇	2800	32575	14947	13876	7487
潮安县江东镇	3900	74237	21200	35720	28700
潮安县归湖镇	15790	30725	3132	13255	9000
潮安县文祠镇	7540	18038	1080	7578	3405
潮安县凤凰镇	23100	40449	11948	17500	2620
潮安县赤凤镇	8900	13230	2788	6455	4921
潮安县枫溪镇	2447	146556	146556	63222	58798
饶平县黄冈镇	8860	196614	164716	84807	47491
饶平县上饶镇	9946	61506	14900	19000	11250
饶平县饶洋镇	8470	67077	8062	23956	12763
饶平县新丰镇	11738	66689	24000	19364	14500
饶平县建饶镇	7245	16023	1523	5686	636
饶平县三饶镇	8425	55135	28541	23582	16749
饶平县新塘镇	7995	17945	5500	9716	4110
饶平县汤溪镇	8083	11701	1952	6140	3760
饶平县浮滨镇	15902	26473	1710	14127	3436
饶平县浮山镇	6972	32760	14359	14312	2910
饶平县东山镇	7446	21439	2028	12600	2143
饶平县新圩镇	9328	35873	13044	19875	9982
饶平县樟溪镇	10817	18987	2736	6162	3030
饶平县钱东镇	12266	94246	51929	50635	36017
饶平县高堂镇	2542	22961	3500	6916	2218
饶平县联饶镇	8210	38102	2250	20486	5476
饶平县所城镇	5200	42913	8654	19558	7057
饶平县大埕镇	3195	33290	22230	14491	3293
饶平县柘林镇	1198	16563	13542	10866	5365
饶平县G洲镇	4260	57143	43454	26257	14309
饶平县海山镇	5117	79908	19203	35194	14196
揭阳市榕城区渔湖镇	4420	113951	15215	41905	34951
揭东县云路镇	6720	86311	24927	40239	33965
揭东县玉窖镇	3800	55276	2150	27398	19179
揭东县登岗镇	3500	76818	10787	38450	27420
揭东县砲台镇	5400	127703	49271	64592	43243
揭东县地都镇	8700	102203	3510	55134	45827
揭东县霖磐镇	2807	78156	3505	36638	21168
揭东县月城镇	1800	54682	4105	21056	16550
揭东县白塔镇	6300	101680	32184	46875	35454
揭东县龙尾镇	4800	38250	3466	17207	7506
揭东县桂岭镇	3125	70517	3005	40228	21514
揭东县锡场镇	4600	116184	41737	53036	37873
揭东县新亨镇	9000	116630	6886	43131	31871
揭东县玉湖镇	13500	112951	4688	48297	32756
揭东县埔田镇	8096	64516	7628	29606	20812
揭西县龙潭镇	7303	38562	6831	11718	8043
揭西县南山镇	9693	37335	7454	13992	9604
揭西县五经富镇	18820	58314	9077	30883	21198
揭西县京溪园镇	7438	52055	6883	29615	18875
揭西县灰寨镇	5280	43539	5883	27671	18993

广东省

2-1-19 续表 21 单位：公顷、人

建制镇名称	行政区域面积	总人口	镇区人口	从业人员	#二三产业
揭西县塔头镇	2913	53185	10082	20522	13672
揭西县东园镇	2773	39517	6398	17022	11684
揭西县凤江镇	3368	82694	8681	38656	26673
揭西县棉湖镇	3103	106234	57489	47303	41129
揭西县金和镇	5133	75819	14993	28850	19803
揭西县大溪镇	3550	27499	4061	8889	6101
揭西县钱坑镇	4775	45180	5489	14920	11844
揭西县坪上镇	9140	42923	6623	21400	14689
揭西县五云镇	14125	57600	7613	26100	17915
揭西县上砂镇	12288	56382	5634	36063	24644
惠来县惠城镇	17300	180088	139476	60927	25797
惠来县华湖镇	6100	69070	18709	22460	17803
惠来县仙庵镇	8415	93393	27357	37549	19419
惠来县靖海镇	4900	79608	27289	24282	13358
惠来县周田镇	7430	83714	16532	32860	14730
惠来县前詹镇	6100	59917	12480	26000	13960
惠来县神泉镇	5900	98566	24174	26820	10034
惠来县东陇镇	5400	98701	17901	32177	24505
惠来县歧石镇	5000	83750	14651	31058	13977
惠来县隆江镇	13216	162129	45545	54375	29290
惠来县溪西镇	6300	81435	16761	30945	9335
惠来县鳌江镇	6100	60483	9913	17287	9034
惠来县东港镇	5200	36881	8612	16412	5694
惠来县葵潭镇	25600	120036	58346	40790	22382
普宁市赤岗镇	2400	57819	13264	26273	18158
普宁市大坝镇	5900	107436	17020	39920	13194
普宁市洪阳镇	6600	165638	67981	63180	44565
普宁市南溪镇	5000	114235	10025	37596	6079
普宁市广太镇	3730	59700	2135	21100	13806
普宁市麒麟镇	5600	120400	25772	51500	28050
普宁市南径镇	5300	140210	26610	38777	18415
普宁市占陇镇	5200	177500	9385	68950	55450
普宁市军埠镇	2720	119357	5892	52915	34750
普宁市下架山镇	8200	97949	15328	42578	26058
普宁市大南山镇	9200	36503	4070	14000	11500
普宁市高埔镇	10500	66986	12185	27122	8183
普宁市云落镇	10300	66218	16118	20050	8000
普宁市大坪镇	7600	33702	5696	14860	5506
普宁市船埔镇	13300	53789	4220	24820	7547
普宁市梅林镇	14700	71058	16008	25574	10625
普宁市里湖镇	8500	112836	38000	39220	33214
普宁市梅塘镇	7600	139698	10512	42400	27833
普宁市燎原镇	2933	82192	20832	26672	16553
云浮市云城区腰古镇	10890	33586	2565	16325	6300
云浮市云城区思劳镇	9550	21606	1100	13913	3790
云浮市云城区都杨镇	25483	51069	1761	28135	23267
新兴县新城镇	11700	100207	74892	64545	63743
新兴县车岗镇	8820	29885	2752	17063	5468
新兴县水台镇	7440	15858	2845	9462	2955

广东省

2-1-19 续表 22 单位：公顷、人

建制镇名称	行政区域面积	总人口	镇区人口	从业人员	#二三产业
新兴县稔村镇	11250	38192	6597	21913	11977
新兴县东成镇	12000	29464	1421	19287	10689
新兴县太平镇	15800	62356	4596	31837	20821
新兴县里洞镇	12800	19641	3345	9350	5262
新兴县集成镇	18690	65585	11238	35488	19246
新兴县大江镇	8901	11175	1603	4463	1319
新兴县天堂镇	13390	64337	10523	38392	10915
新兴县河头镇	16370	24745	5054	14688	4106
新兴县力竹镇	10180	15730	3999	9223	3247
郁南县都城镇	9260	76160	50934	48800	43320
郁南县平台镇	13200	27614	2693	12995	2690
郁南县桂墟镇	16690	38215	3005	19138	2310
郁南县通门镇	15870	18162	2055	8024	803
郁南县建城镇	22260	42376	3298	26795	11035
郁南县宝珠镇	9600	14700	895	5600	3000
郁南县大方镇	6470	13328	635	6958	1530
郁南县千官镇	19100	46313	9720	19765	9345
郁南县大湾镇	4590	21465	2306	12378	5646
郁南县河口镇	7655	32668	3430	14045	6330
郁南县宋桂镇	8180	27327	1338	16727	5740
郁南县东坝镇	10690	44049	2352	10430	3163
郁南县连滩镇	9800	60006	14418	33856	17928
郁南县历洞镇	13300	21000	2805	5100	1110
郁南县南江口镇	20070	38472	6600	18500	10700
云安县六都镇	20400	51251	28920	29930	10300
云安县高村镇	20400	34154	3449	15303	3547
云安县白石镇	7400	32189	1305	15430	3996
云安县镇安镇	11004	46292	1820	22967	11466
云安县富林镇	16470	55093	10952	45819	23059
云安县南盛镇	14200	36786	5457	19453	3321
云安县前锋镇	13370	27011	4312	16740	6634
云安县石都镇	18100	51116	5726	23648	11222
罗定市罗镜镇	16140	96785	9285	49898	26309
罗定市太平镇	9380	67743	4512	33010	15102
罗定市分界镇	9750	31982	5696	13749	7076
罗定市罗平镇	13580	85577	4749	46519	18915
罗定市船步镇	12920	83103	8892	33946	20945
罗定市满塘镇	8410	43258	3664	20143	9091
罗定市苹塘镇	8840	41310	5280	21600	8640
罗定市金鸡镇	8610	33363	3200	18059	5456
罗定市围底镇	6610	44342	3207	20834	10024
罗定市华石镇	6250	32184	2990	14804	7125
罗定市林宾镇	15410	51022	5390	22298	12961
罗定市黎少镇	13420	59742	4767	27150	12916
罗定市生江镇	6200	40090	5195	18857	10695
罗定市连州镇	12540	56548	4385	25603	12370
罗定市泗纶镇	23380	78550	4610	33000	18390
罗定市加益镇	7930	27889	3947	15880	6586
罗定市龙湾镇	12620	34266	2703	15952	11337

2-1-20 广西壮族自治区建制镇名录及基本情况

单位：公顷、人

建制镇名称	行政区域面积	总人口	镇区人口	从业人员	#二三产业
南宁市兴宁区三塘镇	19200	77494	1865	46549	10392
南宁市兴宁区五塘镇	28000	65872	16426	42635	14039
南宁市兴宁区昆仑镇	13300	27896	3232	16546	8868
南宁市青秀区刘圩镇	16389	55559	3715	30359	11511
南宁市青秀区南阳镇	9700	33093	2230	11134	681
南宁市青秀区伶俐镇	26400	35016	3863	23000	530
南宁市青秀区长塘镇	18954	30396	1998	18820	454
南宁市江南区吴圩镇	26216	109800	17167	66655	47545
南宁市江南区苏圩镇	22300	68500	10700	48900	25100
南宁市江南区延安镇	13189	27498	7771	17800	1800
南宁市江南区江西镇	21400	46412	4817	34237	10615
南宁市西乡塘区金陵镇	19720	65097	8950	34615	2665
南宁市西乡塘区双定镇	18800	32813	3278	20415	2435
南宁市西乡塘区坛洛镇	33500	77365	7513	43100	1888
南宁市良庆区良庆镇	12400	45485	3810	24807	2040
南宁市良庆区那马镇	16766	26752	4843	16123	734
南宁市良庆区那陈镇	29300	34111	4211	21400	1031
南宁市良庆区大塘镇	49800	48530	9913	29948	6304
南宁市良庆区南晓镇	29365	44417	3010	28337	10330
南宁市邕宁区蒲庙镇	24899	136446	43050	89684	6300
南宁市邕宁区那楼镇	35431	92369	4013	64707	18136
南宁市邕宁区新江镇	16500	31592	3600	16980	6530
武鸣县城厢镇	24477	105757	51336	45084	20627
武鸣县太平镇	36500	39290	2498	33597	5220
武鸣县双桥镇	20418	54359	6284	42652	10665
武鸣县宁武镇	23222	38793	5012	28995	6515
武鸣县锣圩镇	38300	65138	8034	41972	5338
武鸣县仙湖镇	20300	42643	6146	34176	5933
武鸣县府城镇	26462	58698	4700	36010	4812
武鸣县陆斡镇	24588	63250	5784	34307	4743
武鸣县两江镇	20022	41494	3138	23451	2086
武鸣县罗波镇	16292	37798	6744	27265	2591
武鸣县灵马镇	19500	50382	4855	36100	26766
武鸣县甘圩镇	9257	24560	7210	10240	2833
武鸣县马头镇	16100	24388	1792	14522	1301
隆安县城厢镇	38600	68275	25617	29227	14952
隆安县南圩镇	31098	65152	11684	39026	10056
隆安县雁江镇	12800	27220	3516	14168	5168
隆安县那桐镇	18700	49562	9876	31314	8212
隆安县乔建镇	21700	44721	8825	31341	10937
隆安县丁当镇	26900	35848	6610	25360	6788
马山县白山镇	22336	82737	28512	26589	16123
马山县百龙滩镇	8783	21790	1605	13459	6228
马山县林圩镇	30624	94858	1813	67333	22990
马山县古零镇	25549	57262	6194	36750	16341
马山县金钗镇	12603	30543	2453	18560	10752
马山县周鹿镇	33162	92019	4900	52560	29980

广西壮族自治区

2-1-20 续表 1　　单位：公顷、人

建制镇名称	行政区域面积	总人口	镇区人口	从业人员	#二三产业
马山县永州镇	21567	53280	12480	35580	22423
上林县大丰镇	18584	69646	54000	41400	8538
上林县明亮镇	9734	31261	4511	16982	6226
上林县巷贤镇	15733	44482	3537	23500	9500
上林县白圩镇	23349	79156	11192	51145	4602
上林县三里镇	18985	55864	5906	33070	2332
上林县乔贤镇	12637	37067	9800	19380	5700
上林县西燕镇	23089	43419	4558	22418	7092
宾阳县宾州镇	22861	224663	55520	127500	65025
宾阳县黎塘镇	21900	128163	82735	97019	64770
宾阳县甘棠镇	18900	54138	4500	26160	4755
宾阳县思陇镇	16774	58446	3750	31503	5798
宾阳县新桥镇	9793	80881	7588	45892	22966
宾阳县新圩镇	6578	29951	1198	21401	7888
宾阳县邹圩镇	14377	47708	5894	23191	6910
宾阳县大桥镇	11531	77008	7977	54963	15040
宾阳县武陵镇	14690	62100	4112	39950	18422
宾阳县中华镇	7470	36170	1308	27181	10992
宾阳县古辣镇	10909	52532	10900	32198	10109
宾阳县露圩镇	12759	36331	2000	16349	5365
宾阳县王灵镇	14852	38282	5516	16236	2546
宾阳县和吉镇	11544	36937	3795	17868	3075
宾阳县洋桥镇	10575	31318	3791	18100	3573
横县横州镇	17896	167003	2700	47447	14457
横县百合镇	18982	104563	13200	53772	21467
横县那阳镇	13817	64511	7460	35230	12530
横县南乡镇	32833	93020	4730	51631	6485
横县新福镇	34369	57087	4950	30150	3200
横县莲塘镇	13296	43700	4918	23914	4158
横县平马镇	13455	36708	4950	20960	4137
横县峦城镇	7859	56897	12430	29917	17530
横县六景镇	31796	101176	5299	52144	21768
横县石塘镇	20384	71869	3665	43263	13717
横县陶圩镇	17925	87413	5079	53076	25276
横县校椅镇	23661	106707	9237	68406	34344
横县云表镇	25139	80014	6471	48322	14584
横县马岭镇	9243	29758	3662	15917	6065
柳州市柳南区太阳村镇	11200	33450	651	18988	10072
柳州市柳北区石碑坪镇	8900	20987	6842	9486	1755
柳州市柳北区沙塘镇	8716	48105	29957	16162	10895
柳州市柳北区长塘镇	7600	33000	23692	25330	17849
柳州市柳北区洛埠镇	1530	8291	8201	4015	2065
柳江县拉堡镇	4578	119382	7021	67086	40401
柳江县里雍镇	24355	32721	1300	20816	2399
柳江县百朋镇	32200	67102	8190	32191	11659
柳江县成团镇	13360	59136	2260	30716	3709
柳江县洛满镇	21644	35966	5064	17100	3683

广西壮族自治区

2-1-20 续表 2　　　　单位：公顷、人

建制镇名称	行政区域面积	总人口	镇区人口	从业人员	#二三产业
柳江县流山镇	14671	22066	1269	13469	2555
柳江县三都镇	12700	32876	3460	14992	2315
柳江县里高镇	21255	25715	2947	13818	4112
柳江县进德镇	11932	55901	3567	33129	8775
柳江县穿山镇	44762	64411	3977	39489	2554
柳江县土博镇	41667	46701	1285	28113	5041
柳城县大埔镇	25103	71515	38945	26480	8070
柳城县龙头镇	11654	15954	1077	9594	1557
柳城县太平镇	29847	40516	3600	23600	3610
柳城县沙埔镇	15433	30434	3630	25300	5315
柳城县东泉镇	26236	53268	7673	28800	6643
柳城县凤山镇	11903	17818	6361	10500	3739
柳城县六塘镇	16778	27653	3638	20400	3779
柳城县冲脉镇	8615	14017	2670	10300	4683
柳城县寨隆镇	8396	13554	1149	8800	2715
鹿寨县鹿寨镇	43800	123527	83510	36128	13270
鹿寨县雒容镇	35370	83399	30612	36112	10679
鹿寨县中渡镇	37400	49315	5810	28285	2493
鹿寨县寨沙镇	48500	67756	5587	40017	6940
鹿寨县平山镇	32300	44235	1444	25273	9153
融安县长安镇	22988	113006	58494	33915	12599
融安县浮石镇	30285	28542	3541	18370	5800
融安县泗顶镇	28283	18580	1210	10100	1415
融安县板榄镇	42100	23966	2575	13562	3011
融安县大将镇	25800	24891	2510	17896	1808
融安县大良镇	20300	24519	2426	12736	1521
融水县融水镇	26327	91238	44783	25991	6441
融水县和睦镇	15684	25055	3431	12212	3026
融水县三防镇	22222	23978	1256	11783	2920
融水县怀宝镇	26119	17015	1378	8806	2182
三江侗族自治县古宜镇	20791	48725	27265	15532	6939
三江侗族自治县斗江镇	27860	23282	3890	12761	1267
三江侗族自治县丹洲镇	23961	17080	3370	9907	3270
桂林市雁山区雁山镇	9056	21607	580	11320	3517
桂林市雁山区柘木镇	6697	22209	21	14763	3964
阳朔县阳朔镇	7598	47016	29531	26128	20174
阳朔县白沙镇	15250	42425	1484	25344	8871
阳朔县福利镇	22860	41632	2793	20960	9288
阳朔县兴坪镇	30540	41416	4284	21416	5883
阳朔县葡萄镇	13140	34422	1769	18780	8100
阳朔县高田镇	15660	35913	2268	19690	492
临桂县临桂镇	21985	96539	45342	35752	21422
临桂县六塘镇	10100	40559	7250	24482	9620
临桂县会仙镇	17450	55710	7762	28947	9518
临桂县两江镇	26400	78533	7107	37935	10296
临桂县五通镇	26000	58359	11758	32788	16108
灵川县灵川镇	11429	80543	7335	20192	5237

广西壮族自治区

2-1-20 续表 3 单位：公顷、人

建制镇名称	行政区域面积	总人口	镇区人口	从业人员	#二三产业
灵川县大圩镇	20947	57451	10486	28159	6401
灵川县定江镇	8529	36436	12757	15768	5771
灵川县三街镇	18094	21648	5956	13561	2126
灵川县潭下镇	14643	38752	5480	19426	7622
灵川县青狮潭镇	46138	43371	453	22787	6721
全州县全州镇	16920	113995	81760	19400	14941
全州县黄沙河镇	11200	26031	9000	13300	3942
全州县庙头镇	12500	34421	2591	20081	2893
全州县文桥镇	28380	56466	2465	30445	9292
全州县大西江镇	33750	36329	1332	13416	2399
全州县龙水镇	27800	51334	1716	30300	4047
全州县才湾镇	35828	56130	2069	24438	7738
全州县绍水镇	25000	52353	12683	29400	3113
全州县石塘镇	27140	77102	12556	39501	5538
兴安县兴安镇	20457	90828	43400	25533	5142
兴安县湘漓镇	15960	51961	910	28209	2193
兴安县界首镇	15913	38263	9643	20279	1111
兴安县高尚镇	27239	48869	6570	23407	7662
兴安县严关镇	12163	20448	1186	8785	718
兴安县溶江镇	46185	56233	10869	27923	3790
永福县永福镇	27500	53311	33686	16216	1487
永福县罗锦镇	22712	43343	4932	16454	4351
永福县百寿镇	41319	34598	6734	16170	2265
永福县苏桥镇	12350	27966	4804	14481	2513
灌阳县灌阳镇	27900	72572	25578	24912	5781
灌阳县黄关镇	20600	44833	8567	21974	3005
灌阳县文市镇	14000	37249	8626	19183	6035
龙胜各族自治县龙胜镇	32000	36338	27015	13274	3906
龙胜各族自治县瓢里镇	20782	15684	5845	8330	4088
龙胜各族自治县三门镇	32788	15320	5674	7390	4180
资源县资源镇	32600	34200	8975	17500	7983
平乐县平乐镇	31360	98328	34182	50234	31186
平乐县二圹镇	22616	73464	12475	37700	23996
平乐县沙子镇	19236	43235	7866	19620	5523
平乐县同安镇	13715	49309	4446	26614	9745
平乐县张家镇	11740	44838	2895	26300	9101
平乐县源头镇	23233	50574	4769	26712	8610
荔浦县荔城镇	9500	74540	4985	40095	34739
荔浦县东昌镇	14500	25661	2643	16085	6917
荔浦县新平镇	25100	30799	4315	19086	9581
荔浦县杜莫镇	11900	24916	3662	15482	3472
荔浦县青山镇	7200	36536	4913	24902	11201
荔浦县修仁镇	10900	35455	6703	19072	6140
荔浦县大圹镇	10400	23649	2778	12018	5181
荔浦县花箦镇	13800	25007	1471	13847	4811
荔浦县双江镇	14492	30777	4660	14289	5181
荔浦县马岭镇	14300	44442	4607	22873	9436

广西壮族自治区

2-1-20 续表 4 单位：公顷、人

建制镇名称	行政区域面积	总人口	镇区人口	从业人员	#二三产业
瑶族自治县恭城镇	9283	52943	25812	30053	7153
瑶族自治县栗木镇	27565	43300	4812	22400	4071
瑶族自治县莲花镇	36500	53059	5822	30000	6962
梧州市万秀区城东镇	12100	17045	1382	10931	4042
梧州市万秀区旺甫镇	28000	47859	4106	27700	7738
梧州市蝶山区龙湖镇	6714	11429	6120	6465	3162
梧州市蝶山区夏郢镇	22700	49367	2780	26511	7140
梧州市长洲区长洲镇	3625	47393	2490	23533	298
梧州市长洲区倒水镇	27000	39957	1710	22053	1833
苍梧县龙圩镇	17589	83252	80173	27278	13952
苍梧县大坡镇	26173	58129	14500	39252	7866
苍梧县广平镇	29540	69044	15400	44302	24019
苍梧县新地镇	23801	68739	16300	40062	23079
苍梧县岭脚镇	45646	60843	15600	35758	17265
苍梧县京南镇	39831	43211	13500	26821	14744
苍梧县狮寨镇	28377	18762	6200	12456	3901
苍梧县六堡镇	30010	25422	7000	16443	6979
苍梧县梨埠镇	25318	34841	9500	23098	11782
苍梧县木双镇	14562	16270	4500	10851	5465
苍梧县石桥镇	24850	62111	22900	37316	14875
苍梧县沙头镇	41673	67637	21600	39291	10894
藤县藤州镇	37225	157161	85319	77860	48136
藤县塘步镇	24347	65304	3295	32918	8770
藤县埌南镇	19702	48626	3362	27499	9139
藤县同心镇	13822	24966	1619	14654	4066
藤县金鸡镇	24257	71207	8810	31316	16922
藤县新庆镇	13376	41752	2457	23705	13184
藤县象棋镇	18300	46027	3597	22300	9900
藤县岭景镇	19000	42474	1998	23131	6529
藤县天平镇	35176	82027	5965	44559	21273
藤县蒙江镇	29128	86350	18721	40447	20526
藤县和平镇	16809	80011	4369	46096	28218
藤县太平镇	28300	103067	26716	47435	19028
藤县古龙镇	17628	43637	4500	22611	11699
藤县东荣镇	20922	39620	1945	23902	10982
藤县大黎镇	43226	61074	2606	36411	15895
蒙山县蒙山镇	8530	52668	4391	17063	12080
蒙山县西河镇	19489	34254	267	20793	7430
蒙山县新圩镇	14740	24236	4234	16545	6700
蒙山县文圩镇	14369	36852	4980	22099	10300
蒙山县黄村镇	24069	23398	1251	12050	5020
蒙山县陈塘镇	15418	24300	2731	12925	2960
岑溪市岑城镇	21321	76562	36082	36126	24083
岑溪市马路镇	23086	72527	8920	41500	15699
岑溪市南渡镇	24121	86314	15316	42500	18324
岑溪市水汶镇	20447	59592	13395	39600	20322
岑溪市大隆镇	13445	36819	7331	18000	7300

广西壮族自治区

2-1-20 续表 5 单位：公顷、人

建制镇名称	行政区域面积	总人口	镇区人口	从业人员	#二三产业
岑溪市梨木镇	20100	51176	5860	23100	10613
岑溪市大业镇	14801	52571	10072	21500	8800
岑溪市筋竹镇	18581	49824	11852	21800	13957
岑溪市城谏镇	18761	49566	5047	28200	12517
岑溪市归义镇	16727	77527	14162	43400	24923
岑溪市糯垌镇	19160	77342	6312	46980	20980
岑溪市安平镇	14140	31913	7384	11900	4400
岑溪市三堡镇	31610	66064	7958	37500	14400
岑溪市波塘镇	20585	38780	4286	18505	7502
北海市海城区涠州镇	2663	14596	2679	8162	2808
北海市银海区福成镇	29365	74608	15791	36896	9050
北海市银海区银滩镇	7896	31177	6558	16936	8130
北海市银海区平阳镇	6200	12693	2473	8145	2079
北海市银海区侨港镇	110	14911	14911	8648	5159
北海市铁山港区南康镇	17540	70039	16886	44395	18529
北海市铁山港区营盘镇	9990	59137	55795	28225	9676
北海市铁山港区兴港镇	11100	54031	131	27646	6645
合浦县廉州镇	17700	175739	117039	94004	61259
合浦县党江镇	8200	51639	3312	27025	12977
合浦县西场镇	17300	99084	4025	52947	23098
合浦县沙岗镇	9700	40823	2121	22032	8243
合浦县乌家镇	19600	15805	1562	8285	3670
合浦县闸口镇	10700	46079	3678	23961	11145
合浦县公馆镇	17800	138200	9694	71864	31573
合浦县白沙镇	22800	116752	8351	62465	25288
合浦县山口镇	12600	81352	5969	42306	16426
合浦县沙田镇	3200	20354	2547	10684	4502
合浦县石湾镇	24500	49369	4770	25672	12563
合浦县石康镇	19500	77253	12228	40944	16352
合浦县常乐镇	26400	83341	10257	44170	15236
防城港市港口区企沙镇	8659	38230	15912	25229	14100
防城港市港口区光坡镇	9800	25546	2700	17018	6282
防城港市港口区公车镇	8350	26129	2112	20735	13460
防城港市防城区防城镇	20800	137600	102858	67627	51093
防城港市防城区大菉镇	22400	41871	2220	22140	7874
防城港市防城区华石镇	9160	13810	1186	8716	3254
防城港市防城区那梭镇	25300	32458	3806	12375	4979
防城港市防城区那良镇	38300	50350	8468	27000	13953
防城港市防城区峒中镇	23687	28310	7699	16432	3625
上思县思阳镇	26600	76124	36574	47650	3589
上思县在妙镇	20600	33266	3171	17882	2055
东兴市东兴镇	12626	61639	25108	39358	28411
东兴市江平镇	25709	49423	6560	25528	7214
东兴市马路镇	16529	15754	2542	9342	4312
钦州市钦南区沙埠镇	14550	40509	450	24857	5160
钦州市钦南区康熙岭镇	8920	43628	6871	24120	10410
钦州市钦南区黄屋屯镇	22670	57745	6035	31438	21000

广西壮族自治区

2-1-20 续表 6　　　　单位：公顷、人

建制镇名称	行政区域面积	总人口	镇区人口	从业人员	#二三产业
钦州市钦南区尖山镇	8300	26586	4347	14000	3200
钦州市钦南区大番坡镇	13376	24236	2407	13799	3482
钦州市钦南区龙门镇	3677	8166	3188	4418	742
钦州市钦南区久隆镇	22292	44764	3215	28804	11944
钦州市钦南区东场镇	18110	20856	2638	15493	3632
钦州市钦南区那丽镇	22608	33282	8594	21300	5285
钦州市钦南区那彭镇	29138	43297	8947	24848	5245
钦州市钦南区那思镇	24476	28081	3750	16831	1441
钦州市钦南区犀牛脚镇	25440	64398	17650	27957	13730
钦州市钦北区大垌镇	15588	41307	4729	24262	10664
钦州市钦北区平吉镇	25998	91610	16466	55452	27275
钦州市钦北区青塘镇	12438	52651	5882	33610	12281
钦州市钦北区小董镇	15032	96342	39726	53706	30987
钦州市钦北区板城镇	17864	95273	3785	53822	25575
钦州市钦北区那蒙镇	13679	54515	8221	30028	13157
钦州市钦北区长滩镇	11866	58634	2487	36572	8744
钦州市钦北区新棠镇	11200	49264	5330	29753	13141
钦州市钦北区大直镇	38117	93083	16002	54034	22288
钦州市钦北区大寺镇	27182	91828	32689	54618	30972
钦州市钦北区贵台镇	20600	38132	3459	23953	9405
灵山县灵城镇	17645	223410	120704	108384	74848
灵山县新圩镇	17196	111860	11967	70452	27913
灵山县丰塘镇	12226	49624	3511	34842	14681
灵山县平山镇	11764	52701	2548	32256	14099
灵山县石塘镇	11365	54902	13061	32482	10870
灵山县佛子镇	16225	70096	5762	36929	17412
灵山县平南镇	11060	65332	4335	37652	9187
灵山县烟墩镇	14379	84171	9156	50850	26633
灵山县檀圩镇	13985	114425	19253	63089	23486
灵山县那隆镇	22867	120610	6497	62830	35030
灵山县三隆镇	13687	72599	7670	39283	13830
灵山县陆屋镇	27792	107870	17931	52448	23699
灵山县旧州镇	21845	111526	5063	56398	27383
灵山县太平镇	27785	127210	9545	62094	35487
灵山县沙坪镇	11782	59303	7445	27578	12924
灵山县武利镇	18317	80288	23743	42953	12229
灵山县文利镇	26300	38071	3514	21635	6118
灵山县伯劳镇	30776	96741	7339	54526	15530
浦北县小江镇	28300	136285	50312	80339	49230
浦北县泉水镇	9803	28920	3470	17210	9780
浦北县石冲镇	4600	20139	2701	10870	6125
浦北县安石镇	8667	35163	2452	18871	7403
浦北县张黄镇	20450	78891	18965	44178	23716
浦北县大成镇	18800	32853	1876	19708	6405
浦北县白石水镇	8687	40705	3845	23260	7103
浦北县北通镇	15000	68742	5976	37230	13815
浦北县三合镇	8800	37694	2479	20432	9914

广西壮族自治区

2-1-20 续表 7　　　　单位：公顷、人

建制镇名称	行政区域面积	总人口	镇区人口	从业人员	#二三产业
浦北县龙门镇	25939	97359	7114	51495	23237
浦北县福旺镇	21348	82754	5517	45145	16975
浦北县寨圩镇	18100	80686	13037	42927	19209
浦北县乐民镇	8285	46410	6791	26885	9318
浦北县六垠镇	22500	49653	3446	27602	10175
浦北县平睦镇	10800	29801	3160	16720	6339
浦北县官垌镇	20055	46509	3401	26913	8673
贵港市港北区港城镇	13600	65507	1948	25398	15708
贵港市港北区大圩镇	15900	94532	12215	39658	5766
贵港市港北区庆丰镇	13800	88157	899	38265	8565
贵港市港南区桥圩镇	12402	107408	8853	52047	31079
贵港市港南区木格镇	18978	102936	8250	49698	6863
贵港市港南区木梓镇	16418	62312	2715	28289	6367
贵港市港南区湛江镇	8052	74463	2838	38068	19711
贵港市港南区东津镇	10933	75139	3220	45329	19932
贵港市港南区八塘镇	12012	78016	6231	58122	46071
贵港市覃塘区覃塘镇	13600	80869	13851	37460	12852
贵港市覃塘区东龙镇	12300	65715	5975	30440	10444
贵港市覃塘区三里镇	12700	60924	9621	28220	9682
贵港市覃塘区黄练镇	13500	49822	6468	23078	7918
贵港市覃塘区石卡镇	17300	77970	5423	36116	12391
贵港市覃塘区五里镇	10800	42653	8435	19756	6778
平南县平南镇	10845	197000	90000	110000	97000
平南县平山镇	14480	50377	7250	26125	15299
平南县寺面镇	12300	42537	5620	20086	11730
平南县六陈镇	15317	68700	5600	34200	11700
平南县大新镇	12500	88400	20806	25000	15000
平南县大安镇	12400	106568	18875	36462	26883
平南县武林镇	4300	27166	2400	12126	5519
平南县大坡镇	11100	36109	8853	15852	9368
平南县大洲镇	11525	38392	2286	20181	6910
平南县镇隆镇	15748	79043	2624	44895	22059
平南县上渡镇	6200	83222	9864	41600	19900
平南县安怀镇	18166	59814	9359	28131	13978
平南县丹竹镇	15934	105434	7449	63142	30864
平南县官成镇	19816	99879	5872	38755	16898
平南县思旺镇	16710	95193	6673	42024	26213
平南县大鹏镇	24500	43524	2600	19531	5760
平南县同和镇	19800	60684	3952	30232	19172
桂平市木乐镇	8700	65742	12530	31900	15421
桂平市木圭镇	11000	77964	1593	40700	19038
桂平市石咀镇	7200	55552	6586	25400	11918
桂平市油麻镇	16600	53859	4427	24527	11850
桂平市社坡镇	16100	78814	3196	35231	14506
桂平市罗秀镇	18500	75185	9532	35148	11775
桂平市麻垌镇	20800	100312	13218	44125	18605
桂平市社步镇	12600	60973	5964	25966	7214

广西壮族自治区

2-1-20　续表 8　　　　　　　　　　　　　　　　　　　　单位：公顷、人

建制镇名称	行政区域面积	总人口	镇区人口	从业人员	#二三产业
桂平市下湾镇	15500	73967	1820	34321	15714
桂平市木根镇	11000	64692	3010	29575	5400
桂平市中沙镇	20600	56800	3230	24200	10800
桂平市大洋镇	12200	80940	4760	32518	15999
桂平市大湾镇	13400	63938	3925	30382	1377
桂平市白沙镇	16000	76837	10530	37618	16219
桂平市石龙镇	28400	83618	6697	41890	19204
桂平市蒙圩镇	23900	87090	13553	42789	18294
桂平市西山镇	29100	64606	51060	30318	13187
桂平市南木镇	22100	120979	4581	49880	21958
桂平市江口镇	14300	110945	12478	49998	20632
桂平市金田镇	15300	86616	16670	37188	7227
桂平市紫荆镇	26500	25919	1354	12300	1550
玉林市玉州区大塘镇	3240	22947	7595	9980	4534
玉林市玉州区茂林镇	11200	79419	5650	47390	18960
玉林市玉州区仁东镇	6300	56808	3150	40000	7216
玉林市玉州区福绵镇	7300	84930	31000	55000	29000
玉林市玉州区成均镇	20600	73575	2030	42500	20400
玉林市玉州区樟木镇	21700	82000	4620	38600	12380
玉林市玉州区新桥镇	8200	58000	3587	29200	11310
玉林市玉州区沙田镇	12900	58152	2852	33100	24852
玉林市玉州区石和镇	8700	28240	2660	16300	6551
玉林市玉州区仁厚镇	3000	29956	1732	15700	7700
容县容州镇	17803	159968	103769	88902	59625
容县杨梅镇	14477	57629	9580	28385	16216
容县灵山镇	13155	44571	5194	24830	12415
容县六王镇	18418	66767	6212	37790	19800
容县黎村镇	19579	91957	7226	46900	23100
容县杨村镇	20408	63057	5436	31500	7800
容县县底镇	19495	58950	5144	33736	14600
容县自良镇	10694	37687	4980	19024	7718
容县松山镇	13225	44288	4735	23850	10600
容县罗江镇	7845	27201	5407	15531	5171
容县石头镇	19198	65713	6350	37269	12995
容县石寨镇	14788	38450	5816	23618	14693
陆川县温泉镇	12674	165823	90321	91235	56450
陆川县米场镇	8709	55245	5978	28542	14755
陆川县马坡镇	14500	98685	10058	55362	29902
陆川县珊罗镇	5340	52009	3122	35125	17183
陆川县平乐镇	6743	47108	4172	23820	8445
陆川县沙坡镇	14999	78110	4336	38836	10526
陆川县大桥镇	10200	57531	3382	27894	2997
陆川县乌石镇	21350	133151	6730	58586	20518
陆川县良田镇	14500	86206	2956	43537	27738
陆川县清湖镇	11400	67142	7100	36794	10051
陆川县古城镇	11800	62846	4087	31356	13797
博白县博白镇	14440	221117	115003	67505	50406

广西壮族自治区

2-1-20 续表 9　　　　单位：公顷、人

建制镇名称	行政区域面积	总人口	镇区人口	从业人员	#二三产业
博白县双凤镇	9000	27765	1879	15646	8429
博白县顿谷镇	13200	43966	2998	28858	13749
博白县水鸣镇	7248	43465	6552	35833	16761
博白县那林镇	19816	40765	6870	20156	11256
博白县江宁镇	15300	46611	2105	35700	
博白县三滩镇	9939	55143	1579	32961	9881
博白县黄凌镇	9178	26929	801	11431	7721
博白县亚山镇	13150	58248	1928	31532	9668
博白县旺茂镇	12050	52735	2249	27000	18808
博白县东平镇	12050	56134	2525	47344	23461
博白县沙河镇	17280	73310	3192	49780	24280
博白县菱角镇	8356	52366	1345	34302	12196
博白县新田镇	11152	54843	2579	36901	13060
博白县凤山镇	15800	83005	2905	44200	17892
博白县宁潭镇	13260	56358	2502	32021	17357
博白县文地镇	12033	77431	8512	49695	24731
博白县英桥镇	12613	75261	1962	38703	19860
博白县那卜镇	6329	23678	1800	11622	4210
博白县大垌镇	11105	34833	666	18920	12568
博白县沙陂镇	10520	40260	1715	31596	11089
博白县双旺镇	11148	38410	1965	22860	11255
博白县松旺镇	19300	42960	1623	21000	9950
博白县龙潭镇	14440	84676	11285	43306	30155
博白县大坝镇	8126	33779	2097	18794	7672
博白县永安镇	5464	33590	2316	12870	7013
博白县径口镇	16405	54325	1602	24395	11228
兴业县石南镇	15100	82441	15620	44086	18715
兴业县大平山镇	10300	52454	6530	31160	12210
兴业县葵阳镇	16660	76899	7208	39041	18854
兴业县城隍镇	16100	60796	24725	30880	11901
兴业县山心镇	18800	86295	12160	49034	22970
兴业县沙塘镇	8700	69354	2123	36146	19719
兴业县蒲塘镇	11681	58209	6572	29529	18189
兴业县北市镇	11700	63722	3110	38912	19828
兴业县龙安镇	9400	44340	1618	24800	9500
兴业县高峰镇	8500	52261	2200	27353	15400
兴业县小平山镇	10263	41635	5000	21400	6337
兴业县卖酒镇	7504	34446	5549	16493	7874
兴业县洛阳镇	3919	30252	2673	17613	12280
北流市北流镇	14350	73500	4516	42354	20326
北流市新荣镇	8200	39127	1783	20105	10663
北流市民安镇	8900	40808	644	20605	6518
北流市山围镇	8236	35084	922	19296	5729
北流市民乐镇	16700	73318	2382	39040	13483
北流市西埌镇	6800	53318	1627	30430	18461
北流市新圩镇	7517	60390	2122	34488	19561
北流市大里镇	8200	51921	3360	26421	11113

广西壮族自治区

2-1-20 续表 10　　　　单位：公顷、人

建制镇名称	行政区域面积	总人口	镇区人口	从业人员	#二三产业
北流市塘岸镇	11400	55573	1550	24703	11341
北流市清水口镇	12756	46277	1305	26076	7931
北流市隆盛镇	17461	60582	1622	46897	11661
北流市大坡外镇	12354	44168	1470	24398	7793
北流市六麻镇	19718	71795	1685	49512	8761
北流市新丰镇	10300	46935	2392	22471	9643
北流市沙垌镇	7700	35475	720	17440	12665
北流市平政镇	15276	63338	3125	31971	14234
北流市白马镇	7800	49556	5026	23758	17951
北流市大伦镇	8167	33828	3532	18075	7946
北流市扶新镇	6300	28825	1514	12597	10055
北流市六靖镇	11861	70338	4609	36745	20859
北流市石窝镇	14514	66449	1788	33493	14486
北流市清湾镇	11192	51434	1999	32187	11206
百色市右江区阳圩镇	70474	32192	2414	19229	918
百色市右江区四塘镇	36327	25048	2768	15083	1470
百色市右江区龙川镇	40364	35469	4824	18119	2304
田阳县田州镇	10472	88468	30235	45013	21413
田阳县那坡镇	25429	40365	5250	27533	7533
田阳县坡洪镇	30956	35723	2198	19812	6212
田阳县那满镇	13087	22489	1934	17917	5917
田阳县百育镇	13068	27583	1120	12085	785
田阳县玉凤镇	57066	37679	1110	19776	1876
田阳县头塘镇	14436	23830	1364	14345	2545
田东县平马镇	21485	78527	58556	28495	7165
田东县祥周镇	26241	67818	6508	34005	7793
田东县林逢镇	37433	53605	8879	31146	8873
田东县思林镇	45596	61510	5114	39435	10176
田东县印茶镇	21139	26217	4584	18531	4542
田东县江城镇	14176	23944	1571	15882	4146
田东县朔良镇	39141	34082	2805	20775	5923
田东县义圩镇	18701	25294	2348	12567	4419
田东县那拔镇	20032	16718	915	10986	2857
平果县马头镇	22598	112463	14536	42375	20440
平果县新安镇	22539	49650	18546	29335	16810
平果县果化镇	23080	50516	1784	31557	8401
平果县太平镇	34643	73183	3983	42643	12490
平果县坡造镇	11653	21464	2492	12755	5062
平果县四塘镇	19487	21097	789	12836	3941
平果县旧城镇	25463	43156	4076	20116	6140
平果县榜圩镇	15052	38286	4958	21332	6330
德保县城关镇	14619	51460	31400	12176	3922
德保县足荣镇	15961	20397	4417	10244	178
德保县隆桑镇	11023	16112	1830	10235	3738
德保县敬德镇	27284	28482	2972	15375	4986
德保县马隘镇	22195	35862	2899	20411	485
靖西县新靖镇	20391	96211	57076	26052	12800

广西壮族自治区

2-1-20　续表 11　　　　单位：公顷、人

建制镇名称	行政区域面积	总人口	镇区人口	从业人员	#二三产业
靖西县化峒镇	9369	21639	2252	13652	5024
靖西县湖润镇	20422	24940	2512	14227	5498
靖西县安德镇	22114	45379	1107	24394	6310
靖西县龙临镇	14922	37279	3132	20371	6635
靖西县渠洋镇	24049	44207	3140	22286	8345
靖西县岳圩镇	9703	14701	3142	9385	4808
靖西县龙邦镇	11337	20903	3142	10480	4858
那坡县城厢镇	33754	56644	28600	23270	5532
那坡县平孟镇	22441	16309	2308	10502	1701
凌云县泗城镇	33323	49710	18328	16723	8971
凌云县逻楼镇	33318	43825	7748	16671	5538
凌云县加尤镇	27189	30157	4782	13455	5360
乐业县同乐镇	33324	42481	13849	16355	3451
乐业县甘田镇	15466	17271	4007	8039	1273
乐业县新化镇	37146	25375	690	11149	1472
乐业县花坪镇	32536	16179	2330	8548	989
田林县乐里镇	30424	33029	18051	9285	6124
田林县旧州镇	46546	20953	2696	10724	5486
田林县定安镇	30089	13903	3356	7201	4961
田林县六隆镇	46349	19814	2230	11822	2600
西林县八达镇	35927	36440	4066	11537	1908
西林县古障镇	62709	30576	2723	16207	5344
隆林各族自治县新州镇	18895	32232	1200	16203	4018
隆林各族自治县桠权镇	9452	13316	2100	6883	1437
隆林各族自治县天生桥镇	17174	24785	520	12438	3960
隆林各族自治县平班镇	21594	32313	980	19834	5088
贺州市贺街镇	34825	70561	11616	43817	6728
贺州市步头镇	57927	33130	2656	15163	2283
贺州市莲塘镇	19270	83465	5620	50323	17280
贺州市大宁镇	38904	44796	2116	21495	11241
贺州市南乡镇	28495	21170	2125	12389	6443
贺州市桂岭镇	41480	92670	7660	43550	13334
贺州市开山镇	12365	15372	1494	9360	5045
贺州市里松镇	21312	18777	3162	12300	4835
贺州市信都镇	26077	54637	17015	39451	23749
贺州市灵峰镇	16493	7882	1080	6200	1106
贺州市仁义镇	31350	62588	2520	36176	13747
贺州市铺门镇	17320	65206	3812	36600	11935
贺州市黄田镇	21640	75599	11031	32164	25739
贺州市鹅塘镇	20500	51240	2046	27427	8348
贺州市沙田镇	30439	100080	6050	54169	13823
贺州市公会镇	30567	77206	11632	33584	9911
贺州市水口镇	16711	13545	1856	5660	400
贺州市望高镇	22679	37539	7781	19757	4700
贺州市羊头镇	15900	42796	1070	19472	4814
贺州市昭平镇	53900	78268	41628	26800	13541
贺州市文竹镇	28603	10729	600	5630	2862

广西壮族自治区

2-1-20 续表 12 单位：公顷、人

建制镇名称	行政区域面积	总人口	镇区人口	从业人员	#二三产业
贺州市黄姚镇	21800	60198	3798	13728	2407
贺州市富罗镇	33600	26500	1300	13800	2312
贺州市北陀镇	26800	38755	1368	17869	4861
贺州市马江镇	31300	38100	5000	19000	4500
贺州市五将镇	29217	36672	3908	19563	10981
贺州市钟山镇	22700	95177	5286	41860	12965
贺州市回龙镇	8834	43671	3438	22410	6843
贺州市石龙镇	6313	31358	6756	18814	10615
贺州市凤翔镇	7139	30412	5168	16912	5392
贺州市珊瑚镇	3731	19700	5793	14066	6466
贺州市同古镇	14293	28439	5506	18160	8141
贺州市公安镇	15070	52896	5278	27221	2859
贺州市清塘镇	15909	53501	4042	32832	15868
贺州市燕塘镇	10150	25676	2969	13761	2123
贺州市红花镇	9367	22019	4088	17462	2861
贺州市富阳镇	20177	45529	5418	25538	7004
贺州市白沙镇	9885	14070	1742	7634	2524
贺州市莲山镇	8941	28708	1663	15875	4284
贺州市古城镇	4265	23725	1041	12962	6241
贺州市福利镇	9000	23669	1657	12000	1508
贺州市麦岭镇	19915	23577	3086	12353	4004
贺州市葛坡镇	9530	21961	1551	12397	3435
贺州市城北镇	12908	22818	1966	12510	4570
贺州市朝东镇	21676	34438	3008	18418	6768
河池市金城江区东江镇	19600	30414	2439	17125	9122
河池市金城江区六圩镇	23008	25176	3385	17010	11160
河池市金城江区六甲镇	8338	14182	2672	4810	1420
河池市金城江区河池镇	31941	26624	4788	15974	6214
河池市金城江区拔贡镇	19400	16163	2401	9452	3520
河池市金城江区九圩镇	40800	32082	3635	15399	6454
河池市金城江区五圩镇	16110	14909	884	7982	1131
南丹县城关镇	41003	64113	44759	41748	23961
南丹县大厂镇	27330	27845	17208	19847	12623
南丹县车河镇	16000	11173	4362	5069	1316
南丹县芒场镇	38768	25447	2920	14966	2015
南丹县六寨镇	62470	42712	3075	24424	4045
南丹县月里镇	30470	23974	2198	14514	4269
南丹县吾隘镇	21613	18399	1150	10605	1516
天峨县六排镇	38300	36368	22989	9611	3211
天峨县向阳镇	69620	28965	3450	14900	2848
凤山县凤城镇	30390	30087	24200	15672	8330
东兰县东兰镇	26292	54426	31180	19962	10412
东兰县隘洞镇	33026	40845	4858	21325	7740
东兰县长乐镇	16811	21282	3625	11277	5639
东兰县三石镇	29557	25772	5210	12336	5615
东兰县武篆镇	19012	26841	4760	12826	4489

广西壮族自治区

2-1-20 续表 13 单位：公顷、人

建制镇名称	行政区域面积	总人口	镇区人口	从业人员	#二三产业
罗城仫佬族自治县东门镇	38374	96628	60236	32300	12731
罗城仫佬族自治县龙岸镇	37170	53276	4320	24400	9565
罗城仫佬族自治县黄金镇	17868	24267	3892	11200	4010
罗城仫佬族自治县小长安镇	25200	38114	2537	22300	4345
罗城仫佬族自治县四把镇	28713	54400	6800	34340	14457
罗城仫佬族自治县天河镇	19744	23169	2671	13600	1081
罗城仫佬族自治县怀群镇	17300	22950	2259	14125	7500
环江毛南族自治县思恩镇	28470	48978	5700	19737	4429
环江毛南族自治县水源镇	34750	42934	6220	19000	12335
环江毛南族自治县洛阳镇	52538	49499	4166	15842	6009
环江毛南族自治县川山镇	61638	48296	4500	21713	4170
环江毛南族自治县明伦镇	42639	40570	2330	19179	2184
环江毛南族自治县东兴镇	48974	25311	3500	12353	1585
巴马瑶族自治县巴马镇	27391	68456	31143	41041	24858
都安瑶族自治县安阳镇	5248	54079	32164	17789	9179
都安瑶族自治县高岭镇	28672	82329	9495	39676	11153
大化瑶族自治县大化镇	26326	97864	53278	34421	18980
大化瑶族自治县都阳镇	17830	26241	4580	16404	6239
大化瑶族自治县岩滩镇	18490	34587	3395	14233	4510
宜州市庆远镇	32200	149677	93670	50224	27840
宜州市三岔镇	12928	19766	3197	12561	4823
宜州市洛西镇	15700	30439	5324	15026	
宜州市怀远镇	24600	36248	2540	22830	2003
宜州市德胜镇	30900	52470	14032	22890	6409
宜州市石别镇	20650	32500	3547	18900	4729
宜州市北山镇	16500	32609	4310	17252	4058
来宾市兴宾区凤凰镇	40090	76114	38381	39836	9823
来宾市兴宾区良江镇	20150	51625	6935	32425	7594
来宾市兴宾区小平阳镇	21570	62428	7858	39717	7310
来宾市兴宾区迁江镇	34060	76354	7997	35573	12670
来宾市兴宾区石陵镇	15640	35794	5025	21034	7031
来宾市兴宾区平阳镇	30420	61618	7787	27144	5780
忻城县城关镇	41900	67200	35066	50500	25300
忻城县大塘镇	31300	47400	7396	29700	10200
忻城县思练镇	37800	53400	8481	28400	11200
忻城县红渡镇	22200	37700	6220	20100	5900
忻城县古蓬镇	14600	34800	3955	23400	9600
象州县象州镇	17974	45336	27589	14598	5098
象州县石龙镇	21799	25638	6102	14861	4272
象州县运江镇	23683	43536	3774	24300	4193
象州县寺村镇	21920	49491	8229	29742	9740
象州县中平镇	9722	34527	3738	20251	8125
象州县罗秀镇	12913	31444	4435	18707	3307
象州县大乐镇	11784	28723	4313	15930	3303
武宣县武宣镇	15818	88022	56796	45670	25373
武宣县桐岭镇	18477	58283	6938	41842	16604

广西壮族自治区

2-1-20 续表 14 单位：公顷、人

建制镇名称	行政区域面积	总人口	镇区人口	从业人员	#二三产业
武宣县通挽镇	8479	41957	6650	23160	13149
武宣县东乡镇	24242	53587	5207	32541	7208
武宣县三里镇	18927	44105	4215	23615	5695
武宣县二塘镇	26000	51850	4625	27855	6290
武宣县黄茆镇	10790	27306	3462	16451	1925
金秀瑶族自治县金秀镇	30322	18129	9617	4882	1103
金秀瑶族自治县桐木镇	20486	51444	8583	26690	5861
金秀瑶族自治县头排镇	10742	20562	4199	8616	2893
合山市岭南镇	9800	31520	4484	22681	4404
崇左市江州区太平镇	43992	83340	46127	56134	30340
崇左市江州区新和镇	21700	24379	6755	15256	3200
崇左市江州区濑湍镇	17476	26249	3136	17946	3260
崇左市江州区江州镇	27911	47715	9755	29856	9466
崇左市江州区左州镇	38800	39482	6212	27516	7055
崇左市江州区那隆镇	35375	39228	5599	25757	7945
崇左市江州区驮卢镇	44308	62817	6814	39843	12380
扶绥县新宁镇	11180	86731	58332	26629	8305
扶绥县渠黎镇	32973	56626	4993	29366	1626
扶绥县渠旧镇	15000	27502	2763	16210	2028
扶绥县柳桥镇	21037	32982	8199	17428	3159
扶绥县东门镇	33512	43256	10564	32548	4352
扶绥县山圩镇	25661	31135	4426	19093	2734
扶绥县中东镇	26135	42275	6426	22237	3622
扶绥县东罗镇	17489	24117	7900	14996	3552
宁明县城中镇	24500	59157	9105	20972	5201
宁明县爱店镇	6579	8716	3965	6868	2978
宁明县明江镇	18800	37824	1359	23300	8229
宁明县海渊镇	22400	43461	8335	27279	4303
龙州县龙州镇	14042	54387	40015	21702	13981
龙州县下冻镇	11400	18253	1215	11635	2679
龙州县水口镇	18300	21719	2018	13308	3140
龙州县金龙镇	20190	28584	1583	17563	5944
龙州县响水镇	20600	14932	2456	9504	2662
大新县桃城镇	23857	74814	69414	28045	10591
大新县全茗镇	16900	27800	3870	16441	8066
大新县雷平镇	36600	54268	16168	32702	4404
大新县硕龙镇	16500	13119	1210	7564	3802
大新县下雷镇	25300	27061	6598	13928	8032
天等县天等镇	21000	57386	30870	37847	17742
天等县龙茗镇	16800	23986	4771	16166	6724
天等县进结镇	21700	43151	4990	28104	14677
天等县向都镇	22900	55124	4522	35422	16690
凭祥市凭祥镇	5880	52855	38700	23425	14423
凭祥市友谊镇	10500	18150	46	12182	6869
凭祥市上石镇	12000	18946	334	12949	3098
凭祥市夏石镇	19330	29118	3550	17754	11865

2-1-21 海南省建制镇名录及基本情况

单位：公顷、人

建制镇名称	行政区域面积	总人口	镇区人口	从业人员	#二三产业
海口市长流镇	4830	37364	19832	15710	6227
海口市西秀镇	4330	40630	1428	13235	4243
海口市海秀镇	1970	56147	3215	39387	20253
海口市石山镇	12000	39795	3765	19375	2733
海口市永兴镇	11200	33216	4912	13616	3760
海口市东山镇	13110	76205	21899	37844	15952
海口市城西镇	3500	68199	6405	56256	54154
海口市龙桥镇	4950	24742	2586	12788	5693
海口市新坡镇	5412	34091	4987	15680	5016
海口市遵谭镇	5570	23542	1984	11986	3765
海口市龙泉镇	7340	45867	7648	26670	312
海口市府城镇	4500	177810	164380	70568	66068
海口市龙塘镇	3879	35954	11526	17582	12055
海口市云龙镇	2879	21227	5672	7960	1186
海口市红旗镇	11240	24885	6334	15326	1714
海口市三门坡镇	13808	25050	4916	17125	2704
海口市大坡镇	5667	11040	3360	6286	1161
海口市甲子镇	15170	33112	2725	16085	2857
海口市旧州镇	12087	30102	3602	15120	2376
海口市灵山镇	11230	73993	8825	34201	18713
海口市演丰镇	13100	26525	4520	11982	6430
海口市三江镇	6582	17330	5258	6190	2400
海口市大致坡镇	11394	31183	7976	17724	6238
三亚市海棠湾镇	25380	48320	7790	22491	11780
三亚市吉阳镇	32510	97863	7088	45671	7670
三亚市凤凰镇	48700	59956	11420	30990	9448
三亚市崖城镇	38325	80238	6378	41238	5916
三亚市天涯镇	13800	36060	6077	16688	4339
三亚市育才镇	31490	20825	446	10986	2143
五指山市冲山镇	22850	53425	355	18063	6116
五指山市南圣镇	14270	8631	85	5175	578
五指山市毛阳镇	20650	15951	116	5736	1512
五指山市番阳镇	12300	9496	81	5831	246
琼海市嘉积镇	13630	198000	120516	46580	35000
琼海市万泉镇	9740	28293	2213	15508	4911
琼海市石壁镇	9530	16233	1195	9957	2912
琼海市中原镇	10400	30395	4195	12158	7259
琼海市博敖镇	8696	33245	3643	19360	6898
琼海市阳江镇	11670	27820	3255	14395	2886
琼海市龙江镇	4970	22408	1194	11577	3293
琼海市潭门镇	7810	31160	5500	18500	3020
琼海市塔洋镇	6330	29004	3412	16233	8800
琼海市长坡镇	16730	51400	11194	26500	7857
琼海市大路镇	9420	25952	4735	13596	4810
琼海市会山镇	13030	8500	499	4039	489
儋州市那大镇	19680	209386	181630	76107	60597

海南省

2-1-21 续表 1　　　　单位：公顷、人

建制镇名称	行政区域面积	总人口	镇区人口	从业人员	#二三产业
儋州市和庆镇	18000	22845	720	11450	2610
儋州市南丰镇	17300	26530	2935	14476	1965
儋州市大成镇	10000	36554	1985	14810	2787
儋州市雅星镇	55756	50326	1644	26550	1140
儋州市兰洋镇	32666	15863	1008	8866	1000
儋州市光村镇	8433	30860	3920	12730	1616
儋州市木棠镇	17160	56301	1706	23833	3839
儋州市海头镇	19800	44890	5693	19930	6620
儋州市峨蔓镇	7300	29130	607	11615	11613
儋州市三都镇	6610	31065	5430	16693	7878
儋州市王五镇	12900	28002	5648	12831	2660
儋州市白马井镇	7350	68428	25820	35461	9916
儋州市中和镇	6199	41695	11963	23916	5181
儋州市排浦镇	10900	20232	4482	10790	2015
儋州市东成镇	22650	64735	1269	39945	11162
儋州市新州镇	7900	83830	29470	36060	8070
文昌市文城镇	31657	132464	79872	59625	32017
文昌市重兴镇	11930	29722	2680	12562	3192
文昌市蓬莱镇	8066	17820	3212	6946	2344
文昌市会文镇	13650	31083	5412	11213	3098
文昌市东路镇	8700	22050	3814	8660	1670
文昌市潭牛镇	14100	26825	1649	13259	1271
文昌市东阁镇	10980	25577	3003	9197	2645
文昌市文教镇	7150	23416	3830	11865	3420
文昌市东郊镇	8824	48197	3982	21524	5158
文昌市龙楼镇	9800	21218	3585	15158	3013
文昌市昌洒镇	15400	17070	4832	9145	2145
文昌市翁田镇	26487	31907	3266	17364	3644
文昌市抱罗镇	10933	15155	1044	7924	520
文昌市冯坡镇	10500	13660	3790	8170	1101
文昌市锦山镇	16400	37145	5962	18760	7224
文昌市铺前镇	13470	40857	6445	28860	14314
文昌市公坡镇	8460	12276	1774	3980	1530
万宁市万城镇	10890	174809	59893	65590	15215
万宁市龙滚镇	15200	24573	6500	10800	1432
万宁市和乐镇	8040	63035	8748	33864	13142
万宁市后安镇	9295	51787	5675	17205	1340
万宁市大茂镇	5210	28185	5147	13200	1900
万宁市东澳镇	8900	48672	3315	29525	9220
万宁市礼纪镇	18200	41268	3916	8343	5905
万宁市长丰镇	10600	30108	1401	11284	3537
万宁市山根镇	6000	13332	1271	5381	826
万宁市北大镇	27609	23711	2464	10402	2790
万宁市南桥镇	6900	12900	128	5443	889
万宁市三更罗镇	12666	11068	610	6080	1401
东方市八所镇	30300	167321	88511	78670	42895

海南省

2-1-21 续表 2 单位：公顷、人

建制镇名称	行政区域面积	总人口	镇区人口	从业人员	#二三产业
东方市东河镇	32300	23580	5581	11911	2530
东方市大田镇	13538	28804	1812	19822	2110
东方市感城镇	18667	47195	15899	15321	2802
东方市板桥镇	30369	36200	8541	18990	2680
东方市三家镇	11200	37185	5560	23638	2640
东方市四更镇	8009	36114	9762	16823	6947
东方市新龙镇	8660	19820	1885	8931	1975
定安县定城镇	14682	97776	72924	38920	10288
定安县新竹镇	8263	20619	5107	11045	3679
定安县龙湖镇	9900	21124	4310	10085	4440
定安县黄竹镇	16076	10426	3687	4355	1302
定安县雷鸣镇	12944	31168	6761	12899	5061
定安县龙门镇	12019	23754	5286	14000	1800
定安县龙河镇	12003	28394	6276	15608	5463
定安县岭口镇	6421	25560	2978	9760	2496
定安县翰林镇	15152	14311	7610	7205	1455
定安县富文镇	12196	19207	2178	9887	1894
屯昌县屯城镇	16999	82027	55863	34802	19108
屯昌县新兴镇	10919	26542	3315	13960	2152
屯昌县枫木镇	6052	15553	2903	9902	1479
屯昌县乌坡镇	7896	20669	3509	10114	2026
屯昌县南吕镇	8297	29959	5073	18051	3404
屯昌县南坤镇	15441	36413	3358	19436	2792
屯昌县坡心镇	5025	14459	1779	8730	1545
屯昌县西昌镇	5506	9507	2331	5195	935
澄迈县金江镇	38979	154520	56781	94697	47090
澄迈县老城镇	15600	59336	7782	20215	7500
澄迈县瑞溪镇	7574	32451	8115	23546	6263
澄迈县永发镇	12730	43510	10429	21344	5242
澄迈县加乐镇	8200	25555	2625	13867	4728
澄迈县文儒镇	9118	28031	715	16138	3312
澄迈县中兴镇	15333	21934	4831	9055	2447
澄迈县仁兴镇	3600	10011	1054	6412	245
澄迈县福山镇	5628	18120	8011	11896	5360
澄迈县桥头镇	7016	20639	2802	10797	1193
澄迈县大丰镇	10400	18430	2640	11064	1832
临高县临城镇	16640	82523	45048	43697	8755
临高县波莲镇	11700	29917	3035	18793	4085
临高县东英镇	8330	26247	1782	16358	2892
临高县博厚镇	17440	38545	4298	19187	5652
临高县皇桐镇	12430	20820	2230	11576	990
临高县多文镇	26540	20515	2915	9410	1307
临高县和舍镇	13910	26500	6800	12600	3238
临高县南宝镇	13680	15075	3229	9663	1594
临高县新盈镇	6070	57606	14356	28497	21214

海南省

2-1-21 续表 3　　　　单位：公顷、人

建制镇名称	行政区域面积	总人口	镇区人口	从业人员	#二三产业
临高县调楼镇	4960	51331	15632	26492	3665
白沙县牙叉镇	26448	44570	21865	15611	2607
白沙县七坊镇	27592	25442	4015	12713	1599
白沙县邦溪镇	12600	11003	2202	6947	605
白沙县打安镇	17309	15142	1297	8364	1179
昌江县石碌镇	23588	56065	34433	26782	2540
昌江县叉河镇	10000	14480	2113	8764	1698
昌江县十月田镇	20420	23997	910	13075	1808
昌江县乌烈镇	8900	31423	12314	13689	4948
昌江县昌化镇	12587	28550	4708	14599	4523
昌江县海尾镇	20260	33001	11205	17828	4196
昌江县七叉镇	10491	16667	1297	7654	965
乐东县抱由镇	42446	77783	38271	49005	3559
乐东县万冲镇	30799	28371	2056	13965	2543
乐东县大安镇	13737	31582	2945	12898	3397
乐东县志仲镇	26487	26301	1772	11699	2315
乐东县千家镇	41663	30437	1878	15439	4034
乐东县九所镇	24182	83239	3851	44715	19173
乐东县利国镇	21912	53430	5765	33699	10006
乐东县黄流镇	14100	71865	10428	43286	21229
乐东县佛罗镇	8900	37766	5536	22483	2732
乐东县尖峰镇	47460	23069	5300	10997	3048
乐东县莺歌海镇	4867	26540	11956	13396	4884
陵水县椰林镇	7350	100877	80409	45613	20823
陵水县光坡镇	7500	24623	4120	8818	1544
陵水县三才镇	4390	13105	1013	6758	1290
陵水县英州镇	13240	45625	6152	17810	1857
陵水县隆广镇	8400	20777	833	8723	1050
陵水县文罗镇	6299	15349	747	7945	1660
陵水县本号镇	39810	31086	1534	16180	2141
陵水县新村镇	8904	35618	17621	15868	2104
陵水县黎安镇	4280	17206	8737	10103	2055
保亭县保城镇	17502	32853	21356	16874	10737
保亭县什玲镇	17688	14116	1510	8110	1101
保亭县加茂镇	11009	9680	463	5714	1085
保亭县响水镇	15847	12099	1139	6407	1253
保亭县新政镇	17112	12074	1905	6722	706
保亭县三道镇	9996	11100	936	6385	930
琼中县营根镇	33580	51656	22799	7348	1524
琼中县湾岭镇	15671	22578	4194	9101	524
琼中县黎母山镇	8133	25096	471	7761	1394
琼中县和平镇	38380	9279	709	5817	194
琼中县长征镇	3062	8015	671	4502	118
琼中县红毛镇	15677	9835	256	5074	612
琼中县中平镇	24929	9546	885	4570	232

2-1-22 重庆市建制镇名录及基本情况

单位：公顷、人

建制镇名称	行政区域面积	总人口	镇区人口	从业人员	#二三产业
万州区小周镇	2600	10808	2056	6231	2479
万州区大周镇	2250	15565	1865	6897	2692
万州区新乡镇	4330	11775	1509	4059	2913
万州区孙家镇	4600	15912	1651	9451	4015
万州区高峰镇	4620	28086	4041	14458	9528
万州区龙沙镇	6850	40571	4985	23485	15046
万州区响水镇	6200	25504	2001	13668	6306
万州区武陵镇	8070	41220	9258	22758	16074
万州区瀼渡镇	3640	13913	2842	6812	3243
万州区甘宁镇	10480	58960	4059	34216	21449
万州区天城镇	7810	44764	17349	26645	20669
万州区熊家镇	8250	40946	18589	22689	11404
万州区高梁镇	10090	54556	3456	28854	18398
万州区李河镇	7780	40071	7895	21589	13054
万州区分水镇	22090	103254	24483	55878	33956
万州区余家镇	13850	57347	17686	29785	12306
万州区后山镇	7830	31698	1663	8990	1591
万州区弹子镇	7400	24441	2041	10345	3137
万州区长岭镇	9940	39582	9048	23689	12819
万州区新田镇	15200	47759	17078	26356	16777
万州区白羊镇	9730	56139	16885	30201	12823
万州区龙驹镇	24150	52056	13929	30315	20101
万州区走马镇	18030	49345	7359	24285	10466
万州区罗田镇	8170	30214	2854	15854	878
万州区太龙镇	6230	30268	3998	19054	8634
万州区长滩镇	12780	32257	2958	18175	3621
万州区太安镇	6870	32697	8511	19156	8063
万州区白土镇	6630	24215	4756	12789	6237
万州区郭村镇	5770	26284	1451	14904	7673
涪陵区南沱镇	6714	37300	3060	22260	13411
涪陵区青羊镇	10764	26167	1665	16050	7557
涪陵区百胜镇	15076	49545	5523	34674	7544
涪陵区珍溪镇	18145	83535	10395	52062	28104
涪陵区清溪镇	7933	33203	4009	19221	15398
涪陵区焦石镇	16707	30584	4256	19277	11801
涪陵区马武镇	16153	39794	3218	25747	4665
涪陵区龙潭镇	12930	46857	12100	27898	12575
涪陵区蔺市镇	16364	50503	7050	26621	6104
涪陵区新妙镇	13863	47078	14451	28184	18251
涪陵区石沱镇	10152	33838	7013	18833	10925
涪陵区义和镇	9945	51103	4010	27282	20347
大渡口区八桥镇	2049	38406	6107	32965	32311
大渡口区建胜镇	1606	21874	1972	13124	10075
大渡口区跳磴镇	4968	24996	7374	17868	12906
江北区鱼嘴镇	3967	31314	14856	14397	12277
江北区复盛镇	3050	16789	5943	10403	2271
江北区五宝镇	4280	13463	3542	8104	4513
沙坪坝区井口镇	2225	37538	35210	22780	21938
沙坪坝区歌乐山镇	3400	38125	3500	16000	14050

重庆市

2-1-22 续表 1 单位：公顷、人

建制镇名称	行政区域面积	总人口	镇区人口	从业人员	#二三产业
沙坪坝区青木关镇	3227	32590	19030	16078	14440
沙坪坝区凤凰镇	3170	22485	2350	13940	11750
沙坪坝区回龙坝镇	3910	27333	1831	25612	23971
沙坪坝区曾家镇	3403	22851	12361	10844	7760
沙坪坝区土主镇	3300	26038	1145	12530	10409
沙坪坝区中梁镇	3699	23263	5429	14728	5572
九龙坡区九龙镇	673	60318	12526	45784	45297
九龙坡区华岩镇	1500	51716	2883	48260	36901
九龙坡区含谷镇	2950	38633	8930	26480	24204
九龙坡区金凤镇	3848	22432	4436	11687	7696
九龙坡区白市驿镇	5255	52672	24820	34650	29834
九龙坡区走马镇	2990	21211	1262	13875	7699
九龙坡区石板镇	2460	10693	1913	7551	4703
九龙坡区巴福镇	1815	12861	1141	9620	8200
九龙坡区陶家镇	4248	21567	3817	10834	6589
九龙坡区西彭镇	8696	124013	67600	37573	21239
九龙坡区铜罐驿镇	2320	26488	13863	15475	13289
南岸区南坪镇	1000	56078	43360	31500	26939
南岸区涂山镇	890	36018	3233	7543	7543
南岸区鸡冠石镇	890	15110	5599	8320	7930
南岸区峡口镇	2300	17682	3366	12270	6976
南岸区长生桥镇	6557	46156	32938	39560	34120
南岸区迎龙镇	4570	21810	2743	12946	6696
南岸区广阳镇	3712	22101	5653	9723	6089
北碚区歇马镇	5858	71352	16560	52620	49610
北碚区澄江镇	6387	35604	6000	15500	13523
北碚区蔡家岗镇	4574	36354	11247	35307	23917
北碚区童家溪镇	2272	21639	7945	11820	11523
北碚区天府镇	5267	38816	8520	28738	24370
北碚区施家梁镇	1900	11330	1694	6745	5353
北碚区水土镇	5170	44560	13895	31560	24700
北碚区静观镇	7250	53166	17855	29985	22509
北碚区柳荫镇	6383	28477	2604	14359	7562
北碚区复兴镇	6202	38541	5683	21870	12270
北碚区三圣镇	6122	27037	2063	18073	11788
北碚区金刀峡镇	6420	16588	2148	11544	1784
綦江区万东镇	5597	37766	18900	18347	10994
綦江区南桐镇	6440	54392	2978	14512	9961
綦江区青年镇	8340	23839	5108	12834	9495
綦江区关坝镇	5168	26307	5615	15346	8004
綦江区丛林镇	5496	19128	1255	3791	3791
綦江区石林镇	9324	11433	789	6611	3271
綦江区金桥镇	6522	18640	2292	11281	5568
綦江区黑山镇	9564	9689	2049	6647	4757
綦江区石角镇	15720	62218	10660	36450	21950
綦江区东溪镇	15006	81034	25526	53695	25903
綦江区赶水镇	18489	70164	32319	33621	18682
綦江区打通镇	12500	51779	35646	24659	10561
綦江区石壕镇	12933	36705	23245	21351	10975

重庆市

2-1-22 续表 2　　　　单位：公顷、人

建制镇名称	行政区域面积	总人口	镇区人口	从业人员	#二三产业
綦江区永新镇	24000	72204	7652	42360	26101
綦江区三角镇	10600	50672	6025	27560	16865
綦江区隆盛镇	11967	37518	4321	19987	11817
綦江区郭扶镇	17759	47534	11527	30524	21091
綦江区篆塘镇	8000	28447	7863	15198	5251
綦江区丁山镇	2200	11479	1250	7099	4673
綦江区安稳镇	9703	45866	19644	22190	6334
綦江区扶欢镇	6400	35285	6210	14553	8252
綦江区永城镇	5901	22944	3342	13604	11528
綦江区新盛镇	7800	20989	1033	12108	5187
綦江区中峰镇	8000	17173	3675	8102	4482
綦江区横山镇	4300	15038	1345	8474	4422
大足区龙水镇	9930	122086	115783	98396	82692
大足区智凤镇	8770	45602	1639	21786	10432
大足区宝顶镇	6381	30101	6840	20394	5989
大足区中敖镇	12250	63794	7953	28016	14120
大足区三驱镇	7628	54070	5235	37780	30585
大足区宝兴镇	5150	32411	4560	19188	14571
大足区玉龙镇	5107	25777	8850	9618	5781
大足区石马镇	5160	33542	5678	17560	5884
大足区拾万镇	4900	30163	4916	15998	1221
大足区回龙镇	5146	24632	1460	15731	11372
大足区金山镇	3800	22973	2358	12300	7800
大足区万古镇	6700	54364	10358	25927	7200
大足区国梁镇	3800	23970	4358	14709	9819
大足区雍溪镇	3992	32246	4868	25408	20941
大足区珠溪镇	10300	61643	8612	35431	15246
大足区龙石镇	3138	21498	2243	11200	7398
大足区邮亭镇	9100	64527	64527	19800	16110
大足区铁山镇	5997	30463	2963	20453	1361
大足区高升镇	5000	25918	3581	13105	4542
大足区季家镇	5360	20301	1243	12113	983
大足区古龙镇	1800	9892	2230	6230	5113
大足区高坪镇	5116	28755	2658	15935	7945
大足区双路镇	782	28217	18354	14068	12196
大足区通桥镇	1800	12988	12988	5585	2050
渝北区玉峰山镇	6100	30692	3648	18644	6239
渝北区龙兴镇	10368	58857	21000	36231	11543
渝北区统景镇	11730	47176	13370	27158	13775
渝北区大湾镇	11771	42486	1378	27738	12973
渝北区兴隆镇	9350	34935	2546	21125	10078
渝北区木耳镇	8342	38389	4448	22865	12853
渝北区茨竹镇	11166	35411	5806	21850	10720
渝北区古路镇	9296	36540	2685	24043	13485
渝北区石船镇	12790	64501	4726	43122	15522
渝北区大盛镇	10376	42730	1915	23610	14742
渝北区洛碛镇	9650	50584	11200	23786	13997
巴南区界石镇	6840	57865	20773	31684	23789
巴南区安澜镇	12242	37817	1063	23932	15081

重庆市

2-1-22 续表 3　　单位：公顷、人

建制镇名称	行政区域面积	总人口	镇区人口	从业人员	#二三产业
巴南区跳石镇	13624	35521	1829	27016	16269
巴南区木洞镇	10430	43476	9928	22882	16573
巴南区双河口镇	6200	18012	940	10916	7821
巴南区麻柳嘴镇	7790	28321	1215	16482	13117
巴南区丰盛镇	6900	20692	3021	11592	3418
巴南区二圣镇	5740	22105	1265	16518	10829
巴南区东温泉镇	12270	37724	2945	26861	19287
巴南区姜家镇	8036	22040	3925	10423	3492
巴南区天星寺镇	4610	12671	522	6616	3368
巴南区接龙镇	18820	63000	5094	39483	24678
巴南区石滩镇	4740	15825	1812	9217	3407
巴南区石龙镇	11080	31736	3180	18390	11188
黔江区阿蓬江镇	17300	27628	5631	16778	9893
黔江区石会镇	12700	22284	9303	13594	7994
黔江区黑溪镇	9500	22387	5250	13735	3123
黔江区黄溪镇	6700	14240	2357	11208	350
黔江区黎水镇	8200	13905	2390	8506	879
黔江区金溪镇	8400	15215	4132	9493	1022
黔江区马喇镇	8200	18538	6128	10785	1357
黔江区濯水镇	9700	30365	8450	17182	2215
黔江区石家镇	9400	15028	2487	9831	646
黔江区鹅池镇	7300	13259	2905	5357	818
黔江区小南海镇	11100	9382	1298	6070	1262
黔江区邻鄂镇	5000	13851	1386	5709	3120
长寿区邻封镇	5517	35233	2952	28750	20800
长寿区但渡镇	5470	19586	3127	15034	9440
长寿区云集镇	11530	37128	5723	21523	8555
长寿区长寿湖镇	11081	50543	11524	31759	16659
长寿区双龙镇	5694	40075	12610	23305	16609
长寿区龙河镇	8990	48549	8123	28054	15189
长寿区石堰镇	10720	64210	6850	39250	26320
长寿区云台镇	8900	54540	8123	31573	21573
长寿区海棠镇	4600	32364	1086	16741	10312
长寿区葛兰镇	11100	73096	7135	45644	27223
长寿区新市镇	3700	29384	3160	17358	11744
长寿区八颗镇	4411	46322	4287	26324	16112
长寿区洪湖镇	15340	38795	3325	38790	8167
长寿区万顺镇	5700	30693	2131	22655	12473
江津区油溪镇	15400	80806	28113	60589	42807
江津区吴滩镇	8200	41479	3061	28502	15510
江津区石门镇	8400	46182	13552	30423	22795
江津区朱杨镇	5800	37073	14895	23362	13847
江津区石蟆镇	20800	103093	14427	65631	38170
江津区永兴镇	14100	46052	6432	34310	23837
江津区塘河镇	6100	17768	1765	9756	5221
江津区白沙镇	24100	138300	64686	88062	62146
江津区龙华镇	8100	42767	4585	28484	18192
江津区李市镇	18000	89887	9900	45891	28811
江津区慈云镇	5100	31159	6812	16969	10528

重庆市

2-1-22 续表 4　　　　单位：公顷、人

建制镇名称	行政区域面积	总人口	镇区人口	从业人员	#二三产业
江津区蔡家镇	21000	63703	7912	42508	29755
江津区中山镇	14300	28407	3485	22569	12891
江津区嘉平镇	8900	26310	3750	17520	9452
江津区柏林镇	13400	40335	4986	22317	10641
江津区先锋镇	12700	66430	15032	38882	19564
江津区珞璜镇	14800	83806	24783	57980	39984
江津区贾嗣镇	8100	36795	8002	20605	11469
江津区夏坝镇	3700	19792	2560	6682	2858
江津区西湖镇	14200	54651	14965	31329	21570
江津区杜市镇	8900	35370	12054	19255	13600
江津区广兴镇	3700	15808	2262	10841	5771
江津区四面山镇	30000	23334	3295	13885	7033
合川区沙鱼镇	2272	17681	4612	10781	8148
合川区官渡镇	5775	38379	3382	2224	1270
合川区涞滩镇	7379	40883	3185	21758	5028
合川区肖家镇	3004	26098	3560	14298	9618
合川区古楼镇	4988	27721	4268	16318	6865
合川区三庙镇	7922	56278	9521	32326	10770
合川区二郎镇	3709	28394	3201	14880	8720
合川区龙凤镇	6589	32574	3976	14139	419
合川区隆兴镇	9063	42142	3293	20351	9357
合川区铜溪镇	8348	42615	3525	24831	14323
合川区双凤镇	9717	44038	3500	24380	5582
合川区狮滩镇	5219	28168	13250	18579	9951
合川区清平镇	6035	20488	9560	11786	6705
合川区土场镇	3486	18622	4672	10313	6011
合川区小沔镇	5369	35682	6512	17351	5630
合川区三汇镇	9393	55030	49435	19176	13502
合川区香龙镇	5881	39548	6868	23924	5200
合川区钱塘镇	13925	94345	32165	51102	30793
合川区龙市镇	11931	82115	20135	50130	29117
合川区燕窝镇	8644	45047	7556	20081	11595
合川区太和镇	15762	87079	49000	34625	12665
合川区渭沱镇	10025	54762	3091	28162	9177
合川区双槐镇	9544	61865	11754	40842	17967
永川区青峰镇	4913	23076	1931	15388	10578
永川区金龙镇	7346	30946	1946	18888	12538
永川区临江镇	7710	39731	3715	20085	12799
永川区何埂镇	8038	57359	3736	20106	9059
永川区松溉镇	3446	17727	2055	11962	10234
永川区仙龙镇	8319	48136	2412	21678	11866
永川区吉安镇	6001	25901	4500	14734	8227
永川区五间镇	3770	22256	4750	14481	7844
永川区来苏镇	9321	53109	8409	29404	13016
永川区宝峰镇	3817	20750	4870	14812	11178
永川区双石镇	6432	25741	3352	16282	11754
永川区红炉镇	6400	21366	3901	12301	9106
永川区永荣镇	5991	15085	4847	11249	10415
永川区三教镇	10779	55152	17515	22052	11627

重庆市

2-1-22 续表 5 单位：公顷、人

建制镇名称	行政区域面积	总人口	镇区人口	从业人员	#二三产业
永川区板桥镇	5377	35193	12917	19520	10835
永川区朱沱镇	12765	76711	24660	30267	24338
南川区三泉镇	19150	20223	5236	11679	6773
南川区南平镇	12992	38080	4413	23259	12919
南川区神童镇	3916	10317	2170	6255	5412
南川区鸣玉镇	3668	17367	3539	12140	7452
南川区大观镇	6642	26923	8668	19432	6288
南川区兴隆镇	7652	26330	7489	12910	5014
南川区太平场镇	6710	17660	6169	12166	4455
南川区白沙镇	3675	10880	1908	6266	3069
南川区水江镇	23303	53761	26743	26026	24572
南川区石墙镇	3729	10090	1547	5751	3622
南川区金山镇	10127	14955	5200	9866	5750
南川区头渡镇	16419	11682	3813	7382	2902
南川区大有镇	12069	17762	1156	12139	4847
南川区合溪镇	10353	12104	3045	7601	4234
南川区黎香湖镇	3480	9125	3600	2000	1637
潼南县上和镇	6814	31074	3359	21520	13479
潼南县龙形镇	8036	40936	3651	21423	11968
潼南县古溪镇	11440	75618	10148	38838	18628
潼南县宝龙镇	4227	28251	2285	20882	8122
潼南县玉溪镇	5441	30177	3516	16846	8155
潼南县米心镇	5455	31128	2272	18360	6513
潼南县群力镇	4856	21960	2773	14178	9663
潼南县双江镇	11906	54321	8628	33191	23960
潼南县花岩镇	2530	13105	875	6009	3763
潼南县柏梓镇	12670	89823	10582	44836	24019
潼南县崇龛镇	8510	46601	2400	26580	13957
潼南县塘坝镇	10160	68060	9860	37534	19800
潼南县新胜镇	5042	29233	815	17825	10343
潼南县太安镇	6081	36769	3500	21179	11944
潼南县小渡镇	8823	48838	4958	31494	19980
潼南县卧佛镇	9669	41896	4586	19575	12332
潼南县五桂镇	3280	14156	1180	8180	3486
潼南县田家镇	6313	33126	1454	19058	10532
潼南县别口镇	4133	17266	1078	10903	5486
潼南县寿桥镇	2094	11453	824	6292	2796
铜梁县土桥镇	4519	23692	1325	12970	9631
铜梁县二坪镇	2651	14328	660	9736	5604
铜梁县水口镇	2262	10916	830	6366	4319
铜梁县安居镇	5657	35825	6458	20388	14157
铜梁县白羊镇	3819	16811	582	9594	7182
铜梁县平滩镇	9109	49701	2931	28093	17022
铜梁县石鱼镇	3177	20692	1418	12463	8733
铜梁县福果镇	3842	19275	900	10941	5222
铜梁县维新镇	4827	20249	970	9604	6598
铜梁县高楼镇	2667	12973	911	6973	4940
铜梁县大庙镇	4168	26989	2635	15001	9968
铜梁县围龙镇	4625	24165	1458	15176	10232

重庆市

2-1-22 续表 6

单位：公顷、人

建制镇名称	行政区域面积	总人口	镇区人口	从业人员	#二三产业
铜梁县华兴镇	3452	14894	698	7498	3909
铜梁县永嘉镇	6391	34833	2207	22358	15100
铜梁县安溪镇	2907	10851	742	6400	3865
铜梁县西河镇	3417	19172	4728	11992	8200
铜梁县太平镇	5170	27472	1074	16204	8207
铜梁县旧县镇	7937	50652	8400	28593	19039
铜梁县虎峰镇	7665	45797	6649	22580	11269
铜梁县少云镇	6685	32596	2538	18035	11661
铜梁县蒲吕镇	6255	38111	2775	19702	15608
铜梁县侣俸镇	8847	49012	2637	29249	20171
铜梁县小林镇	2897	12981	526	7888	6074
铜梁县双山镇	3259	12889	600	6682	3729
铜梁县庆隆镇	2602	16055	650	8905	6268
荣昌县直升镇	2975	17205	1988	11156	6848
荣昌县路孔镇	2200	15939	798	10192	6600
荣昌县清江镇	1920	15423	3203	8287	2947
荣昌县仁义镇	8200	54955	5954	35459	13845
荣昌县河包镇	7100	45283	4803	26810	14978
荣昌县古昌镇	3800	24139	1721	14927	8071
荣昌县吴家镇	9221	51307	9746	28856	20938
荣昌县观胜镇	4090	20495	2209	15158	2631
荣昌县铜鼓镇	3880	16864	4522	8520	6146
荣昌县清流镇	2595	15498	1256	9187	7090
荣昌县盘龙镇	12600	77496	8756	47583	24011
荣昌县远觉镇	2700	15145	1240	10415	7196
荣昌县清升镇	2801	19923	1887	12335	8018
荣昌县荣隆镇	6700	43280	6820	23778	19178
荣昌县龙集镇	2147	16956	1350	11150	5972
璧山县八塘镇	6526	32326	5779	27162	9846
璧山县七塘镇	5425	33704	987	22407	4366
璧山县河边镇	5250	25225	5369	15496	11277
璧山县福禄镇	4060	20370	3250	12237	7877
璧山县大兴镇	10014	58114	5631	41831	21043
璧山县正兴镇	7281	41529	7810	26468	16669
璧山县广普镇	4715	25744	1407	15791	8000
璧山县三合镇	3598	16723	1820	12429	8693
璧山县健龙镇	4976	26853	1668	18845	12327
梁平县仁贤镇	4058	31186	3835	21212	4453
梁平县礼让镇	4500	27366	3637	20720	7470
梁平县云龙镇	7796	39450	9100	22550	13490
梁平县屏锦镇	10211	67316	30382	41528	21751
梁平县袁驿镇	4260	25876	7353	15206	9006
梁平县新盛镇	6050	36242	9223	26120	13240
梁平县福禄镇	8750	32015	8500	18830	9710
梁平县金带镇	3145	17997	9072	10848	6790
梁平县聚奎镇	5700	42867	6643	22017	10505
梁平县明达镇	5890	31442	5307	19312	4201
梁平县荫平镇	5400	25268	4183	13074	7936
梁平县和林镇	5800	26265	3635	17450	8256

重庆市

2-1-22 续表 7 单位：公顷、人

建制镇名称	行政区域面积	总人口	镇区人口	从业人员	#二三产业
梁平县回龙镇	8950	44023	8840	29308	10178
梁平县碧山镇	3870	26508	2407	15767	9567
梁平县虎城镇	7776	43141	3600	23687	10540
梁平县七星镇	3308	12129	2390	7532	3520
梁平县龙门镇	5297	28279	4379	13455	9638
梁平县文化镇	2948	17226	2136	10324	4020
梁平县合兴镇	5400	25058	7025	11570	8151
梁平县石安镇	5200	21619	3800	13067	7600
梁平县柏家镇	6950	22735	2199	12657	9534
梁平县大观镇	5324	18411	2108	10511	1553
梁平县竹山镇	4200	7766	1092	3841	2194
梁平县蟠龙镇	9627	25142	4638	15176	8202
城口县巴山镇	1272	13382	1660	9265	3896
城口县坪坝镇	6044	11570	2029	4959	4589
城口县庙坝镇	14951	13216	1981	6961	2850
城口县明通镇	8051	8160	2600	3759	258
城口县修齐镇	16582	18309	2758	9009	4765
城口县高观镇	12595	9462	3960	3889	1567
丰都县虎威镇	7189	25244	2936	14260	3690
丰都县社坛镇	10143	50445	6952	27805	7982
丰都县三元镇	7739	23004	4627	12202	6248
丰都县许明寺镇	5471	19595	1910	11310	1924
丰都县董家镇	7119	31769	2336	17170	6343
丰都县树人镇	8236	28222	3515	16343	5233
丰都县十直镇	10972	40508	4550	22007	12171
丰都县高家镇	15512	45138	25117	27597	16535
丰都县兴义镇	11145	38565	2994	21065	13175
丰都县双路镇	9552	18380	2971	10705	5614
丰都县江池镇	6600	17850	3326	10454	6344
丰都县龙河镇	13901	52051	6405	30582	18824
丰都县武平镇	12619	17526	1157	10550	2121
丰都县包鸾镇	17777	29885	2820	18415	4306
丰都县湛普镇	3532	10089	1965	5719	2366
丰都县南天湖镇	14706	17914	1163	11165	7550
丰都县保合镇	8193	26943	1686	16548	5948
丰都县兴龙镇	5911	20356	825	8150	1540
丰都县仁沙镇	9139	31693	2088	19480	6970
丰都县龙孔镇	7115	27388	2506	16428	2499
丰都县暨龙镇	15256	13259	983	6620	1012
垫江县桂溪镇	8981	130205	128621	70500	60050
垫江县新民镇	5900	39684	18600	21967	15710
垫江县沙坪镇	8599	50262	8234	29569	11448
垫江县周嘉镇	8500	49516	16006	22698	9930
垫江县普顺镇	8600	38043	9388	21896	11653
垫江县永安镇	9700	44950	10640	27752	13893
垫江县高安镇	10016	69923	21985	42093	22919
垫江县高峰镇	4800	34777	3572	21562	13692
垫江县五洞镇	4178	27547	4825	16413	5965
垫江县澄溪镇	5900	59801	17010	28191	15575

重庆市

2-1-22 续表 8 单位：公顷、人

建制镇名称	行政区域面积	总人口	镇区人口	从业人员	#二三产业
垫江县太平镇	5300	40106	14606	20275	14086
垫江县鹤游镇	3287	20529	4890	11318	7796
垫江县坪山镇	7900	48669	15200	26502	16740
垫江县砚台镇	7800	45882	15800	25308	2880
垫江县曹回镇	6781	37817	5789	21517	9613
垫江县杠家镇	6800	34405	6807	33749	20249
垫江县包家镇	4122	23506	5276	17215	6768
垫江县白家镇	5807	32034	4213	14913	12101
垫江县永平镇	3802	19002	4103	10738	5171
垫江县三溪镇	7200	18557	2100	11306	5594
垫江县裴兴镇	5847	20298	2781	12585	2855
武隆县巷口镇	27610	68201	36710	33950	22977
武隆县火炉镇	17960	32051	3416	20585	10576
武隆县白马镇	22170	26169	10136	17338	9843
武隆县鸭江镇	12070	24063	5051	18122	8202
武隆县长坝镇	10440	20581	2045	11644	5576
武隆县江口镇	12910	21785	3603	14188	6581
武隆县平桥镇	7340	21020	4592	12093	5361
武隆县羊角镇	9390	16399	2770	9436	4878
武隆县仙女山镇	18730	14802	2562	8468	4575
武隆县桐梓镇	10030	12048	2508	7031	3229
武隆县土坎镇	4130	10617	1377	6362	4037
武隆县和顺镇	10320	14796	2021	6973	3160
忠县忠州镇	13600	151131	130971	47688	39352
忠县新生镇	8900	33051	5473	17837	9203
忠县任家镇	7100	24068	3119	11128	7502
忠县乌杨镇	10300	54541	8065	20987	10616
忠县洋渡镇	8100	29904	2498	15562	8756
忠县东溪镇	3900	21407	3841	10059	6104
忠县复兴镇	4500	17376	3507	9400	6672
忠县石宝镇	8500	44885	8600	26512	21941
忠县汝溪镇	9500	46847	9886	29538	11959
忠县野鹤镇	5800	26717	2094	15156	7766
忠县官坝镇	9600	44705	6786	21398	12684
忠县石黄镇	5500	16899	2101	8082	5050
忠县马灌镇	11400	49426	7283	30691	16427
忠县金鸡镇	7400	26593	2654	21568	8072
忠县新立镇	11600	51697	11154	38231	25289
忠县双桂镇	5300	27968	1853	19550	8437
忠县拔山镇	15600	62857	11650	29650	18660
忠县花桥镇	4900	27639	1740	13905	10781
忠县永丰镇	5300	21526	3108	12063	9961
忠县三汇镇	10100	38045	5406	17548	13949
忠县白石镇	14600	46730	6637	24753	16781
忠县黄金镇	10800	46434	3978	22146	12773
开县郭家镇	7900	48169	15132	22980	12550
开县温泉镇	14900	57154	23879	25205	13558
开县铁桥镇	11500	61029	19663	35878	23292
开县南雅镇	7000	45189	13901	23937	15664

重庆市

2-1-22 续表 9 单位：公顷、人

建制镇名称	行政区域面积	总人口	镇区人口	从业人员	#二三产业
开县和谦镇	8000	30690	8910	17250	7810
开县镇安镇	4600	25289	4392	13498	8178
开县竹溪镇	8400	41452	3122	37419	10147
开县渠口镇	6800	26712	3542	14875	7067
开县厚坝镇	4900	34480	4792	18100	10139
开县高桥镇	7800	36193	2926	15629	12079
开县义和镇	6100	37732	3680	21492	11794
开县大进镇	25100	45497	9134	22520	11455
开县长沙镇	13600	77616	24000	38019	28647
开县临江镇	12300	98550	37385	53255	32100
开县敦好镇	14400	56142	5663	31012	20554
开县中和镇	8900	63613	6741	32952	18186
开县岳溪镇	18100	78442	6358	42114	27381
开县南门镇	15000	73703	15053	39378	28653
开县河堰镇	15400	34409	4825	21513	6768
开县九龙山镇	13500	49789	3797	32095	20833
开县白桥镇	8400	32261	1586	28998	11809
开县天和镇	6700	20241	4018	9731	4059
开县金峰镇	5700	26980	5713	15364	6558
开县谭家镇	12500	22939	3671	11505	7387
开县巫山镇	11700	32158	4137	19694	5079
开县大德镇	11800	54405	672	33032	8818
云阳县龙角镇	6554	22478	2868	10429	6446
云阳县故陵镇	11403	29545	9329	18205	12551
云阳县红狮镇	13595	34762	6428	20432	20418
云阳县路阳镇	6360	38394	8066	18801	13948
云阳县农坝镇	8640	29568	5265	13998	9180
云阳县渠马镇	3552	19522	3412	8790	8288
云阳县黄石镇	4165	15625	1618	8617	5367
云阳县巴阳镇	5130	17303	1050	10200	4110
云阳县沙市镇	8488	24808	5300	11010	8838
云阳县鱼泉镇	6220	30598	5949	17401	14295
云阳县凤鸣镇	12947	63560	4900	34916	24007
云阳县宝坪镇	12350	44085	5560	23758	9195
云阳县南溪镇	28120	110594	20870	58005	38243
云阳县双土镇	9040	36509	1650	16521	12368
云阳县桑坪镇	11300	34937	6578	20794	14055
云阳县江口镇	24142	109321	26992	59637	39532
云阳县高阳镇	13512	39162	8613	20162	11278
云阳县平安镇	11800	41127	8223	7215	5040
云阳县云阳镇	12416	33096	3550	16100	8487
云阳县云安镇	6446	27991	6431	17758	9753
云阳县栖霞镇	6076	21904	3023	12619	6793
云阳县双龙镇	7619	41057	3202	24215	11906
奉节县永安镇	3180	105432	105432	62863	59759
奉节县白帝镇	14283	62215	17540	19858	9827
奉节县草堂镇	17066	40795	7356	21905	9309
奉节县汾河镇	13350	42502	7221	20571	9593
奉节县康乐镇	14193	47546	19360	20796	6802

重庆市

2-1-22 续表 10 单位：公顷、人

建制镇名称	行政区域面积	总人口	镇区人口	从业人员	#二三产业
奉节县大树镇	14962	33439	4250	17833	8075
奉节县竹园镇	17832	43026	15000	24300	13696
奉节县公平镇	13396	52195	6200	29572	14533
奉节县朱衣镇	19340	59503	12724	36254	13693
奉节县甲高镇	18123	41158	6948	21097	12261
奉节县羊市镇	6614	16360	3530	8267	4590
奉节县吐祥镇	25261	49724	26530	28750	12690
奉节县兴隆镇	34713	50751	20621	28733	14572
奉节县青龙镇	10784	25915	2875	15000	8154
奉节县新民镇	9601	33102	8065	17120	9800
奉节县永乐镇	13460	32867	3495	17993	6768
奉节县安坪镇	15408	38404	3882	20028	8313
奉节县五马镇	16343	41564	3762	21200	11973
奉节县青莲镇	17936	42597	5121	20133	7908
巫山县巫峡镇	14967	28760	9760	14638	7288
巫山县庙宇镇	14400	52093	12104	26485	15915
巫山县大昌镇	18833	51820	10215	26880	12327
巫山县福田镇	12233	49043	10672	29944	9094
巫山县龙溪镇	7440	26848	1884	14056	7917
巫山县双龙镇	14199	33724	2243	18900	9100
巫山县官阳镇	11847	19588	2856	8958	859
巫山县乐坪镇	15940	27123	6892	19676	13201
巫山县抱龙镇	14800	27614	1934	16695	7919
巫山县官渡镇	20258	62607	13590	30096	12556
巫山县铜鼓镇	8900	30482	1315	17169	10935
巫溪县城厢镇	13000	23484	21051	13868	7067
巫溪县凤凰镇	4900	20175	10373	9041	5358
巫溪县宁厂镇	4000	8912	5781	3018	1598
巫溪县上磺镇	9000	33787	9573	18185	10066
巫溪县古路镇	10600	32014	15627	20059	9932
巫溪县文峰镇	66600	40477	15500	20078	11530
巫溪县徐家镇	15300	17897	7545	8080	4156
巫溪县白鹿镇	14000	22207	5545	12446	5955
巫溪县尖山镇	12500	21227	11726	11607	6382
巫溪县下堡镇	19800	18179	5496	9918	4846
巫溪县峰灵镇	6500	24592	4591	13198	7141
巫溪县塘坊镇	9600	22490	5557	12477	7609
巫溪县朝阳镇	14000	19050	6020	8790	5206
巫溪县田坝镇	18100	15809	4705	7879	4397
巫溪县通城镇	9800	17422	4357	10251	4939
石柱县南宾镇	16387	104194	68156	62512	49407
石柱县西沱镇	6143	31723	14665	24547	18565
石柱县下路镇	10795	42285	8125	24907	10750
石柱县悦崃镇	8608	17009	2308	9088	4902
石柱县临溪镇	14964	24883	4789	13159	3306
石柱县黄水镇	21349	12890	6768	5921	4345
石柱县马武镇	9164	13209	2460	8600	625
石柱县沙子镇	17834	15749	1934	10232	2586
石柱县王场镇	5735	17138	6215	11149	4908

重庆市

2-1-22 续表 11 单位：公顷、人

建制镇名称	行政区域面积	总人口	镇区人口	从业人员	#二三产业
石柱县沿溪镇	5612	20595	1436	12099	517
石柱县龙沙镇	7803	16312	2748	10110	4829
石柱县鱼池镇	9768	14320	2563	9361	1461
石柱县三河镇	10114	26473	3756	14189	7227
石柱县大歇镇	12844	24458	3596	15578	4068
石柱县桥头镇	6574	13057	1560	7586	332
石柱县万朝镇	7435	17014	1218	5788	3049
石柱县冷水镇	7187	6278	278	3205	2102
秀山县清溪场镇	13200	74635	11594	42985	24821
秀山县隘口镇	12446	23922	2468	13596	1309
秀山县溶溪镇	10940	23185	5043	12521	4369
秀山县官庄镇	10170	38154	4835	20332	10432
秀山县龙池镇	12509	35167	9180	20830	9286
秀山县石堤镇	8710	18138	2684	10910	2745
秀山县峨溶镇	7960	22057	4292	13067	7719
秀山县洪安镇	8770	25607	3501	14686	6788
秀山县雅江镇	7090	17351	1788	8871	6615
秀山县石耶镇	3725	12125	3268	8977	5641
秀山县梅江镇	16950	46926	4623	25895	10905
秀山县兰桥镇	7317	18499	4730	8530	1330
秀山县膏田镇	15086	15467	500	11000	6400
秀山县溪口镇	9220	17813	768	8484	1459
酉阳县桃花源镇	21900	118817	85352	59407	44124
酉阳县龙潭镇	36600	69334	23824	47919	25496
酉阳县麻旺镇	26286	46630	12399	34231	8819
酉阳县酉酬镇	20600	24721	7026	17072	6636
酉阳县大溪镇	12700	15757	3314	12181	2187
酉阳县兴隆镇	18000	18907	2440	12351	421
酉阳县黑水镇	21300	23139	3956	13876	6869
酉阳县丁市镇	16600	28175	3241	16201	3975
酉阳县龚滩镇	13300	22692	4217	14615	5525
酉阳县李溪镇	22400	33715	7579	17857	3405
酉阳县泔溪镇	15300	22172	3715	10011	6746
酉阳县酉水河镇	11994	16892	4135	12255	1391
酉阳县苍岭镇	14000	17281	4278	8229	2179
酉阳县小河镇	9500	17317	4142	9741	1995
酉阳县板溪镇	16008	14234	2109	10643	4628
彭水县保家镇	16634	50467	4233	26340	2274
彭水县郁山镇	12907	43735	4052	25978	13315
彭水县高谷镇	10719	19214	4747	9085	5012
彭水县桑柘镇	28442	30905	6100	15044	3601
彭水县鹿角镇	11753	11117	3530	6006	3016
彭水县黄家镇	10795	14833	1340	7302	4498
彭水县普子镇	18027	30328	3607	17776	738
彭水县龙射镇	16047	23019	1884	14252	6778
彭水县连湖镇	7206	21657	2094	13117	6653
彭水县万足镇	5899	7644	1144	3076	2010
彭水县新田镇	13246	22658	22658	12207	1196

2-1-23 四川省建制镇名录及基本情况

单位：公顷、人

建制镇名称	行政区域面积	总人口	镇区人口	从业人员	#二三产业
成都市龙泉驿区洛带镇	4200	33980	16388	15341	10650
成都市龙泉驿区西河镇	4640	56249	12086	28130	19834
成都市龙泉驿区洪安镇	2267	19781	6227	9940	8577
成都市龙泉驿区柏合镇	7257	69645	31565	35583	19506
成都市龙泉驿区茶店镇	6030	18065	904	10272	5021
成都市龙泉驿区黄土镇	3300	33980	3075	18818	10787
成都市龙泉驿区山泉镇	3700	13939	762	8856	3743
成都市青白江区弥牟镇	2237	32558	7389	14060	9671
成都市青白江区大同镇	2165	27010	7223	10153	8959
成都市青白江区城厢镇	4569	58458	14805	30765	20382
成都市青白江区祥福镇	4443	50311	5720	33951	22120
成都市青白江区姚渡镇	2340	18645	2313	13189	8309
成都市青白江区清泉镇	6667	41799	8067	28604	17684
成都市青白江区龙王镇	2596	25631	5112	17978	12378
成都市新都区新都镇	8000	215600	165600	75600	49565
成都市新都区石板滩镇	4300	50978	14200	31550	21406
成都市新都区新繁镇	8300	103682	29820	69921	53910
成都市新都区新民镇	3600	37838	1810	22713	13355
成都市新都区泰兴镇	2906	32527	4123	21494	17062
成都市新都区斑竹园镇	4791	56963	5200	33833	29289
成都市新都区清流镇	3300	33969	1803	21705	13481
成都市新都区马家镇	2500	28924	7345	17571	15677
成都市新都区龙桥镇	2304	29215	9726	21200	12751
成都市新都区木兰镇	3450	41271	3500	26830	16510
成都市新都区军屯镇	1800	19549	4134	12250	9529
成都市温江区和盛镇	4210	37824	8801	19885	10383
成都市温江区永盛镇	1250	13135	10525	6306	5551
成都市温江区金马镇	2390	22342	3176	9814	8889
成都市温江区永宁镇	2360	29102	5720	15061	13938
成都市温江区万春镇	5330	53663	24250	28907	15336
成都市温江区寿安镇	5310	43768	16546	24615	10163
金堂县赵镇	7931	147033	77573	37853	24789
金堂县三星镇	4510	23889	2779	12603	6490
金堂县清江镇	2266	25566	4459	16602	6253
金堂县官仓镇	3944	25101	2210	18445	13497
金堂县淮口镇	10854	82049	52000	48367	30461
金堂县白果镇	6094	42857	5702	20577	6807
金堂县五凤镇	5929	27462	5614	11740	4695
金堂县高板镇	4598	41455	3713	23922	14936
金堂县三溪镇	5715	48404	4768	21368	8408
金堂县福兴镇	7350	51372	5507	23906	10261
金堂县金龙镇	4267	28762	4012	17503	8115
金堂县赵家镇	6158	38458	38031	25317	25011
金堂县竹篙镇	7267	52330	5669	31365	18160
金堂县广兴镇	4559	36224	3802	15833	7547
金堂县隆盛镇	5660	34077	4025	17415	6733
金堂县转龙镇	4264	25229	2148	13412	6265
金堂县土桥镇	4160	34153	7322	19958	11700
金堂县云合镇	4596	32988	2306	20233	13105
金堂县又新镇	5056	35057	3219	15738	9326
双流县太平镇	4185	25051	4628	17632	17353
双流县永兴镇	4133	25931	1852	15642	9903

四川省

2-1-23 续表 1　　单位：公顷、人

建制镇名称	行政区域面积	总人口	镇区人口	从业人员	#二三产业
双流县籍田镇	4804	41570	9036	21555	14637
双流县正兴镇	4922	38648	28553	20510	14099
双流县彭镇	3639	39666	13915	25578	22685
双流县大林镇	5506	27480	2812	19491	11879
双流县煎茶镇	6157	34344	2240	21536	13197
双流县黄龙溪镇	5052	29017	3691	18553	12615
双流县永安镇	5683	32316	1446	22716	11052
双流县黄水镇	3314	34985	4588	25051	17643
双流县金桥镇	4087	39163	3544	26041	18803
双流县胜利镇	3450	18539	4082	12151	9567
双流县新兴镇	3660	31834	844	19854	14369
双流县兴隆镇	4248	28599	2458	18308	12821
双流县万安镇	3114	33040	7722	15970	12662
双流县白沙镇	3620	29575	3180	19351	13090
双流县三星镇	3889	21608	2873	12955	9093
双流县合江镇	4335	20586	1026	13211	8798
郫县郫筒镇	3400	155059	129572	75690	6950
郫县团结镇	2880	42412	8772	19926	15817
郫县犀浦镇	2780	71858	50456	39826	39332
郫县花园镇	2180	23478	2602	14230	10987
郫县唐昌镇	4746	48853	7891	28371	14063
郫县安德镇	2180	39568	9610	24667	18293
郫县三道堰镇	1780	20017	2065	12761	6596
郫县安靖镇	2160	106334	4862	80161	69269
郫县红光镇	3874	53868	32405	25152	16652
郫县新民场镇	1810	17568	732	7138	4521
郫县德源镇	3260	72793	36016	51748	43748
郫县友爱镇	4630	42141	3755	26719	17303
郫县古城镇	1783	26116	2330	10153	5267
郫县唐元镇	1830	24761	591	13927	1000
大邑县晋原镇	9135	126044	94726	38854	29747
大邑县王泗镇	6508	57175	26431	36481	31646
大邑县新场镇	3426	24697	9051	14253	8664
大邑县悦来镇	5676	23781	6594	13251	8402
大邑县安仁镇	5703	59503	23470	30062	19715
大邑县出江镇	6202	14946	3162	8648	4429
大邑县花水湾镇	8874	8679	3326	5236	3759
大邑县西岭镇	44910	6138	1563	3998	2161
大邑县斜源镇	6318	8269	793	3352	1399
大邑县董场镇	3607	28461	8742	17934	8399
大邑县韩场镇	2070	18138	5665	10832	7698
大邑县三岔镇	4079	34487	5103	17775	9906
大邑县上安镇	1960	15884	2280	10183	5015
大邑县苏家镇	2060	20488	4230	9054	5037
大邑县青霞镇	2803	8363	2567	4972	3906
大邑县沙渠镇	1894	17533	7762	11099	7174
大邑县蔡场镇	2176	20062	6743	12361	7982
蒲江县鹤山镇	11031	83078	55636	29254	18367
蒲江县大塘镇	2974	15072	3118	11009	5707
蒲江县寿安镇	8763	54137	17615	32852	15210
蒲江县朝阳湖镇	2926	10407	2672	7199	4475
蒲江县西来镇	7895	31443	5120	21548	10360

四川省

2-1-23 续表 2 单位：公顷、人

建制镇名称	行政区域面积	总人口	镇区人口	从业人员	#二三产业
蒲江县大兴镇	5917	18729	5425	12995	4121
蒲江县甘溪镇	2905	11197	2620	7429	2744
蒲江县成佳镇	4042	11100	3375	7485	2732
新津县五津镇	2095	77868	60325	34656	31653
新津县花桥镇	3300	28056	2661	17725	9023
新津县花源镇	3225	38912	24819	20687	17568
新津县金华镇	3333	19851	1360	13810	9627
新津县普兴镇	4186	23838	5284	15865	8800
新津县兴义镇	3787	34397	3280	24120	17359
新津县新平镇	2514	24405	4127	12479	7780
新津县方兴镇	1960	15183	2916	9570	5658
新津县安西镇	1531	14831	2133	9094	4964
新津县永商镇	2957	17586	3372	9680	7450
新津县邓双镇	2775	23769	4563	13061	10963
都江堰市灌口镇	1710	66682	66682	49818	48380
都江堰市幸福镇	3000	131245	131245	92978	82749
都江堰市蒲阳镇	6100	43459	5648	21376	14217
都江堰市聚源镇	3420	40521	4900	18362	10242
都江堰市崇义镇	4680	43105	2873	29291	17727
都江堰市天马镇	3770	32213	2601	19090	8030
都江堰市石羊镇	4990	51580	4555	21538	9722
都江堰市柳街镇	4650	38507	2510	24164	13725
都江堰市玉堂镇	5220	25649	7100	13129	9069
都江堰市中兴镇	4870	27667	4185	16002	10626
都江堰市青城山镇	9610	33204	23560	18262	15977
都江堰市龙池镇	8880	3301	1283	2135	406
都江堰市胥家镇	4290	50080	2653	28486	18438
都江堰市安龙镇	2760	24221	2546	15326	9802
都江堰市大观镇	6070	17381	3184	11631	6945
都江堰市紫坪铺镇	4800	11313	2148	5604	1993
都江堰市翠月湖镇	10726	15797	3182	9140	6727
彭州市天彭镇	6719	165169	134387	45801	22955
彭州市龙门山镇	33745	13050	1878	5997	2912
彭州市新兴镇	3382	15856	2568	9692	7094
彭州市丽春镇	7699	67812	3816	39993	19467
彭州市九尺镇	2796	30366	2175	19256	7697
彭州市蒙阳镇	7554	71207	21756	49374	25233
彭州市通济镇	6877	28329	3512	18515	13502
彭州市丹景山镇	6450	30437	4411	16367	8255
彭州市隆丰镇	4946	46345	7400	30666	10287
彭州市敖平镇	3388	27680	2619	15498	5457
彭州市磁峰镇	10320	19713	1440	9818	7281
彭州市桂花镇	6463	28236	3445	16856	9975
彭州市军乐镇	3177	27760	6147	15690	5213
彭州市三界镇	4227	33864	4039	18691	8115
彭州市小渔洞镇	5531	11399	2865	7409	3908
彭州市红岩镇	4177	16745	697	8539	1055
彭州市升平镇	3201	32006	1173	21008	5798
彭州市白鹿镇	8127	9609	3502	5446	1559
彭州市葛仙山镇	6822	36729	1792	23217	10140
彭州市致和镇	6333	81313	13516	44516	24992
邛崃市临邛镇	13096	164997	97786	114655	94017

四川省

2-1-23 续表 3 单位：公顷、人

建制镇名称	行政区域面积	总人口	镇区人口	从业人员	#二三产业
邛崃市羊安镇	4936	42220	21593	26020	25133
邛崃市牟礼镇	6041	53758	5172	26786	14948
邛崃市桑园镇	3781	28591	4057	14478	9664
邛崃市平乐镇	7979	36834	13493	23261	15626
邛崃市夹关镇	4740	19178	3721	10391	3375
邛崃市火井镇	6800	20322	6753	11819	6893
邛崃市水口镇	10764	23214	2261	9116	3933
邛崃市固驿镇	5071	33192	6245	17894	11152
邛崃市冉义镇	3601	30388	5675	18879	12877
邛崃市回龙镇	4676	21972	2377	11815	5319
邛崃市高埂镇	2853	21164	2040	12017	5656
邛崃市前进镇	2902	18366	1450	11780	6144
邛崃市高何镇	8544	12621	2326	6223	1396
邛崃市临济镇	3755	17666	7324	9796	3402
邛崃市卧龙镇	3734	16022	5016	9506	4317
邛崃市天台山镇	10618	16007	1881	8968	4160
邛崃市宝林镇	3800	14572	14121	11626	1194
崇州市崇阳镇	6344	128848	128548	37092	19845
崇州市三江镇	4712	54678	13025	32141	9018
崇州市江源镇	2711	30447	4490	19796	6576
崇州市羊马镇	4058	45753	29539	33058	29709
崇州市廖家镇	2451	20789	5374	11270	9638
崇州市元通镇	2134	21892	3132	13600	5898
崇州市观胜镇	2434	21430	3903	12632	4333
崇州市怀远镇	8256	57051	15660	30960	17837
崇州市三郎镇	8512	15351	1123	9235	8265
崇州市街子镇	4118	32647	4561	21126	11548
崇州市文井江镇	5307	7289	455	4434	1318
崇州市王场镇	2941	23512	2812	13645	8510
崇州市白头镇	1513	15301	1758	8995	6480
崇州市道明镇	3673	21887	2641	12802	6476
崇州市隆兴镇	1800	16948	962	10098	5129
崇州市崇平镇	1949	17953	2502	10032	9930
崇州市梓潼镇	1571	14331	1424	7125	4624
崇州市桤泉镇	1803	15416	4867	9783	6281
自贡市自流井区仲权镇	3420	25416	3921	13490	10741
自贡市自流井区舒平镇	2239	23203	6948	10395	7242
自贡市自流井区荣边镇	2850	16000	910	9588	6780
自贡市贡井区艾叶镇	1604	19720	6321	9325	5551
自贡市贡井区建设镇	1900	15443	1585	9192	6169
自贡市贡井区长土镇	1974	22191	6292	10780	7915
自贡市贡井区龙谭镇	5478	31260	3493	18278	7423
自贡市贡井区桥头镇	3011	16183	926	9610	6022
自贡市贡井区五宝镇	7200	31944	4814	17864	9090
自贡市贡井区莲花镇	4117	13715	1105	7016	3380
自贡市贡井区成佳镇	7727	56681	10035	35834	17448
自贡市贡井区白庙镇	2328	13228	373	7979	3772
自贡市大安区大山铺镇	3107	39586	12900	17509	10925
自贡市大安区团结镇	1862	15390	1235	8544	3917
自贡市大安区三多寨镇	3282	31947	1942	24829	18068
自贡市大安区何市镇	3976	40797	4403	21520	6542
自贡市大安区新店镇	2150	19528	2939	9638	4095

四川省

2-1-23 续表 4 单位：公顷、人

建制镇名称	行政区域面积	总人口	镇区人口	从业人员	#二三产业
自贡市大安区新民镇	3014	32043	3288	16713	9025
自贡市大安区牛佛镇	7565	73340	20785	48536	19700
自贡市大安区庙坝镇	3439	26640	3385	19179	10744
自贡市大安区回龙镇	4237	35094	4954	20413	9283
自贡市沿滩区沿滩镇	2970	38967	17256	13564	7606
自贡市沿滩区卫坪镇	5270	46728	23016	16437	9749
自贡市沿滩区兴隆镇	3040	19591	3596	14480	8528
自贡市沿滩区富全镇	3190	25094	4158	10760	7444
自贡市沿滩区永安镇	3440	26005	5080	13885	9895
自贡市沿滩区联络镇	3220	22153	3963	11478	7217
自贡市沿滩区邓关镇	1490	20774	10214	9290	5462
自贡市沿滩区王井镇	2570	21870	4323	10491	5776
自贡市沿滩区黄市镇	3210	29781	4866	18550	8187
自贡市沿滩区瓦市镇	5996	51355	5640	27980	15325
自贡市沿滩区仙市镇	5512	39943	3638	23601	10884
荣县旭阳镇	14117	154626	93659	88342	62199
荣县双石镇	5307	39003	4465	21895	8682
荣县望佳镇	3179	20402	2890	14438	9652
荣县鼎新镇	5318	23241	1681	15006	5362
荣县乐德镇	8758	34876	3012	19909	7918
荣县过水镇	4758	24377	1391	15395	9107
荣县古文镇	5118	16843	1932	9556	6106
荣县河口镇	6437	21820	2425	13010	7233
荣县新桥镇	5192	18849	2488	12631	5875
荣县正紫镇	3784	10958	729	7570	5106
荣县度佳镇	8290	27614	1764	14672	6553
荣县东佳镇	8061	21689	1034	12973	7090
荣县长山镇	8120	35646	10980	18081	10258
荣县保华镇	6605	24950	2919	13838	5712
荣县留佳镇	8254	40706	2055	22079	6872
荣县来牟镇	5572	27576	2384	17130	11078
荣县双古镇	9656	26523	2089	15707	6489
荣县观山镇	4480	20478	2144	11318	5750
荣县高山镇	6973	31427	934	20114	7708
荣县东兴镇	5716	8247	310	4947	2694
荣县铁厂镇	5824	13789	951	8700	5108
富顺县富世镇	4859	141736	117135	81473	73500
富顺县东湖镇	7066	66841	8213	39678	23665
富顺县琵琶镇	5511	41736	5177	26261	10563
富顺县狮市镇	4301	33147	3065	16740	9310
富顺县骑龙镇	6902	59633	3611	32667	15815
富顺县互助镇	4974	38098	2515	23097	9894
富顺县代寺镇	7230	68809	13600	37034	20577
富顺县中石镇	3054	23848	499	14800	5824
富顺县童寺镇	5309	39403	4501	20254	10341
富顺县古佛镇	3044	24719	3031	14807	8100
富顺县永年镇	6787	51346	5323	31588	10763
富顺县彭庙镇	4668	27289	1131	14055	6081
富顺县兜山镇	7323	42400	1211	27540	12374
富顺县板桥镇	5715	42034	8731	23870	9598
富顺县福善镇	6851	37148	6047	18620	11456
富顺县李桥镇	7133	33027	1130	18317	6565

四川省

2-1-23 续表 5　　　　单位：公顷、人

建制镇名称	行政区域面积	总人口	镇区人口	从业人员	#二三产业
富顺县赵化镇	4982	40679	11978	20915	11928
富顺县安溪镇	7512	44442	3280	24738	12058
富顺县万寿镇	4902	29223	1264	15306	8741
富顺县飞龙镇	5020	38904	8068	21350	8601
富顺县怀德镇	4637	38676	8945	21157	10220
富顺县长滩镇	2627	19812	2184	11202	6059
攀枝花市东区银江镇	16732	47782	4920	18913	17264
攀枝花市西区格里坪镇	11740	22520	4772	16651	14151
攀枝花市仁和区仁和镇	3820	39260	34210	16860	14490
攀枝花市仁和区平地镇	17443	14932	2094	8107	1714
攀枝花市仁和区大田镇	10500	8785	2672	4810	1150
攀枝花市仁和区福田镇	5230	4270	387	2810	695
攀枝花市仁和区同德镇	9183	14638	1775	6901	2915
攀枝花市仁和区金江镇	9837	19140	14025	8036	6389
攀枝花市仁和区布德镇	13192	16152	3460	8110	2943
攀枝花市仁和区前进镇	10682	18091	8486	10625	6799
米易县攀莲镇	17808	52463	41831	29864	11319
米易县丙谷镇	19020	25262	3395	15359	3216
米易县得石镇	29026	8993	2956	4543	2163
米易县撒莲镇	11996	16513	2350	7648	3058
米易县垭口镇	9665	10398	2714	5075	3690
米易县白马镇	20509	29005	5781	19512	4445
米易县普威镇	14741	13255	2061	6357	2058
盐边县桐子林镇	24914	24756	8810	9263	5620
盐边县红格镇	17000	14647	5590	9747	4989
盐边县渔门镇	21700	23140	6474	9746	4172
盐边县永兴镇	23430	22712	2061	12584	5387
泸州市江阳区泰安镇	3630	20907	5556	12741	7190
泸州市江阳区黄舣镇	6553	39058	4922	20390	10256
泸州市江阳区弥陀镇	4473	33024	3087	17905	9815
泸州市江阳区况场镇	6982	47042	3227	27953	13187
泸州市江阳区通滩镇	7585	54704	3394	32560	13371
泸州市江阳区江北镇	4737	29498	2500	19026	8754
泸州市江阳区方山镇	5275	28615	1483	15102	7984
泸州市纳溪区大渡口镇	12964	38767	5862	24130	5769
泸州市纳溪区护国镇	17698	68976	9102	40123	20246
泸州市纳溪区打古镇	13378	36075	2135	25660	5980
泸州市纳溪区上马镇	10713	33595	2471	18312	4397
泸州市纳溪区合面镇	8918	40188	2351	25431	8409
泸州市纳溪区新乐镇	6910	41216	1750	23940	7898
泸州市纳溪区丰乐镇	8216	38173	3471	23054	10059
泸州市纳溪区白节镇	12457	41587	8720	31100	10925
泸州市纳溪区天仙镇	6745	17876	810	13069	5066
泸州市纳溪区渠坝镇	4795	29712	5577	16049	6070
泸州市纳溪区龙车镇	4503	18086	1584	10615	3103
泸州市纳溪区棉花坡镇	7195	30770	4354	19047	7330
泸州市龙马潭区罗汉镇	1960	19496	1557	9552	6305
泸州市龙马潭区鱼塘镇	1836	21327	9039	8333	4669
泸州市龙马潭区石洞镇	5100	43837	7185	22589	12380
泸州市龙马潭区胡市镇	4470	30105	4562	18216	6911
泸州市龙马潭区特兴镇	4085	28547	2686	18466	9165
泸州市龙马潭区安宁镇	4150	30924	8563	17850	6750

四川省

2-1-23 续表 6　　　　单位：公顷、人

建制镇名称	行政区域面积	总人口	镇区人口	从业人员	#二三产业
泸州市龙马潭区双加镇	3700	26878	5264	14027	7233
泸县福集镇	16699	147414	42742	96538	68813
泸县加明镇	4802	43132	9176	26805	20212
泸县喻寺镇	7350	50374	3690	31500	16487
泸县得胜镇	7949	58268	1675	33413	21050
泸县牛滩镇	7563	47659	4540	32346	20497
泸县兆雅镇	6057	45122	8849	28111	17903
泸县玄滩镇	11409	90527	17898	52177	29467
泸县太伏镇	12292	76629	7161	56054	32482
泸县云龙镇	6943	51623	2641	32156	24912
泸县石桥镇	8697	44476	2445	25457	14911
泸县毗卢镇	6841	43002	2382	23645	12779
泸县奇峰镇	6874	49981	2100	26841	20220
泸县潮河镇	8481	59992	3186	40715	22303
泸县云锦镇	10698	70929	4514	47739	27750
泸县立石镇	6807	42117	2527	32869	19523
泸县百和镇	8110	50370	2356	32458	20624
泸县天兴镇	4181	29611	1591	19120	12957
泸县方洞镇	6928	49948	2516	29399	17866
泸县海潮镇	5279	33756	3882	20274	12849
合江县合江镇	6970	104982	67461	44131	37605
合江县望龙镇	5800	32958	4146	18788	13148
合江县白沙镇	3800	24561	5647	18220	12302
合江县佛荫镇	6300	40048	3411	24844	13292
合江县先市镇	6240	44835	10845	23769	10597
合江县尧坝镇	6350	30463	2177	14642	9156
合江县九支镇	11390	37395	14928	21986	9352
合江县五通镇	9500	27525	812	15902	8392
合江县凤鸣镇	12650	37558	2242	20571	15175
合江县榕山镇	9250	50200	20782	23556	12561
合江县白鹿镇	7350	39823	2005	24656	12880
合江县甘雨镇	8440	29937	1263	17915	11953
合江县福宝镇	43900	37296	5934	17663	6114
合江县先滩镇	10100	22986	1426	16420	3876
合江县自怀镇	19560	14775	747	7103	2192
合江县大桥镇	6750	44546	1915	26461	12098
合江县车辋镇	7900	24830	4726	16368	6752
叙永县叙永镇	11737	111272	68903	51859	39408
叙永县江门镇	16468	37006	9294	16955	4853
叙永县马岭镇	10268	36779	6415	20541	14029
叙永县天池镇	6672	20865	2573	11660	6876
叙永县水尾镇	23737	30444	6850	19149	7371
叙永县两河镇	12510	35563	3347	21461	9540
叙永县落卜镇	10161	37041	6265	20913	6923
叙永县后山镇	12743	26454	2885	13022	6105
叙永县分水镇	14866	31682	1326	17702	7072
叙永县摩尼镇	13849	33769	4805	16604	5734
叙永县赤水镇	16419	32215	1771	18510	10285
古蔺县古蔺镇	28416	112762	42109	67461	41499
古蔺县龙山镇	9008	32393	4547	19564	7892
古蔺县永乐镇	13576	46142	1447	22650	9288
古蔺县太平镇	10052	37130	5132	21835	9220

四川省

2-1-23 续表 7　　　　单位：公顷、人

建制镇名称	行政区域面积	总人口	镇区人口	从业人员	#二三产业
古蔺县二郎镇	8964	46378	7309	23779	10715
古蔺县大村镇	9201	31827	2520	18456	7851
古蔺县石宝镇	17720	52029	6862	25790	9374
古蔺县丹桂镇	11516	42175	1667	21960	3535
古蔺县水口镇	18519	39829	4618	25117	11130
古蔺县观文镇	12638	33160	4736	18962	10168
古蔺县双沙镇	19829	49733	3562	26564	8119
古蔺县德耀镇	9895	21583	3248	11337	3755
德阳市旌阳区黄许镇	8795	63854	16267	33273	17031
德阳市旌阳区孝泉镇	4821	40169	14996	27664	17152
德阳市旌阳区八角井镇	4430	33671	2901	21678	18771
德阳市旌阳区柏隆镇	3738	27479	5580	19593	10891
德阳市旌阳区孝感镇	2591	33768	2536	14045	8922
德阳市旌阳区天元镇	5587	44859	11097	29493	23375
德阳市旌阳区杨嘉镇	3250	22562	3299	15048	9535
德阳市旌阳区德新镇	4587	31990	6623	21880	12721
德阳市旌阳区双东镇	7910	26657	2260	18362	11297
德阳市旌阳区新中镇	4227	13321	1324	9322	4563
德阳市旌阳区和新镇	5839	16354	912	11669	6495
中江县凯江镇	1375	74914	5512	45763	44584
中江县南华镇	7321	71463	5991	36356	23930
中江县回龙镇	6818	54730	3276	36159	16883
中江县通济镇	4909	35175	1115	26199	17547
中江县永太镇	7659	49624	5636	29642	18378
中江县黄鹿镇	5056	26987	3256	16108	9119
中江县集凤镇	5454	27132	2215	16689	152
中江县富兴镇	8074	33560	2752	23642	15532
中江县辑庆镇	5920	49525	6911	30318	16282
中江县兴隆镇	6873	46032	3115	23879	15567
中江县龙台镇	6308	61390	5471	43525	7700
中江县永安镇	4554	34870	3120	21638	9809
中江县双龙镇	3583	22274	542	15530	7566
中江县玉兴镇	4021	33741	1306	22689	12792
中江县永兴镇	5433	30871	1969	16401	10079
中江县悦来镇	3701	25246	3721	16196	10570
中江县继光镇	5168	25825	2468	17013	7960
中江县仓山镇	10904	82699	25163	35812	19029
中江县广福镇	6231	43909	4950	31205	18890
中江县会龙镇	4416	27611	3781	19547	10168
中江县万福镇	5214	28734	3921	16757	10696
中江县普兴镇	4801	31186	1783	17420	8482
中江县联合镇	4225	23600	1319	14280	9866
中江县冯店镇	6866	46622	5268	28345	27551
中江县积金镇	1607	21710	1600	14023	2600
中江县太安镇	4688	26692	1125	14685	1280
中江县杰兴镇	2429	20030	2480	13846	1500
中江县南山镇	2583	20217	640	13752	8841
中江县东北镇	5540	43880	2198	28588	10938
罗江县万安镇	3330	56886	46480	32936	29735
罗江县鄢家镇	6503	33505	4903	19657	11833
罗江县金山镇	7715	42993	19789	31602	15544
罗江县略坪镇	5573	29381	5153	19291	7753

四川省

2-1-23 续表 8 单位：公顷、人

建制镇名称	行政区域面积	总人口	镇区人口	从业人员	#二三产业
罗江县御营镇	2449	13232	2025	9138	6283
罗江县慧觉镇	2097	12038	1372	8231	4435
罗江县调元镇	3632	14551	2991	10563	5392
罗江县新盛镇	6121	34299	1750	21083	7528
罗江县蟠龙镇	3473	12120	801	7115	3610
罗江县白马关镇	3895	13635	891	8400	4264
广汉市三水镇	3446	35043	2548	22756	9480
广汉市连山镇	5315	40531	3172	21805	9110
广汉市高坪镇	2785	24867	1148	15297	4846
广汉市南兴镇	5287	44612	1922	30389	16389
广汉市向阳镇	3404	34916	2021	19800	11590
广汉市小汉镇	5080	44760	1423	31599	12677
广汉市金轮镇	2314	20494	3489	16038	5950
广汉市新丰镇	5531	61353	5634	36713	23172
广汉市兴隆镇	3035	26729	618	18334	5998
广汉市和兴镇	2118	20002	1592	12666	3812
广汉市松林镇	3266	19696	347	13274	8434
广汉市金鱼镇	3019	27905	725	19512	9384
广汉市新平镇	1750	14258	1560	8926	5748
广汉市南丰镇	2180	20043	1370	11024	7074
广汉市西高镇	2406	17831	551	12352	4546
什邡市元石镇	1678	21670	6181	8490	5178
什邡市回澜镇	2872	25036	257	17179	10848
什邡市洛水镇	4450	37260	8468	23098	11710
什邡市禾丰镇	3146	24977	469	17330	9658
什邡市双盛镇	2821	24740	1390	13805	9101
什邡市马祖镇	2389	25191	1019	15130	9954
什邡市隐丰镇	3602	25740	541	16200	8213
什邡市马井镇	3943	27496	3679	21421	11383
什邡市蓥华镇	7414	17771	5200	8180	6370
什邡市南泉镇	3505	30004	1763	20117	10100
什邡市湔氐镇	4618	30225	984	19060	7773
什邡市红白镇	34175	6497	2453	5195	3095
什邡市八角镇	5089	10383	815	7320	6040
什邡市师古镇	4607	43905	3382	21885	13396
绵竹市东北镇	2596	24716	3157	14620	10886
绵竹市西南镇	1666	18661	6820	7376	4831
绵竹市兴隆镇	2529	19201	876	10496	4956
绵竹市九龙镇	5010	11048	934	6045	3873
绵竹市遵道镇	3419	21162	1047	12276	6291
绵竹市汉旺镇	7715	42054	14787	28357	23466
绵竹市拱星镇	3424	20157	4680	11091	6109
绵竹市土门镇	4201	27008	2210	14737	14687
绵竹市广济镇	2813	22966	1648	13218	6168
绵竹市金花镇	18904	6142	1010	3557	2180
绵竹市玉泉镇	3011	20658	1270	12389	6592
绵竹市板桥镇	2539	17099	2236	10073	4121
绵竹市新市镇	6074	36151	15008	24925	9471
绵竹市孝德镇	8204	61361	6404	31707	15461
绵竹市富新镇	4491	36087	2374	22478	12741
绵竹市齐天镇	2030	15411	813	9876	3250
绵竹市什地镇	3516	26488	1276	18337	9111

四川省

2-1-23 续表 9　　　　单位：公顷、人

建制镇名称	行政区域面积	总人口	镇区人口	从业人员	#二三产业
绵竹市绵远镇	2558	14602	726	8752	4974
绵阳市涪城区丰谷镇	2700	17981	8449	11991	10510
绵阳市涪城区关帝镇	2390	10111	802	6577	4071
绵阳市涪城区塘汛镇	2500	28823	22850	17492	15964
绵阳市涪城区青义镇	2840	26289	5578	10475	9479
绵阳市涪城区龙门镇	2378	13036	1775	8563	6325
绵阳市涪城区石塘镇	3000	24781	8633	12950	10910
绵阳市涪城区吴家镇	4690	20943	2335	11857	8406
绵阳市涪城区杨家镇	3710	16346	1074	9918	7204
绵阳市涪城区金峰镇	2720	11130	1488	7458	4306
绵阳市涪城区玉皇镇	2886	11481	1078	7877	5837
绵阳市涪城区新皂镇	5200	17498	6297	11514	7495
绵阳市高新区河边镇	3640	12623	1100	8265	5187
绵阳市高新区磨家镇	2610	12267	2459	8659	6230
绵阳市高新区永兴镇	3000	54494	30981	35421	34895
绵阳市游仙区游仙镇	5631	63205	42183	25796	23748
绵阳市游仙区石马镇	3200	22894	4215	11332	8549
绵阳市游仙区新桥镇	4480	18957	10210	12594	8733
绵阳市游仙区小枧镇	5300	20851	3588	13926	12916
绵阳市游仙区魏城镇	8490	41879	18000	28123	20422
绵阳市游仙区沉抗镇	7380	22455	1780	13085	7532
绵阳市游仙区忠兴镇	4700	20206	4682	12495	8064
绵阳市游仙区柏林镇	4290	14813	1293	8522	4535
绵阳市游仙区徐家镇	4710	17329	1773	9836	5689
绵阳市游仙区石板镇	5200	20253	1999	12108	4840
绵阳市游仙区刘家镇	4330	17895	6384	9554	7583
绵阳市游仙区玉河镇	5500	18549	1337	12941	6626
绵阳市游仙区松垭镇	2800	23474	12850	13204	9190
三台县北坝镇	1425	36012	33095	24700	20081
三台县潼川镇	8551	130400	83707	78030	65045
三台县东塔镇	3640	18328	865	11034	7124
三台县百顷镇	3381	16017	6677	9376	4689
三台县塔山镇	7895	35785	11216	20749	14185
三台县柳池镇	2047	9718	760	6331	2993
三台县龙树镇	8087	21239	2085	13570	8664
三台县石安镇	6820	23742	2658	11761	6962
三台县富顺镇	6670	21644	3566	13102	5035
三台县三元镇	6906	22636	2232	12685	6612
三台县秋林镇	5079	18926	2976	11357	5693
三台县永新镇	2680	11322	1244	7427	3701
三台县新德镇	2941	20221	1827	15166	6801
三台县新生镇	5351	34443	2850	20440	9980
三台县鲁班镇	7779	34669	1321	21837	9522
三台县景福镇	7827	45263	6348	21445	8347
三台县紫河镇	3345	19056	1622	10783	5334
三台县安居镇	2155	12160	1934	7154	4353
三台县观桥镇	7304	46101	3408	24739	13957
三台县郪江镇	2545	11917	1089	6779	3775
三台县中新镇	3770	21116	1409	12057	6972
三台县古井镇	6444	39150	4464	23184	11387
三台县万安镇	1522	9330	451	5875	3836
三台县西平镇	7701	56788	16472	32275	18269

四川省

2-1-23 续表 10 单位：公顷、人

建制镇名称	行政区域面积	总人口	镇区人口	从业人员	#二三产业
三台县八洞镇	3955	27494	2603	17694	10534
三台县凯河镇	3187	21019	1306	11777	7376
三台县乐安镇	6243	38601	7360	21957	12339
三台县建平镇	4893	31828	1929	17175	8195
三台县前锋镇	2402	12154	1279	7439	4651
三台县建设镇	3751	13554	1836	8247	3789
三台县光辉镇	3263	14750	1862	8502	6487
三台县中太镇	5885	28045	2008	16981	7558
三台县金石镇	6555	37097	2547	19149	11175
三台县新鲁镇	6115	32544	2714	21079	8793
三台县黎曙镇	1996	13036	2290	7170	4750
三台县刘营镇	8056	43867	4396	24082	13439
三台县灵兴镇	2839	17870	1789	11253	5143
三台县芦溪镇	9485	58209	31846	40768	28725
三台县立新镇	6930	31925	2100	18970	9890
三台县花园镇	3961	30001	6570	20023	9415
三台县永明镇	5550	28844	8890	17928	9820
盐亭县云溪镇	8585	74960	55910	55147	49941
盐亭县玉龙镇	7058	33078	12326	16565	8977
盐亭县富驿镇	12187	51105	11894	21678	13107
盐亭县金孔镇	5530	28498	8416	17024	11060
盐亭县两河镇	5974	26623	4518	11365	7630
盐亭县黄甸镇	10318	34671	3856	18500	10772
盐亭县柏梓镇	9360	20990	3356	14475	7489
盐亭县八角镇	5991	27611	4012	17859	5850
盐亭县黑坪镇	5018	11305	1300	6505	3700
盐亭县高灯镇	6241	22268	2981	12938	8511
盐亭县金鸡镇	4204	20204	3280	9694	1137
盐亭县安家镇	6750	12335	1757	7656	4370
盐亭县林农镇	4791	18652	2200	8453	5913
盐亭县巨龙镇	2810	11720	559	6261	3813
安县桑枣镇	10100	34426	4288	17270	15707
安县花荄镇	9500	52227	17571	24036	19493
安县黄土镇	7600	37263	6543	22616	8842
安县塔水镇	6800	51692	8798	27317	9716
安县秀水镇	9300	64056	8790	42609	19476
安县河清镇	2800	19669	1658	11870	4701
安县界牌镇	3100	23134	4442	10267	6525
安县永河镇	3200	19139	752	11122	4806
安县睢水镇	7600	20872	3014	10568	3696
安县清泉镇	3300	16878	544	8237	2839
安县宝林镇	2900	15444	367	8677	2622
安县沸水镇	3900	14181	454	8467	6295
安县晓坝镇	5600	8992	333	5126	1547
安县乐兴镇	5600	21040	599	11312	5701
梓潼县文昌镇	7787	63945	39839	42153	33563
梓潼县长卿镇	3291	15885	7420	5124	2348
梓潼县许州镇	6546	26093	5433	14362	6806
梓潼县黎雅镇	4203	16414	2654	9950	4346
梓潼县白云镇	2931	9953	883	3032	1115
梓潼县卧龙镇	4066	13249	1836	7316	3697
梓潼县观义镇	4989	11598	1741	6371	3444

四川省

2-1-23 续表 11

单位：公顷、人

建制镇名称	行政区域面积	总人口	镇区人口	从业人员	#二三产业
梓潼县玛瑙镇	5326	10056	782	5313	3114
梓潼县石牛镇	6558	19752	2508	9539	3831
梓潼县自强镇	3042	6225	672	2760	1521
梓潼县仁和镇	5634	11116	1387	5462	2918
北川羌族自治县曲山镇	11569	10784	9782	6518	2450
北川羌族自治县擂鼓镇	14500	17999	1788	11547	4187
北川羌族自治县通口镇	8631	7043	850	4430	2593
北川羌族自治县永安镇	9600	22369	3427	12094	5602
北川羌族自治县安昌镇	9800	51372	25638	31280	22320
北川羌族自治县永昌镇	2500	24147	24147	9778	5205
平武县龙安镇	18400	35938	17992	21245	9462
平武县古城镇	17200	13742	1805	7324	2954
平武县南坝镇	32600	20261	2566	12226	4842
平武县响岩镇	24000	10967	1504	6568	4296
平武县平通镇	14000	8940	1895	3827	331
平武县豆叩镇	15000	8335	798	4653	1829
平武县大印镇	24800	6787	397	5405	284
平武县大桥镇	25700	7426	423	3173	903
平武县水晶镇	22100	12979	1786	7804	2088
江油市中坝镇	1049	96013	91802	61152	60566
江油市太平镇	8641	101811	18263	45369	34469
江油市三合镇	7883	95865	49724	35911	25525
江油市含增镇	6827	9705	7062	5413	3063
江油市青莲镇	2277	15737	5211	9617	6474
江油市彰明镇	2372	18654	5229	9951	6306
江油市龙凤镇	3512	15156	2687	9451	8451
江油市武都镇	14523	62583	29482	29169	20694
江油市大康镇	11016	20591	3000	13443	450
江油市新安镇	5129	18176	1475	12469	4384
江油市战旗镇	5115	16574	1720	9562	3846
江油市双河镇	5246	17627	1106	10923	6986
江油市永胜镇	12220	30108	4241	19270	10615
江油市小溪坝镇	4839	18564	3560	10817	4763
江油市河口镇	5779	13709	1695	5130	1542
江油市重华镇	5804	17441	3272	11942	8069
江油市厚坝镇	6197	23483	3246	16154	9901
江油市二郎庙镇	14802	28920	27835	15642	10202
江油市马角镇	14756	17138	5573	7675	7557
江油市雁门镇	11021	10487	1209	3576	881
江油市九岭镇	4346	18061	2225	11073	6370
广元市利州区荣山镇	24695	28878	9982	15348	6772
广元市利州区大石镇	15800	21860	1996	12729	6453
广元市利州区盘龙镇	6443	19235	1546	12700	6970
广元市利州区宝轮镇	15551	43253	23128	26512	18750
广元市利州区赤化镇	5985	11733	854	7515	3222
广元市利州区三堆镇	21345	21038	7532	13021	6632
广元市利州区工农镇	8434	10375	2661	6291	3289
广元市元坝区元坝镇	5507	21917	18340	14814	11110
广元市元坝区卫子镇	5300	9622	1416	3446	1425
广元市元坝区王家镇	6760	14006	1780	7730	1220
广元市元坝区磨滩镇	9120	11911	2127	8027	3585
广元市元坝区柏林沟镇	4960	7756	320	3786	2276

四川省

2-1-23 续表 12

单位：公顷、人

建制镇名称	行政区域面积	总人口	镇区人口	从业人员	#二三产业
广元市元坝区太公镇	4355	9404	681	5552	1842
广元市元坝区虎跳镇	5310	9355	1210	4233	2302
广元市元坝区红岩镇	4545	6345	413	3759	2491
广元市元坝区昭化镇	4195	19517	2800	10657	4541
广元市朝天区朝天镇	11465	31694	10801	17115	7296
广元市朝天区大滩镇	8675	11927	850	6520	1850
广元市朝天区羊木镇	9638	17905	4039	8503	3087
广元市朝天区曾家镇	8620	10133	1322	6253	1805
广元市朝天区中子镇	5770	9427	2816	5823	1274
广元市朝天区沙河镇	6083	8257	780	3783	1169
旺苍县东河镇	12880	80567	46900	42969	32960
旺苍县嘉川镇	8720	41300	13582	21380	14285
旺苍县木门镇	5380	22307	5121	12846	7329
旺苍县白水镇	9780	21611	18720	16655	11770
旺苍县尚武镇	5300	12655	2100	7296	3964
旺苍县张华镇	6760	15758	2276	8804	3204
旺苍县黄洋镇	10830	21195	3075	12593	7625
旺苍县普济镇	15720	29065	8519	15691	8709
旺苍县三江镇	11060	22125	2698	9260	5385
旺苍县金溪镇	4500	9213	2076	4955	3643
旺苍县五权镇	9520	16526	1636	8886	3197
旺苍县高阳镇	9850	9220	976	5107	2538
旺苍县双汇镇	8910	9280	453	4706	2703
旺苍县英翠镇	15320	8866	1711	5275	2475
旺苍县国华镇	7900	9094	1798	5497	2270
青川县乔庄镇	9419	24733	23875	15241	13927
青川县青溪镇	52627	15141	4490	9789	5795
青川县房石镇	9934	6880	1510	4185	769
青川县关庄镇	3140	5675	1437	3493	474
青川县凉水镇	7557	7715	2378	4331	800
青川县竹园镇	6193	14831	4875	9283	6646
青川县木鱼镇	5070	7032	5024	2656	1514
青川县沙洲镇	13072	11148	3907	4981	1325
青川县姚渡镇	18653	6686	2225	3887	1972
剑阁县普安镇	5811	48519	37258	30582	30256
剑阁县龙源镇	8858	16365	2148	8545	3643
剑阁县城北镇	9345	18765	680	9654	3151
剑阁县盐店镇	6830	8469	1612	4367	1686
剑阁县柳沟镇	5373	9905	2887	5290	2556
剑阁县武连镇	7219	13369	4058	6835	3062
剑阁县东宝镇	6638	13174	1693	6637	848
剑阁县开封镇	6815	15718	6143	8519	3316
剑阁县元山镇	9309	32014	4906	16129	6098
剑阁县演圣镇	4357	11904	2618	6397	2953
剑阁县王河镇	4192	11013	2233	5748	2272
剑阁县公兴镇	3438	13074	4335	6587	1733
剑阁县金仙镇	3650	9819	1586	5347	995
剑阁县香沉镇	5096	14938	2288	7526	2931
剑阁县白龙镇	5139	19656	7702	9903	4209
剑阁县鹤龄镇	8579	25768	6467	12982	2909
剑阁县杨村镇	3989	12258	2306	6576	1680
剑阁县羊岭镇	6173	18329	963	9634	2367

四川省

2-1-23 续表 13 单位：公顷、人

建制镇名称	行政区域面积	总人口	镇区人口	从业人员	#二三产业
剑阁县江口镇	6560	15090	1916	7602	2873
剑阁县木马镇	6361	11515	1688	5801	1610
剑阁县剑门关镇	13271	17582	4019	9358	2170
剑阁县汉阳镇	14060	17736	1868	8935	2418
剑阁县下寺镇	10648	28651	25921	14434	5953
苍溪县陵江镇	17535	118012	90815	58765	44145
苍溪县云峰镇	9229	30325	4036	14587	7863
苍溪县东青镇	5885	20611	1886	15251	6639
苍溪县白桥镇	6075	16246	1521	8609	2894
苍溪县八庙镇	3867	9642	1310	5177	2037
苍溪县五龙镇	6419	17112	3622	7558	3490
苍溪县永宁镇	4986	11851	2799	6505	3273
苍溪县鸳溪镇	6979	12735	1581	6374	4104
苍溪县三川镇	8260	19405	2782	10389	3930
苍溪县龙王镇	8263	16787	2053	11063	6567
苍溪县元坝镇	9070	42706	12118	16325	4231
苍溪县唤马镇	4192	12909	2385	6909	3940
苍溪县歧坪镇	8112	42815	12015	19828	10447
苍溪县白驿镇	6014	24778	2188	13456	4968
苍溪县漓江镇	8215	20617	3120	10812	4523
苍溪县文昌镇	6601	23418	6881	9185	4084
苍溪县岳东镇	7218	22625	1766	12056	4040
苍溪县石马镇	5516	20129	2152	10211	2027
苍溪县运山镇	2965	12216	1466	6172	2056
苍溪县东溪镇	10380	34145	6955	19385	8753
苍溪县高坡镇	7783	22387	2660	11522	3161
苍溪县龙山镇	9903	41528	8062	20285	9766
遂宁市船山区南强镇	3200	21332	500	11813	9184
遂宁市船山区仁里镇	6302	14547	321	7554	3561
遂宁市船山区复桥镇	3213	19847	1202	12999	7670
遂宁市船山区永兴镇	8889	64789	8842	34282	22467
遂宁市船山区河沙镇	6020	24648	3130	13860	8021
遂宁市船山区新桥镇	6087	56560	5815	26510	13345
遂宁市船山区桂花镇	5230	34595	7531	12682	7421
遂宁市安居区安居镇	8954	76804	28152	33040	18751
遂宁市安居区东禅镇	8443	49833	5591	25015	13776
遂宁市安居区分水镇	6627	42690	3169	18735	11350
遂宁市安居区石洞镇	5630	35434	2472	15820	7458
遂宁市安居区拦江镇	6546	50376	10572	21275	12205
遂宁市安居区保石镇	5081	38963	1799	16467	7708
遂宁市安居区白马镇	7105	43194	3892	18835	10831
遂宁市安居区中兴镇	3936	27370	1641	12793	7614
遂宁市安居区横山镇	8283	52991	14553	24576	15185
遂宁市安居区会龙镇	4398	24256	3108	13015	9162
遂宁市安居区三家镇	10663	63036	4825	32219	18948
遂宁市安居区玉丰镇	6136	31573	3250	15085	7683
遂宁市安居区西眉镇	11083	62532	7866	26529	14719
遂宁市安居区磨溪镇	5444	30161	6351	13486	7697
蓬溪县赤城镇	9080	96092	83549	36621	30677
蓬溪县新会镇	3660	19762	1559	9438	3065
蓬溪县文井镇	6660	31584	5800	14825	6125
蓬溪县明月镇	4960	25520	2367	11011	8067

四川省

2-1-23 续表 14 单位：公顷、人

建制镇名称	行政区域面积	总人口	镇区人口	从业人员	#二三产业
蓬溪县常乐镇	4760	30132	3459	11683	7712
蓬溪县天福镇	4660	30530	3120	16146	9335
蓬溪县红江镇	2670	24623	4864	14509	8809
蓬溪县宝梵镇	3840	18929	1891	5714	3201
蓬溪县大石镇	4910	28977	4622	12234	5419
蓬溪县吉祥镇	3550	19156	1791	6522	2253
蓬溪县鸣凤镇	7010	33742	4242	12875	6792
蓬溪县任隆镇	6310	33680	5726	13805	4324
蓬溪县三凤镇	7010	37017	3698	19127	9533
蓬溪县高坪镇	3420	14013	1523	6361	6148
蓬溪县蓬南镇	8140	76852	15431	24302	12685
蓬溪县群利镇	3360	25935	2631	13191	7864
射洪县太和镇	6311	198581	77415	68452	60551
射洪县大榆镇	5347	48976	7464	28513	23075
射洪县广兴镇	5566	34299	4286	18432	11096
射洪县金华镇	10008	59380	30130	29210	16481
射洪县柳树镇	7455	68966	21521	35190	18560
射洪县太乙镇	6386	43913	16284	21866	10344
射洪县金家镇	4869	27455	2792	12915	512
射洪县复兴镇	5210	24569	3964	11886	7643
射洪县天仙镇	5261	24701	2712	13783	8407
射洪县仁和镇	7749	38653	3654	26902	22339
射洪县青岗镇	8020	38234	11564	19392	11990
射洪县洋溪镇	6977	47904	5477	24446	16235
射洪县香山镇	3680	19859	1271	7684	5090
射洪县明星镇	5422	31284	2395	19423	6535
射洪县涪西镇	3979	22659	2085	10630	4475
射洪县陈古镇	3556	20206	486	11870	5856
射洪县凤来镇	3726	19152	1295	9201	5029
射洪县潼射镇	4736	21518	2860	11656	7350
射洪县曹碑镇	4303	23808	1982	13966	9453
射洪县官升镇	3971	21218	5473	9269	5634
大英县蓬莱镇	13400	141135	67482	56745	38726
大英县隆盛镇	10770	84452	8492	38275	20200
大英县回马镇	5140	43206	7618	20870	9208
大英县天保镇	5160	32619	1899	16194	8828
大英县河边镇	9370	72347	8812	43070	27746
大英县卓筒井镇	4260	35521	3308	14551	6243
大英县玉峰镇	6600	47397	3265	26435	13955
大英县象山镇	5280	37174	5923	21689	8137
内江市市中区白马镇	3758	54446	24869	29987	19218
内江市市中区史家镇	1631	20682	6411	9034	5501
内江市市中区凌家镇	4886	39965	4253	24236	17243
内江市市中区朝阳镇	4030	29718	3189	18049	8800
内江市市中区永安镇	5576	44335	2300	25706	14050
内江市市中区全安镇	2699	27110	2672	16099	7400
内江市市中区靖民镇	2460	21708	1089	12031	6995
内江市市中区乐贤镇	1001	16088	1764	7620	5550
内江市东兴区田家镇	4006	30716	8123	19372	12497
内江市东兴区郭北镇	6027	51257	8420	25065	11811
内江市东兴区高梁镇	5813	31090	2390	16046	11748
内江市东兴区白合镇	6420	39385	4112	24342	15516

四川省

2-1-23 续表 15　　　　单位：公顷、人

建制镇名称	行政区域面积	总人口	镇区人口	从业人员	#二三产业
内江市东兴区顺河镇	8381	45567	2233	24830	13409
内江市东兴区胜利镇	2900	50363	36750	25498	17800
内江市东兴区高桥镇	3999	31618	3672	22471	9656
内江市东兴区双才镇	5565	43896	1591	30740	15886
内江市东兴区小河镇	3688	34778	2341	19545	8867
内江市东兴区杨家镇	4656	28777	1154	14131	8301
内江市东兴区碑木镇	1420	35630	21605	18764	12791
内江市东兴区石子镇	4124	26287	1487	14632	8542
威远县严陵镇	7050	157724	104427	112454	98127
威远县铺子湾镇	3267	19732	3284	11039	8643
威远县新店镇	6964	53090	4701	29158	14075
威远县向义镇	4720	35580	1867	19116	10560
威远县界牌镇	4356	30556	1622	15175	9896
威远县龙会镇	5549	40243	4060	22504	8259
威远县高石镇	5415	38997	3852	17621	10672
威远县东联镇	3129	22303	2100	12430	8770
威远县靖和镇	3475	24103	3857	13314	8194
威远县镇西镇	10993	73131	18829	36796	21315
威远县庆卫镇	4035	16109	3325	9183	4949
威远县山王镇	4766	14942	1812	7932	4550
威远县黄荆沟镇	5628	28100	14050	19380	11114
威远县观英滩镇	9983	26614	1842	14365	8390
威远县新场镇	13530	42117	8574	29556	18926
威远县连界镇	12867	56784	21312	29426	20940
威远县越溪镇	7759	24300	1689	9300	4700
威远县两河镇	3990	15454	5391	7763	5750
威远县碗厂镇	3225	12045	1532	8355	5795
威远县小河镇	8153	23791	1624	12529	6483
资中县重龙镇	4790	101179	57272	23200	13996
资中县甘露镇	3711	20803	1025	10956	6802
资中县归德镇	4561	31310	3074	13927	7550
资中县鱼溪镇	5378	42917	4529	29090	8455
资中县金李井镇	4379	25888	1626	13112	6608
资中县铁佛镇	5528	33128	1755	18873	10037
资中县球溪镇	5908	50789	16052	27860	18032
资中县顺河场镇	3561	18335	1335	10970	6422
资中县龙结镇	5851	42661	2863	21630	8823
资中县罗泉镇	6459	34691	1832	14760	6580
资中县发轮镇	5516	38864	2736	20601	12178
资中县兴隆街镇	3493	22295	1149	13721	5300
资中县银山镇	8131	65667	14341	38146	24379
资中县宋家镇	4214	26113	4003	13826	7619
资中县太平镇	5821	43850	2766	20318	10477
资中县骝马镇	4004	30171	1286	15456	6650
资中县水南镇	4651	85547	45971	24815	18869
资中县苏家湾镇	6544	36119	1827	22406	12955
资中县新桥镇	7145	28554	2075	15240	9350
资中县明心寺镇	3803	33183	2698	16962	8184
资中县双河镇	5232	34596	2335	19935	12071
资中县公民镇	6225	51265	4452	26174	16303
资中县龙江镇	8968	58234	3329	35676	15562
资中县双龙镇	6215	50474	2328	21450	10873

四川省

2-1-23 续表 16

单位：公顷、人

建制镇名称	行政区域面积	总人口	镇区人口	从业人员	#二三产业
资中县高楼镇	4858	39638	5439	19628	7778
资中县陈家镇	5376	35764	1582	18688	9877
资中县配龙镇	4071	26316	979	13472	7147
资中县走马镇	4110	33226	1535	17213	13426
资中县孟塘镇	9081	50967	2091	25021	8765
资中县马鞍镇	4145	31671	1180	16035	5680
资中县狮子镇	4874	38666	2291	19092	9352
隆昌县古湖街道	2980	108230	61030	51400	38600
隆昌县金鹅镇	2720	99852	60850	49840	38008
隆昌县山川镇	1700	24543	3962	13496	7718
隆昌县响石镇	6280	49492	8280	29979	16010
隆昌县圣灯镇	3440	26326	4850	14045	8117
隆昌县黄家镇	7180	63533	8995	34522	16155
隆昌县双凤镇	5250	49320	4620	36990	19430
隆昌县龙市镇	6700	57720	4320	29017	11724
隆昌县迎祥镇	5500	40330	3400	25436	9150
隆昌县界市镇	6931	49878	4637	34126	19791
隆昌县石碾镇	4150	37923	3128	23120	8759
隆昌县周兴镇	2400	22968	2313	12890	9273
隆昌县渔箭镇	2150	15417	2197	10796	4542
隆昌县石燕桥镇	5861	46211	10245	25578	13637
隆昌县李市镇	1998	16853	1992	10051	4975
隆昌县胡家镇	4650	49156	5113	32589	14225
隆昌县云顶镇	5000	42741	2560	23155	9785
乐山市市中区牟子镇	2152	18052	4000	11203	2490
乐山市市中区土主镇	4663	15555	2010	11950	8600
乐山市市中区白马镇	3295	11815	1322	7798	3542
乐山市市中区茅桥镇	3272	15433	2582	8445	2222
乐山市市中区青平镇	3977	13022	649	8840	2551
乐山市市中区苏稽镇	4820	41845	8542	28490	12093
乐山市市中区水口镇	2700	19139	5623	9601	3669
乐山市市中区安谷镇	5600	29650	4085	19285	4350
乐山市市中区棉竹镇	670	12217	1062	7021	2970
乐山市市中区全福镇	4695	10743	840	6641	2492
乐山市市中区童家镇	3740	14407	1052	9650	4200
乐山市市中区九峰镇	2340	16368	1248	6396	3950
乐山市市中区罗汉镇	2199	12498	472	7333	2577
乐山市市中区临江镇	2010	8492	2001	5002	1635
乐山市市中区车子镇	1925	14048	7274	8988	6100
乐山市沙湾区沙湾镇	8600	65893	63968	38220	32164
乐山市沙湾区嘉农镇	4200	25860	4381	16332	10314
乐山市沙湾区太平镇	5810	19100	4050	10360	780
乐山市沙湾区福禄镇	7690	20661	6655	11179	5822
乐山市沙湾区牛石镇	4282	9487	1587	4826	2064
乐山市沙湾区龚嘴镇	4070	5453	1449	3145	1011
乐山市沙湾区葫芦镇	4750	11320	1767	6105	2376
乐山市沙湾区踏水镇	3841	10999	1129	7351	2855
乐山市五通桥区竹根镇	1616	66972	4150	15658	11900
乐山市五通桥区牛华镇	4285	42529	3035	21763	8682
乐山市五通桥区杨柳镇	2959	18794	3381	11063	5601
乐山市五通桥区桥沟镇	3520	18420	5539	12237	6814
乐山市五通桥区金粟镇	4042	20435	6321	16144	13150

四川省

2-1-23 续表 17

单位：公顷、人

建制镇名称	行政区域面积	总人口	镇区人口	从业人员	#二三产业
乐山市五通桥区金山镇	4674	26981	3663	17219	10189
乐山市五通桥区辉山镇	2790	12998	785	9084	4065
乐山市五通桥区西坝镇	6209	23915	3107	19121	7808
乐山市五通桥区冠英镇	5530	38250	1852	26020	10477
乐山市五通桥区蔡金镇	3420	14341	588	9761	4811
乐山市五通桥区石麟镇	7740	24509	5968	10792	4195
乐山市金口河区永和镇	7400	18991	15067	11817	8119
乐山市金口河区金河镇	13600	10540	2638	4818	2335
犍为县玉津镇	2912	81764	61856	53167	38535
犍为县孝姑镇	5075	26221	1860	10798	4684
犍为县石溪镇	5400	22315	4030	12124	3406
犍为县清溪镇	8150	48589	7563	26950	7262
犍为县新民镇	10600	31348	5908	9495	3101
犍为县罗城镇	9500	50563	14675	28137	15772
犍为县芭沟镇	3713	13966	4082	4152	2894
犍为县龙孔镇	10100	28288	1795	15650	3410
犍为县定文镇	4525	19415	1805	14254	6780
犍为县敖家镇	4810	19215	3800	11080	10045
犍为县金石井镇	4250	17062	730	12938	4529
犍为县泉水镇	5200	11256	662	7384	3987
井研县研城镇	4143	85773	63974	46833	27250
井研县马踏镇	3786	26067	11200	16475	8428
井研县竹园镇	3518	20670	4419	10594	5825
井研县研经镇	4686	27045	2579	17438	7575
井研县周坡镇	5251	19438	3134	12400	5150
井研县千佛镇	3836	22209	3065	15716	8288
井研县王村镇	4999	22756	3358	15552	9892
井研县三江镇	3100	16575	3050	9700	6877
井研县东林镇	2784	15226	1440	8667	3983
井研县磨池镇	2031	9843	1387	6192	2950
夹江县焉城镇	4819	73248	52000	45889	37930
夹江县黄土镇	4834	22113	2243	17000	15000
夹江县甘江镇	6369	37405	1998	23147	8290
夹江县界牌镇	3250	15381	2068	10823	5351
夹江县中兴镇	2680	13434	2141	7932	4129
夹江县三洞镇	3230	12900	2900	8650	2957
夹江县吴场镇	4390	14154	565	8835	4925
夹江县木城镇	3046	17298	1680	9905	3739
夹江县华头镇	4733	10271	1001	6320	1030
夹江县甘霖镇	2779	15780	1188	9335	4090
夹江县新场镇	3300	11027	1610	7474	4404
沐川县沐溪镇	10078	40090	24918	29306	26066
沐川县永福镇	11194	17486	2654	10372	7142
沐川县大楠镇	7005	15896	728	10890	6424
沐川县箭板镇	4850	11375	1657	8407	5063
沐川县舟坝镇	8593	16632	2461	9399	4819
沐川县黄丹镇	7092	14137	3823	7089	3838
沐川县利店镇	11660	13912	1880	8872	5866
峨边县沙坪镇	7978	42943	34976	23457	18825
峨边县大堡镇	8955	11193	4029	6418	2081
峨边县毛坪镇	7800	11525	1202	7575	2912
峨边县五渡镇	14600	10646	1971	7036	2952

四川省

2-1-23　续表 18

单位：公顷、人

建制镇名称	行政区域面积	总人口	镇区人口	从业人员	#二三产业
峨边县新林镇	23163	13339	2084	8219	2450
峨边县黑竹沟镇	19751	3634	620	2198	789
马边县民建镇	7683	36711	19542	28824	14264
马边县荣丁镇	9000	14995	3646	8831	3257
峨眉山市绥山镇	5650	113287	51176	54679	48503
峨眉山市高桥镇	7514	16460	3859	8043	4886
峨眉山市罗目镇	4467	23907	2716	14100	9147
峨眉山市九里镇	4800	27415	2038	17486	9490
峨眉山市龙池镇	19273	27560	3920	11610	5393
峨眉山市乐都镇	2828	14605	4293	8221	4920
峨眉山市符溪镇	4259	30081	2957	22678	12827
峨眉山市峨山镇	1368	11917	4666	7802	5847
峨眉山市双福镇	4962	25338	3311	14924	4966
峨眉山市桂花桥镇	4893	43610	24215	25347	10675
峨眉山市大为镇	12800	13341	1688	9432	3821
峨眉山市胜利镇	1920	20874	3307	8563	4191
南充市顺庆区潆溪镇	4627	71260	44185	31272	16380
南充市顺庆区共兴镇	3602	12892	2050	8010	4774
南充市顺庆区金台镇	2027	17520	2050	10010	3580
南充市顺庆区芦溪镇	2515	19677	4010	9995	6273
南充市顺庆区李家镇	2470	18610	6135	10700	6580
南充市顺庆区双桥镇	1580	10265	1360	5210	3235
南充市顺庆区荆溪镇	1895	16256	2570	9370	4825
南充市顺庆区搬罾镇	3088	22060	1460	12930	5635
南充市高坪区小龙镇	2050	23790	1036	9180	6453
南充市高坪区龙门镇	4000	47946	3968	34205	23869
南充市高坪区江陵镇	4850	26175	3120	12212	5538
南充市高坪区擦耳镇	3648	15586	1098	9146	3450
南充市高坪区老君镇	2210	16347	1126	6861	3644
南充市高坪区东观镇	5200	43650	12149	17764	8923
南充市高坪区长乐镇	2800	21999	5320	10270	7637
南充市高坪区胜观镇	2580	14238	1366	5828	3101
南充市高坪区永安镇	2160	10278	612	6530	3883
南充市高坪区阙家镇	2260	10258	450	5247	4937
南充市高坪区石圭镇	2100	12425	2036	5561	3178
南充市高坪区青居镇	2800	17933	1365	6826	4858
南充市高坪区青莲镇	1650	11948	3903	7168	5578
南充市高坪区都京镇	1000	14605	856	5945	5355
南充市高坪区会龙镇	2639	17978	2300	11091	3628
南充市高坪区螺溪镇	1920	18553	1792	9646	4583
南充市嘉陵区曲水镇	3390	16173	695	9804	7352
南充市嘉陵区李渡镇	3560	28768	12500	13091	7800
南充市嘉陵区吉安镇	2378	19972	2256	10668	6902
南充市嘉陵区龙岭镇	3975	19056	1940	10620	7215
南充市嘉陵区金凤镇	4589	27400	4750	11900	9100
南充市嘉陵区安福镇	2664	20692	2955	9672	8382
南充市嘉陵区安平镇	5541	32860	3970	17528	10909
南充市嘉陵区世阳镇	4973	20936	2127	11816	9531
南充市嘉陵区大通镇	4575	24036	4996	13029	7123
南充市嘉陵区一立镇	3928	16286	4753	9214	5392
南充市嘉陵区龙蟠镇	2909	16153	2583	9623	4906
南充市嘉陵区里坝镇	2076	11756	1870	6040	3630

四川省

2-1-23 续表 19 单位：公顷、人

建制镇名称	行政区域面积	总人口	镇区人口	从业人员	#二三产业
南充市嘉陵区集凤镇	1996	11051	3216	5831	4198
南充市嘉陵区金宝镇	2559	14075	3123	7183	3818
南充市嘉陵区三会镇	1839	10239	2304	5880	3810
南充市嘉陵区西兴镇	2188	10123	1732	5905	3430
南充市嘉陵区双桂镇	3384	12364	1836	8302	5005
南充市嘉陵区七宝寺镇	1788	9430	786	5138	1452
南充市嘉陵区龙泉镇	2448	9520	1556	6054	3255
南部县南隆镇	5100	62835	25746	15688	7990
南部县河东镇	1682	14549	1270	6723	6114
南部县老鸦镇	3447	21500	1566	15500	9055
南部县永定镇	2990	22265	1938	11456	9989
南部县碑院镇	2970	19214	3930	12740	6340
南部县谢河镇	2070	14672	2749	6524	5234
南部县盘龙镇	4080	47789	10124	15896	10648
南部县铁佛塘镇	2195	13796	6412	10403	4727
南部县石河镇	5495	19512	3620	11165	7010
南部县王家镇	2575	21013	3750	13285	3161
南部县富利镇	2853	21921	2651	11531	7595
南部县楠木镇	2366	35806	3830	16024	6496
南部县长坪镇	4193	14968	1420	8031	3454
南部县东坝镇	3398	27894	3856	20124	14028
南部县河坝镇	3820	18110	2305	10015	6063
南部县定水镇	5475	40519	11072	20986	11750
南部县大王镇	2017	12201	1800	8449	7516
南部县黄金镇	3485	22295	1551	11828	8985
南部县流马镇	2311	13955	842	7839	5800
南部县建兴镇	6777	56609	20866	26996	21076
南部县三官镇	3020	16458	2116	10444	5738
南部县伏虎镇	2362	26985	10175	10745	6299
南部县双佛镇	2957	15325	2872	9194	6636
南部县花罐镇	3422	14800	3402	7545	4248
南部县大桥镇	2755	21390	3233	8166	3729
南部县大河镇	2632	20472	2970	12254	11831
南部县万年镇	2697	12169	4512	6905	3646
南部县升钟镇	4618	25600	5450	9520	5588
南部县升水镇	2540	11149	2046	5762	3982
南部县大坪镇	3480	18015	1059	6909	2606
南部县神坝镇	4735	13856	1984	6494	82
营山县朗池镇	6592	101811	57591	45868	40868
营山县渌井镇	3144	13497	1726	6038	1838
营山县东升镇	4195	25735	3716	12327	5741
营山县骆市镇	5133	43214	11780	23982	12901
营山县黄渡镇	2984	13566	780	6729	3104
营山县小桥镇	4147	36602	9264	17084	7518
营山县灵鹫镇	3952	30705	2006	14960	6640
营山县老林镇	3643	16098	3268	6550	3698
营山县木垭镇	2508	15465	560	7281	1340
营山县消水镇	4723	17146	1949	8450	2376
营山县双流镇	6421	32186	3228	15726	10496
营山县绿水镇	3807	18616	2381	8985	2806
营山县三兴镇	2205	11799	3342	6254	2130
营山县蓼叶镇	3059	10879	2300	2578	742

四川省

2-1-23 续表 20　　单位：公顷、人

建制镇名称	行政区域面积	总人口	镇区人口	从业人员	#二三产业
营山县新店镇	5331	23408	3089	9773	6601
营山县回龙镇	4282	37824	9742	13195	7361
营山县星火镇	4505	24477	4223	13025	6662
营山县西桥镇	2305	14194	605	4793	393
营山县城南镇	3067	64760	4200	15045	11300
蓬安县锦屏镇	3803	24143	5867	9447	3667
蓬安县巨龙镇	2699	17833	3465	8227	4037
蓬安县正源镇	2774	16220	1485	10193	3599
蓬安县龙云镇	2338	11272	1039	4732	1714
蓬安县金溪镇	7689	35629	2573	16830	8435
蓬安县徐家镇	5560	29535	3548	13751	5183
蓬安县河舒镇	3526	23345	3012	10429	4497
蓬安县利溪镇	5239	24610	1463	6439	1729
蓬安县龙蚕镇	3387	17986	1948	8358	2631
蓬安县杨家镇	4121	16535	2271	8626	2187
蓬安县罗家镇	5725	20975	2312	9068	4322
蓬安县福德镇	3253	17957	2325	8529	3370
蓬安县银汉镇	3751	15336	1759	6821	2598
蓬安县兴旺镇	3061	16945	3091	6032	2780
蓬安县相如镇	10387	121992	121038	52108	33534
仪陇县金城镇	5024	74728	61212	52160	48560
仪陇县新政镇	12476	94262	48500	41001	27100
仪陇县马鞍镇	5033	41495	25165	24293	6193
仪陇县永乐镇	5039	33927	6540	16839	5601
仪陇县日兴镇	4821	36059	8346	12400	8225
仪陇县土门镇	4468	41219	7953	17105	12368
仪陇县复兴镇	5296	41650	17016	15620	9934
仪陇县观紫镇	2972	18971	2893	7797	4880
仪陇县先锋镇	2070	13864	702	5596	3250
仪陇县三蛟镇	2605	16602	2262	8262	5330
仪陇县回春镇	4086	24731	2100	10672	5865
仪陇县柳垭镇	4146	24903	3924	8425	2793
仪陇县义路镇	2044	13827	984	8500	4028
仪陇县立山镇	8410	40701	4228	30301	6206
仪陇县三河镇	4048	20992	5517	7005	3805
仪陇县瓦子镇	2419	12182	2450	4923	1351
仪陇县大寅镇	3317	18434	4775	8388	3200
仪陇县二道镇	4824	21078	2925	8299	3403
仪陇县赛金镇	2782	21078	1200	13500	4390
仪陇县丁字桥镇	1308	9104	2143	4374	2255
仪陇县大仪镇	3210	18367	1005	7789	1946
仪陇县张公镇	3069	19124	1372	8797	1453
仪陇县五福镇	2474	18360	1141	8362	1797
仪陇县周河镇	2148	10702	1665	6710	2400
仪陇县杨桥镇	3226	16638	3250	6650	3141
仪陇县保平镇	3330	23079	1850	9625	5360
仪陇县文星镇	3235	18303	2450	9600	3340
仪陇县双胜镇	5395	23995	3299	11190	2233
仪陇县度门镇	3680	22479	3120	11480	6000
西充县晋城镇	4030	131267	93660	51234	45160
西充县太平镇	2664	18377	5120	10197	6064
西充县大全镇	2259	10878	3500	6695	3296

四川省

2-1-23 续表 21 单位：公顷、人

建制镇名称	行政区域面积	总人口	镇区人口	从业人员	#二三产业
西充县仙林镇	2394	11077	897	6004	4045
西充县古楼镇	3200	20502	3052	11568	4468
西充县义兴镇	3697	21322	3260	11182	4940
西充县关文镇	2095	11461	1970	6847	4043
西充县凤鸣镇	2329	10507	1169	5157	3624
西充县青狮镇	2999	17932	2247	8308	5237
西充县槐树镇	2799	17265	2626	10664	7690
西充县鸣龙镇	3113	15575	1311	7309	2835
西充县双凤镇	2831	22015	8520	12100	7050
西充县高院镇	3128	16300	2201	9335	4755
西充县仁和镇	3038	19182	3281	11168	5610
西充县多扶镇	3464	23611	5236	9866	7093
阆中市江南镇	7896	35012	10233	14544	9004
阆中市彭城镇	3430	16907	4220	8849	3748
阆中市双龙镇	2677	12292	3406	5382	2573
阆中市柏垭镇	9638	38615	3531	19402	7386
阆中市飞凤镇	2941	10685	1527	6150	1700
阆中市思依镇	6293	20437	5370	9923	4152
阆中市文成镇	4148	14279	4794	6930	3507
阆中市二龙镇	5032	22229	5172	12794	5753
阆中市石滩镇	3562	12174	1046	6984	3160
阆中市老观镇	6666	25237	4779	12463	4977
阆中市龙泉镇	4050	13206	797	6977	3073
阆中市千佛镇	6328	24116	4802	11657	4300
阆中市望垭镇	4633	16342	2046	9051	5151
阆中市河溪镇	6350	24459	6755	11500	5319
阆中市妙高镇	5119	17599	2594	8477	3182
阆中市洪山镇	3970	20548	4035	10073	4488
阆中市石龙镇	3152	14997	2821	8541	4418
阆中市宝马镇	2134	12255	1843	7650	4834
阆中市水观镇	5401	26070	3749	12257	9470
阆中市金垭镇	4810	20224	2543	10845	5882
阆中市玉台镇	2080	7898	1573	4023	1919
眉山市东坡区白马镇	3380	15622	5321	10623	5965
眉山市东坡区象耳镇	1700	11684	7469	7173	6053
眉山市东坡区太和镇	4084	36648	3626	23121	11129
眉山市东坡区悦兴镇	5165	24861	3400	17115	7345
眉山市东坡区尚义镇	5760	46150	3640	28640	14297
眉山市东坡区多悦镇	8320	32158	6237	21512	5707
眉山市东坡区秦家镇	8440	30509	1282	20981	5918
眉山市东坡区万盛镇	7300	25414	4238	16800	9714
眉山市东坡区崇仁镇	7560	28835	720	20085	6605
眉山市东坡区思蒙镇	6900	40006	10749	26636	9757
眉山市东坡区修文镇	8291	40680	4328	25781	9624
眉山市东坡区松江镇	6301	35022	3662	18888	12505
眉山市东坡区崇礼镇	5300	38250	4000	23180	11956
眉山市东坡区富牛镇	5670	26385	513	16497	4891
眉山市东坡区永寿镇	4936	45364	8469	30910	12963
仁寿县文宫镇	5950	38479	9012	13462	9706
仁寿县禾加镇	2658	24455	5310	10193	6835
仁寿县龙马镇	4310	27144	5380	12128	6379
仁寿县方加镇	4530	28208	1720	11136	5300

四川省

2-1-23 续表 22 单位：公顷、人

建制镇名称	行政区域面积	总人口	镇区人口	从业人员	#二三产业
仁寿县文林镇	10095	150749	128395	106580	88610
仁寿县大化镇	6239	35801	6025	16211	6300
仁寿县高家镇	5796	24199	5608	14746	9682
仁寿县中农镇	2863	21762	1987	10123	3002
仁寿县禄加镇	5984	38117	5834	19517	9665
仁寿县宝飞镇	4347	32550	2190	14248	13702
仁寿县彰加镇	5227	35565	5876	16568	6306
仁寿县慈航镇	5994	35275	5366	20539	6230
仁寿县汪洋镇	7398	61968	18692	23561	12568
仁寿县钟祥镇	4490	36563	5399	21933	7208
仁寿县始建镇	5367	39198	1759	22160	12473
仁寿县满井镇	6406	36941	4169	19047	10911
仁寿县富加镇	7080	66379	8212	33459	17258
仁寿县龙正镇	5338	30435	8746	15664	8150
仁寿县黑龙滩镇	13861	50903	860	24618	11991
仁寿县清水镇	6527	27687	21565	14012	2649
仁寿县视高镇	5016	29227	2750	15919	8938
仁寿县北斗镇	5246	39254	5550	15900	8610
彭山县青龙镇	4379	36817	15623	21880	15868
彭山县公义镇	4031	25386	2212	16104	8695
彭山县观音镇	2670	28550	2976	16795	8557
彭山县彭溪镇	1740	18766	3948	13800	9580
彭山县黄丰镇	4038	17408	2410	10302	3522
彭山县谢家镇	4584	28300	2238	16215	7892
彭山县牧马镇	2800	17132	1406	11821	5504
彭山县凤鸣镇	3769	78574	49398	48446	40802
彭山县江口镇	4939	19013	1338	10780	4454
洪雅县止戈镇	4603	21958	2397	13241	5193
洪雅县三宝镇	3860	16388	2267	8395	3900
洪雅县花溪镇	6100	18012	1535	9994	2640
洪雅县洪川镇	8003	78395	34497	55000	38000
洪雅县余坪镇	9935	41410	2339	26185	12930
洪雅县槽渔滩镇	8773	19652	2062	11021	2328
洪雅县中保镇	6766	23537	1625	11137	3945
洪雅县东岳镇	11530	26829	2027	15373	4594
洪雅县柳江镇	16039	20842	4315	12130	4077
洪雅县高庙镇	23421	20500	2150	10813	2700
洪雅县瓦屋山镇	69473	16930	5285	8435	4273
丹棱县仁美镇	3414	18553	685	10047	3370
丹棱县丹棱镇	5934	43319	18090	27658	14916
丹棱县杨场镇	9082	30901	4201	19479	9934
丹棱县双桥镇	8957	33169	1930	18877	6560
丹棱县张场镇	9586	24519	1544	14976	2992
青神县汉阳镇	2220	11238	1120	7300	3880
青神县河坝子镇	2780	10803	386	7432	2219
青神县南城镇	1800	18380	3457	12034	7095
青神县青城镇	1245	38757	36050	27253	24415
青神县瑞峰镇	4590	14356	1120	9404	4294
青神县黑龙镇	3280	26792	2577	16457	7757
青神县西龙镇	7520	26572	956	18200	7443
宜宾市翠屏区南广镇	8222	33742	2999	18216	6239
宜宾市翠屏区李庄镇	6720	45300	8487	28086	15682

四川省

2-1-23 续表 23 单位：公顷、人

建制镇名称	行政区域面积	总人口	镇区人口	从业人员	#二三产业
宜宾市翠屏区菜坝镇	4473	33171	732	20404	6852
宜宾市翠屏区金坪镇	7820	30946	3714	18138	8191
宜宾市翠屏区高店镇	4178	21444	971	12350	5230
宜宾市翠屏区沙坪镇	8076	44142	4081	23363	9857
宜宾市翠屏区牟坪镇	5247	25425	2043	11998	2101
宜宾市翠屏区李端镇	5090	29589	1064	17189	2601
宜宾县柏溪镇	5167	79332	74224	38814	16673
宜宾县喜捷镇	9289	39195	4849	20246	6501
宜宾县观音镇	24192	78471	18453	38749	15519
宜宾县横江镇	9874	30973	3181	16986	2863
宜宾县永兴镇	11457	43161	3274	21766	9345
宜宾县白花镇	13828	55272	4821	27826	12074
宜宾县柳嘉镇	17844	51419	4049	26567	11291
宜宾县泥溪镇	13048	40493	4487	18855	9166
宜宾县蕨溪镇	21493	54422	5581	25894	10036
宜宾县商州镇	16360	29108	1965	12988	7515
宜宾县高场镇	9780	39629	4920	19362	7751
宜宾县安边镇	5962	24367	2373	13468	7814
宜宾县双龙镇	15899	53858	3157	26417	20036
宜宾县李场镇	13697	42799	5003	20059	7383
宜宾县合什镇	8921	32536	2330	18339	8923
宜宾县古罗镇	9699	34779	2029	19088	8813
宜宾县孔滩镇	10036	56423	3010	29140	8191
宜宾县复龙镇	8364	29272	3353	14047	6365
南溪县南溪镇	5669	86160	75070	43386	19608
南溪县罗龙镇	9165	55067	15023	27546	15760
南溪县刘家镇	5485	30373	955	19305	6407
南溪县江南镇	4182	20737	635	11631	4022
南溪县大观镇	7460	42443	9414	19557	9920
南溪县汪家镇	3996	20166	956	12517	3156
南溪县黄沙镇	3833	17314	450	8904	3546
南溪县仙临镇	6814	40791	968	21820	4119
南溪县长兴镇	3674	27137	1176	13012	4490
江安县江安镇	5593	59241	50207	44235	20105
江安县红桥镇	4891	32295	9203	22114	11823
江安县桐梓镇	6015	42910	1658	22295	10935
江安县井口镇	2486	21061	2282	13720	8223
江安县怡乐镇	8161	35056	1673	20808	8772
江安县留耕镇	4709	28346	1566	18104	13065
江安县底蓬镇	5511	31456	3993	20108	11612
江安县五矿镇	2095	18406	2708	10742	6549
江安县迎安镇	4222	30512	1398	19758	10953
江安县夕佳山镇	3258	23278	1744	15231	8814
江安县水清镇	2385	20998	3492	14377	6929
江安县铁清镇	5266	37499	4968	22187	16551
江安县四面山镇	6454	43746	1868	27130	15577
江安县大井镇	6567	33722	1047	20111	7244
江安县阳春镇	4799	32514	32514	12715	10963
长宁县长宁镇	9309	84471	56368	59456	45299
长宁县梅硐镇	8121	26178	2825	16618	9640
长宁县双河镇	8697	28188	3566	16217	5463
长宁县硐底镇	5086	21309	3956	14015	7981

四川省

2-1-23 续表 24 单位：公顷、人

建制镇名称	行政区域面积	总人口	镇区人口	从业人员	#二三产业
长宁县花滩镇	4893	23682	1536	14512	6125
长宁县竹海镇	11000	34046	5013	20415	10695
长宁县老翁镇	5985	29371	2550	17020	6915
长宁县古河镇	5992	19956	3123	11082	4219
长宁县下长镇	5455	29223	2368	18387	6718
长宁县龙头镇	5845	24316	3123	17816	4622
高县文江镇	15396	81942	4356	32277	15070
高县庆符镇	13702	60395	12280	28869	11788
高县沙河镇	11052	52463	6223	26488	14448
高县嘉乐镇	4813	19340	613	12026	2165
高县大窝镇	7309	29885	1232	15685	4347
高县罗场镇	6938	31750	4211	21187	9433
高县蕉村镇	8572	34305	1181	23933	9728
高县可久镇	8787	20675	1028	12189	6647
高县来复镇	5270	21616	3303	14924	9887
高县月江镇	8300	33601	6214	22572	11106
高县胜天镇	8408	28144	1998	18513	7914
高县复兴镇	5540	18623	651	12314	6788
珙县珙泉镇	10293	43330	20994	28450	20523
珙县巡场镇	10722	113363	42605	86137	55173
珙县孝儿镇	7589	32016	4880	20117	9665
珙县底洞镇	12620	28588	6869	20393	11854
珙县上罗镇	11633	31700	2297	22013	13126
珙县洛表镇	8112	32581	5900	21785	18807
珙县洛亥镇	6415	20429	3312	14001	6373
珙县王家镇	10235	21208	4230	14990	8924
筠连县筠连镇	12728	99692	43880	63550	37400
筠连县腾达镇	10198	27724	1450	19007	5115
筠连县巡司镇	9040	49554	8085	34158	17941
筠连县双腾镇	9201	23087	1613	12956	4801
筠连县沐爱镇	7633	36066	3978	18502	10687
筠连县维新镇	6801	25577	1480	13510	7244
筠连县镇舟镇	6186	21340	1426	13085	7426
筠连县蒿坝镇	9700	17832	1842	8760	3073
筠连县大雪山镇	10106	24050	1985	15697	10954
兴文县古宋镇	15798	91031	43502	52482	23353
兴文县僰王山镇	13597	54542	9608	28713	11269
兴文县共乐镇	5525	44752	5828	23899	9219
兴文县莲花镇	7533	29968	3793	19845	8118
兴文县九丝城镇	12891	27564	2901	14610	4113
兴文县石海镇	8101	17458	1230	11893	5340
兴文县太平镇	6438	26437	2853	16235	6096
兴文县周家镇	6226	10438	1985	5959	4183
屏山县锦屏镇	9136	46504	26060	30896	5654
屏山县新市镇	14522	30428	4900	17000	5810
屏山县中都镇	14582	28156	2817	18805	7616
屏山县龙华镇	12660	20283	3015	13074	6381
屏山县大乘镇	10271	21610	1619	14029	5804
屏山县福延镇	11963	28788	6684	18097	8492
屏山县富荣镇	11170	12610	1948	8111	1806
屏山县新安镇	12610	23307	2049	13628	4801
广安市广安区枣山镇	3290	30888	3229	17485	9130

四川省

2-1-23 续表 25 单位：公顷、人

建制镇名称	行政区域面积	总人口	镇区人口	从业人员	#二三产业
广安市广安区官盛镇	1592	8658	1971	4715	1953
广安市广安区协兴镇	3630	36816	8697	16441	9878
广安市广安区浓溪镇	2870	20495	1722	12307	5508
广安市广安区悦来镇	4105	30619	1865	15999	7927
广安市广安区兴平镇	3597	19710	1538	13726	7548
广安市广安区井河镇	5151	30012	2852	14622	6828
广安市广安区花桥镇	4830	36283	6528	16765	7577
广安市广安区龙台镇	6891	49926	3915	24446	11431
广安市广安区肖溪镇	6141	43966	4069	22779	8636
广安市广安区恒升镇	4919	38022	6845	18717	11330
广安市广安区石笋镇	5880	46411	2938	24502	9397
广安市广安区白市镇	3530	29335	3925	12120	4764
广安市广安区大安镇	2659	20531	4130	9999	5912
广安市广安区观阁镇	3080	32899	3811	12910	5620
广安市广安区广兴镇	1630	14154	2310	7117	3800
广安市广安区广兴镇	3670	37233	18089	22678	10418
广安市广安区桂兴镇	8798	22105	3048	11533	6735
广安市广安区代市镇	7030	76633	18334	35915	21296
广安市广安区观塘镇	4860	39923	4807	22149	12383
广安市广安区护安镇	3056	23046	1451	11872	7829
岳池县九龙镇	6660	170880	91218	90327	50926
岳池县花园镇	5010	34689	815	18530	6190
岳池县坪滩镇	4609	40209	2868	23895	7360
岳池县龙孔镇	3294	28307	731	13460	4594
岳池县镇裕镇	1788	16649	912	7713	2873
岳池县白庙镇	6497	46328	1723	22081	7511
岳池县酉溪镇	3967	31548	3272	14973	5439
岳池县同兴镇	2763	15116	439	9306	4042
岳池县兴隆镇	5633	29003	2532	13558	4777
岳池县秦溪镇	4008	21175	470	10213	4075
岳池县顾县镇	5589	42837	3890	22287	11604
岳池县苟角镇	6895	56480	3936	26660	9284
岳池县天平镇	6599	36384	689	17436	6057
岳池县石垭镇	4751	48094	1862	22674	7446
岳池县乔家镇	3300	33235	553	15079	5114
岳池县罗渡镇	2872	29730	4860	13838	5990
岳池县裕民镇	3341	36160	1613	16996	5788
岳池县中和镇	3194	31419	1815	12130	5060
岳池县新场镇	3915	33069	699	16325	5553
岳池县普安镇	4076	32117	463	18657	5243
岳池县赛龙镇	2340	20363	998	10430	3686
岳池县临溪镇	1743	18698	348	8840	3105
武胜县沿口镇	7570	121757	63000	73356	52200
武胜县中心镇	6240	42892	6500	21965	8445
武胜县烈面镇	4300	47968	10000	18895	9044
武胜县飞龙镇	2660	26067	3232	13301	6484
武胜县乐善镇	3890	29943	3249	13441	3886
武胜县万善镇	2250	24142	2300	10703	2708
武胜县龙女镇	4400	39492	2000	20989	7450
武胜县三溪镇	3380	26116	1400	13894	5006
武胜县赛马镇	4400	37658	2000	18110	8450
武胜县胜利镇	4710	39506	600	17944	4033

四川省

2-1-23 续表 26

单位：公顷、人

建制镇名称	行政区域面积	总人口	镇区人口	从业人员	#二三产业
武胜县金牛镇	3070	25759	741	13000	4056
武胜县清平镇	3900	22951	1030	13400	3801
武胜县街子镇	3040	21821	1392	11220	3090
武胜县万隆镇	2460	23055	4740	9685	3566
武胜县礼安镇	1840	16864	821	9920	6848
武胜县华封镇	2970	28884	1340	13145	5178
邻水县鼎屏镇	530	91696	90356	52527	51426
邻水县城北镇	9850	49600	10006	23313	9899
邻水县城南镇	6584	47597	8321	22528	14890
邻水县柑子镇	5314	21085	3396	11259	7028
邻水县龙安镇	5543	19624	3856	10616	7468
邻水县观音桥镇	6436	28251	5498	13204	5120
邻水县牟家镇	3481	22944	2897	10892	6530
邻水县合流镇	4085	22962	6415	10522	4500
邻水县坛同镇	6660	41143	4785	22680	14669
邻水县高滩镇	6868	32737	3275	15644	7881
邻水县九龙镇	6556	63205	11056	29859	15733
邻水县御临镇	6366	30228	3175	13662	5995
邻水县袁市镇	3019	31712	5759	14176	7289
邻水县丰禾镇	6733	52182	23156	25929	17110
邻水县八耳镇	4861	17503	3597	7917	3774
邻水县石永镇	4668	34746	5698	16672	10869
邻水县兴仁镇	6093	28507	4756	13547	7207
邻水县王家镇	5532	26867	6156	13419	7611
华蓥市天池镇	3800	20356	7879	12813	12082
华蓥市禄市镇	2670	24295	1774	14695	5198
华蓥市永兴镇	2425	29377	1854	15743	6834
华蓥市明月镇	3820	27387	4115	16662	11298
华蓥市阳和镇	4400	28047	2871	15182	6241
华蓥市高兴镇	3600	23809	3235	12008	5410
华蓥市观音溪镇	4700	25153	7980	11523	6279
华蓥市溪口镇	5500	23492	10512	11678	7803
华蓥市庆华镇	3500	33673	5159	12517	4533
达州市通川区西外镇	2740	19302	3059	12138	5343
达州市通川区北外镇	4254	28824	1216	22976	20897
达州市通川区罗江镇	5200	20911	3925	8523	4469
达州市通川区蒲家镇	5419	28644	8990	16143	10932
达州市通川区复兴镇	4009	25348	2480	13607	10731
达州市通川区双龙镇	4350	14290	1794	6897	5186
达州市通川区魏兴镇	1931	14028	1443	7251	3011
达县南外镇	6250	183210	181200	93590	83910
达县亭子镇	6500	43756	5891	19670	10559
达县福善镇	4050	14992	1350	9225	3480
达县麻柳镇	4990	46472	10330	24742	16420
达县檀木镇	3740	21541	2293	12035	6746
达县大树镇	7650	36305	5810	15429	7173
达县南岳镇	4720	25285	1170	14313	7822
达县万家镇	7120	35660	3820	20744	10736
达县景市镇	8730	31169	2964	18421	12110
达县百节镇	3750	14293	1855	8154	5008
达县赵家镇	3440	20052	3678	13000	6097
达县河市镇	8420	55607	20766	35638	24714

四川省

2-1-23　续表 27　　　　　　　　　　　　　　　　　　　　　　单位：公顷、人

建制镇名称	行政区域面积	总人口	镇区人口	从业人员	#二三产业
达县石板镇	2800	15251	1946	10166	5586
达县金垭镇	3460	15519	1225	5842	2090
达县渡市镇	6420	31999	8990	17332	10975
达县管村镇	3670	23270	3397	6895	2908
达县石梯镇	5160	32359	4820	16500	5430
达县石桥镇	5410	46129	11420	26926	16520
达县堡子镇	6670	26916	5427	13389	6420
达县江陵镇	7133	26555	2506	16065	10384
达县碑庙镇	6020	24348	4663	13564	7698
宣汉县东乡镇	14090	143153	110695	59844	45122
宣汉县君塘镇	5773	17040	1827	8563	4000
宣汉县清溪镇	10215	47459	6715	23718	8977
宣汉县普光镇	8347	28801	3511	13752	5774
宣汉县天生镇	6171	23935	3776	12330	6570
宣汉县柏树镇	5813	24609	4230	12438	6011
宣汉县芭蕉镇	11074	29896	3722	15273	7370
宣汉县南坝镇	14342	102526	50955	46856	27245
宣汉县五宝镇	7066	27738	2827	13427	6507
宣汉县峰城镇	8595	23614	2764	10821	5307
宣汉县土黄镇	10244	36537	5845	16944	8362
宣汉县华景镇	11230	30689	2126	15063	7048
宣汉县樊哙镇	11465	27102	1320	12863	6767
宣汉县新华镇	16743	25798	1780	12884	6500
宣汉县黄金镇	11257	28605	4247	13631	6991
宣汉县胡家镇	8877	40822	16134	17695	10565
宣汉县毛坝镇	14365	27593	2434	12717	6362
宣汉县双河镇	8472	38883	7480	18517	9522
宣汉县大成镇	9472	36712	3178	17487	8722
开江县新宁镇	8078	89694	62431	65799	42874
开江县普安镇	6707	67564	11285	41893	27511
开江县回龙镇	3516	19305	2917	8554	4997
开江县天师镇	4024	15551	2615	8523	4045
开江县永兴镇	5088	34536	3858	14841	8140
开江县讲治镇	6982	33162	3535	17609	9063
开江县甘棠镇	9253	56463	4870	31491	19589
开江县任市镇	5050	48236	14200	31815	20206
开江县广福镇	5407	22640	2940	11480	6550
开江县长岭镇	7532	40783	4537	20607	7861
大竹县竹阳镇	2010	122045	120322	73596	63767
大竹县乌木镇	4490	23018	1995	12832	6793
大竹县团坝镇	4820	20690	2829	10904	4352
大竹县杨家镇	5720	29327	4752	14099	6186
大竹县清河镇	5040	22578	9232	11358	7187
大竹县柏林镇	4370	23442	6803	10871	6329
大竹县石河镇	6630	51859	12640	17020	8203
大竹县双拱镇	3120	13448	3204	6089	1966
大竹县石桥铺镇	4900	30620	8539	12729	8300
大竹县观音镇	4750	27476	4570	12937	8525
大竹县周家镇	7200	51008	8905	19903	14472
大竹县石子镇	7090	23848	8625	12520	4402
大竹县文星镇	4950	26859	4923	9724	4311

四川省

2-1-23　续表 28　　　　单位：公顷、人

建制镇名称	行政区域面积	总人口	镇区人口	从业人员	#二三产业
大竹县妈妈镇	3170	18230	2470	7021	3846
大竹县高穴镇	6020	31092	7110	12360	7111
大竹县欧家镇	5070	15689	2195	8134	4825
大竹县庙坝镇	7070	32535	11032	15960	11788
大竹县清水镇	8045	34469	5716	14847	8715
渠县渠江镇	2000	130738	90095	52569	50627
渠县天星镇	3100	34239	7449	14619	10182
渠县临巴镇	4700	41160	7213	19935	13155
渠县土溪镇	6300	55845	5594	21379	12006
渠县三汇镇	4600	61260	26798	34949	29105
渠县文崇镇	4000	23277	1196	7769	3712
渠县涌兴镇	5000	46935	4319	19412	12299
渠县贵福镇	4200	35011	4558	13994	7024
渠县岩峰镇	3700	27161	3193	12119	4852
渠县静边镇	3800	33759	5175	12378	6019
渠县清溪场镇	5500	38957	2444	14745	7656
渠县宝城镇	3400	30803	2425	11471	5521
渠县有庆镇	3100	34325	5371	13386	6990
渠县鲜渡镇	3900	25011	2799	12896	8030
渠县琅琊镇	5800	33974	7821	13624	9799
万源市太平镇	12289	67786	59252	17035	13413
万源市青花镇	11194	15682	9546	6085	3166
万源市旧院镇	8990	17235	2542	7610	4772
万源市罗文镇	11360	19052	3525	8968	3657
万源市河口镇	7105	11878	945	5230	2300
万源市草坝镇	5530	12830	1295	7475	2932
万源市竹峪镇	10335	12299	2322	4850	1762
万源市大竹镇	12139	20335	2730	9000	4260
万源市黄钟镇	8188	11312	7000	6081	2862
万源市官渡镇	8491	14461	4571	6611	2626
万源市白沙镇	11900	23975	10271	9970	4251
万源市沙滩镇	5731	22481	4920	8349	3431
雅安市雨城区北郊镇	6400	22688	3815	12483	7163
雅安市雨城区草坝镇	4400	23646	3545	14679	6661
雅安市雨城区合江镇	2750	8547	1169	5502	2563
雅安市雨城区大兴镇	6095	20499	4335	12647	9282
雅安市雨城区对岩镇	3605	14853	1489	9364	4588
雅安市雨城区沙坪镇	4894	5853	1862	3433	1268
雅安市雨城区中里镇	3700	13142	2762	8859	4109
雅安市雨城区上里镇	6897	12212	3134	6356	2756
雅安市雨城区严桥镇	9620	11032	1250	6426	1914
雅安市雨城区晏场镇	9807	10161	2367	6215	2890
雅安市雨城区多营镇	2870	8188	4079	2264	1565
雅安市雨城区碧峰峡镇	5729	10380	1876	5721	2092
名山县蒙阳镇	3239	34576	28977	20341	14618
名山县百丈镇	3722	18893	5762	10804	3981
名山县车岭镇	4758	21789	2684	13900	6679
名山县永兴镇	3356	19319	2019	11190	6110
名山县马岭镇	3629	11704	1430	6585	2150
名山县新店镇	4695	20832	4485	10152	3375
名山县蒙顶山镇	2706	12337	1992	3779	1684

四川省

2-1-23 续表 29

单位：公顷、人

建制镇名称	行政区域面积	总人口	镇区人口	从业人员	#二三产业
名山县黑竹镇	2388	11276	3072	7159	2625
名山县红星镇	2749	13487	1589	4931	1292
荥经县严道镇	1250	40038	29989	8080	4513
荥经县花滩镇	5633	11938	3768	5009	3199
汉源县富林镇	1150	26857	26857	5797	1260
汉源县九襄镇	8290	53870	42513	33938	17750
汉源县乌斯河镇	5391	8764	2654	4784	1007
汉源县宜东镇	9400	16713	5315	8892	3230
汉源县富庄镇	4550	10469	1560	6229	1313
汉源县清溪镇	2680	5211	1924	3837	1162
汉源县大树镇	3010	5325	2304	1518	798
汉源县皇木镇	5399	7129	2004	3490	1325
石棉县新棉镇	15893	47628	37342	9616	6250
天全县城厢镇	4430	39925	32252	8769	4896
天全县始阳镇	5000	19932	15272	12069	7733
芦山县芦阳镇	3813	28463	15213	8560	3212
芦山县飞仙关镇	5062	11738	1048	6033	2880
芦山县双石镇	7893	8780	1067	5218	2773
芦山县太平镇	19362	12758	1313	5901	2953
芦山县大川镇	69279	6400	1478	3865	998
宝兴县穆坪镇	21000	12271	8729	3069	1092
宝兴县灵关镇	19000	16440	6352	9692	5337
宝兴县陇东镇	52900	5718	1017	3452	2294
巴中市巴州区巴州镇	2303	9495	380	5117	1506
巴中市巴州区清江镇	9030	53974	11468	31825	17266
巴中市巴州区兴文镇	4805	29745	2769	15213	6864
巴中市巴州区水宁寺镇	5400	25514	2506	12697	7706
巴中市巴州区化成镇	6625	28923	3910	11765	6077
巴中市巴州区曾口镇	10936	57599	9713	29267	16284
巴中市巴州区梁永镇	6977	34635	3475	17695	8591
巴中市巴州区三江镇	3806	20997	1542	10861	4946
巴中市巴州区鼎山镇	7504	38286	7886	14713	10767
巴中市巴州区大罗镇	5397	18062	1449	9914	3940
巴中市巴州区玉山镇	12603	52624	7112	27689	15628
巴中市巴州区恩阳镇	12327	89462	22660	46120	35311
巴中市巴州区渔溪镇	8010	42215	4713	21811	10941
巴中市巴州区三河场镇	3360	16169	957	8813	2219
巴中市巴州区青木镇	4200	26311	3317	13502	6909
巴中市巴州区花丛镇	7831	41630	5479	23758	10230
巴中市巴州区柳林镇	6766	37566	4753	21788	11341
巴中市巴州区下八庙镇	4878	28150	1845	14982	6821
巴中市巴州区茶坝镇	4085	24097	5388	12367	5072
巴中市巴州区观音井镇	3874	26814	1382	13577	7235
巴中市巴州区三汇镇	4237	16342	1904	9838	4847
巴中市巴州区上八庙镇	4010	19544	3269	9895	4734
巴中市巴州区枣林镇	5756	17612	3500	9766	4856
通江县诺江镇	12954	154028	73930	85662	50373
通江县民胜镇	6238	21225	1900	10311	2814
通江县火炬镇	5967	21116	2145	11656	6385
通江县广纳镇	9313	35490	4203	19672	4702
通江县铁佛镇	11634	44063	5300	26419	12295

四川省

2-1-23 续表 30 单位：公顷、人

建制镇名称	行政区域面积	总人口	镇区人口	从业人员	#二三产业
通江县麻石镇	4370	13033	1583	6944	1990
通江县至诚镇	9265	18342	3487	9603	3005
通江县洪口镇	5635	14212	4839	7953	2016
通江县沙溪镇	7807	21009	2938	11672	3719
通江县瓦室镇	8491	19130	1660	10802	3245
通江县永安镇	11019	18380	2802	9900	2830
通江县铁溪镇	16937	13072	3802	7978	2874
通江县涪阳镇	6517	14767	4864	7412	1802
通江县诺水河镇	30901	22000	3978	11580	3744
南江县南江镇	11470	77406	54674	40798	36389
南江县沙河镇	5480	21399	4883	11028	7477
南江县乐坝镇	1630	5740	4579	3956	3338
南江县长赤镇	8250	41115	6969	21629	11434
南江县正直镇	7070	32155	10531	16369	8901
南江县大河镇	11480	29754	4669	16602	3860
南江县光雾山镇	48460	3520	612	1989	780
南江县东榆镇	12280	25457	6057	12423	6293
南江县下两镇	9400	24767	6786	12407	6671
南江县赶场镇	11510	18523	1896	9554	3782
南江县杨坝镇	8590	8792	1252	6063	3094
平昌县江口镇	17217	199468	167452	90546	26964
平昌县响滩镇	5086	29826	8397	20779	1368
平昌县西兴镇	4721	21367	4374	10985	3469
平昌县佛楼镇	4416	16115	2650	6121	5097
平昌县白衣镇	8720	34846	5755	12715	6423
平昌县涵水镇	4049	18443	2588	10160	2425
平昌县岳家镇	4470	20611	3865	9505	2944
平昌县兰草镇	5630	24884	3642	11308	3925
平昌县驷马镇	9298	49662	5832	17730	6305
平昌县坦溪镇	5610	23924	3796	12230	3714
平昌县元山镇	7503	36774	7500	19789	6490
平昌县云台镇	7370	27757	3548	11233	4666
平昌县邱家镇	4958	20899	3687	8296	5227
平昌县笔山镇	9224	42055	4185	20656	7142
平昌县镇龙镇	9140	31067	5624	13263	6771
平昌县得胜镇	4859	25745	5176	14244	2526
平昌县鹿鸣镇	3515	13105	2612	5341	1238
资阳市雁江区雁江镇	5200	26027	4812	15890	12970
资阳市雁江区松涛镇	4800	36281	2260	16910	9590
资阳市雁江区宝台镇	5620	38479	6420	20940	14299
资阳市雁江区临江镇	8950	41467	2987	19146	6472
资阳市雁江区保和镇	11521	60048	2671	20284	6048
资阳市雁江区老君镇	9430	52297	1538	32845	20336
资阳市雁江区中和镇	12176	57446	3787	33210	17020
资阳市雁江区丹山镇	11480	64136	5123	30223	22510
资阳市雁江区小院镇	8320	51123	3981	25010	18884
资阳市雁江区堪嘉镇	5500	35326	2365	10146	10048
资阳市雁江区伍隍镇	7710	60991	3718	30697	12341
资阳市雁江区石岭镇	5412	41706	4014	24542	13491
资阳市雁江区东峰镇	7080	40443	1298	23946	13061
资阳市雁江区南津镇	7520	48400	2522	23128	15890

四川省

2-1-23 续表 31

单位：公顷、人

建制镇名称	行政区域面积	总人口	镇区人口	从业人员	#二三产业
资阳市雁江区忠义镇	5470	31966	1293	11289	5290
资阳市雁江区碑记镇	4550	30339	2053	14289	7411
资阳市雁江区丰裕镇	5780	42202	3622	26380	15708
资阳市雁江区迎接镇	7493	38567	2624	11850	4640
资阳市雁江区祥符镇	8000	35540	2140	17138	9370
安岳县岳阳镇	7743	160879	127362	66595	48428
安岳县鸳大镇	4713	22380	1276	13294	6699
安岳县石桥铺镇	4828	30723	1715	16623	15087
安岳县通贤镇	5954	38586	7213	22637	12746
安岳县龙台镇	4742	43246	15037	24450	20300
安岳县姚市镇	6372	32838	1869	20031	8827
安岳县林凤镇	4741	30071	3678	18365	9100
安岳县毛家镇	3343	17428	1142	9163	8205
安岳县永清镇	6091	35022	6245	22922	8905
安岳县永顺镇	5740	29056	1918	19096	4589
安岳县石羊镇	6230	48368	25740	30250	19500
安岳县两板桥镇	4853	24664	1238	14794	7035
安岳县护龙镇	5944	29681	1772	18203	6343
安岳县李家镇	4637	30438	8750	17615	12635
安岳县元坝镇	3101	17610	2270	10620	4009
安岳县兴隆镇	5751	34059	5000	19761	9660
安岳县天林镇	3493	18957	1741	10977	7278
安岳县镇子镇	5434	32468	9258	19427	9205
安岳县文化镇	5392	27016	2440	17255	11760
安岳县周礼镇	5169	35173	5146	22243	10207
安岳县驯龙镇	4538	30343	4429	18895	10521
安岳县华严镇	4859	26754	1588	15065	5592
乐至县天池镇	4210	107104	78425	68500	51811
乐至县石佛镇	9700	46318	4589	18455	10684
乐至县回澜镇	8278	38956	5105	24206	18797
乐至县石湍镇	6777	39575	3520	14069	2994
乐至县童家镇	8220	49321	5783	20118	12730
乐至县宝林镇	6710	44495	5860	25693	16987
乐至县大佛镇	6996	43915	4388	31055	12728
乐至县良安镇	8494	52654	4860	27498	16188
乐至县金顺镇	5912	35785	2800	22731	7449
乐至县中和场镇	4570	25973	3425	16144	12002
乐至县劳动镇	6250	38279	2813	19218	11139
乐至县中天镇	5342	31894	3740	18812	9471
乐至县佛星镇	6670	31280	1531	17828	11936
乐至县蟠龙镇	3982	20698	1715	12928	9753
乐至县东山镇	5450	27536	2235	14438	10861
乐至县通旅镇	4950	26918	1122	12697	8075
乐至县高寺镇	7272	35962	2382	19855	10363
简阳市简城镇	5301	192167	157758	99765	93434
简阳市石桥镇	9398	80427	14098	39867	10604
简阳市新市镇	8879	52131	4843	17630	7290
简阳市石盘镇	4862	34339	8522	21768	16275
简阳市东溪镇	5014	42277	9783	22352	12571
简阳市平泉镇	3878	27589	4209	21405	11323
简阳市禾丰镇	8431	48887	4671	19590	19059

四川省

2-1-23 续表 32 单位：公顷、人

建制镇名称	行政区域面积	总人口	镇区人口	从业人员	#二三产业
简阳市云龙镇	6702	40933	4089	20829	14658
简阳市三星镇	4222	26802	4888	13620	9230
简阳市养马镇	4451	44921	28302	16532	8959
简阳市贾家镇	6367	53862	24748	28225	19060
简阳市石板凳镇	4710	33685	6332	20865	9240
简阳市三岔镇	6416	37927	10200	13574	4830
简阳市镇金镇	5743	31962	5166	14998	9005
简阳市石钟镇	4505	29219	1370	13747	10044
简阳市施家镇	4343	23253	3521	14080	3114
简阳市三合镇	4046	23568	1017	14198	8487
简阳市平武镇	4082	25117	3784	11042	7101
简阳市金马镇	2598	16625	546	7563	1503
简阳市踏水镇	4162	23054	2810	13516	5787
简阳市江源镇	4613	26247	1180	7295	2216
简阳市涌泉镇	3038	18925	1431	9218	4910
简阳市芦葭镇	5102	33206	3431	15018	11471
简阳市草池镇	6579	45939	3503	24505	11510
简阳市太平桥镇	1978	14261	2209	4245	1280
简阳市青龙镇	4101	24984	2860	13525	8604
汶川县威州镇	13428	29121	19645	7171	3437
汶川县绵池镇	25140	8457	1925	4217	852
汶川县映秀镇	11399	6298	4306	4469	3481
汶川县卧龙镇	82079	2924	1596	1560	586
汶川县水磨镇	8917	12077	5072	7066	3436
汶川县漩口镇	10424	13345	1750	8294	5299
理县杂谷脑镇	18682	11940	3100	8600	5400
理县米亚罗镇	66585	2334	1834	2007	710
理县古尔沟镇	50986	2263	568	1253	165
理县薛城镇	25738	5516	1641	3499	941
茂县凤仪镇	17070	37199	28674	13892	3862
茂县南新镇	36300	8315	1440	4295	634
茂县叠溪镇	29330	2931	1106	1630	439
松潘县进安镇	1108	8250	8250	5122	4646
松潘县川主寺镇	95831	6682	2502	2192	1262
九寨沟县永乐镇	4267	22042	17705	9181	7137
九寨沟县漳扎镇	134161	15677	4566	11062	9924
金川县金川镇	5373	13200	6750	9152	6008
金川县观音桥镇	32041	2231	438	1569	248
小金县美兴镇	5662	18063	1260	7960	1223
小金县日隆镇	57676	3263	832	1827	796
黑水县芦花镇	117542	14245	300	8768	4900
黑水县卡龙镇	39844	1004	1004	500	151
马尔康县马尔康镇	37126	25314	20695	8755	6375
马尔康县卓克基镇	34787	1239	1128	692	76
马尔康县松岗镇	25305	2398	974	1192	507
阿坝县阿坝镇	5500	4074	1424	1335	216
若尔盖县达扎寺镇	86434	9550	9550	6406	5111
红原县邛溪镇	93700	11735	7500	3200	660
红原县刷经寺镇	41200	2568	865	1200	185
康定县炉城镇	81696	40931	6399	29365	26524
康定县姑咱镇	19440	18428	4632	6037	4137

四川省

2-1-23 续表 33 单位：公顷、人

建制镇名称	行政区域面积	总人口	镇区人口	从业人员	#二三产业
康定县新都桥镇	46286	7767	4056	3200	2685
泸定县泸桥镇	14993	22479	983	7835	3270
泸定县冷碛镇	7282	8547	764	3026	1376
泸定县兴隆镇	10822	10057	675	4311	691
泸定县磨西镇	31083	6956	467	2264	1106
丹巴县章谷镇	1192	8771	6591	4867	4404
九龙县呷尔镇	66500	12562	6609	5324	2383
雅江县河口镇	49268	8311	3016	1692	126
道孚县鲜水镇	8496	8899	6783	3825	2609
道孚县八美镇	28127	5128	1447	2780	650
炉霍县新都镇	4436	9224	905	1887	258
甘孜县甘孜镇	16444	11723	6685	6889	5009
新龙县如龙镇	9856	6384	4695	3634	2549
德格县更庆镇	41530	4729	1821	2892	351
白玉县建设镇	21000	5858	4800	3368	2286
石渠县尼呷镇	67700	7423	4541	3851	2460
石渠县洛须镇	61100	3779	1107	1926	569
色达县色柯镇	82531	7249	3786	3475	1779
色达县翁达镇	23933	2387	775	1444	180
理塘县高城镇	15100	10587	4041	2596	793
巴塘县夏邛镇	61400	12315	5276	2787	915
乡村县香巴拉镇	23300	7432	3066	2786	89
稻城县金珠镇	16100	7821	1645	4342	2644
稻城县香格里拉镇	73600	2948	410	1470	327
得荣县松麦镇	14400	5772	3602	2960	325
西昌市马道镇	2290	18454	12403	14256	11827
西昌市礼州镇	2942	25890	3985	13314	2219
西昌市安宁镇	3704	28195	6470	15689	6824
西昌市川兴镇	5218	25909	2688	14528	1814
西昌市黄联镇	5400	11335	1625	7123	1971
西昌市佑君镇	3350	15682	1599	7799	991
西昌市太和镇	3140	18500	6784	9871	4559
西昌市安哈镇	13192	6800	336	4005	438
木里藏族自治县乔瓦镇	24137	26586	3912	13028	8460
木里藏族自治县瓦厂镇	19572	5908	1437	3290	485
木里藏族自治县茶布朗镇	30832	3467	1147	1731	629
盐源县盐井镇	22700	35074	4108	10573	2522
盐源县卫城镇	21800	23506	1666	11389	548
盐源县梅雨镇	16235	24916	3706	12803	1298
盐源县白乌镇	59180	20086	2562	12636	549
盐源县树河镇	36665	10884	1933	6489	448
盐源县黄草镇	27400	10600	3021	6704	651
盐源县平川镇	40471	15896	3176	8029	1289
盐源县泸沽湖镇	31426	12286	3136	6296	2522
德昌县德州镇	12300	48729	38147	17572	12864
德昌县永郎镇	6900	8871	4355	4605	1067
德昌县乐跃镇	27600	10461	2969	5065	1056
会理县鹿厂镇	12747	17515	4638	10685	4795
会理县黎溪镇	10007	15457	2098	11160	5293
会理县通安镇	11240	13163	3211	7621	5355
会理县太平镇	14253	14272	3042	9501	6677

四川省

2-1-23 续表 34 单位：公顷、人

建制镇名称	行政区域面积	总人口	镇区人口	从业人员	#二三产业
会理县益门镇	8573	12555	723	4924	2715
会东县会东镇	7902	33324	17757	33100	26904
会东县铅锌镇	8633	15927	5470	6283	2593
宁南县披砂镇	7463	29003	7673	9802	2814
宁南县松新镇	5184	10038	4591	6829	915
宁南县竹寿镇	4028	6453	1750	3963	589
宁南县华弹镇	4526	16310	5854	9793	1956
宁南县白鹤滩镇	4894	7851	2696	4880	1483
宁南县葫芦口镇	3557	5774	726	3958	791
普格县普基镇	3452	21117	14928	6193	2256
普格县荞窝镇	14964	11131	4011	4603	676
普格县螺髻山镇	15090	12034	1470	5246	1250
布拖县特木里镇	12709	24590	2834	10254	2860
布拖县龙潭镇	4900	7214	675	4860	1030
布拖县拖觉镇	10363	12654	1782	6837	397
金阳县天地坝镇	5647	18217	1830	7260	4190
金阳县派来镇	4084	10118	1398	4006	380
金阳县芦稿镇	2656	4937	1412	2174	506
金阳县对坪镇	4643	11935	2470	4640	1631
昭觉县新城镇	5776	28956	1025	8843	825
喜德县光明镇	12762	26339	2185	7327	1442
喜德县冕山镇	19150	17124	1659	7102	1132
喜德县红莫镇	14697	13561	935	6818	1133
喜德县两河口镇	9201	14755	1098	4225	1042
喜德县米市镇	12105	9629	1232	4233	680
喜德县洛哈镇	12883	7188	1058	3568	517
喜德县尼波镇	14524	9448	1181	4628	208
冕宁县城厢镇	19087	40665	19825	18837	7450
冕宁县漫水湾镇	4359	12060	5151	6329	1011
冕宁县大桥镇	39113	16185	1882	8636	1275
冕宁县复兴镇	6350	19891	4403	12537	1549
冕宁县泸沽镇	9745	27987	23180	12824	3781
冕宁县沙坝镇	12720	25313	3285	15640	2423
越西县越城镇	3116	37171	27643	12631	6355
越西县中所镇	7006	12128	8395	4956	1155
越西县新民镇	1462	11826	3521	5975	827
越西县乃托镇	7135	9100	1494	3860	1607
越西县普雄镇	4702	21233	6382	8739	3066
甘洛县新市坝镇	20356	43470	20174	18174	2265
甘洛县田坝镇	5450	19783	6280	8000	1200
甘洛县海棠镇	11120	5053	1305	2900	268
甘洛县吉米镇	3144	6299	1060	2780	215
甘洛县斯觉镇	2520	6725	638	4135	124
甘洛县普昌镇	7020	12678	1800	6720	804
甘洛县玉田镇	4530	7709	1464	3788	207
美姑县巴普镇	3400	20227	1580	10897	5533
雷波县锦城镇	3848	15137	3900	9821	7001
雷波县西宁镇	22394	7997	4498	3300	219
雷波县汶水镇	8699	13237	3566	4000	1856
雷波县黄琅镇	3580	9291	4250	6239	1131

2-1-24 贵州省建制镇名录及基本情况

单位：公顷、人

建制镇名称	行政区域面积	总人口	镇区人口	从业人员	#二三产业
贵阳市云岩区黔灵镇	5300	55818	53667	49616	47800
贵阳市花溪区青岩镇	9230	33739	10844	21476	9662
贵阳市花溪区石板镇	5160	23048	4521	13998	2500
贵阳市乌当区朱昌镇	5600	26147	2845	22475	3252
贵阳市乌当区东风镇	7367	25846	9867	16396	6613
贵阳市乌当区水田镇	11303	16127	3935	10044	6740
贵阳市乌当区羊昌镇	7358	14875	2756	10461	7743
贵阳市乌当区金华镇	6875	44484	4516	13841	6062
贵阳市白云区艳山红镇	2500	68506	21271	38138	34467
贵阳市白云区麦架镇	4200	41663	23940	17533	8052
贵阳市白云区沙文镇	7600	32846	32846	7252	4465
开阳县城关镇	17086	102832	75884	33769	19580
开阳县双流镇	17980	35343	5751	16849	3718
开阳县金中镇	7484	24127	14809	6427	4460
开阳县冯三镇	17931	37048	5149	20347	2402
开阳县楠木渡镇	19330	40648	13431	23052	2260
开阳县龙岗镇	20550	39812	12746	18231	3495
息烽县永靖镇	15492	55783	40865	36916	21091
息烽县温泉镇	8503	22221	4128	11004	5544
息烽县九庄镇	11436	31937	1754	15290	6924
息烽县小寨坝镇	13808	41076	22058	23584	13994
修文县龙场镇	16486	77876	27413	30495	12720
修文县扎佐镇	13948	46934	18624	31370	7736
修文县久长镇	11751	32156	4634	21823	12479
修文县六广镇	9410	29466	3785	15655	5055
清镇市红枫湖镇	16130	45775	1676	23048	4049
清镇市站街镇	21700	84071	15902	48203	8640
清镇市卫城镇	21000	62273	10402	35828	10554
清镇市新店镇	14200	51980	2584	31895	13977
六盘水市钟山区老鹰山镇	6378	43873	4379	18864	12131
六盘水市钟山区大河镇	8680	38744	4422	14257	7957
六盘水市钟山区汪家寨镇	7560	60846	296	21296	12178
六盘水市钟山区大湾镇	10200	67568	3889	25434	6270
六盘水市六枝特区平寨镇	10440	135978	78297	39165	24841
六盘水市六枝特区郎岱镇	9842	41025	3728	25129	6062
六盘水市六枝特区岩脚镇	13193	58978	12134	33864	15737
六盘水市六枝特区木岗镇	6136	25084	6817	12835	3441
六盘水市六枝特区大用镇	6610	27353	5347	11805	1782
水城县滥坝镇	9823	38986	18203	26823	13090
盘县红果镇	26969	101782	16972	36548	16330
盘县城关镇	2145	38710	2949	16488	13197
盘县板桥镇	13951	46085	320	21648	4198
盘县水塘镇	11196	36757	3549	19325	7874
盘县民主镇	14369	36532	93	20071	1170
盘县大山镇	13992	39983	2428	20783	8543
盘县保田镇	11306	23033	2585	9935	2718
盘县老厂镇	9967	30234	2059	15442	12840
盘县玛依镇	6819	21456	1160	16480	1516
盘县石桥镇	5884	20983	555	13770	6328
盘县平关镇	12007	25398	1364	16219	2325

贵州省

2-1-24 续表 1　　单位：公顷、人

建制镇名称	行政区域面积	总人口	镇区人口	从业人员	#二三产业
盘县响水镇	8645	27382	7400	17655	7409
盘县火铺镇	4204	23635	680	9650	6620
盘县乐民镇	13561	48738	4050	35224	9325
盘县西冲镇	5863	22171	3291	12637	674
盘县断江镇	8793	35386	3137	15627	5751
盘县盘江镇	9228	27789	2729	10189	4780
盘县柏果镇	17515	71260	22454	34378	9004
盘县洒基镇	3570	21210	1685	6258	4097
盘县刘官镇	11589	34816	983	19417	7667
遵义市红花岗区长征镇	4874	102346	80036	13927	4005
遵义市红花岗区巷口镇	5020	13850	4150	5370	2392
遵义市红花岗区南关镇	2900	36039	29032	24046	14897
遵义市红花岗区忠庄镇	4780	46872	28195	28140	18474
遵义市红花岗区海龙镇	4350	16214	7706	7835	6815
遵义市红花岗区深溪镇	10144	35042	4170	17512	7973
遵义市红花岗区金鼎山镇	14650	36036	2818	22413	7988
遵义市红花岗区新蒲镇	14600	48601	4831	25233	8906
遵义市汇川区高桥镇	3500	51422	2750	29610	8770
遵义市汇川区董公寺镇	5604	26833	4500	15129	11294
遵义市汇川区团泽镇	17283	53324	5482	26953	2337
遵义市汇川区高坪镇	19670	64081	22120	35120	13917
遵义市汇川区板桥镇	13200	26405	7125	16308	11155
遵义市汇川区泗渡镇	11520	36674	3845	18168	9387
遵义县南白镇	9872	164268	61906	59286	48505
遵义县龙坑镇	9096	60487	19366	32137	23830
遵义县三岔镇	11800	36636	12566	22989	10019
遵义县苟江镇	8049	26281	6500	15376	9035
遵义县三合镇	20804	71483	12486	45967	21447
遵义县乌江镇	6409	17327	7423	8292	3321
遵义县虾子镇	21398	72114	21241	36825	22209
遵义县三渡镇	10396	22021	5250	14953	6978
遵义县新舟镇	16569	74498	31257	41977	9505
遵义县永乐镇	21955	42411	2833	14357	2584
遵义县龙坪镇	12645	44698	7624	29636	19237
遵义县喇叭镇	9746	28461	2758	20504	2771
遵义县团溪镇	18438	56273	31448	47450	19695
遵义县铁厂镇	10613	16544	1752	10898	3761
遵义县西坪镇	13275	40159	3351	10898	741
遵义县尚嵇镇	10549	48250	7065	22502	11720
遵义县茅栗镇	13497	30246	7264	19131	8696
遵义县新民镇	9367	21424	3424	12981	1856
遵义县鸭溪镇	12161	64164	20959	41132	5040
遵义县石板镇	13244	35631	1419	24673	3710
遵义县乐山镇	10743	26480	2495	16817	7064
遵义县枫香镇	14642	38624	3984	24961	11137
遵义县泮水镇	11116	40651	9685	14902	4612
遵义县马蹄镇	11651	36856	3137	24459	6968
遵义县沙湾镇	18455	27187	1168	14894	2135
遵义县松林镇	15147	27797	4300	16636	7334
遵义县毛石镇	15252	22686	2620	15293	1665

贵州省

2-1-24 续表 2 单位：公顷、人

建制镇名称	行政区域面积	总人口	镇区人口	从业人员	#二三产业
遵义县山盆镇	22480	66972	5456	39127	8711
遵义县芝麻镇	9217	18754	3322	11412	576
桐梓县娄山关镇	14295	132973	119444	58760	46093
桐梓县楚米镇	14440	27582	11965	17798	9075
桐梓县新站镇	15009	30165	8995	19860	11987
桐梓县松坎镇	12300	20746	7856	11621	7732
桐梓县高桥镇	11168	33631	2509	18788	9706
桐梓县水坝塘镇	16676	27561	7434	16580	11348
桐梓县官仓镇	13827	40282	4298	22896	10753
桐梓县花秋镇	14172	57857	11695	33211	13374
桐梓县羊磴镇	18700	25629	5414	16320	4025
桐梓县九坝镇	14991	34173	5609	20893	8812
桐梓县大河镇	10356	12883	2714	8346	4314
桐梓县夜郎镇	14841	26855	5808	15625	6631
桐梓县木瓜镇	17080	30055	5912	15500	4658
桐梓县坡渡镇	11415	24890	4358	13765	5420
桐梓县燎原镇	8320	24441	4504	11015	7555
桐梓县狮溪镇	18042	42061	6850	36973	23923
绥阳县洋川镇	13600	113804	65025	73971	44213
绥阳县郑场镇	15192	45142	6630	25956	9822
绥阳县旺草镇	27200	67031	12391	36220	2495
绥阳县蒲场镇	13600	40159	7231	23361	5421
绥阳县风华镇	13200	49627	1783	31329	12508
绥阳县茅垭镇	18070	32789	844	21913	8169
绥阳县枧坝镇	24400	25630	1992	16481	7689
绥阳县宽阔镇	21400	28238	2058	17819	8198
绥阳县黄杨镇	16400	28549	3170	24132	2428
绥阳县青杠塘镇	24200	27285	2173	18628	8426
绥阳县太白镇	17400	22223	2337	18339	749
绥阳县温泉镇	16850	32368	3513	22956	2755
正安县凤仪镇	7730	51439	2389	36764	26548
正安县瑞溪镇	10880	35857	1250	27968	7440
正安县和溪镇	14780	40947	2665	24321	6863
正安县安场镇	14790	74999	14224	38210	8698
正安县土坪镇	21580	53165	8342	20610	8600
正安县流渡镇	16880	40224	1714	29700	10070
正安县格林镇	13190	38209	3634	23247	4111
正安县新州镇	17040	35367	2652	14296	4809
正安县庙塘镇	19710	25303	1219	9135	1152
正安县小雅镇	16590	35736	2420	18023	10561
正安县中观镇	18720	34848	6673	16112	5123
道真县玉溪镇	24589	81913	22154	43041	25621
道真县三江镇	7495	12726	674	7756	1734
道真县隆兴镇	16752	31944	1330	17910	1225
道真县旧城镇	15854	26689	1380	16352	995
道真县忠信镇	15566	21315	1328	13364	5370
道真县洛龙镇	22636	20892	2416	14745	1562
道真县阳溪镇	18539	12568	5150	7712	790
道真县三桥镇	23520	30448	5900	19680	11035
道真县大矸镇	19647	23313	1008	14000	969

贵州省

2-1-24 续表 3　　　　单位：公顷、人

建制镇名称	行政区域面积	总人口	镇区人口	从业人员	#二三产业
道真县平模镇	9078	17198	578	7065	815
务川县都濡镇	27300	71746	41846	43273	18145
务川县丰乐镇	20699	37150	2851	22466	10130
务川县黄都镇	21040	31795	2340	21819	9070
务川县涪洋镇	22100	45686	2575	26382	13148
务川县镇南镇	14700	27217	4453	17840	827
务川县砚山镇	8999	16541	2395	11432	6515
务川县濯水镇	22400	39404	10795	25075	11685
务川县茅天镇	20345	28507	2224	17015	6776
务川县柏村镇	9667	16124	1678	10695	642
务川县大坪镇	19516	32970	7127	22850	7231
凤冈县龙泉镇	10210	62829	50150	35640	15000
凤冈县进化镇	18290	36602	2468	30745	9770
凤冈县琊川镇	11570	31314	2987	18686	1000
凤冈县蜂岩镇	18900	36899	2598	25900	1245
凤冈县永和镇	11744	26309	3046	13540	2062
凤冈县花坪镇	10720	27016	1527	18635	2233
凤冈县绥阳镇	15010	39267	7483	28554	1400
凤冈县土溪镇	20460	40990	1927	34200	7380
凤冈县永安镇	11730	28075	2448	17865	6630
湄潭县湄江镇	9940	79349	56131	49310	19147
湄潭县永兴镇	16580	55325	16560	25593	5780
湄潭县复兴镇	14520	37819	1412	23872	11215
湄潭县马山镇	8010	29400	4509	20093	3124
湄潭县鱼泉镇	10670	18524	4085	12177	5656
湄潭县黄家坝镇	14230	50622	16133	30123	10812
湄潭县高台镇	16190	30089	2656	21587	1172
湄潭县茅坪镇	6880	12252	2513	7417	767
湄潭县兴隆镇	13110	36209	1612	21923	8856
余庆县白泥镇	23073	59338	39121	32480	14884
余庆县小腮镇	14209	16673	4179	11129	6956
余庆县龙溪镇	16049	36602	10871	22025	12725
余庆县构皮滩镇	20657	37982	12508	25032	7898
余庆县大乌江镇	25811	36506	4727	23680	8870
余庆县敖溪镇	10859	23865	7298	15791	7100
余庆县龙家镇	11468	21280	8337	13610	5223
余庆县松烟镇	13874	33164	9373	20903	12410
余庆县关兴镇	15588	22299	7714	14680	6455
习水县东皇镇	30800	141290	6350	61450	27290
习水县土城镇	30710	51124	5674	25197	10545
习水县同民镇	10000	20955	2784	14125	2093
习水县醒民镇	6900	18718	3089	12310	4310
习水县隆兴镇	12380	42988	1690	25272	9968
习水县习酒镇	7200	36012	3122	23231	10777
习水县回龙镇	10670	36154	4800	19871	11374
习水县桑木镇	10150	24532	1255	18266	320
习水县永安镇	10190	27983	1031	13857	984
习水县良村镇	17850	41188	2106	20819	11380
习水县温水镇	16160	56747	23946	35123	9427
习水县仙源镇	16540	27327	1124	10313	2278

贵州省

2-1-24 续表 4 单位：公顷、人

建制镇名称	行政区域面积	总人口	镇区人口	从业人员	#二三产业
习水县官店镇	13780	32731	1312	16613	7326
习水县寨坝镇	16430	30613	2567	17332	11822
赤水市天台镇	9610	20974	776	10427	2612
赤水市复兴镇	9820	19794	3425	11878	5701
赤水市大同镇	10520	20592	2046	13125	5530
赤水市旺隆镇	14700	21767	4275	14983	5577
赤水市葫市镇	20350	16601	2304	9947	5615
赤水市元厚镇	23300	16713	2315	8210	5692
赤水市官渡镇	20250	30632	3170	11836	7439
赤水市长期镇	10400	29412	2800	22166	8069
赤水市长沙镇	10220	21049	5789	13501	5328
仁怀市茅台镇	8720	56644	7389	34650	25944
仁怀市坛厂镇	11670	28843	3450	18680	1235
仁怀市长岗镇	11570	26296	3357	15597	3634
仁怀市鲁班镇	12000	44624	4449	27902	13903
仁怀市五马镇	12420	32520	4944	21431	2793
仁怀市茅坝镇	14000	42191	5931	26045	13566
仁怀市九仓镇	9130	30520	5319	18393	4589
仁怀市喜头镇	9140	25545	5950	13968	2654
仁怀市大坝镇	8700	44256	2170	30980	2700
仁怀市三合镇	8600	42343	3000	23200	11200
仁怀市合马镇	5930	23164	2462	13320	6727
仁怀市二合镇	8700	31005	4660	19364	11405
安顺市西秀区宋旗镇	4635	25443	4045	17701	8890
安顺市西秀区幺铺镇	9335	61565	6665	33625	19335
安顺市西秀区宁谷镇	9846	41280	3551	20189	9359
安顺市西秀区龙宫镇	9380	26664	1369	15280	4280
安顺市西秀区双堡镇	13652	30599	5747	18439	8053
安顺市西秀区大西桥镇	7158	42909	3855	23481	7058
安顺市西秀区七眼桥镇	10380	61184	10147	34411	20413
安顺市西秀区蔡官镇	11611	54786	3029	35798	17348
安顺市西秀区轿子山镇	8437	61231	9070	31200	21485
安顺市西秀区旧州镇	11692	42742	5813	24407	13647
平坝县城关镇	6643	62388	32832	35415	30392
平坝县白云镇	8614	43023	2023	26810	7320
平坝县高峰镇	10526	36713	2185	23115	3940
平坝县天龙镇	6502	23613	4320	16600	4377
平坝县夏云镇	6395	36951	15882	19965	10295
平坝县马场镇	18288	53378	5647	29044	3116
普定县城关镇	14609	115920	43208	56262	28900
普定县马官镇	11507	53566	1424	29670	4962
普定县化处镇	10895	56724	3122	30156	4770
普定县马场镇	9232	42316	3283	24692	2278
普定县白岩镇	7500	37954	2540	19433	7873
镇宁县城关镇	12240	87143	57650	38159	8369
镇宁县丁旗镇	10473	44294	11545	19800	6315
镇宁县黄果树镇	7028	19662	3529	12145	11525
镇宁县江龙镇	9105	21465	6535	15171	7063
关岭县关索镇	11000	58140	29834	28763	20263

贵州省

2-1-24 续表 5 单位：公顷、人

建制镇名称	行政区域面积	总人口	镇区人口	从业人员	#二三产业
关岭县花江镇	16000	47800	15582	29600	9544
关岭县永宁镇	11900	29814	4348	14073	7327
关岭县岗乌镇	12000	24630	2309	13872	6341
关岭县上关镇	10600	26188	1870	17511	10535
关岭县坡贡镇	6100	22708	2309	12913	3785
关岭县断桥镇	7400	13990	2000	10889	3268
关岭县白水镇	5600	19816	769	10192	3231
紫云县松山镇	17829	55242	41879	28245	10707
紫云县水塘镇	17652	17316	4713	8854	3356
紫云县猴场镇	21690	27713	3168	14170	5371
紫云县猫营镇	28544	32084	13670	16405	6218
紫云县板当镇	21352	31966	3218	16344	6196
毕节市七星关区鸭池镇	9110	58533	4008	45280	18941
毕节市七星关区梨树镇	6220	28935	5037	13996	4760
毕节市七星关区岔河镇	12880	42849	5214	19320	9138
毕节市七星关区朱昌镇	10800	49066	7159	21480	1820
毕节市七星关区田坝镇	6620	26003	3880	14210	8541
毕节市七星关区长春堡镇	13400	56023	5180	34105	13197
毕节市七星关区撒拉溪镇	14930	67053	4238	26746	6676
毕节市七星关区杨家湾镇	9550	52423	1870	22784	3650
毕节市七星关区放珠镇	8260	33010	2319	16110	11523
毕节市七星关区青场镇	10461	38055	2059	20322	8901
毕节市七星关区水箐镇	9320	29541	3346	15994	9871
毕节市七星关区何官屯镇	11021	45716	3706	29423	8836
毕节市七星关区对坡镇	9570	33498	4294	12730	9595
毕节市七星关区大银镇	10290	26447	6447	17963	933
毕节市七星关区林口镇	8670	34420	4101	18200	15511
毕节市七星关区生机镇	11980	38450	1050	27602	10202
毕节市七星关区清水铺镇	12563	36843	8417	23076	1384
毕节市七星关区亮岩镇	7820	25664	3334	17965	8540
毕节市七星关区燕子口镇	12140	45777	5777	25266	11677
毕节市七星关区八寨镇	9270	35868	4379	17864	8791
毕节市七星关区田坝桥镇	3640	20175	4656	12500	4350
毕节市七星关区海子街镇	12740	75552	2619	49251	31725
毕节市七星关区小坝镇	6190	45659	4500	20569	9851
毕节市七星关区层台镇	7710	32690	7851	18950	683
毕节市七星关区小吉场镇	12110	60521	4296	38459	19277
毕节市七星关区普宜镇	8450	31164	9120	13107	3695
毕节市七星关区龙场营镇	21700	28257	4815	16753	12706
大方县大方镇	9774	97074	71717	41900	27500
大方县双山镇	9319	44917	14612	27140	12029
大方县猫场镇	10352	36139	19063	23017	12293
大方县马场镇	13216	48708	17872	34153	9801
大方县羊场镇	9597	29629	14260	17592	6362
大方县黄泥塘镇	11561	29795	13494	19893	6601
大方县六龙镇	7726	29016	14924	20796	9720
大方县达溪镇	11687	31918	17123	20062	6803
大方县瓢井镇	12872	40103	12166	18090	6982
大方县长石镇	11649	46800	17511	35100	17456

贵州省

2-1-24 续表 6

单位：公顷、人

建制镇名称	行政区域面积	总人口	镇区人口	从业人员	#二三产业
黔西县城关镇	12200	129449	109458	39363	24218
黔西县金碧镇	9460	49226	13029	36043	13974
黔西县雨朵镇	5880	29068	9126	12805	9071
黔西县大关镇	9220	40377	9811	20967	10264
黔西县谷里镇	6590	31920	9788	21065	17549
黔西县素朴镇	11170	40726	5218	25116	10987
黔西县中坪镇	11770	34533	7715	18050	12579
黔西县重新镇	13980	37876	14120	28154	16508
黔西县林泉镇	10980	39685	7984	19786	9878
金沙县城关镇	15680	102538	77929	27526	15137
金沙县安底镇	7070	29675	16444	23219	11725
金沙县沙土镇	10720	42573	17652	22920	11168
金沙县岩孔镇	12920	44095	17318	29340	16340
金沙县禹谟镇	12290	33848	11937	18672	10656
金沙县岚头镇	6510	17492	9567	9827	3969
金沙县清池镇	10980	27116	7049	10425	4392
织金县城关镇	14740	121925	105855	37985	24087
织金县桂果镇	11650	27363	9577	18931	3421
织金县牛场镇	10580	45768	16018	24935	11330
织金县猫场镇	9730	47763	16717	23936	9058
织金县化起镇	9630	44067	15423	26387	7495
织金县龙场镇	8020	29569	10349	15037	3459
织金县八步镇	10130	44353	15230	19358	3990
织金县以那镇	8430	43243	15135	27560	14087
织金县三塘镇	13270	39558	13845	17895	9450
织金县阿弓镇	10110	35126	12294	19456	7303
织金县珠藏镇	13040	49900	17465	33723	15654
纳雍县雍熙镇	12431	94251	63482	38765	19407
纳雍县中岭镇	10412	32899	1812	20315	13579
纳雍县阳长镇	10845	57146	6258	31254	14082
纳雍县维新镇	6910	35805	4132	25460	13120
纳雍县龙场镇	10302	46410	5185	19146	8255
纳雍县乐治镇	8927	36451	4049	18980	15683
纳雍县王家寨镇	8688	43026	5480	24300	14560
纳雍县百兴镇	8680	45039	5622	23148	18022
纳雍县张家湾镇	13442	44762	2071	20346	15111
威宁县草海镇	36435	162208	61548	76721	25504
威宁县么站镇	19183	34154	2612	12330	4054
威宁县金钟镇	14452	51912	5010	28943	775
威宁县炉山镇	19341	64540	5321	41020	14104
威宁县龙场镇	24588	61765	2531	29345	3538
威宁县黑石镇	33396	45654	5218	28361	7227
威宁县哲觉镇	27881	44621	3072	27019	853
威宁县观风海镇	17504	37271	2350	19123	1473
威宁县牛棚镇	17789	44646	4858	28361	3741
威宁县迤那镇	20536	39639	4693	24552	8704
威宁县中水镇	10223	48098	3365	23269	1155
威宁县龙街镇	28485	49018	1473	21639	5524
威宁县雪山镇	34318	48995	2523	24371	1305

贵州省

2-1-24 续表 7　　　　单位：公顷、人

建制镇名称	行政区域面积	总人口	镇区人口	从业人员	#二三产业
威宁县羊街镇	19724	58152	4543	32478	11218
威宁县小海镇	20832	62579	8075	29980	6924
威宁县盐仓镇	16654	33697	5100	14500	2350
威宁县东风镇	11055	45456	2991	19825	10094
威宁县二塘镇	10480	23871	904	15303	4149
威宁县猴场镇	12572	28167	3079	14800	3145
赫章县城关镇	7168	53959	22800	21603	15103
赫章县白果镇	12954	35929	16185	13869	5878
赫章县妈姑镇	13612	43530	16478	16656	5432
赫章县财神镇	18142	39302	5013	19556	10142
赫章县六曲河镇	10865	34179	4351	19920	6630
赫章县野马川镇	9304	48631	16750	28323	14833
铜仁市碧江区川硐镇	9700	16476	1381	9293	2883
铜仁市碧江区坝黄镇	19865	38422	4640	27642	7299
铜仁市碧江区云场坪镇	3583	4809	950	2176	1133
铜仁市碧江区漾头镇	8560	7123	1815	6093	1176
铜仁市万山区万山镇	1551	16784	3292	3072	523
铜仁市万山区茶店镇	9956	19299	2234	10455	4320
江口县双江镇	17660	53813	24087	31158	12463
江口县闵孝镇	26830	30239	2038	12517	904
玉屏县平溪镇	7960	41977	5319	19857	10928
玉屏县大龙镇	8745	33596	16560	21215	11300
玉屏县朱家场镇	11700	23136	1566	13649	6581
玉屏县田坪镇	14950	31886	3329	21446	9977
石阡县汤山镇	7637	57612	24966	24458	12164
石阡县本庄镇	24587	44734	5410	29081	2819
石阡县白沙镇	12981	27856	6230	17775	8710
石阡县龙塘镇	10313	38010	3873	18027	893
石阡县花桥镇	9674	18558	4697	11403	364
石阡县五德镇	13224	17912	1020	9101	1331
石阡县中坝镇	7533	18281	1845	6250	323
思南县思唐镇	7352	82162	79049	29949	9950
思南县塘头镇	11054	51085	17682	30476	9880
思南县许家坝镇	10938	38912	8650	27256	5492
思南县大坝场镇	15457	28986	2789	19286	4426
思南县文家店镇	6089	16405	2989	9637	731
思南县鹦鹉溪镇	12868	33766	2571	22480	7380
思南县合朋溪镇	5925	18069	4000	10050	1850
思南县张家寨镇	10604	24542	3612	6125	4706
思南县孙家坝镇	6278	19746	19023	14953	2775
思南县青杠坡镇	10255	27311	1732	10267	686
思南县瓮溪镇	13241	30688	6806	20325	4753
思南县凉水井镇	11382	32283	2128	21620	3700
思南县邵家桥镇	8744	39280	5616	25532	1116
印江县峨岭镇	8013	58700	47810	19988	11045
印江县板溪镇	11781	35097	4500	20005	12600
印江县沙子坡镇	12823	28830	4560	15314	7727
印江县天堂镇	12236	27947	5700	15967	8284
印江县木黄镇	13774	30064	8430	18167	9977

贵州省

2-1-24 续表 8 单位：公顷、人

建制镇名称	行政区域面积	总人口	镇区人口	从业人员	#二三产业
印江县合水镇	10901	30751	3200	19850	12630
印江县朗溪镇	8418	21363	1980	13860	5690
印江县缠溪镇	15629	21810	3620	11834	5748
印江县洋溪镇	17383	16768	2580	8633	4645
德江县青龙镇	9229	114549	91018	29078	11591
德江县煎茶镇	19327	48932	10385	21994	4901
德江县潮砥镇	5838	24956	2143	13010	6252
德江县枫香溪镇	10482	32383	5464	15899	5420
德江县稳坪镇	6127	22989	3496	13637	5127
沿河县和平镇	5516	67482	49861	30365	21823
沿河县沙子镇	9682	32691	7126	19480	5298
沿河县谯家镇	16343	54067	5438	20416	14459
沿河县夹石镇	13177	50670	6848	20210	10862
沿河县淇滩镇	10179	40059	5784	21133	7203
沿河县官舟镇	14115	62889	10767	30808	14440
沿河县土地坳镇	9630	27737	5842	14365	5561
沿河县思渠镇	18402	28634	4018	15520	5087
沿河县客田镇	14580	19294	5518	9748	842
沿河县洪渡镇	7572	11134	2678	6567	3211
松桃县蓼皋镇	10600	60071	27309	40890	26075
松桃县盘石镇	11850	21132	2358	11976	6321
松桃县盘信镇	16280	32804	6472	21612	10738
松桃县大坪场镇	6070	24247	3811	16317	5419
松桃县普觉镇	11560	33385	3465	18128	2053
松桃县寨英镇	19920	38668	8514	28403	12821
松桃县孟溪镇	13240	32866	8083	19825	11451
松桃县乌罗镇	17400	27109	5283	16987	6037
松桃县甘龙镇	11910	32560	5288	24728	7785
松桃县长兴堡镇	7020	28174	2945	17670	4063
松桃县迓驾镇	7140	23608	3430	14196	7218
松桃县大兴镇	9960	20642	1620	14151	4852
松桃县牛郎镇	9420	22145	2508	13885	4634
兴义市敬南镇	15489	38186	1563	22260	4901
兴义市泥凼镇	14008	29725	3035	16824	1457
兴义市巴结镇	14808	20871	1279	14450	3210
兴义市捧鲊镇	14407	36627	5120	19760	7998
兴义市鲁布格镇	6149	14362	2833	8174	1001
兴义市三江口镇	8498	13400	1579	8540	1270
兴义市乌沙镇	13932	33687	5536	19145	5587
兴义市白碗窑镇	11794	29199	4167	15640	1782
兴义市马岭镇	10489	41320	4740	22726	6158
兴义市威舍镇	8699	19885	6867	9861	4322
兴义市清水河镇	16118	27090	2160	16170	4163
兴义市顶效镇	10489	53556	9969	23876	13735
兴义市郑屯镇	15107	28513	7636	15967	5000
兴义市万屯镇	17798	46977	8226	31285	4126
兴义市鲁屯镇	6661	23874	5315	13222	6512
兴义市仓更镇	7169	13667	2109	8994	993
兴义市七舍镇	13159	22639	3769	12654	641

贵州省

2-1-24 续表 9 单位：公顷、人

建制镇名称	行政区域面积	总人口	镇区人口	从业人员	#二三产业
兴仁县屯脚镇	12766	33570	6120	19138	1428
兴仁县巴铃镇	17781	52155	12856	28472	14330
兴仁县百德镇	9340	38975	4950	28136	18000
兴仁县雨樟镇	14550	33319	5431	21443	955
兴仁县潘家庄镇	10502	33214	3754	23076	4488
兴仁县回龙镇	11853	43850	2500	23486	3900
兴仁县下山镇	16269	36667	3879	21192	6840
兴仁县新龙场镇	9922	28376	2550	14708	2728
普安县盘水镇	4630	35343	25562	11690	5188
普安县龙吟镇	17840	24060	1260	14021	516
普安县罐子窑镇	8230	15818	4529	12890	501
普安县江西坡镇	11230	29126	1023	15856	3030
普安县三板桥镇	6240	20826	5023	13230	11220
普安县地瓜镇	12450	27054	1151	4500	1900
普安县青山镇	12582	30156	9016	13580	4042
普安县楼下镇	13390	41766	4050	12800	7217
晴隆县莲城镇	7392	38210	8616	11870	2569
晴隆县沙子镇	11642	24493	2120	13521	348
晴隆县碧痕镇	9897	21980	2843	14987	4536
晴隆县大厂镇	10024	23125	5736	14338	2042
晴隆县鸡场镇	10075	30802	3716	16955	8169
晴隆县花贡镇	13937	19291	4208	12414	2114
晴隆县中营镇	8455	25486	3620	14900	695
晴隆县光照镇	17021	27866	3261	14878	1620
贞丰县珉谷镇	15581	75931	20386	31504	9365
贞丰县龙场镇	11487	41843	3231	18800	9000
贞丰县者相镇	13418	42497	2491	23091	8153
贞丰县北盘江镇	10808	34961	1487	23500	13000
贞丰县白层镇	15228	26862	551	14740	4121
贞丰县鲁贡镇	15740	24138	1751	15038	2208
望谟县复兴镇	24290	37911	32400	15940	6423
望谟县乐元镇	23660	26705	1368	15439	2835
望谟县打易镇	21110	29547	1248	14666	6062
望谟县乐旺镇	21160	20993	450	12047	4002
望谟县桑郎镇	11530	10845	3288	6744	2502
望谟县纳夜镇	11090	10672	1585	5840	3325
望谟县新屯镇	18130	32635	1285	14180	7458
望谟县石屯镇	18120	25999	2450	18240	3864
册亨县者楼镇	18941	32162	10136	22199	7717
册亨县坡妹镇	11822	29750	1581	18953	6391
册亨县冗渡镇	15895	21022	824	13826	912
册亨县丫他镇	24603	19038	1287	11515	897
册亨县巧马镇	23602	14984	400	8960	2000
册亨县秧坝镇	18216	15571	1424	9285	1684
册亨县双江镇	23140	12941	537	7425	1150
册亨县岩架镇	17439	19278	711	11534	2270
册亨县八渡镇	22140	9664	487	6501	2329
安龙县新安镇	22653	78511	35120	39078	5675
安龙县龙广镇	16717	47228	8882	38122	5731

贵州省

2-1-24 续表 10 单位：公顷、人

建制镇名称	行政区域面积	总人口	镇区人口	从业人员	#二三产业
安龙县德卧镇	18740	31393	2624	24489	1305
安龙县万峰湖镇	9620	21276	16000	11354	3048
安龙县木咱镇	13616	27653	2582	19315	2478
安龙县洒雨镇	12683	29158	2312	18224	1818
安龙县普坪镇	12560	22271	2366	15230	9856
安龙县龙山镇	20715	36325	2202	26234	3884
安龙县戈塘镇	13940	18063	12124	12827	1103
安龙县兴隆镇	15292	31201	8953	16425	8571
安龙县新桥镇	11340	21480	2785	16536	1366
凯里市三棵树镇	14394	40215	894	20600	3580
凯里市舟溪镇	11510	24394	2795	14682	3540
凯里市旁海镇	9445	32347	1248	22450	7021
凯里市湾水镇	8260	28011	2329	15637	2670
凯里市炉山镇	19905	32438	11510	18485	6400
凯里市万潮镇	9480	17234	2502	8931	1133
凯里市龙场镇	9550	26036	1584	14325	3349
黄平县新州镇	25210	62289	31100	24997	6847
黄平县旧州镇	22510	37946	12662	15178	3589
黄平县重安镇	11276	29191	5598	11676	6950
黄平县谷陇镇	16110	38557	8423	15423	12389
黄平县平溪镇	10475	10928	3298	8245	1990
施秉县城关镇	32875	41890	20660	23995	2869
施秉县杨柳塘镇	15213	20213	2104	10120	2026
施秉县双井镇	12275	20431	3384	12249	1151
施秉县牛大场镇	28285	25950	1400	18126	934
三穗县八弓镇	15870	64883	29221	35612	19618
三穗县台烈镇	15100	28020	3448	18390	11823
三穗县瓦寨镇	8260	19164	4318	12130	8710
三穗县桐林镇	12890	18853	3099	10897	6414
三穗县雪洞镇	9600	15107	1938	12168	7057
镇远县舞阳镇	29950	60810	43680	16450	10225
镇远县蕉溪镇	15670	24590	2245	16400	7770
镇远县青溪镇	14113	33002	9846	23501	17860
镇远县羊坪镇	10370	26230	6932	11940	6175
镇远县羊场镇	23150	21568	4132	13420	4945
镇远县都坪镇	18790	21064	2000	13570	6015
岑巩县思旸镇	13410	26150	4158	13600	1965
岑巩县水尾镇	10280	21341	1163	13219	1460
岑巩县天马镇	19710	22079	1646	12757	1020
岑巩县龙田镇	14470	20537	3152	12484	1217
天柱县凤城镇	14296	52748	31765	39655	21984
天柱县邦洞镇	25145	43284	5486	24693	10017
天柱县坪地镇	18623	20749	2284	12743	4960
天柱县兰田镇	19433	33265	1889	19425	5855
天柱县瓮洞镇	9038	23305	1577	13792	4608
天柱县高酿镇	24386	31432	2930	18875	6050
天柱县石洞镇	19860	31131	1428	18503	6018
天柱县远口镇	14028	29407	2786	17455	7118
天柱县坌处镇	13338	17330	1483	10325	3466

贵州省

2-1-24 续表 11　　单位：公顷、人

建制镇名称	行政区域面积	总人口	镇区人口	从业人员	#二三产业
天柱县白市镇	13695	36046	4536	21242	6697
锦屏县三江镇	13400	34240	20600	18550	8588
锦屏县茅坪镇	4200	5032	2772	2725	1431
锦屏县敦寨镇	17241	22575	5468	18322	13590
锦屏县启蒙镇	19781	25306	14510	10543	5370
锦屏县平秋镇	11885	16395	2781	10087	645
锦屏县铜鼓镇	15000	15347	2650	8428	5107
锦屏县平略镇	11700	13612	1683	7328	4715
剑河县柳川镇	23500	22511	3146	12950	4277
剑河县岑松镇	14900	24084	2362	13262	4637
剑河县南加镇	17900	23245	9256	13823	4716
剑河县南明镇	22100	23156	3138	14587	5462
剑河县革东镇	13600	48783	26019	18085	8945
台江县台拱镇	22600	44987	22990	27545	11325
台江县施洞镇	10100	18723	5453	10623	4827
黎平县德凤镇	31000	58896	42679	25731	15740
黎平县高屯镇	28200	28672	2742	16026	3662
黎平县中潮镇	29600	32351	4780	20041	9020
黎平县孟彦镇	18400	19589	2114	12598	1688
黎平县敖市镇	9700	16529	4297	11425	3800
黎平县九潮镇	29900	28203	2550	18536	378
黎平县岩洞镇	14600	15107	4031	11733	309
黎平县水口镇	26000	36545	1839	18291	654
黎平县洪州镇	30100	29289	4345	17600	490
黎平县尚重镇	22700	31759	4846	18349	9511
榕江县古州镇	28023	69806	48026	40905	16837
榕江县忠诚镇	18010	30693	4220	17885	6513
榕江县寨蒿镇	20030	26624	3651	16626	6625
榕江县平永镇	16620	20428	2384	13291	2845
榕江县乐里镇	18310	26952	3213	19258	942
榕江县朗洞镇	24160	23344	2250	15375	1085
从江县丙妹镇	10829	31843	19882	15815	10955
从江县贯洞镇	11995	20851	5903	15800	5295
从江县洛香镇	12730	20891	2942	13771	3618
从江县下江镇	28292	33327	2337	20700	5008
从江县宰便镇	17677	14260	1856	11854	1549
从江县西山镇	12660	15632	3213	10682	4546
从江县停洞镇	12113	26579	1230	13640	1780
雷山县丹江镇	13879	34388	15386	20423	7875
雷山县西江镇	17898	25893	5897	19103	4508
雷山县永乐镇	24765	26155	2627	17563	4061
雷山县郎德镇	7334	10133	1348	7074	2548
麻江县杏山镇	20230	47867	18922	23813	11566
麻江县谷硐镇	12790	17025	3631	8709	4309
麻江县下司镇	15110	35381	6574	19320	6290
麻江县宣威镇	22710	36463	4339	22127	6657
丹寨县龙泉镇	11860	33994	16654	21753	13466
丹寨县兴仁镇	18930	33321	3163	19274	1713
丹寨县排调镇	29363	26464	2463	17530	1811

贵州省

2-1-24 续表 12 单位：公顷、人

建制镇名称	行政区域面积	总人口	镇区人口	从业人员	#二三产业
都匀市杨柳街镇	1200	12230	1237	7292	3438
都匀市甘塘镇	11100	21143	1252	11628	1091
都匀市洛邦镇	10450	14700	236	8105	3753
都匀市坝固镇	14105	24863	1602	15984	5166
都匀市大坪镇	15201	26050	2242	16147	5281
都匀市王司镇	11944	20887	17900	8779	5622
都匀市墨冲镇	11199	20876	3041	10616	4365
都匀市平浪镇	1410	12992	1218	7738	4276
都匀市凯口镇	17000	13224	947	3251	329
都匀市江洲镇	15992	12341	1011	8097	465
福泉市城厢镇	12800	18730	3220	11918	2920
福泉市黄丝镇	13900	20854	2501	12359	4365
福泉市凤山镇	8700	23500	2685	11945	1253
福泉市陆坪镇	17400	19025	1369	11251	261
福泉市地松镇	11860	15645	3200	10306	577
福泉市龙昌镇	10400	22758	3995	9814	5872
福泉市牛场镇	10300	39622	14152	6938	4425
福泉市道坪镇	15064	25102	2004	14512	7810
福泉市高坪镇	11400	13705	1372	7709	3660
荔波县玉屏镇	16900	25468	13048	16255	11333
荔波县朝阳镇	15454	12096	1771	7116	3449
荔波县茂兰镇	18937	9675	2235	5120	2850
荔波县立化镇	8662	3514	2375	2265	702
荔波县甲良镇	19200	23616	950	15286	5494
荔波县佳荣镇	33719	17038	589	11098	1952
贵定县城关镇	4900	56509	56509	16850	12070
贵定县德新镇	6200	12788	5208	8101	2670
贵定县新巴镇	8100	12753	6639	8079	4366
贵定县盘江镇	7200	13778	4519	8729	2883
贵定县沿山镇	10200	20635	4340	13073	4831
贵定县旧治镇	6000	15232	6420	9649	2764
贵定县昌明镇	14600	19460	5053	12328	5440
贵定县云雾镇	8600	18738	4493	11871	5497
瓮安县雍阳镇	8900	123026	107676	74500	17493
瓮安县平定营镇	8000	25173	2911	18299	7834
瓮安县草塘镇	10500	41063	21533	20036	8882
瓮安县中坪镇	12000	28734	4200	13424	2280
瓮安县建中镇	9300	15418	1113	9919	1296
瓮安县永和镇	12300	26310	2108	18417	1888
瓮安县珠藏镇	11454	26979	6423	8646	1580
瓮安县玉山镇	11170	23859	2532	14900	2127
瓮安县天文镇	11940	22024	1500	11100	690
独山县城关镇	13628	53187	53070	18021	6539
独山县兔场镇	10075	13941	2978	9445	3318
独山县麻万镇	13980	31672	4200	21650	10480
独山县基长镇	17123	42922	4936	25130	9976
独山县上司镇	26000	25250	1813	15602	6073
独山县下司镇	22389	21724	3079	12780	5145
独山县甲里镇	12921	13106	854	9114	4300

贵州省

2-1-24 续表 13 单位：公顷、人

建制镇名称	行政区域面积	总人口	镇区人口	从业人员	#二三产业
独山县麻尾镇	9818	21274	3572	14454	8186
平塘县平湖镇	8236	31319	18991	12212	5676
平塘县牙舟镇	21937	20567	5758	13456	4013
平塘县通州镇	31685	35620	10825	20574	5312
平塘县大塘镇	20378	16719	5009	11458	2238
平塘县克度镇	12719	24431	3958	14497	5913
平塘县塘边镇	19427	31809	2443	18848	4475
平塘县摆茹镇	14040	17189	2258	11169	2228
平塘县者密镇	20545	20901	3740	12708	2092
平塘县四寨镇	16495	11776	1829	7611	1904
罗甸县龙坪镇	19780	49274	31959	24520	12113
罗甸县边阳镇	13250	23365	10136	13942	997
罗甸县逢亭镇	15690	17035	1291	10204	574
罗甸县沫阳镇	13120	15757	2313	7850	1030
罗甸县茂井镇	20130	14212	1246	10238	715
罗甸县罗悃镇	13550	14090	3152	7490	475
罗甸县红水河镇	12640	4763	1139	3105	350
长顺县长寨镇	13700	31860	19764	13980	5182
长顺县广顺镇	16300	24850	10253	15720	12121
长顺县威远镇	8200	21732	4130	9020	1310
长顺县摆所镇	8300	14305	5124	5445	561
长顺县代化镇	10500	15922	3257	9275	561
长顺县白云山镇	13000	21539	2877	10317	4787
长顺县鼓扬镇	18891	21700	2730	14200	1463
龙里县龙山镇	15250	44850	31650	23650	14900
龙里县三元镇	6200	7580	1920	4120	505
龙里县醒狮镇	9600	15420	2860	11730	510
龙里县谷脚镇	14400	18410	2920	10120	2690
龙里县羊场镇	7100	18930	3100	11590	375
龙里县洗马镇	17050	26510	2515	16640	4200
惠水县和平镇	8540	61545	37640	28788	18279
惠水县高镇镇	8350	32361	5298	14027	6318
惠水县三都镇	6475	23426	5012	13720	6145
惠水县摆金镇	11827	25644	3219	15090	9450
惠水县雅水镇	12450	19094	3164	11617	4592
惠水县断杉镇	16666	25100	2500	14597	6064
惠水县芦山镇	9098	25609	2195	14750	8435
惠水县王佑镇	6533	11124	1732	6611	2021
三都县三合镇	18540	39957	20833	20777	14098
三都县大河镇	7000	14365	1300	7708	3235
三都县合江镇	13070	20838	3215	12708	500
三都县丰乐镇	10190	23886	2707	16543	8526
三都县普安镇	8230	22867	1782	16581	7014
三都县都江镇	18256	16921	2146	9681	4663
三都县中和镇	8160	13203	1718	8003	2406
三都县周覃镇	15320	16553	3005	8525	2653
三都县廷牌镇	7676	24868	1950	14903	4290
三都县九阡镇	27460	23813	1714	16623	5195

2-1-25 云南省建制镇名录及基本情况

单位：公顷、人

建制镇名称	行政区域面积	总人口	镇区人口	从业人员	#二三产业
昆明市盘龙区阿子营镇	21400	32851	2367	19196	4680
昆明市东川区铜都镇	35744	127174	6268	75796	34297
昆明市东川区汤丹镇	28786	43345	4345	21632	7321
昆明市东川区因民镇	12625	16604	2731	6878	4538
昆明市东川区阿旺镇	28066	37384	1678	21762	10067
昆明市东川区乌龙镇	15000	25881	1317	14966	5260
昆明市东川区红土地镇	31000	22983	1560	12425	1219
昆明市东川区拖布卡镇	19208	30519	2130	20031	5318
晋宁县晋城镇	25148	96700	26900	59087	12094
晋宁县二街镇	16348	16011	2783	9661	3819
晋宁县上蒜镇	12726	34956	2886	25255	10381
晋宁县六街镇	10860	13210	2736	7519	2911
宜良县北古城镇	25862	61391	6733	38180	10791
宜良县狗街镇	20749	65455	5490	40443	11716
宜良县竹山镇	25200	27584	2325	17363	3206
宜良县马街镇	11282	20367	3432	10118	3265
石林县西街口镇	29147	19962	2500	12578	3017
石林县长湖镇	29900	16762	1738	10381	491
石林县圭山镇	32043	24904	3055	16712	6913
嵩明县小街镇	12100	68304	18602	19052	13327
嵩明县杨林镇	16300	60677	11629	26643	12799
嵩明县牛栏江镇	20900	54959	7416	30345	10182
嵩明县滇源镇	29800	38042	5790	22630	16700
禄劝县撒营盘镇	52480	48470	5731	29820	5560
禄劝县转龙镇	25600	35287	2622	18206	1570
禄劝县茂山镇	23234	38044	842	20201	5382
禄劝县翠华镇	30730	37560	4560	21252	3432
禄劝县团街镇	19240	26301	760	14206	1421
禄劝县中屏镇	25982	20096	515	11247	930
禄劝县皎平渡镇	25480	23088	575	14368	765
禄劝县乌东德镇	18377	17373	599	10199	2166
禄劝县九龙镇	37579	45619	4225	25432	3249
寻甸县仁德镇	57050	151310	57360	83260	28503
寻甸县羊街镇	16800	46465	4375	27498	4925
寻甸县柯渡镇	27196	39169	1476	20918	6645
寻甸县倘甸镇	21220	43206	7200	25693	3610
寻甸县功山镇	40465	41711	1418	25551	5056
寻甸县河口镇	44100	36171	3393	21247	3073
寻甸县七星镇	12700	19245	1124	10134	1227
寻甸县先锋镇	15600	23499	3415	12650	2832
寻甸县鸡街镇	22680	32885	4500	18596	3544
寻甸县凤合镇	23340	40161	6503	25483	4297
曲靖市麒麟区三宝镇	16150	63412	8852	36238	17571
曲靖市麒麟区越州镇	26200	76175	5222	39625	15962
曲靖市麒麟区东山镇	40700	79882	9722	41850	18240
马龙县通泉镇	21800	48799	20236	33745	20054
马龙县旧县镇	26700	30927	5461	16388	1732
马龙县马过河镇	13100	16150	1867	9250	2046
马龙县王家庄镇	24300	34544	4996	21602	5683
马龙县纳章镇	15700	15070	3516	8366	541
陆良县中枢镇	8205	99234	99234	34598	
陆良县板桥镇	17788	89725	11876	52166	18442

云南省

2-1-25 续表 1　　　　单位：公顷、人

建制镇名称	行政区域面积	总人口	镇区人口	从业人员	#二三产业
陆良县三岔河镇	12140	115543	13000	61902	22334
陆良县马街镇	16412	112181	26885	49066	18322
陆良县召夸镇	18790	33444	3341	17790	2932
陆良县大莫古镇	21590	52108	3088	28332	5343
陆良县芳华镇	23400	33492	5496	17478	4806
陆良县小百户镇	44987	43172	5774	26678	3839
师宗县丹凤镇	45100	118696	7190	77745	9814
师宗县雄壁镇	22500	57642	8558	28866	14142
师宗县葵山镇	11544	40243	5834	20672	4263
师宗县彩云镇	21600	41794	10118	22875	3041
师宗县竹基镇	22481	54347	7125	32347	5693
罗平县罗雄镇	36900	118180	74019	45601	12690
罗平县板桥镇	18300	53216	18245	31920	10847
罗平县马街镇	26600	61386	7916	32893	2158
罗平县富乐镇	20900	49759	6496	28564	4591
罗平县九龙镇	49600	80383	2396	44709	6230
罗平县阿岗镇	37800	65098	8147	35727	3129
富源县中安镇	50194	133168	9106	47263	17252
富源县营上镇	16066	79853	2380	39885	16741
富源县黄泥河镇	27183	65361	12276	32350	6100
富源县竹园镇	16124	52069	8099	25586	9722
富源县后所镇	44073	72325	4610	37797	14411
富源县大河镇	24797	90469	11050	38965	9350
富源县墨红镇	48498	63132	8645	34270	9546
富源县富村镇	33600	96796	17872	48870	10436
富源县十八连山镇	34077	71766	14800	35861	7775
富源县老厂镇	22851	46719	12504	26314	11258
会泽县金钟镇	57900	148835	37925	73455	23380
会泽县娜姑镇	25800	70402	5572	47368	12556
会泽县迤车镇	46200	88884	10204	48687	13650
会泽县乐业镇	36200	72982	6761	39182	12126
会泽县矿山镇	22500	24933	3857	15239	5057
会泽县者海镇	36500	105443	22015	49397	24075
会泽县大井镇	25300	42980	5358	24349	6396
会泽县待补镇	35200	51744	6405	29357	16600
沾益县西平镇	25751	112775	112775	50828	26048
沾益县白水镇	35135	34947	5500	29701	5133
沾益县盘江镇	22186	76062	1715	44017	22040
宣威市来宾镇	24200	91086	21796	48001	10307
宣威市格宜镇	24400	62575	9830	26611	8890
宣威市田坝镇	27000	79059	15939	31255	11064
宣威市羊场镇	26900	60467	7133	39680	10943
宣威市板桥镇	26200	67573	15326	36042	10753
宣威市倘塘镇	38400	90428	8960	45901	9072
宣威市落水镇	23120	44222	8210	22768	186
宣威市务德镇	44900	48139	3724	27984	8910
宣威市海岱镇	21900	62470	14568	38537	18815
宣威市龙场镇	26169	54978	9218	30429	7672
宣威市龙潭镇	31800	67133	4317	33604	6955
宣威市热水镇	60900	79619	3502	50295	4413
宣威市宝山镇	23100	70132	8230	38756	25011
宣威市东山镇	29200	56511	6980	29983	10521

云南省

2-1-25 续表 2 单位：公顷、人

建制镇名称	行政区域面积	总人口	镇区人口	从业人员	#二三产业
江川县江城镇	17800	70946	8642	45099	9883
江川县前卫镇	8900	48368	7765	29693	8505
江川县九溪镇	11400	26660	4003	16482	4218
江川县路居镇	8100	28962	5633	19203	2947
澄江县右所镇	7800	38923	1853	24971	5927
澄江县阳宗镇	14346	25052	3814	15228	2823
澄江县海口镇	10270	11626	2304	8011	621
澄江县九村镇	10930	11800	1557	8181	1797
通海县杨广镇	9700	50636	12790	32291	15546
通海县河西镇	18804	51609	6493	31813	10637
通海县四街镇	7436	43984	10752	27118	8134
通海县纳古镇	1200	19981	8724	9337	8100
华宁县宁州镇	43800	82343	33208	45214	14891
华宁县盘溪镇	17600	53321	19719	30632	9297
华宁县华溪镇	15100	13479	4505	9451	1763
华宁县青龙镇	43300	53478	12278	30125	3364
易门县绿汁镇	23170	18568	5276	8756	945
峨山县甸中镇	24900	20046	5391	12650	3410
峨山县化念镇	24600	12977	705	8643	3011
峨山县塔甸镇	21900	14180	3273	8704	1985
新平县扬武镇	48700	21351	5647	12717	3955
新平县漠沙镇	68400	47301	4296	30271	8941
新平县戛洒镇	41079	51071	35138	24276	9170
新平县水塘镇	30200	21613	3955	13140	3065
元江县澧江镇	34040	48377	28464	19792	14001
元江县因远镇	32900	30216	4579	20886	2138
元江县青龙厂镇	59450	22288	8736	15385	1305
元江县东峨镇	20471	15488	2821	9546	1075
保山市隆阳区板桥镇	34600	101420	7955	54099	28048
保山市隆阳区河图镇	18900	47248	7612	29819	13975
保山市隆阳区汉庄镇	21700	73586	7989	39737	13151
保山市隆阳区蒲缥镇	31200	53703	962	28473	4615
保山市隆阳区瓦窑镇	44600	38014	4701	21462	6378
保山市隆阳区潞江镇	75600	75773	4670	39652	3508
施甸县甸阳镇	13200	49010	15927	18959	7174
施甸县由旺镇	11700	40640	5301	24060	6730
施甸县姚关镇	19500	38253	4136	24295	6562
施甸县仁和镇	13900	53596	3210	30194	7571
施甸县太平镇	23684	31355	3533	19681	3192
腾冲县腾越镇	28000	115273	58794	46279	21017
腾冲县固东镇	24200	45245	4518	25787	9040
腾冲县滇滩镇	40400	28219	5127	17194	7198
腾冲县猴桥镇	110600	28380	5427	15466	3904
腾冲县和顺镇	1800	6613	6613	4621	1942
腾冲县界头镇	83900	69173	5729	41403	7920
腾冲县曲石镇	37300	44344	4723	27572	4266
腾冲县明光镇	73100	39668	6037	23701	7311
腾冲县中和镇	41200	39723	4857	21775	4204
腾冲县芒棒镇	29600	43945	2662	23549	2364
腾冲县荷花镇	13200	28623	5688	18469	8794
龙陵县龙山镇	31754	49099	29985	36789	26783
龙陵县镇安镇	25620	43244	6423	23470	2296

云南省

2-1-25 续表 3 单位：公顷、人

建制镇名称	行政区域面积	总人口	镇区人口	从业人员	#二三产业
龙陵县勐糯镇	22782	18315	8016	12080	3200
昌宁县田园镇	25600	60270	33745	26674	12162
昌宁县漭水镇	31100	29680	4301	16273	3492
昌宁县柯街镇	21100	31885	3860	19095	2293
昌宁县卡斯镇	24400	38915	5635	24021	3556
昌宁县勐统镇	29800	25595	1405	16126	3621
昭通市昭阳区旧圃镇	8100	68576	6741	34647	15958
昭通市昭阳区永丰镇	9600	43077	8691	22790	4162
昭通市昭阳区北闸镇	12300	52318	3900	34117	12875
鲁甸县文屏镇	8531	64355	33430	27887	11716
鲁甸县水磨镇	26862	40807	1265	21839	3115
鲁甸县龙头山镇	21213	54051	3896	23629	3370
巧家县白鹤滩镇	33300	104113	18806	45562	13627
巧家县大寨镇	19780	37172	7765	22220	3059
巧家县小河镇	18910	45259	5340	23197	3375
巧家县药山镇	38710	53428	2076	30471	5180
巧家县马树镇	29630	34639	7007	18962	682
巧家县老店镇	43430	59679	976	40616	1906
盐津县盐井镇	23400	57485	16192	21657	9565
盐津县普洱镇	37300	63619	6666	32024	13154
盐津县豆沙镇	15600	22703	2059	12105	6104
盐津县中和镇	24000	35715	6955	17295	8356
大关县翠华镇	18598	39080	10383	15179	4635
大关县玉碗镇	9978	14380	4500	6840	880
大关县吉利镇	12400	19064	835	7960	3265
大关县天星镇	40647	64948	4368	29543	3500
大关县木杆镇	23895	26776	867	13443	2306
大关县悦乐镇	15400	35964	1790	18501	4046
永善县溪洛渡镇	34300	90498	3520	39345	13394
永善县桧溪镇	8900	17378	3451	9058	3062
永善县黄华镇	20900	59423	9280	29325	9414
永善县茂林镇	27200	26009	2760	12538	2081
永善县大兴镇	14600	39999	3780	17999	4769
永善县莲峰镇	29100	39554	3320	18460	3952
绥江县中城镇	26100	79254	21665	27789	8599
绥江县南岸镇	8400	16161	741	8670	1798
绥江县新滩镇	8700	24232	1676	10995	3689
绥江县会仪镇	10100	25454	1003	12514	6140
镇雄县乌峰镇	13039	131375	77370	35357	13827
镇雄县泼机镇	12740	120417	8213	50219	15354
镇雄县黑树镇	8707	29274	4150	13963	2446
镇雄县母享镇	13000	66279	4808	30364	7873
镇雄县大湾镇	11935	54888	2750	24693	6362
镇雄县以勒镇	17500	69750	4278	40224	10032
镇雄县赤水源镇	17400	64317	5060	30301	13685
镇雄县芒部镇	15300	49441	3009	20820	3390
镇雄县雨河镇	13700	45279	4516	21152	8274
镇雄县罗坎镇	21600	78960	3500	36902	4721
镇雄县牛场镇	16700	44174	3195	18662	5032
镇雄县五德镇	19000	72016	4658	35398	12453
镇雄县坡头镇	15124	71696	3150	29138	8598
镇雄县以古镇	16800	31934	2050	16383	3697

云南省

2-1-25 续表 4 单位：公顷、人

建制镇名称	行政区域面积	总人口	镇区人口	从业人员	#二三产业
镇雄县场坝镇	17500	58154	2885	26392	6421
镇雄县塘房镇	9500	62308	4150	29273	8348
彝良县角奎镇	33765	114274	22891	72410	26370
彝良县洛泽河镇	27924	60464	2102	31703	6162
彝良县牛街镇	17391	41368	3760	20362	8202
威信县扎西镇	33800	124818	43516	37420	13153
威信县旧城镇	16200	30913	6000	12883	2600
水富县向家坝镇	11850	66978	30083	36420	23465
玉龙县黄山镇	9220	15661	3810	4929	2130
玉龙县石鼓镇	64350	22475	3466	13292	1858
玉龙县巨甸镇	37910	21958	6403	14039	2000
永胜县永北镇	24270	55986	4158	33178	12414
永胜县仁和镇	45530	24533	3555	13568	3447
永胜县期纳镇	23480	37853	6842	23786	6260
永胜县三川镇	26020	65402	6574	36313	13195
永胜县程海镇	40864	42839	4860	27328	5268
华坪县中心镇	32640	24469	2655	13945	5044
华坪县荣将镇	41290	24581	6275	13357	4647
华坪县兴泉镇	22870	18863	6837	8598	3822
宁蒗县大兴镇	38860	32777	14172	15013	6476
普洱市思茅区思茅镇	19500	105747	10585	53930	47150
普洱市思茅区南屏镇	50500	72530	17837	21861	9574
普洱市思茅区倚象镇	105053	40000	5268	25819	1269
普洱市思茅区思茅港镇	68400	17829	4215	10926	974
宁洱县宁洱镇	53800	70638	894	30724	9257
宁洱县磨黑镇	49000	23456	2537	12357	2216
墨江县联珠镇	68100	84716	24509	43888	13391
墨江县通关镇	54900	29891	29891	15580	3647
景东县锦屏镇	53000	58911	26287	23507	19000
景东县文井镇	84300	74249	712	51826	11459
景东县漫湾镇	30600	20261	5060	11900	2550
景东县大朝山东镇	54400	28086	2588	14838	2759
景谷县威远镇	112700	82242	32977	59484	9173
景谷县永平镇	145700	73740	14646	47599	4842
景谷县正兴镇	87000	20108	1006	12044	1736
景谷县民乐镇	71800	24930	2463	19548	3591
镇沅县恩乐镇	50100	36943	24852	13370	4527
镇沅县按板镇	44600	21744	4614	12533	3032
镇沅县勐大镇	86900	43100	4484	25197	3776
镇沅县者东镇	57590	28665	1340	17297	1074
江城县勐烈镇	37440	30609	18169	17710	8622
江城县整董镇	29600	11967	3940	6936	658
孟连县娜允镇	35900	49460	36826	28385	6890
孟连县勐马镇	50100	29742	4721	2191	296
孟连县芒信镇	34100	15598	3660	7988	220
澜沧县勐朗镇	71000	66575	48333	24171	11781
澜沧县上允镇	43300	47818	8643	29000	4500
澜沧县糯扎渡镇	93700	29659	2100	18778	4058
西盟县勐梭镇	25186	22159	4872	9000	1811
西盟县勐卡镇	15782	17053	6042	6183	773
临沧市临翔区博尚镇	33700	42196	6270	22533	4484
凤庆县凤山镇	21800	74487	25537	31192	17376

云南省

2-1-25 续表 5　　　　单位：公顷、人

建制镇名称	行政区域面积	总人口	镇区人口	从业人员	#二三产业
凤庆县鲁史镇	34700	28663	2618	16835	3477
凤庆县小湾镇	20400	27515	1591	14869	9053
凤庆县营盘镇	36700	43086	6894	21931	5370
凤庆县三岔河镇	28200	27411	2958	14817	2945
凤庆县勐佑镇	38100	49208	10200	28670	11398
凤庆县雪山镇	23200	29920	1400	16407	7945
凤庆县洛党镇	25800	38037	3082	21574	7326
云县爱华镇	52670	89107	19595	39284	11763
云县漫湾镇	25660	22588	820	12585	3181
云县大朝山西镇	19800	17497	3380	9599	1998
云县涌宝镇	35360	45807	6992	24764	6368
云县茂兰镇	38480	44317	5836	23963	5575
云县幸福镇	67020	46994	5744	23800	3315
云县大寨镇	22990	38177	4101	18890	4877
永德县德党镇	36261	64822	61580	38408	16926
永德县小勐统镇	58440	50762	5780	30540	2667
永德县永康镇	49954	55063	3489	29507	4748
镇康县凤尾镇	21450	17401	3790	8627	1222
镇康县勐捧镇	58600	42771	3700	22340	3607
镇康县南伞镇	58620	38723	9395	16496	1039
双江县勐勐镇	43400	32766	16170	17979	3254
双江县勐库镇	47500	28087	8315	15566	2583
耿马县耿马镇	44476	56649	29168	30245	7921
耿马县勐永镇	41176	30864	3442	19090	2604
耿马县勐撒镇	53508	38602	2366	16424	1415
耿马县孟定镇	110100	90281	11565	68520	5620
沧源县勐懂镇	26000	36028	22890	12906	2693
沧源县岩帅镇	46800	33695	2727	16391	2454
沧源县勐省镇	18700	21556	4916	10384	1130
沧源县芒卡镇	27527	14438	2192	8311	771
楚雄市鹿城镇	37200	202114	12931	91677	47452
楚雄市东瓜镇	22900	83624	7825	20944	9645
楚雄市吕合镇	18600	25528	5095	15713	5029
楚雄市紫溪镇	24300	14877	2536	9541	2485
楚雄市东华镇	44800	30334	6976	18337	3664
楚雄市子午镇	36200	35283	3590	20608	4428
楚雄市苍岭镇	34448	32830	1820	19775	2947
楚雄市三街镇	20600	24418	1805	14880	3590
楚雄市八角镇	14500	16901	2192	11113	1625
楚雄市中山镇	30101	24580	3488	14437	2166
楚雄市新村镇	35500	14910	3553	9368	771
双柏县妥甸镇	73700	41173	14577	18021	2063
双柏县大庄镇	55700	26310	4410	16614	3036
双柏县法裱镇	42900	24177	4543	15641	2453
双柏县鄂嘉镇	61900	27228	5213	15740	1615
双柏县大麦地镇	50400	9691	1964	6206	433
牟定县共和镇	24405	76358	3832	49255	22195
牟定县新桥镇	15908	29016	3158	18103	5006
牟定县江坡镇	20940	27851	2142	17678	4361
牟定县凤屯镇	20623	18750	1955	12210	2296
南华县龙川镇	61402	81994	13891	36724	11247
南华县沙桥镇	35140	34854	9160	20900	4170

云南省

2-1-25 续表 6　　　　单位：公顷、人

建制镇名称	行政区域面积	总人口	镇区人口	从业人员	#二三产业
南华县五街镇	26700	18162	1210	11695	1700
南华县红土坡镇	16700	13780	1539	7616	1306
南华县马街镇	17517	18483	2041	10807	638
南华县兔街镇	14321	14153	1688	8392	307
姚安县栋川镇	19500	86445	3258	47384	19636
姚安县光禄镇	13200	33774	4336	22173	9246
姚安县前场镇	27300	17537	2806	11402	3302
姚安县弥兴镇	19500	20664	2569	12878	2018
姚安县太平镇	21700	9488	1243	5578	1377
大姚县金碧镇	45455	84292	21945	49495	20258
大姚县石羊镇	41027	26355	3977	15946	2944
大姚县六苴镇	28758	11292	5128	6977	585
永仁县永定镇	27900	30150	4352	21622	13955
永仁县宜就镇	33900	16962	3863	9750	769
永仁县中和镇	43500	11375	1148	7525	1179
元谋县元马镇	16000	58246	2559	28786	7935
元谋县黄瓜园镇	18300	37113	6849	21430	2786
元谋县羊街镇	26640	18133	1034	10632	1876
武定县狮山镇	43900	85811	23778	48476	21264
武定县高桥镇	41200	37372	5234	24251	4188
武定县猫街镇	46100	27328	4260	16869	2680
禄丰县金山镇	41920	79960	34866	43301	16396
禄丰县仁兴镇	23100	33428	6137	19846	3854
禄丰县碧城镇	18710	49789	4975	29016	7836
禄丰县勤丰镇	25830	27659	4975	15010	2876
禄丰县一平浪镇	44130	44721	8604	25531	13617
禄丰县广通镇	35220	42308	18495	19491	4821
禄丰县黑井镇	13360	17858	1857	10295	3809
禄丰县土官镇	9560	12643	2997	7261	2582
禄丰县彩云镇	30280	19718	1522	11633	3460
禄丰县和平镇	28470	23714	1267	14365	1383
禄丰县恐龙山镇	22828	17626	2341	10406	2514
个旧市锡城镇	8587	16567	1645	9935	4992
个旧市沙甸镇	1540	15114	3916	6942	4377
个旧市鸡街镇	28397	54237	5593	28780	8755
个旧市大屯镇	13281	65308	20311	42380	27200
个旧市老厂镇	14618	32760	21160	14756	12312
个旧市卡房镇	34260	37975	7141	24958	7254
个旧市蔓耗镇	10327	6877	1410	4460	1703
开远市中和营镇	60437	36935	2304	21803	2047
开远市小龙潭镇	17200	24063	4472	12979	3558
蒙自县文澜镇	23440	151323	103447	61902	44392
蒙自县草坝镇	13690	36927	4215	20051	1771
蒙自县雨过铺镇	8870	23282	5678	16246	5138
蒙自县新安所镇	8720	34383	16608	19917	3070
蒙自县芷村镇	30100	39092	32592	21902	2417
蒙自县鸣鹫镇	22460	19113	2772	10720	1009
蒙自县冷泉镇	41890	21083	1812	14170	995
屏边县玉屏镇	32106	31605	4267	15034	5006
建水县临安镇	35800	151999	56000	58193	40200
建水县官厅镇	39444	37085	3994	22323	8675
建水县西庄镇	14441	35785	346	18786	6379

云南省

2-1-25 续表 7　　　　单位：公顷、人

建制镇名称	行政区域面积	总人口	镇区人口	从业人员	#二三产业
建水县青龙镇	30700	15842	1441	10335	988
建水县南庄镇	21500	51988	8859	30339	3250
建水县岔科镇	27620	25987	3778	15316	1028
建水县曲江镇	34200	71666	9561	41400	3743
建水县面甸镇	33200	40005	1701	23976	1521
石屏县异龙镇	44946	94912	31905	44215	12575
石屏县宝秀镇	43825	53725	9688	31558	11882
石屏县坝心镇	22563	31487	3930	19188	8131
石屏县龙朋镇	29589	28416	5085	20182	4320
石屏县龙武镇	32501	23137	1721	14836	3786
石屏县哨冲镇	25550	18807	1013	12100	2380
石屏县牛街镇	61122	29904	2329	18247	2121
弥勒县弥阳镇	38800	140603	47107	62346	23972
弥勒县新哨镇	31484	55012	5520	24426	4726
弥勒县虹溪镇	15674	46477	11376	28387	7199
弥勒县竹园镇	20400	57851	12093	38474	14285
弥勒县朋普镇	34180	49597	6202	26594	5569
弥勒县巡检司镇	39900	31369	3822	20874	4299
弥勒县西一镇	34500	26882	3322	18156	1872
弥勒县西二镇	39800	40833	3065	25517	2245
弥勒县西三镇	28880	23729	1232	15126	2138
弥勒县东山镇	36800	20349	1860	13157	1491
泸西县中枢镇	25130	117717	13872	84756	43701
泸西县金马镇	11850	55205	12901	30744	7466
泸西县旧城镇	15600	57946	2419	44407	16361
泸西县午街铺镇	21600	49836	6673	29126	5618
泸西县白水镇	23500	53985	2560	29870	3889
元阳县南沙镇	15354	26242	26242	9353	992
元阳县新街镇	22300	76429	7021	39825	9178
红河县迤萨镇	24106	32864	32864	12482	
金平县金河镇	31630	83946	6070	41765	13030
金平县金水河镇	19204	22448	694	11030	1381
绿春县大兴镇	31168	52266	18819	19675	4019
河口县河口镇	19300	27562	16685	8730	8250
河口县南溪镇	25900	19854	2306	4936	1905
文山县开化镇	27092	160375	132807	85490	47245
文山县古木镇	17166	26573	6694	13895	2422
文山县平坝镇	26498	36653	5352	19691	517
文山县马塘镇	28765	35466	4201	25860	2300
文山县德厚镇	31953	37023	3197	21246	2365
文山县小街镇	21560	24894	4144	13310	1520
文山县薄竹镇	29351	30506	6367	18039	1367
文山县追栗街镇	9168	11157	2874	6547	1702
砚山县江那镇	26600	66927	31352	27635	6163
砚山县平远镇	59900	82476	22718	44260	14260
砚山县稼依镇	22730	42532	21481	24989	2600
砚山县阿猛镇	52900	57511	8026	32120	8055
西畴县西洒镇	17600	46050	22238	17922	6080
西畴县兴街镇	25400	49596	10727	28618	6656
麻栗坡县麻栗镇	27600	48240	13775	31738	13554
麻栗坡县大坪镇	18900	24574	5244	16730	5440
麻栗坡县董干镇	45400	47807	2012	26208	8640

云南省

2-1-25 续表 8　　　　单位：公顷、人

建制镇名称	行政区域面积	总人口	镇区人口	从业人员	#二三产业
麻栗坡县天保镇	22900	17039	2873	11098	2333
马关县马白镇	27725	69408	33473	33094	14369
马关县八寨镇	38109	42666	6530	24900	5000
马关县仁和镇	19154	34252	6082	18712	3461
马关县木厂镇	16263	27280	3191	15155	1337
马关县夹寒箐镇	25228	39676	7163	24011	4810
马关县小坝子镇	12750	14720	4768	9556	2806
马关县都龙镇	21168	33520	9255	19231	4715
马关县金厂镇	6925	9182	3254	6118	3998
马关县坡脚镇	19287	24094	2587	15089	3366
丘北县锦屏镇	25800	43743	29924	23925	12942
丘北县曰者镇	34300	34700	8600	20094	4049
丘北县双龙营镇	63200	75241	11200	39093	6864
广南县莲城镇	64300	90125	41338	47966	17319
广南县八宝镇	56900	70047	11221	43633	14833
广南县南屏镇	38000	41870	4269	22645	5893
广南县珠街镇	26900	38928	2810	20266	7700
广南县那洒镇	44700	51409	4735	30174	6513
广南县珠琳镇	49700	63946	8525	35436	8292
广南县坝美镇	88800	60842	2435	33955	7992
富宁县新华镇	34000	49949	49949	43813	23617
富宁县归朝镇	53130	42149	6495	27233	1521
富宁县剥隘镇	49400	22742	4386	12286	696
富宁县里达镇	19000	22773	3960	13931	4109
富宁县田蓬镇	46200	59244	4322	37614	2481
富宁县木央镇	57780	51370	4896	29886	3761
景洪市嘎洒镇	73000	41374	3826	32431	2259
景洪市勐龙镇	121600	73560	4303	46824	4866
景洪市勐罕镇	30100	34021	3415	22041	3399
景洪市勐养镇	68800	18051	2909	10406	4743
景洪市普文镇	55400	15234	2426	4231	746
勐海县勐海镇	35759	55640	23930	42102	23587
勐海县打洛镇	38522	26450	5519	13591	1763
勐海县勐混镇	35255	31688	5768	21780	2417
勐海县勐遮镇	48845	56684	9200	36505	8243
勐海县勐满镇	44853	19259	3634	13730	1482
勐海县勐阿镇	47291	21767	4936	13032	1336
勐腊县勐腊镇	74500	40211	21546	10872	477
勐腊县勐捧镇	66300	41729	5740	25368	894
勐腊县勐满镇	40300	13453	3210	7504	231
勐腊县勐仑镇	35500	15507	4112	7771	659
勐腊县尚勇镇	80300	17196	2412	10260	735
勐腊县勐伴镇	64000	11442	1575	6062	254
勐腊县关累镇	104500	17373	2712	7324	41
大理市下关镇	16900	239788	10676	107074	81543
大理市大理镇	7648	70811	3086	31174	19693
大理市凤仪镇	26930	63489	10368	34280	17804
大理市喜洲镇	16350	66512	3612	33831	18395
大理市海东镇	12549	24766	4601	14922	5521
大理市挖色镇	11000	22455	5044	13266	5497
大理市湾桥镇	6380	26270	4442	13839	6178
大理市银桥镇	6987	31326	662	17488	7122

云南省

2-1-25 续表 9

单位：公顷、人

建制镇名称	行政区域面积	总人口	镇区人口	从业人员	#二三产业
大理市双廊镇	21800	18734	4478	10764	3314
大理市上关镇	12900	43148	3754	22685	7415
漾濞县苍山西镇	37200	41244	22788	16848	4938
漾濞县漾江镇	41500	15624	3819	8386	2001
漾濞县平坡镇	12800	8812	2898	4673	961
祥云县祥城镇	32500	149996	56687	129860	103058
祥云县沙龙镇	5200	33388	15640	16955	8570
祥云县云南驿镇	21900	100056	27903	59740	33775
祥云县下庄镇	22550	55551	17150	32106	16185
祥云县普棚镇	32500	27567	2310	16581	3380
祥云县刘厂镇	9000	38648	22961	22197	10056
祥云县禾甸镇	30600	48678	11863	29598	7960
祥云县米甸镇	41300	28597	6177	17575	4948
宾川县金牛镇	27300	97122	28233	46228	11946
宾川县宾居镇	15800	39068	6678	21376	4346
宾川县州城镇	20092	49233	7964	26521	7478
宾川县大营镇	30254	28039	1767	17300	3913
宾川县鸡足山镇	31600	29850	1592	15765	1222
宾川县力角镇	19300	32915	6249	24716	1326
宾川县平川镇	45900	36080	3474	20331	4200
宾川县乔甸镇	19600	23786	6561	15391	2416
弥渡县弥城镇	17460	85296	36000	44217	16596
弥渡县红岩镇	12660	51673	5195	33873	11787
弥渡县新街镇	12460	52374	52374	32499	10404
弥渡县寅街镇	20720	47531	7197	27678	9729
弥渡县苴力镇	19556	25687	7927	15776	4173
南涧县南涧镇	36293	47512	24545	23028	5594
南涧县小湾东镇	20444	18551	1413	11512	1900
南涧县公郎镇	29085	31684	6880	17740	4339
南涧县宝华镇	21520	31214	2251	18804	5585
巍山县南诏镇	15283	45908	19469	18945	6716
巍山县庙街镇	23600	64520	7980	41179	10849
巍山县大仓镇	17408	52649	12102	29609	10869
巍山县永建镇	20460	55376	4442	27120	8150
永平县博南镇	46600	55840	24936	24292	7198
永平县杉阳镇	42210	42706	5795	26220	6324
永平县龙街镇	46400	23422	3279	11432	1141
云龙县诺邓镇	23505	22672	10766	7869	1828
云龙县旧州镇	52943	28727	5889	14803	3955
云龙县漕涧镇	39365	34366	11842	17638	4366
云龙县白石镇	32150	14106	1903	6971	1380
洱源县茈碧湖镇	20993	59279	16695	27309	5600
洱源县邓川镇	5700	16793	3795	11000	2500
洱源县右所镇	26900	56303	1700	32973	7900
洱源县三营镇	27700	40807	2449	24254	2200
洱源县凤羽镇	19500	33401	8410	17396	5393
洱源县乔后镇	50500	21791	2299	11304	2000
剑川县金华镇	38600	52563	1801	21645	7944
剑川县老君山镇	23800	18091	2238	10055	2761
剑川县甸南镇	28800	34230	1259	18206	5942
剑川县沙溪镇	28800	23346	2368	11837	3615
剑川县马登镇	33450	22154	1998	10899	4024

云南省

2-1-25 续表 10 单位：公顷、人

建制镇名称	行政区域面积	总人口	镇区人口	从业人员	#二三产业
鹤庆县云鹤镇	830	22752	11701	15813	11221
鹤庆县辛屯镇	10090	38107	4633	23232	7570
鹤庆县松桂镇	33170	33320	4020	17545	7189
鹤庆县黄坪镇	55170	36417	3922	23782	3592
鹤庆县草海镇	32800	46734	6197	25725	7956
鹤庆县西邑镇	30640	14498	1986	7274	2576
鹤庆县龙开口镇	29770	27799	3102	16162	1569
瑞丽市勐卯镇	20500	85381	66915	58006	47726
瑞丽市畹町镇	10300	14056	5746	7801	3975
瑞丽市弄岛镇	10200	14727	3660	10222	2383
潞西市芒市镇	34950	42475	2779	27663	5651
潞西市遮放镇	41100	45591	10632	29344	3643
潞西市勐戛镇	38900	31196	6800	16263	4204
潞西市芒海镇	10500	6020	2466	3061	238
潞西市风平镇	37400	66269	9415	39076	4879
梁河县遮岛镇	3207	18176	14073	5266	2659
梁河县芒东镇	28900	33373	2857	19900	2157
梁河县勐养镇	25996	17724	1526	9014	1407
盈江县平原镇	41410	80481	50693	56337	36924
盈江县旧城镇	13396	20725	3753	12184	1417
盈江县那邦镇	2159	1836	263	1367	434
盈江县弄璋镇	34560	46388	1873	28482	3594
盈江县盏西镇	35140	24718	5542	19342	4786
盈江县卡场镇	34712	9223	2197	5469	359
盈江县昔马镇	21400	13569	892	7363	2225
盈江县太平镇	42280	28506	2798	14785	1167
陇川县章凤镇	14600	47916	15864	25738	3378
陇川县陇把镇	22400	10513	1051	5204	438
陇川县景罕镇	25100	27531	7059	13427	1316
陇川县城子镇	23700	25588	8315	15979	4625
泸水县六库镇	37600	50968	27575	30450	4190
泸水县鲁掌镇	32800	11576	1508	7365	1330
泸水县片马镇	14100	3500	790	1600	750
泸水县上江镇	30000	29945	6995	17505	4099
泸水县老窝镇	31200	15231	2604	9099	2121
泸水县大兴地镇	40600	16036	3053	9821	792
福贡县上帕镇	38763	29376	9030	19231	7840
贡山县茨开镇	77900	12454	12454	4312	3511
兰坪县金顶镇	40648	44173	4560	29328	18070
兰坪县啦井镇	50847	15789	2890	8887	1325
兰坪县营盘镇	56129	37762	3379	20775	4156
兰坪县通甸镇	51957	24054	3808	12636	2111
香格里拉县建塘镇	146366	67555	21646	19164	1455
香格里拉县小中甸镇	87894	10413	856	6172	765
香格里拉县虎跳峡镇	86800	19312	2549	14910	3462
香格里拉县金江镇	62699	17674	4813	10043	1778
德钦县升平镇	76518	10102	4645	4888	1612
德钦县奔子栏镇	126818	9278	2780	5319	1145
维西县保和镇	1400	15980	15980	8900	6340
维西县叶枝镇	47607	10351	2559	6315	806
维西县塔城镇	80700	15713	2812	8168	2461

2-1-26 西藏自治区建制镇名录及基本情况

单位：公顷、人

建制镇名称	行政区域面积	总人口	镇区人口	从业人员	#二三产业
林周县甘丹曲果镇	20446	8500	8500	5100	427
当雄县当曲卡镇	34600	5504	3047	2314	1855
当雄县羊八井镇	114300	5746	5746	1977	1505
尼木县塔荣镇	2912	7858	7858	5543	1838
曲水县曲水镇	45906	6748	6748	3844	1473
堆龙德庆县东嘎镇	10000	5560	5560	3203	2016
堆龙德庆县乃琼镇	25600	9423	9423	5785	2770
达孜县德庆镇	42450	7106	7106	4444	2478
墨竹工卡县工卡镇	16240	5069	5069	3102	1462
墨竹工卡县城关镇	32400	3437	5858	2738	1472
墨竹工卡县俄洛镇	77600	6472	6472	2168	503
墨竹工卡县卡若镇	36540	4423	4423	1543	731
江达县江达镇	36770	2496	2496	2096	511
江达县岗托镇	27160	3718	3718	3409	1179
贡觉县莫洛镇	66800	9349	9349	3470	924
类乌齐县桑多镇	78800	5864	5864	3400	1800
类乌齐县类乌齐镇	79570	6100	6100	2400	600
丁青县丁青镇	126800	8396	8396	4299	1817
丁青县尺牍镇	131200	9901	9901	3710	159
察雅县烟多镇	75000	8480	8480	4670	2238
察雅县吉塘镇	55300	3925	3925	2337	1268
八宿县白马镇	95069	4597	4597	2274	414
八宿县然乌镇	190277	4200	4200	1878	129
八宿县帮达镇	43172	2203	2203	2138	60
八宿县同卡镇	113184	4686	4686	1786	360
左贡县旺达镇	127806	7021	7021	3263	478
左贡县田妥镇	160481	6300	6300	2998	798
左贡县扎玉镇	178222	6600	6600	3532	232
芒康县嘎托镇	90212	9106	9106	5327	1149
芒康县如美镇	84852	5024	5104	3480	1400
洛隆县孜托镇	1209	8862	8862	4696	2417
洛隆县硕督镇	57900	4973	4973	2901	303
洛隆县康沙镇	53500	5738	5738	2790	41
洛隆县马利镇	82000	4446	4446	937	381
边坝县草卡镇	45100	5341	5341	2754	519
边坝县边坝镇	112400	5024	5024	2591	23
乃东县泽当镇	20638	7364	7364	3798	2063
乃东县昌珠镇	2108	6670	6670	3661	2075
扎朗县扎塘镇	18899	8329	8329	3510	540
扎朗县桑叶镇	82396	4495	4495	2302	468
贡嘎县吉雄镇	7400	1831	3313	1700	225
贡嘎县岗堆镇	32968	7293	7293	3534	1195
贡嘎县甲珠林镇	36955	8061	8061	4264	1930
贡嘎县江塘镇	23781	5079	5079	2499	897
贡嘎县杰德秀镇	25841	8414	8414	4678	1459
桑日县桑日镇	50225	3722	3722	1935	1042

西藏自治区

2-1-26 续表 1 单位：公顷、人

建制镇名称	行政区域面积	总人口	镇区人口	从业人员	#二三产业
琼结县琼结镇	50286	5035	5035	2404	1999
曲松县曲松镇	51300	5938	5938	2609	1354
曲松县罗布沙镇	20200	1361	1361	739	453
措美县措美镇镇	79909	4292	4292	2130	885
措美县哲古镇	207997	5135	5135	3026	344
洛扎县洛扎镇	87091	4610	4610	2346	1159
洛扎县拉康镇	44545	1867	1867	1137	707
加查县加查镇	51204	3180	3180	1282	522
加查县安绕镇	39160	3722	3722	1438	399
隆子县隆子镇	80827	6301	6301	3002	1070
隆子县日当镇	56910	7567	7567	4130	2560
错那县错那镇	130258	1732	1732	899	187
浪卡子县打隆镇	117968	5034	5034	2807	1891
南木林县南木林镇	39100	8612	8612	4508	383
江孜县江孜镇	6200	12118	12118	2167	886
定日县协格尔镇	75397	8367	8367	5143	2534
定日县岗嘎镇	139576	7066	7066	4453	1900
萨迦县萨迦镇	107800	3976	3976	2316	469
萨迦县吉定镇	104800	6744	6744	2742	2203
拉孜县曲下镇	5400	6333	6333	2674	1986
拉孜县拉孜镇	27000	6465	6465	3323	1783
昂仁县卡嘎镇	35600	7268	7268	5642	2937
昂仁县桑桑镇	210200	6977	4397	5642	1054
白朗县洛江镇	16193	6540	6540	3329	588
白朗县嘎东镇	18963	7731	7731	3081	1731
仁布县德吉林镇	31819	4766	4766	2767	986
康马县康马镇	42240	2122	2122	1093	50
定结县江嘎镇	35000	2361	2361	1527	415
定结县陈塘镇	250000	2120	2120	987	433
定结县日屋镇	142000	1165	1165	654	75
仲巴县帕羊镇	203030	1939	1939	1008	218
亚东县下司马镇	22520	1862	1862	843	513
亚东县帕里镇	35941	2638	2638	1834	606
吉隆县宗嘎镇	158100	2700	2700	1354	260
吉隆县吉隆镇	284900	4767	4767	2726	224
聂拉木县聂拉木镇	114141	2205	2205	1279	416
聂拉木县樟木镇	30162	5436	5436	3942	3515
萨嘎县加加镇	198564	1614	1614	959	149
岗巴县贡巴楼镇	61300	2367	2367	1313	145
那曲县那曲镇	177200	13128	13128	6758	2215
那曲县罗玛镇	178800	7075	7075	3249	569
那曲县古露镇	94300	3939	3939	1754	519
嘉黎县阿扎镇	376740	2743	2743	1683	96
嘉黎县嘉黎镇	132060	3394	3394	1294	137
比如县比如镇	66640	5376	7642	4399	2621
比如县夏曲镇	197910	13324	13324	5443	1190

西藏自治区

2-1-26　续表 2　　　　单位：公顷、人

建制镇名称	行政区域面积	总人口	镇区人口	从业人员	#二三产业
聂荣县聂荣镇	81800	4532	4532	1136	201
安多县帕那镇	195822	3108	3108	1312	403
安多县扎仁镇	199681	8957	8957	4573	502
安多县雁石坪镇	941338	3599	3599	1216	362
安多县强玛镇	451501	4824	4824	3308	530
申扎县申扎镇	196400	2650	2650	1218	782
申扎县雄梅镇	564600	3529	3529	1909	153
索县亚拉镇	77093	8657	8657	3632	917
索县荣布镇	75627	7379	7379	2640	253
班嘎县德庆镇	390400	3791	3791	2100	157
班嘎县普保镇	209233	5377	5377	2628	969
班嘎县北拉镇	238707	5074	5074	2727	221
班嘎县佳琼镇	239580	2887	2887	1384	147
巴青县雅安镇	150000	4622	4622	2521	1234
巴青县拉西镇	350000	6848	6848	2915	1389
巴青县扎色镇	260000	8356	8356	3601	1284
尼玛县尼玛镇	665218	4396	4396	1731	264
尼玛县措折罗马镇	376740	2743	2743	1524	96
普兰县普兰镇	324964	6268	6268	3753	1708
札达县托林镇	364164	2271	2271	440	30
噶尔县狮泉河镇	124786	3920	3920	3713	2389
日土县日土镇	445890	2871	2871	911	770
革吉县革吉镇	35000	3563	3563	1780	52
改责县改则镇	144000	3596	3596	2850	116
措勤县措勤镇	8500	2699	2699	1176	356
林芝县林芝镇	147300	2958	2958	1180	927
林芝县百巴镇	16220	3570	3570	1452	765
林芝县八一镇	143200	3370	3370	1433	1013
林芝县鲁朗镇	164900	1256	1256	590	383
工布江达县工布江达镇	75900	2545	2545	1326	160
工布江达县金达镇	157100	4696	4696	1651	57
工布江达县巴河镇	109100	2647	2647	2109	42
米林县米林镇	34643	6629	6629	2976	2203
米林县卧龙镇	259190	4172	4172	2161	338
米林县派镇	105589	2416	2416	1235	443
墨脱县墨脱镇	121700	3076	3076	1217	177
波密县扎木镇	106813	2636	2636	1300	399
波密县倾多镇	170986	4165	4165	1646	329
波密县松宗镇	76165	1959	1959	1195	398
察隅县竹瓦根镇	2827	3787	3787	1799	339
察隅县上察隅镇	5525	3083	3083	1482	124
察隅县下察隅镇	121507	5003	5003	3244	809
朗县朗镇	44153	2689	2689	1402	10
朗县仲达镇	20695	2198	2198	1444	140
朗县洞嘎镇	116623	2424	2424	1208	198

2-1-27 陕西省建制镇名录及基本情况

单位：公顷、人

建制镇名称	行政区域面积	总人口	镇区人口	从业人员	#二三产业
西安市阎良区武屯镇	5330	36450	3587	20656	7257
西安市阎良区关山镇	8510	56594	6101	31586	11653
蓝田县蓝关镇	6700	36572	2350	26240	13470
蓝田县洩湖镇	8400	39162	2230	23880	6985
蓝田县华胥镇	8000	36553	1820	18520	8000
蓝田县前卫镇	4900	38053	1500	21056	6560
蓝田县汤峪镇	12200	26318	1320	15025	5795
蓝田县焦岱镇	4500	24863	1120	13580	4528
蓝田县玉山镇	6200	27105	1060	17950	4450
蓝田县三里镇	6900	46950	1210	28947	16130
蓝田县普化镇	11300	54821	1045	31630	18013
蓝田县葛牌镇	21900	16950	875	9650	3050
蓝田县灞源镇	18400	18965	1055	12150	2790
蓝田县九间房镇	13300	19942	1100	9643	2922
蓝田县蓝桥镇	10100	12550	850	6584	1203
蓝田县玉川镇	20500	11862	1260	6940	1530
蓝田县辋川镇	7600	11954	1300	7820	1690
蓝田县厚镇	8400	17968	1608	11760	4240
蓝田县三官庙镇	4200	18456	815	6850	1687
蓝田县金山镇	5200	14210	2300	8962	1416
蓝田县安村镇	4500	30456	2150	18960	3400
蓝田县孟村镇	4100	31890	2001	18612	3992
蓝田县小寨镇	9600	21968	1685	15850	1455
蓝田县史家寨镇	3266	21965	1230	14320	4600
周至县二曲镇	3244	82323	65806	56500	38800
周至县哑柏镇	4417	58986	15500	28479	5055
周至县终南镇	6667	63927	14461	38229	10542
周至县马召镇	7795	38269	12384	23965	13202
周至县集贤镇	29124	31013	11748	18479	2121
周至县楼观镇	19748	50198	15093	24386	7676
周至县尚村镇	3920	55218	7946	32780	21371
周至县广济镇	3300	45213	9133	21369	12732
周至县厚畛子镇	69627	2924	389	1824	268
周至县青化镇	3392	25926	3280	19928	2961
周至县竹峪镇	10191	25778	1488	18452	4134
周至县翠峰镇	4736	27100	1488	13400	9700
周至县四屯镇	2748	23439	3671	13150	3036
周至县侯家村镇	2640	24317	1855	12947	3160
周至县辛家寨镇	2264	22683	3066	11125	3937
周至县司竹镇	3360	25737	1583	16228	3828
周至县九峰镇	10688	31330	1500	18798	1574
周至县富仁镇	4635	21513	2680	11756	3507
周至县骆峪镇	9565	7249	758	4140	2011
周至县陈河镇	1583	4153	297	2090	980
周至县板房子镇	2496	3231	360	2493	513
周至县王家河镇	1960	2890	532	1710	480
户县甘亭镇	4330	94350	59022	46400	31615
户县余下镇	1655	58890	23240	23210	12718
户县祖庵镇	3000	29360	5448	16360	7210
户县秦渡镇	4633	53108	7010	28680	19450
户县大王镇	2400	31485	4928	20070	9975
户县草堂镇	4000	32080	6068	19040	9890

陕西省

2-1-27 续表 1 单位：公顷、人

建制镇名称	行政区域面积	总人口	镇区人口	从业人员	#二三产业
户县蒋村镇	14100	36740	7293	21670	5646
户县庞光镇	3522	27085	4625	16460	6300
户县涝店镇	4904	36760	3832	15400	4940
户县甘河镇	3030	28510	3213	15970	9090
户县石井镇	7600	24057	1528	16800	8079
户县玉蝉镇	2900	25439	1107	17697	7823
户县五竹镇	2067	21552	1130	13400	4300
户县苍游镇	2300	21120	1355	12380	6780
户县渭丰镇	4064	27780	1800	17360	9624
户县天桥镇	2500	17120	310	9620	3100
高陵县鹿苑镇	5043	41684	2300	24473	14300
高陵县通远镇	3158	27936	2905	15416	4600
高陵县耿镇	2070	16447	2625	9361	4105
高陵县泾渭镇	6240	105674	4677	42711	23236
高陵县榆楚镇	2577	18884	2007	9022	4000
高陵县湾子镇	2121	16748	2394	8720	5548
高陵县张卜镇	4756	32012	2088	17921	7076
铜川市王益区黄堡镇	8960	23324	1071	12757	4662
铜川市印台区陈炉镇	9700	17927	3659	9795	5665
铜川市印台区红土镇	10700	22606	2710	12455	6449
铜川市印台区广阳镇	6400	26730	14830	15480	
铜川市印台区金锁关镇	14943	45246	2103	23882	6295
铜川市印台区阿庄镇	5945	10843	3579	7111	2875
铜川市耀州区董家河镇	4100	15732	2569	10965	6926
铜川市耀州区庙湾镇	22600	7980	1600	5869	1418
铜川市耀州区瑶曲镇	20600	14308	1200	6630	4523
铜川市耀州区照金镇	24400	11233	2375	4500	1782
铜川市耀州区坡头镇	6006	16169	813	10128	2248
铜川市耀州区小丘镇	15400	29772	3418	20002	590
铜川市耀州区孙塬镇	5700	15965	2400	9150	8150
铜川市耀州区关庄镇	21033	19042	1570	13069	3453
宜君县城关镇	17833	18268	10090	7890	3262
宜君县彭镇	27974	12400	1120	8060	1120
宜君县五里镇	10659	7372	2383	4241	820
宜君县太安镇	19476	10186	793	7100	986
宜君县棋盘镇	15107	7158	982	5580	1059
宜君县尧生镇	25923	11548	1021	6692	1578
宝鸡市渭滨区马营镇	17700	30761	3562	17924	13147
宝鸡市渭滨区石鼓镇	11199	17230	886	10393	7731
宝鸡市渭滨区神农镇	12800	15290	1150	8621	6789
宝鸡市渭滨区高家镇	113497	29139	2207	17657	11482
宝鸡市渭滨区八鱼镇	14100	24512	3907	13922	10268
宝鸡市金台区陈仓镇	1620	49360	4458	24680	24230
宝鸡市金台区蟠龙镇	4200	38060	3152	21018	12146
宝鸡市金台区金河镇	6350	32013	1268	16883	11173
宝鸡市金台区硖石镇	14910	19171	1685	10570	4540
宝鸡市陈仓区阳平镇	4100	42983	2170	24159	17890
宝鸡市陈仓区千河镇	5500	40971	1601	21740	15790
宝鸡市陈仓区磻溪镇	19000	44248	2692	25401	15697
宝鸡市陈仓区天王镇	15200	33708	1968	19693	10588
宝鸡市陈仓区慕仪镇	4300	35963	2248	17619	10126
宝鸡市陈仓区周原镇	4800	43681	2203	24536	15357

陕西省

2-1-27 续表 2 单位：公顷、人

建制镇名称	行政区域面积	总人口	镇区人口	从业人员	#二三产业
宝鸡市陈仓区贾村镇	11700	51529	1150	29419	18770
宝鸡市陈仓区县功镇	26200	40160	2400	19668	9252
宝鸡市陈仓区新街镇	19800	15873	1673	9204	4357
宝鸡市陈仓区坪头镇	30800	17241	1508	9545	5063
宝鸡市陈仓区香泉镇	19700	12138	1880	6864	2874
宝鸡市陈仓区赤沙镇	14700	14183	1840	8339	2279
宝鸡市陈仓区拓石镇	35700	18700	2100	13597	6500
宝鸡市陈仓区凤阁岭镇	20400	9997	673	4836	1643
宝鸡市陈仓区钓渭镇	11700	39108	1580	19647	11477
凤翔县城关镇	7200	87615	38587	44518	38377
凤翔县虢王镇	4500	34020	2455	14650	14351
凤翔县彪角镇	11800	62866	7160	35573	24105
凤翔县横水镇	10100	44897	4013	21450	5902
凤翔县田家庄镇	4900	26040	6350	15185	8134
凤翔县糜杆桥镇	19700	37515	5450	16932	7675
凤翔县南指挥镇	7000	36798	2395	29356	26356
凤翔县陈村镇	5800	53086	6180	24107	8096
凤翔县长青镇	4800	26849	1373	12801	9220
凤翔县柳林镇	16800	70459	1521	32786	21837
凤翔县姚家沟镇	15000	5821	868	2232	247
凤翔县范家寨镇	10300	35301	2218	18105	9402
岐山县凤鸣镇	12270	102398	32013	35769	21356
岐山县蔡家坡镇	20980	145936	57830	64380	52152
岐山县益店镇	4940	32019	4260	15520	8477
岐山县蒲村镇	7770	25365	2321	10300	1300
岐山县祝家庄镇	6600	22585	7000	13060	9100
岐山县青化镇	3800	27841	3880	9838	3534
岐山县枣林镇	4500	35315	1987	15006	8741
岐山县雍川镇	6030	50408	4210	18640	7926
岐山县故郡镇	14200	20292	476	7680	5599
岐山县京当镇	4520	10666	1580	4950	4870
扶风县城关镇	14369	97268	1338	37978	18154
扶风县天度镇	12198	43086	2976	23155	8775
扶风县午井镇	6509	36542	5985	19948	10815
扶风县绛帐镇	9331	78908	3381	34772	23879
扶风县段家镇	4043	25945	1516	13369	6069
扶风县杏林镇	7160	53019	5946	24399	10052
扶风县召公镇	6725	35127	12030	18370	8723
扶风县法门镇	14865	68966	10589	36141	23472
眉县首善镇	6113	62988	24324	22896	17198
眉县横渠镇	6310	49013	748	28158	10946
眉县槐芽镇	3310	21532	1740	13748	2550
眉县汤峪镇	26400	36674	1506	17124	5393
眉县常兴镇	6851	52950	10200	23183	20180
眉县金渠镇	5900	32709	7169	19777	5165
眉县营头镇	18400	20284	817	10259	7380
眉县齐镇	6600	33070	1708	17571	4712
陇县城关镇	17103	75705	1716	26370	16135
陇县东风镇	23481	34234	598	17673	5439
陇县八渡镇	27692	9477	1504	5295	769
陇县东南镇	9822	44494	2300	25450	12771
陇县温水镇	15478	21804	2743	12091	4897

陕西省

2-1-27 续表 3 单位：公顷、人

建制镇名称	行政区域面积	总人口	镇区人口	从业人员	#二三产业
陇县天成镇	39909	16445	2428	9385	3046
陇县曹家湾镇	21502	18187	3276	8839	5663
陇县固关镇	24392	9673	2717	5467	2279
陇县火烧寨镇	7720	8124	1538	5285	1417
陇县李家河镇	9363	9000	1576	5214	1084
陇县河北镇	20782	11996	2900	7438	4186
陇县新集川镇	10450	6026	1911	3697	969
千阳县城关镇	11207	35909	19206	13323	9056
千阳县崔家头镇	4011	9170	1214	4000	565
千阳县南寨镇	14520	25955	2761	12236	8373
千阳县张家塬镇	21687	20923	3192	11852	3801
千阳县水沟镇	4687	9197	1450	4936	1848
千阳县草碧镇	14740	12848	1859	7154	3820
千阳县柿沟镇	6971	8794	920	4166	1950
千阳县高崖镇	19800	4539	554	2564	105
麟游县九成宫镇	7980	17343	3621	5592	3511
麟游县崔木镇	28033	10889	980	5597	1037
麟游县招贤镇	32500	11137	861	5116	823
麟游县两亭镇	2086	11249	982	5942	2416
麟游县常丰镇	2655	8127	420	3279	
麟游县丈八镇	8894	7164	623	3518	1250
麟游县酒房镇	11740	8514	168	3921	1081
凤县双石铺镇	27664	29286	12475	19457	9528
凤县凤州镇	32745	15603	4091	3580	939
凤县黄牛铺镇	45635	7796	1456	3870	1506
凤县红花铺镇	23093	3950	712	2416	1207
凤县河口镇	40450	11659	676	7925	3817
凤县唐藏镇	36767	5461	1560	3545	1122
凤县平木镇	19847	9720	762	5265	1892
凤县坪坎镇	20438	2402	285	1201	758
凤县留凤关镇	72131	14558	2035	8138	3689
太白县咀头镇	61200	25491	10774	10243	1578
太白县桃川镇	33100	6484	1095	3636	2155
太白县鹦鸽镇	31300	9976	813	6228	1835
太白县靖口镇	19400	3579	863	2117	1030
太白县太白河镇	26100	2392	331	857	808
太白县黄柏塬镇	85200	2005	211	1370	651
太白县王家堎镇	13500	1612	162	924	817
咸阳市秦都区马庄镇	5060	29229	5048	17890	9490
咸阳市杨陵区五泉镇	2775	23385	3621	18124	8795
咸阳市杨凌区大寨镇	1280	16734	2110	10170	4594
咸阳市杨凌区揉谷镇	2960	32692	481	19959	7565
咸阳市渭城区北杜镇	3202	19860	4416	10116	5195
三原县城关镇	6768	70115	18063	41715	27605
三原县安乐镇	7815	16989	2046	12726	4122
三原县陂西镇	2059	27990	1390	13890	9956
三原县独李镇	3087	23589	999	12599	1538
三原县大程镇	5781	42056	1656	27933	11151
三原县西阳镇	3640	23136	5432	17529	9026
三原县鲁桥镇	3019	24510	1166	17156	5769
三原县陵前镇	11327	49894	2877	23788	7695
三原县新兴镇	7791	27132	2154	19661	7250

陕西省

2-1-27 续表 4 单位：公顷、人

建制镇名称	行政区域面积	总人口	镇区人口	从业人员	#二三产业
三原县嵯峨镇	7771	24488	1680	17111	5793
三原县渠岸镇	2740	22770	2031	14311	6717
泾阳县泾干镇	5440	81702	2410	38050	20020
泾阳县永乐镇	2580	33413	1380	26282	11105
泾阳县云阳镇	7510	58010	3408	37458	9366
泾阳县桥底镇	4470	34485	2168	21772	13288
泾阳县王桥镇	4270	27978	2596	13847	6562
泾阳县口镇	5040	24615	1642	12989	5593
泾阳县三渠镇	5120	45964	1935	25918	20726
泾阳县高庄镇	4790	31851	1732	13475	9227
泾阳县太平镇	5370	32812	1625	14866	4909
泾阳县崇文镇	2780	21835	1600	13045	6705
泾阳县安吴镇	9710	44717	1503	31654	13337
泾阳县兴隆镇	14735	41419	1350	21050	9408
泾阳县中张镇	6947	44838	1392	25649	11110
乾县城关镇	11850	84139	42018	44101	25301
乾县薛录镇	6168	39973	5261	18670	6285
乾县梁村镇	5786	34480	3449	21562	10600
乾县临平镇	10172	39358	7056	18402	9250
乾县姜村镇	4345	27067	2615	17313	6870
乾县王村镇	4405	29309	4200	11905	2200
乾县马连镇	3573	26368	4451	10263	7117
乾县阳峪镇	7265	28919	4460	14419	6995
乾县峰阳镇	8830	20064	3700	9502	2200
乾县注泔镇	5643	19856	3200	13381	4318
乾县灵源镇	3534	21963	1934	12418	4028
乾县阳洪镇	4041	21751	5798	11027	2232
乾县梁山镇	11324	24531	2059	10663	1593
乾县周城镇	3337	25479	1982	15185	4991
乾县新阳镇	3907	22400	4968	10377	3977
乾县大杨镇	6009	38713	5438	22042	3364
礼泉县城关镇	11052	95813	29751	35902	24491
礼泉县史德镇	8989	32150	3900	14510	420
礼泉县西张堡镇	4225	25667	3500	18380	8770
礼泉县阡东镇	4400	30100	4400	17800	17720
礼泉县烽火镇	5000	29419	2896	21095	2846
礼泉县烟霞镇	12000	33270	2157	13334	3538
礼泉县赵镇	3770	28960	5020	16808	2390
礼泉县叱干镇	16000	28398	2285	21030	2533
礼泉县南坊镇	13090	25248	3445	14270	694
礼泉县石潭镇	6000	27322	6206	14590	1321
礼泉县昭陵镇	11890	46325	5196	23048	10178
礼泉县骏马镇	3467	27850	2730	15000	1200
永寿县监军镇	6200	39668	27031	15706	10250
永寿县店头镇	7300	19306	1412	9350	4745
永寿县常宁镇	7262	29118	4070	12850	5872
永寿县仪井镇	5240	14318	3450	7500	3277
永寿县甘井镇	8400	17318	789	6714	4211
永寿县马坊镇	5700	13434	2100	6899	2830
永寿县豆家镇	4200	9890	1789	4100	3078
永寿县御驾宫镇	9170	15943	1925	7958	5402
永寿县渠子镇	5800	9375	1573	5832	1183

陕西省

2-1-27 续表 5　　单位：公顷、人

建制镇名称	行政区域面积	总人口	镇区人口	从业人员	#二三产业
永寿县永太镇	9120	6483	1421	3332	1682
永寿县永平镇	15944	4734	395	2753	1271
彬县城关镇	8939	68478	18662	28561	15956
彬县北极镇	11293	42647	3900	15788	4436
彬县新民镇	8614	34476	12500	12851	2285
彬县龙高镇	8606	18295	1631	7500	1760
彬县小章镇	8619	22632	2720	9549	3845
彬县永乐镇	7213	21894	2356	8860	6324
彬县义门镇	9254	39780	1526	16103	6021
彬县水口镇	6293	19021	750	5582	4656
彬县韩家镇	14467	18178	717	7638	2108
彬县太峪镇	13180	26097	1819	10336	4218
彬县香庙镇	6321	13598	2120	7232	2761
彬县炭店镇	5708	18056	2170	8743	1860
彬县底点镇	9993	11762	1120	4539	2351
长武县昭仁镇	4760	32515	11245	21167	7151
长武县相公镇	8070	23918	1543	11702	8130
长武县巨家镇	7780	16053	1570	8450	5164
长武县丁家镇	3250	10894	2816	4117	1645
长武县洪家镇	4900	14708	2618	6845	2406
长武县亭口镇	14850	42196	2815	25860	4598
长武县彭公镇	4860	17198	1456	7907	1838
长武县地掌镇	4650	19373	2315	9687	1665
长武县枣园镇	5020	8659	856	3941	679
旬邑县城关镇	19070	30560	17411	11812	4941
旬邑县土桥镇	14280	36929	6042	22019	5625
旬邑县职田镇	8610	29107	5743	14176	1705
旬邑县张洪镇	8080	36999	7595	16851	10169
旬邑县太村镇	11640	49697	5148	25339	12407
旬邑县郑家镇	4290	20591	4658	8820	6840
旬邑县湫坡头镇	8900	28479	5068	8662	3141
旬邑县底庙镇	7400	21323	1253	10670	6340
旬邑县丈八寺镇	4430	12556	998	6300	4000
旬邑县马栏镇	74120	14368	2427	9364	5086
旬邑县清塬镇	17900	10805	3160	7261	1420
淳化县城关镇	8940	32309	7971	24832	11211
淳化县官庄镇	3670	16873	2393	8800	890
淳化县马家镇	6800	15080	3208	10000	
淳化县方里镇	10420	22498	1501	14465	1523
淳化县润镇	4750	17967	4720	8345	3548
淳化县车坞镇	14700	14061	1890	9160	5662
淳化县铁王镇	14620	16412	1798	8145	1880
淳化县石桥镇	8814	15661	1640	8120	2495
淳化县胡家庙镇	7590	18490	1392	7692	1056
淳化县十里塬镇	5653	17435	1850	7540	2722
淳化县固贤镇	4120	8754	1350	5540	2869
淳化县卜家镇	2053	9457	1137	7050	649
武功县普集镇	4048	75412	13712	48396	27210
武功县苏坊镇	2543	28704	1423	14410	8675
武功县武功镇	3340	45892	12069	23114	11240
武功县游风镇	2000	24354	475	18150	15815
武功县贞元镇	6855	64213	963	27089	15418

陕西省

2-1-27 续表 6　　　　　　　　　　　　　　单位：公顷、人

建制镇名称	行政区域面积	总人口	镇区人口	从业人员	#二三产业
武功县长宁镇	5793	62017	1423	28689	14174
武功县小村镇	3713	79882	3364	49375	30140
武功县大庄镇	3185	44976	398	22110	6676
兴平市赵村镇	2946	34289	3427	18707	8443
兴平市桑镇	2730	31653	4169	15053	6853
兴平市南市镇	4907	36900	4570	21268	8582
兴平市庄头镇	2790	33449	3859	17500	7699
兴平市南位镇	5460	39400	2523	21952	6952
兴平市阜寨镇	5530	53737	2305	17621	9054
兴平市丰仪镇	3280	31507	2961	13312	7010
兴平市汤坊镇	3110	34725	1636	20754	6143
渭南市临渭区桥南镇	6443	22702	1360	14981	1591
渭南市临渭区阳郭镇	12050	51203	3200	27239	5698
渭南市临渭区故市镇	8600	53143	4998	24173	1750
渭南市临渭区下吉镇	7400	54135	6750	24725	6215
渭南市临渭区三张镇	4098	31343	2115	18483	3951
渭南市临渭区交斜镇	4774	28713	2763	22345	4531
渭南市临渭区辛市镇	4289	33178	3518	20183	4293
渭南市临渭区崇宁镇	3350	28934	3321	13543	830
渭南市临渭区孝义镇	2885	24315	7184	14187	899
渭南市临渭区吝店镇	6769	47893	5632	27613	2653
渭南市临渭区官底镇	4667	34581	4135	16981	6078
渭南市临渭区官路镇	4810	25158	3104	8075	3238
渭南市临渭区丰原镇	4347	26786	2578	13182	6102
渭南市临渭区阎村镇	3902	37103	3148	15656	9698
渭南市临渭区龙背镇	7300	48875	2460	19870	778
渭南市临渭区官道镇	1884	59187	2978	33214	8626
华县华州镇	2223	53456	7100	27121	23226
华县杏林镇	10500	14786	5000	5836	4957
华县赤水镇	7760	43819	1950	24592	3527
华县高塘镇	23395	48374	3000	25004	4632
华县大明镇	16325	33753	2262	18900	2333
华县瓜坡镇	4800	26139	1268	17287	3491
华县莲化寺镇	11457	23167	1500	13086	2075
华县柳枝镇	10170	31724	3655	27272	3315
华县下庙镇	4900	25004	1500	16972	1998
华县金堆镇	22400	10235	568	6643	3280
潼关县城关镇	6200	62000	46381	25846	17699
潼关县秦东镇	6400	26824	4545	17823	6893
潼关县太要镇	7600	28635	4545	15335	2875
潼关县桐峪镇	8840	18264	3647	10893	5022
潼关县代字营镇	5460	27777	2071	14751	2720
大荔县城关镇	8050	97597	4992	58008	42263
大荔县许庄镇	10400	62350	2300	30132	17091
大荔县朝邑镇	43901	61094	4323	32075	7458
大荔县安仁镇	8816	52831	5643	30507	1500
大荔县两宜镇	4500	21408	3776	11899	1847
大荔县羌白镇	11709	57680	5600	29896	3900
大荔县官池镇	16500	60268	3370	41860	6620
大荔县冯村镇	2845	26377	2125	12738	690
大荔县双泉镇	5673	28893	2564	14250	616
大荔县高明镇	4547	24608	280	14499	4800

陕西省

2-1-27 续表 7　　　　单位：公顷、人

建制镇名称	行政区域面积	总人口	镇区人口	从业人员	#二三产业
大荔县下寨镇	10740	38125	2405	22000	5292
大荔县韦林镇	10903	43285	6378	25980	255
大荔县范家镇	4666	31996	2423	17096	6877
大荔县苏村镇	7790	30163	820	17174	3430
大荔县赵渡镇	9700	16394	2326	7809	535
大荔县平民镇	4050	15509	130	8742	919
大荔县埝桥镇	5400	29594	1775	18735	2390
大荔县段家镇	7410	24788	120	16411	3773
合阳县城关镇	9400	73839	71596	16660	13816
合阳县甘井镇	11400	27729	1820	15099	1223
合阳县坊镇	18140	61516	6037	29619	12036
合阳县洽川镇	12500	9805	1232	4408	3561
合阳县新池镇	8300	30695	1450	18741	5040
合阳县黑池镇	19662	52067	11062	23141	2809
合阳县路井镇	12080	41608	5062	22943	4413
合阳县和家庄镇	13900	28095	2130	14549	4286
合阳县王村镇	8200	30384	350	11105	3924
合阳县同家庄镇	9791	32957	2075	17265	2700
合阳县百良镇	8907	42857	1905	18510	6126
合阳县金峪镇	11420	25384	1765	14336	2972
澄城县城关镇	5600	25679	1360	10113	527
澄城县冯原镇	19770	56341	3260	24463	5868
澄城县王庄镇	17000	53202	1424	29177	2734
澄城县尧头镇	5740	24813	4029	9167	8895
澄城县赵庄镇	16000	45745	1250	18830	2632
澄城县交道镇	9500	29710	4138	10410	3414
澄城县寺前镇	9200	42233	4920	23274	12137
澄城县韦庄镇	8350	41302	8962	25406	12213
蒲城县城关镇	10764	147390	2659	44169	11552
蒲城县罕井镇	9450	36501	4240	24076	8115
蒲城县孙镇	10465	102393	810	52597	5687
蒲城县兴镇	4900	28485	1500	17956	5990
蒲城县党睦镇	9449	39021	3297	11811	2100
蒲城县高阳镇	5846	19832	2609	12480	1324
蒲城县永丰镇	7508	26778	2710	11648	2213
蒲城县荆姚镇	32800	85657	6787	49594	20049
蒲城县苏坊镇	4670	31915	4540	14040	1655
蒲城县龙阳镇	5020	26470	1411	17475	10860
蒲城县洛滨镇	11930	30058	3200	19672	2882
蒲城县陈庄镇	5867	25689	3698	14863	3762
蒲城县桥陵镇	13733	68430	1680	41440	13794
蒲城县上王镇	7019	22570	525	14040	1527
蒲城县翔村镇	6280	28955	657	16981	4359
蒲城县椿林镇	5609	34516	1983	18964	3873
蒲城县龙池镇	7090	35340	872	25979	3569
白水县城关镇	3996	84510	9569	37821	14691
白水县冯雷镇	8087	15751	2100	8593	3115
白水县尧禾镇	17108	40986	1210	23210	3346
白水县杜康镇	5995	21513	1850	12136	4515
白水县西固镇	11093	35210	1556	20850	4766
白水县林皋镇	7474	25310	2560	11694	3140
白水县史官镇	13618	28498	1250	15140	2110

陕西省

2-1-27 续表 8 单位：公顷、人

建制镇名称	行政区域面积	总人口	镇区人口	从业人员	#二三产业
富平县庄里镇	12200	81623	23823	35722	25018
富平县张桥镇	4130	32180	1890	15319	5857
富平县美原镇	8000	50934	4200	25627	14000
富平县流曲镇	4600	33600	4658	23476	3850
富平县淡村镇	7030	41537	2358	22632	6220
富平县王寮镇	4040	22512	3100	11529	2830
富平县留古镇	5381	30728	520	13701	4036
富平县老庙镇	12400	47310	6100	32124	18027
富平县薛镇	11740	57879	4892	30709	8803
富平县到贤镇	2560	22017	3005	17337	17336
富平县曹村镇	13840	43342	4610	13080	4290
富平县宫里镇	7144	35363	3275	25793	4847
富平县梅家坪镇	3584	28947	3200	14800	4970
富平县刘集镇	8600	40955	800	23430	21430
富平县齐村镇	4620	31450	1960	18600	
富平县城关镇	12670	158178	21950	87925	6938
富平县小惠镇	3107	22306	3021	11858	910
韩城市龙门镇	6500	25180	1496	18669	18668
韩城市桑树坪镇	10253	12967	1114	7556	7555
韩城市龙亭镇	4000	18344	381	8938	7780
韩城市芝川镇	7900	18397	2680	9237	9236
韩城市西庄镇	22050	27885	2500	21726	21725
韩城市昝村镇	2100	14695	2420	7150	7120
韩城市芝阳镇	17300	31064	3600	18129	18128
韩城市板桥镇	29200	16778	1291	8463	8462
韩城市王峰镇	38700	14807	1690	10105	10104
韩城市嵬东镇	6300	15507	1033	7773	7772
华阴市孟塬镇	9291	24923	7042	12735	3045
华阴市华西镇	17331	17949	4020	9857	1442
华阴市罗敷镇	19982	48145	7570	19307	6620
华阴市华山镇	6682	38940	11020	20562	5399
延安市宝塔区桥沟镇	11230	18359	6860	7674	730
延安市宝塔区枣园镇	11570	8841	1630	4412	4100
延安市宝塔区河庄坪镇	10133	15290	9721	4600	1130
延安市宝塔区李渠镇	13957	17621	6800	7480	6530
延安市宝塔区姚店镇	12176	14363	4670	6840	5100
延安市宝塔区青化砭镇	8937	10877	4880	4300	3083
延安市宝塔区蟠龙镇	16869	14566	4196	8520	2976
延安市宝塔区柳林镇	25100	15732	5020	7456	1719
延安市宝塔区南泥湾镇	36798	4916	2623	2796	692
延安市宝塔区临镇	42068	8084	2473	4265	482
延安市宝塔区甘谷驿镇	17244	11810	3320	4075	556
延长县七里村镇	37962	58830	30800	14122	6122
延长县黑家堡镇	17897	11862	726	4200	1445
延长县郑庄镇	17133	7001	1160	3550	827
延长县张家滩镇	26023	16958	1480	6978	550
延长县交口镇	19675	10690	961	4455	520
延长县罗子山镇	41110	16985	800	5039	594
延长县雷赤镇	32611	14598	1002	6728	300
延川县延川镇	28570	21763	2993	11628	5593
延川县永坪镇	34819	58844	2892	24681	16516
延川县延水关镇	13510	10425	1104	5568	725

陕西省

2-1-27 续表 9 单位：公顷、人

建制镇名称	行政区域面积	总人口	镇区人口	从业人员	#二三产业
延川县文安驿镇	9600	7278	697	4175	468
延川县杨家圪台镇	10130	14080	435	4230	1256
延川县贾家坪镇	16700	12860	1226	7198	2000
延川县禹居镇	18500	12150	580	7937	3928
延川县关庄镇	21240	12103	750	4580	735
子长县瓦窑堡镇	26002	94993	72326	32047	28913
子长县杨家元子镇	21870	24198	1451	8267	4079
子长县玉家湾镇	16941	14513	1536	6208	1080
子长县安定镇	21155	21453	6027	7530	720
子长县马家砭镇	20411	20561	987	6356	1147
子长县南沟岔镇	15480	14278	2171	5040	2171
子长县涧峪岔镇	34791	22490	2065	8623	2825
子长县李家岔镇	43098	22833	2352	8021	987
子长县余家坪镇	25011	21282	768	8190	1349
安塞县真武洞镇	21440	29215	2400	12096	6389
安塞县砖窑湾镇	39000	13518	2680	6159	1972
安塞县沿河湾镇	21064	17228	1978	7275	2386
安塞县招安镇	49470	25278	2500	10722	4202
安塞县化子坪镇	32540	16527	2586	7315	5520
安塞县坪桥镇	50700	20977	1579	6753	1668
安塞县建华镇	32515	19836	3845	6657	1768
安塞县高桥镇	30930	15249	1452	6027	2793
志丹县保安镇	25195	8921	8087	4465	1600
志丹县杏河镇	50338	17773	3133	7961	3755
志丹县顺宁镇	53966	16839	450	7474	2133
志丹县旦八镇	32200	9811	635	4155	1131
志丹县金丁镇	39600	12096	3502	6080	400
志丹县永宁镇	39880	12268	791	9100	2592
志丹县义正镇	56020	13436	1000	5830	170
吴起县吴起镇	93390	28463	19880	13192	3009
吴起县铁边城镇	60940	12474	5138	5936	1735
吴起县周湾镇	23880	9529	1288	3925	660
吴起县白豹镇	47380	15348	2210	4760	1317
吴起县长官庙镇	24470	6288	720	3280	1280
吴起县长城镇	16780	8188	1015	2642	1032
甘泉县城关镇	29490	11548	2290	6039	2241
甘泉县下寺湾镇	44900	7452	1535	4102	1723
甘泉县道镇	69700	14072	1100	6820	1345
富县羊泉镇	25110	25316	2921	12988	1325
富县张村驿镇	28300	11263	1756	7763	956
富县张家湾镇	123992	9166	1110	6055	1290
富县直罗镇	104387	9168	1547	4640	1010
富县茶坊镇	55491	52845	3016	21229	12232
富县牛武镇	38176	6253	863	3028	251
富县交道镇	13220	10422	998	5417	715
富县吉子现镇	7184	7020	1167	3629	154
富县寺仙镇	13700	9042	717	4887	1083
洛川县凤栖镇	12280	48680	990	26500	19540
洛川县旧县镇	24881	16409	1048	7247	1515
洛川县交口河镇	7566	15537	7621	8486	4285
洛川县老庙镇	7809	14634	1120	7780	1800
洛川县土基镇	16704	20950	1490	16014	1324

陕西省

2-1-27 续表 10　　单位：公顷、人

建制镇名称	行政区域面积	总人口	镇区人口	从业人员	#二三产业
洛川县石头镇	16209	21659	3390	12974	1579
洛川县槐柏镇	22269	24083	7315	12324	1663
宜川县丹州镇	30819	15343	10211	5761	2700
宜川县秋林镇	28906	9343	751	4300	393
宜川县云岩镇	34858	18738	1291	8766	2063
宜川县阁楼镇	10460	8014	497	2951	773
宜川县集义镇	76380	11133	1173	6730	530
宜川县壶口镇	21752	9135	906	4042	444
黄龙县石堡镇	49600	20593	14061	7285	1134
黄龙县白马滩镇	46600	7345	798	2780	300
黄龙县瓦子街镇	41200	2307	316	812	105
黄龙县界头庙镇	27300	7960	242	3925	260
黄陵县桥山镇	7000	14634	1980	7075	1228
黄陵县店头镇	16350	47559	11000	27000	11230
黄陵县隆坊镇	13200	15867	1512	7610	1041
黄陵县田庄镇	13908	13906	1804	4240	816
黄陵县阿党镇	5189	13060	1153	7831	907
黄陵县双龙镇	9600	5160	1899	4120	3001
汉中市汉台区铺镇	4726	53769	23600	30912	18179
汉中市汉台区武乡镇	9670	31401	6065	18100	5313
汉中市汉台区河东店镇	13600	35200	1850	30263	2720
汉中市汉台区宗营镇	3418	29553	5432	12457	3797
汉中市汉台区老君镇	3518	25190	7560	13640	5850
汉中市汉台区汉王镇	3984	17512	1985	9995	7013
汉中市汉台区徐望镇	4600	19853	1580	11339	3425
南郑县汉山镇	5726	64677	37985	33101	11895
南郑县圣水镇	6486	29716	11578	12327	7950
南郑县大河坎镇	5193	57913	16157	32395	6398
南郑县协税镇	3063	19747	5215	12350	9318
南郑县梁山镇	5723	37675	3920	18329	11561
南郑县阳春镇	4474	19246	2180	11457	5385
南郑县高台镇	5004	28242	2076	13394	9078
南郑县新集镇	10523	51914	15496	29556	18516
南郑县濂水镇	2572	16586	998	11265	6114
南郑县黄官镇	24323	31717	3144	17523	7870
南郑县青树镇	5847	29416	6139	17756	10118
南郑县红庙镇	15433	25143	4904	17890	6716
南郑县牟家坝镇	9039	27129	3472	14801	9476
南郑县法镇镇	17992	18011	2436	10725	5362
南郑县湘水镇	8768	14718	1851	9234	3377
南郑县小南海镇	24248	12816	1128	8844	2844
南郑县碑坝镇	46141	13895	3939	7943	1819
南郑县黎坪镇	37836	7959	3485	4083	3983
南郑县福成镇	24472	7547	126	3200	1677
南郑县两河镇	12076	10471	1134	5428	2263
南郑县胡家营镇	4437	20346	8376	12631	2699
南郑县忍水镇	3002	10684	3940	6748	3363
城固县博望镇	4860	102187	7416	40001	13298
城固县龙头镇	4140	32312	2279	16890	10083
城固县沙河营镇	2440	20219	3829	9329	5219
城固县文川镇	2690	17992	4526	6957	3287
城固县柳林镇	2210	20659	3826	7595	1682

陕西省

2-1-27 续表 11 单位：公顷、人

建制镇名称	行政区域面积	总人口	镇区人口	从业人员	#二三产业
城固县老庄镇	14170	36885	16463	18326	4851
城固县崔家山镇	1760	21250	10769	11268	3870
城固县桔园镇	20400	41193	4839	22565	11478
城固县原公镇	10130	43347	2610	21913	10995
城固县上元观镇	6200	40001	6721	16242	9089
城固县天明镇	18640	29450	1438	14007	6616
城固县二里镇	35710	27410	1699	12118	6666
城固县五堵镇	13180	21316	2312	10137	7153
城固县双溪镇	25720	7826	526	3692	1469
城固县小河镇	48450	7547	723	4086	1166
城固县五郎庙镇	1800	13970	1724	7310	4637
城固县董家营镇	7460	29326	1680	13182	7241
城固县三合镇	6540	19990	4710	8152	3918
洋县洋州镇	5900	83710	5939	22232	12162
洋县戚氏镇	7030	28093	2250	14041	2214
洋县龙亭镇	5300	26397	2052	12286	1710
洋县谢村镇	7374	65359	4128	21246	10332
洋县马畅镇	4740	21102	2090	9388	2480
洋县溢水镇	26100	13917	1630	5610	2873
洋县磨子桥镇	21051	47828	608	19708	7130
洋县黄家营镇	13750	17314	1451	7655	278
洋县黄安镇	11720	23511	3472	11098	4167
洋县黄金峡镇	16670	11313	420	4575	642
洋县槐树关镇	21600	31095	2208	14365	1433
洋县金水镇	29220	16555	1925	6800	1007
洋县华阳镇	54416	7346	620	3100	710
洋县茅坪镇	28900	6903	603	3922	138
洋县白石镇	3920	7053	522	2179	413
洋县四郎镇	6950	9836	652	3823	505
洋县长溪镇	7996	7735	412	2905	819
洋县八里关镇	13443	3616	150	1800	180
洋县桑溪镇	13830	9225	623	3782	554
洋县关帝镇	20690	7076	120	2708	1192
西乡县城关镇	11080	92118	9377	42281	11827
西乡县杨河镇	11930	35808	2610	17038	9323
西乡县柳树镇	10450	27368	2925	13942	5476
西乡县沙河镇	22820	31272	2395	14982	6014
西乡县私渡镇	12480	11080	2070	6764	6316
西乡县桑园镇	9730	13479	1680	7982	4040
西乡县白龙塘镇	16850	18303	1702	8603	3700
西乡县峡口镇	28690	22074	2250	11164	5119
西乡县堰口镇	21990	50357	5502	25259	12858
西乡县茶镇	13680	12987	1052	7364	2563
西乡县高川镇	15870	18485	1703	9420	5396
西乡县两河口镇	11000	17242	987	8073	3008
西乡县五里坝镇	7280	9551	530	4744	1328
西乡县大河镇	38200	6003	780	2467	159
西乡县罗镇	25550	11346	725	5868	2157
西乡县骆家坝镇	21950	10078	650	5325	1520
西乡县子午镇	24840	11547	915	6282	2684
西乡县白勉峡镇	19070	14223	1125	8020	5456
勉县勉阳镇	3814	76980	4149	46336	24401

陕西省

2-1-27　续表 12　　　　单位：公顷、人

建制镇名称	行政区域面积	总人口	镇区人口	从业人员	#二三产业
勉县武侯镇	16014	22270	1896	9932	2115
勉县周家山镇	4924	33063	2240	17321	9861
勉县同沟寺镇	19924	19935	2092	8843	4630
勉县新街子镇	17894	26928	1623	11702	7350
勉县老道寺镇	7744	39999	1054	20198	9751
勉县褒城镇	3234	12483	1899	6032	2921
勉县金泉镇	4314	17571	3306	8315	4925
勉县定军山镇	8824	43302	1972	17158	4511
勉县温泉镇	2824	19441	2589	10030	3084
勉县元墩镇	10524	15983	2583	6983	2868
勉县阜川镇	12914	19769	1896	8732	2330
勉县新铺镇	12634	18877	2048	9933	5781
勉县青羊驿镇	4354	9605	1654	5499	2214
勉县茶店镇	22424	15659	1517	9213	1741
勉县镇川镇	5124	14992	621	7937	3153
勉县漆树坝镇	8704	5933	312	3186	1002
勉县张家河镇	32614	5754	551	2600	468
勉县长沟河镇	41804	5930	419	2937	1104
宁强县汉源镇	27833	49257	24236	26129	3818
宁强县高寨子镇	9684	21446	3295	13100	7616
宁强县大安镇	28532	40478	8100	19758	9433
宁强县代家坝镇	19001	21582	2648	10555	5731
宁强县阳平关镇	26757	33357	16000	17833	5247
宁强县燕子砭镇	22597	26619	3848	13852	1075
宁强县广坪镇	19035	9862	2218	4675	1880
宁强县青木川镇	19532	7519	5107	4927	2683
宁强县毛坝河镇	17108	13173	2000	7593	3562
宁强县铁锁关镇	15003	15235	4500	8331	
宁强县胡家坝镇	13228	17282	1663	7672	3762
宁强县巴山镇	11849	10867	780	5455	2421
宁强县巨亭镇	14781	12157	362	7337	3491
宁强县舒家坝镇	10337	9538	1103	4821	596
宁强县庙坝镇	5620	4716	1040	2730	1230
宁强县巩家河镇	7523	6580	225	3792	2085
宁强县太阳岭镇	8351	6348	320	3177	1346
宁强县苍社镇	8333	4403	330	3360	1837
宁强县安乐河镇	14963	9221	2900	3312	347
宁强县二郎坝镇	16107	7824	682	4135	
宁强县禅家岩镇	9857	5961	1456	2634	198
略阳县城关镇	34100	65544	51392	38437	29916
略阳县接官亭镇	10600	8536	1135	4918	2193
略阳县横现河镇	8000	7611	1978	4304	3408
略阳县两河口镇	19900	4871	521	2578	1038
略阳县金家河镇	10600	5626	903	2671	1693
略阳县徐家坪镇	20400	13792	563	8418	4457
略阳县白水江镇	15500	10322	934	4978	3751
略阳县硖口驿镇	10000	10202	881	4367	2509
略阳县何家岩镇	4300	4733	556	2895	2389
略阳县乐素河镇	14100	8302	567	4091	2331
略阳县郭镇镇	21900	12886	2160	7135	3820
略阳县黑河镇	14100	11060	1167	5698	1967
略阳县白雀寺镇	20200	11922	1006	6659	2773

陕西省

2-1-27 续表 13

单位：公顷、人

建制镇名称	行政区域面积	总人口	镇区人口	从业人员	#二三产业
略阳县西淮坝镇	11800	3982	998	2289	963
略阳县五龙洞镇	25800	5401	656	2857	1218
略阳县观音寺镇	11800	4138	660	1920	477
略阳县马蹄湾镇	9700	3849	1316	2009	1298
略阳县仙台坝镇	20300	4044	1096	1588	150
镇巴县泾洋镇	28220	42314	1878	20586	6481
镇巴县渔度镇	15490	15770	2342	4778	1391
镇巴县盐场镇	13100	18242	950	8600	5080
镇巴县观音镇	21150	20711	1712	8467	840
镇巴县巴庙镇	16810	19203	2012	9344	4281
镇巴县兴隆镇	22300	19218	915	5994	2575
镇巴县长岭镇	19162	15345	1989	6418	522
镇巴县三元镇	34546	17701	1646	7104	925
镇巴县简池镇	7226	7368	1346	2805	1555
镇巴县碾子镇	9081	12633	1420	5281	3671
镇巴县小洋镇	16400	12098	390	5002	422
镇巴县青水镇	23117	7397	468	2315	727
镇巴县赤南镇	12600	15944	380	5132	1160
镇巴县平安镇	12630	10409	728	3932	762
镇巴县杨家河镇	14440	6348	412	2888	1966
镇巴县巴山镇	14454	12265	1152	4251	1015
镇巴县黎坝镇	10320	9622	650	3858	3492
镇巴县仁村镇	10960	8110	705	2131	430
镇巴县大池镇	12600	5638	430	3739	314
镇巴县三溪镇	14404	6510	225	2061	1117
镇巴县永乐镇	12400	7186	215	2392	443
留坝县城关镇	8310	10429	8501	3197	1189
留坝县马道镇	22420	5295	1224	3083	594
留坝县武关驿镇	31830	5214	542	2915	871
留坝县留侯镇	27620	2941	481	1429	263
留坝县江口镇	46080	9052	3162	5640	759
留坝县玉皇庙镇	29620	5115	1125	2398	548
留坝县火烧店镇	18460	3430	800	2100	125
留坝县青桥驿镇	12250	2115	110	1314	474
佛坪县袁家庄镇	9850	10228	5400	3415	292
佛坪县陈家坝镇	8060	3880	495	1082	309
佛坪县大河坝镇	6860	3981	796	1262	473
佛坪县西岔河镇	9490	4058	1052	1412	480
佛坪县岳坝镇	50350	3565	210	1102	225
佛坪县长角坝镇	32450	3340	159	1058	96
佛坪县石墩河镇	3790	1943	225	774	213
佛坪县十亩地镇	5870	2054	209	672	72
榆林市榆阳区鱼河镇	11400	16230	6230	6200	4000
榆林市榆阳区上盐湾镇	9800	14229	1321	6567	512
榆林市榆阳区镇川镇	5987	32240	16350	13075	6000
榆林市榆阳区清泉镇	12300	13715	603	7517	534
榆林市榆阳区麻黄梁镇	28000	12529	3048	8200	5450
榆林市榆阳区牛家梁镇	21765	17359	1574	8012	3262
榆林市榆阳区金鸡滩镇	26725	21078	3065	14755	4132
榆林市榆阳区马合镇	23410	11476	11121	5800	370
榆林市榆阳区巴拉素镇	4466	12158	810	4054	935

陕西省

2-1-27 续表 14　　　　单位：公顷、人

建制镇名称	行政区域面积	总人口	镇区人口	从业人员	#二三产业
榆林市榆阳区榆阳镇	13400	24927	661	14471	728
榆林市榆阳区鱼河峁镇	19435	22303	2289	9120	2260
榆林市榆阳区青云镇	10500	15197	1276	8820	6506
榆林市榆阳区古塔镇	12290	9852	971	4683	912
榆林市榆阳区大河塔镇	26075	9926	1030	6500	1500
神木县神木镇	201700	144625	90600	62151	36354
神木县高家堡镇	28579	21772	3420	11265	1730
神木县店塔镇	28570	15287	3571	8752	6035
神木县孙家岔镇	19539	12856	1200	8177	6062
神木县大柳塔镇	21387	20197	16800	13521	11662
神木县花石崖镇	41245	14423	526	6580	522
神木县中鸡镇	63345	14642	610	10552	3310
神木县贺家川镇	35558	15364	1210	5465	935
神木县尔林兔镇	68454	13702	1002	4988	1336
神木县万镇镇	35717	17278	951	8750	
神木县大保当镇	29281	16065	10520	8120	6270
神木县马镇镇	44879	19357	1925	8410	1207
神木县栏杆堡镇	53295	18087	618	9856	750
神木县沙峁镇	51033	16548	1108	7880	1730
神木县锦界镇	40949	17156	3215	10850	9733
府谷县府谷镇	33923	82007	80295	34252	33952
府谷县黄甫镇	18526	15417	1000	4800	3600
府谷县麻镇	11121	6426	1486	2142	372
府谷县哈镇	23140	11325	1463	3398	1642
府谷县庙沟门镇	34949	16874	12000	5364	3264
府谷县新民镇	20420	15620	6100	6285	6000
府谷县孤山镇	18192	12795	7580	3839	1750
府谷县清水镇	23410	18715	975	5615	3430
府谷县大昌汗镇	19657	10513	2940	3518	2471
府谷县古城镇	19156	9817	1241	2964	1015
府谷县三道沟镇	15083	11233	4515	4529	3600
府谷县老高川镇	23143	12246	4081	5211	4491
府谷县武家庄镇	25482	16194	624	4859	
府谷县木瓜镇	17242	11752	720	4350	141
府谷县田家寨镇	19474	9966	1235	2990	1113
横山县横山镇	36063	32000	3526	16372	2339
横山县石湾镇	17090	18227	2841	14320	
横山县高镇镇	25176	23950	1600	16000	4060
横山县武镇镇	31318	24554	683	12000	8210
横山县党岔镇	25213	28250	1653	12800	5304
横山县响水镇	45192	27367	1107	13402	3521
横山县波罗镇	30777	19769	677	12275	6098
横山县殿市镇	14765	26841	1027	13354	10096
横山县塔湾镇	36309	16857	476	11227	95
横山县赵石畔镇	44382	28150	2002	13273	3926
横山县魏家楼镇	30630	25770	630	8923	5650
横山县韩岔镇	42662	38800	672	12840	7660
靖边县张畔镇	19000	117176	58692	92326	25389
靖边县东坑镇	53500	48491	13170	26141	13526
靖边县青阳岔镇	30600	15511	3100	6100	1465
靖边县宁条梁镇	29600	20443	1480	9867	3052

陕西省

2-1-27 续表 15　　　　单位：公顷、人

建制镇名称	行政区域面积	总人口	镇区人口	从业人员	#二三产业
靖边县周河镇	37100	13966	2680	6412	1741
靖边县红墩界镇	27600	10080	2780	6275	1736
靖边县杨桥畔镇	40400	16506	1500	12025	6710
靖边县王渠则镇	40800	22062	3000	12326	1610
靖边县中山界镇	25800	14066	1780	7663	1453
靖边县杨米涧镇	32700	16669	6041	9138	1427
靖边县天赐湾镇	35000	13923	3480	7934	2284
定边县定边镇	15100	91360	86700	45280	10810
定边县贺圈镇	27366	23851	9876	13525	7025
定边县红柳沟镇	36615	17134	2860	9162	3198
定边县砖井镇	68179	27783	3306	15292	1458
定边县白泥井镇	62851	25184	312	14002	1380
定边县安边镇	24000	22958	7817	11068	1255
定边县堆子梁镇	13035	13062	1462	6065	685
定边县白湾子镇	28400	9551	2543	4901	929
定边县姬塬镇	52840	13138	690	7295	235
定边县杨井镇	43627	19885	850	10501	2929
定边县新安边镇	31334	8122	830	4761	710
定边县张要先镇	51400	11744	332	6206	800
定边县樊学镇	48000	10162	476	5909	870
定边县盐场堡镇	51470	11986	190	7564	1782
绥德县名州镇	9600	98676	75628	37108	32542
绥德县薛家峁镇	10600	15433	372	5510	2418
绥德县崔家湾镇	13600	18627	723	11218	3988
绥德县定仙焉镇	11200	13670	863	7970	5188
绥德县枣林坪镇	11100	13212	700	5748	2211
绥德县义合镇	19600	27860	4680	16920	6904
绥德县吉镇	7800	13026	2684	6520	2930
绥德县薛家河镇	8300	14401	1634	4869	3938
绥德县四十铺镇	16700	38464	3098	17000	9031
绥德县石家湾镇	8900	19840	1687	7926	4236
绥德县田庄镇	9800	14788	1194	5498	3860
绥德县中角镇	16900	23417	1049	8612	5282
米脂县银州镇	17220	84000	49810	25410	5482
米脂县桃镇	12800	21152	1661	9830	5180
米脂县龙镇	9067	23383	488	8100	3130
米脂县杨家沟镇	10395	14980	1988	7150	4854
米脂县石沟镇	15200	17587	2181	6417	4193
米脂县沙店镇	18407	23989	2064	11292	5687
米脂县印斗镇	11900	13475	968	8580	4460
米脂县郭兴庄镇	7576	11232	250	4866	2900
佳县佳芦镇	16230	45489	20161	36351	16425
佳县坑镇	8300	14030	448	9792	3924
佳县店镇	8600	14905	795	10987	4405
佳县乌镇	20570	31100	2100	19082	7640
佳县金明寺镇	18170	18809	552	12830	5134
佳县通镇	17800	24010	1542	15056	6040
佳县王家砭镇	18500	14560	647	9482	3792
佳县方塌镇	20400	9589	322	5916	2365
佳县朱家坬镇	9400	10605	450	7259	2908
佳县螅镇	7020	11234	540	7775	3115

陕西省

2-1-27　续表 16　　　　单位：公顷、人

建制镇名称	行政区域面积	总人口	镇区人口	从业人员	#二三产业
佳县朱官寨镇	17330	15648	1116	9838	3935
吴堡县宋家川镇	7810	30783	1400	11237	8200
吴堡县辛家沟镇	5656	8434	450	3728	2530
吴堡县郭家沟镇	6050	10548	1200	5090	2977
吴堡县寇家塬镇	9670	16552	560	5090	3232
吴堡县岔上镇	8160	11815	639	5100	3565
吴堡县张家山镇	4497	8445	348	2909	2478
清涧县宽州镇	16702	47671	34928	26670	1560
清涧县石咀驿镇	13101	14890	2573	7298	80
清涧县折家坪镇	13630	18271	2246	8462	2644
清涧县玉家河镇	11420	10166	1028	4100	1108
清涧县高杰村镇	10000	14600	1336	4613	1276
清涧县李家塔镇	20370	18090	498	7120	470
清涧县店则沟镇	12370	12700	1074	4218	390
清涧县解家沟镇	10502	18828	1176	6210	760
子洲县双湖峪镇	7100	35020	3595	11920	4278
子洲县何家集镇	16800	18623	1278	10800	6480
子洲县老君殿镇	11800	13792	535	8400	3850
子洲县裴家湾镇	14000	21835	1820	17260	8670
子洲县苗家坪镇	19200	32868	1409	11151	1834
子洲县三川口镇	17600	23980	533	19180	6440
子洲县马蹄沟镇	20200	40968	7800	17871	9569
子洲县周家硷镇	17600	21910	622	7490	2795
子洲县电市镇	22200	29994	495	18360	10328
子洲县砖庙镇	9300	11208	988	6002	2368
子洲县淮宁湾镇	15000	19390	1237	9045	3060
安康市汉滨区关庙镇	10520	47128	21292	23283	13276
安康市汉滨区张滩镇	5150	30625	20170	15247	8422
安康市汉滨区瀛湖镇	19905	44136	11056	23639	8714
安康市汉滨区五里镇	13810	78196	20990	38692	22925
安康市汉滨区大同镇	10860	54464	26981	27481	15961
安康市汉滨区恒口镇	27360	108238	35036	54475	34117
安康市汉滨区吉河镇	7550	17298	1338	9189	5287
安康市汉滨区流水镇	9425	19376	3628	9420	6160
安康市汉滨区大竹园镇	4530	14488	1660	7515	3700
安康市汉滨区洪山镇	7030	16698	5121	8015	3040
安康市汉滨区石转镇	6170	9384	4220	4980	3380
安康市汉滨区茨沟镇	24570	21061	1069	9548	3690
安康市汉滨区大河镇	20360	23678	5120	9850	5312
安康市汉滨区沈坝镇	11330	13169	989	7379	1610
安康市汉滨区双龙镇	10900	16352	3572	8037	4007
安康市汉滨区叶坪镇	15260	4971	1895	2386	693
安康市汉滨区中原镇	22650	16173	1683	8072	1611
安康市汉滨区县河镇	13160	28383	1169	15069	8981
安康市汉滨区紫荆镇	19380	10459	1044	4567	2862
安康市汉滨区早阳镇	14540	23937	1137	13658	6198
安康市汉滨区关家镇	9530	19650	542	9200	3140
安康市汉滨区石梯镇	6570	18445	1698	10375	4638
安康市汉滨区坝河镇	7940	12702	1683	6640	4040
安康市汉滨区共进镇	5980	8810	562	5004	2343
安康市汉滨区新坝镇	4890	9746	788	4939	2727

陕西省

2-1-27 续表 17 单位：公顷、人

建制镇名称	行政区域面积	总人口	镇区人口	从业人员	#二三产业
安康市汉滨区牛蹄镇	4740	8329	1548	3985	1820
安康市汉滨区田坝镇	7540	12173	855	7025	1916
安康市汉滨区晏坝镇	5060	10091	567	5709	3119
安康市汉滨区双溪镇	5960	9569	1669	5392	3441
安康市汉滨区谭坝镇	12720	16170	1113	8153	1948
汉阴县城关镇	13341	76177	25045	42618	29873
汉阴县涧池镇	12764	43321	14523	24805	14873
汉阴县蒲溪镇	7935	29009	3350	14220	7925
汉阴县平梁镇	14373	30158	3500	17054	8683
汉阴县双乳镇	3772	14862	2901	8629	5242
汉阴县铁佛寺镇	16337	16197	1500	10966	4669
汉阴县龙垭镇	6242	11689	456	7889	3799
汉阴县漩涡镇	18716	31599	2650	20309	11699
汉阴县汉阳镇	11938	21155	2318	10349	6554
汉阴县酒店镇	6055	6257	968	3807	1835
汉阴县双河口镇	7948	5003	785	2809	1659
汉阴县上七镇	3803	4540	497	2034	1481
汉阴县观音河镇	8888	10527	385	7540	3558
汉阴县双坪镇	4340	5623	732	3172	1683
石泉县城关镇	23800	55541	39139	29805	12219
石泉县饶峰镇	15200	12389	1533	7067	3143
石泉县两河镇	15100	9933	1813	5612	1901
石泉县迎丰镇	16000	7637	514	4926	766
石泉县池河镇	10100	22551	7633	13083	7076
石泉县后柳镇	14400	14699	1207	7531	4218
石泉县喜河镇	15500	17783	510	9506	4776
石泉县熨斗镇	8100	13242	2122	6647	3404
石泉县云雾山镇	14300	9509	675	4920	2702
石泉县中池镇	9900	11853	2122	5931	1443
石泉县曾溪镇	10100	6960	1083	4881	458
宁陕县城关镇	67800	30131	16987	14010	3311
宁陕县四亩地镇	37100	4030	1248	1816	1035
宁陕县江口镇	47200	8446	1990	4866	1572
宁陕县广货街镇	34800	3533	1446	1660	501
宁陕县龙王镇	25700	4830	1021	2675	976
宁陕县筒车湾镇	18500	4786	1589	2886	1704
宁陕县金川镇	13300	3825	1079	2532	559
宁陕县皇冠镇	50800	2179	837	1400	498
宁陕县太山庙镇	27400	5513	1333	2989	890
宁陕县梅子镇	7300	2515	449	1790	859
宁陕县丰富镇	8000	1482	421	907	392
宁陕县新场镇	29900	1163	561	695	233
紫阳县城关镇	11990	45290	40687	13488	6391
紫阳县蒿坪镇	11309	28262	3610	11871	5414
紫阳县汉王镇	8113	15738	2688	8111	5332
紫阳县焕古镇	10228	14727	1500	8676	5169
紫阳县向阳镇	13090	23648	3383	10849	5966
紫阳县洞河镇	9412	17728	2827	11879	7017
紫阳县洄水镇	5510	10591	1823	5402	3663
紫阳县斑桃镇	9216	9404	860	5560	2720
紫阳县双桥镇	18442	17405	2728	9886	7091

陕西省

2-1-27 续表 18　　　　单位：公顷、人

建制镇名称	行政区域面积	总人口	镇区人口	从业人员	#二三产业
紫阳县高桥镇	15077	20486	2495	10486	6049
紫阳县红椿镇	11451	17229	1957	9002	6378
紫阳县高滩镇	10277	16247	2150	8582	5279
紫阳县毛坝镇	10175	14678	2326	5676	3668
紫阳县瓦庙镇	8548	14130	729	7365	4617
紫阳县麻柳镇	7856	12592	1500	6941	3918
紫阳县双安镇	10689	19503	1740	8076	4057
紫阳县东木镇	12850	14991	432	7206	4322
紫阳县界岭镇	14582	6179	286	2600	1608
紫阳县广城镇	7065	8689	452	5248	2405
紫阳县绕溪镇	7235	8583	399	3922	2442
紫阳县联合镇	7284	6316	1502	3072	1860
岚皋县城关镇	11742	44494	30450	18211	14170
岚皋县佐龙镇	15306	18369	2996	9062	5387
岚皋县花里镇	9397	7676	1985	3755	2289
岚皋县滔河镇	38086	10434	2325	6701	3217
岚皋县官元镇	14285	7589	1693	4750	3276
岚皋县石门镇	14879	11188	3400	5762	2058
岚皋县民主镇	10770	18989	4221	9508	5243
岚皋县大道河镇	2564	6056	3400	3694	2368
岚皋县铁炉镇	8849	9760	452	4683	2583
岚皋县堰门镇	7358	10193	495	5293	3159
岚皋县溢河镇	10308	6981	320	3406	1835
岚皋县蔺河镇	9946	8143	815	5455	3363
岚皋县四季镇	13386	6343	512	3220	1586
岚皋县横溪镇	15934	3249	522	2030	1443
岚皋县孟石岭镇	12790	10536	648	5258	3175
平利县城关镇	29314	56435	23280	38739	9528
平利县兴隆镇	19145	13575	1012	6325	1555
平利县老县镇	15789	24309	2244	9441	4296
平利县大贵镇	12900	14055	2980	5479	2602
平利县三阳镇	17353	14189	1155	6667	3278
平利县洛河镇	32604	16388	1162	7388	2545
平利县广佛镇	36064	25234	2180	13390	7960
平利县八仙镇	31874	30844	5480	14021	5498
平利县长安镇	21523	21761	3548	10618	6254
平利县正阳镇	41219	9037	721	4856	2411
平利县西河镇	6877	10410	400	4178	1532
镇坪县城关镇	24277	16171	7352	5286	2436
镇坪县曾家镇	17591	6919	1402	3743	814
镇坪县牛头店镇	20469	6181	639	2060	459
镇坪县钟宝镇	15115	8942	1570	3834	2194
镇坪县洪石镇	9492	4158	250	1822	1157
镇坪县上竹镇	11043	4531	412	2705	1417
镇坪县华坪镇	14811	3284	377	1598	219
镇坪县小曙河镇	9554	4149	697	2028	756
镇坪县曙坪镇	27393	4827	383	3181	620
旬阳县城关镇	16950	61584	40412	21396	9980
旬阳县棕溪镇	23210	28274	3650	16704	6253
旬阳县关口镇	13190	15653	1650	8886	5504
旬阳县蜀河镇	17500	37463	5691	13076	7560

陕西省

2-1-27 续表 19　　单位：公顷、人

建制镇名称	行政区域面积	总人口	镇区人口	从业人员	#二三产业
旬阳县双河镇	26060	29543	2730	15061	1976
旬阳县小河镇	29500	26511	3860	13842	4100
旬阳县赵湾镇	15800	16235	3345	9609	1552
旬阳县麻坪镇	13700	12140	2800	6515	1943
旬阳县甘溪镇	15693	16888	3096	10577	3345
旬阳县白柳镇	18407	15612	2080	8755	3555
旬阳县吕河镇	17840	31955	3939	15463	1800
旬阳县神河镇	11800	19030	3107	7327	740
旬阳县赤岩镇	21200	20898	2487	9471	3707
旬阳县段家河镇	13600	18454	3190	10521	5377
旬阳县仙河镇	11447	23310	2722	10510	5691
旬阳县金寨镇	13387	15436	2515	9372	5225
旬阳县桐木镇	13000	14002	1804	6998	1930
旬阳县构元镇	16450	12462	912	5749	3325
旬阳县石门镇	14200	12454	1489	6954	1781
旬阳县红军镇	15800	12623	1815	6825	3112
旬阳县仁河镇	8800	7377	1619	3745	965
旬阳县铜钱镇	7900	6266	1030	3341	2247
白河县城关镇	7029	33401	25444	10143	5261
白河县中厂镇	14430	16552	4605	7975	5652
白河县构扒镇	9051	11073	3305	6442	4562
白河县卡子镇	13310	13804	4107	8140	4557
白河县茅坪镇	23892	33588	5431	18309	10342
白河县宋家镇	15410	16230	4301	10300	4359
白河县西营镇	10430	14239	3105	7423	3744
白河县仓上镇	10830	18515	5019	11294	5967
白河县冷水镇	14940	22057	4112	12085	7180
白河县双丰镇	10350	10219	2130	5707	4011
白河县麻虎镇	9277	12608	3105	7257	4964
白河县小双镇	6554	9412	1262	4614	2685
商洛市商州区夜村镇	26470	50455	150	21903	6408
商洛市商州区沙河子镇	17690	43670	290	21179	9041
商洛市商州区杨峪河镇	13830	31287	1146	15321	6575
商洛市商州区金陵寺镇	8810	20399	620	8706	2057
商洛市商州区黑山镇	8980	13596	183	6028	1783
商洛市商州区杨斜镇	19810	15799	962	6535	2256
商洛市商州区麻街镇	8430	16159	698	7537	2997
商洛市商州区黑龙口镇	18230	27310	794	11880	4104
商洛市商州区牧护关镇	8040	9381	360	4116	1394
商洛市商州区大荆镇	11290	26641	1846	11063	2430
商洛市商州区腰市镇	15650	32805	1404	14659	4882
商洛市商州区板桥镇	17580	25109	235	10111	2664
商洛市商州区北宽坪镇	16690	14494	1420	6236	2383
商洛市商州区砚池河镇	13720	9575	161	4822	1564
商洛市商州区麻池河镇	8600	11426	251	5176	1464
商洛市商州区西荆镇	6360	11263	278	4729	2945
商洛市商州区三岔河镇	12470	11266	262	4917	2745
商洛市商州区上官坊镇	7210	6729	778	3452	1839
商洛市商州区闫村镇	7300	6019	193	3338	901
洛南县城关镇	17998	93133	16261	41516	8141
洛南县景村镇	20560	44539	8230	18792	6178

陕西省

2-1-27 续表 20　　单位：公顷、人

建制镇名称	行政区域面积	总人口	镇区人口	从业人员	#二三产业
洛南县古城镇	12800	27135	10392	11779	5274
洛南县三要镇	10440	18180	4160	7195	1830
洛南县灵口镇	37500	29539	2380	14016	2401
洛南县寺耳镇	25666	12883	930	6475	868
洛南县巡检镇	24794	13614	2025	6316	1496
洛南县石坡镇	26748	26708	2960	10804	2341
洛南县石门镇	18230	24991	9732	8182	2976
洛南县麻坪镇	13987	16568	1816	7768	3015
洛南县洛源镇	14157	17143	1752	9019	3941
洛南县保安镇	10736	25743	1766	12334	5942
洛南县卫东镇	3071	11445	1589	5290	1697
洛南县永丰镇	5892	22552	8261	8197	1620
洛南县谢湾镇	6667	15392	1078	4628	674
洛南县四皓镇	6000	14775	1814	7099	2325
洛南县柏峪寺镇	7610	14322	930	6188	185
洛南县高耀镇	14700	15982	1234	7747	1011
洛南县寺坡镇	5460	11865	1542	4845	1393
丹凤县龙驹寨镇	17867	65991	37880	22141	8590
丹凤县庾岭镇	19400	17174	1789	8134	1485
丹凤县蔡川镇	11900	8609	1306	3957	2036
丹凤县峦庄镇	20700	15478	894	7145	4262
丹凤县铁峪铺镇	12440	16372	2531	7716	4406
丹凤县武关镇	15820	14013	1316	5415	2875
丹凤县竹林关镇	21283	28844	3039	12652	4178
丹凤县土门镇	12770	15686	335	10120	5424
丹凤县寺坪镇	17045	16967	980	6517	2524
丹凤县商镇	19523	35094	7545	15194	6136
丹凤县棣花镇	7800	22350	5270	8913	5414
丹凤县资峪镇	13761	16158	2044	6538	3189
丹凤县北赵川镇	12850	7714	1150	3758	1816
丹凤县桃坪镇	16600	6889	1184	3149	941
丹凤县月日镇	11441	9881	1337	4268	1729
丹凤县花瓶子镇	12600	10134	1730	5286	955
商南县城关镇	23300	70766	60827	33484	11269
商南县富水镇	14700	20510	4003	10666	5519
商南县湘河镇	15880	12540	1630	7057	1780
商南县白浪镇	6670	7305	1098	2892	1041
商南县赵川镇	17071	12890	4154	6621	4427
商南县过风楼镇	9860	15328	2035	7254	4933
商南县试马镇	13310	18324	1702	8176	6559
商南县清油河镇	25800	13229	2809	6332	4539
商南县十里坪镇	32240	19019	1467	9695	7225
商南县金丝峡镇	30060	24789	1407	11896	8832
商南县青山镇	12049	10876	1505	5421	2831
商南县水沟镇	15110	7684	1486	3924	2415
商南县魏家台镇	14650	6740	1215	2701	2406
山阳县城关镇	22392	70211	31747	16642	9365
山阳县高坝店镇	17297	32421	3223	12717	6904
山阳县天竺山镇	10065	12389	1008	5202	2704
山阳县中村镇	14858	24231	1782	10673	6953
山阳县银花镇	8747	16885	1688	6650	4181

陕西省

2-1-27 续表 21

单位：公顷、人

建制镇名称	行政区域面积	总人口	镇区人口	从业人员	#二三产业
山阳县西照川镇	16750	13231	1585	5298	2612
山阳县漫川关镇	23076	26939	5440	10005	3680
山阳县南宽坪镇	23010	20082	1728	7114	1128
山阳县户家塬镇	16270	28584	2301	11642	9661
山阳县杨地镇	18250	22460	1701	8983	5820
山阳县牛耳川镇	8660	8205	1080	3267	1994
山阳县小河口镇	22370	21763	2886	8979	3963
山阳县色河铺镇	13060	15996	1923	6596	1968
山阳县板岩镇	22120	26416	1346	10690	5410
山阳县元子街镇	10140	10489	1790	4193	1061
山阳县十里铺镇	14756	31687	2142	12223	8415
山阳县延坪镇	18149	14698	625	5630	1924
山阳县两岭镇	12590	11591	1220	4262	2024
山阳县王闫镇	12300	6929	1680	3039	1033
山阳县天桥镇	14320	7237	731	2670	129
山阳县石佛寺镇	12830	9797	1150	3606	941
山阳县法官镇	14510	20568	2654	7519	1644
山阳县双坪镇	6980	9348	1226	3293	890
镇安县永乐镇	38583	75494	51974	38607	30113
镇安县回龙镇	12327	10328	1774	4358	2535
镇安县铁厂镇	12778	13312	2145	4473	2420
镇安县大坪镇	12695	17876	2226	9071	7677
镇安县米粮镇	17037	23377	4500	11186	8159
镇安县茅坪回族镇	10528	11316	2721	6420	3801
镇安县西口回族镇	16665	16736	2054	9375	2090
镇安县高峰镇	9978	10851	1329	3953	577
镇安县青铜关镇	27800	19817	1916	10262	6981
镇安县柴坪镇	27303	18936	1470	7242	3384
镇安县达仁镇	22439	12020	1750	6740	5070
镇安县木王镇	29962	8695	2759	4686	2819
镇安县东川镇	34279	11707	1887	4155	3374
镇安县云盖寺镇	20971	13467	3096	6950	4510
镇安县庙沟镇	16147	10071	1102	5844	877
镇安县张家镇	5633	9426	1887	5112	2642
镇安县灵龙镇	7707	10710	2112	5472	3452
镇安县月河镇	10155	2063	543	800	491
镇安县杨泗镇	15753	2344	1136	1151	656
柞水县乾佑镇	21096	23998	18588	13620	7816
柞水县营盘镇	41455	7889	1041	3498	931
柞水县下梁镇	20900	11323	3189	6400	3694
柞水县石瓮镇	10695	6633	2245	3199	1470
柞水县小岭镇	11106	11400	1540	6380	3218
柞水县凤凰镇	16310	17350	4535	9888	1228
柞水县红岩寺镇	19043	16890	1200	9240	3658
柞水县曹坪镇	7450	9498	898	5782	3426
柞水县蔡玉窑镇	13306	7325	2206	3568	1238
柞水县杏坪镇	18319	17880	2448	10273	5742
柞水县瓦房口镇	19820	15124	643	8934	3070
柞水县柴庄镇	6000	5288	980	2648	757
柞水县丰北河镇	22200	3810	235	2337	160

2-1-28 甘肃省建制镇名录及基本情况

单位：公顷、人

建制镇名称	行政区域面积	总人口	镇区人口	从业人员	#二三产业
兰州市七里河区阿干镇	8550	27925	16656	5642	2864
兰州市七里河区八里镇	4260	22945	2673	10219	5268
兰州市七里河区彭家坪镇	2280	16231	1112	9079	4996
兰州市七里河区西果园镇	8260	19573	1624	10335	2365
兰州市西固区新城镇	5226	23628	9725	8307	5555
兰州市西固区东川镇	3349	8990	5510	5070	2138
兰州市红古区海石湾镇	2533	48602	39938	33512	29697
兰州市红古区花庄镇	20478	14333	2679	8707	2733
兰州市红古区平安镇	12685	17026	2041	9217	3724
永登县城关镇	6733	46469	42571	11152	8820
永登县红城镇	33778	26567	6281	14074	6890
永登县中堡镇	8245	24789	3370	11634	3905
永登县武胜驿镇	46931	35305	4350	21391	3024
永登县河桥镇	16843	37401	2468	18154	6652
永登县连城镇	41900	33517	5201	15254	5455
永登县苦水镇	44000	31473	2277	15309	3789
永登县中川镇	28000	42137	6945	19331	5218
永登县秦川镇	18841	47762	7870	27471	8314
永登县大同镇	28500	24614	3021	16988	3095
永登县龙泉寺镇	25500	22077	1503	14563	3228
永登县树屏镇	32400	14337	2085	7586	4105
永登县上川镇	34581	29865	3040	15043	4286
皋兰县石洞镇	40600	49505	37000	26500	19500
皋兰县西岔镇	38200	41594	6650	20790	8371
皋兰县忠和镇	25100	17056	12810	9438	3689
皋兰县什川镇	40500	20224	11047	12973	4576
皋兰县九合镇	21400	15323	2511	8500	2131
榆中县城关镇	11009	92147	56565	40883	21101
榆中县夏官营镇	18609	30489	3486	17650	5082
榆中县高崖镇	7412	9927	3000	6169	1804
榆中县金崖镇	29390	30279	5138	10947	9437
榆中县和平镇	19623	81211	3028	25635	5430
榆中县甘草店镇	12148	16340	2500	11462	6884
榆中县青城镇	13804	19619	7393	11882	4250
榆中县定远镇	9780	23710	4061	14382	4128
嘉峪关市新城镇	27180	10300	1478	7699	1071
嘉峪关市峪泉镇	80000	3000	708	2086	1985
嘉峪关市文殊镇	13391	7545	928	5055	1240
金昌市金川区宁远堡镇	96000	40000	10020	25600	3165
金昌市金川区双湾镇	8500	19829	4463	12131	3215
永昌县城关镇	21278	36444	33987	9057	5777
永昌县河西堡镇	66400	61759	41196	14612	10570
永昌县新城子镇	64200	26171	2331	16105	4700
永昌县朱王堡镇	40717	28767	2564	15531	6632
永昌县东寨镇	12400	15430	840	9015	4543
永昌县水源镇	59800	20074	2130	12249	3025
白银市白银区水川镇	9700	25205	5586	13537	4616
白银市白银区四龙镇	9900	10606	4032	3025	2561
白银市白银区王岘镇	3500	8485	338	3984	1557
白银市平川区王家山镇	23500	14325	8435	7562	2219
白银市平川区水泉镇	66030	45350	10950	16825	2324
白银市平川区共和镇	29130	19985	3125	10540	2125

甘肃省

2-1-28 续表 1

单位：公顷、人

建制镇名称	行政区域面积	总人口	镇区人口	从业人员	#二三产业
靖远县北湾镇	25085	37715	5619	22183	10018
靖远县东湾镇	22930	39871	4355	22071	4304
靖远县乌兰镇	32855	69208	51679	37055	20343
会宁县会师镇	18680	49682	42072	24945	17449
会宁县郭城驿镇	32910	35242	5495	17851	4078
会宁县河畔镇	24340	25127	3985	12543	2953
会宁县头寨子镇	47300	29126	2076	16768	4313
会宁县太平店镇	13990	20486	560	10635	2267
会宁县甘沟驿镇	33620	23208	2543	12176	2198
景泰县一条山镇	13970	61623	49876	14326	3622
景泰县芦阳镇	34660	26636	6275	17513	5791
景泰县上沙沃镇	45520	9923	3307	6968	899
景泰县喜泉镇	59140	23556	4242	14804	5163
景泰县草窝滩镇	59150	20690	5016	10653	2980
景泰县红水镇	30060	19563	3276	9260	2197
天水市秦州区玉泉镇	8847	32399	710	16101	7067
天水市秦州区太京镇	13451	30270	1706	13720	1302
天水市秦州区藉口镇	19096	37003	1890	19160	6124
天水市秦州区皂郊镇	22106	36958	5668	20154	3870
天水市秦州区汪川镇	18847	40698	6184	21480	12138
天水市秦州区牡丹镇	13208	27698	3530	14637	3631
天水市秦州区关子镇	11301	28456	5200	15500	4337
天水市秦州区平南镇	9546	40833	1784	27958	11740
天水市秦州区天水镇	9152	31500	5535	15668	5678
天水市秦州区娘娘坝镇	14222	26081	1930	13910	2639
天水市麦积区社棠镇	6400	18506	5605	9569	5933
天水市麦积区马跑泉镇	9700	49837	7620	24676	9756
天水市麦积区甘泉镇	21100	39920	5390	19976	8739
天水市麦积区渭南镇	9400	43179	2868	21747	7528
天水市麦积区东岔镇	34800	10924	1035	5555	2794
天水市麦积区花牛镇	12300	42702	3360	21369	12766
天水市麦积区中滩镇	4800	37293	3438	18900	10895
天水市麦积区新阳镇	8660	32859	4706	16770	3714
天水市麦积区元龙镇	20780	20105	1010	11855	6389
天水市麦积区伯阳镇	14000	23682	2270	10778	1120
天水市麦积区麦积镇	19300	19624	1710	10548	4498
天水市麦积区石佛镇	10000	42675	5286	22050	12050
清水县永清镇	14950	53076	36224	25978	4630
清水县红堡镇	14980	28224	2949	13929	3485
清水县白驼镇	12920	17914	2270	9024	2673
清水县金集镇	8880	17594	2800	8992	2100
清水县秦亭镇	22520	16615	1402	8528	1446
清水县山门镇	22980	10881	1053	5942	518
秦安县兴国镇	7365	83374	56116	42265	18830
秦安县莲花镇	9452	42918	7862	24930	8879
秦安县西川镇	7282	38906	17915	23540	10934
秦安县陇城镇	7895	32058	7838	19104	5663
秦安县郭嘉镇	14372	43021	3200	27672	3460
甘谷县大像山镇	4894	100208	81580	50163	24540
甘谷县磐安镇	17200	78899	14824	41720	12762
甘谷县新兴镇	12987	110099	6630	59600	29405
甘谷县安远镇	15525	46901	6581	26420	11351

甘肃省

2-1-28 续表 2 单位：公顷、人

建制镇名称	行政区域面积	总人口	镇区人口	从业人员	#二三产业
甘谷县六峰镇	6288	47445	7072	26844	19632
武山县城关镇	11554	64820	42831	35102	20120
武山县洛门镇	11468	82127	11933	45991	11268
武山县鸳鸯镇	11626	28045	16154	15330	4710
武山县滩歌镇	18733	39913	11223	20370	9809
武山县四门镇	13176	30026	2993	14713	5533
武山县马力镇	20467	44928	8270	23654	8513
张家川县张家川镇	9080	66010	19176	30379	8816
张家川县龙山镇	4230	37418	11780	21530	6193
张家川县恭门镇	17800	26739	2930	14978	2610
武威市凉州区黄羊镇	15273	67060	32600	35108	13412
武威市凉州区武南镇	8715	52055	23044	22109	7220
武威市凉州区清源镇	10680	22035	461	14605	3522
武威市凉州区永昌镇	10400	41103	5160	26586	8300
武威市凉州区双城镇	7700	34036	4210	21380	3801
武威市凉州区丰乐镇	14200	15716	2450	7808	2010
武威市凉州区高坝镇	9300	55306	18900	34533	11435
武威市凉州区金羊镇	2500	37265	1657	22255	6795
武威市凉州区和平镇	2552	15766	2165	8535	5980
武威市凉州区羊下坝镇	2180	17052	2010	9120	1658
武威市凉州区中坝镇	2113	15771	2460	8231	2320
武威市凉州区永丰镇	4043	10750	3100	6010	1534
武威市凉州区古城镇	15500	25630	2635	13820	5100
武威市凉州区张义镇	34700	42001	16532	21052	1463
武威市凉州区发放镇	3544	25263	2895	12630	4469
武威市凉州区西营镇	35700	22762	885	12350	4170
武威市凉州区四坝镇	4200	13204	3085	7985	1750
武威市凉州区洪祥镇	7000	21704	2985	14583	1633
武威市凉州区谢河镇	10500	21065	1800	11000	2762
民勤县三雷镇	4950	46329	42580	29050	18846
民勤县东坝镇	10500	11286	2827	4269	1230
民勤县泉山镇	8910	12260	2396	5074	1006
民勤县西渠镇	51800	23007	2846	9639	2262
民勤县东湖镇	530990	15690	1530	6474	825
民勤县红沙岗镇	583130	1600	1560	906	878
古浪县古浪镇	8700	17785	9820	9532	2611
古浪县泗水镇	14700	22874	1958	10025	2747
古浪县土门镇	17600	38277	6882	22448	4794
古浪县大靖镇	37000	39029	16011	24955	4333
古浪县裴家营镇	28800	18539	10626	9935	2380
古浪县海子滩镇	18700	26945	2310	12676	2860
古浪县定宁镇	16700	24087	18321	13117	1523
古浪县黄羊川镇	27400	25352	3782	12982	2315
古浪县黑松驿镇	13400	20564	2164	13210	2426
天祝县华藏寺镇	54635	19155	7178	11026	3461
天祝县打柴沟镇	40067	15579	6638	8272	2068
天祝县安远镇	20648	9999	3329	5095	1064
天祝县炭山岭镇	35643	6769	2490	4110	1145
天祝县哈溪镇	50985	23891	2060	13000	2711
天祝县赛什斯镇	40544	12430	1563	6507	1584
天祝县石门镇	17735	6004	1433	3411	1149
天祝县松山镇	71137	12451	1582	8115	3583

甘肃省

2-1-28 续表 3

单位：公顷、人

建制镇名称	行政区域面积	总人口	镇区人口	从业人员	#二三产业
天祝县天堂镇	30104	10389	1100	5758	791
张掖市甘州区梁家墩镇	1650	18755	2878	10825	6885
张掖市甘州区上秦镇	5930	25021	8354	16392	10022
张掖市甘州区大满镇	8325	30213	2793	20275	9695
张掖市甘州区沙井镇	18900	35907	2328	22476	7552
张掖市甘州区乌江镇	92000	24873	3538	17826	7873
张掖市甘州区甘浚镇	25000	22500	2798	14396	2641
张掖市甘州区新墩镇	7500	25760	1312	15998	11214
张掖市甘州区党寨镇	5500	31012	3422	19685	11768
张掖市甘州区碱滩镇	9607	19802	1034	11442	5891
张掖市甘州区三闸镇	10550	18095	2235	12765	5826
张掖市甘州区小满镇	8500	22377	3493	14261	9552
肃南县红湾寺镇	520	9416	7518	3178	1133
肃南县皇城镇	397200	8555	5890	3289	910
民乐县洪水镇	15934	35008	11429	19213	3144
民乐县六坝镇	25000	22475	3860	12674	4375
民乐县新天镇	24948	26380	4431	17202	2295
民乐县南古镇	22520	26274	3692	15924	2982
民乐县永固镇	10379	17754	5261	10899	1903
民乐县三堡镇	7911	16300	2271	12511	1703
临泽县沙河镇	9600	40191	1005	11523	10680
临泽县新华镇	20000	16031	3208	8960	4759
临泽县蓼泉镇	12900	17378	2901	10067	4037
临泽县平川镇	83600	20541	2365	12384	6844
临泽县板桥镇	133000	16584	3398	9585	4322
高台县城关镇	307	26141	24866	15311	15120
高台县宣化镇	6387	16821	2862	11686	4600
高台县南华镇	7667	17672	2108	9260	1909
山丹县清泉镇	72370	64677	6110	32511	20790
山丹县位奇镇	55600	23748	2197	14080	8110
山丹县霍城镇	17919	21865	2435	13727	4388
平凉市崆峒区四十里铺镇	12740	54471	21833	29043	16399
平凉市崆峒区崆峒镇	18666	17557	3830	11406	3438
平凉市崆峒区白水镇	10400	28701	3602	15638	6740
平凉市崆峒区草峰镇	20429	30137	1500	16678	3876
泾川县城关镇	8424	31626	3652	14621	6312
泾川县玉都镇	6800	27749	2320	14029	4950
泾川县高平镇	22759	35554	2670	16387	9577
泾川县荔堡镇	12300	33436	4850	20876	9185
泾川县王村镇	10800	28835	2562	15342	4014
泾川县窑店镇	9450	17142	2342	9785	5445
灵台县中台镇	11134	26353	15850	12352	3079
灵台县邵寨镇	11842	17671	6380	8431	2328
灵台县独店镇	15722	37341	8398	17857	4880
灵台县什字镇	17520	31699	10237	15775	4365
灵台县朝那镇	12775	18124	7822	8860	3060
崇信县锦屏镇	20440	39846	13200	20019	6000
崇信县新窑镇	20130	9354	1655	6383	2260
华亭县东华镇	8290	52819	23251	25673	8003
华亭县安口镇	17146	30969	13896	15729	4404
华亭县西华镇	23660	25626	3456	12562	4211
华亭县马峡镇	15117	12212	2542	6145	2164

甘肃省

2-1-28 续表 4 单位：公顷、人

建制镇名称	行政区域面积	总人口	镇区人口	从业人员	#二三产业
华亭县策底镇	7388	10226	2483	5079	1512
庄浪县水洛镇	6600	36291	13508	18995	5789
庄浪县南湖镇	8400	25346	7579	12613	3853
庄浪县朱店镇	10600	37921	10913	18977	6475
庄浪县万泉镇	6250	30100	3916	16388	4825
庄浪县韩店镇	17600	22366	4932	12219	3488
静宁县城关镇	2600	12329	10371	6862	1310
静宁县威戎镇	9700	31671	7891	15708	3646
静宁县界石铺镇	15800	26673	2915	12863	3820
静宁县八里镇	7200	19049	2571	9980	2639
静宁县李店镇	8000	19263	2024	9245	2312
酒泉市肃州区西洞镇	9504	12414	4527	6885	4264
酒泉市肃州区清水镇	35100	18925	2629	11314	4000
酒泉市肃州区总寨镇	13006	19645	1530	9737	4614
酒泉市肃州区金佛寺镇	22411	16634	572	7467	2171
酒泉市肃州区上坝镇	11506	19306	2165	11184	6707
酒泉市肃州区三墩镇	18209	24635	2198	14010	7517
酒泉市肃州区银达镇	23212	29204	3399	16022	6784
金塔县中东镇	192040	11107	1391	5544	1084
金塔县鼎新镇	244667	11231	1620	6460	1132
金塔县金塔镇	75453	20580	2810	11633	4486
金塔县东坝镇	189207	22150	1514	11301	1727
金塔县航天镇	527400	10638	1630	5922	705
瓜州县渊泉镇	800	28980	28980	15517	14926
瓜州县柳园镇	970000	9493	9493	8703	8643
瓜州县三道沟镇	113000	11098	1854	5487	1966
瓜州县南岔镇	71200	8927	461	5709	1203
瓜州县锁阳城镇	497740	6048	2628	3354	1122
肃北县党城湾镇	2502800	9178	9142	5472	2565
肃北县马鬃山镇	3163000	1066	290	953	946
阿克塞县红柳湾镇	402356	6805	5810	4829	4360
玉门市老君庙镇	187389	29935	25800	19036	17524
玉门市玉门镇	93937	10776	3006	6163	1820
玉门市赤金镇	188280	12941	1604	6651	883
玉门市花海镇	398968	12603	4463	7447	3190
敦煌市沙洲镇	937	51560	51560	25240	25010
敦煌市七里镇	5600	12396	1906	6220	1944
敦煌市肃州镇	8961	20888	2940	11599	4876
敦煌市莫高镇	14213	14004	2089	7722	3650
敦煌市转渠口镇	6859	18465	4737	11114	4111
敦煌市阳关镇	3187	4553	1852	2849	815
庆阳市西峰区肖金镇	13460	43236	7847	22624	5595
庆阳市西峰区董志镇	13960	58322	8752	27694	9853
庆城县驿马镇	31024	39227	7458	19577	3131
庆城县卅铺镇	17968	21063	2365	13008	1986
庆城县马岭镇	23110	23408	1223	11378	821
庆城县庆城镇	10900	15545	7565	9729	2010
庆城县玄马镇	22903	19911	600	8333	584
环县环城镇	70087	35963	24142	15201	3840
环县曲子镇	40773	27204	10365	19306	3534
环县甜水镇	52727	12295	2320	6150	2560
环县木钵镇	32507	21811	2481	12133	3158

甘肃省

2-1-28 续表 5

单位：公顷、人

建制镇名称	行政区域面积	总人口	镇区人口	从业人员	#二三产业
华池县悦乐镇	30585	15289	3480	7335	1965
华池县柔远镇	32755	25801	15580	8793	600
华池县元城镇	19680	5773	2988	2760	492
合水县西华池镇	12850	40592	17182	12165	7245
合水县老城镇	26312	11114	5745	5892	2375
合水县太白镇	35760	7668	852	4348	2978
正宁县山河镇	11920	44811	17169	16690	11767
正宁县榆林子镇	9370	31848	9112	22731	2877
正宁县宫河镇	8886	33462	5634	19256	12256
正宁县永和镇	11520	26820	3135	13192	9293
宁县新宁镇	4669	32580	25314	15900	4790
宁县平子镇	10290	38464	5780	25419	1980
宁县早胜镇	10767	42498	2100	26305	786
宁县长庆桥镇	2500	10183	8421	5227	951
宁县和盛镇	13261	37310	7224	20032	6048
宁县湘乐镇	14700	29232	344	13605	1621
宁县新庄镇	10280	37784	2650	23810	1210
宁县盘克镇	13965	42960	5190	28732	802
镇原县城关镇	13160	28800	2880	7790	3800
镇原县屯字镇	23700	48189	2940	15825	5603
镇原县孟坝镇	25420	39011	4890	11615	4487
镇原县三岔镇	24320	17271	2880	8395	2293
镇原县平泉镇	21253	42060	3136	19042	2327
镇原县开边镇	15987	21800	2450	12717	4148
镇原县太平镇	23560	31829	3200	11229	2180
定西市安定区凤翔镇	26860	44502	4684	23100	8901
定西市安定区内官镇	31541	56192	31200	33488	9210
定西市安定区馋口镇	31152	26425	12300	15432	4560
定西市安定区称钩驿镇	18690	16806	2443	9006	532
定西市安定区鲁家沟镇	28601	14531	1896	8247	2462
定西市安定区西巩驿镇	20502	19207	3925	9508	1758
定西市安定区宁远镇	19325	19717	4160	9740	2901
定西市安定区李家堡镇	23105	23299	2885	14574	4020
定西市安定区团结镇	13433	15464	2573	9267	2715
定西市安定区香泉镇	14441	20993	2726	11780	2155
定西市安定区符家川镇	8979	13038	2082	7696	1612
定西市安定区葛家岔镇	15931	11794	1238	6807	1962
通渭县平襄镇	21800	60134	30136	22815	7093
通渭县马营镇	34083	42586	4436	22178	8930
通渭县鸡川镇	12798	18357	1805	9570	3066
通渭县榜罗镇	28054	39692	2100	25019	8449
通渭县常河镇	18223	35201	4720	21086	10730
通渭县义岗镇	14023	20757	3552	12076	1903
陇西县巩昌镇	13462	118021	78586	59011	30225
陇西县文峰镇	24148	81350	32381	39130	21790
陇西县首阳镇	12124	47964	14200	24281	3476
陇西县菜子镇	20247	43586	2824	23655	6704
陇西县福星镇	31663	36608	3680	18650	12188
陇西县通安驿镇	21056	26258	3706	13227	8943
陇西县云田镇	15779	24692	3130	12447	4301
陇西县碧岩镇	8012	20216	1792	10111	1669
陇西县马河镇	7903	14249	3288	7128	2425

甘肃省

2-1-28 续表 6 单位：公顷、人

建制镇名称	行政区域面积	总人口	镇区人口	从业人员	#二三产业
渭源县清源镇	20900	48579	18122	28652	3416
渭源县莲峰镇	14500	46228	6131	22997	6107
渭源县会川镇	11600	43536	8056	22232	6836
渭源县五竹镇	6300	14037	3794	7718	3648
渭源县路园镇	7900	20874	2359	10988	3676
渭源县北寨镇	14400	18055	2185	9364	1338
渭源县新寨镇	16000	21414	2219	11368	2051
渭源县麻家集镇	6300	16684	2083	8543	2090
临洮县洮阳镇	13146	96068	45643	53980	35100
临洮县八里铺镇	12185	35993	2540	17960	6533
临洮县新添镇	13332	50495	9080	26820	4224
临洮县辛店镇	18077	38277	2280	19407	2997
临洮县太石镇	21733	35098	6124	23856	6184
临洮县中铺镇	25568	20262	3443	11784	3605
临洮县峡口镇	20174	16596	2508	10165	1825
临洮县龙门镇	22093	25485	3341	12970	1795
临洮县窑店镇	14585	23363	2168	12232	2948
临洮县玉井镇	9888	39175	3416	20977	1865
临洮县衙下镇	14078	45108	2897	22218	8490
临洮县南屏镇	12987	31008	267	15832	6024
漳县武阳镇	12130	29431	17592	11192	4304
漳县三岔镇	12260	24006	3478	9997	1081
漳县新寺镇	9027	20177	9262	13860	8773
漳县金钟镇	28020	17667	2422	8872	3106
岷县岷阳镇	3730	45384	1789	25505	15443
岷县蒲麻镇	28839	30054	1200	14994	2103
岷县西寨镇	6768	18058	1366	9128	1222
岷县梅川镇	18402	44217	1886	22624	5471
岷县西江镇	11470	27681	1731	13955	8330
岷县闾井镇	50300	36092	2199	18968	492
岷县十里镇	9463	42426	2315	22439	5205
岷县茶埠镇	10560	25763	1185	13480	6028
岷县中寨镇	19543	35638	1491	18660	9343
陇南市武都区城关镇	7430	61063	43120	34962	32842
陇南市武都区安化镇	17870	31925	10621	13700	1558
陇南市武都区东江镇	2010	7361	7358	4264	2170
陇南市武都区两水镇	16860	27910	11930	12858	1730
陇南市武都区汉王镇	11730	26600	3880	11680	1550
陇南市武都区洛塘镇	27770	26936	4357	9490	1517
陇南市武都区角弓镇	10180	21960	3699	8600	1107
陇南市武都区马街镇	11860	29521	3229	12460	1260
陇南市武都区三河镇	8430	12196	1920	7470	795
陇南市武都区甘泉镇	8340	11817	1566	6562	640
陇南市武都区鱼龙镇	19880	19351	2240	10480	796
陇南市武都区琵琶镇	15130	14191	1925	7680	656
成县城关镇	11121	75632	57921	43354	32367
成县黄渚镇	8531	10245	5849	5410	2226
成县红川镇	4552	11542	4533	5889	1635
成县小川镇	7034	19470	6990	11060	6367
成县纸坊镇	7802	13208	1027	7152	662
成县抛沙镇	6200	23874	3890	13800	7180
成县店村镇	6671	18163	2500	9537	5411

甘肃省

2-1-28 续表 7 单位：公顷、人

建制镇名称	行政区域面积	总人口	镇区人口	从业人员	#二三产业
成县王磨镇	9170	9184	1355	3988	2221
成县陈院镇	8995	10944	1660	5764	1108
成县沙坝镇	6912	11998	1614	6970	2287
成县黄陈镇	5901	11584	1586	5848	980
成县鸡峰镇	19202	17977	1860	9509	910
文县城关镇	15400	35450	20840	16608	5266
文县碧口镇	20000	16849	7124	7370	3257
文县尚德镇	20900	11997	2856	6398	871
宕昌县城关镇	21600	32213	25184	8197	1617
宕昌县哈达铺镇	14060	29092	10200	16271	3076
宕昌县理川镇	8980	21327	5617	15900	3173
宕昌县南阳镇	10500	14985	2485	9390	4690
宕昌县官亭镇	9141	11632	1198	8197	1805
宕昌县沙湾镇	10795	25983	3453	8613	4311
康县城关镇	10430	27204	21246	7838	3020
康县平洛镇	11808	11310	1876	6740	1956
康县大堡镇	9632	10779	1637	5874	1366
康县岸门口镇	19650	10052	1468	4533	515
康县两河镇	16527	5048	631	2929	723
康县长坝镇	15327	13929	1925	8465	2791
康县云台镇	11628	11660	2183	6421	1956
康县阳坝镇	50493	12272	3024	6405	1916
西和县汉源镇	1777	37093	8943	9650	7605
西和县长道镇	7785	26010	2853	13859	4739
西和县何坝镇	9698	34212	2487	16538	5567
西和县姜席镇	7082	29019	652	14452	5136
西和县石峡镇	9762	10700	1389	6542	408
西和县洛峪镇	16334	31905	1490	13970	6759
礼县城关镇	15961	53873	26532	21430	14186
礼县盐官镇	12172	47820	9214	23120	16451
礼县石桥镇	19635	35985	3820	18120	7071
礼县白河镇	18546	20334	3654	9482	954
徽县城关镇	6410	33500	13946	16809	3923
徽县伏家镇	10230	26614	9542	13182	4064
徽县江洛镇	31250	20347	8341	12320	4674
徽县泥阳镇	6060	14010	4096	7175	2265
徽县柳林镇	23310	8995	1459	5429	3179
徽县嘉陵镇	25039	10154	1349	5124	1232
徽县永宁镇	8400	11510	1351	7378	3569
两当县城关镇	2885	11217	8105	2928	1763
两当县站儿巷镇	9877	3830	646	2406	764
两当县西坡镇	8000	5440	2081	2079	625
临夏市城郊镇	917	27983	16109	8900	4135
临夏市枹罕镇	3057	36478	4219	16856	9312
临夏市南龙镇	2500	20036	3288	15495	9895
临夏市折桥镇	2301	18096	3310	10422	5582
临夏县韩集镇	2146	23703	13680	8265	3298
临夏县土桥镇	2643	21046	8429	8830	5027
临夏县马集镇	3367	17429	2336	8448	5266
临夏县莲花镇	4080	7407	1765	4428	887
临夏县新集镇	3569	21442	4697	10441	4227
临夏县尹集镇	7180	33461	3203	22349	8167

甘肃省

2-1-28 续表 8 单位：公顷、人

建制镇名称	行政区域面积	总人口	镇区人口	从业人员	#二三产业
康乐县附城镇	4800	28799	26799	11835	2413
康乐县苏集镇	4806	22057	1316	12698	5133
康乐县胭脂镇	4926	26038	3755	13785	4289
康乐县景古镇	1588	16124	1307	7772	1049
康乐县莲麓镇	15461	11617	1027	5504	352
永靖县刘家峡镇	2300	40164	32265	19910	17920
永靖县盐锅峡镇	18300	27581	6004	13790	4690
永靖县太极镇	14800	20816	4233	10628	4390
永靖县西河镇	12700	12522	1050	6240	1818
永靖县三塬镇	8900	18463	1681	10967	7578
永靖县岘塬镇	2700	9085	1219	4609	926
永靖县陈井镇	8900	11526	1207	6080	1905
永靖县川城镇	6400	7551	1293	3600	1261
永靖县王台镇	5600	6756	1235	3385	1900
永靖县红泉镇	10200	5645	460	3209	1732
广河县城关镇	5754	43392	9600	20075	11800
广河县三甲集镇	9210	48211	15505	23000	822
广河县祁家集镇	6181	31726	1840	26022	4400
广河县庄禾集镇	7928	23223	1932	11145	1731
广河县买家巷镇	5221	21184	2020	14337	2590
广河县齐家镇	6355	19767	1288	10500	1630
和政县城关镇	2801	31331	9323	12558	7535
和政县三合镇	2512	11295	3290	4205	1518
和政县三十里铺镇	5577	20839	2730	11989	5318
和政县马家堡镇	3737	15668	2540	6189	3863
和政县买家集镇	5400	13071	4090	6654	847
和政县松鸣镇	6700	17326	17326	7299	1329
东乡县锁南镇	6194	13901	8865	6544	1976
东乡县达板镇	5349	25625	7530	8520	4286
东乡县河滩镇	8827	30173	8110	16235	8540
东乡县那勒寺镇	7605	22872	5825	11064	3408
东乡县唐汪镇	4521	14332	7015	7265	4614
积石山县吹麻滩镇	3620	21335	11753	7697	5662
积石山县大河家镇	5272	31437	12762	16110	6327
积石山县居集镇	3033	14818	4217	7295	1537
积石山县别藏镇	2967	17231	2854	6104	2344
临潭县城关镇	2760	20950	15130	17970	2080
临潭县新城镇	13653	20041	4023	11630	2483
临潭县冶力关镇	15433	10338	3870	7435	1182
卓尼县柳林镇	5212	14109	6409	4866	604
卓尼县木耳镇	100300	9147	2243	5267	855
卓尼县扎古录镇	23422	6012	1792	4103	980
舟曲县城关镇	11601	23579	19259	13122	5812
舟曲县大川镇	4557	6330	2259	3507	2119
迭部县电尕镇	63614	5858	3806	3516	457
玛曲县尼玛镇	93887	12497	7731	2214	678
碌曲县郎木寺镇	58693	4932	1743	2381	406
碌曲县玛艾镇	79070	10407	5031	2407	191
夏河县拉卜楞镇	19253	18935	2467	9574	1320
夏河县王格尔塘镇	21513	4028	1687	1854	578
夏河县阿木去乎镇	91042	12628	715	7606	1634

2-1-29 青海省建制镇名录及基本情况

单位：公顷、人

建制镇名称	行政区域面积	总人口	镇区人口	从业人员	#二三产业
西宁市城东区乐家湾镇	5585	25879	6571	7538	6533
西宁市城东区韵家口镇	3540	40081	3266	13097	8444
西宁市城中区总寨镇	10600	47481	1376	14575	9275
西宁市城西区彭家寨镇	4590	13748	13748	11138	424
西宁市城北区大堡子镇	4499	19876	6700	11332	6157
西宁市城北区廿里铺镇	3758	41120	2890	11147	6404
大通县桥头镇	12014	38602	2170	24512	17738
大通县城关镇	4364	23627	7491	12593	10070
大通县塔尔镇	7680	31157	4208	18456	10294
大通县东峡镇	9440	15050	830	9575	6450
大通县黄家寨镇	6777	25558	2157	13605	7274
大通县长宁镇	9665	38416	3052	22102	12377
大通县景阳镇	10640	24329	2756	15674	6582
大通县多林镇	4680	9536	1448	6605	2682
大通县新庄镇	5440	15515	2850	8018	4731
湟中县鲁沙尔镇	18381	56182	24717	23758	18878
湟中县西堡镇	9401	23988	410	12906	7676
湟中县上新庄镇	22523	32615	910	17972	12462
湟中县田家寨镇	32949	42184	2384	29431	12641
湟中县甘河滩镇	6649	19897	970	12283	7799
湟中县共和镇	26414	31968	2904	19758	9919
湟中县多巴镇	14876	64281	10351	38933	15054
湟中县拦隆口镇	14608	41004	4062	23570	18034
湟中县上五庄镇	56153	33907	2395	18327	10121
湟中县李家山镇	14495	24860	2092	13186	6828
湟源县城关镇	4329	37151	34220	13698	10783
湟源县大华镇	23570	22401	4018	11982	3040
平安县平安镇	10688	52771	9545	31305	27324
平安县小峡镇	7310	12247	2100	8187	3230
平安县三合镇	16432	13275	1496	7025	3008
民和县川口镇	8400	69916	69176	38345	15416
民和县古鄯镇	8395	23259	3229	9752	7600
民和县马营镇	8687	28881	6560	12888	6318
民和县官亭镇	6165	17543	6520	8000	4500
民和县巴州镇	12476	25065	10115	11082	5860
民和县满坪镇	6313	18971	2381	7325	3356
民和县李二堡镇	8582	21877	1727	9991	5495
民和县硖门镇	3400	13876	4740	8129	4719
乐都县碾伯镇	15268	65969	3300	18913	8288
乐都县雨润镇	8656	16808	3280	6716	3689
乐都县寿乐镇	67224	27172	1500	11203	7133
乐都县高庙镇	10626	25128	2352	10218	6770
乐都县洪水镇	14118	18772	1700	9202	3959

青海省

2-1-29 续表 1　　　　单位：公顷、人

建制镇名称	行政区域面积	总人口	镇区人口	从业人员	#二三产业
乐都县高店镇	6178	8594	1225	4248	2104
乐都县曲昙镇	25075	21150	1318	10036	5977
互助县威远镇	8140	52989	52960	23462	14612
互助县丹麻镇	15100	22330	1150	11331	6844
互助县高寨镇	9420	12626	1623	8393	3239
互助县南门峡镇	22252	19480	2025	11330	1338
互助县加定镇	63020	7401	1702	4329	791
互助县塘川镇	15176	40458	614	20983	19941
互助县五十镇	8950	17416	1200	9185	2808
互助县五峰镇	18420	28730	3180	12284	1962
化隆县巴燕镇	15072	26721	9268	18918	13813
化隆县群科镇	10012	24769	1908	10870	4349
化隆县牙什尕镇	8137	13691	1895	7943	1335
化隆县甘都镇	16491	20536	1715	11446	6923
化隆县扎巴镇	17431	20101	867	9702	4062
化隆县昂思多镇	9944	22541	902	9547	3243
循化县积石镇	11501	22444	1425	9700	5791
门源县浩门镇	187114	30576	19915	6889	3497
门源县青石咀镇	74811	34551	2860	14602	2608
门源县泉口镇	22318	19878	1499	12061	3751
门源县东川镇	45224	20014	2182	9830	1977
祁连县八宝镇	81425	23698	23698	6372	463
祁连县峨堡镇	116505	3408	3408	1939	229
祁连县默勒镇	304261	7505	7505	4522	681
海晏县三角城镇	75232	4045	4045	2574	1606
刚察县沙柳河镇	123782	15705	4808	2870	273
刚察县哈尔盖镇	172901	11684	8217	3733	620
同仁县隆务镇	10471	7858	1603	1369	1099
同仁县保安镇	31933	8914	1638	5621	1005
尖扎县马克堂镇	7508	5570	5500	2859	978
尖扎县康扬镇	3503	8100	453	3880	2305
尖扎县坎布拉镇	37437	11585	1910	6090	2505
泽库县泽曲镇	98996	11967	11967	9111	508
泽库县麦秀镇	142221	11181	11181	5306	187
河南县优干宁镇	12534	12920	6500	7029	643
共和县恰卜恰镇	66860	46237	33776	6648	3590
共和县倒淌河镇	191648	11444	1288	5040	1164
共和县龙羊镇	74550	10415	2043	4738	1596
共和县塘格木镇	137630	16105	1928	6536	468
同德县尕巴松多镇	133729	14613	11280	7001	1543
同德县唐谷镇	104969	12806	420	7467	313
贵德县河阴镇	3365	23039	22629	5615	3284
贵德县河西镇	43454	23467	3224	12299	7329

青海省

2-1-29 续表 2　　　　单位：公顷、人

建制镇名称	行政区域面积	总人口	镇区人口	从业人员	#二三产业
贵德县拉西瓦镇	86122	6352	1138	3149	2176
贵德县常牧镇	125733	18085	2110	9779	7066
兴海县子科滩镇	339840	24758	13904	4923	100
兴海县河卡镇	223904	14723	2222	4607	130
兴海县曲什安镇	72537	5448	350	2956	534
贵南县茫曲镇	23681	15782	5997	3952	1437
贵南县过马营镇	298376	22623	711	5087	
玛沁县大武镇	160313	3320	214	2204	30
玛沁县拉加镇	262620	10702	1087	5004	99
班玛县赛来塘镇	61856	2247	126	913	148
甘德县柯曲镇	175300	5533	94	2704	38
达日县吉迈镇	92680	2591	62	1005	70
久治县智青松多镇	186565	3647	83	1846	167
玛多县花石峡镇	880466	4677	540	2447	
玉树县结古镇	293526	8794	3038	3713	
玉树县隆宝镇	190234	8120	1857	4306	
杂多县萨呼腾镇	201600	7446	2657	4133	
称多县称文镇	102400	7961	83	2894	267
称多县歇武镇	73300	5654	1718	2126	509
称多县扎朵镇	455200	8475	2932	3342	
称多县清水河镇	442700	7639	3233	4053	19
治多县加吉博洛镇	152705	3276	3150	2098	
囊谦县香达镇	136430	23152	18359	5285	51
曲麻莱县约改镇	243600	4093	415	1938	368
格尔木市唐古拉镇	4754008	1536	238	665	110
格尔木市郭勒木德镇	2622397	30564	3043	17049	6173
德令哈市尕海镇	200000	7076	7076	4525	287
德令哈市怀头他拉镇	1050000	3056	1015	1608	522
德令哈市柯鲁柯镇	600000	16894	1002	8465	
大柴旦行委柴旦镇	1550000	10477	10477	495	94
茫崖行委花土沟镇	2985500	24907	24907	129	
乌兰县希里沟镇	27034	11092	11092	3675	2541
乌兰县茶卡镇	171044	1995	893	1241	177
乌兰县柯柯镇	806284	11901	1567	7437	1295
乌兰县铜普镇	204766	4143	455	2522	379
都兰县察汗乌苏镇	85764	8513	8513	4612	
都兰县香日德镇	70674	24103	24103	16133	
都兰县夏日哈镇	343736	5800	126	549	
都兰县宗加镇	2380025	2680	560	1432	
天峻县新源镇	156220	24807	5884	16200	
天峻县木里镇	412700	6352	993	4562	
天峻县江河镇	81000	2012	2012	852	

2-1-30　宁夏回族自治区建制镇名录及基本情况

单位：公顷、人

建制镇名称	行政区域面积	总人口	镇区人口	从业人员	#二三产业
银川市兴庆区掌政镇	15300	25600	3800	14120	2810
银川市兴庆区大新镇	3300	25893	6181	12817	5465
银川市西夏区兴泾镇	2886	22035	4796	6910	3332
银川市西夏区镇北堡镇	8345	25340	9550	10060	6381
银川市金凤区良田镇	7890	22505	540	14353	2970
银川市金凤区丰登镇	4855	12616	2306	7742	2902
永宁县杨和镇	6299	29124	2017	14703	7068
永宁县李俊镇	9820	30110	1940	19748	9929
永宁县望远镇	12285	41152	17892	28472	6058
永宁县望洪镇	11100	32114	2107	23512	999
永宁县闽宁镇	5622	16980	5101	11872	5997
贺兰县习岗镇	9725	94323	72688	73656	67521
贺兰县金贵镇	12724	33277	2882	17601	6362
贺兰县立岗镇	16887	29334	4493	18185	8416
贺兰县洪广镇	29935	18324	2986	11652	5859
灵武市东塔镇	11802	20444	3180	9399	6879
灵武市郝家桥镇	21115	35802	2554	19017	7215
灵武市崇兴镇	12128	45895	4758	26810	19466
灵武市宁东镇	80000	31079	12965	16489	15671
灵武市马家滩镇	59200	3254	1325	1699	1286
灵武市临河镇	60000	7096	851	4526	1283
石嘴山市大武口区星海镇	14000	54506	21656	18000	6899
石嘴山市惠农区红果子镇	7751	18561	11672	11927	8415
石嘴山市惠农区尾闸镇	4059	9910	322	4725	3159
石嘴山市惠农区园艺镇	847	32622	4920	22895	17400
平罗县城关镇	15100	91912	70698	37552	35010
平罗县黄渠桥镇	9040	14739	1969	8560	4659
平罗县宝丰镇	4238	10552	2852	4580	4016
平罗县头闸镇	9800	13546	265	7870	3653
平罗县姚伏镇	29000	16000	1391	11200	4369
平罗县崇岗镇	43578	17540	2140	10524	5300
平罗县陶乐镇	12727	8790	4956	3420	2009
吴忠市利通区金积镇	7040	52783	15600	32844	16393
吴忠市利通区金银滩镇	8700	37529	5063	19794	4328
吴忠市利通区高闸镇	6466	21754	538	12079	5094
吴忠市利通区扁担沟镇	53000	17196	796	8550	4015
吴忠市利通区上桥镇	1320	21288	21288	8734	7379
吴忠市利通区古城镇	3126	24744	18810	13242	10735
吴忠市利通区金星镇	750	60588	60588	22347	20356
吴忠市利通区胜利镇	820	55310	55310	32168	24889
吴忠市红寺堡区红寺堡镇	56700	57105	21600	26273	7158
吴忠市红寺堡区太阳山镇	92610	49331	1997	20752	3315
盐池县花马池镇	153100	57796	33731	13846	8920
盐池县大水坑镇	145860	24704	11656	12264	5721
盐池县惠安堡镇	128920	18697	11891	9090	2608
盐池县高沙窝镇	87350	10885	3802	3175	2208
同心县豫海镇	11963	74656	39448	22331	14952
同心县河西镇	47696	46035	14002	13254	7769
同心县韦州镇	71731	24272	21135	17038	5588
同心县下马关镇	61560	46278	13001	15431	6887
同心县预旺镇	35297	37092	8026	12483	1933

宁夏回族自治区

2-1-30 续表 单位：公顷、人

建制镇名称	行政区域面积	总人口	镇区人口	从业人员	#二三产业
同心县王团镇	49172	47279	8320	19562	15452
同心县丁塘镇	16669	40374	8241	15843	5508
青铜峡市小坝镇	5100	23050	461	13234	6469
青铜峡市大坝镇	21100	31052	502	18313	8291
青铜峡市青铜峡镇	55700	36912	3726	26145	24782
青铜峡市叶升镇	5600	19536	1934	12081	4369
青铜峡市瞿靖镇	10400	35052	2694	19553	6108
青铜峡市峡口镇	33412	31378	2817	15212	7988
青铜峡市邵刚镇	38100	24552	994	15762	6606
青铜峡市陈袁滩镇	6600	19438	539	10059	3355
固原市原州区三营镇	17756	30991	8965	15638	4434
固原市原州区官厅镇	24530	23399	230	12835	4257
固原市原州区开城镇	26300	42905	195	22421	13004
固原市原州区张易镇	29453	51923	2187	20745	7251
固原市原州区彭堡镇	19246	29962	1733	13250	7350
固原市原州区头营镇	29400	59888	2001	19824	4648
固原市原州区黄铎堡镇	19214	26396	1350	13920	6525
西吉县吉强镇	25175	80394	48185	38650	12871
西吉县兴隆镇	22007	55800	2776	21523	4198
西吉县平峰镇	19272	30858	1064	14193	1557
隆德县城关镇	15287	11932	7689	5438	1984
隆德县沙塘镇	7580	17650	1746	9135	2999
隆德县联财镇	4800	11658	2827	4974	2378
泾源县香水镇	18120	30181	17110	13773	8708
泾源县泾河源镇	18080	20104	554	10145	4062
泾源县六盘山镇	26040	18494	882	10389	1680
彭阳县白阳镇	26697	51259	12893	23276	14006
彭阳县王洼镇	34156	27057	1885	18310	8740
彭阳县古城镇	32247	32012	1412	16790	6434
中卫市沙坡头区滨河镇	2734	67105	58156	43609	32388
中卫市沙坡头区文昌镇	2691	74390	68236	35540	32302
中卫市沙坡头区东园镇	26314	34676	2208	19438	9292
中卫市沙坡头区柔远镇	4111	30175	2410	13172	7231
中卫市沙坡头区镇罗镇	20596	34070	6465	15892	4932
中卫市沙坡头区宣和镇	47140	51236	4205	27744	8349
中卫市沙坡头区永康镇	50954	31728	4366	15578	5928
中卫市沙坡头区常乐镇	89908	24089	2834	11507	5856
中卫市沙坡头区迎水镇	106341	30231	3422	14930	9356
中卫市沙坡头区兴仁镇	31870	23998	5292	12055	5328
中宁县宁安镇	25874	65774	10940	47887	24309
中宁县鸣沙镇	33927	25490	5728	16180	6184
中宁县石空镇	32144	27072	7108	16354	7949
中宁县新堡镇	24879	23804	10631	10878	5351
中宁县恩和镇	27522	21415	4264	11649	4637
海原县海城镇	27479	64147	4172	29674	10209
海原县李旺镇	34909	44288	6095	27682	3047
海原县西安镇	51792	34093	6319	13176	4242
海原县三河镇	22061	44253	1967	21074	7559
海原县七营镇	22997	33619	3958	15081	2403

2-1-31 新疆维吾尔自治区建制镇名录及基本情况

单位：公顷、人

建制镇名称	行政区域面积	总人口	镇区人口	从业人员	#二三产业
乌鲁木齐市新市区安宁渠镇	4795	13536	6201	9910	1420
乌鲁木齐市达坂城区达坂城镇	60000	5540	5540	2290	1682
乌鲁木齐市米东区古牧地镇	11404	29163	3967	14750	7645
乌鲁木齐市米东区铁厂沟镇	11600	6746	1109	2945	2106
乌鲁木齐市米东区长山子镇	6797	28003	2046	16823	5670
乌鲁木齐市米东区羊毛工镇	6224	23380	4360	12489	4437
乌鲁木齐市米东区三道坝镇	7400	13755	3603	8627	3214
乌鲁木齐县水西沟镇	53080	10864	3345	3820	1996
吐鲁番市七泉湖镇	32729	11236	5810	5910	
吐鲁番市大河沿镇	4240	15489	9010	5012	2823
鄯善县鄯善镇	8400	38745	38745	11080	6064
鄯善县七克台镇	379200	16912	1835	8800	1237
鄯善县火车站镇	4000	17295	17295	10995	10975
鄯善县连木沁镇	240000	35158	2210	19980	2270
鄯善县鲁克沁镇	13700	33593	5238	18229	2840
托克逊县托克逊镇	2518	25217	13720	17950	10940
托克逊县库米什镇	5292	1360	314	770	464
托克逊县库加依镇	46021	2355	220	1465	530
哈密市雅满苏镇	13300	1682	396	1682	1682
哈密市七角井镇	1019000	2278	1100	1382	666
哈密市星星峡镇	262700	158	158	158	158
哈密市二堡镇	42400	14312	3550	7530	1964
哈密市陶家宫镇	18100	17431	2645	12596	2832
哈密市五堡镇	1650700	13015	1417	5872	443
巴里坤哈萨克自治县巴里坤镇	1600	14707	14707	7583	6113
巴里坤哈萨克自治县博尔羌吉镇	19900	2577	2577	2350	2350
巴里坤哈萨克自治县大河镇	116200	14395	501	7125	2826
巴里坤哈萨克自治县奎苏镇	102100	9061	2756	5431	1559
伊吾县伊吾镇	450	4263	4263	2385	2280
伊吾县淖毛湖镇	808639	4115	1392	2325	366
昌吉市硫磺沟镇	74000	12200	12200	7610	4030
昌吉市三工镇	12300	20670	487	13047	3946
昌吉市榆树沟镇	42624	11378	510	6380	1333
昌吉市二六工镇	10466	13260	1172	6785	1175
昌吉市大西渠镇	12500	12846	2994	8297	675
昌吉市六工镇	10810	12327	594	6114	5200
昌吉市滨湖镇	14194	11431	1820	5027	607
阜康市甘河子镇	240	10234	5938	6502	3536
阜康市城关镇	5796	13158	2128	8844	7055
阜康市九运街镇	16791	19262	2151	12527	1753
阜康市滋泥泉子镇	96000	20864	2693	9288	3203
呼图壁县呼图壁镇	1200	43169	43169	24376	20810
呼图壁县大丰镇	34300	14491	3125	6303	794
呼图壁县雀尔沟镇	201830	12203	296	4661	926
呼图壁县二十里店镇	29970	15594	489	8093	1418
呼图壁县园户村镇	22300	20399	4584	9530	2295
呼图壁县五工台镇	57199	19684	2134	10062	1252
玛纳斯县玛纳斯镇	4070	42304	42304	32163	27452

新疆维吾尔自治区

2-1-31 续表 1　　单位：公顷、人

建制镇名称	行政区域面积	总人口	镇区人口	从业人员	#二三产业
玛纳斯县乐土驿镇	13793	11472	738	10321	1570
玛纳斯县包家店镇	23600	16667	1857	9079	2403
玛纳斯县凉州户镇	7200	6586	308	4122	833
玛纳斯县北五岔镇	22700	8085	1210	5522	181
玛纳斯县六户地镇	25333	7403	1189	3729	1411
玛纳斯县兰州湾镇	15300	11490	1309	7503	1233
奇台县奇台镇	2400	75416	65577	30420	10408
奇台县老奇台镇	16000	15143	2440	6954	537
奇台县半截沟镇	36000	21990	1104	13068	4071
奇台县吉布库镇	44400	14911	771	5631	855
奇台县东湾镇	11000	10124	582	6232	1246
奇台县西地镇	43000	16147	430	9888	2139
吉木萨尔县吉木萨尔镇	3845	31008	26222	12054	7794
吉木萨尔县三台镇	50939	12405	2270	6537	1546
吉木萨尔县镇泉子街镇	45086	12097	579	6508	543
吉木萨尔县北庭镇	19357	10167	279	5930	491
吉木萨尔县二工镇	29053	15905	442	8534	2673
木垒县木垒镇	750	16853	16853		
木垒县西吉尔镇	12200	7703	725	4540	1328
木垒县东城镇	57600	13686	1669	8525	2478
博乐市小营盘镇	115900	24745	4452	12563	5820
博乐市达勒特镇	119200	17963	1798	7731	1110
博乐市乌图布拉格镇	75000	18310	5098	6311	2864
精河县精河镇	600	17746	17746	10528	9500
精河县大河沿子镇	143545	31996	3991	15104	1707
温泉县博格达尔镇	21710	9034	9034	5420	1490
温泉县哈日布呼镇	103000	21976	2939	10405	3066
库尔勒市塔什店镇	31200	14343	3170	5266	5266
库尔勒市上户镇	18070	14835	1418	10547	1047
库尔勒市西尼尔镇	5674	17631	1259	9486	4980
轮台县轮台镇	11050	42854	2788	22530	8842
轮台县轮南镇	164023	2168	204	1723	963
轮台县群巴克镇	10343	12331	2026	4720	1262
轮台县阳霞镇	7326	13800	1203	4980	2504
尉犁县尉犁镇	1200	18593	6785	9382	4387
若羌县若羌镇	2800	12412	7870	7481	5490
若羌县依吞布拉克镇	550	660	327	630	626
若羌县罗布泊镇	5100000	9590	4900	8900	8800
且末县且末镇	47300	18585	3470	5796	5355
焉耆县焉耆镇	1186	39347	7661	17879	16443
焉耆县七个星镇	75000	16717	1942	6281	2922
焉耆县永宁镇	6516	18998	1696	5780	1975
焉耆县四十里城子镇	5857	9810	2889	2814	925
和静县和静镇	113174	51656	34458	29448	25903
和静县巴伦台镇	553975	13260	440	9812	3874
和静县巴润哈尔莫墩镇	40960	23415	3200	15550	8852
和静县哈尔莫墩镇	314078	22478	2701	13654	2093

新疆维吾尔自治区

2-1-31 续表 2 单位：公顷、人

建制镇名称	行政区域面积	总人口	镇区人口	从业人员	#二三产业
和静县巴音布鲁克镇	437243	5661	2830	3780	1640
和硕县特吾里克镇	158121	18404	2734	9380	9180
博湖县博湖镇	3350	12427	3480	4892	3099
博湖县本布图镇	11699	11175	1396	4449	1839
阿克苏市喀拉塔勒镇	82818	37943	2211	16353	3942
阿克苏市阿依库勒镇	141333	39957	3897	16260	10860
温宿县温宿镇	3150	35008	35008	4369	2351
温宿县吐木秀克镇	66145	11226	2013	6163	270
温宿县克孜勒镇	23356	19921	2478	9486	401
温宿县阿热勒镇	39147	23340	2380	14650	442
温宿县佳木镇	57663	19143	1650	11672	700
库车县乌恰镇	5907	41062	2305	12065	2312
库车县阿拉哈格镇	15340	43206	1513	20957	6485
库车县齐满镇	20307	40211	5350	17029	3650
库车县墩阔坦镇	90780	17893	1436	8101	402
库车县牙哈镇	265640	34581	649	15641	1733
库车县乌尊镇	30887	28246	1341	18512	2334
库车县依西哈拉镇	27967	29333	2151	13518	6518
库车县雅克拉镇	1430	550	80	237	92
沙雅县沙雅镇	3450	54718	54718	31470	19550
沙雅县托依堡镇	91200	37180	5790	15410	3429
沙雅县红旗镇	24300	31473	4972	26532	1726
沙雅县英买力镇	32300	31170	2839	18998	1162
新和县新和镇	1148	31158	25013	18694	1822
新和县优鲁都斯巴格镇	8666	21840	8001	10042	1931
拜城县拜成镇	12462	41503	35851	3135	1776
拜城县铁热克镇	12901	4008	3267	3337	2827
拜城县察尔齐镇	128360	18049	2948	4781	536
拜城县塞里木镇	104150	17527	2710	7733	732
乌什县乌什镇	1901	29752	24369	12350	3656
阿瓦提县阿瓦提镇	651	34927	34927	19011	18023
阿瓦提县乌鲁却勒镇	257100	44372	4167	17331	2678
阿瓦提县拜什艾日克镇	46823	37870	4985	17918	1607
柯坪县柯坪镇	702	8708	6149	851	120
阿克陶县阿克陶镇	13600	36247	5856	10871	6883
阿克陶奥依塔克镇	153700	4962	2393	1950	431
阿合奇县阿合奇镇	11700	12774	750	4700	1350
乌恰县乌恰镇	400	12450	12450	8963	5487
乌恰县康苏镇	2200	5837	5811	2440	158
喀什市乃则巴格镇	3415	57818	4880	18190	8370
喀什市夏马勒巴格镇	2256	64500	13802	24910	24910
疏附县托克扎克镇	7048	32115	20355	16600	3646
疏勒县疏勒镇	1400	39539	26880	27676	23722
疏勒县罕南力克镇	7600	25217	6553	1027	785
疏勒县牙甫泉镇	15900	26015	26015	1425	738
英吉沙县拉瓦镇	490	38688	38688	18193	18183
泽普县泽普镇	965	30689	4514	18500	18500

新疆维吾尔自治区

2-1-31　续表 3　　　　单位：公顷、人

建制镇名称	行政区域面积	总人口	镇区人口	从业人员	#二三产业
泽普县奎依巴格镇	22913	9254	980	5552	4526
莎车县莎车镇	1800	123468	24205	49800	49240
莎车县恰热克镇	62366	32579	3608	15200	3250
莎车县艾力西湖镇	48747	39714	1680	13912	745
莎车县荒地镇	23152	38291	2440	10257	2505
莎车县阿瓦提镇	14305	28605	2198	365	206
莎车县伯什款特镇	14976	46371	2000	14453	2747
莎车县依盖尔其镇	11918	31133	3500	12232	3941
叶城县喀格勒克镇	4167	75263	75263	27215	19398
叶城县恰尔巴格镇	5733	22010	22010	10631	1616
叶城县乌夏巴什镇	445890	20583	20583	10975	2063
麦盖提县麦盖提镇	3757	35409	35409	7833	6969
岳普湖县岳普湖镇	5257	23722	10460	12230	12230
岳普湖县艾西曼镇	9698	17818	2154	7583	827
伽师县巴仁镇	2699	32382	10333	3697	510
伽师县西克尔库勒镇	2374	951	951	180	142
巴楚县巴楚镇	2240	49214	37800	9110	4649
巴楚县色力布亚镇	28000	49716	17003	12250	1650
巴楚县阿瓦提镇	42750	23260	3500	10131	153
巴楚县三岔口镇	50000	392	392	350	290
塔什库尔干县塔什库尔干镇	497	6766	6766	1500	1500
塔什库尔干县塔吉克阿巴提镇	3340	3122	3122	1200	1200
和田市拉斯奎镇	1493	27416	2244	5354	1704
和田市玉龙喀什镇	4135	20921	5129	6629	3318
和田县巴格其镇	15802	58108	7127	26784	12785
墨玉县喀拉喀什镇	3435	43181	2202	10019	4100
皮山县固玛镇	23727	27362	3936	7412	1128
皮山县杜瓦镇	21218	7438	1128	2573	1843
皮山赛图拉镇	82500	326	326	160	42
洛浦县洛浦镇	4813	18916	489	12065	3294
策勒县策勒镇	26300	28684	1288	6798	754
于田县木尕拉镇	5447	25341	2125	9210	4600
于田县先拜巴扎镇	4930	20292	1295	7060	1167
民丰县尼雅镇	1426	12030	1047	736	58
伊宁市巴彦岱镇	27786	23200	8428	13325	7765
伊宁县吉里于孜镇	5755	40507	6179	20131	17094
伊宁县墩麻扎镇	3559	11072	3826	5787	2223
察布查尔锡伯自治县察布查尔镇	6317	25120	3375	12450	9530
察布查尔锡伯自治县爱新舍里镇	28800	9388	8722	6224	535
霍城县水定镇	25025	34780	29252	22557	16731
霍城县清水河镇	36600	46283	14236	23025	6357
霍城县芦草沟镇	38516	43362	2389	21309	3902
霍城县惠远镇	13862	24820	5183	12438	3542
霍城县萨尔布拉克镇	64170	34619	3035	19757	2370
巩留县巩留镇	2526	25265	2108	15332	15047
巩留县阿克吐别克镇	61333	11264	2164	3560	510
新源县新源镇	46000	43703	16913	19668	14633

新疆维吾尔自治区

2-1-31 续表 4　　　　单位：公顷、人

建制镇名称	行政区域面积	总人口	镇区人口	从业人员	#二三产业
新源县则克台镇	55600	26006	7598	9488	5424
新源县阿热勒托别镇	41765	33762	11042	12870	4553
新源县塔勒德镇	116432	26808	10128	9212	2477
新源县那拉提镇	26164	31163	5488	12538	5239
新源县肖尔布拉克镇	26800	10733	1977	5123	440
昭苏县昭苏镇	164507	28765	4793	9821	7110
特克斯县特克斯镇	2100	35775	3697	14208	8580
特克斯县乔拉克铁热克镇	7868	35266	3485	13106	5592
尼勒克县尼勒克镇	28867	35291	1630	17216	11454
塔城市二工镇	45865	15111	1120	9985	3550
乌苏市皇宫镇	15200	11600	2535	6300	1022
乌苏市车排字镇	25580	6788	2100	3250	548
乌苏市甘河子镇	35700	9610	1810	4930	560
乌苏市百泉镇	20989	10500	998	6350	551
乌苏市四棵树镇	11703	13242	1580	4760	2391
乌苏市西湖镇	45000	9520	1697	4500	656
乌苏市西大沟镇	54000	9813	1650	5298	993
额敏县额敏镇	10860	40339	33334	22186	789
沙湾县三道河子镇	986	96447	3308	18802	18802
沙湾县四道河子镇	42000	17442	2034	11672	1445
沙湾县老沙湾镇	53973	14788	2078	9362	1341
沙湾县乌兰乌苏镇	10067	20605	2043	8982	3602
沙湾县安集海镇	35666	19251	2203	9648	1437
沙湾县东湾镇	38666	11549	929	7030	914
沙湾县西戈壁镇	76000	11760	991	5931	958
沙湾县柳毛湾镇	17451	10199	1981	7095	1662
沙湾县金沟河镇	24000	15997	1020	9670	2235
托里县托里镇	9406	24262	4553	4121	4121
托里县铁厂沟镇	230000	11295	7669	7759	5230
托里县庙尔沟镇	87330	6093	762	2785	2453
裕民县哈拉布拉镇	425	14764	14764	996	485
和布克赛尔县和什托洛盖镇	66840	22000	22000	3283	2119
阿勒泰市北屯镇	1987	41242	41242	5523	5523
阿勒泰市阿苇滩镇	79985	11991	2789	6614	399
阿勒泰市红墩镇	108000	14541	3097	5796	999
布尔津县布尔津镇	8022	20070	20070	5502	210
布尔津县冲乎尔镇	216800	13289	2900	3585	2463
富蕴县库额尔齐斯镇	1213	23356	22661	9555	9460
富蕴县可可托海镇	1710	5569	4885	2512	2500
富蕴县恰库尔图镇	12006	2458	739	1096	586
福海县福海镇	1767	23323	23323	10956	10239
哈巴河县阿克齐镇	800	19652	19652	5895	4324
青河县青河镇	5444	15143	15143	9106	4440
青河县塔克什肯镇	151300	4145	1352	1436	661
吉木乃县托普铁热克镇	617	10822	10822	3898	3796
吉木乃县吉木乃镇	125356	2728	1141	1448	330

主要指标居全国前 1000 位的建制镇

3-1-1 2011年按总人口排序前1000建制镇分省情况

单位：人

地 区	代码	建制镇名称	总人口	地 区	代码	建制镇名称	总人口
北 京	110108027	海淀区四季青镇	217077	山 西	140121100	清徐县清源镇	103600
	110108028	海淀区西北旺镇	140097		140224100	灵丘县武灵镇	96580
	110112005	通州区永顺镇	184701		140225100	浑源县永安镇	114692
	110112006	通州区梨园镇	140520		140321100	平定县冠山镇	124654
	110112104	通州区宋庄镇	104413		140522100	阳城县凤城镇	107729
	110112114	通州区台湖镇	111228		140621103	山阴县岱岳镇	159105
	110114006	昌平区回龙观镇	306311		140622100	应县金城镇	105038
	110114007	昌平区东小口镇	190387		140624100	怀仁县云中镇	171536
	110114115	昌平区北七家镇	164384		140728100	平遥县古陶镇	104529
	110115005	大兴区黄村镇	148160		140823100	闻喜县桐城镇	115363
	110115006	大兴区旧宫镇	109525		140824100	稷山县稷峰镇	122902
	110115007	大兴区西红门镇	144428		141023100	襄汾县新城镇	103748
天 津	120111101	西青区杨柳青镇	130583		141024100	洪洞县大槐树镇	156515
	120111105	西青区大寺镇	114762	内蒙古	150103100	呼和浩特市回民区攸攸板镇	161820
	120112100	津南区咸水沽镇	143118		150121100	土默特左旗察素齐镇	103711
	120221100	宁河县芦台镇	112443		150221104	土默特右旗萨拉齐镇	104090
	120223100	静海县静海镇	110019		150404100	赤峰市松山区穆家营子镇	106000
	120223108	静海县大邱庄镇	98895		150426100	翁牛特旗乌丹镇	148196
	120225100	蓟县渔阳镇	142099		150428100	喀喇沁旗锦山镇	101026
河 北	130131100	平山县平山镇	114628		150430100	敖汉旗新惠镇	120297
	130133100	赵县赵州镇	112306		150502100	通辽市科尔沁区大林镇	96144
	130183100	晋州市晋州镇	127466		150522100	科左后旗甘旗卡镇	97775
	130207113	唐山市丰南区丰南镇	105276		150523100	开鲁县开鲁镇	108673
	130223100	滦县滦州镇	131691		150526100	扎鲁特旗鲁北镇	111642
	130229100	玉田县玉田镇	115823		150621100	达拉特旗树林召镇	119000
	130281100	遵化市遵化镇	101689		150622100	准格尔旗薛家湾镇	175220
	130322100	昌黎县昌黎镇	121033		150722100	莫旗尼尔基镇	129820
	130323100	抚宁县抚宁镇	110628		152224100	突泉县突泉镇	100105
	130406100	邯郸市峰峰矿区临水镇	123448	辽 宁	210122100	辽中县辽中镇	119219
	130427100	磁县磁州镇	143978		210323100	岫岩县岫岩镇	134771
	130434100	魏县魏城镇	125703		210804100	营口市鲅鱼圈区熊岳镇	98791
	130481100	武安市武安镇	205546		211221105	铁岭县凡河镇	146750
	130528100	宁晋县凤凰镇	136117		211224100	昌图县昌图镇	172386
	130534100	清河县葛仙庄镇	119356		211422100	建昌县建昌镇	100012
	130621100	满城县满城镇	108206	吉 林	220122100	农安县农安镇	282006
	130625100	徐水县安肃镇	131153		220221100	永吉县口前镇	110412
	130626100	定兴县定兴镇	96589		220322100	梨树县梨树镇	124173
	130635100	蠡县蠡吾镇	107286		220381106	公主岭市怀德镇	105381
	130638100	雄县雄州镇	99890		220421100	东丰县东丰镇	103426
	130684103	高碑店市白沟镇	139280		220523100	辉南县朝阳镇	131365
	130722100	张北县张北镇	112305		220524100	柳河县柳河镇	114035
	130823100	平泉县平泉镇	98911		220722100	长岭县长岭镇	113907
	130922100	青县清州镇	102845		220724100	扶余县三岔河镇	114239
	130984100	河间市瀛州镇	102140		220821100	镇赉县镇赉镇	109920
	131022100	固安县固安镇	112713		220822100	通榆县开通镇	120063
	131023100	永清县永清镇	122736	黑龙江	230125100	宾县宾州镇	129482
	131081100	霸州市霸州镇	136249		230126100	巴彦县巴彦镇	100926
	131082109	三河市燕郊镇	198241		230126101	巴彦县兴隆镇	110997
	131121100	枣强县枣强镇	101672		230182100	双城市双城镇	186542
	131126100	故城县郑口镇	106435		230183100	尚志市尚志镇	122678

3-1-1 续表 1

单位：人

地区	代码	建制镇名称	总人口	地区	代码	建制镇名称	总人口
	230184100	五常市五常镇	183093		310118107	青浦区华新镇	176854
	230221100	龙江县龙江镇	164988		310118110	青浦区白鹤镇	102004
	230382100	密山市密山镇	103235		310120101	奉贤区南桥镇	369878
	230781100	铁力市铁力镇	115910		310120102	奉贤区奉城镇	168678
	231083100	海林市海林镇	112883		310120106	奉贤区金汇镇	135762
	231084100	宁安市宁安镇	99964		310230101	崇明县城桥镇	117128
上海	310112101	闵行区莘庄镇	275056	江苏	320124100	溧水县永阳镇	106194
	310112102	闵行区七宝镇	245624		320125100	高淳县淳溪镇	114094
	310112103	闵行区颛桥镇	164926		320205106	无锡市锡山区东港镇	118343
	310112106	闵行区华漕镇	198010		320206102	无锡市惠山区洛社镇	177039
	310112107	闵行区虹桥镇	157779		320281103	江阴市青阳镇	97448
	310112108	闵行区梅陇镇	340672		320281104	江阴市徐霞客镇	154382
	310112110	闵行区吴泾镇	113271		320281107	江阴市华士镇	140127
	310112112	闵行区马桥镇	109909		320281108	江阴市周庄镇	144622
	310112114	闵行区浦江镇	304156		320281110	江阴市长泾镇	99041
	310113101	宝山区罗店镇	116174		320281112	江阴市祝塘镇	130332
	310113102	宝山区大场镇	334766		320282103	宜兴市徐舍镇	100145
	310113103	宝山区杨行镇	175856		320282104	宜兴市官林镇	104525
	310113104	宝山区月浦镇	147641		320282112	宜兴市丁蜀镇	199185
	310113109	宝山区顾村镇	218877		320312101	徐州市铜山区铜山镇	157109
	310113111	宝山区高境镇	99904		320321105	丰县欢口镇	101240
	310113113	宝山区淞南镇	102271		320321113	丰县王沟镇	102994
	310114102	嘉定区南翔镇	147567		320322104	沛县沛城镇	183600
	310114103	嘉定区安亭镇	246869		320322108	沛县张庄镇	100380
	310114106	嘉定区马陆镇	143290		320322109	沛县张寨镇	100096
	310114109	嘉定区徐行镇	98065		320324101	睢宁县睢城镇	245248
	310114118	嘉定区江桥镇	252162		320324111	睢宁县邱集镇	106092
	310115103	浦东新区川沙新镇	338426		320381101	新沂市新安镇	232095
	310115104	浦东新区高桥镇	175328		320382101	邳州市运河镇	239489
	310115105	浦东新区北蔡镇	281126		320382103	邳州市官湖镇	106381
	310115110	浦东新区合庆镇	122734		320382115	邳州市铁富镇	113352
	310115114	浦东新区唐镇	129267		320411100	常州市新北区春江镇	142203
	310115117	浦东新区曹路镇	175457		320411101	常州市新北区孟河镇	99004
	310115121	浦东新区高行镇	117525		320412100	常州市武进区湖塘镇	271372
	310115123	浦东新区高东镇	105067		320412104	常州市武进区遥观镇	112342
	310115125	浦东新区张江镇	158987		320412109	常州市武进区郑陆镇	113417
	310115130	浦东新区三林镇	286221		320412110	常州市武进区雪堰镇	97552
	310115131	浦东新区惠南镇	260677		320412116	常州市武进区邹区镇	96404
	310115132	浦东新区周浦镇	154586		320481100	溧阳市溧城镇	246464
	310115136	浦东新区康桥镇	205825		320482100	金坛市金城镇	190195
	310115137	浦东新区航头镇	114343		320503150	苏州市苏州工业园区娄葑镇	334391
	310115139	浦东新区祝桥镇	101507		320503152	苏州市苏州工业园区唯亭镇	253164
	310116101	金山区朱泾镇	121296		320506100	苏州市吴中区甪直镇	163220
	310116102	金山区枫泾镇	95070		320506103	苏州市吴中区木渎镇	277884
	310117102	松江区泗泾镇	110069		320507102	苏州市相城区黄埭镇	135708
	310117104	松江区车墩镇	169409		320507105	苏州市相城区渭塘镇	99909
	310117105	松江区新桥镇	166707		320581100	常熟市虞山镇	298217
	310117107	松江区九亭镇	287722		320581101	常熟市梅李镇	115110
	310118102	青浦区朱家角镇	102478		320581102	常熟市海虞镇	135963
	310118106	青浦区徐泾镇	115453		320581104	常熟市古里镇	121090

3-1-1 续表 2

单位：人

地　区	代码	建制镇名称	总人口
	320581106	常熟市支塘镇	112053
	320581110	常熟市辛庄镇	114183
	320581111	常熟市尚湖镇	127815
	320582100	张家港市杨舍镇	274842
	320582101	张家港市塘桥镇	152915
	320582102	张家港市金港镇	293141
	320582103	张家港市锦丰镇	169397
	320582105	张家港市凤凰镇	109713
	320583100	昆山市玉山镇	196900
	320583101	昆山市巴城镇	100651
	320583102	昆山市周市镇	144529
	320583104	昆山市花桥镇	111097
	320583106	昆山市张浦镇	136341
	320583108	昆山市千灯镇	127369
	320584100	吴江市松陵镇	376650
	320584105	吴江市盛泽镇	198842
	320584110	吴江市汾湖镇	173079
	320585100	太仓市城厢镇	276121
	320585101	太仓市沙溪镇	136761
	320585103	太仓市浮桥镇	125652
	320612100	南通市通州区金沙镇	226183
	320612104	南通市通州区三余镇	124378
	320621100	海安县海安镇	268440
	320621101	海安县城东镇	146136
	320621102	海安县曲塘镇	97280
	320623104	如东县大豫镇	102987
	320623105	如东县掘港镇	210762
	320681100	启东市汇龙镇	241453
	320681106	启东市南阳镇	107154
	320681110	启东市吕四港镇	177849
	320682100	如皋市如城镇	190954
	320682101	如皋市柴湾镇	105886
	320682111	如皋市长江镇	108280
	320684100	海门市海门镇	268187
	320684105	海门市三厂镇	101673
	320721100	赣榆县青口镇	187282
	320721115	赣榆县沙河镇	109216
	320722100	东海县牛山镇	151715
	320723100	灌云县伊山镇	157022
	320724100	灌南县新安镇	183702
	320803100	淮安市楚州区淮城镇	190220
	320804100	淮安市淮阴区王营镇	164282
	320826100	涟水县涟城镇	137202
	320826101	涟水县高沟镇	106054
	320829100	洪泽县高良涧镇	126989
	320830100	盱眙县盱城镇	120784
	320831100	金湖县黎城镇	103801
	320921100	响水县响水镇	110536
	320921102	响水县小尖镇	101966
	320922100	滨海县东坎镇	219518
	320922103	滨海县正红镇	106821
	320922109	滨海县滨淮镇	104642
	320923100	阜宁县阜城镇	236104
	320923110	阜宁县东沟镇	115798
	320923111	阜宁县益林镇	95002
	320924100	射阳县合德镇	245018
	320924106	射阳县海河镇	104907
	320925100	建湖县近湖镇	195633
	320925108	建湖县上冈镇	152864
	320981110	东台市富安镇	97328
	320981122	东台市东台镇	276520
	320982100	大丰市大中镇	183558
	320982110	大丰市新丰镇	106506
	321012100	扬州市江都区仙女镇	138110
	321012118	扬州市江都区大桥镇	137597
	321023100	宝应县安宜镇	130800
	321023101	宝应县范水镇	95736
	321081100	仪征市真州镇	140374
	321084100	高邮市高邮镇	151169
	321181112	丹阳市云阳镇	172842
	321281123	兴化市戴南镇	126918
	321281125	兴化市昭阳镇	161284
	321283100	泰兴市黄桥镇	191589
	321283123	泰兴市滨江镇	98905
	321284100	姜堰市姜堰镇	196810
	321302106	宿迁市宿城区洋河镇	103005
	321322100	沭阳县沭城镇	395246
	321323100	泗阳县众兴镇	341715
	321324100	泗洪县青阳镇	215885
浙　江	330106109	杭州市西湖区三墩镇	171983
	330109113	杭州市萧山区瓜沥镇	97376
	330110102	杭州市余杭区塘栖镇	111133
	330183115	富阳市新登镇	97235
	330212106	宁波市鄞州区邱隘镇	97989
	330212110	宁波市鄞州区姜山镇	107327
	330225101	象山县石浦镇	100628
	330281103	余姚市泗门镇	103298
	330282107	慈溪市观海卫镇	146820
	330282121	慈溪市周巷镇	130573
	330282123	慈溪市龙山镇	111268
	330283100	奉化市溪口镇	99959
	330326100	平阳县昆阳镇	118047
	330326101	平阳县鳌江镇	212529
	330326102	平阳县水头镇	159495
	330327100	苍南县灵溪镇	300986
	330327101	苍南县龙港镇	398616
	330327104	苍南县钱库镇	147071
	330327107	苍南县金乡镇	102538
	330381101	瑞安市塘下镇	327724
	330381116	瑞安市马屿镇	142080

3-1-1 续表 3 单位：人

地 区	代码	建制镇名称	总人口	地 区	代码	建制镇名称	总人口
	330381120	瑞安市陶山镇	129608		340323100	固镇县城关镇	121275
	330382101	乐清市大荆镇	130963		340521100	当涂县姑孰镇	143499
	330382108	乐清市虹桥镇	179938		340522100	含山县环峰镇	143995
	330382114	乐清市柳市镇	261365		340523100	和县历阳镇	139007
	330382115	乐清市北白象镇	144285		340621100	濉溪县濉溪镇	130903
	330411101	嘉兴市秀洲区王江泾镇	112315		340621103	濉溪县五沟镇	102711
	330411104	嘉兴市秀洲区新塍镇	100302		340621105	濉溪县百善镇	119945
	330411105	嘉兴市秀洲区王店镇	96199		340621106	濉溪县铁佛镇	129156
	330481101	海宁市许村镇	115263		340621107	濉溪县南坪镇	99617
	330481103	海宁市长安镇	117045		340621108	濉溪县双堆集镇	103449
	330482108	平湖市独山港镇	119223		340621109	濉溪县孙町镇	106058
	330483107	桐乡市崇福镇	127052		340822100	怀宁县高河镇	104620
	330502100	湖州市吴兴区织里镇	269780		340824100	潜山县梅城镇	108014
	330503100	湖州市南浔区南浔镇	185748		340827100	望江县华阳镇	158210
	330521100	德清县武康镇	146635		341122100	来安县新安镇	107746
	330522100	长兴县雉城镇	227065		341124100	全椒县襄河镇	122810
	330523100	安吉县递铺镇	189658		341125100	定远县定城镇	161732
	330621101	绍兴县钱清镇	140317		341125101	定远县炉桥镇	102983
	330681104	诸暨市店口镇	126479		341126100	凤阳县府城镇	139800
	330682113	上虞市崧厦镇	108908		341204100	阜阳市颍泉区伍明镇	115218
	330782100	义乌市佛堂镇	185528		341204101	阜阳市颍泉区宁老庄镇	110281
	330783123	东阳市横店镇	134956		341204102	阜阳市颍泉区闻集镇	134410
	331004106	台州市路桥区金清镇	127913		341204103	阜阳市颍泉区行流镇	100600
	331021102	玉环县楚门镇	98524		341221100	临泉县城关镇	185496
	331022100	三门县海游镇	95674		341222100	太和县城关镇	156520
	331023105	天台县平桥镇	103724		341225120	阜南县鹿城镇	181546
	331081100	温岭市泽国镇	241739		341226100	颍上县慎城镇	164922
	331081101	温岭市大溪镇	133442		341226101	颍上县谢桥镇	112300
	331081102	温岭市松门镇	103120		341302100	宿州市埇桥区符离镇	110560
	331081103	温岭市箬横镇	139514		341321100	砀山县砀城镇	189451
	331081104	温岭市新河镇	119180		341321106	砀山县玄庙镇	96645
	331082112	临海市杜桥镇	252282		341321109	砀山县关帝庙镇	104230
	331122101	缙云县壶镇镇	100530		341322100	萧县龙城镇	112139
安 徽	340104100	合肥市蜀山区井岗镇	105452		341323100	灵璧县灵城镇	152556
	340111100	合肥市包河区淝河镇	98247		341521100	寿县寿春镇	126952
	340121100	长丰县水湖镇	119831		341522100	霍邱县城关镇	153454
	340122100	肥东县店埠镇	182207		341522121	六安市叶集区叶集镇	98879
	340123100	肥西县上派镇	145295		341523100	舒城县城关镇	191795
	340123106	肥西县花岗镇	105618		341524100	金寨县梅山镇	117801
	340124100	庐江县庐城镇	144845		341622100	蒙城县城关镇	108400
	340207101	芜湖市鸠江区沈巷镇	124625		341622110	蒙城县立仓镇	105747
	340221101	芜湖县湾沚镇	115274		341622111	蒙城县楚村镇	97155
	340222100	繁昌县繁阳镇	105228		341622112	蒙城县乐土镇	99670
	340223100	南陵县籍山镇	138709		341623100	利辛县城关镇	192256
	340223101	南陵县许镇镇	110613		341623118	利辛县望疃镇	100209
	340223102	南陵县弋江镇	96073		341721100	东至县尧渡镇	102264
	340225100	无为县无城镇	198700		341822100	广德县桃州镇	150758
	340321100	怀远县城关镇	193058		341823100	泾县泾川镇	95002
	340321104	怀远县常坟镇	103526	福 建	350102100	福州市鼓楼区洪山镇	104298
	340322100	五河县城关镇	105471		350111100	福州市晋安区鼓山镇	108531

3-1-1 续表4 单位：人

地 区	代码	建制镇名称	总人口	地 区	代码	建制镇名称	总人口
	350111101	福州市晋安区新店镇	128721		350627100	南靖县山城镇	102443
	350181106	福清市龙田镇	127328		350681102	龙海市角美镇	190893
	350181111	福清市三山镇	127356	江 西	360111104	南昌市青山湖区湖坊镇	184823
	350213102	厦门市翔安区马巷镇	163090		360121100	南昌县莲塘镇	108921
	350213104	厦门市翔安区新店镇	126719		360121101	南昌县向塘镇	120321
	350302101	莆田市城厢区华亭镇	109677		360121191	南昌高新技术开发区昌东镇	108317
	350303104	莆田市涵江区江口镇	100890		360122100	新建县长堎镇	138490
	350304101	莆田市荔城区黄石镇	162202		360124100	进贤县民和镇	182836
	350304102	莆田市荔城区新度镇	95231		360424100	修水县义宁镇	107910
	350304103	莆田市荔城区北高镇	101020		360428100	都昌县都昌镇	108347
	350305100	莆田市秀屿区笏石镇	121380		360502190	新余市渝水区水西镇	112502
	350305104	莆田市秀屿区东峤镇	116848		360521100	分宜县分宜镇	97159
	350305105	莆田市秀屿区埭头镇	131446		360722100	信丰县嘉定镇	168490
	350305106	莆田市秀屿区平海镇	97366		360727100	龙南县龙南镇	105118
	350322100	仙游县枫亭镇	109530		360730100	宁都县梅江镇	157968
	350322101	仙游县榜头镇	139630		360731100	于都县贡江镇	196970
	350322108	仙游县大济镇	97379		360732100	兴国县潋江镇	120317
	350505100	泉州市泉港区南埔镇	102798		360733100	会昌县文武坝镇	96584
	350521100	惠安县螺城镇	96824		360781100	瑞金市象湖镇	148917
	350521101	惠安县螺阳镇	108835		360782100	南康市唐江镇	101628
	350521104	惠安县洛阳镇	105282		360821100	吉安县敦厚镇	99310
	350521105	惠安县东园镇	102133		360822100	吉水县文峰镇	132907
	350521107	惠安县崇武镇	103233		360826100	泰和县澄江镇	138080
	350524100	安溪县凤城镇	138399		360827100	遂川县泉江镇	113243
	350524102	安溪县湖头镇	108563		360829100	安福县平都镇	110568
	350524105	安溪县城厢镇	113660		360830100	永新县禾川镇	98873
	350525100	永春县桃城镇	109008		361002100	抚州市临川区上顿渡镇	124838
	350526101	德化县龙浔镇	122435		361021100	南城县建昌镇	96362
	350581100	石狮市灵秀镇	125368		361024100	崇仁县巴山镇	99791
	350581101	石狮市宝盖镇	111605		361029100	东乡县孝岗镇	122205
	350581102	石狮市蚶江镇	100102		361123100	玉山县冰溪镇	110772
	350581103	石狮市祥芝镇	100350		361127100	余干县玉亭镇	109223
	350582101	晋江市安海镇	199448		361128100	鄱阳县鄱阳镇	211390
	350582102	晋江市磁灶镇	131738		361128104	鄱阳县油墩街镇	101210
	350582103	晋江市陈埭镇	375192		361128110	鄱阳县古县渡镇	99628
	350582104	晋江市东石镇	155921		361129100	万年县陈营镇	107140
	350582105	晋江市深沪镇	103982	山 东	370112101	济南市历城区仲宫镇	111945
	350582106	晋江市金井镇	108653		370214001	青岛市城阳区城阳街道	203287
	350582107	晋江市池店镇	164648		370303100	淄博市张店区马尚镇	131885
	350582110	晋江市龙湖镇	134387		370303101	淄博市张店区南定镇	107624
	350582111	晋江市永和镇	105610		370323100	沂源县南麻镇	142020
	350582112	晋江市英林镇	106782		370481104	滕州市滨湖镇	114450
	350583101	南安市仑苍镇	102663		370481106	滕州市西岗镇	129215
	350583112	南安市梅山镇	102085		370481116	滕州市东郭镇	118964
	350583113	南安市洪濑镇	105876		370683101	莱州市沙河镇	100524
	350583117	南安市霞美镇	101722		370704108	潍坊市坊子区太保庄镇	143886
	350583118	南安市官桥镇	123750		370724103	临朐县冶源镇	104670
	350583119	南安市水头镇	164159		370724107	临朐县辛寨镇	120708
	350583120	南安市石井镇	105398		370725108	昌乐县唐吾镇	102502
	350623100	漳浦县绥安镇	114679		370725116	昌乐县营丘镇	97211

3-1-1　续表 5　　单位：人

地　区	代码	建制镇名称	总人口	地　区	代码	建制镇名称	总人口
	370781115	青州市谭坊镇	97707		420624100	南漳县城关镇	149876
	370782102	诸城市贾悦镇	108575		420624101	南漳县武安镇	114532
	370782114	诸城市林家村镇	97262		420624102	南漳县九集镇	101563
	370783109	寿光市侯镇	97271		420625101	谷城县石花镇	116519
	370784100	安丘市景芝镇	135374		420683101	枣阳市七方镇	105572
	370784103	安丘市凌河镇	102540		420683103	枣阳市太平镇	101451
	370826102	微山县欢城镇	96402		420821100	京山县新市镇	153537
	370832104	梁山县拳铺镇	117247		420881103	钟祥市胡集镇	127586
	370883104	邹城市北宿镇	107432		420881109	钟祥市旧口镇	96356
	370883107	邹城市太平镇	120553		420881110	钟祥市柴湖镇	95169
	370921110	宁阳县华丰镇	95126		420921100	孝昌县花园镇	128066
	370982105	新泰市羊流镇	99047		420922100	大悟县城关镇	109427
	370982117	新泰市汶南镇	102680		421022100	公安县埠河镇	101033
	371302105	临沂市兰山区义堂镇	104625		421022101	公安县斗湖堤镇	138819
	371302109	临沂市兰山区方城镇	95313		421023100	监利县容城镇	136185
	371322103	郯城县李庄镇	96354		421023101	监利县朱河镇	97264
	371323103	沂水县许家湖镇	127970		421023102	监利县新沟镇	103832
	371324102	苍山县兰陵镇	116218		421087100	松滋市新江口镇	116065
	371324103	苍山县长城镇	96875		421122100	红安县城关镇	138162
	371324108	苍山县向城镇	107239		421123100	罗田县凤山镇	126894
	371702108	菏泽市牡丹区马岭岗镇	96845		421124100	英山县温泉镇	109931
	371721103	曹县青固集镇	100917		421125100	浠水县清泉镇	230172
	371725100	郓城县郓城镇	167847		421125101	浠水县巴河镇	114870
	371726100	鄄城县鄄城镇	106508		421126100	蕲春县漕河镇	163133
	371727100	定陶县定陶镇	130553		421126102	蕲春县蕲州镇	107787
	371728100	东明县城关镇	144522		421126105	蕲春县横车镇	98001
河　南	410181113	巩义市回郭镇	111036		421127100	黄梅县黄梅镇	138303
	410621106	浚县黎阳镇	98900		421127101	黄梅县孔垄镇	110471
	410822100	博爱县清化镇	97856		421127102	黄梅县小池镇	113593
	410823100	武陟县木城镇	107886		421127108	黄梅县蔡山镇	97102
	410825100	温县温泉镇	98745		421181103	麻城市白果镇	101000
	411282100	灵宝市城关镇	104044		421182100	武穴市梅川镇	137588
	411322100	方城县城关镇	111652		421221103	嘉鱼县鱼岳镇	102714
	411322102	方城县博望镇	105738		421222100	通城县隽水镇	128600
	411421100	民权县城关镇	104000		421223100	崇阳县天城镇	113021
	411481100	永城市演集镇	108213		421224100	通山县通羊镇	120860
	411503101	信阳市平桥区明港镇	115132		421303187	随州市曾都区淅河镇	124892
	411523100	新县新集镇	96903		421321109	随县唐县镇	98036
	411527100	淮滨县城关镇	136620		422802102	利川市汪营镇	99304
	411528100	息县城关镇	97000		422822100	建始县业州镇	116929
	411624100	沈丘县槐店镇	117842		422827100	来凤县翔凤镇	99111
	411626100	淮阳县城关镇	134571		429004105	仙桃市长埫口镇	116338
	411627100	太康县城关镇	97822		429004106	仙桃市西流河镇	105450
湖　北	420222100	阳新县兴国镇	162225		429004109	仙桃市彭场镇	98571
	420222107	阳新县白沙镇	97067		429006107	天门市岳口镇	128816
	420222110	阳新县龙港镇	105466	湖　南	430421100	衡阳县西渡镇	192500
	420321100	郧县城关镇	122993		430426100	祁东县洪桥镇	165942
	420602100	襄樊市襄城区欧庙镇	102055		430523100	邵阳县塘渡口镇	116306
	420607107	襄樊市襄州区双沟镇	99869		430523111	邵阳县五峰铺镇	108364
	420607111	襄樊市襄州区东津镇	117515		430524100	隆回县桃洪镇	110073

3-1-1 续表 6

单位：人

地 区	代码	建制镇名称	总人口	地 区	代码	建制镇名称	总人口
	430525103	洞口县高沙镇	115572		440513104	汕头市潮阳区关埠镇	130993
	430525106	洞口县黄桥镇	95639		440513106	汕头市潮阳区谷饶镇	160375
	430528100	新宁县金石镇	101539		440513107	汕头市潮阳区贵屿镇	151885
	430621100	岳阳县荣家湾镇	113100		440513108	汕头市潮阳区铜盂镇	127665
	430623100	华容县城关镇	134696		440513110	汕头市潮阳区金灶镇	142908
	430624100	湘阴县文星镇	143229		440514101	汕头市潮南区井都镇	96969
	430626100	平江县城关镇	95841		440514103	汕头市潮南区成田镇	97514
	430721100	安乡县深柳镇	112430		440514104	汕头市潮南区司马浦镇	128399
	430725100	桃源县漳江镇	132870		440514105	汕头市潮南区陈店镇	132948
	430821100	慈利县零阳镇	130450		440514106	汕头市潮南区两英镇	198559
	430922112	桃江县桃花江镇	148835		440514107	汕头市潮南区仙城镇	121427
	430922113	桃江县灰山港镇	122084		440514108	汕头市潮南区胪岗镇	150038
	430923119	安化县大福镇	96369		440514112	汕头市潮南区陇田镇	141908
	430923121	安化县东坪镇	136805		440515102	汕头市澄海区莲下镇	112886
	431021100	桂阳县城关镇	164355		440604100	佛山市禅城区南庄镇	160831
	431122100	东安县白牙市镇	96541		440605121	佛山市南海区九江镇	158547
	431126100	宁远县舜陵镇	124713		440605122	佛山市南海区西樵镇	221670
	431222109	沅陵县沅陵镇	119307		440605123	佛山市南海区丹灶镇	160515
	431224100	溆浦县卢峰镇	118415		440605124	佛山市南海区狮山镇	423155
	431321100	双峰县永丰镇	99216		440605125	佛山市南海区大沥镇	530831
	431322100	新化县上梅镇	170927		440605126	佛山市南海区里水镇	276673
	431382105	涟源市桥头河镇	116922		440606101	佛山市顺德区陈村镇	153549
广 东	440111103	广州市白云区人和镇	155678		440606102	佛山市顺德区北窖镇	272586
	440111107	广州市白云区太和镇	209399		440606103	佛山市顺德区乐从镇	247811
	440111108	广州市白云区钟落潭镇	195383		440606104	佛山市顺德区龙江镇	238294
	440111113	广州市白云区江高镇	165169		440606105	佛山市顺德区杏坛镇	147500
	440113102	广州市番禺区南村镇	191750		440606106	佛山市顺德区均安镇	165784
	440113105	广州市番禺区石楼镇	121515		440607103	佛山市三水区乐平镇	106609
	440113107	广州市番禺区东涌镇	193326		440703103	江门市蓬江区杜阮镇	106961
	440113114	广州市番禺区大岗镇	144869		440783117	开平市水口镇	109850
	440113116	广州市番禺区榄核镇	99172		440811101	湛江市麻章区太平镇	103728
	440113118	广州市番禺区沙湾镇	118413		440823100	遂溪县遂城镇	252767
	440113120	广州市番禺区石基镇	114070		440823101	遂溪县黄略镇	98132
	440114104	广州市花都区花山镇	110526		440823106	遂溪县杨柑镇	99338
	440114105	广州市花都区花东镇	122820		440823107	遂溪县城月镇	105996
	440114109	广州市花都区狮岭镇	276442		440881106	廉江市良垌镇	124584
	440116101	广州市萝岗区九龙镇	108681		440881107	廉江市横山镇	117864
	440183101	增城市新塘镇	327930		440881108	廉江市安铺镇	128440
	440183102	增城市石滩镇	146105		440881110	廉江市青平镇	99405
	440184111	从化市太平镇	102425		440881113	廉江市石岭镇	117125
	440184113	从化市鳌头镇	145579		440882102	雷州市客路镇	127480
	440229100	翁源县龙仙镇	121064		440882106	雷州市纪家镇	104456
	440402100	珠海市香洲区唐家湾镇	112426		440882108	雷州市南兴镇	101360
	440402102	珠海市香洲区南屏镇	118473		440882117	雷州市附城镇	124272
	440403106	珠海市斗门区白蕉镇	137867		440883104	吴川市振文镇	120351
	440403107	珠海市斗门区井岸镇	212232		440883106	吴川市吴阳镇	99899
	440404100	珠海市金湾区三灶镇	118293		440883107	吴川市塘缀镇	137148
	440513100	汕头市潮阳区海门镇	120740		440883109	吴川市黄坡镇	155572
	440513102	汕头市潮阳区和平镇	197458		440903101	茂名市茂港区羊角镇	121594
	440513103	汕头市潮阳区西胪镇	173504		440923123	电白县水东镇	171014

3-1-1 续表 7

单位：人

地 区	代码	建制镇名称	总人口	地 区	代码	建制镇名称	总人口
广 东	440923126	电白县林头镇	108786		441900114	东莞市黄江镇	232300
	440923127	电白县电城镇	144372		441900115	东莞市清溪镇	172923
	440981127	高州市石鼓镇	118337		441900116	东莞市塘厦镇	484000
	441223109	广宁县南街镇	115620		441900117	东莞市凤岗镇	173395
	441224100	怀集县怀城镇	151422		441900118	东莞市大岭山镇	285456
	441224110	怀集县冷坑镇	130785		441900119	东莞市长安镇	433151
	441225111	封开县南丰镇	98832		441900121	东莞市虎门镇	544805
	441322110	博罗县罗阳镇	201847		441900122	东莞市厚街镇	360570
	441322119	博罗县园洲镇	143705		441900123	东莞市沙田镇	109898
	441322121	博罗县石湾镇	125000		441900124	东莞市道滘镇	141100
	441323101	惠东县大岭镇	117911		441900126	东莞市麻涌镇	107732
	441323109	惠东县吉隆镇	129450		441900128	东莞市中堂镇	122868
	441323110	惠东县黄埠镇	108771		441900129	东莞市高埗镇	217500
	441323113	惠东县多祝镇	98837		442000100	中山市小榄镇	314190
	441424134	五华县水寨镇	134198		442000101	中山市黄圃镇	124881
	441424135	五华县河东镇	107771		442000102	中山市民众镇	106831
	441424139	五华县安流镇	116426		442000103	中山市东凤镇	120969
	441521101	海丰县梅陇镇	106796		442000104	中山市东升镇	116168
	441521115	海丰县海城镇	162393		442000105	中山市古镇镇	143538
	441581101	陆丰市甲子镇	127374		442000106	中山市沙溪镇	116581
	441581102	陆丰市碣石镇	237247		442000107	中山市坦洲镇	212091
	441581103	陆丰市湖东镇	103671		442000108	中山市港口镇	111685
	441581107	陆丰市南塘镇	139696		442000109	中山市三角镇	118030
	441581118	陆丰市甲西镇	133002		442000110	中山市横栏镇	101235
	441621100	紫金县紫城镇	172782		442000111	中山市南头镇	95042
	441622100	龙川县老隆镇	156408		442000113	中山市南朗镇	95426
	441623100	连平县元善镇	96349		442000114	中山市三乡镇	191680
	441702103	阳江市江城区平冈镇	96678		445121104	潮安县浮洋镇	103838
	441702105	阳江市海陵区闸坡镇	98624		445121108	潮安县彩塘镇	110215
	441721100	阳西县织贡镇	131464		445121110	潮安县庵埠镇	145948
	441802105	清远市清城区龙塘镇	99868		445121121	潮安县枫溪镇	146556
	441802106	清远市清城区石角镇	96768		445122100	饶平县黄冈镇	196614
	441821100	佛冈县石角镇	134644		445202101	揭阳市榕城区渔湖镇	113951
	441823119	阳山县阳城镇	116250		445221105	揭东县砲台镇	127703
	441827112	清新县龙颈镇	114059		445221106	揭东县地都镇	102203
	441827113	清新县禾云镇	114842		445221109	揭东县白塔镇	101680
	441827117	清新县浸潭镇	102919		445221112	揭东县锡场镇	116184
	441881137	英德市东华镇	103400		445221113	揭东县新亨镇	116630
	441882100	连州市连州镇	147346		445221114	揭东县玉湖镇	112951
	441900101	东莞市石碣镇	145251		445222110	揭西县棉湖镇	106234
	441900102	东莞市石龙镇	123229		445224100	惠来县惠城镇	180088
	441900103	东莞市茶山镇	122871		445224107	惠来县神泉镇	98566
	441900104	东莞市石排镇	135349		445224108	惠来县东陇镇	98701
	441900106	东莞市横沥镇	138016		445224110	惠来县隆江镇	162129
	441900107	东莞市桥头镇	98135		445224114	惠来县葵潭镇	120036
	441900109	东莞市东坑镇	109808		445281103	普宁市大坝镇	107436
	441900110	东莞市常平镇	282697		445281104	普宁市洪阳镇	165638
	441900111	东莞市寮步镇	248000		445281105	普宁市南溪镇	114235
	441900112	东莞市樟木头镇	142433		445281107	普宁市麒麟镇	120400
	441900113	东莞市大朗镇	183244		445281108	普宁市南径镇	140210

3-1-1 续表 8 单位：人

地 区	代码	建制镇名称	总人口	地 区	代码	建制镇名称	总人口
	445281109	普宁市占陇镇	177500		450881120	桂平市江口镇	110945
	445281110	普宁市军埠镇	119357		450921100	容县容州镇	159968
	445281111	普宁市下架山镇	97949		450922101	陆川县温泉镇	165823
	445281119	普宁市里湖镇	112836		450922103	陆川县马坡镇	98685
	445281121	普宁市梅塘镇	139698		450922108	陆川县乌石镇	133151
	445321100	新兴县新城镇	100207		450923100	博白县博白镇	221117
	445381100	罗定市罗镜镇	96785		451023100	平果县马头镇	112463
广 西	450105102	南宁市江南区吴圩镇	109800		451025100	靖西县新靖镇	96211
	450109100	南宁市邕宁区蒲庙镇	136446		451119103	贺州市沙田镇	100080
	450122100	武鸣县城厢镇	105757		451122100	贺州市钟山镇	95177
	450126100	宾阳县宾州镇	224663		451225100	罗城仫佬族自治县东门镇	96628
	450126101	宾阳县黎塘镇	128163		451229100	大化瑶族自治县大化镇	97864
	450127100	横县横州镇	167003		451281100	宜州市庆远镇	149677
	450127101	横县百合镇	104563	海 南	460107100	海口市府城镇	177810
	450127108	横县六景镇	101176		460201101	三亚市吉阳镇	97863
	450127113	横县校椅镇	106707		469002100	琼海市嘉积镇	198000
	450221100	柳江县拉堡镇	119382		469003100	儋州市那大镇	209386
	450223100	鹿寨县鹿寨镇	123527		469005100	文昌市文城镇	132464
	450224100	融安县长安镇	113006		469006100	万宁市万城镇	174809
	450322100	临桂县临桂镇	96539		469007100	东方市八所镇	167321
	450324100	全州县全州镇	113995		469021100	定安县定城镇	97776
	450330100	平乐县平乐镇	98328		469023100	澄迈县金江镇	154520
	450422100	藤县藤州镇	157161		469028100	陵水县椰林镇	100877
	450422113	藤县太平镇	103067	重 庆	500101144	万州区分水镇	103254
	450521100	合浦县廉州镇	175739		500107110	九龙坡区西彭镇	124013
	450521102	合浦县西场镇	99084		500111100	大足区龙水镇	122086
	450521106	合浦县公馆镇	138200		500116105	江津区石蟆镇	103093
	450521107	合浦县白沙镇	116752		500116108	江津区白沙镇	138300
	450603100	防城港市防城区防城镇	137600		500231100	垫江县桂溪镇	130205
	450703103	钦州市钦北区小董镇	96342		500233100	忠县忠州镇	151131
	450703104	钦州市钦北区板城镇	95273		500234130	开县临江镇	98550
	450721100	灵山县灵城镇	223410		500235128	云阳县南溪镇	110594
	450721101	灵山县新圩镇	111860		500235131	云阳县江口镇	109321
	450721108	灵山县檀圩镇	114425		500236116	奉节县永安镇	105432
	450721109	灵山县那隆镇	120610		500240100	石柱县南宾镇	104194
	450721111	灵山县陆屋镇	107870		500242100	酉阳县桃花源镇	118817
	450721112	灵山县旧州镇	111526	四 川	510114100	成都市新都区新都镇	215600
	450721113	灵山县太平镇	127210		510114103	成都市新都区新繁镇	103682
	450721117	灵山县伯劳镇	96741		510121100	金堂县赵镇	147033
	450722100	浦北县小江镇	136285		510124100	郫县郫筒镇	155059
	450722109	浦北县龙门镇	97359		510124107	郫县安靖镇	106334
	450803100	贵港市港南区桥圩镇	107408		510129100	大邑县晋原镇	126044
	450803101	贵港市港南区木格镇	102936		510181101	都江堰市幸福镇	131245
	450821100	平南县平南镇	197000		510182100	彭州市天彭镇	165169
	450821105	平南县大安镇	106568		510183100	邛崃市临邛镇	164997
	450821113	平南县丹竹镇	105434		510184100	崇州市崇阳镇	128848
	450821114	平南县官成镇	99879		510321100	荣县旭阳镇	154626
	450821115	平南县思旺镇	95193		510322100	富顺县富世镇	141736
	450881107	桂平市麻垌镇	100312		510521100	泸县福集镇	147414
	450881119	桂平市南木镇	120979		510522100	合江县合江镇	104982

3-1-1 续表 9

单位：人

地　区	代码	建制镇名称	总人口	地　区	代码	建制镇名称	总人口
	510524100	叙永县叙永镇	111272		530122102	晋宁县晋城镇	96700
	510525100	古蔺县古蔺镇	112762		530129101	寻甸县仁德镇	151310
	510722101	三台县潼川镇	130400		530322101	陆良县中枢镇	99234
	510781100	江油市中坝镇	96013		530322103	陆良县三岔河镇	115543
	510781101	江油市太平镇	101811		530322104	陆良县马街镇	112181
	510781102	江油市三合镇	95865		530323101	师宗县丹凤镇	118696
	510824100	苍溪县陵江镇	118012		530324101	罗平县罗雄镇	118180
	510921100	蓬溪县赤城镇	96092		530325101	富源县中安镇	133168
	510922100	射洪县太和镇	198581		530325108	富源县富村镇	96796
	510923100	大英县蓬莱镇	141135		530326101	会泽县金钟镇	148835
	511024100	威远县严陵镇	157724		530326106	会泽县者海镇	105443
	511025100	资中县重龙镇	101179		530328101	沾益县西平镇	112775
	511028001	隆昌县古湖街道	108230		530502102	保山市隆阳区板桥镇	101420
	511028100	隆昌县金鹅镇	99852		530522101	腾冲县腾越镇	115273
	511181100	峨眉山市绥山镇	113287		530622101	巧家县白鹤滩镇	104113
	511322100	营山县朗池镇	101811		530627101	镇雄县乌峰镇	131375
	511323115	蓬安县相如镇	121992		530627102	镇雄县泼机镇	120417
	511325100	西充县晋城镇	131267		530628101	彝良县角奎镇	114274
	511421123	仁寿县文林镇	150749		530629101	威信县扎西镇	124818
	511526101	珙县巡场镇	113363		530802101	普洱市思茅区思茅镇	105747
	511527100	筠连县筠连镇	99692		532301101	楚雄市鹿城镇	202114
	511621100	岳池县九龙镇	170880		532522101	蒙自县文澜镇	151323
	511622100	武胜县沿口镇	121757		532524101	建水县临安镇	151999
	511721100	达县南外镇	183210		532526101	弥勒县弥阳镇	140603
	511722100	宣汉县东乡镇	143153		532527101	泸西县中枢镇	117717
	511722107	宣汉县南坝镇	102526		532621101	文山县开化镇	160375
	511724100	大竹县竹阳镇	122045		532901101	大理市下关镇	239788
	511725100	渠县渠江镇	130738		532923101	祥云县祥城镇	149996
	511921100	通江县诺江镇	154028		532923103	祥云县云南驿镇	100056
	511923100	平昌县江口镇	199468		532924101	宾川县金牛镇	97122
	512021100	安岳县岳阳镇	160879	陕　西	610126103	高陵县泾渭镇	105674
	512022100	乐至县天池镇	107104		610323100	岐山县凤鸣镇	102398
	512081100	简阳市简城镇	192167		610323101	岐山县蔡家坡镇	145936
贵　州	520121100	开阳县城关镇	102832		610324100	扶风县城关镇	97268
	520203100	六盘水市六枝特区平寨镇	135978		610425100	礼泉县城关镇	95813
	520222100	盘县红果镇	101782		610523100	大荔县城关镇	97597
	520302100	遵义市红花岗区长征镇	102346		610526100	蒲城县城关镇	147390
	520321100	遵义县南白镇	164268		610526102	蒲城县孙镇	102393
	520322100	桐梓县娄山关镇	132973		610528116	富平县城关镇	158178
	520323100	绥阳县洋川镇	113804		610722100	城固县博望镇	102187
	520330100	习水县东皇镇	141290		610821100	神木县神木镇	144625
	520422100	普定县城关镇	115920		610824100	靖边县张畔镇	117176
	520521100	大方县大方镇	97074		610826100	绥德县名州镇	98676
	520522100	黔西县城关镇	132984		610902107	安康市汉滨区恒口镇	108238
	520523100	金沙县城关镇	102538	甘　肃	620523100	甘谷县大像山镇	100208
	520524100	织金县城关镇	121925		620523102	甘谷县新兴镇	110099
	520526100	威宁县草海镇	162208		621122100	陇西县巩昌镇	118021
	520626100	德江县青龙镇	114549		621124100	临洮县洮阳镇	96068
	522725100	瓮安县雍阳镇	123026	新　疆	653125100	莎车县莎车镇	123468
云　南	530113101	昆明市东川区铜都镇	127174		654223100	沙湾县三道河子镇	96447

3-1-2 2011年按农民人均纯收入排序前1000建制镇分省情况

单位：元

地 区	代码	建制镇名称	农民人均纯收入
北 京	110108023	海淀区万柳镇	25967
	110108024	海淀区东升镇	28035
	110108026	海淀区温泉镇	18674
	110108027	海淀区四季青镇	22109
	110108028	海淀区西北旺镇	18500
	110108029	海淀区苏家坨镇	15601
	110108030	海淀区上庄镇	15013
	110109102	门头沟区永定镇	15502
	110109103	门头沟区龙泉镇	18382
	110111009	房山区周口店镇	13398
	110111101	房山区阎村镇	16735
	110111103	房山区窦店镇	17644
	110111105	房山区长阳镇	17090
	110112005	通州区永顺镇	18634
	110112006	通州区梨园镇	18032
	110112104	通州区宋庄镇	16101
	110112105	通州区张家湾镇	14699
	110112109	通州区马驹桥镇	15853
	110112114	通州区台湖镇	15667
	110113003	顺义区仁和镇	14892
	110113004	顺义区后沙峪镇	16940
	110113005	顺义区天竺镇	14209
	110113007	顺义区牛栏山镇	13542
	110113008	顺义区南法信镇	14898
	110113009	顺义区马坡镇	15495
	110113101	顺义区高丽营镇	14023
	110113104	顺义区李桥镇	15088
	110113110	顺义区张镇	13133
	110113116	顺义区赵全营镇	13485
	110114004	昌平区沙河镇	14824
	110114006	昌平区回龙观镇	16905
	110114007	昌平区东小口镇	21131
	110114104	昌平区阳坊镇	14209
	110114110	昌平区小汤山镇	13698
	110114111	昌平区南邵镇	15171
	110114112	昌平区崔村镇	14592
	110114115	昌平区北七家镇	15333
	110115005	大兴区黄村镇	18806
	110115006	大兴区旧宫镇	24675
	110115007	大兴区西红门镇	26474
	110115008	大兴区瀛海镇	18877
	110115104	大兴区采育镇	13745
	110115107	大兴区榆垡镇	15757
	110115108	大兴区庞各庄镇	14438
	110115109	大兴区北臧村镇	14582
	110115110	大兴区魏善庄镇	13544
	110116003	怀柔区怀柔镇	17839
	110116004	怀柔区雁栖镇	16670
	110116005	怀柔区庙城镇	16365
	110116102	怀柔区北房镇	15997
	110116103	怀柔区杨宋镇	15895
	110116105	怀柔区桥梓镇	14853
	110116106	怀柔区怀北镇	16394
	110116108	怀柔区渤海镇	13725
	110116110	怀柔区琉璃庙镇	13341
	110117003	平谷区渔阳镇	16968
	110117005	平谷区马坊镇	14120
	110117101	平谷区东高村镇	13733
	110117102	平谷区山东庄镇	14408
	110117110	平谷区王辛庄镇	13813
	110117111	平谷区大兴庄镇	14509
	110117112	平谷区刘家店镇	13600
	110228100	密云县密云镇	15516
	110228101	密云县溪翁庄镇	13700
	110228103	密云县十里堡镇	13617
	110228104	密云县河南寨镇	13179
	110228106	密云县穆家峪镇	13140
	110228116	密云县石城镇	15305
	110229100	延庆县延庆镇	13886
	110229101	延庆县康庄镇	13321
	110229102	延庆县八达岭镇	18096
	110229104	延庆县旧县镇	16801
	110229105	延庆县张山营镇	14091
	110229108	延庆县沈家营镇	13697
天 津	120111100	西青区中北镇	19950
	120111101	西青区杨柳青镇	17200
	120111102	西青区辛口镇	14170
	120111103	西青区张家窝镇	17142
	120111104	西青区精武镇	14420
	120111105	西青区大寺镇	19006
	120111106	西青区王稳庄镇	14631
	120112100	津南区咸水沽镇	14201
	120112101	津南区葛沽镇	14540
	120112102	津南区小站镇	13641
	120112103	津南区双港镇	14406
	120112104	津南区辛庄镇	13187
	120112106	津南区双桥河镇	13842
	120112107	津南区八里台镇	14736
	120112108	津南区北闸口镇	13566
	120113100	北辰区天穆镇	17640
	120113101	北辰区北仓镇	16264
	120113102	北辰区双街镇	16377
	120113103	北辰区双口镇	14241
	120113104	北辰区青光镇	15925
	120113106	北辰区宜兴埠镇	17992
	120113107	北辰区小淀镇	16041
	120113108	北辰区大张庄镇	14065
	120113111	北辰区西堤头镇	14761
	120114101	武清区梅厂镇	13800
	120114109	武清区河西务镇	13400

3-1-2 续表 1 单位：元

地 区	代码	建制镇名称	农民人均纯收入	地 区	代码	建制镇名称	农民人均纯收入
	120114113	武清区石各庄镇	13500		210281109	瓦房店市谢屯镇	14200
	120114114	武清区王庆坨镇	14200		210281110	瓦房店市炮台镇	22787
	120114115	武清区汉沽港镇	13659		210281112	瓦房店市老虎屯镇	16076
	120116134	滨海新区大田镇	13132		210281116	瓦房店市仙浴湾镇	14210
	120116135	滨海新区杨家泊镇	13496		210282111	普兰店市元台镇	13363
	120116136	滨海新区茶淀镇	14311		210283101	庄河市青堆镇	16468
	120116156	滨海新区太平镇	13562		210283102	庄河市徐岭镇	16279
	120116157	滨海新区小王庄镇	13230		210283104	庄河市黑岛镇	19360
	120116158	滨海新区中塘镇	13865		210283105	庄河市栗子房镇	16880
	120221100	宁河县芦台镇	13215		210283107	庄河市大营镇	13350
	120221103	宁河县苗庄镇	13672		210283115	庄河市大郑镇	15150
	120221104	宁河县丰台镇	13425		210283118	庄河市吴炉镇	14100
	120221105	宁河县岳龙镇	14000		210283120	庄河市王家镇	27438
	120221106	宁河县板桥镇	13346		210303100	鞍山市铁西区宁远镇	13720
	120221109	宁河县造甲城镇	13290		210303101	鞍山市铁西区达道湾镇	14665
	120221110	宁河县七里海镇	13300		210304101	鞍山市立山区齐大山镇	14130
	120221111	宁河县大北涧沽镇	13605		210311101	鞍山市千山区东鞍山镇	14631
	120221112	宁河县东棘坨镇	13386		210311102	鞍山市千山区唐家房镇	14312
	120223100	静海县静海镇	13203		210311104	鞍山市千山区大屯镇	13534
	120223108	静海县大邱庄镇	14650		210311108	鞍山市千山区汤岗子镇	13419
	120225100	蓟县渔阳镇	13450		210381105	海城市马风镇	13323
	120225101	蓟县洇溜镇	13323		210381107	海城市牌楼镇	13234
	120225105	蓟县邦均镇	13289		210381108	海城市八里镇	13575
河 北	130224105	滦南县姚王庄镇	14505		210381109	海城市毛祁镇	14180
	130283104	迁安市赵店子镇	13535		210381110	海城市英落镇	14295
	130283108	迁安市蔡园镇	16668		210381111	海城市感王镇	13950
	130283109	迁安市马兰庄镇	17780		210381112	海城市西柳镇	16535
	130283111	迁安市木厂口镇	16166		210381113	海城市中小镇	15232
内蒙古	150121103	土默特左旗台阁牧镇	13158		210381114	海城市王石镇	13600
	150202100	包头市东河区河东镇	13271		210381121	海城市耿庄镇	13366
	150204102	包头市青山区万水泉镇	13640		210781113	凌海市安屯镇	14120
	150602102	鄂尔多斯市东胜区塔拉壕镇	15000		210881109	盖州市九寨镇	15560
	150621100	达拉特旗树林召镇	13356		210882101	大石桥市水源镇	16343
	150702100	呼伦贝尔市海拉尔区哈克镇	15861		210882103	大石桥市石佛镇	13602
	150702101	呼伦贝尔市海拉尔区奋斗镇	15387		210882104	大石桥市高坎镇	13232
	152522101	阿巴嘎旗洪格尔高勒镇	13130		210882107	大石桥市官屯镇	14032
	152525100	东乌旗乌里雅斯太镇	13388		210882113	大石桥市永安镇	14360
	152525103	东乌旗满都宝拉格镇	26213		211121100	大洼县大洼镇	13241
辽 宁	210122102	辽中县朱家镇	14000		211121105	大洼县田家镇	13879
	210122103	辽中县冷子堡镇	15500		211122102	盘山县高升镇	14200
	210122104	辽中县刘二堡镇	13918		211122107	盘山县古城子镇	14100
	210122108	辽中县杨士岗镇	13500		211122112	盘山县吴家镇	15970
	210122109	辽中县肖寨门镇	13502		211204101	铁岭市清河区张相镇	14950
	210124108	法库县孟家镇	13500		211281105	调兵山市晓南镇	13754
	210181106	新民市大民屯镇	13964		211282103	开原市庆云堡镇	19672
	210181118	新民市周坨子镇	13488		211282107	开原市八宝镇	13673
	210224100	长海县大长山岛镇	23014	黑龙江	230405100	鹤岗市兴安区红旗镇	14200
	210224101	长海县獐子岛镇	27678		230406100	鹤岗市东山区新华镇	14313
	210281101	瓦房店市复州城镇	15500		230882103	富锦市长安镇	14238
	210281108	瓦房店市永宁镇	15160		230882106	富锦市砚山镇	14419

3-1-2 续表 2 单位：元

地 区	代码	建制镇名称	农民人均纯收入	地 区	代码	建制镇名称	农民人均纯收入
	230882109	富锦市宏胜镇	14553		310115131	浦东新区惠南镇	14147
	230882112	富锦市上街基镇	13983		310115132	浦东新区周浦镇	15150
	231024100	东宁县东宁镇	15146		310115133	浦东新区新场镇	14851
	231024101	东宁县三岔口镇	14400		310115134	浦东新区大团镇	13800
	231024102	东宁县大肚川镇	14330		310115135	浦东新区芦潮港镇	14550
	231024103	东宁县老黑山镇	15270		310115136	浦东新区康桥镇	15794
	231024104	东宁县道河镇	14381		310115137	浦东新区航头镇	14555
	231024105	东宁县绥阳镇	14797		310115138	浦东新区六灶镇	14593
	231081100	绥芬河市绥芬河镇	17176		310115139	浦东新区祝桥镇	14150
	231081101	绥芬河市阜宁镇	13948		310115140	浦东新区泥城镇	13701
	231083100	海林市海林镇	13905		310115141	浦东新区宣桥镇	14473
	231084100	宁安市宁安镇	14454		310115142	浦东新区书院镇	13747
	231084102	宁安市渤海镇	13682		310115143	浦东新区万祥镇	13704
	231085100	穆棱市八面通镇	13354		310115144	浦东新区老港镇	13647
	231085102	穆棱市下城子镇	14310		310116101	金山区朱泾镇	13870
上 海	310112101	闵行区莘庄镇	26068		310116102	金山区枫泾镇	14240
	310112102	闵行区七宝镇	25982		310116103	金山区张堰镇	13750
	310112103	闵行区颛桥镇	17212		310116104	金山区亭林镇	13700
	310112106	闵行区华漕镇	22490		310116105	金山区吕巷镇	13632
	310112107	闵行区虹桥镇	26189		310116107	金山区廊下镇	13695
	310112108	闵行区梅陇镇	24956		310116109	金山区金山卫镇	13500
	310112110	闵行区吴泾镇	19423		310116112	金山区漕泾镇	14200
	310112112	闵行区马桥镇	18120		310116113	金山区山阳镇	13582
	310112114	闵行区浦江镇	16475		310117102	松江区泗泾镇	18049
	310113101	宝山区罗店镇	17110		310117103	松江区佘山镇	13323
	310113102	宝山区大场镇	25968		310117104	松江区车墩镇	16750
	310113103	宝山区杨行镇	21028		310117105	松江区新桥镇	19618.8
	310113104	宝山区月浦镇	18717		310117106	松江区洞泾镇	18122
	310113106	宝山区罗泾镇	16190		310117107	松江区九亭镇	22066
	310113109	宝山区顾村镇	19635		310117109	松江区泖港镇	13577
	310113111	宝山区高境镇	26933		310117116	松江区石湖荡镇	14199
	310113112	宝山区庙行镇	23972		310117121	松江区小昆山镇	14224
	310113113	宝山区淞南镇	22489		310118102	青浦区朱家角镇	13822
	310114102	嘉定区南翔镇	16747		310118103	青浦区练塘镇	13142
	310114103	嘉定区安亭镇	21850		310118104	青浦区金泽镇	13227
	310114106	嘉定区马陆镇	17450		310118105	青浦区赵巷镇	16149
	310114109	嘉定区徐行镇	13136		310118106	青浦区徐泾镇	19196
	310114114	嘉定区外冈镇	15792		310118107	青浦区华新镇	16714
	310114118	嘉定区江桥镇	20389		310118109	青浦区重固镇	16085
	310115103	浦东新区川沙新镇	16490		310118110	青浦区白鹤镇	15104
	310115104	浦东新区高桥镇	18485		310120101	奉贤区南桥镇	15809
	310115105	浦东新区北蔡镇	18198		310120102	奉贤区奉城镇	14738
	310115110	浦东新区合庆镇	17010		310120104	奉贤区庄行镇	15188
	310115114	浦东新区唐镇	17700		310120106	奉贤区金汇镇	15222
	310115117	浦东新区曹路镇	17650		310120109	奉贤区四团镇	13450
	310115120	浦东新区金桥镇	16694		310120111	奉贤区青村镇	14865
	310115121	浦东新区高行镇	23939		310120118	奉贤区柘林镇	16203
	310115123	浦东新区高东镇	20873	江 苏	320124100	溧水县永阳镇	14855
	310115125	浦东新区张江镇	20711		320125100	高淳县淳溪镇	13370
	310115130	浦东新区三林镇	22084		320125101	高淳县阳江镇	13145

3-1-2 续表 3 单位：元

地 区	代码	建制镇名称	农民人均纯收入	地 区	代码	建制镇名称	农民人均纯收入
江 苏	320125102	高淳县砖墙镇	13175		320412106	常州市武进区横山桥镇	16630
	320125103	高淳县古柏镇	14123		320412109	常州市武进区郑陆镇	15088
	320125104	高淳县漆桥镇	13193		320412110	常州市武进区雪堰镇	16333
	320205102	无锡市锡山区羊尖镇	16518		320412113	常州市武进区前黄镇	15530
	320205103	无锡市锡山区鹅湖镇	16586		320412114	常州市武进区礼嘉镇	15558
	320205105	无锡市锡山区锡北镇	16465		320412116	常州市武进区邹区镇	15280
	320205106	无锡市锡山区东港镇	17058		320412119	常州市武进区嘉泽镇	15668
	320206102	无锡市惠山区洛社镇	17165		320412120	常州市武进区湟里镇	16078
	320206103	无锡市惠山区阳山镇	17509		320412122	常州市武进区奔牛镇	15320
	320211101	无锡市滨湖区胡埭镇	16740		320481100	溧阳市溧城镇	17441
	320281100	江阴市璜土镇	18636		320481101	溧阳市埭头镇	16022
	320281101	江阴市利港镇	19009		320481102	溧阳市上黄镇	17672
	320281102	江阴市月城镇	17480		320481103	溧阳市戴埠镇	14138
	320281103	江阴市青阳镇	17320		320481106	溧阳市天目湖镇	15971
	320281104	江阴市徐霞客镇	17389		320481109	溧阳市上兴镇	13138
	320281107	江阴市华士镇	21586		320481111	溧阳市竹箦镇	13729
	320281108	江阴市周庄镇	21772		320481114	溧阳市南渡镇	14244
	320281109	江阴市新桥镇	22135		320481116	溧阳市社渚镇	13477
	320281110	江阴市长泾镇	20005		320482100	金坛市金城镇	16628
	320281111	江阴市顾山镇	18938		320482104	金坛市儒林镇	13806
	320281112	江阴市祝塘镇	18454		320482105	金坛市尧塘镇	15287
	320282100	宜兴市张渚镇	15077		320482106	金坛市直溪镇	14738
	320282101	宜兴市西渚镇	14657		320482108	金坛市朱林镇	13856
	320282102	宜兴市太华镇	14097		320482109	金坛市薛埠镇	15200
	320282103	宜兴市徐舍镇	13429		320482112	金坛市指前镇	13577
	320282104	宜兴市官林镇	16215		320503150	苏州市苏州工业园区娄葑镇	22590
	320282105	宜兴市杨巷镇	13992		320503152	苏州市苏州工业园区唯亭镇	22135
	320282106	宜兴市新建镇	13740		320503153	苏州市苏州工业园区胜浦镇	22020
	320282107	宜兴市和桥镇	15645		320505100	苏州市虎丘区浒关镇	15796
	320282108	宜兴市高塍镇	18111		320505101	苏州市虎丘区通安镇	16561
	320282109	宜兴市万石镇	15319		320505102	苏州市虎丘区东渚镇	15541
	320282110	宜兴市周铁镇	15517		320506100	苏州市吴中区甪直镇	17387
	320282111	宜兴市芳桥镇	15180		320506103	苏州市吴中区木渎镇	21182
	320282112	宜兴市丁蜀镇	15679		320506104	苏州市吴中区胥口镇	17920
	320282113	宜兴市湖父镇	17993		320506107	苏州市吴中区东山镇	15891
	320312101	徐州市铜山区铜山镇	15115		320506108	苏州市吴中区光福镇	18186
	320312106	徐州市铜山区柳新镇	15348		320506110	苏州市吴中区临湖镇	16280
	320312110	徐州市铜山区三堡镇	14115		320507100	苏州市相城区望亭镇	16745
	320312116	徐州市铜山区利国镇	15565		320507102	苏州市相城区黄埭镇	16560
	320382103	邳州市官湖镇	13413		320507105	苏州市相城区渭塘镇	17850
	320411100	常州市新北区春江镇	14855		320507109	苏州市相城区阳澄湖镇	16301
	320411101	常州市新北区孟河镇	13699		320581100	常熟市虞山镇	18763
	320411102	常州市新北区新桥镇	16400		320581101	常熟市梅李镇	18151
	320411103	常州市新北区薛家镇	16178		320581102	常熟市海虞镇	18598
	320411104	常州市新北区罗溪镇	14361		320581104	常熟市古里镇	18581
	320412100	常州市武进区湖塘镇	16914		320581105	常熟市沙家浜镇	18600
	320412102	常州市武进区牛塘镇	16001		320581106	常熟市支塘镇	17260
	320412103	常州市武进区洛阳镇	16705		320581107	常熟市董浜镇	18254
	320412104	常州市武进区遥观镇	16280		320581110	常熟市辛庄镇	18385
	320412105	常州市武进区横林镇	15528		320581111	常熟市尚湖镇	18528

3-1-2 续表 4

单位：元

地区	代码	建制镇名称	农民人均纯收入	地区	代码	建制镇名称	农民人均纯收入
江苏	320582100	张家港市杨舍镇	19067		320612121	南通市通州区先锋镇	15953
	320582101	张家港市塘桥镇	19278		320682100	如皋市如城镇	16131
	320582102	张家港市金港镇	18300		320682101	如皋市柴湾镇	15539
	320582103	张家港市锦丰镇	18186		320682102	如皋市雪岸镇	13387
	320582104	张家港市乐余镇	17783		320682103	如皋市东陈镇	14888
	320582105	张家港市凤凰镇	18393		320682104	如皋市丁堰镇	14857
	320582106	张家港市南丰镇	18386		320682105	如皋市白蒲镇	15481
	320582107	张家港市大新镇	17505		320682108	如皋市九华镇	14036
	320583100	昆山市玉山镇	23057		320682110	如皋市石庄镇	13830
	320583101	昆山市巴城镇	20910		320682111	如皋市长江镇	16155
	320583102	昆山市周市镇	20904		320682112	如皋市吴窑镇	14331
	320583103	昆山市陆家镇	21960		320682114	如皋市高明镇	13389
	320583104	昆山市花桥镇	20967		320682116	如皋市搬经镇	14733
	320583105	昆山市淀山湖镇	19843		320682118	如皋市桃园镇	13925
	320583106	昆山市张浦镇	20708		320684100	海门市海门镇	16892
	320583107	昆山市周庄镇	19113		320684101	海门市三星镇	20200
	320583108	昆山市千灯镇	21249		320684104	海门市德胜镇	16657
	320583109	昆山市锦溪镇	18292		320684105	海门市三厂镇	16689
	320584100	吴江市松陵镇	18477		320684106	海门市常乐镇	15068
	320584101	吴江市同里镇	17210		320684107	海门市麒麟镇	13590
	320584104	吴江市平望镇	17660		320684108	海门市悦来镇	13246
	320584105	吴江市盛泽镇	21500		320684109	海门市万年镇	13507
	320584107	吴江市七都镇	19007		320684110	海门市三阳镇	13322
	320584108	吴江市震泽镇	18311		320684111	海门市四甲镇	13295
	320584109	吴江市桃源镇	17011		320684112	海门市货隆镇	15178
	320584110	吴江市汾湖镇	17928		320684113	海门市余东镇	14729
	320585100	太仓市城厢镇	18425		320684114	海门市正余镇	15715
	320585101	太仓市沙溪镇	18744		320684115	海门市包场镇	15578
	320585102	太仓市浏河镇	17373		320684116	海门市刘浩镇	13623
	320585103	太仓市浮桥镇	17129		320684119	海门市王浩镇	13697
	320585104	太仓市璜泾镇	22505		320721100	赣榆县青口镇	14810
	320585105	太仓市双凤镇	19068		320721106	赣榆县海头镇	14686
	320585106	太仓市陆渡镇	18421		320721108	赣榆县赣马镇	13999
	320612100	南通市通州区金沙镇	15738		320803100	淮安市楚州区淮城镇	14947
	320612101	南通市通州区西亭镇	14105		320804100	淮安市淮阴区王营镇	14452
	320612102	南通市通州区二甲镇	14885		320826100	涟水县涟城镇	15075
	320612104	南通市通州区三余镇	13745		320826108	涟水县朱码镇	13651
	320612107	南通市通州区十总镇	14009		320829100	洪泽县高良涧镇	14827
	320612108	南通市通州区骑岸镇	13668		320830100	盱眙县盱城镇	15148
	320612109	南通市通州区五甲镇	13829		320830101	盱眙县马坝镇	14285
	320612110	南通市通州区石港镇	14490		320830102	盱眙县官滩镇	13191
	320612111	南通市通州区四安镇	14783		320831100	金湖县黎城镇	14168
	320612112	南通市通州区刘桥镇	14796		320902100	盐城市亭湖区南洋镇	13496
	320612114	南通市通州区平潮镇	16942		320902107	盐城市亭湖区盐东镇	13960
	320612115	南通市通州区平东镇	14456		320903109	盐城市盐都区龙冈镇	14200
	320612116	南通市通州区五接镇	14172		320981100	东台市溱东镇	17531
	320612117	南通市通州区兴仁镇	16305		320981101	东台市时堰镇	14908
	320612118	南通市通州区兴东镇	16519		320981107	东台市梁垛镇	13983
	320612119	南通市通州区张芝山镇	16877		320981108	东台市安丰镇	13942
	320612120	南通市通州区川姜镇	16101		320981110	东台市富安镇	14022

3-1-2 续表 5

单位：元

地 区	代码	建制镇名称	农民人均纯收入	地 区	代码	建制镇名称	农民人均纯收入
江 苏	320981112	东台市唐洋镇	13186		321181109	丹阳市新桥镇	22980
	320981114	东台市许河镇	14454		321181110	丹阳市后巷镇	17880
	320981115	东台市三仓镇	14060		321181111	丹阳市埤城镇	14082
	320981118	东台市头灶镇	13920		321181112	丹阳市云阳镇	14398
	320981121	东台市弶港镇	15524		321182101	扬中市新坝镇	18688
	320981122	东台市东台镇	14448		321182102	扬中市油坊镇	15159
	320982100	大丰市大中镇	14070		321182103	扬中市八桥镇	13776
	320982109	大丰市南阳镇	13551		321202100	泰州市海陵区九龙镇	13870
	321002101	扬州市广陵区杭集镇	19095		321203100	泰州市高港区永安洲镇	13519
	321002102	扬州市广陵区李典镇	15810		321281123	兴化市戴南镇	16160
	321002103	扬州市广陵区沙头镇	14201		321281124	兴化市张郭镇	14390
	321002104	扬州市广陵区头桥镇	14476		321282101	靖江市新桥镇	15551
	321002105	扬州市广陵区泰安镇	13756		321283114	泰兴市姚王镇	13358
	321002106	扬州市广陵区湾头镇	14453		321283124	泰兴市虹桥镇	14188
	321003102	扬州市邗江区槐泗镇	13130		321284100	姜堰市姜堰镇	14073
	321003103	扬州市邗江区瓜洲镇	14469		321322100	沭阳县沭城镇	15127
	321003108	扬州市邗江区杨寿镇	14113	浙 江	330104102	杭州市江干区彭埠镇	19131
	321003111	扬州市邗江区西湖镇	15021		330104103	杭州市江干区笕桥镇	20081
	321003150	扬州市邗江区施桥镇	15696		330104104	杭州市江干区丁桥镇	17685
	321003151	扬州市邗江区八里镇	15635		330104105	杭州市江干区九堡镇	17550
	321003152	扬州市邗江区朴席镇	15574		330106109	杭州市西湖区三墩镇	18643
	321012100	扬州市江都区仙女镇	17815		330106110	杭州市西湖区双浦镇	17679
	321012101	扬州市江都区小纪镇	15708		330109101	杭州市萧山区河上镇	13703
	321012103	扬州市江都区武坚镇	16580		330109102	杭州市萧山区戴村镇	15602
	321012108	扬州市江都区真武镇	14447		330109103	杭州市萧山区浦阳镇	15800
	321012109	扬州市江都区宜陵镇	14503		330109104	杭州市萧山区进化镇	15768
	321012114	扬州市江都区邵伯镇	16063		330109105	杭州市萧山区临浦镇	15711
	321012116	扬州市江都区丁伙镇	17693		330109106	杭州市萧山区义桥镇	17591
	321012118	扬州市江都区大桥镇	14500		330109107	杭州市萧山区所前镇	18130
	321023100	宝应县安宜镇	13990		330109108	杭州市萧山区衙前镇	24389
	321081100	仪征市真州镇	14065		330109109	杭州市萧山区闻堰镇	19203
	321081101	仪征市青山镇	13278		330109110	杭州市萧山区宁围镇	26037
	321081103	仪征市新集镇	13850		330109111	杭州市萧山区新街镇	20268
	321081104	仪征市新城镇	13595		330109112	杭州市萧山区坎山镇	18932
	321081105	仪征市马集镇	13175		330109113	杭州市萧山区瓜沥镇	19115
	321081108	仪征市大仪镇	13252		330109114	杭州市萧山区党山镇	17429
	321084100	高邮市高邮镇	14200		330109115	杭州市萧山区益农镇	18351
	321084106	高邮市汤庄镇	13615		330109120	杭州市萧山区党湾镇	19360
	321084107	高邮市卸甲镇	13146		330110102	杭州市余杭区塘栖镇	19800
	321084116	高邮市送桥镇	13320		330110109	杭州市余杭区径山镇	15922
	321084117	高邮市郭集镇	16368		330110110	杭州市余杭区瓶窑镇	16971
	321084118	高邮市天山镇	14036		330110111	杭州市余杭区鸬鸟镇	16908
	321112101	镇江市丹徒区辛丰镇	13985		330110112	杭州市余杭区百丈镇	18531
	321112102	镇江市丹徒区谷阳镇	13420		330110113	杭州市余杭区黄湖镇	17050
	321181103	丹阳市导墅镇	14396		330122101	桐庐县富春江镇	13548
	321181104	丹阳市皇塘镇	14736		330122102	桐庐县横村镇	14565
	321181105	丹阳市吕城镇	15588		330182102	建德市乾潭镇	13961
	321181106	丹阳市陵口镇	14258		330183100	富阳市万市镇	13951
	321181107	丹阳市访仙镇	14354		330183101	富阳市洞桥镇	13867
	321181108	丹阳市界牌镇	23980		330183103	富阳市渌渚镇	16325

3-1-2 续表 6

单位：元

地 区	代码	建制镇名称	农民人均纯收入	地 区	代码	建制镇名称	农民人均纯收入
浙 江	330183105	富阳市永昌镇	16750		330282111	慈溪市逍林镇	14880
	330183108	富阳市里山镇	16236		330282112	慈溪市新浦镇	14795
	330183109	富阳市常绿镇	14045		330282113	慈溪市胜山镇	14428
	330183113	富阳市高桥镇	22610		330282114	慈溪市横河镇	15880
	330183114	富阳市受降镇	22163		330282119	慈溪市天元镇	15100
	330183115	富阳市新登镇	15306		330282120	慈溪市长河镇	14366
	330183116	富阳市胥口镇	13149		330282121	慈溪市周巷镇	15662
	330183117	富阳市大源镇	21425		330282123	慈溪市龙山镇	14973
	330183118	富阳市灵桥镇	18773		330324102	永嘉县桥头镇	16430
	330185102	临安市高虹镇	15551		330326103	平阳县萧江镇	13915
	330185103	临安市太湖源镇	15983		330381101	瑞安市塘下镇	17766
	330185104	临安市於潜镇	15043		330382114	乐清市柳市镇	18238
	330185106	临安市太阳镇	13459		330382115	乐清市北白象镇	17322
	330185107	临安市潜川镇	13728		330402100	嘉兴市南湖区凤桥镇	17392
	330185108	临安市昌化镇	15058		330402101	嘉兴市南湖区余新镇	17153
	330185115	临安市板桥镇	14334		330402103	嘉兴市南湖区新丰镇	16918
	330185116	临安市天目山镇	14478		330402104	嘉兴市南湖区七星镇	16268
	330205103	宁波市江北区慈城镇	14257		330402105	嘉兴市南湖区大桥镇	17047
	330211100	宁波市镇海区解浦镇	14438		330411101	嘉兴市秀洲区王江泾镇	15988
	330211101	宁波市镇海区九龙湖镇	15607		330411103	嘉兴市秀洲区油车港镇	16108
	330212101	宁波市鄞州区咸祥镇	14513		330411104	嘉兴市秀洲区新塍镇	15510
	330212102	宁波市鄞州区塘溪镇	15080		330411105	嘉兴市秀洲区王店镇	15304
	330212103	宁波市鄞州区东钱湖镇	16324		330411106	嘉兴市秀洲区洪合镇	15992
	330212104	宁波市鄞州区东吴镇	17333		330421102	嘉善县大云镇	18585
	330212105	宁波市鄞州区五乡镇	18408		330421103	嘉善县西塘镇	16160
	330212106	宁波市鄞州区邱隘镇	19026		330421105	嘉善县干窑镇	17553
	330212108	宁波市鄞州区云龙镇	17926		330421107	嘉善县陶庄镇	17200
	330212109	宁波市鄞州区横溪镇	14750		330421111	嘉善县姚庄镇	18891
	330212110	宁波市鄞州区姜山镇	17501		330421112	嘉善县天凝镇	16496
	330212113	宁波市鄞州区高桥镇	23079		330424101	海盐县沈荡镇	15930
	330212115	宁波市鄞州区集士港镇	15722		330424102	海盐县百步镇	16121
	330212116	宁波市鄞州区古林镇	21806		330424103	海盐县于城镇	17210
	330212118	宁波市鄞州区洞桥镇	17638		330424105	海盐县澉浦镇	17010
	330212119	宁波市鄞州区鄞江镇	15260		330424106	海盐县通元镇	16237
	330225101	象山县石浦镇	14106		330481101	海宁市许村镇	18008
	330226111	宁海县西店镇	15222		330481103	海宁市长安镇	17983
	330281100	余姚市临山镇	15429		330481105	海宁市周王庙镇	16989
	330281101	余姚市黄家埠镇	14508		330481106	海宁市丁桥镇	16342
	330281102	余姚市小曹娥镇	14848		330481107	海宁市斜桥镇	17933
	330281103	余姚市泗门镇	20885		330481108	海宁市黄湾镇	16925
	330281106	余姚市马渚镇	13873		330481110	海宁市盐官镇	17250
	330281108	余姚市牟山镇	14910		330481112	海宁市袁花镇	16976
	330281109	余姚市丈亭镇	13875		330482101	平湖市乍浦镇	17085
	330281110	余姚市三七市镇	13840		330482102	平湖市新埭镇	16889
	330281111	余姚市河姆渡镇	13243		330482103	平湖市新仓镇	17236
	330282104	慈溪市掌起镇	13915		330482106	平湖市广陈镇	16633
	330282107	慈溪市观海卫镇	14061		330482107	平湖市林埭镇	16411
	330282108	慈溪市附海镇	14796		330482108	平湖市独山港镇	17215
	330282109	慈溪市桥头镇	15755		330483100	桐乡市乌镇镇	15878
	330282110	慈溪市匡堰镇	15447		330483101	桐乡市濮院镇	15833

3-1-2 续表 7

单位：元

地 区	代码	建制镇名称	农民人均纯收入	地 区	代码	建制镇名称	农民人均纯收入
浙 江	330483102	桐乡市屠甸镇	14298		330602101	绍兴市镜湖区灵芝镇	13745
	330483103	桐乡市石门镇	16199		330602103	绍兴市越城区鉴湖镇	13700
	330483104	桐乡市河山镇	15925		330602104	绍兴市越城区皋埠镇	13450
	330483105	桐乡市洲泉镇	15728		330602105	绍兴市袍江区马山镇	14351
	330483106	桐乡市大麻镇	16313		330602106	绍兴市袍江区斗门镇	14473
	330483107	桐乡市崇福镇	16520		330621100	绍兴县齐贤镇	16647
	330483108	桐乡市高桥镇	14859		330621101	绍兴县钱清镇	20028
	330502100	湖州市吴兴区织里镇	18021		330621102	绍兴县孙端镇	13501
	330502101	湖州市吴兴区八里店镇	16312		330621103	绍兴县福全镇	14505
	330502103	湖州市吴兴区杨介埠镇	15487		330621104	绍兴县马安镇	15618
	330502104	湖州市吴兴区埭溪镇	15454		330621106	绍兴县安昌镇	15578
	330502105	湖州市吴兴区东林镇	14297		330621108	绍兴县兰亭镇	17128
	330503100	湖州市南浔区南浔镇	16271		330621110	绍兴县杨汛桥镇	16198
	330503101	湖州市南浔区双林镇	15347		330621111	绍兴县漓渚镇	18046
	330503102	湖州市南浔区练市镇	14570		330621113	绍兴县陶堰镇	14628
	330503103	湖州市南浔区善琏镇	14404		330681101	诸暨市大唐镇	28118
	330503104	湖州市南浔区旧馆镇	14968		330681102	诸暨市应店街镇	15927
	330503105	湖州市南浔区菱湖镇	13781		330681103	诸暨市次坞镇	18546
	330503106	湖州市南浔区和孚镇	14946		330681104	诸暨市店口镇	30018
	330503107	湖州市南浔区千金镇	14365		330681105	诸暨市阮市镇	23698
	330503108	湖州市南浔区石淙镇	15320		330681106	诸暨市直埠镇	15116
	330521100	德清县武康镇	16240		330681108	诸暨市山下湖镇	27871
	330521101	德清县乾元镇	16084		330681109	诸暨市枫桥镇	17481
	330521102	德清县新市镇	15946		330681112	诸暨市五泄镇	15643
	330521103	德清县洛舍镇	16634		330681113	诸暨市草塔镇	22959
	330521104	德清县钟管镇	17394		330681114	诸暨市王家井镇	15576
	330521105	德清县莫干山镇	15653		330681115	诸暨市牌头镇	18533
	330521110	德清县雷甸镇	15980		330681117	诸暨市安华镇	17368
	330521113	德清县禹越镇	15787		330681119	诸暨市璜山镇	20617
	330521114	德清县新安镇	15550		330682100	上虞市道墟镇	19260
	330522100	长兴县雉城镇	15972		330682103	上虞市汤浦镇	18546
	330522101	长兴县洪桥镇	15147		330682106	上虞市丰惠镇	13693
	330522102	长兴县李家巷镇	17251		330682109	上虞市驿亭镇	14127
	330522103	长兴县夹浦镇	19168		330682111	上虞市谢塘镇	15829
	330522104	长兴县林城镇	15683		330682112	上虞市盖北镇	15276
	330522105	长兴县泗安镇	15273		330682113	上虞市崧厦镇	18311
	330522106	长兴县虹星桥镇	13892		330682114	上虞市沥海镇	13620
	330522107	长兴县和平镇	15083		330683100	嵊州市甘霖镇	14149
	330522108	长兴县小浦镇	14798		330683101	嵊州市长乐镇	14641
	330522109	长兴县煤山镇	20598		330782100	义乌市佛堂镇	19251
	330523100	安吉县递铺镇	17293		330783106	东阳市巍山镇	13700
	330523101	安吉县梅溪镇	15314		330783118	东阳市南马镇	14720
	330523102	安吉县良朋镇	14470		330783123	东阳市横店镇	18780
	330523103	安吉县鄣吴镇	15847		330902100	舟山市定海区金塘镇	16832
	330523104	安吉县杭垓镇	14837		330902101	舟山市定海区小沙镇	14668
	330523105	安吉县孝丰镇	16293		330902102	舟山市定海区岑港镇	14895
	330523106	安吉县报福镇	17448		330902103	舟山市定海区双桥镇	13398
	330523107	安吉县章村镇	16095		330902104	舟山市定海区白泉镇	15802
	330523108	安吉县天荒坪镇	17623		330902105	舟山市定海区干览镇	14980
	330602100	绍兴市镜湖区东浦镇	13398		330902106	舟山市定海区马岙镇	14045

3-1-2 续表 8

单位：元

地 区	代码	建制镇名称	农民人均纯收入
浙 江	330903100	舟山市普陀区六横镇	14870
	330903102	舟山市普陀区虾峙镇	17579
	330903104	舟山市普陀区桃花镇	13224
	330903105	舟山市普陀区东极镇	15862
	330903106	舟山市普陀区普陀山镇	22032
	330921100	岱山县高亭镇	17327
	330921101	岱山县东沙镇	17554
	330921102	岱山县岱东镇	16340
	330921103	岱山县岱西镇	15995
	330921106	岱山县衢山镇	16385
	330922100	嵊泗县菜园镇	14818
	330922101	嵊泗县嵊山镇	15693
	330922102	嵊泗县洋山镇	14580
	331004103	台州市路桥区新桥镇	13978
	331004104	台州市路桥区横街镇	13936
	331004106	台州市路桥区金清镇	13145
	331004107	台州市路桥区蓬街镇	13129
	331021101	玉环县清港镇	13339
	331021102	玉环县楚门镇	15407
	331081100	温岭市泽国镇	19301
	331081101	温岭市大溪镇	18198
	331081102	温岭市松门镇	16250
	331081103	温岭市箬横镇	14805
	331081104	温岭市新河镇	15143
	331081105	温岭市石塘镇	20056
	331082100	临海市汛桥镇	13186
	331082112	临海市杜桥镇	13649
	331125106	云和县石塘镇	13306
福 建	350211102	厦门市集美区灌口镇	14635
	350505100	泉州市泉港区南埔镇	13633
	350581100	石狮市灵秀镇	14051
	350581101	石狮市宝盖镇	14280
	350581102	石狮市蚶江镇	14200
	350581105	石狮市锦尚镇	13620
	350581106	石狮市永宁镇	14228
江 西	360111104	南昌市青山湖区湖坊镇	14586
山 东	370181110	章丘市刁镇	13284
	370214001	青岛市城阳区城阳街道	13885
	370281102	胶州市李哥庄镇	13977
	370282105	即墨市蓝村镇	14988
	370283101	平度市古岘镇	13186
	370283102	平度市仁兆镇	14500
	370283115	平度市张舍镇	14880
	370283122	平度市旧店镇	13485
	370284107	胶南市王台镇	13227
	370302104	淄博市淄川区岭子镇	14650
	370302112	淄博市淄川区龙泉镇	14343
	370302114	淄博市淄川区罗村镇	14135
	370302116	淄博市淄川区双杨镇	14916
	370303100	淄博市张店区马尚镇	14346
	370303101	淄博市张店区南定镇	14170
	370303104	淄博市张店区傅家镇	13701
	370303105	淄博市张店区中埠镇	13893
	370303107	淄博市张店区房镇镇	14183
	370321105	桓台县马桥镇	14603
	370503101	东营市河口区仙河镇	14185
	370503102	东营市河口区孤岛镇	13895
	370634101	长岛县砣矶镇	13883
	370681103	龙口市北马镇	13480
	370681110	龙口市诸由观镇	14843
	370683109	莱州市柞村镇	13591
	370725108	昌乐县唐吾镇	15330
	371002100	威海市环翠区张村镇	14037
	371081104	文登市泽库镇	14000
河 南	410104100	郑州市管城回族区十八里河镇	14385
	410108100	郑州市惠济区花园口镇	13235
	410181103	巩义市竹林镇	15088
	410181113	巩义市回郭镇	13511
	410183104	新密市超化镇	13365
	410183110	新密市来集镇	13643
	410185105	登封市大冶镇	15637
	410522101	安阳县水冶镇	15168
	411321100	南召县城关镇	15099
湖 南	430103100	长沙市天心区大托镇	15359
	430105100	长沙市开福区捞刀河镇	19040
	430105101	长沙市开福区新港镇	28523
	430105102	长沙市开福区青竹湖镇	19550
	430112100	长沙市望城区高塘岭镇	19960
	430112105	长沙市望城区铜官镇	13698
	430112109	长沙市望城区星城镇	14269
	430121101	长沙县暮云镇	18976
	430121102	长沙县黄兴镇	15707
	430121103	长沙县榔梨镇	18060
	430121104	长沙县江背镇	13776
	430121105	长沙县黄花镇	14285
	430121117	长沙县跳马镇	13275
	430124100	宁乡县玉潭镇	21100
	430181110	浏阳市大瑶镇	15795
	430181113	浏阳市太平桥镇	13914
	430181117	浏阳市永安镇	15420
	430181123	浏阳市柏加镇	15100
	430223118	攸县黄丰桥镇	13607
	430304101	湘潭市岳塘区双马镇	14673
	431002100	郴州市北湖区石盖塘镇	13432
	431002102	郴州市北湖区区鲁塘镇	15737
	431002103	郴州市北湖区郴江镇	18855
	431003101	郴州市苏仙区白露塘镇	13493
	431003102	郴州市苏仙区良田镇	15235
	431003106	郴州市苏仙区白鹿洞镇	13763
	431021100	桂阳县城关镇	17968

3-1-2 续表 9 单位：元

地 区	代码	建制镇名称	农民人均纯收入	地 区	代码	建制镇名称	农民人均纯收入
	431021101	桂阳县黄沙坪镇	13478		441900125	东莞市洪梅镇	21027
	431023100	永兴县城关镇	17612		441900126	东莞市麻涌镇	18350
	431023101	永兴县马田镇	13993		441900127	东莞市望牛墩镇	15773
	431023103	永兴县塘门口镇	14698		441900128	东莞市中堂镇	22085
	431023105	永兴县柏林镇	13353		441900129	东莞市高埗镇	21771
	431081101	资兴市鲤鱼江镇	13647		442000100	中山市小榄镇	31400
	431224100	溆浦县卢峰镇	15000		442000101	中山市黄圃镇	15003
广 东	440111103	广州市白云区人和镇	14094		442000103	中山市东凤镇	17326
	440111107	广州市白云区太和镇	16681		442000104	中山市东升镇	18609
	440111113	广州市白云区江高镇	15389		442000105	中山市古镇镇	26577
	440113102	广州市番禺区南村镇	14308		442000106	中山市沙溪镇	15193
	440113107	广州市番禺区东涌镇	13914		442000107	中山市坦洲镇	15513
	440113116	广州市番禺区榄核镇	14792		442000108	中山市港口镇	13190
	440113118	广州市番禺区沙湾镇	14190		442000109	中山市三角镇	14125
	440115100	广州市南沙区万顷沙镇	16140		442000110	中山市横栏镇	16240
	440115101	广州市南沙区横沥镇	13915		442000111	中山市南头镇	16076
	440115102	广州市南沙区黄阁镇	18179		442000113	中山市南朗镇	15398
	440402100	珠海市香洲区唐家湾镇	13244		442000114	中山市三乡镇	15438
	440605121	佛山市南海区九江镇	14450		442000115	中山市板芙镇	14616
	440605122	佛山市南海区西樵镇	14282		442000116	中山市大涌镇	16706
	440605123	佛山市南海区丹灶镇	13313	重 庆	500108101	南岸区南坪镇	14854
	440605124	佛山市南海区狮山镇	14230	四 川	510124107	郫县安靖镇	13319
	440605125	佛山市南海区大沥镇	15350	陕 西	610303100	宝鸡市金台区陈仓镇	13168
	440605126	佛山市南海区里水镇	14292		610802110	榆林市榆阳区榆阳镇	13572
	440703102	江门市蓬江区荷塘镇	14237		610821100	神木县神木镇	13542
	440703103	江门市蓬江区杜阮镇	14178		610821102	神木县店塔镇	13200
	441284450	四会市大旺镇	16956		610821103	神木县孙家岔镇	13500
	441900101	东莞市石碣镇	24749		610821104	神木县大柳塔镇	13500
	441900102	东莞市石龙镇	25059		610821114	神木县锦界镇	13560
	441900103	东莞市茶山镇	21503		610822104	府谷县庙沟门镇	16615
	441900104	东莞市石排镇	17605		610822105	府谷县新民镇	17147
	441900105	东莞市企石镇	15148		610822108	府谷县大昌汗镇	14100
	441900106	东莞市横沥镇	20520		610822110	府谷县三道沟镇	16602
	441900107	东莞市桥头镇	18353		610822111	府谷县老高川镇	15170
	441900108	东莞市谢岗镇	15288		610824100	靖边县张畔镇	15725
	441900109	东莞市东坑镇	20292		610824101	靖边县东坑镇	14837
	441900110	东莞市常平镇	25895		610824105	靖边县红墩界镇	14144
	441900111	东莞市寮步镇	22964	新 疆	652323101	呼图壁县大丰镇	13422
	441900112	东莞市樟木头镇	22732		652324101	玛纳斯县乐土驿镇	14236
	441900113	东莞市大朗镇	22354		652324102	玛纳斯县包家店镇	13336
	441900114	东莞市黄江镇	23330		652324103	玛纳斯县凉州户镇	14318
	441900115	东莞市清溪镇	24588		652324104	玛纳斯县北五岔镇	13600
	441900116	东莞市塘厦镇	25726		652324105	玛纳斯县六户地镇	14791
	441900117	东莞市凤岗镇	22821		652324106	玛纳斯县兰州湾镇	14002
	441900118	东莞市大岭山镇	23114		654202102	乌苏市皇宫镇	13950
	441900119	东莞市长安镇	45597		654202103	乌苏市车排子镇	13443
	441900121	东莞市虎门镇	29142		654223101	沙湾县四道河子镇	17628
	441900122	东莞市厚街镇	27590		654223102	沙湾县老沙湾镇	17005
	441900123	东莞市沙田镇	19400		654223104	沙湾县安集海镇	18709
	441900124	东莞市道滘镇	19451		654223107	沙湾县柳毛湾镇	16402

3-1-3　2011年按财政总收入排序前1000建制镇分省情况

单位：万元

地　区	代码	建制镇名称	财政总收入
北　京	110108027	海淀区四季青镇	23133
	110108028	海淀区西北旺镇	26763
	110109102	门头沟区永定镇	23249
	110111105	房山区长阳镇	29302
	110112005	通州区永顺镇	36361
	110112006	通州区梨园镇	32490
	110112105	通州区张家湾镇	26596
	110112106	通州区漷县镇	30705
	110112109	通州区马驹桥镇	29981
	110112114	通州区台湖镇	48586
	110112119	通州区潞城镇	34682
	110113003	顺义区仁和镇	40270
	110113005	顺义区天竺镇	33461
	110113007	顺义区牛栏山镇	28762
	110113008	顺义区南法信镇	26847
	110113009	顺义区马坡镇	66300
	110114002	昌平区南口镇	24760
	110114007	昌平区东小口镇	48229
	110115005	大兴区黄村镇	59032
	110115008	大兴区瀛海镇	82043
	110115107	大兴区榆垡镇	28586
	110115108	大兴区庞各庄镇	29318
	110115110	大兴区魏善庄镇	23469
	110117005	平谷区马坊镇	59717
	110228111	密云县古北口镇	39254
天　津	120111100	西青区中北镇	51691
	120111105	西青区大寺镇	95805
	120112100	津南区咸水沽镇	23090
	120112101	津南区葛沽镇	100010
	120112102	津南区小站镇	49113
	120112103	津南区双港镇	100828
	120112106	津南区双桥河镇	41936
	120112108	津南区北闸口镇	39182
	120113100	北辰区天穆镇	115474
	120113101	北辰区北仓镇	39994
	120113102	北辰区双街镇	72587
	120113104	北辰区青光镇	23782
	120113106	北辰区宜兴埠镇	61982
	120113107	北辰区小淀镇	47073
	120113108	北辰区大张庄镇	25018
	120113111	北辰区西堤头镇	28049
	120223100	静海县静海镇	27788
河　北	130103101	石家庄市桥东区桃园镇	24700
	130204204	唐山市古冶区范各庄镇	41992
	130207103	唐山市丰南区小集镇	52073
	130207104	唐山市丰南区黄各庄镇	42050
	130207113	唐山市丰南区丰南镇	530727
	130208100	唐山市丰润区丰润镇	38022
	130223100	滦县滦州镇	29469
	130223101	滦县响堂镇	88198
	130227107	迁西县三屯营镇	37390
	130281100	遵化市遵化镇	115270
	130281111	遵化市建明镇	25689
	130283104	迁安市赵店子镇	53329
	130283108	迁安市蔡园镇	49837
	130283109	迁安市马兰庄镇	123662
	130283110	迁安市沙河驿镇	24556
	130283111	迁安市木厂口镇	98256
	130322101	昌黎县靖安镇	30847
	130426104	涉县井店镇	82100
	130426105	涉县更乐镇	65600
	130427104	磁县岳城镇	46221
	130427105	磁县观台镇	61521
	130427108	磁县黄沙镇	71733
	130481100	武安市武安镇	54014
	130481102	武安市午汲镇	43928
	130481103	武安市磁山镇	131000
	130521104	邢台县南石门镇	40100
	130582102	沙河市白塔镇	45000
	130702100	张家口市桥东区老鸦庄镇	39660
	130722100	张北县张北镇	42105
	130730100	怀来县沙城镇	34760
	130803100	承德市双滦区双塔山镇	33500
	130803101	承德市双滦区滦河镇	26221
	130822100	兴隆县兴隆镇	25500
	130823100	平泉县平泉镇	29650
	130823107	平泉县卧龙镇	49799
	130824102	滦平县红旗镇	34809
	130825101	隆化县韩麻营镇	47591
	130827102	宽城满族自治县峪耳崖镇	54032
	130827106	宽城满族自治县碾子峪镇	31680
	130922100	青县清州镇	31344
	130923100	东光县东光镇	29667
	130924100	海兴县苏基镇	22834
	130926100	肃宁县肃宁镇	139182
	130930100	孟村回族自治县孟村镇	23965
	130983100	黄骅市黄骅镇	139426
	130984100	河间市瀛州镇	116248
	131022100	固安县固安镇	77454
	131023100	永清县永清镇	29050
	131024100	香河县淑阳镇	67787
	131081100	霸州市霸州镇	25144
	131081102	霸州市信安镇	25509
	131081105	霸州市胜芳镇	95102
	131082100	三河市泃阳镇	61128
	131082107	三河市高楼镇	41627
	131082109	三河市燕郊镇	559422
山　西	140121100	清徐县清源镇	57992
	140321100	平定县冠山镇	48615
	140322103	盂县南娄镇	29455

3-1-3 续表 1 单位：万元

地 区	代码	建制镇名称	财 政 总收入	地 区	代码	建制镇名称	财 政 总收入
	140411101	长治市郊区堠北庄镇	43098		211221101	铁岭县新台子镇	80379
	140423100	襄垣县古韩镇	84533		211221105	铁岭县凡河镇	30000
	140423101	襄垣县王桥镇	25301		211321108	朝阳县大庙镇	34795
	140423102	襄垣县侯堡镇	30365	吉 林	220105171	长春市二道区卡伦湖镇	39362
	140423103	襄垣县夏店镇	27000		220282100	桦甸市夹皮沟镇	47700
	140423106	襄垣县王村镇	28157	黑龙江	230123101	依兰县达连河镇	23852
	140423107	襄垣县下良镇	37000		230125100	宾县宾州镇	25332
	140424103	屯留县余吾镇	74166		230126101	巴彦县兴隆镇	23614
	140431102	沁源县灵空山镇	45000		230603100	大庆市龙凤区龙凤镇	30318
	140431104	沁源县李元镇	62000	上 海	310112101	闵行区莘庄镇	313915
	140481100	潞城市店上镇	30000		310112102	闵行区七宝镇	298565
	140522101	阳城县北留镇	24600		310112103	闵行区颛桥镇	254448
	140729100	灵石县翠峰镇	62437		310112106	闵行区华漕镇	143130
	140729102	灵石县两渡镇	38635		310112107	闵行区虹桥镇	296243
	140781100	介休市义安镇	55047		310112108	闵行区梅陇镇	335920
	140781106	介休市义棠镇	54498		310112110	闵行区吴泾镇	526204
	140824101	稷山县西社镇	194000		310112112	闵行区马桥镇	543686
	141021100	曲沃县乐昌镇	35888		310112114	闵行区浦江镇	349186
	141125100	柳林县柳林镇	40401		310113101	宝山区罗店镇	62787
内蒙古	150203100	包头市昆都仑区昆河镇	25000		310113102	宝山区大场镇	202052
	150207103	包头市九原区麻池镇	58900		310113103	宝山区杨行镇	240435
	150221104	土默特右旗萨拉齐镇	52900		310113104	宝山区月浦镇	216195
	150602102	鄂尔多斯市东胜区塔拉壕镇	180000		310113106	宝山区罗泾镇	129569
	150624101	鄂托克旗棋盘井镇	340689		310113109	宝山区顾村镇	206188
	150724110	鄂温克旗大雁镇	35800		310113111	宝山区高境镇	70028
	150724111	鄂温克旗伊敏河镇	113441		310113112	宝山区庙行镇	66378
	152525105	东乌旗巴音胡硕镇	92855		310113113	宝山区淞南镇	101312
	152921104	阿拉善左旗乌斯太镇	154800		310114102	嘉定区南翔镇	407299
	152921110	阿拉善左旗巴彦浩特镇	57224		310114103	嘉定区安亭镇	928434
	152921113	阿拉善左旗宗别立镇	91400		310114106	嘉定区马陆镇	488291
辽 宁	210122100	辽中县辽中镇	36839		310114109	嘉定区徐行镇	138672
	210281110	瓦房店市炮台镇	50313		310114111	嘉定区华亭镇	50011
	210303101	鞍山市铁西区达道湾镇	25172		310114114	嘉定区外冈镇	131660
	210304100	鞍山市立山区沙河镇	32949		310114118	嘉定区江桥镇	266700
	210304101	鞍山市立山区齐大山镇	32330		310115103	浦东新区川沙新镇	258771
	210311104	鞍山市千山区大屯镇	23000		310115104	浦东新区高桥镇	144040
	210311108	鞍山市千山区汤岗子镇	33014		310115105	浦东新区北蔡镇	276500
	210381110	海城市英落镇	43999		310115110	浦东新区合庆镇	128900
	210381118	海城市腾鳌镇	52361		310115114	浦东新区唐镇	144190
	210503101	本溪市溪湖区火连寨镇	49992		310115117	浦东新区曹路镇	217388
	210521100	本溪县小市镇	27795		310115120	浦东新区金桥镇	253627
	210521112	本溪县高官镇	46000		310115121	浦东新区高行镇	277554
	210681104	东港市前阳镇	33515		310115123	浦东新区高东镇	200293
	210804100	营口市鲅鱼圈区熊岳镇	89525		310115125	浦东新区张江镇	41037
	210811101	营口市老边区路南镇	44955		310115130	浦东新区三林镇	168509
	211004101	辽阳市宏伟区曙光镇	37337		310115131	浦东新区惠南镇	94000
	211081101	灯塔市佟二堡镇	26000		310115132	浦东新区周浦镇	145522
	211081102	灯塔市铧子镇	29000		310115133	浦东新区新场镇	58968
	211121100	大洼县大洼镇	39826		310115135	浦东新区芦潮港镇	64656
	211121105	大洼县田家镇	56838		310115136	浦东新区康桥镇	212402

3-1-3　续表 2

单位：万元

地　区	代码	建制镇名称	财　政总收入	地　区	代码	建制镇名称	财　政总收入
	310115137	浦东新区航头镇	116917		320205105	无锡市锡山区锡北镇	57511
	310115138	浦东新区六灶镇	42328		320205106	无锡市锡山区东港镇	148389
	310115139	浦东新区祝桥镇	42301		320206102	无锡市惠山区洛社镇	219323
	310115140	浦东新区泥城镇	34800		320206103	无锡市惠山区阳山镇	38920
	310115141	浦东新区宣桥镇	52036		320211101	无锡市滨湖区胡埭镇	63970
	310115142	浦东新区书院镇	58323		320281100	江阴市璜土镇	112734
	310115144	浦东新区老港镇	28279		320281101	江阴市利港镇	123588
	310116101	金山区朱泾镇	100745		320281102	江阴市月城镇	57076
	310116102	金山区枫泾镇	200847		320281103	江阴市青阳镇	63456
	310116104	金山区亭林镇	130229		320281104	江阴市徐霞客镇	152381
	310116105	金山区吕巷镇	58977		320281107	江阴市华士镇	193384
	310116109	金山区金山卫镇	37973		320281108	江阴市周庄镇	217944
	310116112	金山区漕泾镇	25137		320281109	江阴市新桥镇	186227
	310116113	金山区山阳镇	103926		320281110	江阴市长泾镇	59187
	310117102	松江区泗泾镇	186237		320281111	江阴市顾山镇	74953
	310117103	松江区佘山镇	54058		320281112	江阴市祝塘镇	91378
	310117104	松江区车墩镇	41811		320282100	宜兴市张渚镇	45536
	310117105	松江区新桥镇	251165		320282103	宜兴市徐舍镇	58803
	310117106	松江区洞泾镇	37418		320282104	宜兴市官林镇	126274
	310117107	松江区九亭镇	206297		320282106	宜兴市新建镇	39898
	310117109	松江区泖港镇	37846		320282107	宜兴市和桥镇	41917
	310117116	松江区石湖荡镇	43408		320282108	宜兴市高塍镇	100568
	310117117	松江区新浜镇	33479		320282109	宜兴市万石镇	35202
	310117120	松江区叶榭镇	33044		320282110	宜兴市周铁镇	56972
	310117121	松江区小昆山镇	63448		320282112	宜兴市丁蜀镇	133252
	310118102	青浦区朱家角镇	118771		320282113	宜兴市湖父镇	22839
	310118103	青浦区练塘镇	119160		320302151	徐州市金山桥开发区大庙镇	49726
	310118104	青浦区金泽镇	94031		320305102	徐州市贾汪区青山泉镇	61226
	310118105	青浦区赵巷镇	148092		320305103	徐州市贾汪区大吴镇	55289
	310118106	青浦区徐泾镇	222309		320305107	徐州市贾汪区江庄镇	24576
	310118107	青浦区华新镇	176202		320312101	徐州市铜山区铜山镇	291831
	310118109	青浦区重固镇	81782		320312106	徐州市铜山区柳新镇	35484
	310118110	青浦区白鹤镇	122988		320312116	徐州市铜山区利国镇	56812
	310120101	奉贤区南桥镇	261710		320321101	丰县凤城镇	94451
	310120102	奉贤区奉城镇	150579		320321102	丰县首羡镇	23423
	310120104	奉贤区庄行镇	131060		320322101	沛县龙固镇	33042
	310120106	奉贤区金汇镇	41362		320322103	沛县大屯镇	59119
	310120109	奉贤区四团镇	89463		320322104	沛县沛城镇	70806
	310120111	奉贤区青村镇	121079		320324101	睢宁县睢城镇	65400
	310120118	奉贤区柘林镇	38998		320381101	新沂市新安镇	67541
	310120123	奉贤区海湾镇	39311		320382101	邳州市运河镇	97257
	310230101	崇明县城桥镇	24109		320382103	邳州市官湖镇	42555
	310230123	崇明县长兴镇	54521		320382114	邳州市炮车镇	27787
江　苏	320111102	南京市浦口区永宁镇	24017		320411100	常州市新北区春江镇	148847
	320111106	南京市浦口区乌江镇	24423		320411101	常州市新北区孟河镇	48646
	320124100	溧水县永阳镇	154072		320411102	常州市新北区新桥镇	51518
	320124106	溧水县晶桥镇	24146		320411103	常州市新北区薛家镇	105947
	320125100	高淳县淳溪镇	30538		320411104	常州市新北区罗溪镇	36000
	320205102	无锡市锡山区羊尖镇	61448		320411105	常州市新北区西夏墅镇	40040
	320205103	无锡市锡山区鹅湖镇	57755		320412100	常州市武进区湖塘镇	222627

3-1-3 续表 3

单位：万元

地 区	代码	建制镇名称	财 政 总收入	地 区	代码	建制镇名称	财 政 总收入
江 苏	320412102	常州市武进区牛塘镇	62399		320582103	张家港市锦丰镇	631676
	320412103	常州市武进区洛阳镇	65366		320582104	张家港市乐余镇	75015
	320412104	常州市武进区遥观镇	141963		320582105	张家港市凤凰镇	143713
	320412105	常州市武进区横林镇	58980		320582106	张家港市南丰镇	140689
	320412106	常州市武进区横山桥镇	75912		320582107	张家港市大新镇	43459
	320412109	常州市武进区郑陆镇	65085		320583100	昆山市玉山镇	1193125
	320412110	常州市武进区雪堰镇	71734		320583101	昆山市巴城镇	272278
	320412113	常州市武进区前黄镇	36913		320583102	昆山市周市镇	423019
	320412114	常州市武进区礼嘉镇	49899		320583103	昆山市陆家镇	313026
	320412116	常州市武进区邹区镇	56326		320583104	昆山市花桥镇	496096
	320412119	常州市武进区嘉泽镇	34007		320583105	昆山市淀山湖镇	145501
	320412120	常州市武进区湟里镇	58558		320583106	昆山市张浦镇	314254
	320412122	常州市武进区奔牛镇	39135		320583107	昆山市周庄镇	75100
	320481100	溧阳市溧城镇	193840		320583108	昆山市千灯镇	345999
	320481101	溧阳市埭头镇	37797		320583109	昆山市锦溪镇	228338
	320481103	溧阳市戴埠镇	22984		320584100	吴江市松陵镇	713772
	320481106	溧阳市天目湖镇	45501		320584101	吴江市同里镇	64555
	320481109	溧阳市上兴镇	32366		320584104	吴江市平望镇	95104
	320481116	溧阳市社渚镇	32939		320584105	吴江市盛泽镇	625148
	320482100	金坛市金城镇	100029		320584107	吴江市七都镇	81012
	320482105	金坛市尧塘镇	54547		320584108	吴江市震泽镇	78788
	320482108	金坛市朱林镇	27221		320584109	吴江市桃源镇	65778
	320482109	金坛市薛埠镇	45342		320584110	吴江市汾湖镇	334906
	320503150	苏州市苏州工业园区娄葑镇	784384		320585100	太仓市城厢镇	923873
	320503152	苏州市苏州工业园区唯亭镇	458148		320585101	太仓市沙溪镇	131334
	320503153	苏州市苏州工业园区胜浦镇	75241		320585102	太仓市浏河镇	60900
	320505100	苏州市虎丘区浒关镇	111000		320585103	太仓市浮桥镇	372533
	320505101	苏州市虎丘区通安镇	47024		320585104	太仓市璜泾镇	69294
	320506100	苏州市吴中区甪直镇	146167		320585105	太仓市双凤镇	34966
	320506103	苏州市吴中区木渎镇	193193		320585106	太仓市陆渡镇	73275
	320506104	苏州市吴中区胥口镇	131800		320612100	南通市通州区金沙镇	259836
	320506107	苏州市吴中区东山镇	36320		320612112	南通市通州区刘桥镇	27217
	320506108	苏州市吴中区光福镇	42254		320612114	南通市通州区平潮镇	63575
	320506110	苏州市吴中区临湖镇	68493		320612116	南通市通州区五接镇	28391
	320507100	苏州市相城区望亭镇	51509		320612117	南通市通州区兴仁镇	43079
	320507102	苏州市相城区黄埭镇	123874		320612118	南通市通州区兴东镇	40870
	320507105	苏州市相城区渭塘镇	116267		320612120	南通市通州区川姜镇	70237
	320507109	苏州市相城区阳澄湖镇	51709		320612121	南通市通州区先锋镇	23198
	320581100	常熟市虞山镇	626438		320621100	海安县海安镇	252568
	320581101	常熟市梅李镇	100209		320621101	海安县城东镇	138021
	320581102	常熟市海虞镇	161059		320621102	海安县曲塘镇	25629
	320581104	常熟市古里镇	181452		320623105	如东县掘港镇	122818
	320581105	常熟市沙家浜镇	71394		320623107	如东县马塘镇	26282
	320581106	常熟市支塘镇	60865		320623113	如东县河口镇	50403
	320581107	常熟市董浜镇	48735		320681100	启东市汇龙镇	193747
	320581110	常熟市辛庄镇	102001		320681103	启东市寅阳镇	44678
	320581111	常熟市尚湖镇	102004		320681110	启东市吕四港镇	75766
	320582100	张家港市杨舍镇	650900		320682100	如皋市如城镇	193589
	320582101	张家港市塘桥镇	168676		320682101	如皋市柴湾镇	221429
	320582102	张家港市金港镇	659122		320682103	如皋市东陈镇	30669

3-1-3　续表 4　　　　单位：万元

地　区	代码	建制镇名称	财　政 总收入	地　区	代码	建制镇名称	财　政 总收入
江　苏	320682104	如皋市丁堰镇	22971		321181105	丹阳市吕城镇	26737
	320682105	如皋市白蒲镇	24126		321181108	丹阳市界牌镇	49087
	320682108	如皋市九华镇	24283		321181109	丹阳市新桥镇	47344
	320682111	如皋市长江镇	442132		321181110	丹阳市后巷镇	69055
	320682118	如皋市桃园镇	80471		321181111	丹阳市埤城镇	30113
	320684100	海门市海门镇	258558		321181112	丹阳市云阳镇	177645
	320684101	海门市三星镇	45897		321182101	扬中市新坝镇	101103
	320684105	海门市三厂镇	24397		321182102	扬中市油坊镇	39433
	320684106	海门市常乐镇	29356		321183100	句容市华阳镇	50667
	320703150	连云港市连云区朝阳镇	27463		321183102	句容市下蜀镇	49138
	320721100	赣榆县青口镇	53249		321183109	句容市宝华镇	25043
	320722100	东海县牛山镇	28819		321202100	泰州市海陵区九龙镇	30510
	320724100	灌南县新安镇	42193		321203100	泰州市高港区永安洲镇	71628
	320803100	淮安市楚州区淮城镇	27176		321281112	兴化市临城镇	38924
	320804100	淮安市淮阴区王营镇	48476		321281123	兴化市戴南镇	152247
	320830100	盱眙县盱城镇	35540		321281124	兴化市张郭镇	57253
	320830101	盱眙县马坝镇	35133		321281125	兴化市昭阳镇	90927
	320830102	盱眙县官滩镇	23869		321282101	靖江市新桥镇	68552
	320831100	金湖县黎城镇	32975		321283100	泰兴市黄桥镇	55631
	320903109	盐城市盐都区龙冈镇	28109		321283114	泰兴市姚王镇	28683
	320922100	滨海县东坎镇	58420		321283123	泰兴市滨江镇	171034
	320922109	滨海县滨淮镇	23693		321283124	泰兴市虹桥镇	54962
	320923100	阜宁县阜城镇	51425		321284100	姜堰市姜堰镇	212167
	320923104	阜宁县郭墅镇	23178		321284111	姜堰市白米镇	35800
	320923111	阜宁县益林镇	24467		321302106	宿迁市宿城区洋河镇	43288
	320924100	射阳县合德镇	52389		321322100	沭阳县沭城镇	105000
	320925100	建湖县近湖镇	90912		321323100	泗阳县众兴镇	42273
	320925101	建湖县建阳镇	33709		321324100	泗洪县青阳镇	48386
	320925108	建湖县上冈镇	56431	浙　江	330104102	杭州市江干区彭埠镇	59068
	320981100	东台市溱东镇	32037		330104103	杭州市江干区笕桥镇	150114
	320981101	东台市时堰镇	29078		330104104	杭州市江干区丁桥镇	61000
	320981107	东台市梁垛镇	35150		330104105	杭州市江干区九堡镇	48200
	320981122	东台市东台镇	102422		330106109	杭州市西湖区三墩镇	92139
	320982100	大丰市大中镇	131676		330109100	杭州市萧山区楼塔镇	23199
	320982110	大丰市新丰镇	30090		330109101	杭州市萧山区河上镇	26352
	321002101	扬州市广陵区杭集镇	44142		330109102	杭州市萧山区戴村镇	40014
	321002102	扬州市广陵区李典镇	84215		330109103	杭州市萧山区浦阳镇	37279
	321002103	扬州市广陵区沙头镇	29314		330109104	杭州市萧山区进化镇	37154
	321003102	扬州市邗江区槐泗镇	43485		330109105	杭州市萧山区临浦镇	121116
	321012100	扬州市江都区仙女镇	157508		330109106	杭州市萧山区义桥镇	57729
	321012101	扬州市江都区小纪镇	28512		330109107	杭州市萧山区所前镇	50147
	321012114	扬州市江都区邵伯镇	35493		330109108	杭州市萧山区衙前镇	94595
	321012118	扬州市江都区大桥镇	66000		330109109	杭州市萧山区闻堰镇	72905
	321023100	宝应县安宜镇	80517		330109110	杭州市萧山区宁围镇	485259
	321081100	仪征市真州镇	141488		330109111	杭州市萧山区新街镇	90320
	321081106	仪征市刘集镇	23924		330109112	杭州市萧山区坎山镇	45587
	321084100	高邮市高邮镇	68539		330109113	杭州市萧山区瓜沥镇	146701
	321112101	镇江市丹徒区辛丰镇	23690		330109114	杭州市萧山区党山镇	57472
	321181100	丹阳市司徒镇	44545		330109115	杭州市萧山区益农镇	64943
	321181104	丹阳市皇塘镇	29934		330109120	杭州市萧山区党湾镇	37910

3-1-3 续表 5

单位：万元

地区	代码	建制镇名称	财政总收入	地区	代码	建制镇名称	财政总收入
浙江	330110102	杭州市余杭区塘栖镇	281574		330324102	永嘉县桥头镇	23357
	330110109	杭州市余杭区径山镇	26030		330326100	平阳县昆阳镇	114827
	330110110	杭州市余杭区瓶窑镇	67009		330326101	平阳县鳌江镇	144590
	330122101	桐庐县富春江镇	33866		330326102	平阳县水头镇	67603
	330122102	桐庐县横村镇	26944		330326103	平阳县萧江镇	36554
	330122109	桐庐县分水镇	27300		330327100	苍南县灵溪镇	107200
	330183113	富阳市高桥镇	40266		330327101	苍南县龙港镇	148534
	330183115	富阳市新登镇	48319		330327107	苍南县金乡镇	27287
	330183117	富阳市大源镇	24617		330381101	瑞安市塘下镇	174299
	330183118	富阳市灵桥镇	48440		330382101	乐清市大荆镇	28701
	330205103	宁波市江北区慈城镇	100087		330382108	乐清市虹桥镇	72635
	330211100	宁波市镇海区解浦镇	30307		330382114	乐清市柳市镇	286112
	330211101	宁波市镇海区九龙湖镇	35924		330382115	乐清市北白象镇	146238
	330212103	宁波市鄞州区东钱湖镇	92890		330402100	嘉兴市南湖区凤桥镇	24342
	330212104	宁波市鄞州区东吴镇	42807		330402101	嘉兴市南湖区余新镇	50619
	330212105	宁波市鄞州区五乡镇	79540		330402103	嘉兴市南湖区新丰镇	30824
	330212106	宁波市鄞州区邱隘镇	44493		330402104	嘉兴市南湖区七星镇	24747
	330212108	宁波市鄞州区云龙镇	54618		330402105	嘉兴市南湖区大桥镇	46727
	330212109	宁波市鄞州区横溪镇	26780		330411101	嘉兴市秀洲区王江泾镇	63600
	330212110	宁波市鄞州区姜山镇	86501		330411103	嘉兴市秀洲区油车港镇	45720
	330212113	宁波市鄞州区高桥镇	51321		330411104	嘉兴市秀洲区新塍镇	36021
	330212115	宁波市鄞州区集士港镇	92670		330411105	嘉兴市秀洲区王店镇	57377
	330212116	宁波市鄞州区古林镇	74374		330411106	嘉兴市秀洲区洪合镇	45217
	330212118	宁波市鄞州区洞桥镇	25968		330421102	嘉善县大云镇	25867
	330225101	象山县石浦镇	62224		330421103	嘉善县西塘镇	57608
	330225102	象山县西周镇	58075		330421105	嘉善县干窑镇	25343
	330226108	宁海县黄坛镇	27578		330421111	嘉善县姚庄镇	59679
	330226111	宁海县西店镇	25908		330421112	嘉善县天凝镇	31259
	330281100	余姚市临山镇	31266		330481101	海宁市许村镇	48000
	330281101	余姚市黄家埠镇	30776		330481103	海宁市长安镇	184837
	330281103	余姚市泗门镇	93198		330481108	海宁市黄湾镇	41915
	330281106	余姚市马渚镇	53521		330481110	海宁市盐官镇	30720
	330281108	余姚市牟山镇	25227		330481112	海宁市袁花镇	35875
	330281109	余姚市丈亭镇	32745		330482101	平湖市乍浦镇	56803
	330281110	余姚市三七市镇	24408		330482102	平湖市新埭镇	48492
	330281113	余姚市陆埠镇	25815		330482103	平湖市新仓镇	36467
	330282104	慈溪市掌起镇	31823		330482108	平湖市独山港镇	77969
	330282107	慈溪市观海卫镇	76832		330483101	桐乡市濮院镇	96583
	330282109	慈溪市桥头镇	23067		330483105	桐乡市洲泉镇	34706
	330282110	慈溪市匡堰镇	23632		330483107	桐乡市崇福镇	105775
	330282111	慈溪市逍林镇	32521		330502100	湖州市吴兴区织里镇	126283
	330282112	慈溪市新浦镇	31919		330502101	湖州市吴兴区八里店镇	36504
	330282113	慈溪市胜山镇	23378		330502104	湖州市吴兴区埭溪镇	25326
	330282114	慈溪市横河镇	70251		330503100	湖州市南浔区南浔镇	106449
	330282116	慈溪市崇寿镇	26033		330503101	湖州市南浔区双林镇	27134
	330282120	慈溪市长河镇	26745		330503102	湖州市南浔区练市镇	38024
	330282121	慈溪市周巷镇	78057		330521100	德清县武康镇	135662
	330282123	慈溪市龙山镇	60430		330521101	德清县乾元镇	33906
	330283100	奉化市溪口镇	53084		330521102	德清县新市镇	36872
	330283104	奉化市莼湖镇	30447		330521104	德清县钟管镇	47656

3-1-3 续表 6 单位：万元

地 区	代码	建制镇名称	财 政总收入
浙 江	330522100	长兴县雉城镇	177114
	330522109	长兴县煤山镇	25688
	330523100	安吉县递铺镇	261945
	330523105	安吉县孝丰镇	27657
	330602103	绍兴市越城区鉴湖镇	28915
	330602104	绍兴市越城区皋埠镇	23700
	330621100	绍兴县齐贤镇	84744
	330621101	绍兴县钱清镇	130741
	330621103	绍兴县福全镇	59357
	330621104	绍兴县马安镇	250162
	330621105	绍兴县平水镇	41660
	330621106	绍兴县安昌镇	40074
	330621108	绍兴县兰亭镇	29757
	330621110	绍兴县杨汛桥镇	63180
	330621114	绍兴县夏履镇	24048
	330681101	诸暨市大唐镇	73154
	330681104	诸暨市店口镇	156629
	330681108	诸暨市山下湖镇	29926
	330681109	诸暨市枫桥镇	28818
	330681113	诸暨市草塔镇	35775
	330681115	诸暨市牌头镇	23311
	330681119	诸暨市璜山镇	24091
	330682100	上虞市道墟镇	55887
	330682110	上虞市小越镇	36357
	330682113	上虞市崧厦镇	26318
	330683100	嵊州市甘霖镇	29702
	330723102	武义县桐琴镇	56332
	330782100	义乌市佛堂镇	57642
	330782102	义乌市义亭镇	32997
	330782105	义乌市苏溪镇	26645
	330782106	义乌市大陈镇	23991
	330783123	东阳市横店镇	57064
	330902100	舟山市定海区金塘镇	33273
	330902106	舟山市定海区马岙镇	155900
	330903100	舟山市普陀区六横镇	67101
	330921100	岱山县高亭镇	222278
	330921105	岱山县长涂镇	23458
	331003107	台州市黄岩区院桥镇	23223
	331004103	台州市路桥区新桥镇	29853
	331004104	台州市路桥区横街镇	24961
	331004106	台州市路桥区金清镇	40027
	331021101	玉环县清港镇	34410
	331021102	玉环县楚门镇	86201
	331022100	三门县海游镇	46919
	331081100	温岭市泽国镇	105617
	331081101	温岭市大溪镇	85010
	331081102	温岭市松门镇	59078
	331081103	温岭市箬横镇	31680
	331081104	温岭市新河镇	28529
	331082110	临海市涌泉镇	22979
	331082112	临海市杜桥镇	77108
	331122101	缙云县壶镇镇	47100
安 徽	340103100	合肥市庐阳区大杨镇	27504
	340121105	长丰县双墩镇	48500
	340122100	肥东县店埠镇	45000
	340122101	肥东县撮镇镇	62000
	340123100	肥西县上派镇	49983
	340123108	肥西县桃花镇	48000
	340221101	芜湖县湾沚镇	26733
	340222100	繁昌县繁阳镇	31732
	340222101	繁昌县荻港镇	37714
	340222102	繁昌县孙村镇	26250
	340223101	南陵县许镇镇	23571
	340225100	无为县无城镇	28070
	340225112	无为县泥汊镇	26000
	340225118	无为县高沟镇	75060
	340311100	蚌埠市淮上区小蚌埠镇	24600
	340403100	淮南市田家庵区舜耕镇	49257
	340403101	淮南市田家庵区安成镇	43974
	340421104	凤台县岳张集镇	32244
	340521100	当涂县姑孰镇	87146
	340521106	当涂县太白镇	36150
	340521108	当涂县博望镇	32654
	340522100	含山县环峰镇	32736
	340522104	含山县林头镇	36070
	340523109	和县石杨镇	28200
	341124100	全椒县襄河镇	30770
	341181100	天长市铜城镇	45093
	341222108	太和县肖口镇	24504
	341282105	界首市田营镇	40654
	341802107	宣城市宣州区孙埠镇	30300
	341821102	郎溪县新发镇	25163
	341822104	广德县新杭镇	74013
福 建	350102100	福州市鼓楼区洪山镇	45685
	350104102	福州市仓山区盖山镇	23448
	350104103	福州市仓山区建新镇	24368
	350111100	福州市晋安区鼓山镇	26105
	350121102	闽侯县南屿镇	25727
	350121105	闽侯县青口镇	86714
	350121107	闽侯县上街镇	50679
	350121108	闽侯县荆溪镇	28500
	350181116	福清市江阴镇	33919
	350182104	长乐市松下镇	27361
	350182105	长乐市江田镇	24601
	350211102	厦门市集美区灌口镇	102658
	350212108	厦门市同安区西柯镇	50370
	350213102	厦门市翔安区马巷镇	42500
	350213103	厦门市翔安区新圩镇	26501
	350303104	莆田市涵江区江口镇	31970
	350304100	莆田市荔城区西天尾镇	42484

3-1-3 续表 7 单位：万元

地 区	代码	建制镇名称	财 政 总收入	地 区	代码	建制镇名称	财 政 总收入
	350304101	莆田市荔城区黄石镇	32200		360521102	分宜县湖泽镇	32000
	350505100	泉州市泉港区南埔镇	26787		360521104	分宜县钤山镇	36659
	350521100	惠安县螺城镇	41394		360622103	余江县中童镇	34599
	350521101	惠安县螺阳镇	37600		360727100	龙南县龙南镇	31192
	350521104	惠安县洛阳镇	23600		360821109	吉安县油田镇	28855
	350521105	惠安县东园镇	24176		360826100	泰和县澄江镇	30221
	350521107	惠安县崇武镇	31050		360981126	丰城市曲江镇	26126
	350524100	安溪县凤城镇	45758		361181107	德兴市泗洲镇	36252
	350524102	安溪县湖头镇	41577	山 东	370104101	济南市槐荫区段店镇	36426
	350524105	安溪县城厢镇	31193		370181110	章丘市刁镇	40325
	350524107	安溪县龙门镇	25713		370214001	青岛市城阳区城阳街道	122436
	350524110	安溪县感德镇	24036		370281004	胶州市南关街道	28500
	350525100	永春县桃城镇	43500		370282102	即墨市温泉镇	37800
	350581100	石狮市灵秀镇	65530		370284107	胶南市王台镇	24678
	350581101	石狮市宝盖镇	67452		370303101	淄博市张店区南定镇	24530
	350581102	石狮市蚶江镇	54061		370305109	淄博市临淄区凤凰镇	31436
	350581103	石狮市祥芝镇	35055		370305111	淄博市临淄区金山镇	46935
	350582101	晋江市安海镇	112461		370321105	桓台县马桥镇	142143
	350582102	晋江市磁灶镇	41746		370321109	桓台县唐山镇	54000
	350582103	晋江市陈埭镇	240000		370321110	桓台县果里镇	53184
	350582104	晋江市东石镇	58800		370323103	沂源县东里镇	29095
	350582105	晋江市深沪镇	66925		370481105	滕州市级索镇	33134
	350582106	晋江市金井镇	77000		370481106	滕州市西岗镇	31912
	350582107	晋江市池店镇	118615		370523101	广饶县大王镇	147000
	350582109	晋江市内坑镇	27091		370681110	龙口市诸由观镇	32917
	350582110	晋江市龙湖镇	44400		370683111	莱州市土山镇	37690
	350582111	晋江市永和镇	29961		370686110	栖霞市西城镇	23924
	350582112	晋江市英林镇	39787		370781113	青州市东夏镇	28019
	350583100	南安市省新镇	33031		370783109	寿光市侯镇	47848
	350583101	南安市仑苍镇	43799		370783115	寿光市羊口镇	25765
	350583117	南安市霞美镇	30024		370785103	高密市夏庄镇	29402
	350583118	南安市官桥镇	44597		370827103	鱼台县王鲁镇	26068
	350583119	南安市水头镇	113575		370882101	兖州市大安镇	36351
	350583120	南安市石井镇	44241		370882105	兖州市新兖镇	97251
	350602102	漳州市芗城区芝山镇	60726		370883104	邹城市北宿镇	44001
	350681102	龙海市角美镇	171301		370883107	邹城市太平镇	23478
	350902100	宁德市蕉城区城南镇	28413		370983106	肥城市石横镇	107300
江 西	360103101	南昌市西湖区桃花镇	50700		371002100	威海市环翠区张村镇	50600
	360104100	南昌市青云谱区青云谱镇	28109		371083103	乳山市白沙滩镇	22963
	360111100	南昌市青山湖区京东镇	35193		371302103	临沂市兰山区半程镇	40380
	360111104	南昌市青山湖区湖坊镇	115949		371302105	临沂市兰山区义堂镇	40318
	360111105	南昌市青山湖区塘山镇	89689		371626101	邹平县长山镇	41663
	360111180	南昌市经济技术开发区蛟桥镇	40216		371626102	邹平县魏桥镇	57010
	360121100	南昌县莲塘镇	40110		371626109	邹平县韩店镇	96108
	360122100	新建县长堎镇	24000		371626112	邹平县青阳镇	27171
	360302100	萍乡市安源区安源镇	30750		371727100	定陶县定陶镇	38706
	360302101	萍乡市安源区高坑镇	25392	河 南	410122105	中牟县白沙镇	31875
	360322101	上栗县上栗镇	28229		410181104	巩义市大峪沟镇	48086
	360502190	新余市渝水区水西镇	32124		410181113	巩义市回郭镇	29669
	360521100	分宜县分宜镇	39100		410183104	新密市超化镇	45549

3-1-3　续表 8

单位：万元

地　区	代码	建制镇名称	财　政 总收入	地　区	代码	建制镇名称	财　政 总收入
	410183106	新密市大隗镇	23131		440113107	广州市番禺区东涌镇	38498
	410183109	新密市岳村镇	30097		440113114	广州市番禺区大岗镇	31448
	410183110	新密市来集镇	56389		440113118	广州市番禺区沙湾镇	29852
	410183113	新密市曲梁镇	25512		440113120	广州市番禺区石基镇	26362
	410184102	新郑市辛店镇	55474		440114105	广州市花都区花东镇	100275
	410184109	新郑市龙湖镇	27028		440183101	增城市新塘镇	374608
	410185105	登封市大冶镇	53952		440183102	增城市石滩镇	40600
	410311100	洛阳市洛龙区关林镇	24399		440402100	珠海市香洲区唐家湾镇	110888
	410324101	栾川县赤土店镇	28358		440402104	珠海市香洲区横琴镇	168587
	410482104	汝州市小屯镇	33048		440403106	珠海市斗门区白蕉镇	25152
	410522101	安阳县水冶镇	31256		440403107	珠海市斗门区井岸镇	24220
	410581108	林州市陵阳镇	24500		440404100	珠海市金湾区三灶镇	42592
	410721103	新乡县七里营镇	39278		440404101	珠海市金湾区南水镇	181544
	410728103	长垣县魏庄镇	25450		440404103	珠海市金湾区红旗镇	31826
	410782104	辉县市孟庄镇	43000		440404104	珠海市金湾区平沙镇	23187
	410782112	辉县市冀屯镇	40081		440515102	汕头市澄海区莲下镇	38670
	419001100	济源市克井镇	29156		440604100	佛山市禅城区南庄镇	30968
	419001103	济源市承留镇	29450		440605121	佛山市南海区九江镇	106907
湖　北	420222100	阳新县兴国镇	25655		440605122	佛山市南海区西樵镇	131988
	420222101	阳新县富池镇	26500		440605123	佛山市南海区丹灶镇	89045
	420281102	大冶市灵乡镇	45585		440605124	佛山市南海区狮山镇	201600
	420281104	大冶市还地桥镇	59493		440605125	佛山市南海区大沥镇	195903
	420281108	大冶市陈贵镇	57413		440605126	佛山市南海区里水镇	297843
	420506101	宜昌市夷陵区樟村坪镇	43586		440606101	佛山市顺德区陈村镇	100807
	420506107	宜昌市夷陵区龙泉镇	31736		440606102	佛山市顺德区北窖镇	631826
	420525106	远安县荷花镇	26522		440606103	佛山市顺德区乐从镇	413005
	420526101	兴山县古夫镇	38787		440606104	佛山市顺德区龙江镇	177214
	420581104	宜都市枝城镇	52486		440606105	佛山市顺德区杏坛镇	70298
	420625100	谷城县城关镇	56430		440606106	佛山市顺德区均安镇	96128
	420625101	谷城县石花镇	29723		440607103	佛山市三水区乐平镇	52828
	420626107	保康县马桥镇	23529		440607105	佛山市三水区芦苞镇	25858
	420881103	钟祥市胡集镇	42500		440703101	江门市蓬江区棠下镇	43028
	421087100	松滋市新江口镇	45984		440705104	江门市新会区双水镇	37194
湖　南	430103100	长沙市天心区大托镇	56361		440784102	鹤山市雅瑶镇	25956
	430112100	长沙市望城区高塘岭镇	48525		441284450	四会市大旺镇	143816
	430112109	长沙市望城区星城镇	51725		441322110	博罗县罗阳镇	67008
	430121101	长沙县暮云镇	71700		441322121	博罗县石湾镇	25000
	430121103	长沙县榔梨镇	71700		441702105	阳江市海陵区闸坡镇	98053
	430121105	长沙县黄花镇	57670		441900101	东莞市石碣镇	46618
	430124100	宁乡县玉潭镇	57670		441900102	东莞市石龙镇	59100
	430181117	浏阳市永安镇	42035		441900103	东莞市茶山镇	50299
	430223118	攸县黄丰桥镇	74484		441900104	东莞市石排镇	43625
	430703111	常德市鼎城区灌溪镇	36011		441900105	东莞市企石镇	29636
	431021100	桂阳县城关镇	29545		441900106	东莞市横沥镇	143094
	431021101	桂阳县黄沙坪镇	25765		441900107	东莞市桥头镇	50319
广　东	440111103	广州市白云区人和镇	23082		441900108	东莞市谢岗镇	33325
	440111107	广州市白云区太和镇	37337		441900109	东莞市东坑镇	57213
	440111113	广州市白云区江高镇	32165		441900110	东莞市常平镇	105796
	440113102	广州市番禺区南村镇	44350		441900111	东莞市寮步镇	96075
	440113105	广州市番禺区石楼镇	55373		441900112	东莞市樟木头镇	62516

3-1-3 续表 9　　　　单位：万元

地区	代码	建制镇名称	财政总收入	地区	代码	建制镇名称	财政总收入
广东	441900113	东莞市大朗镇	230715		469028100	陵水县椰林镇	33088
	441900114	东莞市黄江镇	102117	重庆	500118114	永川区红炉镇	82648
	441900115	东莞市清溪镇	73694		500118118	永川区朱沱镇	73357
	441900116	东莞市塘厦镇	134336	四川	510112109	成都市龙泉驿区柏合镇	34809
	441900117	东莞市凤岗镇	72455		510114100	成都市新都区新都镇	67000
	441900118	东莞市大岭山镇	85017		510114103	成都市新都区新繁镇	28711
	441900119	东莞市长安镇	141989		510121104	金堂县淮口镇	24673
	441900121	东莞市虎门镇	204919		510124102	郫县犀浦镇	25231
	441900122	东莞市厚街镇	111564		510124108	郫县红光镇	36854
	441900123	东莞市沙田镇	46450		510129100	大邑县晋原镇	27693
	441900124	东莞市道滘镇	55149		510182126	彭州市致和镇	23750
	441900125	东莞市洪梅镇	31808		510703113	绵阳市高新区永兴镇	24551
	441900126	东莞市麻涌镇	59049		512081100	简阳市简城镇	29023
	441900127	东莞市望牛墩镇	37308	贵州	520103100	贵阳市云岩区黔灵镇	24480
	441900128	东莞市中堂镇	61553		520121102	开阳县金中镇	64000
	441900129	东莞市高埗镇	44572		520222100	盘县红果镇	92611
	442000100	中山市小榄镇	146394		520222117	盘县柏果镇	33215
	442000101	中山市黄圃镇	36044		520330100	习水县东皇镇	23200
	442000102	中山市民众镇	100834	云南	530129101	寻甸县仁德镇	25558
	442000103	中山市东凤镇	149195		530325101	富源县中安镇	32546
	442000104	中山市东升镇	119822		530325105	富源县后所镇	26494
	442000105	中山市古镇镇	98402		532329101	武定县狮山镇	35248
	442000106	中山市沙溪镇	78437		532526101	弥勒县弥阳镇	33827
	442000107	中山市坦洲镇	55133		532901101	大理市下关镇	32072
	442000108	中山市港口镇	98591		533421103	香格里拉县虎跳峡镇	51571
	442000109	中山市三角镇	70930	西藏	542624100	墨脱县墨脱镇	23703
	442000110	中山市横栏镇	64552	陕西	610821100	神木县神木镇	1058515
	442000111	中山市南头镇	28895		610821101	神木县高家堡镇	42641
	442000112	中山市阜沙镇	57738		610821102	神木县店塔镇	141700
	442000113	中山市南朗镇	71362		610821103	神木县孙家岔镇	35600
	442000114	中山市三乡镇	77455		610821104	神木县大柳塔镇	201500
	442000115	中山市板芙镇	49423		610821105	神木县花石崖镇	31600
	442000116	中山市大涌镇	37480		610821106	神木县中鸡镇	41652
	442000117	中山市神湾镇	53706		610821107	神木县贺家川镇	36560
	445121100	潮安县古巷镇	24857		610821108	神木县尔林兔镇	29878
	445121108	潮安县彩塘镇	29357		610821109	神木县万镇镇	34645
	445121110	潮安县庵埠镇	26606		610821110	神木县大保当镇	31682
	445121121	潮安县枫溪镇	39463		610821111	神木县马镇镇	36671
广西	450126100	宾阳县宾州镇	38411		610821113	神木县沙峁镇	33650
	450221100	柳江县拉堡镇	66622		610821114	神木县锦界镇	32642
	450223100	鹿寨县鹿寨镇	41012		610822100	府谷县府谷镇	138511
	450521100	合浦县廉州镇	30501		610822104	府谷县庙沟门镇	131201
	450603100	防城港市防城区防城镇	26000		610822105	府谷县新民镇	142031
	450681100	东兴市东兴镇	45196		610822107	府谷县清水镇	46000
	451221101	南丹县大厂镇	51069		610822108	府谷县大昌汗镇	100000
	451424100	大新县桃城镇	35109		610822110	府谷县三道沟镇	87307
	451424104	大新县下雷镇	24555		610822111	府谷县老高川镇	107860
海南	469005100	文昌市文城镇	45633		610822114	府谷县田家寨镇	30862
	469023101	澄迈县老城镇	57000		632802106	茫崖行委花土沟镇	56597
	469027105	乐东县九所镇	27510	宁夏	640381107	青铜峡市陈袁滩镇	22960

3-1-4　2011年按粮食产量排序前1000建制镇分省情况

单位：吨

地　区	代码	建制镇名称	粮食产量
河　北	130133100	赵县赵州镇	69601
	130133102	赵县北王里镇	71175
	130133104	赵县韩村镇	73992
	130435102	曲周县侯村镇	67266
	130525105	隆尧县固城镇	71221
	130528100	宁晋县凤凰镇	75223
	130528101	宁晋县河渠镇	68731
	130528103	宁晋县耿庄桥镇	72846
	130528105	宁晋县贾家口镇	70818
	130682100	定州市留早镇	69159
	131182107	深州市王家井镇	71370
山　西	140881103	永济市栲栳镇	76800
内蒙古	150121100	土默特左旗察素齐镇	73711
	150121104	土默特左旗白庙子镇	66266
	150221105	土默特右旗双龙镇	141555
	150221106	土默特右旗美岱召镇	85007
	150221108	土默特右旗将军尧镇	155301
	150404105	赤峰市松山区哈拉道口镇	82580
	150404107	赤峰市松山区安庆镇	99587
	150404108	赤峰市松山区太平地镇	111234
	150422102	巴林左旗十三敖包镇	73665
	150426100	翁牛特旗乌丹镇	99227
	150426103	翁牛特旗桥头镇	106545
	150426105	翁牛特旗梧桐花镇	67042
	150429100	宁城县天义镇	66024
	150429106	宁城县大双庙镇	80334
	150429107	宁城县汐子镇	104052
	150429108	宁城县大明镇	98063
	150430101	敖汉旗四家子镇	75975
	150430102	敖汉旗长胜镇	105090
	150430103	敖汉旗贝子府镇	70000
	150430104	敖汉旗四道湾镇	66394
	150430105	敖汉旗下洼镇	74258
	150502100	通辽市科尔沁区大林镇	113400
	150502101	通辽市科尔沁区钱家店镇	160000
	150502102	通辽市科尔沁区余粮堡镇	112912
	150502103	通辽市科尔沁区木里图镇	75288
	150502104	通辽市科尔沁区丰田镇	109427
	150502105	通辽市科尔沁区清河镇	96660
	150502106	通辽市科尔沁区育新镇	96268
	150502108	通辽市科尔沁区敖力布皋镇	81572
	150502130	通辽市科尔沁区辽河镇	99956
	150521100	科左中旗保康镇	150198
	150521101	科左中旗宝龙山镇	165038
	150521102	科左中旗舍伯吐镇	195159
	150521103	科左中旗巴颜塔拉镇	212786
	150521104	科左中旗门达镇	90434
	150521105	科左中旗架玛吐镇	167400
	150521107	科左中旗稀伯花镇	149942
	150521108	科左中旗花吐古拉镇	188236
	150521109	科左中旗代力吉镇	75495
	150521110	科左中旗努日木镇	113725
	150522100	科左后旗甘旗卡镇	130641
	150522101	科左后旗吉尔嘎朗镇	73785
	150522102	科左后旗金宝屯镇	103360
	150522103	科左后旗常胜镇	160069
	150522104	科左后旗查日苏镇	103051
	150522105	科左后旗双胜镇	116762
	150523100	开鲁县开鲁镇	130528
	150523103	开鲁县麦新镇	79458
	150523104	开鲁县义和镇	113409
	150523105	开鲁县建华镇	68644
	150523106	开鲁县小街基镇	153982
	150523107	开鲁县东风镇	82783
	150523108	开鲁县吉日嘎朗吐镇	77870
	150523109	开鲁县东来镇	91100
	150524100	库伦旗库伦镇	137731
	150524101	库伦旗扣河子镇	108055
	150524102	库伦旗白音花镇	85633
	150525100	奈曼旗大沁他拉镇	204812
	150525101	奈曼旗八仙筒镇	182239
	150525103	奈曼旗新镇	83884
	150525104	奈曼旗治安镇	79812
	150525105	奈曼旗东明镇	98985
	150526100	扎鲁特旗鲁北镇	75223
	150526102	扎鲁特旗嘎亥图镇	96837
	150526105	扎鲁特旗香山镇	67402
	150621100	达拉特旗树林召镇	156747
	150621101	达拉特旗吉格斯太镇	95881
	150621102	达拉特旗白泥井镇	83445
	150621103	达拉特旗王爱召镇	151121
	150621104	达拉特旗昭君镇	84000
	150625102	杭锦旗吉日嘎朗图镇	91583
	150625103	杭锦旗独贵特拉镇	89945
	150721101	阿荣旗六合镇	298141
	150721102	阿荣旗亚东镇	182274
	150721103	阿荣旗霍尔奇镇	209193
	150721104	阿荣旗向阳峪镇	119071
	150722100	莫旗尼尔基镇	179098
	150722101	莫旗红彦镇	75396
	150722102	莫旗宝山镇	91863
	150722103	莫旗哈达阳镇	111539
	150722104	莫旗阿尔拉镇	99211
	150722105	莫旗汉古尔河镇	81787
	150722106	莫旗西瓦尔图镇	146206
	150722108	莫旗腾克镇	136680
	150722109	莫旗奎勒河镇	74852
	150722110	莫旗塔温敖宝镇	134055
	150723104	鄂伦春旗诺敏镇	99184
	150723106	鄂伦春旗宜里镇	70103

3-1-4 续表 1

单位：吨

地区	代码	建制镇名称	粮食产量	地区	代码	建制镇名称	粮食产量
	150783100	扎兰屯市蘑菇气镇	116632		211224112	昌图县大洼镇	92250
	150783102	扎兰屯市卧牛河镇	75340		211224114	昌图县此路树镇	81083
	150783103	扎兰屯市成吉思汗镇	145135		211224118	昌图县朝阳镇	78565
	150783104	扎兰屯市大河湾镇	151598		211224119	昌图县古榆树镇	79929
	150783107	扎兰屯市中和镇	139476		211224121	昌图县东嘎镇	70474
	150802100	巴彦淖尔市临河区狼山镇	89856		211224122	昌图县四面城镇	73078
	150802101	巴彦淖尔市临河区新华镇	100680		211224123	昌图县前双井子镇	68718
	150802102	巴彦淖尔市临河区干召庙镇	69680		211224124	昌图县通江口镇	89359
	150802103	巴彦淖尔市临河区乌兰图克镇	66153		211224125	昌图县大四家子镇	73798
	150802106	巴彦淖尔市临河区白脑包镇	91283		211224126	昌图县曲家店镇	70071
	150821100	五原县隆兴昌镇	65900		211282103	开原市庆云堡镇	112313
	150821101	五原县塔尔湖镇	67487		211282106	开原市金沟子镇	70485
	150823103	乌拉特前旗新安镇	70912		211282107	开原市八宝镇	81321
	150823105	乌拉特前旗大佘太镇	130200		211322106	建平县沙海镇	77936
	150824101	乌拉特中旗乌加河镇	115276	吉　林	220103101	长春市宽城区米沙子镇	108449
	150824102	乌拉特中旗德岭山镇	82908		220103171	长春市宽城区合隆镇	89693
	152201101	乌兰浩特市葛根庙镇	83159		220112100	长春市双阳区齐家镇	141590
	152221103	科右前旗大石寨镇	85068		220112101	长春市双阳区太平镇	91461
	152221107	科右前旗额尔格图镇	117921		220112102	长春市双阳区鹿乡镇	95557
	152222100	科右中旗巴彦呼舒镇	84322		220122100	农安县农安镇	275876
	152222104	科右中旗高力板镇	88812		220122101	农安县伏龙泉镇	147248
	152223100	扎赉特旗音德尔镇	123440		220122102	农安县哈拉海镇	179952
	152223102	扎赉特旗巴彦高勒镇	81629		220122104	农安县开安镇	159660
	152224101	突泉县六户镇	93256		220122106	农安县高家店镇	80155
	152224104	突泉县水泉镇	113193		220122107	农安县华家镇	107907
	152224105	突泉县宝石镇	252633		220122108	农安县三盛玉镇	116570
辽　宁	210124103	法库县秀水河子镇	69765		220122109	农安县巴吉垒镇	129832
	210124111	法库县依牛堡镇	76139		220122110	农安县三岗镇	100238
	210181103	新民市公主屯镇	67451		220181100	九台市沐石河镇	82099
	210321103	台安县黄沙坨镇	68980		220181106	九台市苇子沟镇	99343
	210882101	大石桥市水源镇	67872		220181107	九台市兴隆镇	66874
	210882104	大石桥市高坎镇	90645		220181108	九台市纪家镇	70009
	210882105	大石桥市旗口镇	81891		220182100	榆树市五棵树镇	145581
	210921105	阜新蒙古族自治县旧庙镇	68557		220182101	榆树市弓棚镇	172001
	210921107	阜新蒙古族自治县建设镇	75740		220182102	榆树市闵家镇	78981
	210921116	阜新蒙古族自治县平安地镇	101273		220182103	榆树市大坡镇	93530
	210921119	阜新蒙古族自治县大五家子镇	99871		220182104	榆树市黑林镇	135561
	211021103	辽阳县小北河镇	70756		220182105	榆树市土桥镇	196307
	211121112	大洼县唐家镇	65064		220182106	榆树市新立镇	138613
	211122102	盘山县高升镇	66636		220182107	榆树市大岭镇	191677
	211122103	盘山县胡家镇	80623		220182108	榆树市于家镇	185879
	211221105	铁岭县凡河镇	83265		220182109	榆树市泗河镇	111060
	211221108	铁岭县蔡牛镇	88950		220182110	榆树市八号镇	181278
	211221109	铁岭县李千户镇	70563		220182111	榆树市刘家镇	97801
	211224100	昌图县昌图镇	85091		220182112	榆树市秀水镇	165741
	211224101	昌图县老城镇	73851		220182113	榆树市保寿镇	91169
	211224102	昌图县八面城镇	97263		220182114	榆树市新庄镇	128592
	211224105	昌图县宝力镇	106248		220183102	德惠市松花江镇	70286
	211224108	昌图县亮中桥镇	76404		220183104	德惠市大房身镇	121552
	211224110	昌图县毛家店镇	118284		220183105	德惠市岔路口镇	68099

3-1-4 续表 2

单位：吨

地 区	代码	建制镇名称	粮食产量	地 区	代码	建制镇名称	粮食产量
吉 林	220183109	德惠市菜园子镇	68615		220421101	东丰县大阳镇	89998
	220202101	吉林市昌邑区桦皮厂镇	70238		220523100	辉南县朝阳镇	73213
	220204101	吉林市船营区搜登站镇	104837		220702100	松原市宁江区大洼镇	146686
	220221103	永吉县北大湖镇	66797		220702102	松原市宁江区毛都站镇	77112
	220221104	永吉县一拉溪镇	103986		220721101	前郭尔罗斯蒙古族自治县长山镇	99372
	220282101	桦甸市二道甸子镇	67105		220721102	前郭尔罗斯蒙古族自治县海渤日戈镇	115895
	220282105	桦甸市金沙镇	102543		220721103	前郭尔罗斯蒙古族自治县乌兰图嘎镇	110040
	220284100	磐石市烟筒山镇	79600		220721104	前郭尔罗斯蒙古族自治县查干花镇	94792
	220303101	四平市铁东区石岭镇	67000		220721105	前郭尔罗斯蒙古族自治县王府站镇	113580
	220322100	梨树县梨树镇	136000		220721106	前郭尔罗斯蒙古族自治县八郎镇	77181
	220322101	梨树县郭家店镇	110000		220722100	长岭县长岭镇	91952
	220322102	梨树县榆树台镇	130000		220722102	长岭县巨宝镇	120942
	220322103	梨树县孤家子镇	120748		220722103	长岭县太平山镇	150000
	220322104	梨树县小城子镇	170000		220722105	长岭县新安镇	73000
	220322105	梨树县喇嘛甸镇	94000		220722106	长岭县三青山镇	218400
	220322106	梨树县蔡家镇	124800		220722109	长岭县流水镇	147535
	220322107	梨树县刘家馆子镇	118501		220722110	长岭县永久镇	146472
	220322108	梨树县十家堡镇	120000		220723104	乾安县所字镇	74381
	220322110	梨树县万发镇	220000		220723105	乾安县安字镇	79211
	220322111	梨树县东河镇	115538		220724100	扶余县三岔河镇	201163
	220322112	梨树县沈洋镇	114864		220724101	扶余县长春岭镇	137287
	220322113	梨树县林海镇	150000		220724102	扶余县五家站镇	127922
	220322114	梨树县小宽镇	65000		220724103	扶余县陶赖昭镇	165079
	220323100	伊通满族自治县伊通镇	74862		220724104	扶余县蔡家沟镇	135948
	220323103	伊通满族自治县马鞍镇	79981		220724105	扶余县弓棚子镇	148828
	220323104	伊通满族自治县景台镇	75668		220724106	扶余县三井子镇	95493
	220323106	伊通满族自治县大孤山镇	103526		220724108	扶余县新万发镇	82882
	220323107	伊通满族自治县小孤山镇	79079		220724109	扶余县大林子镇	68407
	220323108	伊通满族自治县营城子镇	72481		220724111	扶余县得胜镇	185317
	220381101	公主岭市黑林子镇	220552		220821106	镇赉县黑鱼泡镇	72940
	220381102	公主岭市陶家屯镇	100611		220881105	洮南市福顺镇	102627
	220381103	公主岭市范家屯镇	132533		222403102	敦化市官地镇	78055
	220381104	公主岭市响水镇	135079	黑龙江	230102101	哈尔滨市道里区太平镇	72704
	220381105	公主岭市大岭镇	138320		230104102	哈尔滨市道外区永源镇	101243
	220381106	公主岭市怀德镇	379429		230104109	哈尔滨市道外区巨源镇	96622
	220381107	公主岭市双城堡镇	340500		230109101	哈尔滨市松北区对青山镇	66179
	220381108	公主岭市双龙镇	101000		230109102	哈尔滨市松北区乐业镇	82233
	220381109	公主岭市杨大城子镇	195108		230111101	哈尔滨市呼兰区康金镇	156759
	220381110	公主岭市毛城子镇	130040		230111104	哈尔滨市呼兰区沈家镇	65300
	220381111	公主岭市玻璃城子镇	169480		230111106	哈尔滨市呼兰区石人镇	69204
	220381112	公主岭市朝阳坡镇	96120		230111107	哈尔滨市呼兰区白奎镇	80847
	220381113	公主岭市大榆树镇	104325		230111110	哈尔滨市呼兰区莲花镇	77324
	220381114	公主岭市秦家屯镇	161713		230111111	哈尔滨市呼兰区大用镇	82546
	220381115	公主岭市八屋镇	76104		230123101	依兰县达连河镇	108051
	220381116	公主岭市十屋镇	91156		230123102	依兰县江湾镇	179905
	220381117	公主岭市桑树台镇	97195		230123103	依兰县三道岗镇	246131
	220382100	双辽市茂林镇	206996		230123104	依兰县道台桥镇	238235
	220382101	双辽市双山镇	164600		230123105	依兰县宏克利镇	159221
	220382102	双辽市卧虎镇	80000		230124101	方正县会发镇	126736
	220382103	双辽市服先镇	105460		230125100	宾县宾州镇	69490

3-1-4 续表 3

单位：吨

地 区	代码	建制镇名称	粮食产量	地 区	代码	建制镇名称	粮食产量
黑龙江	230125103	宾县糖坊镇	77511		230221102	龙江县龙兴镇	218989
	230125104	宾县宾安镇	79320		230221103	龙江县山泉镇	392736
	230125107	宾县宁远镇	65280		230221104	龙江县七棵树镇	211818
	230125111	宾县满井镇	71531		230223101	依安县依龙镇	127257
	230126100	巴彦县巴彦镇	97499		230223102	依安县双阳镇	82653
	230126101	巴彦县兴隆镇	137951		230223104	依安县中心镇	127032
	230126102	巴彦县西集镇	124590		230224105	泰来县大兴镇	139511
	230126103	巴彦县洼兴镇	113448		230224106	泰来县和平镇	69577
	230126104	巴彦县龙泉镇	105046		230224107	泰来县克利镇	70213
	230126105	巴彦县巴彦港镇	70217		230225100	甘南县甘南镇	138418
	230126106	巴彦县龙庙镇	130700		230225101	甘南县音河镇	74272
	230126107	巴彦县万发镇	110150		230225103	甘南县东阳镇	96005
	230126108	巴彦县天增镇	177741		230225104	甘南县巨宝镇	112628
	230126110	巴彦县黑山镇	86766		230227101	富裕县富路镇	130248
	230127101	木兰县东兴镇	75642		230227103	富裕县二道湾镇	74891
	230127102	木兰县大贵镇	74676		230231101	拜泉县三道镇	69186
	230127105	木兰县新民镇	87062		230231103	拜泉县长春镇	80472
	230128100	通河县通河镇	78116		230231104	拜泉县龙泉镇	76455
	230128102	通河县清河镇	99969		230231106	拜泉县富强镇	65539
	230128103	通河县浓河镇	93254		230281102	讷河市二克浅镇	136980
	230128105	通河县祥顺镇	132190		230281103	讷河市学田镇	114991
	230129100	延寿县延寿镇	76416		230281104	讷河市龙河镇	110943
	230129101	延寿县六团镇	116688		230281105	讷河市讷南镇	131597
	230129103	延寿县加信镇	70424		230281106	讷河市六合镇	160088
	230129104	延寿县延河镇	80861		230281108	讷河市通南镇	104514
	230182100	双城市双城镇	70978		230281109	讷河市同义镇	121423
	230182101	双城市兰棱镇	99084		230281110	讷河市九井镇	98212
	230182102	双城市周家镇	70065		230281111	讷河市老莱镇	118628
	230182103	双城市五家镇	89984		230321102	鸡东县向阳镇	76427
	230182104	双城市韩甸镇	142826		230321104	鸡东县永安镇	69640
	230182105	双城市单城镇	96212		230321106	鸡东县东海镇	77127
	230182106	双城市东官镇	89841		230381103	虎林市虎头镇	218383
	230182107	双城市农丰满族锡伯族镇	84283		230381104	虎林市杨岗镇	74608
	230182108	双城市杏山镇	141746		230381105	虎林市东诚镇	79353
	230183103	尚志市亚布力镇	82894		230381106	虎林市宝东镇	73730
	230183108	尚志市元宝镇	75037		230382101	密山市连珠山镇	66141
	230184101	五常市拉林满族镇	125551		230382104	密山市黑台镇	70652
	230184102	五常市山河镇	155985		230382106	密山市裴德镇	72982
	230184103	五常市小山子镇	144958		230421103	萝北县团结镇	144420
	230184104	五常市安家镇	84165		230422101	绥滨县绥东镇	80429
	230184105	五常市牛家满族镇	162308		230422102	绥滨县忠仁镇	112734
	230184106	五常市杜家镇	81799		230521100	集贤县福利镇	74408
	230184108	五常市冲河镇	104594		230521101	集贤县集贤镇	108489
	230184109	五常市沙河子镇	101357		230521102	集贤县升昌镇	82453
	230184110	五常市向阳镇	100000		230521103	集贤县丰乐镇	78536
	230208102	齐齐哈尔市梅里斯区卧牛吐镇	88813		230523100	宝清县宝清镇	118287
	230208103	齐齐哈尔市梅里斯区达呼店镇	140057		230523101	宝清县七星泡镇	162666
	230208104	齐齐哈尔市梅里斯区共和镇	69331		230523102	宝清县青原镇	151126
	230221100	龙江县龙江镇	149652		230523103	宝清县夹信子镇	65584
	230221101	龙江县景星镇	346244		230524101	饶河县小佳河镇	88802

3-1-4 续表 4 单位：吨

地　区	代码	建制镇名称	粮食产量	地　区	代码	建制镇名称	粮食产量
黑龙江	230524102	饶河县西丰镇	74287		231084103	宁安市石岩镇	69890
	230621100	肇州县肇州镇	103530		231084104	宁安市沙兰镇	107844
	230621101	肇州县永乐镇	88636		231084105	宁安市海浪镇	148550
	230621102	肇州县丰乐镇	72624		231121101	嫩江县伊拉哈镇	74046
	230621103	肇州县朝阳沟镇	134685		231121103	嫩江县多宝山镇	169043
	230621104	肇州县兴城镇	217265		231121104	嫩江县海江镇	108898
	230621105	肇州县二井镇	162490		231121106	嫩江县长福镇	80485
	230622100	肇源县肇源镇	103031		231121107	嫩江县科洛镇	122172
	230622101	肇源县三站镇	106873		231181104	北安市石泉镇	78106
	230622102	肇源县二站镇	139552		231202101	绥化市北林区宝山镇	65589
	230622104	肇源县古龙镇	191316		231202102	绥化市北林区绥胜镇	76449
	230622105	肇源县新站镇	148373		231202103	绥化市北林区西长发镇	156780
	230622106	肇源县头台镇	65939		231202104	绥化市北林区永安镇	67241
	230622107	肇源县古恰镇	94346		231202105	绥化市北林区太平川镇	83106
	230623100	林甸县林甸镇	93305		231202106	绥化市北林区秦家镇	91541
	230623101	林甸县红旗镇	98857		231202107	绥化市北林区双河镇	77171
	230623102	林甸县花园镇	213820		231202108	绥化市北林区三河镇	94554
	230623103	林甸县四季青镇	187545		231202109	绥化市北林区四方台镇	129890
	230624103	杜尔伯特县他拉哈镇	104617		231202111	绥化市北林区张维镇	102782
	230781101	伊春市铁力市双丰镇	107943		231202113	绥化市北林区东津镇	95898
	230801101	佳木斯市郊区大来镇	69317		231221101	望奎县通江镇	119676
	230801103	佳木斯市郊区望江镇	86915		231221102	望奎县卫星镇	113828
	230822107	桦南县土龙山镇	134010		231221103	望奎县海丰镇	102069
	230822108	桦南县孟家岗镇	66876		231221104	望奎县莲花镇	81474
	230822109	桦南县闫家镇	66954		231221105	望奎县惠七镇	93226
	230826103	桦川县苏家店镇	65385		231221106	望奎县先锋镇	144467
	230826104	桦川县悦来镇	75934		231222102	兰西县榆林镇	95918
	230826105	桦川县新城镇	164161		231222103	兰西县临江镇	117918
	230828101	汤原县香兰镇	77787		231222104	兰西县平山镇	90702
	230828104	汤原县汤原镇	90564		231223101	青冈县中和镇	91105
	230833101	抚远县寒葱沟镇	109297		231223102	青冈县祯祥镇	147585
	230833102	抚远县浓桥镇	169864		231223103	青冈县兴华镇	84915
	230881101	同江市乐业镇	105687		231223104	青冈县永丰镇	81178
	230881102	同江市三村镇	109680		231223105	青冈县芦河镇	80820
	230881103	同江市临江镇	70007		231224101	庆安县庆安镇	79210
	230882103	富锦市长安镇	201414		231224102	庆安县民乐镇	78587
	230882106	富锦市砚山镇	116470		231224103	庆安县大罗镇	96705
	230882107	富锦市头林镇	164835		231224104	庆安县平安镇	67214
	230882108	富锦市兴隆岗镇	149837		231224105	庆安县勤劳镇	85911
	230882109	富锦市宏胜镇	175756		231224106	庆安县久胜镇	101483
	230882110	富锦市向阳川镇	221973		231225100	明水县明水镇	72593
	230882111	富锦市二龙山镇	245019		231225102	明水县永兴镇	79452
	230882112	富锦市上街基镇	156356		231225103	明水县崇德镇	85542
	230882113	富锦市锦山镇	116470		231225104	明水县通达镇	118409
	230882114	富锦市大榆树镇	156155		231226101	绥棱县上集镇	85606
	230904101	七台河市茄子河区宏伟镇	81292		231281101	安达市任民镇	88904
	231025102	林口县刁翎镇	69164		231281103	安达市万宝山镇	85469
	231025107	林口县龙爪镇	69603		231281104	安达市昌德镇	84852
	231083100	海林市海林镇	89481		231281105	安达市升平镇	99933
	231084102	宁安市渤海镇	87208		231281106	安达市羊草镇	134126

3-1-4 续表 5

单位：吨

地 区	代码	建制镇名称	粮食产量	地 区	代码	建制镇名称	粮食产量
黑龙江	231281107	安达市老虎岗镇	128489		320723106	灌云县圩丰镇	65419
	231281109	安达市太平庄镇	74216		320724100	灌南县新安镇	85892
	231281110	安达市吉星岗镇	149594		320826114	涟水县红窑镇	67813
	231282100	肇东市肇东镇	130279		320830101	盱眙县马坝镇	81026
	231282101	肇东市昌五镇	107440		320830103	盱眙县旧铺镇	71261
	231282102	肇东市宋站镇	115180		320830108	盱眙县黄花塘镇	80330
	231282103	肇东市五站镇	213310		320830110	盱眙县铁佛镇	71230
	231282104	肇东市尚家镇	185580		320903102	盐城市盐都区楼王镇	67911
	231282105	肇东市姜家镇	97647		320903103	盐城市盐都区学富镇	66920
	231282106	肇东市里木店镇	93850		320903105	盐城市盐都区尚庄镇	72255
	231282107	肇东市四站镇	106541		320903108	盐城市盐都区秦南镇	100899
	231282108	肇东市涝洲镇	122743		320903112	盐城市盐都区大冈镇	75000
	231282109	肇东市五里明镇	162611		320921102	响水县小尖镇	79005
	231282110	肇东市黎明镇	180734		320921104	响水县大有镇	67888
	231283101	海伦市海北镇	148382		320921106	响水县南河镇	78576
	231283102	海伦市伦河镇	93592		320922101	滨海县五汛镇	105381
	231283103	海伦市共合镇	93944		320922103	滨海县正红镇	97444
	231283104	海伦市海兴镇	81618		320922105	滨海县界牌镇	72522
	231283105	海伦市祥富镇	94019		320922109	滨海县滨淮镇	107531
	231283106	海伦市东风镇	102936		320923100	阜宁县阜城镇	66607
江 苏	320282103	宜兴市徐舍镇	85538		320923101	阜宁县沟墩镇	76943
	320312113	徐州市铜山区房村镇	66303		320923110	阜宁县东沟镇	118700
	320312117	徐州市铜山区徐庄镇	80816		320924100	射阳县合德镇	106590
	320321105	丰县欢口镇	78313		320924101	射阳县临海镇	83209
	320322113	沛县鹿楼镇	65571		320924102	射阳县千秋镇	69709
	320324107	睢宁县官山镇	65960		320924104	射阳县四明镇	102909
	320324111	睢宁县邱集镇	88694		320924106	射阳县海河镇	165883
	320324115	睢宁县梁集镇	84591		320925108	建湖县上冈镇	148334
	320381115	新沂市阿湖镇	68650		320981106	东台市五烈镇	78043
	320481109	溧阳市上兴镇	97381		320981110	东台市富安镇	86810
	320481114	溧阳市南渡镇	69567		320981122	东台市东台镇	99201
	320481116	溧阳市社渚镇	101617		320982102	大丰市白驹镇	75287
	320612110	南通市通州区石港镇	67284		321012101	扬州市江都区小纪镇	98244
	320612112	南通市通州区刘桥镇	67127		321012106	扬州市江都区樊川镇	78888
	320621100	海安县海安镇	90813		321012118	扬州市江都区大桥镇	69257
	320621101	海安县城东镇	88145		321023101	宝应县范水镇	111125
	320621102	海安县曲塘镇	80776		321023102	宝应县夏集镇	92639
	320621113	海安县墩头镇	76097		321023103	宝应县柳堡镇	75061
	320623101	如东县洋口镇	80601		321023104	宝应县射阳湖镇	112908
	320623105	如东县掘港镇	100497		321023108	宝应县望直港镇	69143
	320623107	如东县马塘镇	104494		321023109	宝应县曹甸镇	65732
	320623108	如东县丰利镇	80962		321023111	宝应县山阳镇	64999
	320623110	如东县岔河镇	107169		321084107	高邮市卸甲镇	94116
	320623111	如东县双甸镇	74753		321084115	高邮市临泽镇	76085
	320705101	连云港市新浦区浦南镇	76330		321281100	兴化市戴窑镇	70675
	320706100	连云港市海州区新坝镇	74340		321281101	兴化市合陈镇	66340
	320722101	东海县白塔埠镇	79172		321281102	兴化市永丰镇	69971
	320722111	东海县安峰镇	72114		321281121	兴化市周庄镇	68902
	320722112	东海县房山镇	99863		321283100	泰兴市黄桥镇	110850
	320722113	东海县平明镇	138315		321322100	沭阳县沭城镇	121200

3-1-4 续表 6

单位：吨

地 区	代码	建制镇名称	粮食产量
	321323100	泗阳县众兴镇	107044
	321324100	泗洪县青阳镇	99768
浙 江	330411104	嘉兴市秀洲区新塍镇	65137
安 徽	340121106	长丰县下塘镇	73061
	340122102	肥东县梁园镇	65826
	340122106	肥东县古城镇	67436
	340123106	肥西县花岗镇	80385
	340124107	庐江县同大镇	71315
	340124114	庐江县泥河镇	79558
	340124116	庐江县柯坦镇	79945
	340223100	南陵县籍山镇	65514
	340223101	南陵县许镇镇	115422
	340223102	南陵县弋江镇	80868
	340321101	怀远县包集镇	68213
	340321103	怀远县河溜镇	73233
	340321104	怀远县常坟镇	79819
	340321108	怀远县万福镇	71809
	340321109	怀远县唐集镇	105703
	340322102	五河县沫河口镇	107169
	340322106	五河县东刘集镇	98685
	340322111	五河县浍南镇	113114
	340322112	五河县申集镇	72353
	340604102	淮北市烈山区古饶镇	80850
	340621103	濉溪县五沟镇	163339
	340621104	濉溪县临涣镇	91324
	340621105	濉溪县百善镇	134005
	340621106	濉溪县铁佛镇	136761
	340621107	濉溪县南坪镇	181034
	340621108	濉溪县双堆集镇	242162
	340621109	濉溪县孙町镇	156614
	341122101	来安县半塔镇	66389
	341124103	全椒县二郎口镇	67786
	341124109	全椒县六镇镇	68196
	341125100	定远县定城镇	97564
	341125101	定远县炉桥镇	94229
	341125102	定远县永康镇	71396
	341125103	定远县吴圩镇	85689
	341125105	定远县张桥镇	91084
	341125106	定远县藕塘镇	83476
	341125107	定远县池河镇	79320
	341126105	凤阳县刘府镇	71595
	341126106	凤阳县大庙镇	69101
	341126108	凤阳县总铺镇	71006
	341126110	凤阳县板桥镇	70824
	341126112	凤阳县小溪河镇	75835
	341181100	天长市铜城镇	113753
	341181103	天长市大通镇	75457
	341204100	阜阳市颍泉区伍明镇	73246
	341204101	阜阳市颍泉区宁老庄镇	67471
	341204102	阜阳市颍泉区闻集镇	74300
	341302105	宿州市埇桥区夹沟镇	69880
	341302110	宿州市埇桥区大店镇	84363
	341322114	萧县张庄寨镇	68469
	341323103	灵璧县娄庄镇	105266
	341323104	灵璧县杨疃镇	75625
	341323112	灵璧县冯庙镇	65900
	341324102	泗县丁湖镇	79140
	341324103	泗县草沟镇	74620
	341324104	泗县长沟镇	71000
	341324109	泗县黑塔镇	72850
	341324111	泗县屏山镇	101338
	341521101	寿县双桥镇	77498
	341521104	寿县正阳关镇	72048
	341521105	寿县迎河镇	77988
	341521106	寿县板桥镇	67136
	341521107	寿县安丰塘镇	76614
	341521108	寿县堰口镇	82179
	341521109	寿县保义镇	80796
	341521111	寿县安丰镇	104679
	341521114	寿县三觉镇	91000
	341521115	寿县炎刘镇	110917
	341521116	寿县刘岗镇	77256
	341521117	寿县双庙集镇	69334
	341521118	寿县小甸镇	99248
	341522102	霍邱县周集镇	84035
	341522103	霍邱县临水镇	71714
	341522104	霍邱县新店镇	101165
	341522105	霍邱县石店镇	85780
	341522107	霍邱县孟集镇	92129
	341522109	霍邱县户胡镇	78968
	341522114	霍邱县高塘镇	77383
	341602115	亳州市谯城区双沟镇	80744
	341621109	涡阳县曹市镇	94495
	341621110	涡阳县青町镇	77491
	341621114	涡阳县新兴镇	79098
	341621115	涡阳县临湖镇	66529
	341621116	涡阳县丹城镇	73188
	341621121	涡阳县牌坊镇	99009
	341622102	蒙城县小涧镇	73764
	341622104	蒙城县坛城镇	67089
	341622106	蒙城县许疃镇	84885
	341622107	蒙城县板桥集镇	84919
	341622108	蒙城县马集镇	71962
	341622109	蒙城县岳坊镇	80494
	341622110	蒙城县立仓镇	119747
	341622111	蒙城县楚村镇	91446
	341622112	蒙城县乐土镇	113360
	341623118	利辛县望疃镇	98221
江 西	360121101	南昌县向塘镇	83219
	360121103	南昌县塘南镇	99454

3-1-4 续表 7 单位：吨

地 区	代码	建制镇名称	粮食产量	地 区	代码	建制镇名称	粮食产量
	360121105	南昌县蒋巷镇	107037		370781113	青州市东夏镇	77113
	360281103	乐平市众埠镇	73583		370782102	诸城市贾悦镇	138610
	360502103	新余市渝水区罗坊镇	93031		370782105	诸城市石桥子镇	82123
	360502190	新余市渝水区水西镇	65566		370782111	诸城市百尺河镇	77521
	360921101	奉新县赤岸镇	67274		370782114	诸城市林家村镇	99617
山 东	370113101	济南市长清区归德镇	70546		370783103	寿光市营里镇	68181
	370125101	济阳县垛石镇	85249		370783104	寿光市台头镇	69594
	370125103	济阳县曲堤镇	85568		370783106	寿光市田柳镇	94518
	370126101	商河县殷巷镇	73164		370783109	寿光市侯镇	81197
	370126104	商河县龙桑寺镇	75661		370784100	安丘市景芝镇	118671
	370126105	商河县郑路镇	95112		370785103	高密市夏庄镇	83494
	370126106	商河县贾庄镇	76397		370785104	高密市姜庄镇	136486
	370126107	商河县玉皇庙镇	104946		370785106	高密市大牟家镇	116372
	370181114	章丘市高官寨镇	72795		370785109	高密市阚家镇	117034
	370283106	平度市兰底镇	98861		370785111	高密市井沟镇	88477
	370283107	平度市万家镇	111552		370785114	高密市柴沟镇	125288
	370283108	平度市蓼兰镇	73840		370786104	昌邑市卜庄镇	78705
	370283109	平度市崔家集镇	110710		370786108	昌邑市饮马镇	88628
	370283110	平度市明村镇	90073		370786109	昌邑市北孟镇	115784
	370283111	平度市白埠镇	107468		370802102	济宁市市中区喻屯镇	92028
	370283113	平度市田庄镇	67718		370829106	嘉祥县金屯镇	68818
	370283115	平度市张舍镇	94081		370830101	汶上县南站镇	73584
	370283117	平度市灰埠镇	82987		370832104	梁山县拳铺镇	85293
	370283119	平度市店子镇	68969		370832108	梁山县小安山镇	71208
	370285109	莱西市李权庄镇	65987		370881102	曲阜市姚村镇	71987
	370285116	莱西市马连庄镇	65587		370881103	曲阜市陵城镇	67073
	370305104	淄博市临淄区朱台镇	78146		370882101	兖州市大安镇	77252
	370305109	淄博市临淄区凤凰镇	78401		370882103	兖州市颜店镇	71048
	370321110	桓台县果里镇	73111		370883103	邹城市大束镇	66559
	370322102	高青县高城镇	76466		370883107	邹城市太平镇	85255
	370322103	高青县黑里寨镇	67351		370883109	邹城市石墙镇	70006
	370322105	高青县常家镇	74245		370911110	泰安市岱岳区大汶口镇	76861
	370322106	高青县花沟镇	105348		370921102	宁阳县东疏镇	71346
	370404100	枣庄市峄城区古邵镇	74982		370921103	宁阳县伏山镇	68070
	370405102	枣庄市台儿庄区泥沟镇	65505		370921105	宁阳县堽城镇	80857
	370481104	滕州市滨湖镇	101752		370923109	东平县接山镇	111515
	370481105	滕州市级索镇	69516		370983109	肥城市安驾庄镇	108037
	370481106	滕州市西岗镇	66667		370983111	肥城市边院镇	81115
	370481107	滕州市姜屯镇	67623		371322103	郯城县李庄镇	66548
	370481109	滕州市张汪镇	72784		371322105	郯城县杨集镇	65413
	370481116	滕州市东郭镇	67175		371322112	郯城县红花镇	65114
	370523101	广饶县大王镇	67655		371324102	苍山县兰陵镇	80076
	370523102	广饶县稻庄镇	86637		371329109	临沭县玉山镇	68320
	370523106	广饶县李鹊镇	71736		371402101	德州市德城区黄河涯镇	65657
	370683101	莱州市沙河镇	94112		371421101	陵县郑家寨镇	90406
	370683102	莱州市朱桥镇	69228		371421102	陵县糜镇	94278
	370704108	潍坊市坊子区太保庄镇	179506		371421103	陵县宋家镇	104394
	370725116	昌乐县营丘镇	74151		371421104	陵县徽王镇	84559
	370781109	青州市高柳镇	93766		371421105	陵县神头镇	109256
	370781111	青州市何官镇	66116		371421106	陵县滋镇	68042

3-1-4 续表 8

单位：吨

地 区	代码	建制镇名称	粮食产量	地 区	代码	建制镇名称	粮食产量
	371421107	陵县前孙镇	70299		371721107	曹县古营集镇	75581
	371422101	宁津县柴胡店镇	78547		371721110	曹县苏集镇	68417
	371422103	宁津县杜集镇	67586		371722103	单县终兴镇	76699
	371422104	宁津县保店镇	65462		371725103	郓城县侯咽集镇	66861
	371423102	庆云县尚堂镇	75578		371725112	郓城县双桥镇	68205
	371424102	临邑县临南镇	83415		371727102	定陶县冉固镇	72156
	371424103	临邑县德平镇	116182	河 南	410523104	汤阴县宜沟镇	77654
	371424105	临邑县兴隆镇	83681		410526101	滑县城关镇	76544
	371424106	临邑县孟寺镇	107031		410526102	滑县白道口镇	95187
	371425101	齐河县表白寺镇	69547		410526103	滑县留固镇	77943
	371425102	齐河县焦庙镇	120364		410526104	滑县上官镇	68750
	371425104	齐河县祝阿镇	91652		410526105	滑县牛屯镇	81872
	371425105	齐河县仁里集镇	108531		410526106	滑县万古镇	71613
	371425106	齐河县潘店镇	100149		410526109	滑县老店镇	80326
	371425107	齐河县胡官屯镇	118758		410621101	浚县善堂镇	66086
	371426101	平原县王凤楼镇	132048		410621102	浚县屯子镇	92398
	371426102	平原县前曹镇	127339		410621104	浚县新镇镇	90254
	371426103	平原县恩城镇	78931		410621105	浚县小河镇	91426
	371426104	平原县王庙镇	80610		410621106	浚县黎阳镇	82441
	371428100	武城县武城镇	94671		410621107	浚县卫贤镇	79701
	371428103	武城县鲁权屯镇	91673		410621108	浚县王庄镇	77881
	371428107	武城县四女寺镇	67583		410622103	淇县西岗镇	73845
	371481102	乐陵市黄夹镇	76770		410721103	新乡县七里营镇	78878
	371481104	乐陵市花园镇	71270		410724105	获嘉县冯庄镇	66900
	371481105	乐陵市郑店镇	88699		410725104	原阳县太平镇	66751
	371481107	乐陵市孔镇	80880		410725105	原阳县福宁集镇	65927
	371482100	禹城市伦镇	94946		410782102	辉县市峪河镇	68096
	371482101	禹城市房寺镇	122512		410782106	辉县市吴村镇	93426
	371482105	禹城市辛寨镇	83497		410782112	辉县市冀屯镇	81968
	371482106	禹城市梁家镇	81550		410821102	修武县郇封镇	72324
	371502101	聊城市东昌府区沙镇镇	83255		410882103	沁阳市柏香镇	66137
	371502103	聊城市东昌府区梁水镇	90289		411302104	南阳市宛城区红泥湾镇	75264
	371502104	聊城市东昌府区斗虎屯镇	65430		411322102	方城县博望镇	75521
	371521103	阳谷县阿城镇	74710		411322105	方城县赵河镇	69029
	371523101	茌平县乐平铺镇	91747		411328101	唐河县源潭镇	86506
	371523102	茌平县冯官屯镇	69104		411328102	唐河县张店镇	83446
	371524101	东阿县刘集镇	84915		411328103	唐河县郭滩镇	70171
	371524102	东阿县牛角店镇	78107		411328106	唐河县大河屯镇	66956
	371524107	东阿县姚寨镇	66120		411328108	唐河县桐寨铺镇	86511
	371525105	冠县东古城镇	66162		411381107	邓州市构林镇	66075
	371526109	高唐县杨屯镇	73544		411381111	邓州市赵集镇	69980
	371621113	惠民县辛店镇	68359		411421103	民权县北关镇	82878
	371622106	阳信县水落坡镇	76719		411421104	民权县程庄镇	78012
	371625106	博兴县店子镇	75539		411425106	虞城县贾寨镇	70796
	371625107	博兴县吕艺镇	70522		411426104	夏邑县李集镇	66146
	371626101	邹平县长山镇	100345		411521102	罗山县竹竿镇	68264
	371626102	邹平县魏桥镇	105251		411521105	罗山县楠杆镇	68200
	371626108	邹平县焦桥镇	87856		411525106	固始县胡族铺镇	86208
	371626110	邹平县孙镇镇	92715		411525110	固始县汪棚镇	69650
	371626115	邹平县码头镇	78699		411528104	息县项店镇	74520

3-1-4 续表 9

单位：吨

地区	代码	建制镇名称	粮食产量	地区	代码	建制镇名称	粮食产量
	411528105	息县小茴店镇	78815		420683110	枣阳市熊集镇	68347
	411623104	商水县固墙镇	65810		420683111	枣阳市平林镇	65052
	411625107	郸城县汲冢镇	69460		420684102	宜城市郑集镇	122090
	411626105	淮阳县安岭镇	68561		420684103	宜城市小河镇	125580
	411627102	太康县逊母口镇	68288		420684106	宜城市流水镇	70342
	411627105	太康县马头镇	67975		420684107	宜城市板桥店镇	69712
	411627109	太康县马厂镇	65535		420821103	京山县罗店镇	94730
	411681103	项城市贾岭镇	70780		420821109	京山县孙桥镇	68073
	411722102	上蔡县杨集镇	76068		420821112	京山县雁门口镇	77542
	411722105	上蔡县朱里镇	67000		420821113	京山县钱场镇	67353
	411722107	上蔡县塔桥镇	80422		420822101	沙洋县五里镇	66851
	411722108	上蔡县东洪镇	108966		420822105	沙洋县后港镇	88219
	411723102	平舆县东和店镇	65680		420822112	沙洋县曾集镇	85711
	411723105	平舆县西洋店镇	86760		420881100	钟祥市洋梓镇	115861
	411723106	平舆县阳城镇	90190		420881103	钟祥市胡集镇	118883
	411724106	正阳县大林镇	75719		420881107	钟祥市冷水镇	73889
	411725104	确山县留庄镇	73433		420881108	钟祥市石牌镇	78485
	411725105	确山县刘店镇	73102		421023102	监利县新沟镇	100231
	411725108	确山县双河镇	72271		421023104	监利县周老嘴镇	97300
	411726102	泌阳县羊册镇	92100		421023105	监利县黄歇口镇	108153
	411728105	遂平县和兴镇	86026		421023106	监利县汪桥镇	83471
湖　北	420582102	当阳市河溶镇	88522		421023108	监利县分盐镇	65754
	420582103	当阳市育溪镇	67056		421023113	监利县尺八镇	69185
	420582105	当阳市王店镇	65246		421083105	洪湖市峰口镇	65641
	420602100	襄樊市襄城区欧庙镇	66272		421083111	洪湖市万全镇	73613
	420602101	襄樊市襄城区卧龙镇	68580		421127107	黄梅县濯港镇	73908
	420606101	襄樊市樊城区太平店镇	73585		421182100	武穴市梅川镇	85705
	420607100	襄樊市襄州区龙王镇	161289		421182102	武穴市花桥镇	74222
	420607101	襄樊市襄州区石桥镇	135953		421303187	随州市曾都区淅河镇	78447
	420607102	襄樊市襄州区黄集镇	165101		421321108	随县尚市镇	68796
	420607103	襄樊市襄州区伙牌镇	89058		421321109	随县唐县镇	101862
	420607104	襄樊市襄州区古驿镇	128828		421321113	随县环潭镇	76716
	420607105	襄樊市襄州区朱集镇	78894		421321114	随县洪山镇	77128
	420607106	襄樊市襄州区程河镇	72832		429004105	仙桃市长埫口镇	66742
	420607107	襄樊市襄州区双沟镇	93634		429004106	仙桃市西流河镇	95724
	420607108	襄樊市襄州区张家集镇	77207	湖　南	430121105	长沙县黄花镇	69185
	420607109	襄樊市襄州区黄龙镇	71535		430321106	湘潭县射埠镇	77621
	420607110	襄樊市襄州区峪山镇	76296		430623114	华容县东山镇	75616
	420607111	襄樊市襄州区东津镇	118728		430624117	湘阴县新泉镇	92001
	420624101	南漳县武安镇	104956		430624118	湘阴县湘滨镇	77387
	420624102	南漳县九集镇	113142		430903111	益阳市赫山区兰溪镇	65536
	420682103	老河口市张集镇	78030		430981112	沅江市南大膳镇	81168
	420683100	枣阳市琚湾镇	99036		430981114	沅江市草尾镇	81280
	420683101	枣阳市七方镇	195551	云　南	532822104	勐海县勐遮镇	66719
	420683102	枣阳市杨当镇	132870	陕　西	610431104	武功县贞元镇	67905
	420683103	枣阳市太平镇	162327	新　疆	652302102	阜康市九运街镇	66594
	420683105	枣阳市鹿头镇	82932		652325102	奇台县半截沟镇	83718
	420683107	枣阳市兴隆镇	74404		652325105	奇台县西地镇	104271
	420683108	枣阳市王城镇	72183		652701100	博乐市小营盘镇	125303
	420683109	枣阳市吴店镇	109081		652723101	温泉县哈日布呼镇	105212

附　录

主要指标解释

主要指标解释

建制镇：指经省、自治区、直辖市人民政府批准设立的一级行政区域。建制镇包括县（市）人民政府驻在镇，即城关镇。

地势：指本建制镇行政区域内的地理环境的主要特征。平原包括平川、平坝、湖区和牧区的草原等；丘陵包括半山区、近山、浅丘等；山区包括牧区草山。如果一个建制镇有多种地理特征，按照面积较大的地理特征进行填报。

民族建制镇：指经省、自治区、直辖市人民政府批准设立的民族建制镇。

居民委员会：指根据宪法和其他相关法律法规规定，按城镇居住地区设立的基层群众性自治组织。

村民委员会：指根据宪法和其他相关法律法规规定，按农村居住地区设立的基层群众性自治组织。

通电的村：指建制镇行政区域内通电的行政村数。通电的村指行政村内至少有一个自然村通电。

通电话的村：指建制镇行政区域内架设通讯线路，并装有电话机的行政村数。

通公路的村：指有公路从外部通达到行政村。公路是指能通行汽车、拖拉机的道路。

通有线电视的村：指已开通有线电视线路，并开始使用的行政村。

通自来水的村：指建制镇行政区域内通自来水的行政村数。自来水是指符合卫生标准，并经公用设施处理的管道输送水。

垃圾集中处理的村：指本建制镇地域内有垃圾处理设施进行垃圾集中处理，或者虽然没有垃圾处理设施，但是对垃圾实行统一集中清运管理的行政村。

行政区域面积：指辖区内的全部陆地面积和水域面积。包括耕地、荒山、荒地、山林、草原、滩涂、道路和建筑物占地等陆地面积，以及河流、湖泊、水库等水域面积。

年末常用耕地面积：指耕地总资源中专门种植农作物并经常进行耕种、能够正常收获的土地。包括当年实际耕种的熟地；弃耕、休闲不满三年，随时可以复耕的地；开荒利用三年以上的地；南方小于 1 米、北方小于 2 米宽的沟、渠、路、田埂。不包括临时种植农作物的坡度在 25 度以上的陡坡地；在河套、湖畔、库区临时开发的成片或零星土地；也不包括已列为国家和省(区、市)退耕计划但仍临时耕种的土地。常用耕地分为基本农田和零星可用耕地。

年末有效灌溉面积：指具有一定的水源，地块比较平整，灌溉工程或设备已经配套，在一般年景下能够进行正常灌溉的耕地面积。

在一般的情况下，有效灌溉面积应等于工程或设备已经配套，能够进行灌溉的水田和水浇地面积之和。在统计时应注意下列问题。

(1)灌溉工程或设备已经配套，可以灌溉，但由于雨水及时或所种作物不需要灌溉等原因，当年没有进行灌溉的，应统计为有效灌溉面积。

(2)灌溉工程或设备不配套(如只有深水井，没有安装机器)、渠系不健全(如只有水库，没有修渠)、地块不平整，当年不能发挥灌溉效益的灌溉面积，不应统计。

(3)北方地区没有灌溉工程或设备的引洪淤灌的耕地面积，不应统计为有效灌溉面积。

(4)南方地区没有灌溉工程或设备，完全靠雨蓄水的“冬水田”、“屯水田”、“望天田”、“雷响田”等水田面积，不应统计在内。

(5)没有灌溉工程或设备，遇到旱年临时抗旱点种的耕地面积，不应统计为有效灌溉面积。

(6)原有的灌溉工程或设备，由于受到破坏等原因不能起灌溉作用了，这部分耕地面积不应统计为有效灌溉面积。

用电总量：指本年度内建制镇生产和生活的累计用电量。既包括国家电网供电，也包括农村自办电站供电量。但不包括在本建制镇区域范围内国有经济工业交通、建筑等单位的用电量。

总户数：乡镇范围内的乡村户数和城镇户数之和。户数指长期(一年以上)居住在乡镇行政管理区域内的所有住户。户口不在本地而在本地居住一年及以上的住户也包括在本地住户范围内；有本地户口，但举家外出谋生一年以上的住户，无论是否保留承包耕地都不包括在本地住户范围内。

总人口：建制镇范围内的乡村人口和城镇人口之和。乡村人口指乡村地区常住居民户数中的常住人口数，即经常在家或在家居住 6 个月以上，而且经济和生活与本户连成一体的人口。外出从业人员在外居住时间虽然在 6 个月以上，但收入主要带回家中，经济与本户连为一体，仍视为家庭常住人口；在家居住，生活和本户连成一体的国家职工、退休人员也为家庭常住人口。但是现役军人、中专及以上(走读生除外)的在校学生、以及常年在外(不包括探亲、看病等)且已有稳定的职业与居住场所的外出从业人员，不应当作家庭常住人口。

从业人员数：指建制镇总人口中 16 岁以上实际参加生产经营活动并取得实物或货币收入的人员，既包括劳动年龄内经常参加劳动的人员，也包括超过劳动年龄但经常参加劳动的人员，还包括户籍在外地的建制镇工作人员和建制镇企业外来打工人员。包括从事农业与非农业生产、管理及其他辅助劳动的人员。

第二产业从业人员：从事第二产业即从事工业（包括采矿业，制造业，电力、燃气及水的生产和供应业）和建筑业的从业人员。

第三产业从业人员：从事第三产业即一、二产业之外的从业人员（包括交通运输、仓储和邮政业，信息传输、计算机服务和软件业，批发和零售业，住宿和餐饮业，金融业，房地产业，租赁和商务服务业，科学研究、技术服务和地质勘查业，水利、环境和公共设施管理业，居民服务和其他服务业，教育，卫生、社会保障和社会福利业，文化、体育和娱乐业，公共管理和社会组织，国际组织）。

农作物总播种面积：指在本年度内收获农产品的作物播种面积之和。其计算公式为：

农作物总播种面积=上年秋冬播作物面积+本年春播作物面积+本年夏播作物面积

=本年夏收作物播种面积+本年秋收作物播种面积

粮食播种面积：指本日历年度内收获粮食（包括谷物、豆类和薯类等在内）作物的实际播种面积之和。不论种植在耕地上还是非耕地上，均应统计。

企业个数：指经工商部门登记注册，年末在本建制镇地域内的所有企业个数。不包括税金直接上交上一级财政的企业，如国有大中企业等。

工业企业个数：指年末企业个数中，从事工业生产的企业个数。具体包括从事采矿业、制造业以及电力、燃气和水的生产和供应业的企业。

企业从业人员：指在本建制镇地域内的企业工作并取得劳动报酬或收入的年末实有人员数。

工业企业从业人员：指本建制镇地域内的企业从业人员中，在工业企业从业的年末实有人员数。

企业实交税金总额：指企业实际交纳的税金的总额。

财政总收入：指本年度建制镇实际完成的预算收入、基金预算收入及上级财政补助收入等总计。

一般预算收入：指预算收入中扣除上划国家、省（区）、市、县后的收入。预算内收入指本年度国家机关、事业单位和社会团体为履行和代行政府职能，依据国家法律和具有法律效力的规章而收取、提取和安排使用的、纳入国家预算管理的各种财政性资金。预算外收入指未纳入预算的财政收入，主要包括行政事业性收费、主管部门集中收入、自筹资金收入等。

财政支出：指本年度建制镇实际完成的预算内支出、预算外支出和上交上级财政支出总计。

科学事业费支出：指本年度建制镇政府的财政支出中用于科技技术的支出，包括科学技术管理事务、基础研究、应用研究、技术研究与开发、科技条件与服务、社会科学、科学技术普及、科技交流与合作等。。

教育事业费支出：指本年度建制镇政府的财政支出中用于教育的支出，包括教育行政管理、学前教育、小学教育、初中教育、普通高中教育、普通高等教育、初等职业教育、中专教育、技校教育、职业高中教育、高等职业教育、广播电视教育、留学生教育、特殊教育、干部继续教育、教育机关服务等。

年末资产总额：指年末建制镇政府拥有的以货币计量的全部资产总额，包括各种财产、债权等资产。

固定资产投资完成额：指本建制镇当年以货币形式表现的建造和购置固定资产的工作量以及与此有关的费用的总称。实际完成投资额根据建筑安装工程的实际完成工作量，实际已开始安装的设备、工具、器具的购置费，以及其他费用的实际发生额计算，包括消耗的建筑材料，购置设备、工具器具、大牲畜的费用，以及建造和购置固定资产所发生的人工费和其他有关的费用。

农业投资完成额：指本建制镇政府投资于农林牧渔业及农业服务业的投资完成额。

储蓄所：指银行和其他准许经营金融业务的非银行机构设立在本建制镇的储蓄所。包括各银行的储蓄所、信用社的代办点以及邮政储蓄所等。

公路里程：指建制镇所辖行政区域内实际达到《公路工程技术标准 JTJ01-88》规定的等级公路，并经公路主管部门正式验收交付使用的公路里程数。包括建制镇街道的里程数和公路桥梁长度、隧道长度、渡口的宽度以及分期修建并已交付使用的公路里程。不包括国、省干线断头路里程，农业生产用道路以及新建公路尚未进行验收交付使用的路段里程。两条或两条公路共同经由同一路段的，只计算一次。

市场个数：指建制镇所辖范围内，由建制镇直接管理，经工商部门批准，具有固定场所，专门从事各类商品交换市场的个数。

公园个数：是指经过有关管理部门批准，设立于本建制镇地域内，供居民休闲游玩的地方。

农技推广服务机构：指在本建制镇内负责农业技术推广的机构的个数。包括设立在本建制镇政府的农业技术推广机构，以及独立从事农业技术推广的机构的个数。

农技推广服务从业人员：指年末在本建制镇内负责农业技术推广的人员数。

农业专业合作经济组织个数：是指年末由政府或者由农民自发组成、自愿联合、民主管理的互助经济组织的个数。该组织主要从事传授农业生产技术、组织农业生产经营、对农业生产进行服务等活动。一般应有 5 个以上成员，有组织章程，有生产、技术、信息、加工、仓储、销售等某方面的服务内容。

农业专业合作经济组织包括在有关行政管理部门正式登记注册的组织，也包括未经注册的组织。只要是在本建制镇开展活动，都包括在内。

农业专业合作经济组织成员：指本建制镇行政区域内开展活动的各种类型的农业专业合作经济组织所包括的在册成员总数。

小学校数：指设立在本建制镇，经县及县以上教育部门批准，招收学龄儿童实施初等教育的教学机构的总数。一个学校既有小学又有中学，按中学计算。

小学在校学生数：指小学学校中具有正式学籍，并在小学学习的学生总数，包括留级生，不包括复读生和补习生。

小学教师数：指小学学校中专门从事教学工作的固定教师、民办教师的人数。不包括兼职的教师和临时代课教师。

中学校数：是指设立在本建制镇的中学总个数。包括普通初级中学、普通高级中学和职业高中。普通初级中学是指独立设置的招收小学毕业的适龄人口进行初级中等基础教育的机构。普通高级中学是指独立设置的招收初中毕业生进行高级中等基础教育的机构。

中学在校学生数：指中学学校中具有正式学籍，并在中学学习的学生总数，包括留级生，不包括复读生和补习生。

中学教师数：指中学学校中专门从事教学工作的固定教师、民办教师的人数。不包括兼职的教师和临时代课教师。

幼儿园、托儿所：指本建制镇行政区域内实有的幼儿园、托儿所个数。包括学前班，以及虽未经有关部门批准，但却有一定规模(儿童数超过 10 人)的个人办幼儿园、托儿所。

图书馆、文化站：指经过文化管理部门批准，设立于本建制镇地域内，并对公众开放的图书馆和文化站。不包括单位内部的图书室。

影剧院：指经过有关行政管理部门批准，设立于本建制镇地域内，并对外营业的电影院、剧院、录相厅等影视娱乐场所。

体育场馆：指本建制镇地域内由各种组织或个人创办，有固定场所、管理人员和必要设施，对公众开放的体育场地（站、馆）。

医院、卫生院：指经过医疗卫生管理部门批准，设立在本建制镇地域内的医院或卫生院个数。不包括诊所、卫生站、医务室、社区卫生服务站、村卫生室。

只要医院、卫生院坐落在本建制镇地域内，不论是由谁创办的，也不论其隶属关系如何，都应该包括在内。城关镇在填报本表时，坐落在城关镇内的县级医院应该包括在内；城市设立于郊区建制镇的医院也应该包括在所在建制镇中。

医生数：指在本建制镇的医院、卫生院工作且取得《执业医师证书》的执业医师和执业助理医师。不包括护士、药剂人员、检验人员、助产士等卫生技术人员。

病床数：指年末医院、卫生院实有固定床位（非编制床位）。包括正规床、简易床、监护床、正在消毒和修理床位、因扩建或大修而停用的床位，不包括产科的新生儿床、接产床、接产室待产床、库存床、观察床、临时加床和病人家属陪伺床。

敬老院、福利院：敬老院指本建制镇地域内由各种类型的组织和个人创办的敬老院个数。包括收费性的敬老院。福利院指收养无亲属子女赡养、无生活来源、无劳动能力的孤、寡、老、孤儿、残疾人为对象的综合性社会福利事业单位。

现收养人数：指年末本建制镇敬老院、福利院所实际收养的人数。

镇区总户数：指年末实际居住在镇区范围内的住户总数。包括单身户、家庭户和各种类型的集体户。

镇区总人口：指年末实际居住在镇区范围内的总人口数。

镇区占地面积：指城市行政区域内实际已成片开发建设、市政公用设施和公共设施基本具备的区域。建成区面积以镇人民政府建设部门（或规划部门）提供的范围为准。

镇区绿化面积：根据《城市绿化条例》规定，镇区绿地面积包括公共绿地、居住区绿地、单位附属绿地、防护绿地、生产绿地、风景林地六类绿化面积之和。